Julia Schnaus

Kleidung zieht jeden an

Jahrbuch für Wirtschaftsgeschichte

Im Auftrag der Herausgeber des Jahrbuchs
für Wirtschaftsgeschichte
herausgegeben von Reinhard Spree

Beiheft 20

Julia Schnaus

Kleidung zieht jeden an

Die deutsche Bekleidungsindustrie 1918–1973

DE GRUYTER
OLDENBOURG

Inaugural-Dissertation zur Erlangung der Doktorwürde der Fakultät für Philosophie, Kunst-, Geschichts- und Gesellschaftswissenschaften der Universität Regensburg, vorgelegt von Julia Schnaus aus 36119 Neuhof. Regensburg 2016.
Erstgutachter: Prof. Dr. Mark Spoerer, Universität Regensburg
Zweitgutachter: Apl. Prof. Dr. Johannes Bähr, Universität Frankfurt am Main

ISBN 978-3-11-055729-9
e-ISBN (PDF) 978-3-11-056038-1
e-ISBN (EPUB) 978-3-11-055779-4

Library of Congress Cataloging-in-Publication Data
A CIP catalog record for this book has been applied for at the Library of Congress.

Bibliografische Information der Deutschen Nationalbibliothek
Die Deutsche Nationalbibliothek verzeichnet diese Publikation in der Deutschen Nationalbibliografie; detaillierte bibliografische Daten sind im Internet über http://dnb.dnb.de abrufbar.

Coverabbildung: Blick in den Nähsaal der C&A Eigenfabrikation Mettingen, 1950er Jahre. Quelle: Draiflessen Collection, Mettingen, Sig. 106379. Fotografie Koltzengburg, Osnabrück
Druck und Bindung: CPI books GmbH, Leck
♾ Gedruckt auf säurefreiem Papier
Printed in Germany

www.degruyter.com

Vorwort

Bekleidung nutzen wir selbstverständlich täglich, in dem wir uns morgens ankleiden, uns vor Witterungseinflüssen schützen oder für einen bestimmten Anlass schön und modisch kleiden. Shopping neuer Kleidung ist mittlerweile für viele ein Hobby geworden. Dies war aber keineswegs immer so. Bis in die Mitte des 19. Jahrhunderts wurde Kleidung entweder selbst genäht oder – wenn man finanziell gut gestellt war – bei einem Schneider in Auftrag gegeben. Für den Großteil der Bevölkerung war Kleidung aber teuer und wurde so lange getragen und ausgebessert, bis sie auseinanderfiel. Für die unteren Schichten wurde Kleidung erst mit der Durchsetzung einer industriellen Herstellung ab den 1870er Jahren (zunächst meist im Verlagssystem) erschwinglich. Aber auch diese Kleidungsstücke trugen die Menschen möglichst lange. Erst mit dem Wirtschaftswunder in den 1950er Jahren und steigendem Wohlstand setzte sich ein Kleiderverbrauch durch, der sich weniger am Gebrauchs-, sondern am Modewert orientierte. Der Erwerb eines Bekleidungsstücks war kein „Kauf fürs Leben" mehr, sondern eine Anschaffung für ein oder zwei Jahre, bis es modisch nicht mehr up to date war. Diese Entwicklung beschleunigte sich in den folgenden Jahrzenten. Der Einzelhandel bringt heute nicht selten 20 oder mehr Kollektion pro Jahr heraus (bis Mitte des 20. Jahrhunderts waren es zwei). Einige Ketten bieten Hosen oder T-Shirts für wenige Euro an, die dann bereits nach kurzer Tragezeit wieder in die Mülltonne wandern. Die Konsumenten kaufen diese preiswerte Ware meist, ohne sich Gedanken über die Produktionsbedingungen in den Fabriken in Fernost Gedanken zu machen. In Zukunft wäre ein reflektierter Umgang – sowohl von Konsumenten als auch von Unternehmen – mit diesem Thema wünschenswert.

In den letzten vier Jahren habe ich mich mit der Geschichte der deutschen Bekleidungsindustrie von 1918 bis 1973 intensiv auseinandergesetzt und damit ein bisher von der Wirtschaftsgeschichte unerforschtes Terrain betreten. In dieser Zeit war die Unterstützung meiner akademischen Lehrer bzw. Kollegen, Freunde und Familie unschätzbar wichtig. Den wichtigsten möchte ich hier namentlich danken.

Als erstes gilt mein Dank meinem Doktorvater Prof. Dr. Mark Spoerer, der die Entstehung der Arbeit mit großem Interesse, konstruktiver Kritik und wichtigen Anregungen begleitete. Von unschätzbarem Wert war der Austausch innerhalb unseres Projekts zur Erforschung des Textileinzelhandels und der Bekleidungsindustrie im 20. Jahrhunderts. Hier gilt neben Prof. Spoerer Anna Pauli und Uwe Balder großer Dank. Die Gespräche halfen, eine gewisse „Betriebsblindheit" abzulegen und die eigenen Ergebnisse kritisch zu hinterfragen. Ferner bot das Kolloquium des Lehrstuhls für Wirtschafts- und Sozialgeschichte in Regensburg die Möglichkeit, eigene Ergebnisse darzustellen und wichtige Anregungen zu erhalten. Ebenso möchte ich mich bei apl. Prof. Johannes Bähr für wichtige Impulse und Hinweise bei konzeptionellen Fragen und diversen Einzelaspekten bedanken. Des Weiteren bot das Forschungskolloquium von Prof. Dr. Werner Plumpe am Lehrstuhl für Wirtschafts- und Sozialgeschichte der Universität Frankfurt am Main die Möglichkeit zu intensivem wissenschaftlichen Austausch. Dr. Roman Köster danke ich für viele Anregungen und Hinweise zur Geschichte der deutschen Bekleidungsindustrie sowie der deutschen Wirtschaftsgeschichte allgemein. Dr. Roman Smolorz half mit unschätzbarer Expertise bei der Auswahl polnischer Archivbestände.

Des Weiteren gilt mein Dank dem „History Gremium" von C&A unter der Leitung von Joseph Brenninkmeyer, dem auch Kai Bosecker, Bert und Erik Brenninkmeijer, Prof. Dr. Aloys Buch, Dr. Bernd Hillekamps und Dr. Arie Tervoort angehörten, die unser gesamten Projekt, aber auch die Entstehung der einzelnen Dissertationen, mit viel Anteilnahme und wichtigen Anregungen sowie finanziellem Engagement begleitet haben.

Den Mitarbeitern der Archive und Bibliotheken, die ich im Rahmen meiner Recherche besuchte, möchte ich für ihre kompetente Hilfe und Beratung danken. Insbesondere genannt seien hier Kai Bosecker (Draiflessen Collection Mettingen), Doris Conrad (Triumph International AG Heubach) und Martin Wiegand (Mehler AG Fulda).

Ein herzlicher Dank gilt auch den Herausgebern der Beihefte des Jahrbuchs für Wirtschaftsgeschichte, Prof. Dr. Jochen Streb und Prof. Dr. Alexander Nützenadel, für die Aufnahme in die Reihe. Florian Hoppe vom De Gruyter Oldenbourg Verlag danke ich für die freundliche Zusammenarbeit bei der Drucklegung.

Ein besonderer Dank gilt Julia Ringelmann-Forderer und Vernessa Wagner, die sich von einer gründlichen und kritischen Lektüre großer oder kleinerer Teile des Ursprungsmanuskripts trotz Zeitdrucks nicht abhalten ließen. Beiden danke ich auch für ihr stets offenes Ohr und die Unterstützung in allen Lebenslagen. Schließlich danke ich meinen Eltern Karin und Willi Schnaus, die sowohl mein Studium als auch die Entstehung der Arbeit stets mit regem Interesse, wichtigen Hinweisen und Anregungen sowie unermüdlicher Unterstützung begleitet haben. Ihnen ist dieses Buch gewidmet.

Inhalt

Tabellenverzeichnis — 1

Abbildungsverzeichnis — 3

Abkürzungsverzeichnis — 5

1 Einleitung — 7
1.1 Problemstellung, Erkenntnisinteresse und Fragestellung — **7**
1.2 Forschungsstand — **12**
1.3 Quellen der Arbeit und methodisches Vorgehen — **20**

I. Teil 1: Branchenentwicklung im Überblick

2 Anfänge der Herstellung von Bekleidung nach Normgrößen für den anonymen Massenmarkt (1840 bis 1918) — 29
2.1 Allgemeine Entwicklungstendenzen und Charakteristika der Bekleidungsindustrie bis 1914 — **29**
2.2 Branchentrends in Zahlen: Die Reichsstatistik bis 1914 — **40**
2.3 Die Entwicklung ausgewählter Konfektionszentren bis 1914 — **46**
2.3.1 Berlin — **47**
2.3.2 Bielefeld-Herford — **50**
2.3.3 Aschaffenburg — **53**
2.3.4 Mönchengladbach — **55**
2.4 Zwischen Arbeitermangel und staatlicher Regulierung: Die Bekleidungsindustrie im Ersten Weltkrieg (1914 bis 1918) — **57**

3 Fließband und Zentralisierung der Fertigung als Massentrend? Die Bekleidungsindustrie in der Weimarer Republik (1918 bis 1933) — 64
3.1 Branchenentwicklung in Zahlen — **64**
3.2 Umstellung von Kriegs- auf Friedenswirtschaft — **72**
3.3 Die Entwicklung des Exports bis zur Mitte der 1920er Jahre — **75**
3.4 Krise der Bekleidungsindustrie 1925/26: Überproduktion und Lageraufbau — **78**
3.5 Weltwirtschaftskrise und Bekleidungsindustrie — **80**
3.6 Verbandspolitik und Konditionenstreit — **82**
3.7 Vertikalisierung in Einzelhandel und Textilindustrie als Konkurrenz für die Bekleidungsindustrie — **85**
3.8 Trend zur Fließbandfertigung und Abschaffung der Heimarbeit? — **87**

4 Zwischen Arisierung und Uniformproduktion: Die Bekleidungsindustrie in der NS-Zeit (1933 bis 1945) — 91
4.1 Branchenentwicklung in Zahlen — **91**
4.2 Uniformen für alle: Die Uniformherstellung als neues Betätigungsfeld der Bekleidungsindustrie — **98**
4.3 Faser- und Spinnstoffgesetze: Die textilpolitische Regulierung durch das NS-Regime — **103**
4.4 Die Wirtschaftsgruppe Bekleidungsindustrie — **106**
4.5 Die ADEFA und die „Entjudung" der deutschen Bekleidungsindustrie — **112**
4.6 Arisierung in der Bekleidungsindustrie — **116**
4.7 Die Bekleidungsindustrie im Zweiten Weltkrieg: Bewirtschaftung, Rationalisierung, Spezialisierung und Auskämmung — **131**
4.8 Bekleidungsproduktion in Ghettos und Konzentrationslagern: Die Beispiele Ghetto Litzmannstadt und KZ Ravensbrück — **144**

5 Zwischen Stoffmangel und Jedermann-Programm: Die westdeutsche Bekleidungsindustrie in der Nachkriegszeit (1945 bis 1949) — 166
5.1 Branchenentwicklung in Zahlen — **166**
5.2 Bewirtschaftung, Mangel und Wiederaufbau — **169**
5.3 Bergarbeiter und Jedermann: Notprogramme für die Bekleidungsindustrie — **175**
5.4 Arbeit der Verbände in den einzelnen Zonen — **177**

6 Zwischen „Kleiderwelle" und Importdruck: Die Bekleidungsindustrie in der frühen BRD (1949 bis 1973) — 179
6.1 Branchenentwicklung in Zahlen — **179**
6.2 Kleiderwelle: Boom in der Bekleidungsindustrie — **192**
6.3 Marktsättigung und zunehmender Konkurrenzkampf — **195**
6.4 Bedrohliche Importe: Konkurrenz aus den Niedriglohnländern — **200**
6.5 Flucht aufs Land — **203**
6.6 Verlagerung der Betriebe ins Ausland — **205**
6.7 Dem Strukturwandel preisgegeben: Die Rolle der Politik und der Niedergang der deutschen Bekleidungsindustrie — **208**

II Teil 2: Die Entwicklung einzelner Unternehmen

7 Fallstudien: Die Firmen Valentin Mehler AG, Triumph International AG und C&A Brenninkmeyer 1918 bis 1973 — 223
7.1 Valentin Mehler AG — 223
7.1.1 Die Weberei Valentin Mehler 1837 bis 1918: Vom Verlags- zum Fabrikbetrieb — **223**

7.1.2 Die „Ära Kayser“ bei der Mehler AG (1918 bis 1938): Von der Weberei zum diversifizierten Textil- und Bekleidungsbetrieb — **225**
7.1.2.1 Krisenjahre (1918 bis 1926) — **225**
7.1.2.2 Vertikalisierung: Die ersten Jahre der eigenen Konfektionsabteilung (1926 bis 1938) — **226**
7.1.2.3 Scheinarisierung: Hermann Wighardt und die Textilwerke GmbH (1933/34) — **235**
7.1.2.4 Arisierung der Mehler AG: Das Ausscheiden Kaysers aus der Firma (1938) — **237**
7.1.3 Die Mehler AG nach der Arisierung (1938 bis 1945): Auf dem Weg zum nationalsozialistischen Musterbetrieb — **238**
7.1.3.1 Ausbau der Konfektion bis Kriegsbeginn — **238**
7.1.3.2 Verlagerung der Fertigung auf technische Artikel — **239**
7.1.3.3 Verlagerung der Fertigung ins Ausland — **242**
7.1.3.4 Einsatz von Zwangsarbeitern — **244**
7.1.4 Die Mehler AG in der Nachkriegszeit (1945 bis 1952): Wiederaufbau und Treuhänderschaft — **247**
7.1.4.1 Erste Produkte: Mäntel und Kleider — **247**
7.1.4.2 Rückerstattungsverfahren Kayser-Kaus und Mehler-Wighardt — **250**
7.1.5 Die Mehler AG in der Wirtschaftswunderzeit (1952 bis 1972): Die Bekleidungssparte als Stütze des Unternehmens bei zunehmender Eigenkapitalschwäche — **255**
7.1.5.1 Die Abteilung Bekleidung als Aushängeschild des Unternehmens — **255**
7.1.5.2 Verlustgeschäft: Exportgesellschaften in den USA und Kanada — **261**
7.1.5.3 Arbeitskräftemangel: Betriebsstätten auf dem Land — **262**
7.1.5.4 Passive Lohnveredelung in Jugoslawien — **263**
7.1.5.5 Erwerb von Tochtergesellschaften — **264**
7.1.5.6 Eigenkapitalproblematik der Mehler AG — **265**
7.1.6 Die Mehler AG und die Ära Glöggler (1972 bis 1976): Eine unglückliche Konstellation — **269**
7.1.6.1 Die Glöggler-Gruppe und der Erwerb der Mehler AG — **269**
7.1.6.2 Die Unternehmenspolitik im Schatten des Beherrschungsvertrages mit der Glöggler-Gruppe — **271**
7.1.6.3 Verlustquelle Auslandsfertigung Valmeline S.A. Tarragona — **273**
7.1.6.4 Rettung durch Banken und das Land Hessen: Die Herauslösung der Mehler AG aus der zahlungsunfähigen Glöggler-Gruppe — **275**
7.1.7 Die Mehler AG seit 1976: Konzentration auf technische Textilien — **277**
7.2 Triumph International AG (bis 1959 Spiesshofer & Braun) — 278
7.2.1 Spiesshofer & Braun 1886 bis 1918: Von der Korsettmanufaktur zum Fabrikbetrieb — **279**

7.2.2 Das „miederlose Vakuum“ in den 1920er Jahren: Neue Produkte müssen her (1918 bis 1933) — **285**

7.2.2.1 Diversifizierung in den Frottierbereich — **285**

7.2.2.2 Die geschäftliche Entwicklung 1919 bis 1933 — **288**

7.2.3 Zwischen Zwangsmaßnahmen und ökonomischem Profit: Spiesshofer & Braun während der NS-Zeit (1933 bis 1945) — **289**

7.2.3.1 Spiesshofer & Braun 1933 bis 1939 — **289**

7.2.3.2 Produktion im Deutschen Reich 1939 bis 1945 — **292**

7.2.3.3 Produktion im Ghetto Litzmannstadt 1941 bis 1944 — **293**

7.2.4 Neubeginn (1945 bis 1949) — **295**

7.2.5 Führender Miederhersteller in Europa: Errichtung der Triumph-Straße (1949 bis 1959) — **297**

7.2.5.1 Die Rückkehr der Mieder — **297**

7.2.5.2 Expansion in den bayrischen Raum — **298**

7.2.6 Structure follows strategy: Laufende Umstrukturierungen und Internationalisierung (1959 bis 1973) — **301**

7.2.6.1 Die deutschen Triumph-Gesellschaften — **301**

7.2.6.2 Die internationalen Triumph-Gesellschaften — **308**

7.2.6.3 Neue Wege in Marketing und Werbung — **310**

7.2.6.4 Der Set-Gedanke — **314**

7.2.6.5 Einstieg in die Strumpfproduktion — **314**

7.2.7 Anpassung an die Marktbedingungen: Neue Ideen im Inland, Produktion im Ausland (ab 1973) — **316**

7.3 C&A Brenninkmeyer — 318

7.3.1 Die Entwicklung des Einzelhandelsgeschäfts bei C&A 1860 bis 1918 — **319**

7.3.2 Der Beginn der Eigenfabrikation im Zentrum der deutschen Konfektion: Cunda und Herfa in Berlin (1921 bis 1933) — **321**

7.3.2.1 Anfänge mit Damenoberbekleidung: Die Cunda — **321**

7.3.2.2 Ergänzung des Programms durch Herrenoberbekleidung: Die Herfa — **325**

7.3.3 Ausbau der Betriebe, Militärlieferungen und Verlagerungen: Die Eigenbetriebe von C&A in der NS-Zeit (1933 bis 1945) — **326**

7.3.3.1 Gescheiterter Einstieg in die Uniformfertigung — **326**

7.3.3.2 Ausbau und Modernisierung der Betriebe in Berlin — **328**

7.3.3.3 Die C&A Betriebe in der Kriegswirtschaft: Abzug von Arbeitskräften, Stilllegung und Verlagerung — **331**

7.3.3.4 Leitbetrieb Daherna: Reparaturwerkstätten in Berlin — **335**

7.3.3.5 Beschäftigung von Zwangsarbeitern — **336**

7.3.3.6 Produktion im Ghetto Litzmannstadt — **338**

7.3.3.7 Das Verhältnis der Familie Brenninkmeyer zum NS-Regime — **340**

7.3.4 Nähstuben und Shetlandpony: Neubeginn in Mettingen (1945 bis 1949) — **341**

7.3.4.1 Wiederaufbau in der Gastwirtschaft — **341**
7.3.4.2 Nähabteilungen in den Häusern Essen, Köln und Duisburg — **344**
7.3.4.3 Enteignung und Umsiedlung der Berliner Betriebsstätten — **345**
7.3.5 Kaufhaus – Fabrikgelände – grüne Wiese: Die Expansionswege der Cunda- und Herfa-Betriebe (1949 bis 1973) — **346**
7.3.5.1 Vom Kaufhaus zur Fabrik: Essen und Ludwigshafen — **346**
7.3.5.2 Ausbau des Standortes Mettingen für Herrenoberbekleidung — **348**
7.3.5.3 Arbeitskräftemangel: Errichtung von Herrenkleiderfabriken im Emsland — **349**
7.3.5.4 Einstieg in den Wirk- und Strickwarenmarkt 1953: Die Gloria in Neu-Ulm — **351**
7.3.5.5 Hoffnung auf Kostenersparnis: Passive Lohnveredelung — **352**
7.3.5.6 Die Cunda Berlin — **353**
7.3.5.7 Die Geschäftslage der Eigenfabrikation 1949 bis 1973 — **354**
7.3.6 Zu teuer: Das schleichende Ende der Eigenfabrikation bei C&A (1973 bis 2004) — **360**

8 Fazit — 362

9 Anhang — 372

10 Quellenverzeichnis — 383
10.1 Unveröffentlichte Quellen — **383**
10.2 Gedruckte Quellen — **387**
10.3 Fachzeitschriften — **387**
10.4 Sonstige Zeitschriften — **388**
10.5 Zeitungen — **388**
10.6 Interviews — **388**
10.7 Internetadressen — **388**

11 Literaturverzeichnis — 390

Personenregister — 401

Tabellenverzeichnis

Tabelle 1: Betriebsgrößenklassen des Bekleidungsgewerbes im Reichsgebiet 1875 bis 1907 —— 42
Tabelle 2: Personal des Bekleidungsgewerbes im Reichsgebiet 1875 bis 1907 —— 43
Tabelle 3: Die Altersstruktur der Fabrikangestellten des deutschen Bekleidungsgewerbes nach Angaben der Gewerbeaufsicht 1895 bis 1913 —— 44
Tabelle 4: Import und Export von Kleidung 1902 bis 1913 in Tonnen und Tausend —— 45
Tabelle 5: Geographische Verteilung der Betriebe und der Beschäftigten in der deutschen Kleider- und Wäschekonfektion 1895 (Auswahl) —— 46
Tabelle 6: Struktur des Berliner Bekleidungsgewerbes 1875 und 1907 —— 49
Tabelle 7: Betriebsgrößenklassen des Bekleidungsgewerbes im Reichsgebiet 1895 bis 1933 —— 66
Tabelle 8: Personal des Bekleidungsgewerbes im Reichsgebiet 1895 bis 1933 —— 66
Tabelle 9: Rechtsformen im deutschen Bekleidungsgewerbe 1895 bis 1925 —— 67
Tabelle 10: Umsatz der deutschen Bekleidungsindustrie 1928 bis 1933 in Millionen RM —— 68
Tabelle 11: Import und Export von Kleidung 1924 bis 1933 in Tonnen und Tausend RM —— 69
Tabelle 12: Monatslöhne in der Berufskleiderkonfektion im April 1932 in RM —— 69
Tabelle 13: Monatslöhne in der Herrenkleiderkonfektion im April 1932 in RM —— 71
Tabelle 14: Produktionsstätten der Wirtschaftsgruppe Bekleidungsindustrie 1939 und 1943 —— 92
Tabelle 15: Betriebsgrößenklassen der Wirtschaftsgruppe Bekleidungsindustrie 1942 —— 93
Tabelle 16: Jahresumsatz der Sparten der Wirtschaftsgruppe Bekleidungsindustrie 1935 bis 1941 in Millionen RM („Altreich“) —— 94
Tabelle 17: Umsatz der deutschen Bekleidungsindustrie nach Betriebgsrößenklassen 1933 in Tausend RM —— 95
Tabelle 18: Import und Export von Kleidung 1933 bis 1940 in Tonnen und Tausend RM —— 98
Tabelle 19: Arisierungen in der deutschen Bekleidungsindustrie März bis Dezember 1938 —— 117
Tabelle 20: Die Beschäftigten im Ghetto Litzmannstadt im März 1944 —— 147
Tabelle 21: Aufträge der Textilabteilung im Ghetto Litzmannstadt Juli 1941 bis März 1943 in RM —— 151
Tabelle 22: Produktionszahlen der Textilabteilung im Ghetto Litzmannstadt 2. Quartal 1942 bis 3. Quartal 1943 in Stück (Auszug) —— 152
Tabelle 23: Jahresumsätze in RM und Stückzahlen der Textilabteilung im Ghetto Litzmannstadt 1942 —— 152
Tabelle 24: Stückzahlen und Arbeitslöhne in RM im Ghetto Litzmannstadt 26. 4. 1942 bis 2. 5. 1942 —— 154
Tabelle 25: Preise der Schneiderei in Ravensbrück 1939 bis 1941 in RM —— 162
Tabelle 26: Umsätze der Texled 1940 bis 1944 in RM —— 162
Tabelle 27: Häftlingssätze der Texled pro Tag 1940 bis 1945 in RM —— 163
Tabelle 28: Prozentuale Verteilung der Gesamtproduktion in der deutschen Bekleidungsindustrie auf die Besatzungszonen —— 167
Tabelle 29: Produktion in der britischen Besatzungszone Mai 1946 bis März 1947 in Stück —— 167
Tabelle 30: Entwicklung der Durchschnittsstundenlöhne in der Textil- und Bekleidungsindustrie für weibliche Facharbeiterinnen Juni 1946 und September 1948 in Pfg. —— 169
Tabelle 31: Erzeugerpreisindex der Bekleidungsindustrie und der gesamten Industrie 1950 bis 1976 (1962 = 100) —— 188
Tabelle 32: Investitionsquote der Bekleidungsindustrie und der gesamten Industrie 1955 bis 1966 —— 189
Tabelle 33: Lieferungen aus dem Ghetto Litzmannstadt an die Firma Spiesshofer & Braun 4. Quartal 1942 bis 3. Quartal 1944 in Stück —— 294
Tabelle 34: Mitarbeiter in den Werken entlang der Triumphstraße 1961 und 1969 —— 300

https://doi.org/10.1515/9783110560381-001

Tabelle 35: Deutsche Werkstätten und Fabriken des C&A-Konzerns 1949 bis 1973 — 355
Tabelle 36: Geographische Verteilung der Betriebe und der Beschäftigten in der deutschen Kleider- und Wäschekonfektion 1895 — 372
Tabelle 37: Index der Großhandelspreise für Textilien 1887 bis 1913 (1913 = 100) — 373
Tabelle 38: Geographische Verteilung der Betriebe und der Beschäftigten in der deutschen Kleider- und Wäschekonfektion 1925 — 374
Tabelle 39: Index der Großhandelspreise für Bekleidung 1924 bis 1934 (1913 = 100) — 375
Tabelle 40: Beschäftigte in der Textilabteilung des Ghettos Litzmannstadt (ohne Datum, wahrscheinlich 1944, Auszug) — 376
Tabelle 41: Wochenberichte über die Produktion der Textilabteilung im Ghetto Litzmannstadt September 1943 bis Juni 1944 — 377
Tabelle 42: Zuwachsrate der Produktion in der Bekleidungsindustrie und der gesamten Industrie 1956 bis 1966 in Prozent — 378
Tabelle 43: Erzeugerpreisindex der Bekleidungsindustrie und der gesamten Industrie 1950 bis 1985 (1962 = 100) — 380
Tabelle 44: Bekleidungsausgaben pro Monat in der Bundesrepublik 1950 bis 1975 in DM und in Prozent des Einkommens — 382

Abbildungsverzeichnis

Abbildung 1: Cartoon Kleiderfabriken in Aschaffenburg Anfang des 20. Jahrhunderts —— 55
Abbildung 2: Index der Großhandelspreise für Bekleidung 1924 bis 1933 (1913 = 100) —— 68
Abbildung 3: Konkurse in der deutschen Bekleidungsindustrie 1920 bis 1933 —— 82
Abbildung 4: Geographische Verteilung der deutschen Bekleidungsindustrie 1935 —— 96
Abbildung 5: Index der Großhandelspreise für Bekleidung 1924 bis 1944 (1913 = 100) —— 97
Abbildung 6: Fertigungszeiten in der deutschen Uniformindustrie 1933 bis 1942 —— 101
Abbildung 7: Organisationsplan der Wirtschaftsgruppe Bekleidungsindustrie 1943 —— 109
Abbildung 8: Warenfluss und Bewirtschaftungsriegel im Textil- und Bekleidungssektor 1942 —— 133
Abbildung 9: Rationalisierung in der deutschen Bekleidungsindustrie 1939 und 1942 im Vergleich —— 141
Abbildung 10: Für die Texled arbeitende Häftlinge in Ravensbrück Juli 1940 bis Dezember 1943 —— 161
Abbildung 11: Betriebe und Beschäftigte in der deutschen Bekleidungsindustrie 1950 bis 1985 —— 180
Abbildung 12: Betriebe in der deutschen Bekleidungsindustrie nach Sparten 1951 bis 1974 —— 181
Abbildung 13: Beschäftigte in der deutschen Bekleidungsindustrie nach Sparten 1951 bis 1985 —— 182
Abbildung 14: Umsatz in der deutschen Bekleidungsindustrie 1950 bis 1985 in Milliarden DM —— 183
Abbildung 15: Umsatz in der deutschen Bekleidungsindustrie nach Sparten 1956 bis 1985 in Milliarden DM —— 184
Abbildung 16: Umsatz je Beschäftigten in der Bekleidungsindustrie und der gesamten Industrie 1951 bis 1985 in DM —— 185
Abbildung 17: Produktion in der deutschen Bekleidungsindustrie 1950 bis 1975 in Millionen Stück —— 186
Abbildung 18: Lohnkosten pro geleisteter Arbeitsstunde in der deutschen Bekleidungsindustrie 1951 bis 1985 in DM —— 187
Abbildung 19: Import und Export der deutschen Bekleidungsindustrie 1955 bis 1985 in Milliarden DM —— 190
Abbildung 20: Zuwachsrate der Produktion in der Bekleidungsindustrie und der gesamten Industrie 1956 bis 1966 in Prozent —— 197
Abbildung 21: Importe von Herrenhemden 1966 bis 1972 in Millionen DM —— 201
Abbildung 22: Importe der deutschen Bekleidungsindustrie nach Ländergruppen 1965 —— 203
Abbildung 23: Importe der deutschen Bekleidungsindustrie nach Ländergruppen 1974 —— 203
Abbildung 24: Konfektionsfertigung der Mehler AG um 1930 —— 229
Abbildung 25: Werbeanzeige Valmeline 1930er Jahre —— 231
Abbildung 26: Umsatz und Gewinn/Verlust der Mehler AG 1927 bis 1938 in Millionen RM —— 234
Abbildung 27: Umsatzverteilung der Mehler AG 1932/33 und 1936/37 —— 235
Abbildung 28: Beschäftigte der Mehler AG 1926 bis 1938 —— 235
Abbildung 29: Umsatzverteilung der Mehler AG 1938/39 und 1940/41 —— 240
Abbildung 30: Umsatz und Gewinn/Verlust der Mehler AG 1938 bis 1945 in Millionen RM —— 242
Abbildung 31: Umsatzverteilung der Mehler AG 1946/47 und 1950/51 —— 249
Abbildung 32: Umsatz und Gewinn/Verlust der Mehler AG 1946 bis 1953 in Millionen RM/DM —— 250
Abbildung 33: Umsatzverteilung der Mehler AG 1952/53 und 1970/71 —— 255
Abbildung 34: Umsatz und Gewinn/Verlust der Mehler AG 1952 bis 1972 in Millionen DM —— 256
Abbildung 35: Beschäftigte der Mehler AG 1952 bis 1972 —— 257
Abbildung 36: Werbeanzeige Valmeline 1962 —— 260

https://doi.org/10.1515/9783110560381-002

Abbildung 37: Personalaufwand der Mehler AG 1952 bis 1978 in Millionen DM und Anteil des Personalaufwandes am Umsatz 1952 bis 1978 in Prozent — 266

Abbildung 38: Eigenkapitalquote und -rentabilität der Mehler AG 1952 bis 1978 — 266

Abbildung 39: Verbindlichkeiten der Mehler AG 1952 bis 1978 in Millionen DM und Anteil der Verbindlichkeiten an der Bilanzsumme 1952 bis 1978 in Prozent — 267

Abbildung 40: Gewebtes Triumph-Korsett um 1900 — 282

Abbildung 41: Umsatz der Spiesshofer & Braun GmbH 1887 bis 1918 in Millionen Mark — 283

Abbildung 42: Werbung für Hüfthalter und Korselette 1920er Jahre — 286

Abbildung 43: Umsatz der Spiesshofer & Braun GmbH 1924 bis 1932 in Millionen RM — 288

Abbildung 44: Nähsaal bei Spiesshofer & Braun 1936 — 290

Abbildung 45: Auftragseingang der Korsettfabrik Spiesshofer & Braun GmbH bzw. OHG 1931 bis 1938 in Millionen RM — 291

Abbildung 46: Triumph-Werbung Anfang der 1950er Jahre — 298

Abbildung 47: Triumphstraße 1964 — 299

Abbildung 48: Triumph-Werk Regensburg 1961 — 299

Abbildung 49: Konzernstruktur von Triumph 1964 — 303

Abbildung 50: Umsatz des Triumph-Konzerns 1960 bis 1975 in Millionen DM — 306

Abbildung 51: Reingewinn der Triumph International AG 1959 bis 1975 in Millionen DM — 307

Abbildung 52: Werbung für den BH „einer für alle“ von Triumph 1970er Jahre — 312

Abbildung 53: Stückzahlen der Cunda 1925 bis 1933 — 323

Abbildung 54: Umsatz und Nettogewinn der Cunda 1924 bis 1933 in Milionen RM — 323

Abbildung 55: Herfa-Nähsaal ca. 1931 — 326

Abbildung 56: Werbeanzeige von C&A aus dem Jahr 1934/35 mit dem Hinweis, den DAF-Festanzug sowie Uniformen für SA, SS und übrige Verbände bei C&A zu kaufen — 327

Abbildung 57: Werkstätten-Nähsaal 1937 — 329

Abbildung 58: Stückzahlen der Cunda und Herfa 1933 bis 1939 in Tausend — 329

Abbildung 59: Umsatz der Cunda und Herfa 1933 bis 1939 in Millionen RM — 330

Abbildung 60: Nettogewinn der Cunda und Herfa 1933 bis 1939 in Tausend RM — 331

Abbildung 61: Fabra Mettingen Anfang der 1950er Jahre — 343

Abbildung 62: Betriebsstruktur der Canda Essen um 1970 — 356

Abbildung 63: Stückzahlen der C&A Produktionsbetriebe 1950 bis 1961 in Millionen — 357

Abbildung 64: Umsatz und Bruttogewinn der C&A-Produktionsbetriebe 1950 bis 1961 in Millionen DM — 358

Abbildung 65: Stundenlöhne der Herfa Mettingen 1965 bis 1975 in DM — 359

Abbildung 66: Personalkosten der deutschen Bekleidungsindustrie 1951 bis 1974 in Prozent der Gesamtproduktion — 379

Abbildung 67: Investitionen der deutschen Bekleidungsindustrie 1964 bis 1979 in Millionen DM — 379

Abkürzungsverzeichnis

ADEFA	Arbeitsgemeinschaft deutsch-arischer Fabrikanten der Bekleidungsindustrie
APL	Archiwum Państwowe w Łodzi
BA	Bundesarchiv
BayHStA	Bayrisches Hauptstaatsarchiv
BBI	Bundesverband Bekleidungsindustrie
BDM	Bund Deutscher Mädel
BeSpo	Berufs- und Sportbekleidung
Bfr.	Belgischer Franc
BLHA	Brandenburgisches Landeshauptarchiv
BMWi	Bundesministerium für Wirtschaft
BW	Bekleidung und Wäsche
BWA	Bayrisches Wirtschaftsarchiv
DAF	Deutsche Arbeitsfront
DCM	Draiflessen-Collection Mettingen
DK	*Deutsche Konfektion*
DLuW	*Deutsche Leinen- und Wäschezeitung*
DM	Deutsche Mark
DOB	Damenoberbekleidung
DZ	Doppelzentner
EWG	Europäische Wirtschaftsgemeinschaft
FAZ	*Frankfurter Allgemeine Zeitung*
FZ	*Fuldaer Zeitung*
GStA	Geheimes Staatsarchiv Preußischer Kulturbesitz
GTB	Gewerkschaft Textil-Bekleidung
HAC	Historisches Archiv Commerzbank AG
HAKA	Herren- und Knabenoberbekleidung
HHStAW	Hessisches Staatsarchiv Wiesbaden
IGEDO	Interessengemeinschaft Damenoberbekleidung
IHK	Industrie- und Handelskammer
JEIA	Joint Export-Import Agency
KMU	Kleine und mittlere Unternehmen
Konf	*Der Konfektionär*
LAB	Landesarchiv Berlin
LANRW	Landesarchiv Nordrhein-Westfalen Detmold
Man	*Der Manufakturist*
MGR	Mahn- und Gedenkstätte Ravensbrück
Mio.	Millionen
MRB	*Mitteilungen des Reichsverbandes der Deutschen Bekleidungsindustrie*
Mrd.	Milliarden
NB	*Nachrichten für die Bekleidungsindustrie und den Textilhandel*
NCI	N. V. Nationaale Confectie Industrie
NTZ	*Neue Textil-Zeitung*
OKW	Oberkommando der Wehrmacht
OMGUS	Office of Military Government for Germany
ÖS	Österreichischer Schilling
Pfg.	Pfennig
PLV	passive Lohnveredelung

https://doi.org/10.1515/9783110560381-003

RGBl	Reichsgesetzblatt
RM	Reichsmark
Rpf.	Reichspfenning
RWM	Reichswirtschaftsministerium
SBZ	Sowjetische Besatzungszone
SSAA	Stadt- und Stiftsarchiv Aschaffenburg
SStAL	Sächsisches Staatsarchiv Leipzig
StArchBI	Stadtarchiv Bielefeld
StArchR	Stadtarchiv Regensburg
STEG	staatliche Erfassungsgesellschaft für öffentliches Gut
TA	Triumph-Archiv
TexWo	*Die Textil-Woche*
Tsd.	Tausend
TW	*TextilWirtschaft*
TZ	*Textil-Zeitung*
VfW	Verwaltungsamt für Wirtschaft
ZIH	Źydowski Instytut Historyczny Warszawa
ZLG	Zentrallagergemeinschaft

1 Einleitung

1.1 Problemstellung, Erkenntnisinteresse und Fragestellung

Die Medien berichten gegenwärtig beinahe täglich über die Zustände in den Bekleidungsbetrieben in Bangladesch und Kambodscha.[1] Wo und wie Bekleidung produziert, auf wessen Kosten und zu welchem Preis sie hergestellt wird, ist ein aktuelles Thema. Im Fokus der Betrachtung stehen in der Regel die Produktions- und Arbeitsbedingungen in den Fabriken sowie die schlechte Lage der Arbeiterinnen. Heute stammen rund 95 Prozent der in Deutschland verkauften Kleidung aus dem Ausland, v. a. aus Asien.[2]

Die Diskussion über die Zustände in den Produktionsbetrieben der Bekleidungsindustrie ist aber kein aktuelles Phänomen. Bereits vor mehr als einhundert Jahren gab es eine heftige Debatte im Deutschen Kaiserreich über das Los der Heim- und Fabrikarbeiterinnen in der Bekleidungsindustrie. Zu dieser Zeit wurde im Deutschen Reich so viel Kleidung produziert, dass große Mengen exportiert wurden (1902 beispielsweise ca. 10.000 Tonnen), aber in kaum nennenswerten Umfang Importe stattfanden (1902 knapp 300 Tonnen).[3]

Von den Arbeiterinnen im Deutschen Kaiserreich bis zu den Mädchen und Frauen in den einsturzgefährdeten Fabriken in Südostasien ist es ein weiter Weg. Sie verbindet aber, dass Bekleidungsfabrikanten bestrebt sind, die Lohnkosten möglichst niedrig zu halten und ihr Produkt so preiswert wie möglich herzustellen. Die Lohnkosten sind es auch, die bestimmte Produktionssysteme determinieren – ob in Heimarbeit oder im Fabriksystem produziert wird – und auch für die Standortwahl bzw. -verlagerung verantwortlich sind. Die Kapitalintensität spielt nicht die determinierende Rolle wie in anderen Sektoren. Entscheidend sind die Personalkosten, da man es mit einer arbeitsintensiven Branche zu tun hat. Dies zeigt sich v. a. im Umsatz pro Beschäftigten, der niedriger ist als in anderen Branchen. Die im Vergleich zu anderen Wirtschaftsbereichen geringeren Löhne sind ein Kennzeichen der Bekleidungsindustrie. Dies hängt zum einen mit dem hohen Anteil von Frauen in den Betrieben, aber auch dem geringeren Anteil qualifizierter Arbeitskräfte zusammen.[4]

Diskussionen um die Arbeitsbedingungen der Näherinnen gab es damals wie heute und Forderungen nach staatlicher Regulierung und Überwachung bzw. Festlegung von Qualitätsnormen wurden und werden laut. Den Näherinnen sollen ad-

1 Vgl. z. B. die Kampagne der Caritas aus dem Jahr 2014 „Weit weg ist näher als Du denkst" http://www.caritas.de/magazin/kampagne/globalenachbarn/startseite/startseite (Stand: 19.01.2016).

2 Vgl. http://www.caritas.de/magazin/kampagne/globalenachbarn/entdecken/entdecken#nassima-begum (Stand: 19.01.2016).

3 Vgl. Kaiserliches Statistisches Amt (Hg.): Statistisches Jahrbuch für das Deutsche Reich, Berlin 1902, S. 135 f.

4 Vgl. Breitenacher, Michael: Die Bekleidungsindustrie aus der Sicht der siebziger Jahre, Berlin 1975, S. 15 – 17.

https://doi.org/10.1515/9783110560381-004

äquate Arbeitsbedingungen zugesichert werden und den Konsumenten ein gut verarbeitetes, langlebiges Produkt, das keine Schadstoffe enthält.

Wendet man sich dem Begriff „Bekleidungsindustrie" näher zu, hat jeder zunächst ein intuitives Verständnis über den Inhalt dieser Bezeichnung. Beschäftigt man sich aber einmal genauer mit dem Begriff, merkt man schnell, dass er nicht so eindeutig ist, wie zunächst angenommen. Die Herstellung von Hosen, Kleidern und Wäsche fasst man darunter, was aber ist mit Schuhen, Hüten, Krawatten und ähnlichem? So vielfältig wie diese Fragen sind auch die Definitionen des Begriffs „Bekleidungsindustrie".

Ganz allgemein kann man unter „Bekleidungsindustrie" eine Folgestufe der Textilindustrie verstehen, die sich mit der Verarbeitung fertiger Gewebe befasst.[5] Die Bekleidungsindustrie steht in der Wertschöpfungskette zwischen der Textilindustrie und dem Groß- und Einzelhandel[6], an den sie die fertigen Kleidungsstücke verkauft. Das Handwörterbuch des Kaufmanns definierte „Bekleidungsindustrie" im Jahr 1925 wie folgt:

> Die Bekleidungsindustrie befasst sich mit der Herstellung von Bekleidungsgegenständen aller Art. Diese Gegenstände sind nun außerordentlich mannigfaltig, je nach den besonderen Zwecken, denen sie dienen, und ebenso mannigfaltig sind die Rohstoffe bzw. Halbfabrikate, aus denen sie hergestellt werden.[7]

Unterteilen lässt sich die Branche in Ober- und Unterbekleidung sowie Kleidung für bestimmte Körperteile wie Kopf und Fuß. Ob nur die Ober- und Unterbekleidung, die sog. „Rumpfbekleidung", zur Bekleidungsindustrie gerechnet wird, hängt von der jeweiligen Begriffsbestimmung ab. Die Definitionen sind meist produktorientiert und unterscheiden nicht, ob die Kleidung handwerksmäßig oder industriell hergestellt wird. Anfang des 20. Jahrhunderts wurde versucht, diese Differenzierung durch den Begriff der „Konfektion" deutlich zu machen, unter der man die nicht handwerksmäßige Herstellung von Fertigkleidung verstand.[8] Der Begriff „Konfektion" leitet sich etymologisch aus dem lateinischen conficere = beenden, fertigmachen ab und bedeutet hier so viel, wie Stoffe zu einem fertigen Kleidungsstück zu verarbeiten.[9]

Im Folgenden wird unter „Bekleidungsindustrie" derjenige Bereich verstanden, der sich mit der verlagsmäßigen oder industriellen Herstellung von Damenoberbe-

---

5 Vgl. Bley, Dietrich: Die Standortverlagerungen der Bekleidungsindustrie in der Bundesrepublik Deutschland und ihre Ursachen, Mainz, Univ. Diss. 1969, S. 10.

6 Zum Textileinzelhandel vgl. die im gleichen Projekt wie die vorliegende Dissertation entstandene Arbeit von Uwe Balder: Der deutsche Textileinzelhandel 1914 bis 1961, vorauss. 2017.

7 Bott, Karl (Hg.): Handwörterbuch des Kaufmanns. Lexikon für Handel und Industrie, 1. Bd.: A-D, Hamburg 1925, S. 395 f.

8 Vgl. Fink, Hansludwig: „Konfektions-(Bekleidungs-)Industrie", in: Hans Seischab/Karl Schwantag (Hg.): Handwörterbuch der Betriebswirtschaft, Bd. 2: Finanzausgleich-Kreditversicherung. 3., völlig neu bearb. Aufl., Stuttgart 1957, Sp. 3212–3217.

9 Vgl. Kunkel, Lorenz: Die Aschaffenburger Herrenkonfektion, Aschaffenburg 1931, S. 6.

kleidung (DOB), Herren- und Knabenoberbekleidung (HAKA), Arbeits-, Berufs- und Sportbekleidung (BeSpo) sowie der Wäscheherstellung (Damen-, Herren- und Kinderunterwäsche) befasst. Dies beinhaltet, dass Kleidung nach festgelegten Normgrößen für einen anonymen Massenmarkt auf Vorrat produziert wird. Diese Definition entspricht der von „Konfektion". Auch das Verlagssystem als Zwischenstufe von handwerklicher und industrieller Fertigung ist Teil der Untersuchung, da auch hier Ware nach festgelegten Größen für eine anonyme Kundschaft hergestellt wird. Handwerksmäßig angefertigte Kleidungsstücke werden dagegen meist nach Maß auf einen bestimmten Kundenwunsch hin genäht und werden deshalb im Folgenden nicht zum Bereich „Bekleidungsindustrie" gezählt. Bekleidungszubehör wie Schuhe[10] und Hüte wird nicht näher untersucht, da die Produkte eine andere Rohstoffbasis besitzen, die Maschinen zu ihrer Verarbeitung andere sind und sich die Produktionsweisen grundlegend unterscheiden. In der Statistik spielt dieses „Bekleidungszubehör" gegenüber der „Rumpfbekleidung" ohnehin nur eine untergeordnete Rolle, so dass eine solche Einschränkung möglich ist, ohne die Gültigkeit der getroffenen Aussagen abschwächen zu müssen. Auch die statistische Abgrenzung zwischen Textil- und Bekleidungsindustrie ist mit dieser Definition vereinbar. Die Einteilung in die Kategorien der statistischen Angaben wird nicht vom Verwendungszweck her bestimmt, sondern ist bedingt durch den technischen Verarbeitungsvorgang.[11] Wirkerei und Strickerei werden technologisch zur Textilindustrie gezählt,[12] dieser Definition folgt auch die amtliche Statistik seit dem Kaiserreich.

Die Ursprünge der Bekleidung reichen weit zurück. Kleiden musste der Mensch sich schon immer. Kleidung schützt vor Witterung, begegnet dem Schambedürfnis der Menschen und war schon früh ein Zeichen von Stand und Modebewusstsein.[13] Neben der Nahrung und der Wohnung gehört die Bekleidung zu den wichtigsten unverzichtbaren Grundbedarfsgütern.[14]

Die Bekleidungsindustrie zählte im Untersuchungszeitraum zu den wichtigsten Zweigen der Konsumgüterwirtschaft.[15] Die industrielle Kleiderherstellung ist jedoch eine noch junge Branche, erste Anfänge reichen in die 1830er Jahre zurück. Bekleidung stellten die Menschen bis zu diesem Zeitpunkt selbst her oder gaben sie – wenn sie dafür genug Geld besaßen – bei einem Schneider in Auftrag. Für einen großen Teil

10 Zum Schuh in der NS-Zeit siehe die breit angelegte Studie von Anne Sudrow: Der Schuh im Nationalsozialismus. Eine Produktgeschichte im deutsch-britisch-amerikanischen Vergleich, Göttingen 2010.

11 Vgl. Meier, Rudolf Christoph: Bekleidungsindustrie. Strukturelle Probleme und Wachstumschancen, Berlin 1964, S. 21.

12 Vgl. Bley, Standortverlagerungen, S. 10.

13 Vgl. Loschek, Ingrid: Reclams Mode- und Kostümlexikon. 2.Aufl., Stuttgart 1988, S. 1 und Kleinschmidt, Christian: Konsumgesellschaft, Göttingen 2008, S. 44–47.

14 Vgl. Henning, Friedrich Wilhelm: Handbuch der Wirtschafts- und Sozialgeschichte Deutschlands 2. Deutsche Wirtschafts- und Sozialgeschichte im 19. Jahrhundert, Paderborn 1996, S. 453.

15 Vgl. Hamm, Walter: Die Stellung der Bekleidungsindustrie in der Volkswirtschaft, in: Ernst Melzer (Hg.): Die Bekleidungsindustrie, Darmstadt 1955, S. 234–243, hier S. 234.

der ländlichen und der städtischen Bevölkerung waren die finanziellen Möglichkeiten der Beschaffung von Kleidung bis in die Mitte des 19. Jahrhunderts sehr begrenzt.[16] Laut den Berechnungen Ernst Engels aus den 1880er Jahren konnten Arbeiterfamilien um etwa 1850 16 Prozent ihres Haushaltsbudgets für Kleidung ausgeben, Mittel- und Wohlstandshaushalte 18 Prozent.[17]

Drei wichtige Voraussetzungen waren für die Entwicklung einer industriellen Bekleidungsherstellung zentral. Erstens war dies die starke Bevölkerungszunahme ab Mitte des 19. Jahrhunderts. Die Bevölkerung auf dem Gebiet des Deutschen Reiches betrug 1816 23,5 Millionen Einwohner. Um 1900 waren es bereits ca. 56 Millionen. Zweitens brachte die Industrialisierung eine breite Konsumentenschicht hervor, die preiswerte und einheitliche Arbeitskleidung nachfragte. Drittens kam es in der zweiten Hälfte des 19. Jahrhunderts infolge der beiden genannten Aspekte zu einer Urbanisierungswelle. Die Zahl der Großstädte mit mehr als 100.000 Einwohnern stieg zwischen 1871 und 1910 von 8 auf 48. Die Gesamteinwohnerzahl der Großstädte wuchs in dieser Zeit um 602 Prozent von knapp 2 Millionen auf etwa 14 Millionen. 1871 lebte lediglich jeder zwanzigste in der Großstadt. 1914 war es jeder vierte.[18] Aus ihrer traditionellen ländlichen Umgebung befreit und in das städtische Arbeitsleben eingegliedert, konnten oder wollten diese Personen ihre Kleidung nicht mehr selbst herstellen und griffen auf industriell gefertigte Ware zurück.[19]

Die Durchsetzung einer geringen Anzahl standardisierter Normalgrößen, die wahrscheinlich aus der Uniformfertigung stammten, wirkte sich ebenfalls positiv auf die Entstehung dieses Industriezweiges aus.[20] Die von Elias Howe und Isaac Merritt Singer entscheidend verbesserte Nähmaschine als technische Neuerung beschleunigte das Herstellen von Kleidung und leistete ein Vielfaches im Vergleich zur Handarbeit.[21] Entgegen kam der Entwicklung eines solchen Wirtschaftszweiges auch die Entdeckung der synthetischen Farbstoffe in der zweiten Hälfte des 19. Jahrhunderts. Sie waren von gleichmäßigerer Qualität und höherer Haltbarkeit als Naturfar-

---

16 Den Übergang von der Eigenfertigung zum Konsum von Kleidung ab Mitte des 19. Jahrhunderts beschreibt Steiner, André: Von der Eigenfertigung zum Markterwerb der Kleidung. Ein Beitrag zur Kommerzialisierung des Wirtschaftens privater Haushalte in Deutschland im langen 19. Jahrhundert, in: Michael Prinz (Hg.): Der lange Weg in den Überfluss. Anfänge und Entwicklung der Konsumgesellschaft seit der Vormoderne, Paderborn 2003, S. 255 – 271.

17 Vgl. Engel, Ernst: Das Rechnungsbuch der Frau und seine Bedeutung im Wirtschaftsleben der Nation, Berlin 1882, S. 44.

18 Vgl. Hubert, Michel: Deutschland im Wandel. Geschichte der deutschen Bevölkerung seit 1815, Stuttgart 1998, S. 164 – 168 und Reulecke, Jürgen: Geschichte der Urbanisierung in Deutschland, Frankfurt a. M. 1985, S. 68 – 70.

19 Vgl. Hardtwig, Wolfgang/Tenfelde, Klaus: Einführung, in: Dies (Hg.): Soziale Räume in der Urbanisierung. Studien zur Geschichte München im Vergleich 1850 – 1933, München 1990, S. 7 – 15, hier S. 7 f.

20 Vgl. Sombart, Werner: Krieg und Kapitalismus, München/Leipzig 1913, S. 171 und S. 173 und Krause, Gisela: Altpreußische Uniformfertigung als Vorstufe der Bekleidungsindustrie, Hamburg 1965, S. 46 und S. 54.

21 Vgl. Meier, Bekleidungsindustrie, S. 11 f.

ben sowie preiswerter. Außerdem boten sie größere Möglichkeiten zur modischen Variation. Blau gehörte zu den preiswerten synthetischen Farben und wurde deshalb v.a. von den unteren Schichten getragen. Dies zeigte sich besonders im blauen Arbeitskittel. Rot war ungefähr fünfmal so teuer und wurde v.a. in Kleidern des Adels und des Wirtschaftsbürgertums verarbeitet.[22]

Zu einer flächendeckenden Herstellung in der Fabrik gelangte die Fertigung von Kleidung aber erst im Laufe des 20. Jahrhunderts. Dies hing zum einen damit zusammen, dass Kleidung lange Zeit in Heimarbeit[23] hergestellt wurde, weil sich die Formgebung in der Verarbeitung von Geweben zu Kleidung nicht oder nur sehr partiell mechanisieren lässt, zum anderen aber auch mit der Ablehnung der Menschen gegenüber der „Kleidung von der Stange", die erst ab Ende des 19. Jahrhunderts ausgehend von den unteren Schichten, die sich keine Maßkleidung leisten konnten, abgebaut wurde.[24] In den Städten setzte sich Fertigkleidung schneller durch als auf dem Land, einerseits weil der Bedarf der dortigen Industriearbeiterschaft größer war, andererseits auch, weil der Tracht als verbindendem Element auf dem Land bis ins 20. Jahrhundert eine große Bedeutung zukam.[25]

Im Gegensatz zu den klassischen Führungssektoren der Industrialisierung wie der Eisen- und Stahlindustrie, dem Maschinenbau und der Chemischen Industrie, die durch kapitalintensive und technisierte Produktionsformen gekennzeichnet sind, handelt es sich bei der Bekleidungsindustrie um eine wenig kapital,– sondern arbeitsintensive Branche, die im Landschaftsbild wenig auffällt, da keine großen Gebäude und Maschinen benötigt werden und sie selbst keine Verschmutzungen und kein Abwasser verursacht wie beispielsweise die Chemische Industrie. Außerdem war die Fertigung durch Verlagssystem und Heimarbeit bis in die Mitte des 20. Jahrhunderts stark dezentralisiert. Deswegen wurde sie von den Zeitgenossen auch „Industrie ohne Schornsteine"[26] genannt.

Ziel der Arbeit ist es, die Entwicklung der deutschen Bekleidungsindustrie von der Weimarer Republik, in der zunehmend „Kleiderfabriken" entstanden und man von einer „Industrie" im eigentlichen Sinne sprechen kann, bis zum Niedergang der Branche in Deutschland Ende der 1960er/Anfang der 1970er Jahre zu untersuchen. Auf

---

22 Vgl. König, Wolfram: Kleine Geschichte der Konsumgesellschaft. Konsum als Lebensform der Moderne, Berlin 2008, S. 108.

23 Der Begriff Heimarbeit entstand Anfang des 19. Jahrhunderts, als es nötig erschien, diese schon Jahrhunderte alte häusliche Organisation des Gewerbes vom zentralen Manufaktur- oder Fabrikbetrieb zu unterscheiden. Bis Mitte des 19. Jahrhunderts war fast die Hälfte aller gewerblich Beschäftigten in Heimarbeit tätig. Traditionelle Branchen waren die Heimweberei oder das hausindustrielles Metallgewerbe. Die Heimarbeit erlebte Ende des 19. Jahrhunderts einen Wandel. Die traditionelle Verbindung zwischen Heimarbeit und Landwirtschaft verschwand zunehmend. Die Heimarbeit hatte nun überwiegend großstädtischen Charakter und der Anteil der Frauen nahm zu. Vgl. Pierenkemper, Toni: Gewerbe und Industrie im 19. und 20. Jahrhundert, München 1994, S. 15–17.

24 Vgl. Pilgrim, Heinz: Die Herforder-Bielefelder Konfektionsindustrie, Diss. Jena 1927, S. 6.

25 Vgl. Steiner, Eigenfertigung, S. 258.

26 Meier, Bekleidungsindustrie, S. 14.

der Branchenebene stellen sich dabei folgende Fragen: Welchen Verlauf nahm die Branche in diesen gut 50 Jahren? Welche Kontinuitäten und Brüche offenbarten sich? Welchen Einfluss hatten wirtschaftliche und politische Zäsuren auf die Branche? Wie wirkte sich der Zweite Weltkrieg auf die Entwicklung aus? Zum ersten Mal in einer wirtschaftshistorischen Studie soll hier ein Blick auf die Bekleidungsproduktion in Ghettos und Konzentrationslagern während des Zweiten Weltkrieges geworfen werden. Außerdem soll untersucht werden, welche Faktoren den Spielraum der Branche determinierten. Zu fragen ist hier z. B. nach der Rolle von Gesetzen und Vorschriften, Marktformen und der Konkurrenzsituation. Wie entwickelten sich Betriebsgrößen-, Beschäftigten- und Umsatzzahlen im zeitlichen Verlauf? Dominierten in der Branche eher größere oder eher kleinere Unternehmen und veränderte sich diese Struktur im Laufe des Untersuchungszeitraums? Gab es unterschiedliche Entwicklungen in den einzelnen Fachzweigen der Bekleidungsindustrie und wie lassen sich diese ggf. erklären? Konnte beispielsweise die Herrenoberbekleidungsindustrie durch Uniformherstellung während des Krieges mehr Aufträge erhalten als Wäschehersteller? Welche Ursachen führten zum starken Schrumpfen der Branche Ende der 1960er/Anfang der 1970er Jahre? Ein Blick soll dabei auch auf die Modetrends und Konsumenten geworfen werden. Welchen Einfluss hatte beispielsweise die Abkehr vom Korsett in den 1920er Jahren auf die Miederindustrie?

Auf der Mikroebene werden die im Branchenüberblick angesprochenen Entwicklungstrends anhand von Fallbeispielen konkretisiert und veranschaulicht. Es soll gezeigt werden, wie die einzelnen Unternehmen mit den Chancen und Herausforderungen des Marktes und der Politik umgingen, welche Strategien sie zu deren Bewältigung einsetzten und wie sich diese ggf. nach Betriebsgröße, Eigentums-, Führungs- und Kontrollstruktur unterschieden. Konnten beispielsweise die Unternehmen nur reaktiv handeln oder waren genügend Spielräume für aktive Bewältigungsmöglichkeiten vorhanden? Zu fragen ist z. B. danach, ob Wäschehersteller in Krisen andere Bewältigungsstrategien als Fabrikanten der Damenoberbekleidung wählten, welche Rolle die Unternehmensgröße in der Investitionspolitik spielte oder welchen Einfluss die Eigentums- und Führungsstruktur auf die Unternehmenspolitik hatte. Verhielten sich beispielsweise Familienunternehmen in Krisen oder bestimmten politischen Konstellationen anders als Aktiengesellschaften? Damit wird anhand von Quellenmaterial zum ersten Mal eine konzise Studie über diesen Wirtschaftssektor für Deutschland vorgelegt.

1.2 Forschungsstand

Laut Andrew Godley ist die Bekleidungsindustrie vermutlich der einzige wichtige Industriezweig, dem sich die wirtschaftshistorische Forschung weder in Deutschland noch in anderen Ländern bisher gründlich zuwandte, obwohl sie lange Zeit ein bedeutendes ökonomisches Gewicht besaß. Außer Auftragsarbeiten, die einzelne Firmen betreffen, und zeitgenössischen Studien sucht man nach weiteren Untersuchungen für die historische Entwicklung vergebens. Sicherlich hängt dies auch damit zusammen, dass die Überlieferung in den Archiven als äußert lückenhaft zu bezeichnen ist. Die Branche war und ist zu einem großen Teil durch kleinere und mittlere Unternehmen (KMU) geprägt, in denen Schriftlichkeit und langfristige Archivierung keine so große Rolle spielen wie in größeren Unternehmen.[27] Die große Modeabhängigkeit und der schnelle Trendwandel führen dazu, dass Zukunftstrends wichtiger erscheinen als Tradition und Vergangenheit. Der Niedergang der Branche und die Insolvenz vieler Firmen seit den 1960er Jahren haben sicherlich ihr Übriges dazu getan. Gerade aus wirtschaftshistorischer Sicht ist die Branche Bekleidungsindustrie aber ein sehr interessantes Untersuchungsobjekt, da die Industrialisierung hier sehr spät und flächendeckend erst im 20. Jahrhundert einsetzte.[28] Politisch hat die Branche kein großes Gewicht, sicher auch dadurch hervorgerufen, dass 80 bis 90 Prozent der Beschäftigten Frauen waren und sind, was die Branche wissenschaftlich betrachtet aus dem Gender-Aspekt heraus interessant erscheinen lässt.[29]

Die Vorstufe Textilindustrie ist besser erforscht. Gerd Höschle beschäftigt sich mit der Textilindustrie und dem staatlichen Interventionismus zwischen 1933 und 1945. Anhand von 99 Unternehmensstudien zeichnet er ein differenziertes Bild der Branche und zeigt, dass nicht alle Textilunternehmen – trotz ihrer geringen Relevanz für die Rüstungspläne des NS-Regimes – zu den Verlierern des Aufschwungs zu zählen sind.[30] Stephan Lindner untersucht Gründe für den Niedergang der deutschen und französischen Textilindustrie in den 1960er bis 1990er Jahren. Er stellt heraus, dass die Unternehmen in Deutschland und Frankreich aufgrund eines stagnierenden heimischen Marktes deutlich zurückhaltender mit Investitionen umgingen als Textilbetriebe in Ländern mit dynamisch wachsenden Märkten. Der Schrumpfungsprozess verlief laut Lindner in Frankreich dramatischer als in Westdeutschland, was er auf die französische Politik zurückführt, die Branche zu modernisieren, gleichzeitig aber alle Arbeitsplätze zu erhalten. Damit erreichte die Regierung laut Lindner genau das Gegenteil ihrer Absichten.[31]

Der Großteil der Literatur zur Bekleidungsindustrie stammt aus den Jahren 1890 bis 1940. Meist handelt es sich um staats-, wirtschafts- oder rechtswissenschaftliche Dissertationen, die sich i. d. R. mit einem bestimmten regionalen Gebiet und einem bestimmten Bereich der Bekleidungsindustrie wie der Mäntel- oder Wäscheherstel-

27 Vgl. Godley, Andrew: The Development of the Clothing Industry. Technology and Fashion, in: Textile History 28 (1997), S. 3–10, hier S. 3.

28 Vgl. Hagemann, Werner: Entwicklung der Bekleidungsindustrie in 25 Jahren als Voraussetzung ihrer heutigen Struktur, in: Ernst Melzer (Hg.): Die Bekleidungsindustrie, Darmstadt 1955, S. 1–15, hier S. 1.

29 Dies gilt auch für andere Länder, vgl. dazu Frisch, Alfred: Die französische Bekleidungsindustrie, in: Wirtschaftsdienst 40 (1960), 11, S. 631–633, hier S. 633.

30 Vgl. Höschle, Gerd: *Die deutsche Textilindustrie zwischen 1933 und 1939.* Staatsinterventionismus und ökonomische Rationalität, Stuttgart 2004.

31 Vgl. Lindner, Stephan H.: Den Faden verloren. Die westdeutsche und französische Textilindustrie auf dem Rückzug (1930/1945–1990), München 2001.

lung befassen. Die historische Entwicklung wird meist auf wenigen Seiten abgehandelt, ansonsten beschäftigen sich die Studien mit der jeweiligen aktuellen Situation. Die Autoren sind oft selbst Fabrikanten bzw. Teil der Unternehmerfamilie oder Mitglieder von Bekleidungsverbänden. Die Darstellung bleibt in den meisten Fällen auf der Makroebene, Entscheidungsprozesse in einzelnen Unternehmen werden nicht nachvollzogen oder beschrieben. Einzelne Unternehmen werden auch nicht genannt. Die Darstellungen sind eher deskriptiv, wenig analytisch, oft resultierend auf eigenen Erfahrungen oder Umfragen in wenigen Betrieben. Auch die wenigen neueren Darstellungen befassen sich meist mit einer bestimmten Region. Statistiken beruhen oft auf Schätzungen oder die Herkunft der Zahlen wird nicht genannt. Der Aufbau der Studien ist immer ähnlich: Nach einem kurzen Blick auf den Entstehungskontext der Bekleidungsindustrie folgen die Darstellung der Betriebsorganisation sowie der Produktionsstruktur. Anschließend werden Lohn- und Arbeitsverhältnisse sowie Beschaffungs- und Absatzmarkt untersucht. Am Ende steht oft eine Einordnung in die Gesamtwirtschaft des jeweiligen Gebietes.[32]

Die Herrenkonfektion von ihrer Entstehung Mitte des 19. Jahrhunderts bis zur heutigen Entwicklung – mit Schwerpunkt BRD – untersucht der Bekleidungsunternehmer Karl-Wilhelm Vordemfelde in einem 2015 erschienen Buch.[33] Frühere Studien zur Herrenkonfektion stammen von Paul Luß (1924)[34] und Helmut Köster (1932)[35]. Während sich Luß v. a. auf Standortfaktoren konzentriert, beschäftigt sich Köster mit der Verbandsbildung in der Herrenkonfektion, die er aufgrund des „persönlichen Elements“, also den Eigeninteressen der Unternehmer, bis zum Ersten Weltkrieg als schwierig darstellt. Artur Nussbaum befasst sich mit den verschiedenen Standortstypen und ihren Charakteristika in der Herrenkonfektion.[36] Dabei arbeitet er die Bedeutung Berlins als Produktionsstätte und Absatzmarkt heraus, beschäftigt sich aber auch mit der Heimarbeit in Aschaffenburg sowie der Entwicklung der Bekleidungsindustrie aus der Textilindustrie in Mönchengladbach. Josef Nagel beschreibt die Herrenwäscheindustrie bis zum Ersten Weltkrieg. Er vertritt die These, dass sich die Wäscheindustrie aus der Leinenindustrie und dem Leinenhandel aufgrund des Eindringens preiswerter englischer Baumwolle in den deutschen Markt und der sich dadurch verschärfenden Konkurrenzsituation Mitte des 19. Jahrhunderts entwickelt habe.[37]

---

32 Z. B. Lamm, Bruno: Die Erfurter Damenmäntelindustrie und ihre Arbeiter, Diss. Jena 1922; Munzinger, Elisabeth: Badische Konfektionsindustrie, Borna-Leipzig 1908 und die in den folgenden Abschnitten zu den einzelnen Sparten oder Regionen genannten Studien.

33 Vgl. Vordemfelde, Karl-Wilhelm: Aufstieg und Niedergang der deutschen Herrenbekleidungsindustrie. Ein Rückblick auf die Herrenmode aus Deutschland im 20. Jahrhundert, Frankfurt a. M. 2015.

34 Vgl. Luß, Paul: Die deutsche Herrenkonfektion, Diss. Köln 1924.

35 Vgl. Köster, Helmut: Die deutsche Herrenoberbekleidungsindustrie, Diss. Marburg 1932.

36 Vgl. Nussbaum, Artur: Standortstypen der deutschen Herrenkonfektionsindustrie, Diss. Heidelberg 1927.

37 Vgl. Nagel, Josef: Die deutsche Herrenwäscheindustrie, Greifswald 1917.

Für die Damenoberbekleidungsindustrie gibt es keine Gesamtdarstellung. Die Berliner Kleider- und Wäscheherstellung untersucht Hans Grandke in seiner 1899 erschienen Studie ausgiebig.[38] Die Anfänge der Berliner Damenoberbekleidungsindustrie in den 1830er Jahren bis zur Weimarer Republik betrachtet Erwin Wittkowski in seiner in den 1920er Jahren veröffentlichten Abhandlung. Er arbeitet die Bedeutung des Einzelhandels für die Entstehung der Bekleidungsindustrie heraus.[39] Jochen Krengel nimmt die Berliner Konfektion v. a. unter dem Gesichtspunkt der Arbeiterinnen in den Fokus seiner Betrachtungen.[40] Uwe Westphal untersucht die Berliner Damenmode mit dem Fokus der Verdrängung der Juden aus der Berliner Konfektion.[41]

Mit der Mönchengladbacher[42] Konfektion beschäftigt sich Alfred Cohnen in seiner 1922 erschienenen Arbeit.[43] Für den Bielefeld-Herforder Raum liegt neben zwei Studien über die Wäscheindustrie von 1914[44] sowie über die Konfektionsindustrie von 1927[45] eine Untersuchung von Günter Voß aus dem Jahr 1984 vor, die sowohl die Bekleidungs- als auch die Wäscheherstellung über einen längeren Zeitraum betrachtet. Voß stellt heraus, dass der Ursprung der Bielefelder Konfektionsindustrie im Leinengewerbe liege und die ersten Produkte dementsprechend aus Leinen hergestellte blaue Arbeitskittel gewesen seien.[46] Über den Bezirk Aschaffenburg gibt es einige Untersuchungen aus der Zeit vor dem Zweiten Weltkrieg.[47] Die Dissertation von Heinrich Peters untersucht die Aschaffenburger Bekleidungsindustrie von ihren Anfängen bis in die 1970er Jahre.[48] Die Arbeit von Elisabeth Haaf aus dem Jahr 1986 befasst sich mit dem Schneiderdorf Leidersbach im Spessart und schildert die Arbeitsabläufe der Heimschneider, wie sie auch auf die anderen Dörfer rund um

38 Vgl. Grandke, Hans: Berliner Konfektionsindustrie, in: Hausindustrie und Heimarbeit in Deutschland und Österreich, Bd. 2: Die Hausindustrie der Frauen in Berlin, Leipzig 1899, S. 129–389 und Grandke, Hans: Die Entstehung der Berliner Wäsche-Industrie im 19. Jahrhundert, in: Jahrbuch für Gesetzgebung, Verwaltung und Volkswirtschaft im Deutschen Reich 20 (1896), S. 239–259.

39 Vgl. Wittkowski, Erwin: Die Berliner Damenkonfektion, Diss. phil. Berlin 1928.

40 Vgl. Krengel, Jochen: Das Wachstum der Berliner Bekleidungsindustrie vor dem Ersten Weltkrieg, in: Jahrbuch für die Geschichte Mittel- und Ostdeutschlands 27 (1978), S. 206–237 und Krengel, Jochen: Die Arbeiterschaft der Berliner Bekleidungsindustrie. Versuch einer sozialistischen Analyse (1870–1914), in: Hans Pohl (Hg.): Forschungen zur Lage der Arbeiter im Industrialisierungsprozess, Stuttgart 1978, S. 118–131.

41 Vgl. Westphal, Uwe: Berliner Konfektion und Mode. Die Zerstörung einer Tradition 1839–1939, Berlin 1992.

42 1888 bis 1960 amtlich München-Gladbach.

43 Vgl. Cohnen, Alfred: Die München-Gladbacher Kleiderkonfektionsindustrie mit besonderer Berücksichtigung des Verbandswesens, Diss. Würzburg 1922.

44 Vgl. Tittel, Paul: Die Wäscheindustrie in Bielefeld und Herford unter besonderer Berücksichtigung von Organisation und Betrieb, Bielefeld 1914.

45 Vgl. Pilgrim, Die Herforder-Bielefelder Konfektionsindustrie.

46 Vgl. Voß, Günter: Herfords Bekleidungs- und Wäscheindustrie im Wandel der Zeit, Herford 1984.

47 Vgl. z. B. Kunkel, Aschaffenburger Herrenkonfektion.

48 Vgl. Peters, Heinrich: Die Entwicklung und Struktur der Oberbekleidungsindustrie im Raum Aschaffenburg, Frankfurt a.M. 1992.

Aschaffenburg zutrafen.[49] Die Bekleidungsindustrie im Ruhrgebiet entwickelte sich erst nach dem Zweiten Weltkrieg durch den Verlust der Ostgebiete und die Ansiedlung von Flüchtlingsbetrieben. Untersucht ist diese Entwicklung von Birgit Beese und Brigitte Schneider.[50] Aus einer v. a. historisch-geographischen Sicht, bezugnehmend auf die Standortfaktoren, befasst sich Heinz-Edgar Fischersworring in seiner 2007 abgeschlossenen Dissertation mit der Bekleidungsindustrie im Ruhrgebiet.[51]

Die Studie von Gisela Krause handelt über die Uniformfertigung als mögliche Vorstufe der Bekleidungsindustrie. Krause vertritt die These, dass sich das altpreußische Militärbekleidungswesen in produktionstechnischer Beziehung entscheidend auf die Entwicklung des Bekleidungsgewerbes ausgewirkt habe. Insbesondere die Entwicklung eines einheitlichen Größensystems mit normierten und standardisierten Größen sei auf die Fertigkleidung übertragen worden.[52]

Des Weiteren existiert aus dem Zeitraum um 1900 eine Reihe von Abhandlungen aus dem Kreis des Vereins für Socialpolitik, die recht unisono Elendszustände der Heimarbeiter durch geringen Verdienst beklagen.[53] Außerdem sind um die Wende zum 20. Jahrhundert auch einige Gender-Studien zur Lage der (Heim-)Arbeiterinnen in der Bekleidungsindustrie entstanden, die meist schlechte Verdienstmöglichkeiten, lange Arbeitszeiten und gesundheitliche Gefährdung anprangern.[54] Paul Arndt hebt die Diskussion um das Heimarbeiterelend mit seinen für die Heimarbeiter-Ausstellung in Frankfurt am Main 1908 erstellten wissenschaftlichen Studien auf ein sachliches Niveau und weist nach, dass Elendszustände wie in der sozialkritischen Literatur angeprangert, nur in seltenen Fällen auftraten und dann oft anderen Ursachen als schlechtem Lohn geschuldet waren. In verschiedenen Städten des Rhein-Main-Gebietes führten Ausschüsse, die aus Gewerkschaftsmitgliedern, Fabrikanten, Geschäftsinhabern und z. T. weiteren Personen wie Rechtsanwälten bestanden, Befragungen von Heimarbeitern verschiedener Branchen durch, darunter auch HAKA, DOB und Wäsche.[55] Die vorgefundenen Übelstände scheinen weniger schlimm gewesen zu

49 Vgl. Haaf, Elisabeth: Wie dem auch sei, es lebe hoch die Schneiderei. Leidersbach: Vom armen Spessartdorf zum Zentrum der Textilwirtschaft, Aschaffenburg 1996.

50 Vgl. Beese, Birgit/Schneider, Brigitte: Arbeit an der Mode. Zur Geschichte der Bekleidungsindustrie im Ruhrgebiet, Essen 2001.

51 Vgl. Fischersworring, Heinz-Edgar: Die Textil- und Bekleidungsindustrie im Ruhrgebiet unter besonderer Berücksichtigung der Veränderung der Standortfaktoren, Diss. rer. nat., Univ. Essen 2007.

52 Vgl. Krause, Uniformfertigung.

53 Vgl. z. B. Benjamin, Dora: Der Stand der Heimarbeit in Deutschland. Ergebnisse der deutschen Heimarbeiterausstellung 1925, Jena 1928; Dyhrenfurth, Gertrud: Die hausindustriellen Arbeiterinnen in der Berliner Blusen-, Unterrock-, Schürzen- und Tricotkonfektion, Leipzig 1898; Olberg, Orta: Das Elend in der Hausindustrie der Konfektion, Leipzig 1896 und Timm, Johannes: Das Sweating-System in der Deutschen Konfektions-Industrie. Im Auftrage des Vorstandes des Verbandes deutscher Schneider und Schneiderinnen und verwandter Berufsgenossen verfaßt, Flensburg 1895.

54 Vgl. z. B. Behm, Margarete: Frauen-Heimarbeit in der Bekleidungsindustrie, Berlin 1906.

55 Vgl. Arndt, Paul (Hg.): Die Heimarbeit im rhein-mainischen Wirtschaftsgebiet, Jena 1913. Arndt vertrat eine liberale Grundhaltung und war 1917 bis 1919 Leiter der volkswirtschaftlichen Abteilung der

sein, als man erwartet hatte. Paul Arndt schreibt in der Zusammenfassung „Unsere Mitarbeiter sind ausgezogen, um dieses Heimarbeiterelend zu suchen, zu beschreiben und zu seiner Beseitigung beizutragen und viele von ihnen haben erkannt, daß es zum größten Teil in das Reich der Fabel gehört.“[56]

Eine weitere Fabel widerlegte Uwe Westphal mit seiner Veröffentlichung über die Arisierung im Bereich der Berliner Damenoberbekleidung. Er revidiert dabei die von den Nationalsozialisten propagierte These von 80 Prozent jüdischen Betrieben in diesem Bereich und geht von etwa 50 Prozent aus.[57] Des Weiteren finden sich in Regionalstudien Hinweise zu Arisierungen von Kleiderfabriken.[58] Eine Gesamtpublikation über Arisierungen in der Branche gibt es nicht.

Ab den 1960er Jahren erschienen einige betriebs- und volkswirtschaftliche Studien, die nicht historisch ausgerichtet sind, sondern die damals aktuellen Strukturwandel-Tendenzen untersuchen.[59] In den 1980er Jahren rückte die Bekleidungsindustrie mit der Forderung nach „Humanisierung der Arbeit“ zeitweise wieder in den Fokus der Betrachtung.[60] Aktuelle Arbeiten zur Bekleidungsindustrie befassen sich damit, wie man auf stagnierenden Märkten und der Trennung zwischen Know-How und Produktion erfolgreich sein kann.[61] Elke Schüßler beschäftigt sich in ihrer 2008 abgeschlossenen Dissertation mit der Geschichte der deutschen Bekleidungsindustrie nach 1945 – allerdings mit betriebswirtschaftlichem Fokus.[62]

Die wenigen unternehmenshistorischen Publikationen beschäftigen sich (eingebettet in die Vor- und Nachgeschichte) mit der NS-Zeit, der Verwicklung der Unternehmen in Zwangsarbeit, Arisierung und Uniformproduktion. Dies zeigen die Beiträge von Roman Köster über Hugo Boss, von Helmut Vogt über Bierbaum-Proenen und von

---

Reichsbekleidungsstelle in Berlin, vgl. Zeidler, Rita, „Arndt, Paul“ in: Neue Deutsche Biographie 1 (1953), S. 361 f. [Onlinefassung]; URL: http://www.deutsche-biographie.de/ppn11620169X.html (Stand: 15.06.2015).

56 Arndt, Paul: Die Lage der Heimarbeiter und Heimarbeiterinnen im rhein-mainischen Wirtschaftsgebiet, in: Ders. (Hg.): Die Heimarbeit im rhein-mainischen Wirtschaftsgebiet, Bd. 3/1, Jena 1913, S. 575–665, hier S. 577.

57 Vgl. Westphal, Berliner Konfektion.

58 Vgl. z. B. Selig, Wolfram: „Arisierung“ in München. Die Vernichtung jüdischer Existenz, 1937–1939, Berlin 2004; Janetzko, Maren: Die „Arisierung“ mittelständischer jüdischer Unternehmen in Bayern 1933–1939. Ein interregionaler Vergleich, Ansbach 2012 und Bräu, Ramona: „Arisierung“ in Breslau. Die „Entjudung“ einer deutschen Großstadt und deren Entwicklung im polnischen Erinnerungsdiskurs, Saarbrücken 2008.

59 Vgl. Breitenacher, Bekleidungsindustrie und Meier, Bekleidungsindustrie.

60 Vgl. z. B. Aulenbacher, Brigitte: Arbeit – Technik – Geschlecht. Industriesoziologische Forschung am Beispiel der Bekleidungsindustrie, Frankfurt a. M./New York 1991 und Fischer, Joachim/Minssen, Heiner: Neue Leistungspolitik in der Bekleidungsindustrie, Frankfurt a.M./New York 1983.

61 Vgl. Bauer, Andreas: Success 2000+. Erfolgsstrategien in der deutschen Bekleidungswirtschaft, Frankfurt a. M. 2000 und Grandke, Sven: Strategische Netzwerke in der Bekleidungsindustrie, Wiesbaden 1999.

62 Vgl. Schüßler, Elke: Strategische Prozesse und Persistenzen. Pfadabhängige Organisation der Wertschöpfung in der Bekleidungsindustrie, Berlin 2008.

Matthias Georgi und Michael Kamp über Lodenfrey.[63] Die Arbeit von Eva Moser über das Kaufhaus Konen in München erzählt auch von dessen Vorgängerunternehmen Isidor Bach, das 1936 durch ein Management-Buy-Out arisiert und in dem auch Kleidung hergestellt wurde.[64]

Außerdem findet man einige neuere Darstellungen über die Technik in der Bekleidungsindustrie, die aber nicht historisch ausgerichtet sind, oder die die geschichtliche Entwicklung unter technologischen Aspekten betrachten, wie die Arbeit von Friedrich-Wilhelm Döring. Er stellt heraus, dass der Übergang von der handwerklich-verlagsmäßigen zur industriell-fabrikmäßigen Fertigung zwar in den 1920er Jahren begann, sich aber erst nach dem Zweiten Weltkrieg flächendeckend durchsetzte. In der HAKA habe diese Entwicklung früher begonnen als in der DOB.[65] Alex Gertschen berücksichtigt in seiner Darstellung über die industriellen Beziehungen in der Textilindustrie 1948 bis 1979 an einigen Stellen auch die Bekleidungsindustrie.[66] Über die Geschichte der Mode gibt es zahlreiche kulturgeschichtliche Abhandlungen, die die Produktionsbedingungen aber meist außer Acht lassen.[67]

Auch in anderen Ländern wurde bisher nur wenig über die Bekleidungsindustrie geforscht. Andrew Godley beschäftigt sich in mehreren Aufsätzen mit der Entwicklung der britischen Bekleidungsindustrie. Er stellt heraus, dass bis in die 1890er Jahre Fertigkleidung hauptsächlich aus dem Deutschen Reich importiert wurde, sich danach im Londoner East End aber eine eigene Bekleidungsfertigung entwickelt habe. Gegründet worden seien diese Unternehmen v. a. von jüdischen Immigranten aus dem Deutschen Reich.[68] Katrina Honeyman beschreibt in ihrer im Jahr 2000 erschienen Studie die Bekleidungsproduktion in Leeds ab der zweiten Hälfte des 19. Jahrhunderts.[69] Bramwell Rudd analysiert am Beispiel der Textilfirma Courtaulds die

63 Vgl. Köster, Roman: Hugo Boss, 1924–1945. Die Geschichte einer Kleiderfabrik zwischen Weimarer Republik und „Drittem Reich", München 2011; Vogt, Helmut: Bierbaum-Proenen 1929–1952. Ein Familienunternehmen während Weltwirtschaftskrise, Nationalsozialismus und Wiederaufbau, Köln 2012 und Georgi, Matthias/Kamp, Michael: Lodenfrey in der NS-Zeit 1933–1945, München 2012.

64 Vgl. Moser, Eva: Von Bach zu Konen. Eine Unternehmensgeschichte von der Gründung bis zur Neuordnung des Unternehmens in den 1950er Jahren, München 2011.

65 Vgl. Döring, Friedrich-Wilhelm: Vom Konfektionsgewerbe zur Bekleidungsindustrie: Zur Geschichte von Technisierung und Organisation der Massenproduktion von Bekleidung, Frankfurt a. M. 1992 und Adler, Ulrich/Breitenacher, Michael: Bekleidungsgewerbe. Strukturwandlungen und Entwicklungsperspektiven, Berlin/München 1984.

66 Vgl. Gertschen, Alex: Klassenfeinde – Branchenpartner? Unternehmer und Gewerkschaft der westdeutschen Textilindustrie vor der Herausforderung der Internationalisierung 1949–1979, Baden-Baden 2013.

67 Vgl. z. B. Anawalt Rieff, Patricia: Weltgeschichte der Bekleidung. Geschichte, Traditionen, Kulturen, Bern 2007 und Loschek, Mode- und Kostümlexikon.

68 Vgl. z. B. Godley, Development, S. 8 und Ders.: Competitiveness in the Clothing Industry. The Economics of Fashion in UK Womenswear, 1880–1950, in: Journal of Fashion Marketing and Management 2 (1998), S. 125–136.

69 Vgl. Honeyman, Katrina: Well suited. A History of Leeds Clothing Industry, 1850–1990, Oxford 2000.

Schwierigkeiten der Maschen- und Strickwarenindustrie in England ab den 1960er Jahren.[70] Jesse Pope beschäftigt sich mit der Bekleidungsindustrie in New York sowie deren Produktions- und Arbeitssystem. Das Sweating-System (eine Art Verlagssystem mit mehreren Zwischenmeistern) bewertet er als negativ, da es durch geringe Löhne, lange Arbeitszeiten und schlechte Arbeitsbedingungen gekennzeichnet gewesen sei.[71] Für Baltimore liegt eine Studie von Eva Pietsch vor, deren Perspektive auf den Arbeitern liegt.[72]

Einige Darstellungen existieren zur Schweizer Bekleidungsindustrie. Eine frühe Studie stammt von Alfred Justitz.[73] Die Zürcher Bekleidungsindustrie bearbeitet Ruth Rhein-von Niederhäusern.[74] Eine ausführliche Darstellung über die Wirk- und Strickwarenindustrie, auch anhand von Unternehmensbeständen, bietet Monika Burri. Sie beschreibt eine durch Kleinbetriebe geprägte Branche, die Anfang des 20. Jahrhunderts vom Export abhängig war. In den 1970er Jahren wurde sie aufgrund der internationalen Konkurrenz stark dezimiert und erlebte einen Umstrukturierungsprozess hin zum Gebrauchswäschesegment.[75] Die Vorarlberger Bekleidungsindustrie, die sich erst nach dem Zweiten Weltkrieg herausbildete, untersucht Hans Gärtner.[76] Das frühe Stadium der Wiener Wäscheindustrie behandelt Hedwig Lemberger. Sie identifiziert Wien als Zentrum der österreichischen Konfektion und Mode und schreibt der Stadt eine ähnliche Bedeutung zu, wie sie Berlin für das Deutsche Reich einnahm.[77] Die recht kleine Südtiroler Bekleidungsindustrie untersucht Herbert Vögele.[78] Die Textil- und Bekleidungsindustrie in der DDR erforscht Christian Heimann. Er stellt die Währungspolitik als eigenständige Ursache für den Niedergang dieses Industriezweiges dar.[79] Den Textil- und Konfektionsbetrieb Cottbus – allerdings anhand von spärlichem Quellenmaterial – nimmt Robert Seidel in den Blick.[80]

---

70 Vgl. Rudd, Bramwell: Courtaulds and the Hosiery & Knitwear Industry, Lancaster 2014.

71 Vgl. Pope, Jesse Eliphalet: The Clothing Industry in New York, Univ. of Missouri 1905.

72 Vgl. Pietsch, Eva: Gewerkschaft, Betrieb und Milieu in der Bekleidungsindustrie. Europäische Einwanderer in Baltimore 1870–1930, Essen 2004.

73 Vgl. Justitz, Alfred: Die schweizerische Kleiderkonfektionsindustrie und Massschneiderei, Basel 1944.

74 Vgl. Rhein-von Niederhäusern, Ruth: Leute machen Kleider. Arbeitsverhältnisse und gewerkschaftliche Organisation in der staatszürcherischen Bekleidungsindustrie 1880–1918, Zürich 1999.

75 Vgl. Burri, Monika: Bodywear. Geschichte der Trikotkleidung 1850–2000, Zürich 2012.

76 Vgl. Gärtner, Hans: Die Vorarlberger Oberbekleidungsindustrie. Ihre Entwicklung und Struktur, Innsbruck 1970.

77 Vgl. Lemberger, Hedwig: Die Wiener Wäscheindustrie, Wien und Leipzig 1907.

78 Vgl. Vögele, Herbert: Die Bekleidungsindustrie in Südtirol, Innsbruck 1968.

79 Vgl. Heimann, Christian: Systembedingte Ursachen des Niedergangs der DDR-Wirtschaft. Das Beispiel der Textil- und Bekleidungsindustrie 1945–1989, Frankfurt a. M. 1997.

80 Vgl. Seidel, Robert: Auf verlorenem Posten im Reich der Braunkohle? Von den Anfängen der Niederlausitzer Tuchindustrie bis zur Errichtung des Textil- und Konfektionsbetriebes Cottbus im Kohle- und Energiebezirk der DDR, Berlin 2013.

1.3 Quellen der Arbeit und methodisches Vorgehen

Eine historische Studie zur gesamten Branche Bekleidungsindustrie liegt bislang nicht vor, was sicherlich auch der schlechten Quellenlage geschuldet ist. Einen Gesamtverband der Bekleidungsindustrie gibt es seit einigen Jahren nicht mehr, dieser wurde mit dem Verband der Textilindustrie zum Gesamtverband textil+mode vereinigt. Weder der Gesamtverband noch die einzelnen Landesverbände oder der Modeverband German Fashion in Köln konnten Material zur Verfügung stellen.[81] Auch in den Wirtschafts- und Staatsarchiven ist die Bekleidungsindustrie im Vergleich zu ihrer einstigen Bedeutung unterrepräsentiert. Es gibt keinen geschlossenen Unternehmensbestand. Hinweise auf die Bekleidungsindustrie findet man eher stichpunktartig in den jeweiligen IHK-Akten, Teil-Überlieferungen einzelner Fachverbände der Bekleidungsindustrie oder Presseausschnittsammlungen.

Einen Überblick über die allgemeine Entwicklung der Branche und Fragen sowie Probleme, die diese beschäftigten, geben Fachzeitschriften. Aus diesem Grund wurden folgende Zeitschriften systematisch ausgewertet: Für die Weimarer Republik und die NS-Zeit die *Deutsche Konfektion* (von Ausgabe 29/1927 bis 36/1934 unter dem Namen *Zeitschrift für Textilwirtschaft*) und *Der Konfektionär* (ab 1937 *Vereinigte Textil- und Bekleidungszeitschrift*). In Ermangelung einer eigenen Fachzeitschrift für die Bekleidungsindustrie vor 1945 musste auf Organe des Textileinzelhandels zurückgegriffen werden, die sich in einigen Artikeln mit der Lieferantenseite befassen und auch Kleiderfabrikanten zu Wort kommen lassen. Für die Zeit nach dem Zweiten Weltkrieg wurden die Zeitschrift *Bekleidung und Wäsche* – ein Fachblatt der Bekleidungsindustrie, das sich mit der Branchenentwicklung, v.a. aber mit technischen Fragen befasst – sowie die *TextilWirtschaft* ausgewertet, eine der größten Fachzeitschriften des Textileinzelhandels. Weitere Fachorgane boten eine Ergänzung fehlender Jahrgänge oder Aspekte in den anderen Zeitschriften. Dies waren insbesondere die *Deutsche Leinen- und Wäschezeitung* (1919 bis 1933), die Gewerkschaftszeitschrift *Bekleidungsarbeiter*[82] (1920 bis 1933), *Der Manufakturist* (1927 bis 1943), die *Mitteilungen des Reichsverbandes der Deutschen Bekleidungsindustrie* (1933 bis 1938), *Die Textil-Woche* (1937 bis 1945) sowie für die direkte Nachkriegszeit *Nachrichten für die Bekleidungsindustrie und den Textilhandel* (1946 bis 1948) und die *Neue Textil-Zeitung* (1947 bis 1948).

Ausgewertet wurden außerdem die Statistischen Jahrbücher des Deutschen Reiches bzw. der Bundesrepublik Deutschland sowie die einzelnen Volks-, Berufs- und Gewerbezählungen 1875, 1882, 1895, 1907, 1925, 1933, 1939, 1950, 1961 und 1970. Die

---

81 Uwe Westphal berichtet in seiner Studie über die Berliner Konfektion ebenfalls über die Weigerung und Ablehnung der Verbände, Material zu seiner Studie besteuern zu wollen bzw. zu können, vgl. Westphal, Berliner Konfektion, S. 90 und S. 130.

82 Trotz des Frauen-Anteils von 80 bis 90 Prozent in der Bekleidungsindustrie wurden sowohl in der Benennung der Zeitschrift (*Bekleidungsarbeiter*) als auch des zuständigen Verbandes (Deutscher Bekleidungsarbeiter-Verband) nur die männlichen Bezeichnungen verwendet.

erhobenen Zahlen lassen sich nicht einfach miteinander vergleichen, da die einzelnen Zählungen bis 1939 nicht immer dasselbe unter dem Begriff „Bekleidungsgewerbe" verstanden.[83] In jedem Fall enthalten die Zahlen auch die Betriebe des Handwerks, die v. a. während des Deutschen Reiches mehr als 95 Prozent der gesamten Unternehmen ausmachten, was man aus der Betriebsgrößengliederung und den Handwerkszählungen erschließen kann. Außerdem wurden auch Gegenstände des Bekleidungszubehörs wie Hüte und Schuhe (bis einschließlich der Gewerbezählung 1939) zum Bekleidungsgewerbe gezählt. Dieses „Zubehör" macht statistisch aber nur einen kleinen Prozentsatz aus. In den einzelnen Gewerbezählungen findet man z. T. den Unterpunkt „Konfektion" bzw. „Kleider- und Wäscheherstellung", allerdings nicht durchgängig. 1907 wird beispielsweise die Schneiderei auch zu dieser Sparte gezählt, obwohl sie handwerklich geprägt war. Erst für die Bundesrepublik findet man in den Gewerbezählungen Zahlen, die sich nur auf die Industriebetriebe beziehen. Analysiert wurden für die BRD auch die jährlichen Berichte des Bundesverbandes Bekleidungsindustrie e.V. (BBI) von 1951 bis 1975, die nur Industriebetriebe erfassen und eine genaue statistische Auswertung der gesamten Branche sowie der jeweiligen Fachzweige nach den wichtigsten Kennzahlen bieten. Außerdem enthalten die Berichte jeweils eine kurze verbale Einschätzung der Branchenentwicklung.

Die Ex- und Importzahlen sind ebenso nicht leicht zu vergleichen, da die Werte bei einigen Zählungen in Tonnen, bei anderen in (D-)Mark und Reichsmark angegeben werden. Auch werden oft nur ausgewählte Erzeugnisse – deren Kategorisierung sich je nach Gewerbezählung ändert – bzw. Ursprungs- und Zielländer aufgeführt, so dass man den Gesamtumfang der Ein- und Ausfuhr nur schwer erfassen und vergleichen kann.[84]

Soweit vorhanden wurden immer die Zahlen der Erstveröffentlichung einer Gewerbezählung verwendet. Zahlen, die in einer späteren Gewerbezählung erscheinen und einen Vergleich mehrerer Erhebungen darstellen, unterscheiden sich häufig von den Primärveröffentlichungen.

Die Ausführungen machen deutlich, dass es für die Zeit vor 1945 nicht nur um absolute Zahlen, sondern eher um relative Entwicklungen gehen kann, die man aus den Gewerbezählungen ablesen kann. Diese Einschränkungen sind stets zu beachten. Die Gewerbezählungen und Statistischen Jahrbücher ermöglichen dennoch eine Einschätzung der Entwicklung einzelner Kennzahlen, wie die Anzahl der Betriebe und Beschäftigten, deren geographische Verteilung und Rechtsform.

Die Überlieferung zur Branche ist auf staatlicher Seite ausführlicher als auf Seite der Unternehmen. Für die Weimarer Republik sind die Archivbestände aber auch hier auf einige wenige Aspekte und Akten beschränkt, so dass dieser Zeitraum hauptsächlich aus Zeitschriften und Statistiken erschlossen werden musste. Eine recht

83 Vgl. Schmidt, Erhard: Fabrikarbeit und Heimarbeit in der deutschen Konfektionsindustrie, Stuttgart 1912, S. 37.
84 Vgl. Feitelberg, David: Die Bekleidungsindustrie, Berlin 1901, S. 8 f.

breite Überlieferung der staatlichen Stellen zur Bekleidungsindustrie findet sich im Bundesarchiv zur NS-Zeit. Ausgewertet wurde der gesamte Bestand der Wirtschaftsgruppe Bekleidungsindustrie mit ca. 130 Akten über staatliche Regulierung der Fertigung, Preisfestsetzung, Versorgung der Bekleidungsindustrie mit Rohstoffen, Auskämmung des Sektors und Nutzung für die Rüstungsindustrie sowie die Erhebung einer Exportförderabgabe. Diese geben einen Einblick in den Rahmen, in dem sich die Unternehmen zu bewegen hatten. Ergänzend wurden Akten aus dem Reichswirtschaftsministerium und einzelnen Reichsstellen wie der Reichsstelle für Kleidung oder der Prüfungsstelle Bekleidungsindustrie eingesehen.

Die Nachkriegszeit mit ihrer staatlichen Regulierung ist im Bundesarchiv in Koblenz – insbesondere für die britische Zone – vergleichsweise ausführlich dokumentiert. Die Akten geben Auskunft über Notprogramme wie das Jedermann- und Bergarbeiter-Programm sowie die Zusammenarbeit der Bekleidungsunternehmen mit den Verwaltungsstellen in den Besatzungszonen. Außerdem finden sich Berichte über die Entwicklung der Branche. Ebenso recht umfangreich ist die Dokumentation über den Niedergang der Branche ab Mitte der 1960er Jahre. Insbesondere die Korrespondenz zwischen der Gewerkschaft Textil-Bekleidung und dem Wirtschaftsministerium sowie dem Kanzleramt ist ausführlich belegt.

Die zahlreichen Arisierungen in der Bekleidungsindustrie konnten nur in wenigen Fällen anhand von Originalunterlagen analysiert werden. Möglich war dies bei drei Firmen im Bereich der IHK Augsburg und in einer Fallstudie. Ansonsten dienten Rückerstattungsunterlagen in einigen Landesarchiven als Quelle für diesen Aspekt. Beispielhaft wurden Fälle aus den Bekleidungszentren Bielefeld und Herford sowie Berlin ausgewertet. Arisierungen in München bearbeitete Wolfram Selig bereits umfangreich.[85]

Als Novum in der wirtschaftshistorischen Forschung konnte die Produktion von Bekleidung in Ghettos und Konzentrationslagern anhand von Material aus den Archiven Łódź (1940 bis 1945 Litzmannstadt), Warschau[86] und Ravensbrück nachgezeichnet werden. Dokumente aus dem Staatsarchiv Łódź zeigen die Aufträge privater Firmen und der Wehrmacht an die Textilabteilung des Ghettos. Außerdem findet man zahlreiche Hinweise auf die dort eingesetzten Zwangsarbeiter und die Organisation der Arbeit. Die Unterlagen aus dem Archiv der Gedenkstätte Ravensbrück bestehen v.a. aus Erlebnisberichten der ehemaligen Insassinnen des KZs. Es finden sich aber auch Angaben über die Einrichtung der Schneiderei und Umsatzzahlen der Gesellschaft für Textil- und Lederverwertung (Texled). Bilanzen der Texled sind im Bundesarchiv Berlin erhalten.

---

85 Vgl. Selig, Arisierung.

86 Ich danke Roman Smolorz sehr herzlich für die Auswertung der polnischen Findbücher und das Fotografieren relevanter Akten (nach Vorgabe der Verfasserin) in den Archiven Łódź und Warschau. Die Auswertung der Quellen nahm die Verfasserin selbst vor. Die Recherche in den polnischen Archiven erfolgte im Rahmen des Gesamtprojekts „Die Geschichte des Textileinzelhandels und der Bekleidungsindustrie sowie des Unternehmens C&A im 20. Jahrhundert“ an der Universität Regensburg.

In einzelnen Stadt-, Staats- und Landesarchiven finden sich Akten zu Lohnbewegungen, Stoffzuteilungen, Ansässigmachungen u. ä. in der jeweiligen Region. Geschlossene Bestände zu einzelnen Vorgängen oder Unternehmen sind jedoch nicht vorhanden.

Die Überlieferung der Gewerkschaft Textil-Bekleidung in Bonn hat ihren Schwerpunkt nach 1970 und berührt inhaltlich nur am Rande die Fragen dieser Arbeit, da sie sich hauptsächlich mit Angelegenheiten der Betriebsrats- und Lohnpolitik sowie Sozialplänen befasst und erstaunlich wenig Informationen über die Entwicklung der Branche enthält. Nützliche Informationen boten lediglich die Geschäftsberichte der Gewerkschaft, in denen auch auf die allgemeine Branchenlage eingegangen wird.

Drei Firmenarchive ermöglichten einen Einblick auf die Mikroebene der Branche, wenn auch die Bestände jeweils nicht umfassend waren. Die Auswahl der Unternehmen war dadurch eingeschränkt, dass sie die einzigen waren, die Archivmaterial zur Verfügung stellen konnten (oder wollten). Die Fallbeispiele decken verschiedene Sparten der Bekleidungsindustrie ab: Damen- und Herrenoberbekleidung sowie Mieder/Wäsche. Geographisch sind sie unterschiedlichen Bekleidungszentren zuzuordnen und bieten einen Ausschnitt des jeweiligen Gebietes. Neben einem reinen Bekleidungsunternehmen sind die anderen beiden Firmen jeweils an Textilindustrie und Einzelhandel angegliederte Fertigungen. Es handelt sich bei allen drei Unternehmen um Großunternehmen der Branche, zu denen bisher keine umfangreichen Forschungsarbeiten vorliegen.

Die Valentin Mehler AG in Fulda, 1837 zunächst als Weberei gegründet, begann 1926 mit der Bekleidungsproduktion, die in den 1990er Jahren wieder aufgegeben wurde. Hauptsächlich wurden Mäntel hergestellt. Eine geschlossene Überlieferung der Geschäftsberichte gab Einblick in die wirtschaftliche Entwicklung des Unternehmens. Als Hauptquelle dienten Aufsichtsratsprotokolle ab Gründung der AG 1915, die zum Teil auch Hintergrundmaterial wie Korrespondenz mit den Aufsichtsratsmitgliedern sowie Investitions- und Produktionsübersichten enthalten. Außerdem wurden Hauptversammlungsprotokolle ab 1915 sowie eine 1.000 Seiten umfassende chronikartige Darstellung der Unternehmensgeschichte, bei der jedes Jahr einzeln abgehandelt wird, ausgewertet. Diese basiert hauptsächlich auf Aufsichtsratsprotokollen, Geschäftsberichten, aber auch diversen einzelnen Geschäftsunterlagen und Zeitzeugenaussagen. Erhalten sind einzelne Jahrgänge der Firmen-Zeitschrift „Mehler-Schiff" aus den 1950er Jahren, eine Pressesammlung ab 1933 und der Ordner „Konfektion und Preise 1932 bis 1940", der Informationen über den Arbeitsalltag und die Probleme der Konfektionsabteilung enthielt. Außerdem sind diverse Unterlagen zum Rückerstattungsprozess der jüdischen Familie Kayser (bis 1938 Mehrheitsaktionäre und im Vorstand vertreten) erhalten. Einblick in die tägliche Arbeitspraxis sowie Einzelaspekte boten diverse Interviews.[87]

Die Materialien des 1886 als Korsettfabrik gegründeten Mieder- und Wäscheherstellers Triumph International AG (damals Spiesshofer & Braun) geben Auskunft über die Entwicklung dieses Fachzweigs. Die Zeit bis Ende des Zweiten Weltkrieges ist aufgrund geringer Schriftlichkeit im Familienunternehmen sowie einem Brand im damals bestehenden Archiv 1969[88] leider nur sehr spärlich dokumentiert. Private Aufzeichnungen des Firmengründers Michael Braun und dessen Sohns Curt, die Jahresabschlüsse 1914 bis 1934 sowie eine Aufzeichnung der Geschäftszahlen können die Entwicklung des Unternehmens nur lückenhaft beschreiben. Für die Zeit nach der Gründung der Triumph International AG 1959 sind Geschäftsberichte vorhanden. Im Werbemittelarchiv in Heubach finden sich private Aufzeichnungen der Geschäftsführer, diverse Zusammenstellungen über die Geschichte des Unternehmens, Gesellschafterunterlagen, eine Pressesammlung für das In- und Ausland ab den 1950er Jahren, Berichte der Unternehmensleitung ab 1973 sowie Marktforschungsunterlagen (von Triumph in Auftrag gegeben) ab den 1950er Jahren und die Firmenzeitschrift ab 1952. Das ehemalige Vorstandsmitglied Dieter Braun ermöglichte durch ein Interview am 27.5.2014 in München einen Eindruck von der Geschäftspolitik Ende der 1960er/ Anfang der 1970er Jahre sowie die Beantwortung einiger Fragen zur Familienpolitik.

Die Firma C&A (Brenninkmeyer[89]) fertigte als Einzelhandelsunternehmen ab 1921 bis Anfang der 2000er Jahre selbst Kleidung, die hauptsächlich in den Filialen verkauft wurde, und dient als Beispiel einer Vertikalisierung des Handels, die v. a. Anfang der 1920er Jahre aufgrund der starken Inflation im Trend lag. Durch einen Luftangriff auf Berlin im November 1943 und einen Brand in der niederländischen Hauptverwaltung in Amsterdam 1963 wurden viele historische Dokumente zerstört bzw. beschädigt.[90] Die Überlieferung ist für die Zeit nach 1945 deutlich ausführlicher. Im C&A-Unternehmensarchiv in Mettingen findet sich statistisches Material über Umsätze, Gewinn, Mitarbeiter- und Produktionszahlen sowie Löhne, wenn auch nicht durchgängig für den ganzen Untersuchungszeitraum. Hauptquelle dafür waren die Jahresberichte des Unternehmens, die von 1926 bis 1961 erhalten bzw. zugänglich sind und vor 1945 auch einen Textteil enthielten. Einblick in die Entwicklung der jeweiligen Produktionsbetriebe gaben Chroniken sowie schriftliche Erinnerungen ehemaliger Mitarbeiter. Ein unternehmenshistorisches Manuskript aus den 1960er Jahren enthält Informationen über die Zeit vor 1945. Die Autoren hatten auch einige der bei dem

87 An dieser Stelle möchte ich besonders Axel Glöggler und Manfred Gies für wertvolle Informationen danken.

88 Vgl. *Gmünder Tagespost*, 13.12.1969.

89 Im Folgenden wird die deutsche (und englische) Schreibweise des Namens verwendet. Die niederländische Schreibweise lautet „Brenninkmeijer". Bei Firmennamen oder Zitaten wird die Originalschreibweise beibehalten.

90 Vgl. Spoerer, Mark: C&A. Ein Familienunternehmen in Deutschland, den Niederlanden und Großbritannien 1911–1961, München 2016, S. 21.

Brand 1963 zerstörten Dokumente als Quellen.[91] Diverse Personalakten von Mitarbeitern der Produktion zeigten, mit welchen Fragen man sich im Alltag beschäftigte. Über den Betrieb Canda Essen – in dem sich die Leitung der deutschen Fabriken in der BRD befand – existieren für die Zeit nach 1950 Betriebsleiterbesprechungen, Protokolle des Wirtschaftsausschusses und Betriebsrats sowie Berichte über Ausbildungskurse und Arbeitsinhalte.

Triumph ist heute noch Marktführer in seiner Branche, die Mehler AG und C&A bestehen noch fort, sind allerdings nicht mehr selbst in der Sparte Bekleidungsfertigung tätig. Insofern ermöglicht es die Auswahl der Fallbeispiele einerseits nachzuzeichnen, mit welchen Strategien Unternehmen den Schwierigkeiten der Branche begegneten und entgegen dem allgemeinen Trend überlebten (Triumph). Andererseits kann gezeigt werden, welche Faktoren zur Aufgabe der Bekleidungsfertigung führten (Mehler AG, C&A).

Die Untersuchung in dieser Arbeit findet auf zwei Ebenen statt. Da es sich um eine Branchenstudie handelt, wird auf der Makroebene die allgemeine Entwicklung der Bekleidungsindustrie dargelegt. Hier stehen politische und wirtschaftliche Herausforderungen, Kennzahlen wie Betriebsgröße, Beschäftigte und Umsätze im Fokus der Betrachtung. Um die Entwicklungen auf der Branchenebene besser erklären und überprüfen zu können, wurden die drei genannten Unternehmensbestände als Fallstudien ausgewertet. Auf dieser Mikroebene soll analysiert werden, wie die Unternehmen konkret mit rechtlichen, institutionellen und wirtschaftlichen Herausforderungen und Chancen umgingen, welche Entscheidungen in der Führungsebene getroffen wurden und welche Motive diese hatten. So können die allgemeinen Entwicklungen auf der Branchenebene anhand der Fallstudien besser nachvollzogen und die Motive der einzelnen Firmen rekonstruiert werden.

Analog zu den beiden beschriebenen Untersuchungsebenen gliedert sich der Aufbau der Arbeit in einen Branchen- und einen Unternehmensteil. Im folgenden zweiten Kapitel wird der Entstehungskontext der Branche Bekleidungsindustrie ab der Mitte des 19. Jahrhunderts dargestellt. Gründe für die Entstehung und regionale Schwerpunkte bzw. verschiedene Bekleidungszentren stehen im Fokus der Betrachtung. Grundlage hierfür ist die für diesen Zeitraum recht breite Literaturbasis, ergänzend wird statistisches Material eingearbeitet. Teil 1 der Arbeit folgt der oben angesprochenen Zweiteilung in Makro- und Mikroebene und beinhaltet den Branchenteil. Die Kapitel drei bis sechs behandeln die großen politischen Blöcke Weimarer Republik, NS-Zeit, Nachkriegszeit und frühe BRD bis in die 1970er Jahre chronologisch. Das erste Unterkapitel bietet jeweils einen Überblick der Branchenentwicklung

91 Vgl. DCM, 128926, Manuskript Blaisse, Willem J./Dekkers, H.J.: Van tiöttenhandel tot internationaal concern. Unvollendetes Manuskript, das in den 1960er Jahren verfasst und Anfang der 1970er Jahre handschriftlich ergänzt wurde; 220 paginierte Blätter, 42 weitere paginierte Blätter für ein unvollendetes Schlusskapitel und Beilagen. Willem Blaisse trat 1943 als Jurist ins UnternTehmen ein. Er wurde ein hochrangiger Mitarbeiter des Konzerns und war nach dem Zweiten Weltkrieg bei den meisten Besprechungen im Unternehmerkreis anwesend. Vgl. Spoerer, C&A, S. 22.

in Zahlen, auf dessen Grundlage dann im Folgenden jeweils für den Zeithorizont aktuelle Themen und Fragestellungen behandelt werden. Archivmaterial und Zeitschriften bilden die Quellen dieser Unterkapitel. Anschließend werden in Teil 2 (Kapitel 7) die drei Fallstudien analysiert, die die Auswirkungen der Branchenentwicklung an den einzelnen Unternehmen nachweisen, Strategien zur Problembewältigung aufzeigen und Besonderheiten bestimmter Unternehmen erhellen, ehe die Arbeit mit einem Fazit schließt.

I. Teil 1: Branchenentwicklung im Überblick

2 Anfänge der Herstellung von Bekleidung nach Normgrößen für den anonymen Massenmarkt (1840 bis 1918)

Dieses Kapitel hat das Ziel, die historische Entwicklung der deutschen Bekleidungsindsutrie bis 1918 zu beschreiben und dabei die besonderen Charakteristika der Branche herauszuarbeiten. Deswegen sind die Abschnitte in Kapitel 2.1. nicht chronologisch, sondern thematisch aufgebaut. Zunächst wird ein Blick auf die regional unterschiedlichen Entstehungskontexte geworfen. Danach stehen die Standortfaktoren und Produktionstypen im Fokus der Betrachtung – die Frage, ob im Verlags- oder Fabriksystem produziert wird und welche Rechtsformen dafür gewählt wurden. Kenntnisse über den Produktionsablauf der Branche sind für die späteren Kapitel der Arbeit unabdingbar, deswegen sollen der Herstellungsprozess und die Absatzorganisation in diesem Kapitel erläutert werden. Ein weiterer Abschnitt behandelt die Tatsache, dass es sich bei der Bekleidungsindustrie um eine Frauenbranche handelt und beschäftigt sich mit den Folgen dieses Aspekts. Zum Schluss soll ein Blick auf die gewerkschaftlichen Bewegungen und die Tendenzen zur Zusammenarbeit auf Arbeitgeberseite vor 1918 geworfen werden. Kapitel 2.2. belegt die in Teilabschnitt 2.1. angesprochenen Entwicklungen mit Zahlenmaterial aus der Reichsstatistik und führt diese weiter aus. Im letzten Unterkapitel 2.3 werden die Konfektionszentren Berlin, Aschaffenburg, Bielefeld-Herford und Mönchengladbach gesondert betrachtet. Sie stehen jeweils für unterschiedliche Entstehungskontexte, Qualitätsniveaus und Produktionsregime. Unterkapitel 2.4 beschreibt die Entwicklung der deutschen Bekleidungsindustrie während des Ersten Weltkrieges 1914 bis 1918.

2.1 Allgemeine Entwicklungstendenzen und Charakteristika der Bekleidungsindustrie bis 1914

Der Hauptunterschied der industriellen Bekleidungsfertigung zur handwerklichen Produktion, die auf einem individuellen Kundenwunsch beruht, besteht in der Fabrikation auf Vorrat nach festgelegten Normgrößen für einen anonymen Massenmarkt. Die Ursprünge der Bekleidungsindustrie sind trotz dieser Gemeinsamkeit vielfältig und regional unterschiedlich. In Berlin, dem Modezentrum des Deutschen Reiches und dem deutschen Pendant zu Paris[1], entstand die industrielle Bekleidungsherstellung aus dem Einzelhandel heraus. Einzelhändler begannen ab den

1 Vgl. Wirsching, Andreas: „Außerhalb der Organisation“? Bekleidungsindustrie und französischer Syndikalismus in Paris nach dem Ersten Weltkrieg, in: Ursula Bitzegeio/Anja Kruke/Meik Woyke (Hg.): Solidargemeinschaft und Erinnerungskultur im 20. Jahrhundert. Beiträge zu Gewerkschaften, Nationalsozialismus und Geschichtspolitik, Bonn 2009, S. 63–79, hier S. 71.

https://doi.org/10.1515/9783110560381-005

1830er Jahren, ihre Ware selbst zu produzieren. Im Bezirk Bielefeld/Herford entwickelte sich die Bekleidungsindustrie aus der Krise der Leinenindustrie heraus. Die Industriellen dieser Branche sahen nach dem Siegeszug des irischen Leinens und der englischen Baumwolle Mitte des 19. Jahrhunderts in der Herstellung von Bekleidung einen Ausweg, ihre Krise zu überwinden. In der Region Aschaffenburg findet man einen dritten Ursprung, die Entwicklung aus dem handwerksmäßigen Schneidergewebe. Um 1870 kam der Schneidermeister Johann Desch, der während des deutsch-französischen Krieges 1870/71 Uniformen ausgebessert und gesehen hatte, dass sich gewisse „Normtypen" bei Körpergröße und Statur ausmachen ließen, auf die Idee, Kleidung nach bestimmten Normgrößen auf Lager herzustellen.

Ab Mitte des 19. Jahrhunderts bildeten sich in Deutschland „Bekleidungszentren" heraus, in denen bestimmte Produkte sowie ein bestimmtes Genre produziert wurden. Unangefochtenes Zentrum war bis zum Ende des Zweiten Weltkrieges Berlin, wo das mittlere und bessere Genre aller erdenklichen Artikel produziert wurde. Ein Zentrum der Wäscheherstellung war Bielefeld/Herford. Im Aschaffenburger Raum wurde preiswerte Herrenkonfektion hergestellt, im Raum Mönchengladbach preiswerte Arbeiterkonfektion. In Stettin[2] wurde mittleres, in Breslau[3] unteres Damen- und Herrengenre gefertigt. Auch in größeren Städten wie Frankfurt am Main[4] und München[5] wurde Bekleidung produziert. Es bildeten sich also bestimmte Cluster-Regionen aus, in denen die Betriebe der Bekleidungsindustrie konzentriert waren. Neben den Konfektionären waren dort oft auch Vorlieferanten aus der Textilindustrie und/oder Einzelhändler angesiedelt bzw. ein großer Absatzmarkt vorhanden. In Berlin fand sich zudem noch das Zentrum der deutschen Mode mit Designern und Messen. Infolge der Clusterbildung gab es in vielen Zentren wie in Mönchengladbach auch Schulen für Bekleidungsfacharbeiter und Bekleidungstechniker, so dass die einzelnen Branchen und regionalen Institutionen untereinander agierten.[6]

2 Vgl. Pracht, Karl: Die Stettiner Bekleidungsindustrie. Eine Untersuchung über den Wandel der Heimarbeit, Würzburg 1937 und Vordemfelde, Herrenbekleidungsindustrie, S. 14–18.

3 Vgl. Gralka, Wienand: Die verlagsmäßig organisierte Textilbekleidungsindustrie in Breslau von ihren Anfängen bis zur Gegenwart, Diss. Breslau 1924.

4 Vgl. Luppe, Dr.: Die Frankfurter und Mainzer Herrenkonfektion, in: Paul Arndt (Hg.): Die Heimarbeit im rhein-mainischen Wirtschaftsgebiet. Bd. 3/1, Jena 1913, S. 1–67.

5 Vgl. Meyer, Hanns: Die Konfektionsindustrie in München, Diss. München 1926.

6 Zur historischen Cluster-Forschung vgl. Knortz, Heike: Ökonomische Integration und Desintegration am Oberrhein. Eine clustertheoretische-wirtschaftshistorische Dokumentation und Analyse zum Europa der Regionen, Frankfurt a. M. 2003; Hilger, Susanne: „Vom Netzwerk zum Cluster?" – Düsseldorf als Industriestandort im 19. Jahrhundert, in: Wilfried Feldenkirchen/Susanne Hilger/Kornelia Rennert (Hg.): Geschichte, Unternehmen, Archive. Festschrift für Horst A. Wessel, Essen 2008, S. 153–176; Richter, Ralf: Netzwerke und ihre Innovationskraft im internationalen Vergleich. Die Cluster der Werkzeugmaschinenbau-Industrie in Chemnitz (Deutschland) und Cincinnati (USA), 1870–1930, in: Rudolf Boch (Hg.): Unternehmensgeschichte heute. Theorieangebote, Quellen, Forschungstrends, Leipzig 2005, S. 119–132 und allgemein: Porter, Michael E.: Clusters and the new Economics of Competition in: Harvard Business Review 76 (1998), S. 77–90.

Bei den Standortfaktoren waren Rohstoff- und Absatzorientierung bedeutsam. Dies zeigt sich in Bielefeld (Rohstoff) oder Berlin (Absatz). Da Bekleidung aber recht preiswert transportiert werden konnte, spielte ein anderer Faktor eine noch größere Rolle. Bekleidung wurde bis in die Mitte des 20. Jahrhunderts zu einem großen Teil in Heimarbeit hergestellt und auch die Arbeit in der Fabrik war sehr arbeitsintensiv und lief mit wenigen Maschinen ab. Deswegen spielte die Arbeitsorientierung die zentrale Rolle.[7] Lange Zeit war nur die Nähmaschine als Hilfsmittel vorhanden. Zuschneide- und Bügelmaschinen kamen erst Anfang des 20. Jahrhunderts hinzu.[8]

Das Produktionssystem unterschied sich nach den jeweiligen Zentren und ist historisch gewachsen. Das Verlagssystem mit Zwischenmeistertum und Heimarbeit stand lange Zeit neben der zentralen Produktion in Werkstätten. Transaktionskostenökonomisch gesehen überrascht dieses Faktum zunächst einmal, da gerade Oliver E. Williamson die Fabrik in den Aspekten Koordination, Qualitätskontrolle und Transportkosten als überlegen sieht.[9] Das Konzept der Transaktionskosten wurde in den 1930er Jahren von Ronald Coase etabliert und in den 1980er Jahren von Williamson weiterentwickelt. Transaktionskosten sind Kosten für die Marktnutzung. Beispielsweise muss zunächst ein passender Vertragspartner gesucht werden und selten sind sich die Vertragspartner immer sofort über einen Preis und andere Vertragsdetails einig. Diese „ex-ante-Transaktionskosten“ (Informations-, Anbahnungs- und Vereinbarungskosten) fallen vor Vertragsschluss an. Nach Vertragsschluss entstehen „ex-post-Transaktionskosten“. Das können z. B. Kontrollkosten für die Überwachung der termingerechten Lieferung und Qualität sein. Möglich sind auch Anpassungskosten durch Termin-, Mengen- oder Preisänderungen sowie Abwicklungskosten z. B. für Maklercourtage oder Transportkosten. Ggf. müssen Dritte zur Durchsetzung der Ansprüche eingeschaltet werden, wobei wiederum Kosten anfallen. Diese Kosten können nach dadurch gesenkt werden, dass man solche Vorgänge in Firmen verlagert, also vertikal integriert.[10] Für Williamson sind weiterhin für die Frage nach „Markt oder Hierarchie“ drei Faktoren entscheidend: Faktorspezifität, Unsicherheit und Häufigkeit.[11]

Für die Bekleidungsindustrie ist die Sichtweise der Überlegenheit der Fabrik aber zu prüfen. Die Heimarbeiter bildeten eine große „Reservearmee“, die gerade bei Mode- und Absatzschwankungen in der Bekleidungsindustrie je nach Bedarf flexibel eingesetzt werden konnte und somit für den Fabrikanten keine Kosten verursachte, wenn die Auftragslage schlecht war. Außerdem konnten bei der Heimarbeit die Löhne

---

7 Vgl. Cuno, Claus-Lothar: Standortfragen der Bekleidungsindustrie im Rheinland und Westfalen, Köln 1949, S. 58 und S. 179.

8 Vgl. Döring, Konfektionsgewerbe, S. 485.

9 Vgl. Williamson, Oliver E.: The economic Institutions of Capitalism. Firms, Markets, Relational Contracting, New York 1985, S. 223–232.

10 Vgl. Coase, Ronald H.: The Nature of the Firm, in: Economica 4 (1937), S. 386–405.

11 Vgl. Williamson, Oliver E.: Die ökonomischen Institutionen des Kapitalismus, Tübingen 1990, S. 34–37 und S. 60–69.

durch die geringe Verbindung der Näherinnen untereinander und zur Fabrik sowie der oft nur als Teilzeiterwerb dienenden Arbeit niedrig gehalten werden. Fixe Kosten wie bei einem Fabrikarbeitsplatz fielen für den Unternehmer nicht an, da der Heimarbeiter seine Arbeitsgeräte selbst zu stellen hatte. In Krisenzeiten konnten so Lagerhaltungs- und Liquiditätsprobleme gering gehalten werden. Auch Kosten für Licht und Heizung wurden meist vom Heimarbeiter übernommen.[12] Kosten für Kontrollpersonal in der Fabrik entstanden nicht, allerdings war die Kontrolle über den Arbeitsprozess dem Unternehmer weitgehend entzogen.[13] Um dieser Problematik zu begegnen, wurden in Regionen mit vielen Heimarbeitern oft Zwischenmeister eingesetzt, die mit den einzelnen Heimarbeitern interagierten und die Qualitätskontrolle übernahmen. Die Kosten für Verhandlung mit den Näherinnen, Überwachung und Kontrolle hatte der Unternehmer somit praktisch outgesourcet und sparte somit Transaktionskosten, indem er nicht mit jedem einzelnen Heimarbeiter selbst in Kontakt kam, sondern eine Art Mittlerinstanz einschaltete. Der Zwischenmeister musste zwar bezahlt werden, dies war aber insgesamt preiswerter und zeitsparender, als jedes Mal erneut Bewerberinen zu prüfen, Verträge auszuhandeln sowie deren Einhaltung zu kontrollieren. Der variable Absatz durch saisonale und modeabhängige Schwankungen führte dazu, dass das Verlagssystem gegenüber eines mit fixen Kosten verbundenen Fabriksystems komparative Vorteile aufwies und länger fortbestand als in vielen anderen Branchen, in denen sich schon gegen Ende des 19. Jahrhunderts das Fabriksystem durchgesetzt hatte.[14]

Zu beachten sind neben der Tatsache, dass der Unternehmer bei dieser Art der Produktion Kosten sparte, auch soziokulturelle Faktoren wie die Tatsache, dass viele Frauen oft nicht aus ihrer (ländlichen) Lebensumwelt herauswollten oder dies aufgrund der familiären Situation nicht konnten. Insofern war die Heimarbeit eine ideale Einnahmequelle für die Heimarbeiterinnen.[15] Sie konnten ihre Arbeitszeit neben der Versorgung der Kinder und anderer Familienangehöriger sowie der Führung des Haushaltes relativ flexibel gestalten. Außerdem war es möglich, weitere Familienangehörige in den Nähprozess einzubinden.[16]

Kennzeichnend für die Branche waren und sind die Abhängigkeit von Saison und Mode sowie eine breite Anzahl von Modellen.[17] Selten waren die Betriebe über das Jahr gleichmäßig beschäftigt. Heimarbeiter und Lagerhaltung dienten als Puffer. Heimar-

12 Ähnlich argumentiert auch S. R. H. Jones: The Origins of the Factory System in Great Britain. Technology, Transaction Costs or Exploitation?, in: Maurice W. Kirby/Mary B. Rose (Hg.): Business Enterprise in modern Britain. From Eighteenth to the Twentieth Century, London 1994, S. 31f. und S. 51–54.

13 Vgl. Schmidt, Fabrikarbeit, S. 81.

14 Vgl. Pierenkemper, Gewerbe, S. 18.

15 Vgl. Pierenkemper, Gewerbe, S. 14–18.

16 Vgl. Döring, Konfektionsgewerbe, S. 482–484.

17 Vgl. Beier, Rosemarie: Frauenarbeit und Frauenalltag im Deutschen Kaiserreich. Heimarbeiterinnen in der Berliner Bekleidungsindustrie 1880–1914, Frankfurt a. M. 1983, S. 32.

beiter konnten bei hoher Nachfrage in den Produktionsprozess einbezogen werden. In ruhigeren Zeiten bekamen sie keine Aufträge und die Konfektionäre bzw. Zwischenmeister mussten ihnen keinen Lohn zahlen.[18] Auch Lagerbestände boten die Möglichkeit, schwankende Nachfrage auszugleichen. Allerdings wurde durch die Lagerhaltung fixes Kapitel gebunden und es entstanden Verluste, wenn die produzierte Mode nicht den Geschmack der Kunden traf und nicht abgesetzt werden konnte.[19]

Wegen sehr unterschiedlicher Bedingungen in den Teilbranchen des Konfektionsgewerbes sowie auf den entsprechenden regionalen Absatzmärkten usw. setzte sich in der Beziehung zwischen Verlegern und Heimarbeitern zunächst kein dominierender Produktionstyp durch.[20]

In Berlin – wie auch in anderen größeren Städten – standen zwischen Unternehmer und der großen Schar der Heimarbeiter die oben bereits erwähnten Zwischenmeister, die die Stoffe von den Unternehmern erhielten, zuschnitten und an die Näherinnen verteilten. In Heimarbeit wurden die jeweiligen Kleidungsstücke gefertigt und beim Zwischenmeister wieder abgeliefert. Oft wurden dort noch die Knöpfe angenäht o.ä. Der Zwischenmeister konnte sich „über einen Mangel an Feinden nicht beklagen"[21] und wurde oft für die als schlecht beschriebenen Verhältnisse der Heimarbeiterinnen verantwortlich gemacht. Zwischenmeister sollen oft die Löhne niedrig gehalten und unrealistische Fertigungszeiten vorgegeben haben. Die Existenz der Zwischenmeister in den größeren Städten lässt sich transaktionskostenökonomisch erklären. Für den einzelnen Fabrikanten wäre es ein sehr großer Aufwand gewesen, permanent und immer wieder bei neuer Auftragsvergabe – es handelt sich hier im Williamson'schen Sinne um Transaktionen mit großer Häufigkeit und mittlerer Spezifität – mit den vielen in Heimarbeit befindlichen Näherinnen in Kontakt zu treten und deren Eignung zu prüfen, Löhne und Preise auszuhandeln usw. Neben diesen ex-ante-Transaktionskosten würden dem Fabrikanten ex-post Kosten für die Qualitätskontrolle entstehen und das bei jeder einzelnen Näherin und bei jedem Kleidungsstücke. Deswegen überließ der Unternehmer diese Aufgaben einem Zwischenmeister, der die o.g. Arbeiten übernahm und sich dafür bezahlen ließ. Neben den fixen Kosten für die Errichtung einer Fabrik und den Investitionen in Maschinen sparte der Konfektionär auf diese Weise Bürokratiekosten, die bei der Verwaltung und Überwachung in einem Unternehmen anfielen. Die Transaktionskosten, die bei der Suche nach geeigneten Zwischenmeistern und ggf. einer letzten Qualitätskotrolle anfielen, waren in diesem Zusammenhang um ein Vielfaches kleiner. Da beide Seiten meist eine langfristige Zusammenarbeit anstrebten, enststanden ex-ante-Transaktionskosten für den Unternehmer nur bei der ersten Vertragsanbahnung.

---

18 Vgl. Müller, Alfred: Die Bedeutung der außerbetrieblichen Fertigung für die Bekleidungsindustrie, Univ. Diss. Frankfurt a. M. 1947, S. 106.

19 Vgl. Pilgrim, Herforder-Bielefelder Konfektionsindustrie, S. 78.

20 Vgl. Döring, Konfektionsgewerbe, S. 480 f.

21 Schmidt, Fabrikarbeit, S. 61.

In Aschaffenburg und anderen ländlicheren Gebieten gab es im Gegensatz zu Berlin keine Zwischenmeister. Hier traten die Heimarbeiter direkt mit dem Unternehmer in Kontakt. Aufgrund der geringeren Anzahl von Heimarbeitern war die Abwicklung über Zwischenmeister für den Fabrikanten ökonomisch nicht attraktiv, da die anfallenden Transaktionskosten überschaubar waren. Hier waren die Heimarbeiter zunächst ausgebildete Schneider. Mehr und mehr spezialisierten sich bestimmte Dörfer aber auf bestimmte Produkte und die Heimarbeiter wurden nur noch für einen bestimmten Arbeitsgang angelernt. Gezahlt wurde i. d. R. nach Stücklohn. Viele Schneider und Näherinnen arbeiteten jahrelang für dasselbe Unternehmen,[22] was für den Konfektionär günstig war, da keine Kosten für neue Vertragsabschlüsse anfielen.

Die Branchenstruktur in Österreich gestaltete sich ähnlich der deutschen. Analog zu Berlin war hier Wien das Zentrum der Konfektion und Stadt der Mode. Organisiert wurde die Arbeit auch hier zu einem großen Teil durch das Verlagssystem.[23]

Die industrielle Fertigung trat Mitte des 19. Jahrhunderts neben die handwerkliche, wenngleich sich letztere noch bis in die Mitte 20. Jahrhunderts hinein in recht großem Umfang hielt[24] und was die Maßschneiderei betrifft, nie ganz verschwand. Die Fabrikfertigung setzte sich in großem Maße erst nach dem Zweiten Weltkrieg durch. Einer der Hauptgründe war, dass die neuen Standorte in der BRD nicht mehr über ein gewachsenes Potential an Zwischenmeistern und Heimarbeitern verfügten. Nur in den traditionellen Heimarbeiterregionen und – zeitlich begrenzt – in Berlin wurde zunächst noch in größerem Maße die Heimabeit eingesetzt.[25] Die seit der NS-Zeit vorangeschrittene Rationalisierung (vgl. Kap. 4.2 und 4.7) mit der Durchsetzung des Fließbandes sowie der Massenfertigung brachte nun entscheidende Kostenvorteile gegenüber der Heimarbeit. Damit änderte sich auch die Struktur der Branche. Die Arbeitsteilung in der Fabrik ermöglichte es, Kleidungsstücke deutlich preiswerter und in höheren Stückzahlen herzustellen als in Heimarbeit. Durch die Aushandlung von Tarifverträgen wurden für alle Beschäftigten gleiche Lohnbedingungen geschaffen, diese mussten nicht mehr bei jedem Auftrag neu verhandelt werden. Auch die Qualitätskontrolle wurde zentral in der Fabrik vorgenommen. Soziokulturell gesehen waren viele Frauen durch die Arbeit im Krieg nun gewohnt, in Fabriken zu arbeiten und eher dazu bereit, als noch Anfang des 20. Jahrhunderts.[26]

Die Entwicklung aus kleinen Handwerks- oder Einzelhandelsbetrieben hatte zur Folge, dass es viele kleine Unternehmen in der Branche gab, zumeist in der Form des Einzelunternehmens oder der OHG. Meist hatten die Unternehmen keine große Ka-

22 Vgl. Pilgrim, Herforder-Bielefelder Konfektionsindustrie, S. 8.

23 Vgl. Lemberger, Wiener Wäscheindustrie, S. 7.

24 Vgl. Albitz, Günther: Der Niedergang des Schneiderhandwerks als Produktionsgewerbe, Diss. Halle-Wittenberg 1931.

25 Vgl. Döring, Konfektionsgewerbe, S. 488.

26 Vgl. Buggeln, Marc/Wildt, Michael: Einleitung, in: Dies. (Hg.): Arbeit im Nationalsozialismus, Berlin 2014, S. IX–XXXVII, hier S. XXX.

pitalbasis, die sich in vielen Fällen aus dem Vermögen des Besitzers rekrutierte. Aufgrund der geringen Kapitalintensität wurden selten externe Kapitelgeber hereingenommen. Aktiengesellschaften waren selten, wahrscheinlich da sie aufgrund nicht möglicher Standardisierung der Ware und geringer Technisierung nicht sinnvoll waren. Skalenerträge hätten hier nicht wie in großen Unternehmen, z. B. in der Automobilindustrie, genutzt werden können. Ein Trend zu größeren Unternehmen war zwar seit dem Kaiserreich und verstärkt in der Weimarer Republik zu verzeichnen. Dennoch blieb bis heute die Mehrheit der Unternehmen KMU.[27] Eine ähnliche Struktur hat sich in Frankreich entwickelt. Auch dort ist die Branche von KMU geprägt und es gibt viele Familienunternehmen.[28]

Die Branche war und ist wenig kapitalintensiv. Außer Nähmaschinen, Knopfloch-, Zuschneide- und Bügelmaschinen gibt es wenige technische Ausstattungen. Dies hat sich seit Mitte des 19. Jahrhunderts kaum geändert.[29] Durch diese Struktur spielen die Lohn- und Personalkosten eine große Rolle, die der Industrie in den 1970er Jahren in der BRD bzw. in Europa zum Verhängnis werden sollten (vgl. Kap. 6.1 und 6.4). Das Rationalisierungspotential ist aufgrund der großen Modeabhängigkeit und der damit einhergehenden häufigen Produktwechsel im Herstellungsprozess eingeschränkt. In der Wäschebranche ist durch die größere Standardisierung der Produkte früher der Trend zur Fabrikproduktion und Massenherstellung zu beobachten, in der DOB aufgrund der Modeabhängigkeit am wenigsten.[30] Im Gegensatz dazu war es in der Wirk- und Strickwarenbranche schon Ende des 19. Jahrhunderts möglich, mithilfe großer Industriemaschinen Strümpfe arbeitsteilig und in Serien zu produzieren.[31]

Der Produktionsablauf war in DOB, HAKA, BeSpo und Wäsche prinzipiell recht ähnlich. Das Modell für die Kleidungsstücke entstand in der Modellschneiderei, wo ausgehend von Pariser und Berliner Mode die Trends für die „große Masse“ entwickelt wurden und Schnittmuster entstanden. In der Fabrik oder im Zwischenmeisterbetrieb wurden dann zunächst die Stoffe per Hand oder maschinell zugeschnitten. Es folgte der Nähprozess, der in der Fabrik oder in Heimarbeit stattfinden konnte, außer der Nähmaschine aber keinerlei Hilfsmittel benötigte. Ab Anfang des 20. Jahrhunderts wurde in einigen Betrieben Kolonnen- oder Gruppennähen eingeführt, bei dem Arbeitsplätze und Maschinen, die für die Produktion nötig sind, zu einer Fertigungsgruppe zusammengefasst wurden. Steuerung und Organisation der Produktion übernahmen die Mitarbeiter in Eigenverantwortung. Der nächste Schritt war bei der Oberbekleidung die Knopflochherstellung, die meist in der Fabrik oder beim Zwi-

---

27 Vgl. Statistisches Reichsamt: Gewerbliche Betriebszählung. Volks, Berufs- und Betriebszählung vom 16. Juni 1925. Das Gewerbe im Deutschen Reich. Textband, Berlin 1930, S. 69; Meier, Bekleidungsindustrie, S. 51 und Westphal, Berliner Konfektion, S. 62.

28 Vgl. Frisch, französische Bekleidungsindustrie, S. 631–633.

29 Vgl. Adler, Ulrich: Arbeit und Technik in der Bekleidungsindustrie, Frankfurt a.M./New York 1990.

30 Vgl. Dick, Volkmar: Bekleidungsindustrie, in: Handwörterbuch der Sozialwissenschaften, Bd. 1, Stuttgart 1956, S. 731–741, hier S. 733 und S. 736 und Hagemann, Bekleidungsindustrie, S. 2.

31 Vgl. Burri, Bodywear, S. 36.

schenmeister per Maschine geschah, manchmal aber auch in Handarbeit. Als letzter Schritt folgte Bügeln oder Plätten, meist in der Fabrik oder im Zwischenmeisterbetrieb.[32]

Die Leistungssteigerung durch die Nähmaschine[33], die Mitte des 19. Jahrhunderts aus den USA eingeführt wurde, war enorm. Eine geübte Näherin benötigte um 1850 für die Anfertigung eines Sakkos oder Jackettanzuges von Hand drei bis vier Tage, mit der Nähmaschine konnten sechs bis sieben Anzüge wöchentlich hergestellt werden. Eine Hose wurde ohne Maschine in drei Stunden genäht, mit Nähmaschine dauerte der Vorgang nicht einmal 40 Minuten.[34]

Ein einheitliches Größensystem gab es im 19. Jahrhundert noch nicht. Jedes Geschäft und jede Fabrik verwendete zunächst ein eigenes Größensystem.[35] Für die Berliner Damenkonfektion entwickelte Valentin Manheimer ein System, in dem die Größen des jeweiligen Kleidungsstückes durch sternförmige Zeichen in verschiedenen Farben gekennzeichnet waren. Die Skala reichte vom blauen Stern der „Backfischgröße" 40 bis zum roten Stern der Größe 50. Als Idealmaß galt die durch einen gelben Stern symbolisierte Größe 44.[36] In den 1930er Jahren wurden diesen „Sternen" Größen von 36 bis 52 zugeordnet, die wir auch heute noch kennen.[37] Allerdings war damit keineswegs die Durchsetzung von Standardgrößen verbunden. Noch in den 1950er Jahren besaß jede Sparte ihr eigenes Größensystem, so dass die Einführung einer einheitlichen Skala in Bezug auf die Körpergröße bei Kinderkleidung 1960 im „Wirrwarr auf dem Gebiet der Größenbezeichnungen" als Erfolg gefeiert wurde (1959 gab es immerhin noch 135 verschiedene Normalgrößentabellen[38]). Die Festlegung der Einzelmaße der jeweiligen Größen blieb aber auch mit diesem Beschluss weiterhin den Herstellern überlassen.[39]

---

32 Vgl. Döring, Konfektionsgewerbe, S. 221, S. 249, S. 251, S. 254 und S. 267 und Breitenacher, Bekleidungsindustrie, S. 71.

33 Lange Zeit bestand gegenüber der Nähmaschine in gewissen Kreisen Skepsis, man sagte ihr negative Wirkung auf die weiblichen Genitalorgane nach und machte sie für Fehlgeburten verantwortlich, vgl. Gutzmann, Albert: Über den Einfluß der Nähmaschinenarbeit auf die weiblichen Genitalorgane, Diss. rer. med., Berlin 1895. Zur sozialen Bedeutung der Nähmaschine siehe Hausen, Karin: Technischer Fortschritt und Frauenarbeit. Zur Sozialgeschichte der Nähmaschine, in: Geschichte und Gesellschaft 4 (1978), S. 148 – 167; Zur Technik der Nähmaschine siehe Herzberg, Rudolf: Die Nähmaschine. Ihr Bau und ihre Benutzung, Berlin 1863.

34 Vgl. Beier-de-Haan, Rosemarie: Die Entwicklung der Berliner Bekleidungsindustrie, in: Ulrike Laufer (Hg.): Gründerzeit – 1848 – 1871. Industrie- und Lebensräume zwischen Vormärz und Kaiserreich, Dresden 2008, S. 288 – 299, hier S. 291.

35 Vgl. Draude, Claude/Döring, Daniela: Körper nach Zahlen. Vom Maßnehmen und der Simulation von Menschlichkeit, in: Zentrum für trandisziplinäre Geschlechterstudien (Hg.): Gendered Objects. Wissens- und Geschlechterordnungen der Dinge. Bulletin Texte 38, Berlin 2012, S. 61 – 87, hier S. 69.

36 Vgl. Beier-de-Haan, Berliner Bekleidungsindustrie, S. 291.

37 Vgl. Draude/Döring, Körper, S. 71.

38 Vgl. Döring, Daniela: Zeugende Zahlen. Mittelmaß und Durchschnittstypen in Proportion, Statistik und Konfektion, Berlin 2011, S. 204.

39 Vgl. TW, Nr. 43, 22.10.1959, S. 1.

Der Absatz der fertigen Kleidung wurde wie folgt durchgeführt. Grob unterteilt existieren vier Wege der Absatzorganisation für die fertige Kleidung. Die älteste und bedeutendste Form ist der Absatz durch Reisende. Personen, die im Angestelltenverhältnis zu einer Firma standen oder Vertreter auf Provisionsbasis reisten mit Musterkoffern durch das Land und sammelten Aufträge. Des Weiteren gab es den Verkauf ab Fabriklager, wo Musterkollektionen ausgestellt waren. Auch konnte ein Lager in eine größere Stadt ausgelagert sein, wenn der Firmensitz ungünstig lag. Ebenfalls möglich war die briefliche Bestellung direkt bei den Unternehmen.[40]

Die Bekleidungsindustrie war und ist bis heute eine Frauenbranche.[41] Seit den 1920er Jahren waren ca. 80 Prozent der Beschäftigten in der Branche Frauen, im Vergleich zu knapp 30 Prozent in der Industrie gesamt.[42] Männer arbeiteten als Zuschneider, Bügler, Plätter und anfangs in der Herrenkonfektion als Schneider. Als diese aber immer mehr automatisiert und die Fertigung in die Fabrik verlagert und zerlegt wurde, übernahmen dort auch ab der Weimarer Republik Frauen die Arbeit der Männer.[43] Waren zu Beginn des 20. Jahrhunderts noch zwei Drittel der Beschäftigten in der HAKA Männer, erreichte schon zu Beginn der 1920er Jahre die Frauenquote 60 Prozent. Diese Entwicklung wurde durch die Kriegsjahre begünstigt, in denen Frauen Männerarbeitsplätze einnahmen und als billige Arbeitskräfte erkannt wurden.[44] Viele Frauen übten die Arbeit in der Bekleidungsindustrie nur als Nebenerwerb aus und erhielten dementsprechend weniger Lohn.[45] War eine Frau Witwe oder Alleinversorgerin der Familie, reichte der niedrige Lohn gerade für die Grundversorgung. Elendszustände, wie in der sozialkritischen Literatur dargestellt, scheint es aber nur in seltenen Fällen gegeben zu haben, wie die Heimarbeiterbefragungen Anfang des 20. Jahrhunderts ergaben.[46] Die Arbeiterinnen in der Fabrik waren jünger, meist unter 20 Jahren, was darauf hindeutet, dass sie nach ihrer Heirat aus der Arbeit ausschieden. Bei den Heimarbeiterinnen hingegen waren Arbeiterinnen zwischen Mitte 20 und 50 Jahren stark vertreten. Dies weist darauf hin, dass v. a. verheiratete Frauen und Mütter der Heimarbeit nachgingen.[47] Handarbeit war für Töchter und Frauen von Angestellten und kleinen Beamten die einzig mögliche standesgemäße Form der Arbeit.[48]

---

40 Vgl. Pilgrim, Herforder-Bielefelder Konfektionsindustrie, S. 13.
41 Vgl. Döring, Konfektionsgewerbe, S. 486.
42 Vgl. Döring, Konfektionsgewerbe, S. 154 und Breitenacher, Bekleidungsindustrie, S. 87.
43 Vgl. Haaf, Leidersbach, S. 107.
44 Vgl. Döring, Konfektionsgewerbe, S. 155 f.
45 Vgl. Pesch, G.: Die Entwicklung der westdeutschen Bekleidungsindustrie 1955–1966, in: Forschungsstelle für allgemeine und textile Marktwirtschaft an der Universität Münster (Hg.): Textildienst, Nr. 1/2, Münster 1967, S. 291–336, hier S. 297.
46 Vgl. die Studien von Arndt Paul zur Lage der Heimarbeit 1913.
47 Vgl. Ditt, Karl: Die Wäsche- und Bekleidungsindustrie Minden-Ravensbergs im 19. Jahrhundert, in: Arnold Lassotta (Hg.): Textilarbeiter und Textilindustrie. Beiträge zu ihrer Geschichte in Westfalen während der Industrialisierung, Hagen 1989, S. 103–121, hier S. 114 f.
48 Vgl. Beier-de-Haan, Berliner Bekleidungsindustrie, S. 291.

Die verschiedenen Standorts- und Produktionstypen sowie die Verbindung zum Arbeitskräfteangebot und der Mode fasst Erhard Schmidt zusammen:

> Je ausgeprägter Mode und Saison, desto dezentralisierter der Betrieb, je geringer die Saisonschwankungen, desto zentralisierter der Betrieb. [...] Zum anderen: je grösser die vorhandenen Arbeitermengen, desto dezentralisierter und extensiver ist der Betrieb, je geringer die Zahl, desto zentralisierter und intensiver der Betrieb. [...] Je mehr die Arbeiter ausser der Konfektionsarbeit noch eine weitere Tätigkeit ausüben (Landwirtschaft – Hausfrau und Mutter), desto dezentralisierter und unregelmäßiger ist der Betrieb, je mehr sie lediglich Konfektionsarbeiter sind, desto zentralisierter und kontinuierlicher der Betrieb.[49]

Einen Aufschwung erhielt die Branche durch den deutsch-französischen Krieg 1870/71. Einkäufer aus England und Skandinavien konnten Paris nur schwer erreichen und wichen nach Berlin aus. Bis in die 1880er Jahre wuchs die Bekleidungsindustrie in Deutschland, v. a. angeregt durch den Export. Der Anstoß zu einer deutschen Bekleidungsindustrie wird in einigen älteren Werken auf den Bruder eines Schneidermeisters zurückgeführt, der nach Südamerika ausgewandert war und mit seinen deutschen Mitbürgern dort die gewohnte Kleidung vermisste. Sie bestellten große Posten fertiger Kleidung, sodass der Schneidermeister 1845 die Fabrik Ludwig Ebinger Söhne in Worms gründete.[50] Inwieweit dies der Wahrheit entspricht, ist nicht nachprüfbar, zeugt aber von der Exportorientierung der deutschen Bekleidungsindustrie. In den 1880er Jahren brach der Export aber infolge der deutschen Schutzzollpolitik ab 1879/80 und der protektionistischen Maßnahmen anderer Länder ein.[51] Das Deutsche Reich erhöhte die Zolltarife für den Bezug ausländischer Tuche. Viele Käuferländer erließen in der Folge ebenso Schutzzollregelungen und errichteten eigene Bekleidungsunternehmen. Die deutschen Hersteller versuchten in den folgenden Jahren, weitere Konsumentenschichten im Inland, v. a. im bürgerlichen Millieu, für ihre Ware zu gewinnen.[52]

Gewerkschaftliche Organisation gestaltete sich aufgrund der Differenzierung der Branche und der vielen Heimarbeiter, die unterschiedliche Interessen verfolgten, als schwierig und fand vor dem Ersten Weltkrieg nur rudimentär statt. Dies gilt für Deutschland ebenso wie für Frankreich.[53] Im Verband der Wäsche- und Krawattenbranche sowie verwandter Berufe waren zwischen 1905 und 1910 nie mehr als 1 Prozent aller Konfektionsarbeiterinnen organisiert. Gewerkschaften begannen allerdings auch erst zögernd seit den 1890er Jahren, sich für Frauen zu engagieren. Die Forde-

49 Schmidt, Fabrikarbeit, S. 165.

50 Vgl. Mauer, Bernhard: Die deutsche Herrenkonfektion, Jena 1922, S. 14.

51 Zur Schutzzollpolitik und den Interessen der Textilindustrie ausführlich: Torp, Cornelius: Die Herausforderung der Globalisierung.Wirtschaft und Politik in Deutschland 1860–1914, Göttingen 2005, S. 107–111 und S. 147–79.

52 Vgl. Pilgrim, Herforder-Bielefelder Konfektionsindustrie, S. 4 f. und Feitelberg, Die Bekleidungsindustrie, S. 6 und S. 8.

53 Vgl. Wirsching, Organisation, S. 68.

rung nach der Einrichtung von Betriebswerkstätten deckte sich außerdem kaum mit den Interessen der Heimarbeiterinnen, die meist nicht ohne Grund – z. B. wegen der Kindererziehung oder der Versorgung von Familienangehörigen (s. o.) – von zu Hause aus arbeiteten.[54] Nur beim großen Konfektionsarbeiterstreik 1896, wo für höhere Löhne protestiert wurde, beteiligten sich weite Kreise der Beschäftigten im ganzen Deutschen Reich.[55] Flächendeckende Tarifverträge gab es erst nach dem Ersten Weltkrieg, vorher existierten, wenn überhaupt, regionale Regelungen. Die Lohn- und Krankenversicherungsverhältnisse der Heimarbeiter waren bis zum Krieg ebenso ein großer Streitpunkt. [56]

Erste regionale Arbeitgeberverbände gab es um 1900. Der erste reichsweite Zusammenschluss folgte kurz vor dem Ersten Weltkrieg. V. a. ging es um die Konditionen gegenüber Rohstofflieferanten und Einkäufern. Eine gemeinsame Preispolitik u. ä. war aufgrund der Verschiedenartigkeit der Erzeugnisse sowie des Modeeinflusses kaum möglich. Deswegen gab es in der Bekleidungsindustrie auch nur wenige Kartelle, die sich in den meisten Fällen auf die Liefer- und Zahlungsbedingungen bezogen, also Konditionenkartelle waren.[57] Die große Konkurrenz unter den Firmen, die Geheimhaltung der eigenen Kollektion bis zur Vorführung und die Hoffnung, den anderen Konfektionären stets einen Schritt voraus zu sein, liefen einer Zusammenarbeit entgegen.[58]

In der HAKA gab es früher Ansätze zu einem Zusammenschluss als in der DOB, diese blieben aber recht wirkungslos, auch weil sie auf einen bestimmten Bezirk beschränkt waren. 1901 schlossen sich vier regional begrenzte Fachverbände zum Zentralverband der Herren- und Kleiderfabrikanten Deutschlands zusammen: Vereinigung Stettiner Konfektions-Engros-Firmen (Großhandel), gegründet 1882, Verein Berliner Herren- und Knabenkonfektionsfirmen engros, gegründet 1895, Verein Breslauer Herrenkleider-Fabrikanten, gegründet 1896, und der Verband süddeutscher Kleiderfabrikanten, Sitz Frankfurt am Main, gegründet 1900. Ziel des neuen Verban-

---

54 Vgl. Beier, Rosemarie: Die gewerkschaftliche Organisation von Heimarbeiterinnen im deutschen Kaiserreich. „Geschlecht“ und „Klasse“ am Beispiel der Berliner Bekleidungsindustrie, in: Internationale wissenschaftliche Korrespondenz zur Geschichte der deutschen Arbeiterbewegung 34 (1998), 3/4, S. 412–425, hier S. 415 und S. 419 sowie die Studie zur Gewerkschaftsbewegung im Raum Bielefeld: Brücher, Bodo/Buschmann, Inge/Link, Bernd: Starke Frauen, Arbeitskampf und Solidarität. Die Gewerkschaft Textil-Bekleidung in der Region Bielefeld 1849–1998, Bielefeld 2004.

55 Zu den Streikaktivitäten der Berliner Schneider siehe Timm, Johannes: Die Berliner Schneider- und Schneiderinnen-Organisation vom Anfang der neunziger Jahre bis in die Gegenwart. Festschrift zum 25jährigen Bestehen des Verbandes, Berlin 1913.

56 Vgl. Fritzsche, Wera: Die kollektive Lohnregelung in der Herrenkonfektion, Diss. München 1929, S. 51 und S. 63 und Timm, Berliner Schneider- und Schneiderinnen-Organisation.

57 Vgl. Knopf, Rudolf: Die Wirkung der Kartelle der Textil- und Bekleidungsindustrie auf die Abnehmer, Diss. Heidelberg 1915, S. 12 und Schüler, Eugen: Die Lieferungs- und Zahlungsbedingungen der Textil- und Bekleidungsindustrie unter dem Einfluß der Geldentwertung und ihre Wirkungen auf den Abnehmer, Diss. Münster 1926.

58 Vgl. Westphal, Berliner Konfektion, S. 62.

des war die Verbesserung der Kreditbedingungen in der Branche. Eine Konditionsregelung wurde aber nicht erreicht, da Solidarität nur in der Stellungnahme gegenüber den Lieferanten bestand, während die Mitglieder den Abnehmern gegenüber freie Hand zu behalten wünschten. Dies hing v. a. damit zusammen, dass in der Textilindustrie ein oligopolistischer Markt vorherrschte, der Einzelhandel hingegen war polypolistisch organisiert und die Fabrikanten hofften hier, ihre jeweiligen Forderungen durchsetzen zu können.[59]

1909 kam es zu einer Vereinigung deutscher Kleiderfabriken, die allerdings nicht alle Firmen umfasste. Einheitliche Liefer- und Zahlungsbedingungen konnten aufgrund der Uneinigkeit nicht durchgesetzt werden. Der 1912 gegründete Arbeitgeberverband der Herren- und Knabenkleider-Fabrikanten Deutschlands e.V. vertrat 1914 90 Prozent der infrage kommenden Firmen. 1913 schlossen sich der Berliner Verband der Knaben- und Burschenkonfektionsfabrikanten und der Verband deutscher Kleiderfabriken e.V. mit Sitz in Rheydt (Vertretung der Arbeiter- und Berufsbekleidungsindustrie) zu einer Interessengemeinschaft sämtlicher Kartellverbände der Herren- und Knabenkleidungs-Industrie zusammen. Ziel waren auch hier v. a. gemeinsame Liefer- und Zahlungsbedingungen und die Vertretung gegenüber den Arbeitnehmern. Erfolge konnte die Interessengemeinschaft z. B. im Streit mit der Deutschen Tuchkonvention verbuchen, gegenüber der eine Auftragssperre verhängt wurde. Firmen der Interessengemeinschaft bestellten nicht mehr bei Mitgliedern der Tuchkonvention und versuchten auf diese Weise, Druck auszuüben. Während des Ersten Weltkrieges erlebten die Verbände einen Aufschwung, weil über sie die Auftrags- und Rohstoffverteilung lief (vgl. Kap. 2.4).[60]

2.2 Branchentrends in Zahlen: Die Reichsstatistik bis 1914

Gewerbezählungen im Deutschen Reich gab es 1875, 1882, 1895 und 1907. Die Ergebnisse wurden zum einen im Statistischen Jahrbuch für das Deutsche Reich sowie in besonderen Publikationen über die Gewerbezählungen veröffentlicht. Die Schwierigkeit bei der Auswertung besteht darin, dass unter „Bekleidungsgewerbe“ in den jeweiligen Zählungen unterschiedliche Inhalte verstanden wurden. Bis 1895 wurde auch das Reinigungsgewerbe mit zum Bekleidungsgewerbe gezählt. Der Unterpunkt Konfektion wurde in der Gewerbezählung 1882 eingeführt und umfasste 1907 auch die Schneiderei, in den anderen Zählungen wurde dieser Aspekt jedoch alleine erfasst. 1882 und 1895 wurde auch die Wäschekonfektion unter der Kategorie „Konfektion“ erfasst, in den folgenden Zählungen stand sie jedoch separat.

59 Vgl. Köster, Herrenoberbekleidungsindustrie, S. 85 f.
60 Vgl. Köster, Herrenoberbekleidungsindustrie, S. 87 f.

Generell ist anzumerken, dass die Reichsstatistik nicht zwischen Handwerks- und Industriebetrieben unterschied.[61] Da Handwerksbetriebe neben dem Meister nur noch wenige Mitarbeiter beschäftigten, kann man diese Betriebe bei den kleinen Betriebsgrößenklassen einordnen. Wie viele Beschäftigte im Bekleidungsgewerbe zum Handwerk und wie viele zur Industrie zu zählen waren, lässt sich aus der Statistik nicht ersehen und ist auch generell nur schwer nachzuvollziehen, da die Trennung oft fließend war. Auch die Einteilung in Haupt-[62] und Nebenbetriebe sowie die Aufteilung der Betriebsgrößenklassen war nicht immer einheitlich, sodass ein Vergleich erschwert wird. Bestimmte Kategorien wie Umsatz, Produktion und Absatz wurden erst nach dem Ersten bzw. sogar erst nach dem Zweiten Weltkrieg eingeführt und liegen für die Zeit des Kaiserreichs nicht vor. Unter „Bekleidungsgewerbe" wurde in der Statistik z.T. auch das Bekleidungszubehör wie Putzmacherei (Hüte, Schmuckblumen u.ä.) und Handschuhe erfasst. Prozentual machte dieses Zubehör aber nur einen kleinen Teil des Bekleidungsgewerbes aus[63], so dass aus den Gesamtzahlen dennoch ein Trend abgelesen werden kann. Auch der recht große Zweig der Schuhmacherei wurde statistisch bis einschließlich der Gewerbezählung 1939 unter das Bekleidungsgewerbe gefasst.

Schaut man sich die statistischen Erhebungen zum Bekleidungsgewerbe an, erkennt man, dass sich die Zahl der Betriebe von 697.662[64] im Jahr 1875 auf 822.952 1882 steigerte. 1895 waren es hingegen nur noch 805.361. 1907 wurden 737.614 Betriebe gezählt (vgl. Tabelle 1). Der Rückgang könnte mit den Schwierigkeiten im Export zusammenhängen (vgl. Kap. 2.1), aber auch mit der Verlagerung der Beschäftigten in größere Betriebe und dem Rückgang der Kleinbetriebe (s.u.). Die Putzbranche stellte 1875 mit 16.290 Betrieben nur einen geringen Anteil an den Gesamtbetrieben, ebenso wie das restliche Bekleidungszubehör. Den größten Anteil neben der Kleider- und Wäschekonfektion umfasste die Schuhmacherei mit ca. 250.000 Betrieben, in der Reinigungsbranche wurden 1875 ca. 55.000 Betriebe gezählt. Die Zahlen der Betriebe in der Kleider- und Wäscheherstellung lassen sich nicht so einfach vergleichen, da sie nicht immer eindeutig aus der Statistik errechnet werden können. 1875 wurden 403.816 Betriebe der Weißnäherei und Schneiderei erfasst, 1882 9.439 Betriebe der Konfektion (Kleider- und Wäscheherstellung), 1895 waren es 9.315. Die Industriebetriebe stellten also nicht einmal 1 Prozent der Gesamtbetriebe in der Branche. 1895 wurden unter „Konfektion" ca. 60.000 Beschäftigte registriert. Diese Werte beziehen sich auf die industrielle Wäscheherstellung und sind somit als einzige Zahlen ver-

61 Vgl. Hagemann, Bekleidungsindustrie, S. 2 und Salinger, H.: Die Konfektionsgewerbe, in: Handbuch der Wirtschaftskunde Deutschlands, Band 3: Die Hauptindustrien Deutschlands, Leipzig 1904, S. 893–906.

62 Hauptbetriebe sind Gewerbebetriebe, innerhalb deren Betriebsstätten eine oder mehrere Personen mit ihrer alleinigen oder Hauptbeschäftigung tätig sind vgl. Stat. Jahrbuch für das Deutsche Reich 1898, S. 27.

63 Vgl. Gewerbliche Betriebszählung 1925, S. 68.

64 Hier sind neben den Industrie- auch die Handwerksbetriebe erfasst.

lässliche Angaben über die Entwicklung der Industriebetriebe aus dem Bereich der Bekleidung im Deutschen Kaiserreich. 1907 wurde in die 328.593 Betriebe neben der Kleider- und Wäschekonfektion auch die Schneiderei als Handwerk eingerechnet.[65]

Analysiert man die Betriebsgrößengliederung des Bekleidungsgewerbes nach den technischen Einheiten[66] (vgl. Tabelle 1), fällt auf, dass der größte Teil der Betriebe sich in der Betriebsgrößenklasse mit 1 bis 5 Personen einordnete. Man kann davon ausgehen, dass es sich bei diesen Größenklassen um Handwerksbetriebe handelte. Im Laufe der Zählungen ist in den relativen Zahlen eine leichte Abnahme dieser Betriebsgrößenklasse von 99,4 Prozent 1895 auf 97,4 Prozent 1907 zu erkennen. Das bedeutet, dass die größeren Betriebe ihren Anteil am Bekleidungsgewerbe steigern konnten. Auch absolut stiegen die Betriebszahlen in den Größenklassen ab 6 Beschäftigten stärker an als in den Kleinbetrieben, wo 1895 sogar ein Rückgang zu beobachten ist. Je größer der Betrieb, desto eher kann man davon ausgehen, dass es sich um einen Industriebetrieb handelte. Von 1875 bis 1907 lässt sich ein Trend zu größeren Betrieben beobachten, wenn auch Kleinbetriebe mit 1 bis 5 Personen weiterhin die größte Gruppe bildeten.[67] Tabelle 1 gibt eine Übersicht zur Betriebsgrößenstruktur:

Tabelle 1: Betriebsgrößenklassen[68] des Bekleidungsgewerbes im Reichsgebiet 1875 bis 1907

Betriebe mit ... Personen	1875	in %	1882	in %	1895	in %	1907	in %
1–5	693.560	99,4	816.317	99,2	788.831	97,9	718.322	97,4
6–10	2.335	0,4	4.029	0,5	11.167	1,5	11.534	1,5
11–50	1.599	0,2	2.298	0,3	4.602	0,5	6.350	0,9
51–200	153	0,0	279	0,0	685	0,1	1.256	0,2
201–1000	15	0,0	29	0,0	75	0,0	147	0,0
über 1000					1	0,0	5	0,0
gesamt	697.662	100,0	822.952	100,0	805.361	100,0	737.614	100,0

Quelle: Kaiserliches Statistisches Amt (Hg.): Gewerbezählungen 1875, 1882, 1895 und 1907, Berlin 1877, 1886, 1899 und 1909.

65 Vgl. Feitelberg, Bekleidungsindustrie, S. 6 und S. 8.

66 Bei den technischen Einheiten werden alle einer Unternehmung zugehörigen Zweigbetriebe zusammen erfasst, entgegen den örtlichen Einheiten, wo die einzelnen Zweigbetriebe eines Unternehmens separat aufgeführt werden, vgl. Gewerbliche Betriebszählung 1925, S. 68 f. und Stockmann, Reinhard/Willms-Herget, Angelika: Erwerbsstatistik in Deutschland. Die Berufs- und Arbeitsstättenzählung seit 1875 als Datenbasis der Sozialstrukturanalyse, Frankfurt a. M./New York 1985, S. 119 f.

67 Vgl. Hagemann, Bekleidungsindustrie, S. 3

68 Technische Einheiten: alle einer Unternehmung zugehörigen Zweigbetriebe wurden zusammen erfasst, vgl. Gewerbliche Betriebszählung 1925, S. 68 f. und Stockmann, Erwerbsstatistik, S. 119 f.

Noch deutlicher als bei den Zahlen der Unternehmungen wird der Trend zu größeren Betrieben bei der Verteilung der Beschäftigten auf die Betriebsgrößenklassen, wie Tabelle 2 zeigt. Während die Anzahl der Beschäftigten im Bekleidungsgewerbe insgesamt über alle Zählungen von 964.208 auf 1.313.284 zunimmt, ist die prozentuale Abnahme der Beschäftigten in den Kleinbetrieben mit 1 bis 5 Beschäftigten über alle vier Gewerbezählungen deutlich zu erkennen. Am stärksten war der Rückgang in den Jahren 1882 bis 1895. In diesem Zeitraum verringerte sich die Beschäftigtenzahl von 1.010.287 auf 975.348. Bei der Zählung 1875 wurden vermutlich die restlichen Beschäftigten in der Klasse 6 bis 10 Personen eingeordnet, weswegen diese Zahl wenig verlässlich erscheint. Die Zählungen 1882 bis 1907 belegen aber eine eindeutige sowohl relative als auch absolute Zunahme der Beschäftigten aller Betriebsgrößenklassen mit mehr als 5 Personen. Die stärkste Zunahme der Beschäftigten erfuhren die Betriebe mit 11 bis 50 (44.027 Beschäftigte 1882, 128.119 1907) und 51 bis 200 Beschäftigten (24.545 Beschäftigte 1882, 116.149 1907), die man heute zum Mittelstand rechnen würde und bei denen es sich um Industriebetriebe handelte. Aber auch die Zahl der in Großbetrieben mit mehr als 1.000 Mitarbeitern beschäftigten Personen stieg von 1895 bis 1907 nicht unerheblich von 1.057 auf 6.066 (die Zahl der Betriebe allerdings nur von 1 auf 5).[69]

Tabelle 2: Personal[70] des Bekleidungsgewerbes im Reichsgebiet 1875 bis 1907

Betriebe mit ... Personen	1875	in %	1882	in %	1895	in %	1907	in %
1–5	896.402	93,0	1.010.287	90,2	975.348	79,3	930.370	70,8
6–10	67.806	7,0	31.855	2,9	80.631	6,5	84.176	6,4
11–50			44.027	3,9	87.378	7,1	128.119	9,8
51–200			24.545	2,2	62.313	5,1	116.149	8,8
201–1000			8.891	0,8	22.887	1,9	48.404	3,7
über 1000					1.057	0,1	6.066	0,5
gesamt	964.208	100,0	1.119.605	100,0	1.229.614	100,0	1.313.284	100,0

Quelle: Gewerbezählungen 1875–1907.

Schaut man sich die Struktur der Beschäftigten (Tabelle 3) näher an, fällt zunächst auf, dass die Anzahl der jugendlichen Arbeiter unter 14 Jahren gering ist, den größten Anteil stellen mit mehr als Dreiviertel aller Beschäftigten die über 16jährigen Arbeiter. Außerdem fällt auf, dass deutlich mehr weibliche Personen im Bekleidungsgewerbe

69 Vgl. Gewerbezählung 1875–1907.

70 Jede Person wurde nur einmal gezählt. Wenn sie mehrere Erwerbstätigkeiten ausübte, wurde sie bei demjenigen Gewerbebetrieb erfasst, in dem sie ihre Hauptbeschäftigung ausübte vgl. Stat. Jahrbuch für das Deutsche Reich 1886, S. 35.

beschäftigt sind. Der Anteil der Frauen umfasst je nach Zählung 60 bis 70 Prozent der Belegschaft. Die Heimarbeiter sind in dieser Zählung nicht enthalten. Über deren genauen Umfang liegen für das Deutsche Kaiserreich keine Daten vor. Die Gewerbezählung 1907 nennt als einzige einen Wert von 163.875 Personen. Diese Zahl scheint aber ganz deutlich zu niedrig angesetzt, da es schwierig war, die Heimarbeiter zentral zu erfassen.[71]

Tabelle 3: Die Altersstruktur der Fabrikangestellten des deutschen Bekleidungsgewerbes nach Angaben der Gewerbeaufsicht 1895 bis 1913[72]

Jahr	Fabriken, die jugendl. Arbeiter beschäftigen	Kinder unter 14 J. männl.	Kinder unter 14 J. weibl.	männl. Jugendliche 14–16 J.	weibl. Jugendliche 14–16 J.	Arbeiterinnen 16–21 J.	erw. Arbeiterinnen über 21 J.	erw. männl. Arbeiter über 16 J.
1895	1.631	97	90	3.070	6.390	24.742	29.548	
1900	3.155	199	297	4.779	11.440	40.724	53.380	
1905	15.514	270	866	6.322	33.544	98.432	98.004	87.742
1910	19.420	366	1.081	8.570	43.080	119.903	111.299	101.222
1913	21.189	466	1.083	9.930	47.312	133.388	126.872	112.075

Quelle: Kaiserliches Statistisches Amt (Hg.). Stat. Jahrbuch für das Deutsche Reich, Berlin 1880–1913.

Obwohl im Industrialisierungsprozess v. a. die Investitionsgüterindustrie überproportional ausgedehnt wurde, blieb der Bereich Textil, Kleidung und Schuhe bis 1914 derjenige Sektor, der mit etwa 23 Prozent den höchsten Anteil an der Gesamtzahl der im sekundären Sektor Beschäftigten aufzuweisen hatte. Von 60 Millionen Einwohnern des Deutschen Reiches und knapp 30 Millionen Erwerbstätigen waren 1913 2,7 Millionen Personen im Textil- und Bekleidungsgewerbe beschäftigt, was auf die große gesellschaftliche und wirtschaftliche Bedeutung der Branche verweist.[73]

Zum Schluss soll ein Blick auf die Ex- und Importstatistiken von Kleidung und Wäsche geworfen werden. 1878 lag die Ausfuhr bei 2.167 Tonnen netto. Sie stieg bis 1892 auf 8.104 Tonnen netto und pendelte in den folgenden Jahren zwischen 8.000

71 Vgl. Pierenkemper, Gewerbe, S. 15.

72 Diese Tabelle beruht auf den amtlichen Mitteilungen aus den Jahresberichten der Gewerbe-Aufsichtsbeamten und hat eine andere Bemessungsgrundlage als die Statistischen Jahresberichte, weswegen die Daten abweichen. Insgesamt sind in dieser Tabelle weniger Personen erfasst, als tatsächlich im Bekleidungsgewerbe beschäftigt waren vgl. dazu Tabelle 2. Da diese Zählungen aber die einzigen vorhandenen Informationen zur Altersstruktur in den Betrieben liefern und untereinander vergleichbar sind, wurden sie in die Arbeit aufgenommen.

73 Vgl. Henning, Handbuch, S. 866 und S. 1120–1122.

und 10.000 Tonnen netto. 1902 wurde die 10.000-Tonnen-Marke überschritten. Der wertmäßige Ausfuhrwert lag zwischen 90 und 100 Millionen Mark, der höchste Wert wurde 1891 mit 123,4 Millionen Mark erreicht. 1897 waren es nur noch 88,7 Millionen Mark, was den Einbruch des Exports durch die Schutzzollregelung in Ländern wie den USA oder Skandinavien dokumentiert. Der Import war deutlich geringer. Er lag im Durchschnitt bei 300 bis 400 Tonnen und 5 bis 7 Millionen Mark. Der Bedarf an Bekleidung für den deutschen Markt wurde also von der einheimischen Bekleidungsindustrie mehr als gedeckt.[74] Die Zahlen zeigen, dass die Einfuhr höherwertiger war als die Ausfuhr, es wurden also tendenziell teurere modische Artikel importiert und preiswerte Produkte exportiert. Aufgrund lückenhafter Überlieferung und ständiger Kategorie-Änderungen ist eine tabellarische Übersicht der Ein- und Ausführ erst ab 1902 möglich[75]:

Tabelle 4: Import und Export von Kleidung 1902 bis 1913 in Tonnen und Tausend Mark

Jahr	Import		Export	
	Tonnen	Tsd. Mark	Tonnen	Tsd. Mark
1902	328	6.515	10.081	147.162
1903	347	7.529	10.117	144.229
1904	337	7.109	9.594	128.159
1905	343	8.505	10.104	150.672
1906	252	5.340	6.115	86.728
1907	295	5.294	8.101	103.613
1908	340	3.945	6.587	68.366
1909	449	7.139	7.402	78.434
1910	512	8.567	8.655	92.759
1911	507	8.565	8.614	95.697
1912	712	10.628	11.664	133.162
1913	565	9.698	10.671	122.100

Quelle: Stat. Jahrbuch für das Deutsche Reich 1902 bis 1913.

Die geographische Verteilung der Betriebe – wie in Tabelle 5 beispielhaft für 1895 dargestellt – zeigt deutlich die Schwerpunkte der Konfektionsfertigung. Die meisten Betriebe fand man in Preußen vor (2.065). Dort stellte das Rheinland – neben Berlin –

74 Vgl. Stat. Jahrbuch für das Deutsche Reich 1875–1914.

75 Zur Außenhandelsbilanz der DOB vgl. Wolkiser, Artur: Die deutsche Damen- und Mädchen Bekleidungsindustrie. Ihr Export im Frieden und ihre Produktion im Kriege, Berlin 1915.

mit 310 Betrieben die größte Gruppe. Bayern wies mit 410 Betrieben auch eine große Bekleidungsindustrie auf. Im Königreich Sachsen befanden sich mehr als doppelt so viele Betriebe, was sicherlich auch mit der großen Bedeutung der dortigen Textilindustrie zusammenhing. Die Vorrangstellung Berlins als Zentrum der Bekleidungskonfektion wird in Tabelle 5 deutlich. Mit 632 Betrieben und ca. 16.000 Beschäftigten überflügelte die Hauptstadt nicht nur die anderen Städte, sondern auch alle weiteren Bundesstaaten.

Tabelle 5: Geographische Verteilung der Betriebe und der Beschäftigten in der deutschen Kleider- und Wäschekonfektion 1895 (Auswahl)

Staaten/ Landesteile/Städte	Zahl der Hauptbetriebe[76]	Zahl der beschäftigten Personen	männlich	weiblich
Preußen	2.065	33.236		
- Schlesien	213	2.847		
- Westfalen	173	2.068		
- Rheinland	330	4.674		
- Berlin	632	15.999	5.652	10.347
- Stettin	54	853	507	346
- Breslau	95	1.686	1.150	536
- Köln	64	1.262	435	827
Bayern	410	3.155		
- München	106	1.175	363	612
Kgr. Sachsen	1.008	9.940		
Württemberg	321	2.014		
Hessen	316	1.112		

Quelle: Gewerbezählung 1895.

2.3 Die Entwicklung ausgewählter Konfektionszentren bis 1914

Im Folgenden sollen die Zentren Berlin, Bielefeld-Herford, Aschaffenburg und Mönchengladbach näher betrachtet werden, weil sie als typisch für ein jeweils bestimmtes Produktionsgenre und -regime der Bekleidungsindustrie gesehen werden können.

76 Hauptbetriebe sind Gewerbebetriebe, innerhalb deren Betriebsstätten eine oder mehrere Personen mit ihrer alleinigen oder Hauptbeschäftigung tätig sind vgl. Stat. Jahrbuch für das Deutsche Reich 1898, S. 27.

2.3.1 Berlin

Die Berliner Kleiderkonfektion nahm ihre Anfänge im Kleider- und Tuchhandel (vgl. Kap. 2.1). Kleiderhändler hatten schon im 18. Jahrhundert neben Altkleidern auch zunehmend neue Ware angeboten. Offiziell war nur der Handel mit Kleidung gestattet, die von zünftigen Handwerkern gefertigt wurde. Die Händler beschäftigten trotzdem fremde „Gesellen", die heimlich arbeiteten und die man als Pfuscher bezeichnete. Lange Zeit galt vorgefertigte und standardisierte, nicht auf die individuellen Maße zugeschnittene Kleidung als minderwertig gegenüber der Maßgarderobe. Das änderte sich, als die Mode zum Massenphänomen wurde und sie immer mehr Angebot und Nachfrage bestimmte. Die ersten Produkte waren einfache Pelerinen (kurzer Schulterumhang) und Mantillen (leichter Mantel für Frauen), die nicht mehr aus Wien importiert, sondern ab den 1830er Jahren von Einzelhändlern selbst gefertigt wurden.[77] Schal und Mantille stellten die technisch einfachste Art der Oberbekleidung dar, weil sie von individuellen Körperformen weitgehend unabhängig waren. Gegen Ende des Jahrhunderts wurden vorwiegend Mäntel, Kostüme, Jupons (knöchellanger Damenunterrock), Schürzen und Trikottaillen (eine Art Bluse aus Strick) hergestellt, die später von der Bluse abgelöst wurden. Anfang des 20. Jahrhunderts stellten Konfektionäre auch Kleider her.[78] Unter den ersten Berliner Konfektionären sind besonders Valentin Manheimer, Hermann (Hirsch) Gerson[79] und David Levin herauszuheben. Alle drei waren nach Berlin zugewanderte Juden, die ein Einzelhandelsgeschäft eröffneten.[80] Gerson fertigte besonders im Luxusbereich und wurde 1848 Hoflieferant der Königin. Schneidergesellen oder Lehrlinge fertigten die Kleidungsstücke an, die zum Verkauf gelangten. In dieser Zeit beschäftigte er bereits fünf Handwerksmeister, drei Direktricen[81] sowie 120 bis 140 Arbeiterinnen in der Werkstatt. 100 Kommis und Aufseher waren für das Ladenlokal und zur Bedienung angestellt. Rund 1.500 Schneider, darunter 10 Meister, wurden außerhalb des Hauses mit der Anfertigung von Kleidung beschäftigt. Der Name Gerson stand in Berlin für eine außergewöhnlich exklusive, aber auch sehr teure Damenkleidung von internationalem Niveau.[82] Valentin Manheimer beschäftigte 1890 8.000 Mitarbeiter.[83] Levin stammte aus Königs-

77 Vgl. Beier-de-Haan, Berliner Bekleidungsindustrie, S. 288 f.

78 Vgl. Wittkowski, Berliner Damenkonfektion, S. 8.

79 Eine Studie von Gesa Kessemeier beschäftigt sich mit der Geschichte des Modehauses Herrmann Gerson sowie dessen zeitweiliger Eigentümerfamilie Freudenberg: Kessemeier, Gesa: Ein Feentempel der Mode oder eine vergessene Familie, ein ausgelöschter Ort. Die Familie Freudenberg und das Modehaus „Herrmann Gerson", Berlin 2013.

80 Vgl. Beier-de-Haan, Berliner Bekleidungsindustrie, S. 291.

81 Leitende Angestellte in der Bekleidungsindustrie, die ausgebildete Schneiderin ist und Modelle entwirft.

82 Vgl. Westphal, Berliner Konfektion, S. 17.

83 Vgl. Beier-de-Haan, Berliner Bekleidungsindustrie, S. 291.

berg und arbeitete als einer der ersten mit festgelegten Preisen und Preislisten für Waren.[84]

Der hohe Anteil jüdischer Unternehmer ist wohl kein Zufall. Aufgrund der bis ins 19. Jahrhundert bestehenden Berufsbeschränkungen waren es v. a. neu entstehende Berufszweige, in denen Juden bessere Chancen hatten. Für die Entwicklung der Berliner Konfektion ist zudem die jüdische Zuwanderung aus dem Großherzogtum Posen von großer Bedeutung. Die jüdische Bevölkerung besaß dort einen Sonderstatus. Viele Juden arbeiteten im Handwerk, insbesondere im Schneidergewerbe, und bildeten eigene Zünfte.[85] Schon um die Jahrhundertwende gab es laut Uwe Westphal in Berlin antisemitische Tendenzen, die sich gegen die jüdischen Bekleidungsfirmen richteten.[86]

Zunächst war Berlin das Absatzgebiet der Konfektionäre, ausgehend von Messen in Hamburg und Leipzig, aber auch zunehmend andere deutsche Gebiete und Staaten. 1860 gab es 20 Industriebetriebe in der Branche, 1865 40. Schon 1865 wurde der Umsatz der Branche auf rd. 65 Millionen Taler geschätzt.[87] Die Reichsstatistik wies 1875 für Berlin knapp 20.000 Betriebe mit etwa 28.000 Beschäftigten im Bereich Weissnäherei und Schneiderei auf. 1882 wurde nur der Bereich Konfektion erfasst. Die Zahl der Betriebe betrug 581 und die Zahl der Beschäftigten 8.389, davon waren 5.244 weiblich. In der Gewerbezählung 1895, die ebenfalls die Konfektionsbetriebe erfasste, sind 632 Betriebe mit ca. 16.000 Beschäftigten ausgewiesen, davon waren gut 10.000 weiblich. 1907 wurden neben der Konfektion auch wieder die Schneidereibetriebe gezählt. Im Vergleich zu einer ähnlichen Erfassungsgrundlage 1875 war deren Zahl um etwa 50 Prozent auf ca. 30.000 angewachsen. Die Anzahl der Beschäftigten hatte sich mit knapp 90.000 gegenüber 1875 sogar verdreifacht, was den Aufschwung im Inland und die Entwicklung Berlins zum Konfektionszentrum deutlich werden lässt. 1895 gab es in der Berliner Konfektion 163 Betriebe mit 2 bis 5 Beschäftigten, 141 Betriebe mit 6 bis 10 Beschäftigten und 152 Betriebe mit 11 bis 20 Beschäftigten. 44 Betriebe beschäftigten 51 bis 200 Personen, 11 mehr als 200. Vorherrschend waren also kleinere und mittlere Betriebe. Die meisten Beschäftigten fand man allerdings in den Betrieben mit mehr als 200 Personen (4.619). In den Betrieben mit 51 bis 200 Beschäftigten waren es 3.835, in den Betrieben mit 21 bis 50 Beschäftigten 3.496.[88]

---

84 Vgl. Westphal, Berliner Konfektion, S. 17.

85 Vgl. Beier-de-Haan, Berliner Bekleidungsindustrie, S. 291.

86 Vgl. Westphal, Berliner Konfektion, S. 27.

87 Vgl. Beier-de-Haan, Berliner Bekleidungsindustrie, S. 291.

88 Vgl. Gewerbezählungen 1875, 1882, 1895 und 1907.

Tabelle 6: Struktur des Berliner Bekleidungsgewerbes 1875 und 1907

Jahr	Zahl der Hauptbetriebe[89]	Zahl der beschäftigten Personen	männlich	weiblich
1875[90]	19.779	28.281	19.196	18.689
1907[91]	31.102	88.241	54.979	33.262

Quelle: Gewerbezählungen 1875, 1882, 1895 und 1907.

Um die Jahrhundertwende wurde 90 Prozent der deutschen Damen- und Kinderkonfektion, Dreiviertel der Knaben- und gut ein Viertel der Herrenkonfektion in Berlin gefertigt. Nach amtlichen Angaben waren zu dieser Zeit ca. ein Drittel aller in der Industrie, Handel und Gewerbe beschäftigten Frauen in Berlin für die Bekleidungsindustrie tätig, davon 70 bis 80 Prozent als Heimarbeiterinnen (60.000 bis 64.000).[92]

Der Hausvogteiplatz war das Zentrum der Berliner Konfektion. Neben Konfektionsfirmen siedelten sich dort auch Groß- und Einzelhandelsgeschäfte an, die die notwendigen Stoffe und Nähzutaten wie Nähgarne, Knöpfe, Einlagen etc. lieferten.[93] Moritz Loeb beschrieb Anfang des 20. Jahrhunderts die geschäftige Atmosphäre am morgendlichen Hausvogteiplatz wie folgt:

> Acht Uhr in der Frühe. Noch hat das Leben und Treiben in den großen Geschäftsgebäuden nicht begonnen, dafür bietet das Straßenbild, das sich dem Beschauer um diese Morgenstunde zeigt, umsomehr des Interessanten. Die Tausenden von Angestellten, die im Konfektionsviertel beschäftigt sind, eilen ihrer Arbeitsstätte zu (...). Das Straßenbild belebt sich jetzt von Minute zu Minute. Rollwagen fahren vor den Geschäften vor, einerseits, um die in den späten Abendstunden des vergangenen Tages fertiggestellten Frachtsendungen abzuholen, andererseits, um angekommene Güter, Kisten und Ballen mit Stofflieferungen abzuladen. (...). Wenn Hochsaison ist, so rollt im Konfektionsviertel unaufhörlich eine Droschke nach der anderen heran. Der ganze Platz im Wagen ist von der Lieferung eingenommen, kaum daß der mitfahrende Meister daneben noch Platz findet.[94]

In Niquets Frühstücksstube versammelte sich „bei Wurst und Schinken die Elite der Konfektion“[95] und diskutierte über geschäftliche Fragen. Der Konfektionär bewege sich, so Loeb, von früh bis spät, ordne an, besehe die Ergebnisse, maßregele und nehme den letzten Schliff vor. Loeb bezeichnet die Konfektion als eine „nervöse“

89 Hauptbetriebe sind Gewerbebetriebe, innerhalb deren Betriebsstätten eine oder mehrere Personen mit ihrer alleinigen oder Hauptbeschäftigung tätig sind vgl. Stat. Jahrbuch für das Deutsch Reich 1898, S. 27.

90 Weißnäherei und Schneiderei.

91 Schneiderei und Konfektion.

92 Vgl. Beier, Frauenarbeit, S. 38.

93 Vgl. Westphal, Berliner Konfektion, S. 19.

94 Loeb, Moritz: Berliner Konfektion. 5. Aufl., Berlin 1906, S. 21f.

95 Loeb, Berliner Konfektion, S. 25.

Branche,[96] was auf die Neurasthenie hinweist, eine Krankheit der Zeit, die durch die vielen Neuerungen und Beschleunigungen des Lebens wie Eisenbahn und Elektrotechnik hervorgerufen wurde.[97] 50 Zeitschriften für Mode sorgten für die Verbreitung der Modelle.[98] *Der Konfektionär* wurde 1886 von Leo Schottlaender gegründet und war bald das führende Branchenblatt.

2.3.2 Bielefeld-Herford

Der Entstehungskontext der Bielefeld-Herforder Bekleidungsindustrie ist ein anderer als in Berlin. In den 1840er/1850er Jahren wurde die Konkurrenz irischen Leinens und englischer Baumwolle immer größer und das deutsche handgewebte Leinen konnte mit den preiswerten Angeboten der auf mechanischen Webstühlen hergestellten Stoffe nicht mehr konkurrieren (vgl. Kap. 2.1). Es entstand hohe Arbeitslosigkeit in der Region. Einige Leinenhersteller und -händler kamen auf die Idee, mit der Konfektionierung von Kleidung und Wäsche eine weitere Produktionsstufe anzugliedern oder vorzuschieben und sich dadurch einen neuen Absatzmarkt zu sichern.[99] In einer Krisen- und Konkurrenzsituation, wie sie in der Bielefelder Leinenindustrie Mitte des 19. Jahrhunderts vorherrschte, war die vertikale Integration eine Möglichkeit, den Weiterbestand der Unternehmen zu sichern. Dies gelang v. a. deswegen, da sich nicht wie in Berlin oder anderen Regionen aus Einzelhandelsgeschäften oder dem Schneiderhandwerk bereits eine Bekleidungsindustrie entwickelt hatte und somit dieser Sektor nahezu unbesetzt war. Im Bereich Konfektion spezialisierte man sich aufgrund des Rohstoffes – das heimische Leinen – zunächst auf ein bestimmtes Produkt: den blauen Arbeitskittel. Die Erfahrung zur Verarbeitung dieses Stoffs war in der Bielefelder Gegend seit Jahrhunderten vorhanden.[100] Die Konfektionsindustrie in Bielefeld war größer als die in Herford. 1924 wurden in Bielefeld 16 Konfektionsfirmen, in Herford 13 erfasst. Bielefeld zählte 2.785 und Herford 2.046 Fabrikbeschäftigte.[101]

Um 1855 sollen in Bielefeld die ersten größeren Unternehmen gegründet worden seien. 1860 wurden dort 600 Näherinnen und 150 Maschinen gezählt. Die Konfektion in Herford scheint etwa zehn Jahre später entstanden zu sein. Zunächst wurden v. a. Kittel aus Leinen und Halbleinen konfektioniert. Als deren Absatz Ende der 1860er Jahre einbrach, weil an anderen Orten preiswertere Varianten gefertigt wurden, stellte

---

96 Vgl. Loeb, Berliner Konfektion, S. 50 f.

97 Vgl. Radkau, Joachim: Das Zeitalter der Nervosität. Deutschland zwischen Bismarck und Hitler, München 2000 und Bergengruen, Maximilian/Müller-Wille, Klaus/Pross, Caroline (Hg.): Neurasthenie. Die Krankheit der Moderne und die Moderne Literatur, München 2010.

98 Vgl. Westphal, Berliner Konfektion, S. 29.

99 Vgl. Voß, Herfords Bekleidungs- und Wäscheindustrie, S. 14 und Tittel, Wäscheindustrie, S. 4.

100 Vgl. Voß, Herfords Bekleidungs- und Wäscheindustrie, S. 34.

101 Vgl. Pilgrim, Herforder-Bielefelder Konfektionsindustrie, S. 17.

man die Konfektion auf Sommerkleidung aus Baumwolle für Männer um.[102] In der Wäscheherstellung war Bielefeld bei der Produktion von Hemden führend auf dem Markt. Kurz vor dem Ersten Weltkrieg gab es 169 Wäschebetriebe, wovon 74 Prozent Kleinbetriebe mit 1 bis 20 Mitarbeitern waren. Die wenigen Großbetriebe beschäftigten aber 66 Prozent der Gesamtarbeiterschaft.[103] V. a. das Exportgeschäft boomte bis in die 1890er Jahre, ca. 50 Prozent der Produktion gingen ins Ausland. Als das Ausfuhrgeschäft aufgrund der Schutzzollregelungen in einzelnen Ländern einbrach, waren es zwischen 1895 und 1900 nur noch 10 Prozent. Den Weg aus der Krise bildeten Winterkollektionen aus Lodenstoffen und Regenmäntel aus leichtem Strichloden. Die Rohstoffe stammten fast ausschließlich vom deutschen Markt. Leinen kam oft direkt aus Bielefeld und Herford. Lüstergewebe (glänzender Stoff) wurde aus der Lausitz bezogen, Köper- und Satingewebe aus Süddeutschland, Jagdleinen aus Schlesien. Nur Rohseide wurde über Importhäuser aus Italien oder Japan eingekauft.[104]

Um die Jahrhundertwende überflügelte die Konfektionsindustrie sogar die Textilindustrie und wurde hinter dem Maschinenbau zum zweitgrößten Industriezweig in Bielefeld. Kennzeichnend für die Bielefelder Wäscheindustrie war, dass der Absatz weniger über Großhandel und Reisende erfolgte, sondern direkt an die Privatkundschaft. Privatabnehmer hatten eine kleinere Marktmacht als der Großhandel.[105]

Die Wäscheindustrie war es auch, in der sich das Fabriksystem recht früh – seit den 1880er Jahren – durchsetzte. In diesem Fall lohnte sich der Aufwand, da gegenüber dem Verlagssystem Transaktionskosten gespart werden konnten. Die Nachfrage war so stark und kontinuierlich, dass die dauernde Beschäftigung zahlreicher Näherinnen und der entsprechende Aufwand an fixen Kosten rentabel wurden. Kontrolle und Schnelligkeit in der Produktion wurden durch die Zentralisierung in der Fabrik erhöht, das Arbeitstempo durch die Einführung der elektrischen Nähmaschine gesteigert. Arbeitsteilung war möglich, insbesondere da es sich bei Wäsche in Form und Schnitt um einfache und einheitliche Modelle handelte. Da das Arbeitskräfteangebot nicht so groß war wie in Berlin, sahen die Unternehmer die Notwendigkeit, einen festen, erfahrenen Stamm von Näherinnen an sich zu binden. Ein historisch gewachsenes System der Zwischenmeisterfertigung wie in anderen Bekleidungszentren existierte nicht. Allerdings ging die Zahl der Heimarbeiterinnen nicht zurück, sondern stieg ebenso stark an. Das Verhältnis von Fabrik- zu Heimarbeiterinnen war je nach Betrieb unterschiedlich. Nach der Jahrhundertwende scheint es insgesamt prozentual mehr Fabrikarbeiter gegeben zu haben. Die Firma Elsbach AG, die 1914 die größte Wäschefabrik auf dem Kontinent gewesen sein soll, beschäftigte in dieser Zeit ca. 700 Personen in der Fabrik und ca. 3.500 Näherinnen in Heimarbeit.[106]

---

102 Vgl. Pilgrim, Herforder-Bielefelder Konfektionsindustrie, S.17 und S. 26–29.

103 Vgl. Tittel, Wäscheindustrie, S. 6 und S. 10.

104 Vgl. Pilgrim, Herforder-Bielefelder Konfektionsindustrie, S. 30–32 und S. 48.

105 Vgl. Ditt, Wäsche und Bekleidungsindustrie, S. 106 f.

106 Vgl. Ditt, Wäsche und Bekleidungsindustrie, S. 107–110.

Herford zählte 1875 210 Beschäftigte in ca. 30 Betrieben. Ende der 1880er Jahre war die Zahl auf 300 Fabrikarbeiter gestiegen. Schätzungsweise 10.000 Heimarbeiter waren in der Kleiderherstellung beschäftigt. In diesen Zeitraum fiel auch die Trennung von Wäscheherstellern und Konfektionsfabriken. Offenbar hing dies mit der Verdrängung des blauen Leinenkittels als Hauptprodukt durch die baumwollenen, ebenfalls blauen Arbeitsanzüge zusammen. Für die Wäschehersteller stiegen nun die Transaktionskosten, da sie nicht mehr aus ihrem angestammten Produkt – dem Leinen – auch Bekleidung fertigen konnten. Bei Baumwollstoffen besaßen sie weder die Kompetenz beim Einkauf, noch bei der Verarbeitung und Verkauf. Deswegen stießen sie diesen Teil der Fertigung ab. In den 1890er Jahren gab es kaum mehr Neugründungen, zum einen, weil der Export wegfiel, zum anderen, weil die Herforder Firmen mit ihren Erzeugnissen aus Leinen und Drell (dichtes und reißfestes Gewebe) nur für die warme Jahreszeit arbeiteten. Um dies zu erweitern, wurden auch immer mehr Kleider aus Wolle hergestellt. Anfang des 20. Jahrhunderts waren Angenete & Scholle mit 34 sowie L. Elsbach mit 41 Beschäftigten die größten Konfektionsbetriebe in Herford. Bei der Wäsche waren es J. Elsbach & Co. mit 147 Mitarbeitern und Sieves & Stadtländer mit 103.[107] Die Konfektionsindustrie war seit den 1870er Jahren der führende Industriezweig in Herford.[108]

In beiden Städten herrschte das Verlagssystem ohne Zwischenmeister vor. Der Kreis der Näherinnen war überschaubar und fluktuierte nicht so stark wie in Großstädten.[109] Die Löhne lagen unter denen anderer Industriezweige. Während eine Zigarettensortiererin 1898 18 bis 20 Mark pro Woche verdiente, erhielt eine Näherin etwa die Hälfte. Aus diesem Grund kam es immer mehr zu einer Abwanderung der städtischen Arbeitskräfte in andere Industriezweige, so dass das Arbeitskräftepotential auf dem Land genutzt werden musste.[110] Eine Heimarbeiterin verdiente ca. 1,40 Mark pro Tag – wenn sie sieben Tage arbeitete etwa 10 Mark pro Woche –, wobei sie davon noch Garn, Maschinenöl u. ä. beschaffen musste.[111] Auch die Nähmaschine musste selbst gestellt werden und kostete ca. den Jahreslohn eines Arbeiters. Allerdings konnte aufgrund des recht geringen Arbeitskräfteangebotes ein bestimmter Lohnsatz nicht unterschritten werden, da die Arbeiterinnen sonst vollständig in andere Branchen abgewandert wären. Innerhalb der Fabriken gab es durchaus Status- und Verdienstunterschiede. Am unteren Ende der Skala standen die Plätterinnen, darüber die Buntnäherinnen, es folgten Weiß- und Aussteuernäherinnen. Der Aufstieg bis zur Direktrice war möglich.[112]

1905 gab es den ersten Arbeitgeberverein, den Verein der Fabrikanten der Bekleidungsindustrie in Herford, Bielefeld und anderen Bezirken, der v. a. dazu ge-

---

107 Vgl. Voß, Herfords Bekleidungs- und Wäscheindustrie, S. 39 f, S. 59 und S. 71.

108 Vgl. Ditt, Wäsche- und Bekleidungsindustrie, S. 107.

109 Vgl. Ditt, Wäsche- und Bekleidungsindustrie, S. 105 f.

110 Vgl. Pilgrim, Herforder-Bielefelder Konfektionsindustrie, S. 51–53.

111 Vgl. Tittel, Wäscheindustrie, S. 118.

112 Vgl. Ditt, Wäsche- und Bekleidungsindustrie, S. 116 und S. 120.

gründet wurde, die Missstände zu beseitigen, die durch den Mangel an Arbeitskräften herrschten. Die Lebensbedingungen der Arbeiter und Arbeiterinnen beschreibt Heinz Pilgrim als „recht gut". Sie wohnten in der Regel am Stadtrand und nicht in Mietskasernen.[113]

2.3.3 Aschaffenburg

Die Stadt Aschaffenburg galt in der Bekleidungsindustrie bis nach dem Zweiten Weltkrieg als Zentrum der Stapelkonfektion – preiswerter Konfektion – im Bereich HAKA, auch „Aschaffenburger Genre" genannt. Die Konfektion in Aschaffenburg entstand aus der Maßschneiderei heraus. Entscheidend war die Gründung eines Fabrikbetriebes des Schneidermeisters Johann Desch 1874, der billige Herrenkonfektion nach Normgrößen auf Lager herstellte (vgl. Kap. 2.1).[114] Wahrscheinlich entstand die Idee, nach Normgröße zu produzieren, aus der Uniformfertigung.[115] Im preußischen Heer waren nach Gisela Krause im 18. Jahrhundert erstmals Uniformen nach festen Größenklassen und als Massenanfertigung in großem Stil hergestellt worden. Krause bezeichnet die Produktionstechnik als Vorstufe zur Bekleidungsindustrie.[116] Der Schneider Johann Desch, geboren in Gladbach bei Aschaffenburg und selbst Sohn eines Schneiders, besserte während des deutsch-französischen Krieges 1871 Uniformen für die preußische Armee aus. Durch Gespräche mit den Soldaten erfuhr er von dem eingeschränkten Größensortiment, das die Produktion vereinfachte, verbilligte sowie eine schnelle Zuteilung der Uniformen ermöglichte. Desch kam auf die Idee, dieses System auf die Zivilkleidung zu übertragen und errichtete 1874 eine Fabrik, in der nach drei Normgrößen produziert wurde. Den Großteil der Näharbeit verrichteten Schneider in den Dörfern um Aschaffenburg herum und Johann Desch wurde zum Verleger. 1890 nahm Desch die erste Zuschneidemaschine in Betrieb, mehrere Lagen Stoff konnten nun auf einmal geschnitten werden. 1891 beschäftige er ca. 150 Heimarbeiter. Seinem Beispiel folgten andere Schneider.[117]

Ein Großteil der Aschaffenburger Konfektion wurde bis in die Mitte des 20. Jahrhunderts in Heimarbeit in den sogenannten Schneiderdörfern rund um Aschaffenburg produziert. 1905 waren es ca. 50 Dörfer.[118] Meist betrieben die Schneider noch ein weiteres Handwerk oder Landwirtschaft neben der Heimarbeit. Mit der Zeit spezialisierten sich bestimmte Dörfer auf Jacken, Hosen usw. so dass die Heimarbeiter nur

113 Vgl. Pilgrim, Herforder-Bielefelder Konfektionsindustrie, S. 76 und S. 82.
114 Vgl. Hollmann, Frank: Leute machen Kleider. In der vierten Generation ist die Aschaffenburger Familie Desch in der Bekleidungsindustrie tätig, in: Karl Jörg Wohlhüter/Kurt Hogl (Hg.): Tradition verpflichtet. Große Familien in Bayern, Regensburg 1999, S. 26–31.
115 Vgl. Peters, Aschaffenburg, S. 21.
116 Vgl. Krause, Uniformfertigung, S. 46 und S. 54.
117 Vgl. Haaf, Leidersbach, S. 70–72.
118 Vgl. Peters, Aschaffenburg, S. 29f.

noch für bestimmte Arbeitsschritte angelernt werden mussten.[119] 1904 gab es in Aschaffenburg 14 Kleiderfabriken, 1921 20, 1922 aufgrund des Inflationsbooms 38.[120] 95 Prozent der Beschäftigten waren 1905 Heimarbeiter.[121] 1912 gab es den ersten Tarifvertrag für die Konfektionsarbeiter in Aschaffenburg.[122]

Kunden waren die Arbeiter der wachsenden Industrieregionen Rheinland-Westfalens, Elsass-Lothringens und Baden-Württembergs. 1904 umfasste die Jahresproduktion etwa 700.000 Anzüge, 200.000 Pelerinenmäntel und Paletots, sowie 20.000 Joppen und Hosen. Rohstoffe wurden meist aus dem Inland bezogen: Oberstoffe aus Mönchengladbach und Sachsen, Futterstoffe aus Schlesien und Süddeutschland, Nähseide und Nähgarn aus dem Rheinland, Sachsen und Schlesien.[123]

Im Stadtbild siedelten sich die Fabriken nahe des Bahnhofs an. Dies hatte mehrere Vorteile: Zum einen konnten die Stoffanlieferungen rasch mit Handwagen in die Firmen transportiert und die fertigen Kleidungsstücke von der Produktion zum Bahnhof gebracht werden, zum anderen konnten die Beschäftigten aus dem Umkreis schnell ihren Arbeitsplatz erreichen.[124]

Der folgende Cartoon gibt ein Bild von der Lage und der großen Anzahl der Kleiderfabriken in Aschaffenburg:

Die größten Firmen in Aschaffenburg waren Anfang des 20. Jahrhunderts die Firmen Johann Desch (gegründet 1874) und August Vordemfelde (gegründet 1912). 1904 hatte Desch 25 Mitarbeiter, 1913 39. Infolge des Ersten Weltkrieges ging die Beschäftigung auf 14 Mitarbeiter 1918 zurück, ehe sie bis 1922 wieder auf 30 anwuchs. Die Firma Vordemfelde wies 1913 schon 46 Beschäftigte auf, die Mitarbeiterzahl fiel bis 1918 kriegsbedingt auf 24, durch die Expansion der Firma Anfang der 1920er Jahre stieg die Zahl auf über 130.[125] Dies hing auch damit zusammen, dass August Vordemfelde der erste Kleiderfabrikant war, der vor Ort in der Fabrik produzierte und nicht in den umliegenden „Schneiderdörfern" in Heimarbeit. Diese „Kleiderfürsten" waren in Aschaffenburg die ersten Automobilbesitzer und residierten in Villen an exponierten Plätzen, wie anderswo die Stahlindustriellen.[126]

Auch für die Aschaffenburger Konfektion wurden Missstände wie lange Arbeitszeiten oder gesundheitliche Belastungen festgestellt. Von sozialem Elend konnte laut Hiller aber nicht gesprochen werden.[127] Lothar Kann schreibt 1932: „In Aschaffenburg

119 Vgl. Haaf, Leidersbach, S. 46–48.

120 Vgl. SSAA, Gewerbe-Kataster Stadtbezirk Aschaffenburg 1904–1906 (SBZ I 1062), 1907–1909 (SBZ I 1063), 1913–1918 (SBZ I 1064), 1922–1924 (SBZ I 1065).

121 Vgl. Peters, Aschaffenburg, S. 22 und S. 26.

122 Vgl. Haaf, Leidersbach, S. 79.

123 Vgl. Peters, Aschaffenburg, S. 27 und S. 110.

124 Vgl. Peters, Aschaffenburg, S. 27.

125 Vgl. SSAA, Gewerbe-Kataster Stadtbezirk Aschaffenburg 1904–1906 (SBZ I 1062), 1907–1909 (SBZ I 1063), 1913–1918 (SBZ I 1064), 1922–1924 (SBZ I 1065).

126 Vgl. Peters, Aschaffenburg, S. 60.

127 Vgl. Hiller, Dr.: Die Aschaffenburger Herrenkonfektion, in: Paul Arndt (Hg.): Die Heimarbeit im rhein-mainischen Wirtschaftsgebiet, Bd. 3, Jena 1913, S. 68–108, hier S. 69.

Wenn ein Fremder in Aschaffenburg nach dem Weg zum Schloß fragt: „Do gäin se an de erscht, zwätt, dritt Kläderfabrik vobei, um die Eck, ba dere grouß Kläderfabrik rechts ab, ba de nächst Kläderfabrik links un dann sinn se do!“

Abbildung 1: Cartoon Kleiderfabriken in Aschaffenburg Anfang des 20. Jahrhunderts
Quelle: SSAA, ZGS 210 Ausschnitt aus 8-Uhr-Blatt, Main-Fränkisches-Land, ohne Datierung, vermutlich März 1933.

können sich die erzielten Löhne sehr wohl sehen lassen, die Arbeitszeit ist in der Regel nicht übermäßig lang und die Kinderarbeit spielt keine allzu große Rolle. Auch die Wohnungsverhältnisse der Heimarbeiter sind keinesfalls trostlos.“[128] Gerade weil die Menschen neben der Landwirtschaft mit der Heimarbeit eine zweite Einnahmequelle aufweisen konnten, ist davon auszugehen, dass man nur in seltenen Fällen Elendszustände vorfand.

2.3.4 Mönchengladbach

Im Bereich Mönchengladbach und Rheydt entwickelte sich die Berufsbekleidungsherstellung zum einen aus den Webereien, die eine weitere Produktionsstufe angliederten, zum anderen aus dem Stoff- und Einzelhandel, der anfing, selbst Kleidung zu produzieren (vgl. Kap. 2.1). Schon seit dem Mittelalter versuchten Händler, das Verbot

128 Kann, Lothar: Die Heimarbeiter der Aschaffenburger Bekleidungsindustrie, Aschaffenburg 1932, S. 89.

des Verkaufs neuer Kleidung, die nur von Maßschneidern hergestellt und zum Verkauf gebracht werden durfte (vgl. Kap. 2.3.1), zu umgehen, indem sie neue Kleider ein- oder zweimal tragen ließen und dann in den Handel brachten. In der neu entstehenden Arbeiterbevölkerung wurde ab Mitte des 19. Jahrhunderts eine große neue Konsumentengruppe gesehen, die sich die teure Maßkonfektion nicht leisten konnte. Von einer Konfektionsindustrie im Raum Gladbach kann man nach Hans-Karl Rouette ab 1871 sprechen, als der erste Großkonfektionsbetrieb gegründet wurde. Billige Rohstoffe waren durch die nahegelegene Textilindustrie vorhanden, die Nachfrage und das Arbeitskräfteangebot durch den Aufschwung gut. Die ersten Fabriken wurden von Kaufleuten gegründet. Typische Produkte der Mönchengladbacher Bekleidungsindustrie waren billige Arbeiter- und Männerkonfektionen aus baumwollenen Stoffen wie Pilot (kräftiger, einfarbiger Baumwollstoff) oder verschiedenen Cord-Geweben. Ab der Jahrhundertwende wurde auch Sportbekleidung produziert.[129] 1897 gab es laut Edgar Jaffé 32 Kleiderfabriken mit 920 Werkstatt- und 2.000 bis 2.500 Heimarbeitern.[130]

Statt die Stoffe an die Konfektionäre zu verkaufen, verarbeiteten die Webereien sie selbst. Der Stoff- und Einzelhandel gliederte sich durch die Eigenfertigung die vorangehende Produktionsstufe an. Durch die Eigenfertigung konnte man besser auf Kundenwünsche eingehen und hatte größeren Einfluss auf die produzierten Waren. Außerdem waren meist die Kosten zwischen den Produktionsstufen geringer, da man über den Preis „im Haus" verhandeln konnte und nicht mit Konkurrenten feilschen musste, wo jede Seite versuchte, die für sich besten Konditionen zu erzielen. Die große Nachfrage ließ die Kosten für die Errichtung einer eigenen Produktion sinnvoll erscheinen. Da es sich oft um einfache Arbeitskleidung handelte, benötigten weder die Weber noch die Händler spezifische Kenntnisse in Mode und Herstellung.

Auf der Verbandsseite stand 1906 die Gründung des Verbands westdeutscher Kleiderfabriken in Rheydt. 1913 folgte der Verband der deutschen Kleiderfabriken in Rheydt, der überregionale Bedeutung erlangen konnte und das Interesse aller deutschen Kleiderfabrikanten vertreten sollte. Nachfolger wurde 1919 der Arbeitgeberverband der Kleiderfabriken von Mönchengladbach und Rheydt.[131]

---

129 Vgl. Rouette, Hans-Karl: Textilbarone. Industrielle (R)evolution in der Mönchengladbacher Textil- und Bekleidungsindustrie, Dülmen 1996, S. 251–258 und S. 283–286.

130 Vgl. Jaffé, Edgar: Die westdeutsche Konfektionsindustrie mit besonderer Berücksichtigung der Heimarbeit, in: Hausindustrie und Heimarbeit in Deutschland und Österreich, 3. Bd.: Mittel- und Westdeutschland, Leipzig 1899, S. 99–188, hier S. 160.

131 Vgl. Rouette, Textilbarone, S. 292.

2.4 Zwischen Arbeitermangel und staatlicher Regulierung: Die Bekleidungsindustrie im Ersten Weltkrieg (1914 bis 1918)

Das Kapitel bietet einen Einblick in die Entwicklung der Branche während des Ersten Weltkrieges. Zunächst sollen – chronologisch dargestellt – staatliche Maßnahmen zur Regulierung der Branche und die Folgen für die Unternehmen sowie die Arbeiterinnen beschrieben werden. Anschließend zeigt das Kapitel – thematisch gegliedert – wichtige Einzelaspekte auf. Es wird erläutert, wie die zivile und staatliche Fertigung organisiert waren. Außerdem wird ein kurzer Blick auf die Tendenzen zur Entwicklung einer „deutschen Mode" und den Umgang mit Rohstoffmangel geworfen.

Der Erste Weltkrieg bedeutete für die Bekleidungsindustrie Rohstoffkontingentierung, Arbeitskräftemangel und Zwangsbewirtschaftung. Nach Ausbruch des Krieges setzte zunächst ein Geschäftsrückgang ein:

> In der ersten Kopflosigkeit versuchte sich alles seinen Verpflichtungen zu entziehen. Erteilte Aufträge wurden zurückgezogen, Zahlungen selbst von ersten Käufern nicht geleistet. Fabrikanten verweigerten auch durchaus zahlungsfähigen Abnehmern ihren Kredit.[132]

Die Konfektionsindustrie geriet in eine schwierige Lage, da die Abnehmer glaubten, einseitig ihre Verträge kündigen zu können, die Stofflieferanten aber ihre Zahlungsfristen verkürzten.

„Aber dieser Zustand völliger Rat- und Planlosigkeit währte nur einige Tage."[133] Der Verband Deutscher Damen- und Mädchenmäntelfabrikanten und andere passten ihre Konditionen dem Kriegszustand an. Zahlungsfristen konnten verlängert und noch nicht bearbeitete Aufträge storniert werden.[134] Im Oktober 1914 wurden die Gehälter in der Konfektionsbranche anlässlich des Krieges herabgesetzt (bis zu 50 Prozent) und die Arbeitszeit auf die Zeit von 9 bis 14 Uhr festgelegt. Allerdings dehnten viele Firmen die Arbeitszeit nach eigenem Ermessen aus, ohne höhere Löhne zu zahlen.[135] Bereits im Herbst 1914 wurde für die durch den Krieg arbeitslos gewordenen Konfektionsarbeiterinnen ein Ausschuss für Konfektions-Notarbeit eingerichtet. 7.000 bis 8.000 Stellen sollten auf diese Weise geschaffen werden.[136] Im November des Jahres arbeiteten in den von der Schürzen- und Juponfabrik Bernhard Ratz zur Verfügung gestellten Räumen bereits 2.500 Arbeiterinnen. Zunächst kamen dort die unter, die nicht aus öffentlichen Mitteln unterstützt wurden. Der wöchentliche Lohn der Arbeiterinnen wurde auf 12 Mark festgesetzt, jegliche Gewinnerzielung seitens des Unterneh-

---

132 Konf, Nr. 59, 25.7.1915, S. 1/H u S. 2/H.
133 Konf, Nr. 59, 25.7.1915, S. 1/H u S. 2/H.
134 Vgl. Konf, Nr. 75, 19.9.1915, S. 2/II.
135 Vgl. Konf, Nr. 84, 18.10.1914, S. 4/II.
136 Vgl. Konf, Nr. 74, 13.9.1914, S. 1/H.

mens war ausgeschlossen. Beliefert wurden das Militärbekleidungsamt, Lazarette und der vaterländische Frauenverein.[137]

Im Spätherbst 1914 setzte eine „Zeit geschäftlicher Hochflut“[138] ein, die durch Heeresaufträge hervorgerufen wurde. Allerdings produzierten so viele Firmen Uniformen auf Vorrat, dass 1915 von einer Überproduktion gesprochen wurde und nicht alle Ware abgesetzt werden konnte.[139] Im Winter 1914/15 lief das Geschäft wieder recht gut. Nachgefragt wurden immer mehr auch teure Waren. Die Käufer rechneten wohl damit, diese später nicht mehr zu bekommen.[140] 1915 umfassten die Aufträge, die durch Reisende eingeholt worden waren, ca. 80 Prozent normaler Geschäftsjahre.[141] Auch im Winter 1915/16 hielt das gute Geschäftsklima an: „Es klingt fast unglaubhaft, wenn man von ‚glänzenden Zeiten im Kriege‘ spricht; dennoch ist das nicht übertrieben.“[142] Offensichtlich kauften die Kunden über ihren Bedarf, um für die Zukunft vorzusorgen.[143] Allerdings war durch Einberufungen und Abwanderung der Arbeitskräfte in Munitionsfabriken der Mangel an Personal sehr groß, sodass kaum alle Aufträge bearbeitet werden konnten.[144] *Der Konfektionär* beschrieb dieses Problem poetisch:

> Arbeitsstuben suche groß,
> die Posten liefern, flott famos
> Vergeb‘ 5000 weiße Kleider
> Nur Arbeiterinnen fehlen leider.
> Zieht Euch an, kommt hergerannt,
> Probe-Vorlage in der Hand,
> Dazu eine Legitimation,
> Kronen 41 Georg Henmansohn[145]

Ab 1915 wurden aufgrund des fehlenden eigenen Personals etwa 1.600 Kriegsgefangene, v. a. aus Polen, als Arbeiter in der Berliner Industrie eingesetzt.[146] Insgesamt arbeiteten während des Ersten Weltkrieges 2,5 Millionen Kriegsgefangene und eine halbe Million ziviler Zwangsarbeiter[147] für deutsche Unternehmen.[148]

---

137 Vgl. Konf, Nr. 90, 8.11.1914, S. 8/III.
138 Konf, Nr. 59, 25.7.1915, S. 1/H u S. 2/H.
139 Vgl. Konf, Nr. 85, 24.10.1915, S. 2/H.
140 Vgl. Konf, Nr. 45, 6.6.1915, S. 1/H.
141 Vgl. Konf, Nr. 47, 13.6.1915, S. 4H.
142 Konf, Nr. 13. 13.2.1916, S. 1/H.
143 Vgl. DK, Nr. 852, 25.11.1917, o.S.; DK, Nr. 856, 23.12.1917, o.S. und DK, Nr. 870. 31.3.1918. o.S.
144 Vgl. Konf, Nr. 26, 1.4.1917, S. 1/I.
145 Konf, Nr. 31, 18.4.1915, S. 2/II.
146 Vgl. Konf, Nr. 37, 9.6.1915, 3. Beilage, S. 1/III.
147 Zum Begriff Zwangsarbeit vgl. Buggeln, Mark: Unfreie Arbeit im Nationalsozialismus. Begrifflichkeiten und Vergleichsaspekte zu den Arbeitsbedingungen im Deutschen Reich und in den besetzen Gebieten, in: Ders./Michael Wildt (Hg.): Arbeit im Nationalsozialismus, Berlin 2014, S. 231–252.
148 Vgl. Spoerer, Mark/Streb, Jochen: Neue deutsche Wirtschaftsgeschichte des 20. Jahrhunderts, München 2014, S. 35 und S. 196 f.

Aufgrund von Rohstoff- und Arbeitskräftemangel in den „Friedensindustrien"[149] wurde im Frühjahr 1916 ein Gesetz zur Streckung der Arbeit in der Konfektion erlassen. Die Arbeitszeit wurde ca. auf die Hälfte verkürzt, wodurch Lieferfristen verlängert werden mussten.[150] Auf diese Weise sollten die knappen Rohstoffvorräte für den Heeresbedarf sichergestellt werden.[151] Neben der schon bestehenden Einschränkung des Zuschneidens mit elektrisch betriebenen Maschinen wurde in der neuen Bestimmung auch das Stanzen und Zuschneiden mit Hand- und Fußbetriebmaschinen auf fünf Stunden pro Woche beschränkt. Alle sonst mit Ausgeben und Abnehmen der Arbeit betrauten Personen durften nur 40 Stunden pro Woche beschäftigt werden. Das Mitgeben von Arbeit nach Hause wurde verboten, um auch auf diesem Gebiet die Produktion einzuschränken und Rohstoffe einzusparen.[152] Heimarbeiter durften nicht mehr als 70 Prozent der bisher zugewiesenen Aufträge erhalten.[153] Immer wieder kam es auch zu Umgehungen dieser Vorschriften, teilweise wurden sogar öffentlich Zwischenmeister und Arbeitsstubeninhaber gesucht, die sich bereit erklärten, Stoffe und Nähzutaten zu kaufen. Die Ware wurde dann von diesen Zwischenbetrieben hergerichtet und als fertige Konfektion den Firmen zurückverkauft, welche die Stoffe geliefert hatten.[154] Der Verband für Herren- und Knabenkleidung verfasste eine Eingabe an das Kriegsministerium, um eine Milderung der einschränkenden Bedingungen über den Einsatz von Kraftmaschinen zu erzielen. Als Begründung führte der Verband an, dass kleine Unternehmen durch die Verordnung geschädigt würden, da sie sich nicht genug Zuschneider leisten könnten, die den Zuschnitt per Hand vornähmen. Außerdem stiegen durch diese Arbeitsweise die Preise stark, so dass der Absatz zurückging. Über das Ergebnis ist nichts bekannt. Da der Handelskammer Elberfeld eine ähnliche Eingabe aber ablehnend beschieden wurde, kann man davon ausgehen, dass die Aussicht auf Erfolg relativ gering war.[155]

Durch die vom Staat erlassenen Maßnahmen wurden viele der noch verbliebenen Näherinnen arbeitslos. Das Reich und die Einzelstaaten erkannten erstmals die Verpflichtung zur Arbeitslosenunterstützung für infolge staatlicher Eingriffe erwerbslos gewordene Personen an und etablierten ab April 1916 eine staatliche Unterstützung für Arbeitslose in der Konfektionsbranche. Wenn die Frauen verheiratet waren und/oder Kinder hatten bzw. ein eigenes Haus oder Ackerland besaßen, wurde dies als triftiger Grund akzeptiert, wenn sie eine Stelle in einer entfernteren Gegend ablehnten und die Unterstützungszahlungen liefen weiter. Diese Konstellation führte dazu, dass

149 Vgl. Ullmann, Hans-Peter: Kriegswirtschaft, in: Gerhard Hirschfeld/Gerd Kumeich/Irina Renz (Hg.): Enzyklopädie Erster Weltkrieg, Paderborn 2009, S. 220–232, hier S. 225f.

150 Vgl. Konf, Nr. 21, 12.3.1916, S. 1/II.

151 Vgl. Daniel, Ute: Arbeiterfrauen in der Kriegsgesellschaft. Beruf, Familie und Politik im Ersten Weltkrieg, Göttingen 1989, S. 68.

152 Vgl. Konf, Nr. 23, 19.3.1916, S. 1/H.

153 Vgl. Konf, Nr. 29, 9.4.1916, S. 1/H und S. 2/H.

154 Vgl. Konf, Nr. 33, 23.4.1916, o.S.

155 Vgl. DK, Nr. 758, 6.2.1916, S. 15/16.

trotz Arbeitskräftemangel in der Konfektions-, aber auch der Rüstungsindustrie viele Frauen arbeitslos waren oder in Kurzarbeit treten mussten.[156]

Eine weitere Verordnung über die Streckung der Arbeit in der Konfektion vom 4.4. 1916 hatte die Beschlagnahme eines großen Teils der zur Konfektionsherstellung benötigten Stoffe sowie Höchstpreise für aus Web-, Wirk- und Strickwaren hergestellte Gegenstände zur Folge. Außerdem wurde ein vollständiges Ausfuhrverbot für alle aus Wolle, Baumwolle, Flachs und Hanf hergestellten Waren und Gegenstände erlassen. Dies traf die Konfektion hart, da sie im neutralen Ausland wie der Schweiz und den Niederlanden immer noch Waren abgesetzt hatte.[157] Zuweilen waren die Bestellungen dort größer als in Friedenszeiten, da diese Länder aus Frankreich und England keine Waren mehr erhielten.[158] 1916 wurden Zentralstellen für Ausnahmebewilligungen für Damenkleider und Wäsche errichtet. Bei der Erfüllung bestimmter Kriterien war Ausfuhr in geringem Rahmen möglich. Die Verbote und Einschränkungen der Ausfuhr erschwerten die Disposition für die Fabrikanten aber erheblich, da die für den Export in Produktion befindliche Ware nicht anderweitig abgesetzt werden konnte.[159]

Am 13.6.1916 wurden noch einmal verschärfende Maßnahmen von der Reichsbekleidungsstelle, die den zivilen Verbrauch organisierte, erlassen. Fortan durfte aufgrund der „Bekanntmachung über die Regelung des Verkehrs mit Web-, Wirk- und Strickwaren für die bürgerliche Bevölkerung“ nur noch nach Auftrag, der Stückzahl und Preise festlegte, nicht mehr auf Lager produziert werden. Diese Tatsache hing mit der seit August 1916 geltenden Bezugsscheinpflicht für Konsumenten zusammen. Außerdem wurde die Gewinnung neuer Kunden unterbunden. Fabrikanten und Großhändler durften nur noch an die Abnehmer verkaufen, mit denen sie bereits vor dem 1.5.1916 Geschäftsbeziehungen aufrecht erhielten. Willkürliches Heraufsetzen der Preise wurde durch eine Preisbeschränkungsverordnung untersagt.[160] V.a. der letzten Verordnung widersprachen die Fabrikanten aufs heftigste. Es konnten in der Folge einige Ausnahmeregelungen für Firmen erreicht werden, die auf den Export angewiesen waren. Insbesondere das Verbot zur Anknüpfung neuer Geschäftsbeziehungen konnte in Sonderfällen umgangen werden.[161]

1917 verbesserte sich die Lage in der Konfektion. Gründe waren zum einen die seit Ende 1916 mögliche und nun ausgeweitete Verarbeitung von Papierstoffen,[162] und zum anderen die Aufhebung der Verordnung über die Streckung der Konfektion am

156 Vgl. Daniel, Arbeiterfrauen, S. 68–72.
157 Vgl. Konf, Nr. 25, 30.4.1916, S. 1/H und S. 2/H.
158 Vgl. Konf, Nr. 25, 30.4.1916, S. 1/II.
159 Vgl. DK, Nr. 772, 14.5.1916, S. 6.
160 Vgl. Konf, Nr. 47, 11.6.1916, S. 1/H.
161 Vgl. Konf, Nr. 51, 25.6.1916, S. 1/H und S. 2/H.
162 Vgl. Daniel, Arbeiterfrauen, S. 72.

20.5.1917, was eine große Erleichterung für die Branche bedeutete.[163] Die Geschäftslage in der Konfektion wurde im Sommer wieder als „ausgezeichnet" beschrieben.[164]

Im Folgenden sollen einige wichtige Aspekte, die die Bekleidungsindustrie während des Krieges beeinflussten, näher erläutert werden. Die Versorgung des Heeres war staatlich organisiert. Seit Januar 1915 erteilte das dem Kriegsministerium unmittelbar unterstellte Bekleidungsbeschaffungsamt den einzelnen Firmen Aufträge, um den Bedarf der Armee sicherzustellen. Mit der Errichtung dieses Amtes sollte sichergestellt werden, dass einheitliche Qualität zu festen Preisen geliefert wurde, und sich Firmen nicht – wie bereits geschehen – auf Kosten der Qualität überhöhte Gewinne sicherten.[165] Tätigkeit des Beschaffungsamtes waren Einholung und Bearbeitung der Angebote, Beurteilung der Aufträge der einzelnen Betriebe, Zuweisung der Betriebe mit ihren Lieferanteilen an die Bekleidungsämter der jeweiligen Länder und Festsetzung von Lieferfristen. Die Abnahme der Lieferungen erfolgte durch die Bekleidungsämter der Länder.[166]

Zunächst wurden die Lieferungsaufträge der Bekleidungsämter als Volllieferung vergeben, das bedeutete, dass sowohl die Beschaffung der Stoffe sowie der Nähzutaten für die Herstellung von Militärkleidung durch die jeweiligen Bekleidungsunternehmen zu erfolgen hatte. Ab der zweiten Jahreshälfte 1915 erhielten die Firmen zugeschnittene Teile sowie das Zubehör von der Heeresverwaltung gestellt. Sie mussten nur noch die Fertigung der Kleidungsstücke in Lohnarbeit ausführen. Als Konkurrenz zur privaten Industrie bauten die staatlichen Bekleidungsämter ihre Produktionskapazitäten aus, indem sie eigene Betriebe errichteten.[167]

Ein Streitpunkt während des Krieges war die Tatsache, dass Unternehmen Heereslieferungen annahmen, obwohl sie genug private Aufträge besaßen, und diese dann zurückstellten, um den Staat möglichst schnell zu bedienen Das OKW foderte, dass Heereslieferungen zuerst bearbeitet werden mussten.[168] Die Herstellung von Militärbekleidung verlief bei denjenigen Firmen reibungslos, die sich schon zu Friedenszeiten für den Fall der Mobilmachung zur Lieferung von Militärbekleidung an die Bekleidungsämter verpflichtet hatten. Diese Firmen – den größten Teil stellte die

---

163 Vgl. Konf, Nr. 40, 20.5.1917, S. 1/H. Ein Grund für die Aufhebung der Verordnung wird im Artikel nicht genannt. Möglich ist ein Zusammenhang mit dem Hindenburg-Programm vom 31.8.1916 und dem Gesetz über den Vaterländischen Hilfsdienst vom 5.12.1916. Merith Niehuss beschreibt diesen Zusammenhang für die Textilindustrie, in der aufgrund der beiden Programme viele Betriebe ihre Kapazitäten wieder ausweiteten oder stillgelegte Betriebe wieder in Gang gesetzt wurden, vgl. Niehuss, Merith: Textilarbeiter im Ersten Weltkrieg. Beschäftigungslage und Fürsorgemaßnahmen am Beispiel Augsburg, in: Gunther Mai (Hg.): Arbeiterschaft in Deutschland 1914–1918. Studien zu Arbeitskampf und Arbeitsmarkt im Ersten Weltkrieg, Düsseldorf 1985, S. 249–276, hier S. 254.

164 Vgl. Konf, Nr. 66, 19.8.1917, S. 1/II.

165 Vgl. Cohen, Arthur/Simon, Edmund: Geschichte der Handelskammer München seit ihrer Gründung (1869), München 1926, S. 390 f.

166 Vgl. Konf, Nr. 5, 17.1.1915, S. 2/III.

167 Vgl. Döring, Konfektionsgewerbe, S. 133 f.

168 Vgl. DK, Nr. 696, 29.11.1914, S. 9.

HAKA – konnten auch die Umsatzeinbußen aus dem zurückgehenden privaten Bedarf durch die Herstellung von Militärkleidung ausgleichen.[169]

Den zivilen Verbrauch organisierte die Reichsbekleidungsstelle, die auch selbst Kleidung produzierte.[170] Sie regelte die Stoffzuteilungen für die Fabrikanten und die Verteilung der fertigen Ware an den Verbraucher durch Einführung des Bezugsscheins. Die Stoffe wurden den Fachverbänden und Großhändlern angeboten, die sie dann weiter an ihre Mitglieder gaben.[171] Zugeteilt wurden auch Stoffe aus besetzten Gebieten in Polen, Belgien und Nordfrankreich.[172] Verkaufen durften die Fabrikanten ihre Ware nur an Großhändler, an Händler von Bekleidungsstücken oder an Kleinhändler. Die Ware sollte in möglichst kleinen Mengen abgesetzt werden, auch dazu gab es für die einzelnen Positionen vorgeschriebene Mengen. Die Reichsbekleidungsstelle trat nach außen in Form einer Kriegswirtschafts-Aktiengesellschaft mit einem Grundkapital von 16 Millionen Mark in Erscheinung.[173]

Während des gesamten Krieges wurde ein Kampf gegen die Fremdwörter in der deutschen Sprache geführt. Beispielsweise sollte aus „bordeaux" „weinrot" werden. Dieses Bemühen konnte aber durchaus kuriose Formen annehmen, wie die *Deutsche Konfektion* feststellte:

> Andererseits darf freilich der Kampf gegen die Fremdworte nicht ins Lächerliche ausarten, wie man dies neuerdings häufig auf Restaurations-Speisekarten beobachten kann, wo beispielsweise Remouladensauce mit ‚Essig-Öltunke' und Mayonnaisensauce mit ‚Fette Öltunke' verdeutscht wird. In jeder Sprache – auch im englischen oder französischen – gibt es Ausdrücke, die dem Ausland entlehnt sind, sich aber längst Heimatsrecht erworben haben. Erinnert sei an unsere Heeressprache, wo man nicht daran denkt, dem Französischen entnommene Worte, wie ‚Armee-Corps', ‚Regiment' [...] umzuändern, was uns aber keineswegs hindert, den Franzosen gründlich das Fell zu gerben. Wir wollen deshalb auch in der Konfektion nicht das Kind mit dem Bade ausschütten, sondern den Franzosen möglichst die Vorherrschaft in der Mode abnehmen, uns aber nicht das Geschäft durch Verdeutschungen erschweren, die zu allerhand Mißverständnissen Anlaß geben könnten.[174]

1916 wurde das Wort „Konfektion" auf Firmenschildern verboten, es sollte durch „Bekleiderei" ersetzt werden. *Der Konfektionär* beklagte sich ob der „Lächerlichkeit einer so krampfhaften Verdeutschungswut"[175].

Die Durchreise (Messe in Berlin, die für viele Reisenden Zwischenstation auf dem Weg zur Messe in Leipzig war und deswegen „Durchreise" genannt wurde) in Berlin erwartete 1915 aufgrund des Krieges 50 Prozent des üblichen Umsatzes. Gekauft wurde

169 Vgl. Konf, Nr. 9, 31.1.1915, S. 2/H.
170 Vgl. DK, Nr. 29, 30.3.1919, S. 5.
171 Vgl. Konf, Nr. 10, 4.2.1917, S. 2/H.
172 Vgl. Konf, Nr. 59, 23.7.1916, S. 1/H.
173 Vgl. Konf, Nr. 10, 4.2.1917, S. 2/H.
174 DK, Nr. 683, 30.8.1914, S. 8.
175 DK, Nr. 770, 30.4.1916, S. 6.

v. a. mittleres und preiswertes Genre.[176] Die Durchreisen während des Krieges dauerten weniger lang als in Friedenszeiten, Auslandseinkäufer kamen aus Österreich-Ungarn, Dänemark, Schweden, Schweiz und Holland. Die Abnehmer bestellten vorsichtig und nur für den allernötigsten Bedarf.[177] Aufgrund des Warenmangels waren die produzierten Teile oft sofort vergriffen. Ein Redakteur der Zeitschrift *Der Konfektionär* schrieb:

> Wir befinden uns wieder in dem ursprünglichen Zustand, der die Berliner Konfektion vor Jahrzehnten zu so großer Blüte gebracht hat. Die Kunden müssen nach vorgelegten Mustern bestellen, wer nicht bestellt, kann keine Ware bekommen, für Lager wird nicht gearbeitet. Dazu fehlt es auch an Stoffen.[178]

Aufgrund der schwierigen Situation der Branche kam es zu Kooperationsbekundungen der Fabrikanten untereinander. Die Mitglieder des Verbandes Deutscher Herrenwäschefabrikanten beispielsweise tauschten ihre Vorräte gegenseitig aus und verzichteten darauf, sich gegenseitig Kunden abzuwerben.[179] 1916 gründeten die deutschen Wäschefabrikanten eine Kriegs-Einkaufs-Zentrale, um den Betrieben Stoffe in gleichem Umfang zuführen zu können, damit alle ihre Produktion aufrecht erhalten konnten.[180]

Auf der Stoffseite wurde Wolle immer mehr durch Kunstwolle ersetzt. Statt Baumwoll- und Jutefasern mussten Papierstoffe verwendet werden.[181] Die Papierstoffe waren allerdings umstritten. Die Handelskammer in Stuttgart sprach sich beispielsweise gegen die Verwendung von Papierstoffen aus, während in Mönchengladbach sogar Schwerstarbeiter in Papierstoffe gekleidet wurden.[182] Weite Röcke sollten aufgrund des Stoffmangels nicht mehr produziert werden.[183]

Das Kapitel zeigt, wie eingeschränkt und reglementiert die Herstellung von Bekleidung in Art und Menge in der Kriegszeit war. Die Gesetze des freien Marktes waren durch staatliche Stoff- und Auftragszuteilung sowie Absatzregelungen außer Kraft gesetzt. Versuche, die deutsche Konfektion unabhängig vom französischen Vorbild zu entwickeln, scheiterten v. a. daran, dass sich die Bekleidungsfabrikanten selbst dagegen wehrten.

176 Vgl. Konf, Nr. 17, 28.2.1915, S. 3/I.
177 Vgl. Konf, Nr. 19, 7.3.1915, S. 3/II.
178 Konf, Nr. 27, 4.4.1915, S. 1/H.
179 Vgl. Konf, Nr. 77, 26.9.1915, S. 1/II.
180 Vgl. Konf, Nr. 87, 29.10.1916, S. 1/II.
181 Vgl. Konf, Nr. 10, 4.2.1917, S. 2/H.
182 Vgl. Konf, Nr. 84, 21.10.1917, S. 2/II.
183 Vgl. Konf, Nr. 69, 29.8.1915, o.S.

3 Fließband und Zentralisierung der Fertigung als Massentrend? Die Bekleidungsindustrie in der Weimarer Republik (1918 bis 1933)

Die Weimarer Republik von 1918 bis 1933 war für die Bekleidungsindustrie eine durch Krisen und Unsicherheiten geprägte Zeit. Die Umstellung von der Kriegs- auf die Friedenswirtschaft stellte die Unternehmen vor große Herausforderungen. Anfang der 1920er Jahre erschwerten die Kursverluste der Mark und die Inflation das Wirtschaften. Über den gesamten Zeitraum herrschten keine einheitlichen Liefer- und Zahlungsbedingungen, was einen reibungslosen Geschäftsgang unmöglich machte, da immer wieder Konditionen ermittelt und neu ausgehandelt sowie überprüft werden mussten. Die genannten Entwicklungen führten dazu, dass den Konfektionsbetrieben durch Einzelhandels- und Textilunternehmen, die rückwärts oder vorwärts vertikalisierten, Konkurrenz entstand. Hinzu kamen sogenannte Inflationsgründungen, die v. a. dadurch bedingt waren, dass eine Flucht in Sachwerte aufgrund der Währungsturbulenzen attraktiv erschien, weniger allerdings durch die Eignung der neuen Bekleidungsfabrikanten für ihren Tätigkeit. Nicht nur die Weltwirtschaftskrise, sondern auch die Krise in den Jahren 1925 und 1926 führten zu einem Rückgang der Unternehmens- und Beschäftigtenzahlen. Zu den Unsicherheiten der äußeren Umstände kamen auch Wandlungen in der Mode durch das neue Frauenbild, dem die Firmen begegnen mussten. Korsette waren verpönt, die moderne Frau trug kürzere Röcke und zunehmend auch eine Hose. Dieses Kapitel bietet eine detaillierte Analyse der angesprochenen Aspekte und zeigt deren Wirkung auf die Branche im Gesamten sowie auf einzelne Unternehmen. In Kapitel 3.1 werden die angesprochenen Entwicklungen mit Zahlenmaterial aus der Reichsstatistik belegt. Dies soll die Einordnung der in den folgenden Abschnitten beschriebenen Themenbereiche erleichtern. Die Unterkapitel 3.2 bis 3.5 handeln chronologische wichtige Entwicklungen wie die Umstellung von der Kriegs- auf die Friedenswirtschaft, die Exportprobleme bis in die Mitte der 1920er Jahre und auftretende Krisen ab. Die folgenden Abschnitte beschäftigten sich mit Themen wie Konditionenstreit, Vertikalisierung und der Produktionsorganisation, die über den gesamten Zeitraum der Weimarer Republik eine Rolle spielten.

3.1 Branchenentwicklung in Zahlen

Bei einem Vergleich der Gewerbezählung 1925 mit den Daten aus früheren Erhebungen sind die Gebietsverluste durch den Versailler Vertrag vom Januar 1919 zu berücksichtigen. Ob der Rückgang von 737.614 Betrieben im Bekleidungsgewerbe 1907 auf nur noch 589.101 1925 durch die Gebietsverluste, den Ersten Weltkrieg oder die Konjunktur verursacht wurde, lässt sich aufgrund der vorhandenen Daten nicht mit Sicherheit sagen. Festzustellen ist aber, dass die abgetrenenen Gebiete keine Bekleidungszentren waren. 1933 waren es infolge der Wirtschaftskrise nur noch 546.301 Betriebe. Damit lag das

https://doi.org/10.1515/9783110560381-006

Bekleidungsgewerbe zusammen mit den Handelsbetrieben – was die Anzahl der Betriebe angeht – an der Spitze aller Branchen. Dies ist der Tatsache geschuldet, dass es sich um ein Kleingewerbe handelte.[1] Die Anzahl der Beschäftigten hingegen nahm von 1.313.284 1907 auf 1.402.051 1925 zu, was auf eine Konzentration der Betriebe und den Trend zu größeren Betrieben hinweist. 1933 fiel die Zahl der Beschäftigten krisenbedingt auf 1.066.394.[2]

Schaut man sich die Anzahl der Betriebe und die prozentuale Verteilung der Größenverhältnisse an – wie sie in Tabelle 7 dargestellt sind – fällt auf, dass sich der Trend zu größeren Betrieben seit dem Kaiserreich auch in der Weimarer Republik fortsetzte, wenn auch weiterhin die Mehrzahl kleinere Betriebe blieben. Die Anzahl der Betriebe mit 1 bis 5 Personen nahm aber recht deutlich von 97,4 Prozent 1907 auf 95,5 Prozent 1925 ab. Bei den absoluten Erhebungen lässt sich auch feststellen, dass die Anzahl der Betriebe mit mehr als 200 bzw. 1.000 Beschäftigten eine Steigerung aufwies, auch wenn sich dies prozentual kaum niederschlägt. 1933 stieg die Zahl der Kleinbetriebe wieder auf 97,5 Prozent an. Diese Entwicklung ist vermutlich eine Folge der Weltwirtschaftskrise, da sich die Zahl der Betriebe mit 6 bis 200 Beschäftigten stark reduziert, die der Kleinbetriebe jedoch absolut leicht wächst.

Deutlicher werden die Verschiebungen bei der personellen Verteilung auf die Betriebsgrößenklassen, wie Tabelle 8 zeigt. Waren 1895 noch 79,3 Prozent in Betrieben mit 1 bis 5 Personen beschäftigt, verringerte sich der Anteil bis 1925 auf 58,6 Prozent. Profitiert haben davon v.a. die Betriebe mit mehr als 50 Beschäftigten. Eine große prozentuale Steigerung ist bei den Betrieben mit mehr als 200 Beschäftigten zu erkennen. Während 1925 noch 95,5 Prozent kleine Betriebe mit 1 bis 5 Personen waren, boten diese aber nur ca. zwei Drittel aller Beschäftigten der Branche einen Arbeitsplatz. Ca. 20 Prozent aller Arbeiter und Angestellten waren in den etwa 2.000 Betrieben mit mehr als 50 Beschäftigten tätig, die an der Gesamtzahl der Branche aber nur 0,3 Prozent ausmachten. Immer mehr Arbeitnehmer waren also in mittelgroßen und großen Betrieben angestellt. Diese Betriebe waren meist mit industriellen Anlagen ausgestattet, was auf den Übergang von der handwerklichen Herstellung in kleinen Betrieben zur industriellen Fertigung in der Fabrik hindeutet. Infolge der Weltwirtschaftkrise stieg das Personal in den Kleinbetrieben 1933 wieder auf 66,5 Prozent an. V.a. die mittelgroßen Betriebe waren Verlierer der Krise, hier nahmen die Beschäftigtenzahlen am stärksten ab.[3]

---

1 Vgl. BA, NS 5 VI/16214, Boecker, Bernhard: Die gesellschaftliche und wirtschaftliche Bedeutung der Bekleidungswirtschaft, in: Deutsche Arbeit Nr. 12, Dezember 1931, S. 615–619, hier S. 616.

2 Vgl. Kaiserliches Statistisches Amt (Hg.)/Statistisches Reichsamt (Hg.): Gewerbezählungen 1907, 1925 und 1933, Berlin 1909, 1929/30 und 1935/36.

3 Vgl. Gewerbezählungen 1907, 1925 und 1933.

Tabelle 7: Betriebsgrößenklassen[4] des Bekleidungsgewerbes im Reichsgebiet 1895 bis 1933[5]

Betriebe mit ... Personen	1895	in %	1907	in %	1925	in %	1933	in %
1–5	788.831	97,9	718.322	97,4	562.219	95,5	532.484	97,5
6–10	11.167	1,5	11.534	1,5	16.165	2,7	7.921	1,5
11–50	4.602	0,5	6.350	0,9	8.628	1,5	4.640	0,8
51–200	685	0,1	1.256	0,2	1.795	0,3	1.041	0,2
201–1000	75	0,0	147	0,0	282	0,0	200	0,0
über 1000	1	0,0	5	0,0	12	0,0	15	0,0
gesamt	805.361	100,0	737.614	100,0	589.101	100,0	546.301	100,0

Quelle: Gewerbezählungen 1895, 1907, 1925 und 1933.

Tabelle 8: Personal[6] des Bekleidungsgewerbes im Reichsgebiet 1895 bis 1933[7]

Betriebe mit ... Personen	1895	in %	1907	in %	1925	in %	1933	in %
1–5	975.348	79,3	930.370	70,8	821.917	58,6	709.077	66,5
6–10	80.631	6,5	84.176	6,4	118.312	8,5	58.000	5,4
11–50	87.378	7,1	128.119	7,1	175.519	12,5	95.597	9,0
51–200	62.313	5,1	116.149	5,1	168.108	12,0	99.263	9,3
201–1000	22.887	1,9	48.404	1,9	98.383	7,0	78.519	7,4
über 1000	1.057	0,1	6.066	0,1	19.812	1,4	25.956	2,4
gesamt	1.229.614	100,0	1.313.284	100,0	1.402.051	100,0	1.066.394	100,0

Quelle: Gewerbezählungen 1985, 1907, 1925 und 1933.

4 1895 und 1907 technische Einheiten: alle einer Unternehmung zugehörigen Zweigbetriebe wurden zusammen erfasst. 1925 und 1933 gewerbliche Niederlassungen: örtliche Betriebseinheit = jede örtlich für sich bestehende Niederlassung der Unternehmung, vgl. Gewerbliche Betriebszählung 1925, S. 68 f. Für die Mehrheit der kleinen und mittleren Betriebe dürften örtliche und technische Einheiten identisch gewesen sein. Schwierigkeiten bei der Interpretation der Daten treten v. a. in Branchen auf, die von Großbetrieben geprägt sind und in denen sich Betriebe aus mehreren relativ selbständigen Einheiten zusammensetzen. Dann wäre die Zahl der Betriebe gemessen an den technischen Einheiten grundsätzlich höher, als wenn örtliche Einheiten gezählt werden. Diese Konstellation trifft auf die Bekleidungsindustrie allerdings nicht zu. Vgl. Stockmann, Erwerbsstatistik, S. 119–142.

5 1925 und 1933 ohne Eupen-Malmedy, Elsass-Lothringen, Nordschleswig, Posen, Westpreußen, das Hult-schiner Ländchen, das Memelgebiet und Danzig sowie 1925 ohne Saarland.

6 Jede Person wurde nur einmal gezählt, wenn sie mehrere Erwerbstätigkeiten ausübte, wurde sie bei demjenigen Gewerbebetrieb erfasst, in dem sie ihre Hauptbeschäftigung ausübte.

7 1925 und 1933 ohne Eupen-Malmedy, Elsass-Lothringen, Nordschleswig, Posen, Westpreußen, das Hult-schiner Ländchen, das Memelgebiet und Danzig sowie 1925 ohne Saarland.

Unterstützt wird diese Einschätzung durch die Verteilung der Rechtsformen. Die Zahl der KGs, AGs und GmbHs stieg 1925 deutlich an, was auf die Gründung von größeren Unternehmen zurückzuführen ist. Nicht unerheblich nahm allerdings auch die Zahl der Einzelinhaber zu, was auf die vielen Inflationsgründungen zurückzuführen sein könnte. Die Anzahl der Betriebe mit ihren jeweiligen Rechtsformen ist in Tabelle 9 zusammengefasst.

Im Vergleich zur geographischen Verteilung 1895, in der man die Kleider- und Wäschekonfektionsbetriebe gesondert ausgewiesen hatte, sind in der Gewerbezählung 1925 auch die Nähereibetriebe miteinbezogen, weshalb die Zahl der Betriebe insgesamt höher liegt. In Preußen fand man zu dieser Zeit mit etwa 225.000 die meisten Betriebsstätten. Das Rheinland und Westfalen waren in Preußen führend in der Kleider- und Wäscheherstellung. Bayern stellte mit 42.427 Betrieben einen großen Anteil im Vergleich mit den anderen Ländern – außer Preußen. Die Vorrangstellung Berlins als Zentrum der deutschen Kleider- und Wäscheherstellung mit 60.574 Betrieben blieb auch in der Weimarer Republik bestehen. Bielefeld und Herford bildeten neben dem Vogtland weiterhin Zentren der deutschen Wäscheherstellung. In gut 3.000 Betrieben wurden hier fast 20.000 Personen beschäftigt.[8]

Tabelle 9: Rechtsformen im deutschen Bekleidungsgewerbe 1895 bis 1925[9]

Jahr	Einzel-inhaber	mehrere Gesellschafter[10]	OHG	KG	AG	KGaA	GmbH
1895	166.900	3.610		29	21	4	7
1907	192.083	6.105		34	27	6	86
1925	451.464	6.023	3.565	226	306	5	964

Quelle: Kaiserliches Statistisches Amt (Hg.)/Statistisches Reichsamt (Hg.): Statistisches Jahrbuch für das Deutsche Reich, Berlin 1911 und 1933.

Ab 1928 wurde in der Reichsstatistik erstmals der Umsatz der Bekleidungsindustrie erfasst. Die Ergebnisse sind in Tabelle 10 zu finden. Lag der Umsatz 1928 nominal noch bei 1.979 Millionen RM, waren es 1932 aufgrund der Weltwirtschaftskrise nur noch 1.098 Millionen RM. Diese Abnahme war neben nachlassenden Verkaufszahlen v. a. dem Preisrückgang geschuldet, wie Abbildung 2 zeigt. Real war der Rückgang der Umsatzzahlen deutlich geringer. Den größten Teil des Umsatzes stellte sowohl 1928 als auch 1933 die HAKA, dicht gefolgt von der DOB, die Wäscheindustrie stand an dritter Stelle.

---

8 Vgl. Gewerbezählungen 1895 und 1925.

9 1925 ohne Eupen-Malmedy, Elsass-Lothringen, Nordschleswig, Posen, Westpreußen, das Hultschiner Ländchen, das Memelgebiet, Danzig und Saarland.

10 Was unter „mehrere Gesellschafter" verstanden wird, ist weder in der Tabelle noch im allgemeinen Anmerkungsteil der Stat. Jahrbücher genauer spezifiziert.

Tabelle 10: Umsatz der deutschen Bekleidungsindustrie 1928 bis 1933 in Millionen RM

Jahr	Umsatz nominal in Mio. RM[11]	Umsatz real in Mio. RM[12]	Auslands-umsatz in Mio. RM[13]	HAKA in Mio. RM	DOB in Mio. RM	Wäsche in Mio. RM
1928	1.979	1.151	61	647	608	290
1933	1.098	937		353	333	221

Quelle: Stat. Jahrbuch für das Deutsche Reich 1928 und 1936.

Erstmals seit den 1920er Jahren erfasst ist in den Statistischen Jahrbüchern auch der Index der Großhandelspreise für Bekleidung, die einen Eindruck von der Preisentwicklung auf dem Bekleidungsmarkt geben. Eindeutig zu erkennen ist in Abbildung 2 der Verfall der Preise infolge der Weltwirtschaftskrise ab 1930. Der Rückgang im Vergleich zu 1929 betrug etwa ein Drittel in allen drei Sparten. Das Nachlassen der Preise 1925 bis 1927 könnte mit der Überproduktionskrise in der Bekleidungsindustrie zusammenhängen (vgl. Kap 3.4).

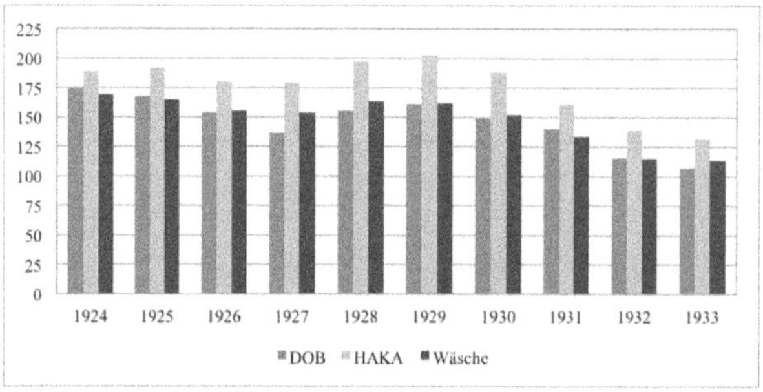

Abbildung 2: Index der Großhandelspreise für Bekleidung 1924 bis 1933 (1913 = 100)[14]
Quelle: Statistisches Reichsamt (Hg.): Statistisches Jahrbuch für das Deutsche Reich, Berlin 1924 bis 1934.

Verlässliche Ex- und Importstatistiken sind aufgrund der Währungsturbulenzen und sich ändernder Erhebungsgrundlagen erst ab 1924 möglich. Vergleicht man die Werte anhand Tabelle 11, fällt auf, dass während der gesamten Weimarer Republik der Export deutlich den Import überstieg. Während sich die Importzahlen in den Krisenjahren 1925/26 und in der Weltwirtschaftskrise aufgrund der zurückgehenden Nachfrage verringerten, stiegen die Exportzahlen sogar leicht an (bis 1931), was darauf

11 Eingegliedert bei der hauptbeteiligten Berufsgruppe.

12 Eingegliedert bei der hauptbeteiligten Berufsgruppe. Der nominale Umsatz wurde mit dem Index der Großhandelspreise für Bekleidung 1913 = 100 in Tabelle 39 (Anhang) deflationiert.

13 Aufgegliedert nach der hauptbeteiligten Berufsgruppe.

14 Die exakten Zahlen zur Entwicklung der Großhandelspreise finden sich in Tabelle 39 im Anhang.

hindeuten könnte, dass viele Firmen versuchten, ihre Ware, die sie im Inland nicht mehr absetzen konnten, im Ausland zu verkaufen. Möglich wäre auch, dass die Binnennachfrage stärker zurückging als die Auslandsnachfrage und die Ware deswegen vermehrt im Ausland abgesetzt wurde. Ein Großteil des Exports ging in die skandinavischen Staaten sowie in die Niederlande. Importartikel stammten v. a. aus den Nachbarländern Österreich und Frankreich.[15]

Tabelle 11: Import und Export von Kleidung 1924 bis 1933 in Tonnen und Tausend RM

Jahr	Import		Export	
	Tonnen	Tsd. RM	Tonnen	Tsd. RM
1924	564	13.950	4.168	102.990
1925	347	8.260	3.549	95.030
1926	267	7.890	4.020	104.690
1927	782	18.890	4.716	141.600
1928	835	24.770	5.150	154.200
1929	841	42.950	5.603	160.140
1930	385	1.964	5.786	174.790
1931	303	1.343	6.988	175.920
1932	196	7.220	5.288	107.260
1933	148	5.410	4.956	94.090

Quelle: Stat. Jahrbuch für das Deutsche Reich 1924 bis 1934.

Ein Lohnvergleich über die gesamte Zeit der Weimarer Republik ist aufgrund des fehlenden Materials nicht darstellbar. Möglich ist aber für das Jahr 1932 ein Vergleich zwischen den verschiedenen Cluster-Regionen der Bekleidungsindustrie auf Basis der Angaben des Verbandes Christlicher Arbeitnehmer im Bekleidungsgewerbe.

Tabelle 12: Monatslöhne[16] in der Berufskleiderkonfektion im April 1932 in RM

	Jahresklassen				
	1. Hj	2. Hj	2. Jahr	3. Jahr	4. Jahr
Mönchengladbach					
Zuschneider	57,0	62,0	65,5	73,5	78,8
Schneider und Bügler	57,0	62,0	65,5	73,5	77,0

15 Vgl. Stat. Jahrbuch für das Deutsche Reich 1923–1934.

16 Zeit- und Akkordberechnungslöhne auf Grundlage der Reichs- und Bezirkstarifverträge.

Tabelle 12: Monatslöhne in der Berufskleiderkonfektion im April 1932 in RM *(Fortsetzung)*

	Jahresklassen				
	1. Hj	**2. Hj**	**2. Jahr**	**3. Jahr**	**4. Jahr**
Näherin an Spezialmaschinen	27,0	32,5	36,0	39,5	44,8
Bielefeld/Herford					
Zuschneider und Einrichter	76,0	80,0	84,0	86,0	
Zuschneider	50,0	54,0	56,0	58,0	
Schneider und Bügler	65,0	69,0	73,0	75,0	
Näherin	26,0	32,0	36,0	41,0	44,0
Berlin-Magdeburg					
Zuschneider und Einrichter	80,0	84,0	90,0	95,0	
Schneider und Bügler				87,0	
Näherin	38,5	45,0	45,0	48,0	51,0
Büglerin	40,5	47,0	47,0	50,0	54,0

Quelle: GStA, 1 HA Rep 20, Ministerium für Handel und Gewerbe, BB VI Nr. 218 Bd. 5, Löhne im Bekleidungsgewerbe, hier Berufskonfektion, im April 1932, Angaben des Verbandes Christlicher Arbeitnehmer im Bekleidungswerbe.

Auffällig in Tabelle 12 ist zunächst an allen Standorten, dass Frauen ca. die Hälfte des Lohnes der Männer erhielten. Dies hing damit zusammen, dass es sich um spezifische Frauenjobs handelte. Die höchsten Löhne wurden im Konfektionszentrum Berlin gezahlt, ca. 10 Prozent darunter lagen die Löhne im Wäschezentrum Bielefeld und Herford. Die Näherinnen in Mönchengladbach verdienten in etwa so viel wie die in Bielefeld und Herford, während die männlichen Schneider in Bielefeld ca. 15 bis 20 Prozent mehr verdienten als in Mönchengladbach. Die Löhne in der Herrenwäscheindustrie entsprachen ungefähr denen, die in Bielefeld, Herford und Mönchengladbach für die Berufskleiderkonfektion bezahlt wurden.[17]

Die Löhne in der HAKA lagen etwas über denen in der Berufskleiderkonfektion, wie Tabelle 13 zeigt, unterschieden sich aber nach der Größe der Stadt – je größer diese war, desto höher war die Bezahlung. Die Löhne der Näherinnen lagen ca. 50 Prozent unter denen der Zuschneider. Interessant erscheint, dass die Heimarbeiter ca. 35 bis 40 Prozent mehr verdienten als die Näherinnen in der Fabrik (sofern sie den vollständigen Monat beschäftigt waren). Allerdings mussten sie meistens die Kosten für die Nähmaschinen sowie Licht und Strom selbst tragen.

17 Vgl. GStA, 1 HA Rep 20, Ministerium für Handel und Gewerbe BB VI Nr. 218 Bd. 5, Löhne im Bekleidungsgewerbe, Wäscheindustrie, im April 1932, Angaben des Verbandes Christlicher Arbeitnehmer im Bekleidungswerbe.

Tabelle 13: Monatslöhne[18] in der Herrenkleiderkonfektion im April 1932 in RM

	Städtegruppen[19]			
Zuschneider	**1**	**2**	**3**	**4**
1. Hj	105	94	88	78
2. Hj	108	98	91	90
2. Jahr	119	106	98	90
3. Jahr	129	114	105	101
Heimarbeiter				
1. Hj	72	69	62	61
2. Hj	77	71	65	62
2. Jahr	81	74	68	66
3. Jahr	84	75	70	68
Näherin				
1. Hj	50	45	42	41
2. Hj	55	49	46	44
2. Jahr	59	53	49	47
3. Jahr	63	57	53	51

Quelle: GStA, 1 HA Rep 20 Ministerium für Handel und Gewerbe BB VI Nr. 218 Bd. 5, Löhne im Bekleidungsgewerbe, hier HAKA, im April 1932, Angaben des Verbandes Christlicher Arbeitnehmer im Bekleidungswerbe.

Im Vergleich zu den durchschnittlichen Stundenlöhnen der Industriearbeiter in der Gesamtindustrie wird das niedrige Lohnniveau der Bekleidungsindustrie deutlich. 1932 verdiente ein Facharbeiter durchschnittlich 81,6 Rpf. pro Stunde. Die damals übliche Wochenarbeitszeit von 42 Stunden zugrundegelegt[20], waren dies ca. 137 RM pro Monat. Der Wert lag deutlich höher als der von ausgebildeten Schneidern und Zuschneidern in der Berufs- und Herrenkleiderkonfektion in allen erfassten Orten. Fach- und angelernte Arbeiterinnen verdienten im Durchschnitt der Gesamtindustrie

18 Zeit- und Akkordberechnungslöhne auf Grundlage der Reichs- und Bezirkstarifverträge.

19 Die Städtegruppen waren nach Größen geordnet:
Städtegruppe 1: Berlin, Frankfurt, Hamburg, Köln...
Städtegruppe 2: Dortmund, Essen, Mannheim...
Städtegruppe 3: Bremen, München, Leipzig, Hannover...
Städtegruppe 4: Bielefeld, Danzig, Münster...

20 Vgl. Spoerer/Streb, Wirtschaftsgeschichte, S. 35.

1932 53,1 Rpf. pro Stunde, also etwa 89 RM pro Monat. Die hier erfassten Löhne der Näherinnen lagen etwa bei der Hälfte (je nach Städtegruppe und Berufserfahrung). [21]

3.2 Umstellung von Kriegs- auf Friedenswirtschaft

Nach dem Waffenstillstand prägten zunächst der Abbau der Bewirtschaftungsvorschriften und der Rohstoffmangel die Arbeit in der Bekleidungsindustrie.[22] Schon im November 1918 wurde das Verbot auf Lager zu arbeiten aufgehoben.[23] Das Reich übernahm weiterhin die Verwaltung der Rohstoffe und gründete nach Auflösung der Kriegswirtschafts-AG am 1.1.1919 die Reichstextil-AG (Retag). Die Hauptaufgabe der Retag war die Liquidation der umfangreichen Heeresbestände.[24] Nach und nach wurden die von der Kriegswirtschafts-AG bzw. deren Nachfolgerin Retag ab 1.1.1919 verwalteten Stoffe den Fachverbänden zugeteilt, die sie an ihre Mitglieder weitergaben.[25] Am 1.1.1919 wurde weiterhin die Bezugsscheinpflicht aufgehoben. Die Retag blieb aber bis 31.8.1920 bestehen[26] und wurde vom Reich mit der Durchführung der sog. Notstandsverordnung zur Versorgung der wirtschaftlich benachteiligten Bevölkerung mit preiswerter Ware betraut.[27] Der Nachschub für die Industrie aus den Beständen der Retag stockte aber bereits Anfang 1919, da die Ware schnell verbraucht und zudem minderwertig war und oft nicht zur Verarbeitung gelangen konnte. Die Bekleidungsindustrie befand sich im Spannungsfeld – einerseits zwischen der Textilindustrie, die ihre minderwertigen Ersatzstoffe absetzen wollte und die Bekleidungsindustrie auf Einhalten der Aufträge drängte und andererseits den Konsumenten, die nach dem Krieg keine Kleidung aus Papier- und Mischgeweben mehr kaufen wollten. Eine Lösung dieses Problems brachte erst die Gründung einer Treuhandgesellschaft unter Mitwirkung des Staates, die gegen eine Zahlung von 33 Prozent des Rechnungswertes die Übernahme der Papiergewebe zusagte.[28]

Zunächst stellten die Reichsbekleidungsstellen und die Kommunaleinkaufsverbände auch weiterhin selbst Kleidung her. Dies löste aber eine Klagewelle der Industrie aus, die mit den preiswerten Produktionskosten aufgrund der gestiegenen Rohstoffpreise und den Arbeitslöhnen nicht mithalten konnten. Im Laufe des Jahres 1919

---

21 Durchschnitt aus vier Lohnabrechnungsperioden. Erfasst wurden männliche und weibliche Facharbeiter, Angelernte, Hilfsarbeiter und Lehrlinge. Vgl. Länderrat des amerikanischen Besatzungsgebietes (Hg.): Statistisches Handbuch von Deutschland 1928–1944, München 1949, S. 472.

22 Vgl. Konf, Nr. 99, 12.12.1918, S. 2.

23 Vgl. Isaac, Erich: Die Entwicklung der Bekleidungsindustrie im Handelskammerbezirk M. Gladbach nach dem Kriege bis zur Beendigung des passiven Widerstandes, Gießen 1926, S. 21.

24 Vgl. BLHA, Rep. 1 A, Nr. 239, Mitteilungen der Reichsbekleidungsstelle Nr. 5, 1919, S. 26.

25 Vgl. BLHA, Rep. 1 A, Nr. 239, Mitteilungen der Reichsbekleidungsstelle Nr. 7, 1919, S. 34–37.

26 Vgl. Leitzke, Hans: Entwicklungstendenzen in der deutschen Herrenkonfektion, Rechts- und staatswiss. Diss. Greifswald 1932, S. 16.

27 Vgl. BLHA, Rep. 1 A, Nr. 239, Mitteilungen der Reichsbekleidungsstelle Nr. 42, 1919, S. 127–130.

28 Vgl. Isaac, Bekleidungsindustrie, S. 19–22 und S. 31f wurden diese Privilegien abgebaut und die Löhne in den staatlichen Produktionsbetrieben denen in der Industrie gleichgestellt.[29] Ende 1919 wurden die Befugnisse der Reichsbekleidungsstelle aufgehoben und gingen auf die Reichsstelle für Textilwirtschaft über.[30] Die Überwachung der Preise für Fertigfabrikate wurde beibehalten, bis genügend Rohstoffe vorhanden waren.[31] Noch Anfang 1920 kam es zu Fabrikstilllegungen aufgrund des Rohstoffmangels.[32] Belastend wirkten sich auch die Regelungen des Versailler Vertrages aus. Z. B. gelangten Waren der elsässischen Textil- und Bekleidungsindustrie zollfrei in das Deutsche Reich, deutsche Ware nach Elsass-Lothringen aber wurde mit hohen Schutzzöllen belegt. Unter dem Deckmantel „elsässische" Waren kamen so auch zollfreie Stoffe und Fertigkleidung aus ganz Frankreich und sogar aus Großbritannien ins Deutsche Reich.[33]

Auch in der Bekleidungsindustrie gab es Tendenzen zur Vergesellschaftung der Betriebe.[34] In Breslau entstand eine Fabrikations-Gesellschaft für Volksbekleidung mbH mit dem Ziel der Sozialisierung in der Herrenkonfektion.[35] Außerdem wurde eine genossenschaftliche Eigenproduktion errichtet. Mithilfe von Streikfonds sollten Textilfabriken erworben und die Mitglieder mit preiswerter Ware versorgt werden, die 30 bis 60 Prozent unter dem Angebot des Einzelhandels lag. Auf diese Weise sollten sowohl Handel als auch Industrie ausgeschaltet werden.[36] In Berlin gab es sogar einen Antrag in der Stadtverordnetenversammlung, der von der Regierung die Bereitstellung von Mitteln für die kommunale Fabrikation von Kleidern, Wäsche und Schuhwerk verlangte.[37] Diese Pläne stießen aber auf harten Widerstand der Fabrikanten und setzten sich letztlich nicht durch.[38]

Zwischen Arbeitgebern und Arbeitnehmern kam es nach Kriegsende zu Auseinandersetzungen, die mit harten Mitteln geführt wurden. Hauptforderung der Gewerkschaften war die Durchsetzung des 8-Stunden-Tages sowie die Festsetzung der Maximalarbeitszeit auf 48 Stunden pro Woche. Es kam zu flächendeckenden Streiks.[39] Außerdem diskutierten Arbeitgeber und Arbeitnehmer die Frage, ob die Bezahlung in Stück- oder Zeitlohn erfolgen sollte. Zu einem großen Teil herrschte der Stücklohn vor, dessen Abschaffung die Arbeitnehmer forderten. Ein Argument der Arbeitgeber gegen die Einführung des Zeitlohns war insbesondere, dass die Arbeitsmotivation auf ein Minimum absinken würde.[40] Die Arbeitgeber wollten die Forderung nach Abschaffung

29 Vgl. Isaac, Bekleidungsindustrie, S. 19 – 22 und S. 31 f
30 Vgl. BLHA, Rep. 1 A, Nr. 239, Mitteilungen der Reichsbekleidungsstelle Nr. 42, 1919, S. 138.
31 Vgl. BA, R 3101/6598, Reichsstelle für Textilwirtschaft, 31.10.1919.
32 Vgl. Konf, Nr. 9, 29.1.1920, S. 1, 4B.
33 Vgl. Isaac, Bekleidungsindustrie, S. 24.
34 Vgl. Konf, Nr. 96, 1.12.1918, S. 1
35 Vgl. DK, Nr. 1033, 8.9.1920, S. 7.
36 Vgl. DK, Nr. 1035, 15.9.1920, S. 3/4.
37 Vgl. DK, Nr. 1077, 9.2.1921, S. 5/6.
38 Vgl. Konf, Nr. 96, 1.12.1918, S. 1
39 Vgl. Konf, Nr. 101, 19.12.1918, S. 1. Beil. und Konf, Nr. 10, 2.2.1919, S. 1/H und S. 2/H.
40 Vgl. Konf, Nr. 73, 11.9.1919, S.1.

des Stücklohns nicht erfüllen und es kam im Juni 1919 zu einem Streik in der Berliner Herrenwäscheindustrie. Ein Schlichtungsausschuss beendete den Ausstand. Die Forderung nach Zeitlohn konnten die Arbeitnehmer nicht durchsetzen, allerdings wurde der Stücklohn erhöht und jährliche Ferien unter Fortzahlung des Lohns wurden eingeführt.[41]

In den ersten Monaten nach Kriegesende war der Geschäftsgang in der Konfektion eher ruhig, belebte sich aber im Frühjahr 1919. Die Behörden erteilten Aufträge für Straßenanzüge und Herrenulster, die den zurückgekehrten Soldaten zugewiesen werden sollten. V.a. Firmen, die billige Qualitäten herstellten, machten gute Geschäfte. Die HAKA profitierte von diesen Entlassungsanzügen, konnte die große Nachfrage aber aufgrund des Mangels an Ober- und Futterstoffen nicht voll erfüllen.[42] Reisen waren nicht notwendig, die Kunden kamen zu den Lägern, wo „den Konfektionären die bereits fertige Ware aus den Händen gerissen“ [43] wurde. Die Preise für die Produkte stiegen immer weiter an, da sowohl sämtliche Rohmaterialien als auch die Löhne und Gehälter „eine nie geahnte Höhe“[44] erreichten. Die Preise für Gabardine und Kammgarn waren beispielsweise so stark angestiegen, dass ein Kostüm Anfang 1920 1.000 Mark kostete.[45] Die Käufer weigerten sich, solche Preise zu zahlen. Um ihre Ware abzusetzen, mussten die Fabrikanten im Herbst ihre Ware zu gedrückten Preisen verkaufen.[46] In der Folge normalisierte sich das Preisniveau wieder.[47] Diese Entwicklung scheint aber ein singuläres Phänomen in der Bekleidungsbranche gewesen zu sein, da die Preise 1920 insgesamt relativ konstant blieben.[48]

Die Neufassung der Luxussteuer für Textil- und Konfektionswaren Ende 1919 wirkte sich negativ auf die Geschäftsentwicklung der Unternehmen aus. Sie sah eine Erhöhung des Satzes um 1,5 Prozent auf 15 Prozent vor und traf die Bekleidungsindustrie hart. Unter die Steuer fielen z.B. Gegenstände aus Brokat und Samt sowie Wäsche aus Seide und Leinenbatist.[49] Für die Konfektionäre war dies insofern problematisch, als sie aufgrund der höher gerückten Säume und reduzierten Fülle der Kleidung, die der Mode der Zeit folgten, weniger Material verbrauchten, stattdessen aber vermehrt Seiden-, Samt- und Brokatstoffe einsetzen mussten, zumindest im gehobenen Genre.[50]

Im Bereich Mode versuchte sich die junge Republik vom Pariser Vorbild unabhängig zu machen, v.a. nachdem die Reparationsverpflichtungen verkündet worden

41 Vgl. Konf, Nr. 57, 26.9.1919, S. 1, 3.B.
42 Vgl. Konf, Nr. 104, 31.12.1919, S. 1, 7.B.
43 Konf, Nr. 12, 8.2.1920, S. 1, 10.B.
44 Konf, Nr. 104, 31.12.1919, S. 1, 7.B.
45 Vgl. Konf, Nr. 9, 29.1.1920, S. 1, 4.B.
46 Vgl. Konf, Nr. 82, 10.10.1920, S. 1, 2.B.
47 Vgl. Konf, Nr. 104/105, 30.12.1920, S. 1, 6.B.
48 Vgl. Spoerer/Streb, Wirtschaftsgeschichte, S. 40 f.
49 Vgl. Konf, Nr. 95, 27.11.1919, S. 1.
50 Vgl. Westphal, Berliner Konfektion, S. 79.

waren. Mit der französisch-belgischen Besetzung des Rheinlandes 1923 verschärfte sich der Ton in der Branche. Der Verband der Deutschen Modeindustrie rief zu Beginn des Jahres zum Boykott französischer Modewaren auf. Die Vorbildfunktion der Pariser Mode konnte aber auch dadurch nicht zerstört werden, weiterhin wurden die dortigen Modelle an „deutsche Verhältnisse" angepasst. Mit dem Dawes-Plan 1924 und der Anpassung der jährlichen Reparationszahlungen an die Wirtschaftskraft der Weimarer Republik nahmen die deutschen Konfektionäre auch ihre Reisen zu Pariser Modenschauen wieder auf.[51]

3.3 Die Entwicklung des Exports bis zur Mitte der 1920er Jahre

Der Export der Bekleidungsindustrie wurde durch mehrere Ausfuhrverbote nach dem Krieg erschwert. Im Dezember 1919 wurde beispielsweise die Ausfuhr für einen großen Teil der Konfektionswaren aus Wolle und Baumwolle untersagt.[52] Ziel war, der Knappheit an Textilwaren im eigenen Land zu begegnen. Im Februar 1920 wurde das Ausfuhrverbot geringfügig gemildert. Mit einer gesonderten Genehmigung durften bestimmte Produkte in kleinen Mengen exportiert werden.[53] Die im Mai 1920 erlassene Exportabgabe stuften die Unternehmen als „unzeitgemäß" ein. Laut Expertenmeinung wäre eine solche Abgabe in den letzten drei bis vier Monaten des Jahres 1919 sinnvoll gewesen, da deutsche Fabrikanten zu diesem Zeitpunkt Stoffe besessen hätten, die aus verhältnismäßig preiswerten Rohstoffen und Halbfabrikaten hergestellt worden seien. Die Produkte, die 1920 hergestellt würden, bestünden aus Rohstoffen und Halbfabrikaten zu Weltmarktpreisen, dazu komme noch der Goldzoll. Deutschland sei gegenüber dem Ausland dadurch sowieso schon im Nachteil, eine Exportabgabe verschlechtere die Position zusätzlich.[54]

Viele Firmen mussten in unproduktiver Weise auf Lager arbeiten, um ihre Beschäftigten einigermaßen mit Arbeit zu versorgen, weil das Auslandsgeschäft derart erschwert wurde. In anderen Ländern wie z. B. in Frankreich gab es eine solche Ausfuhrabgabe oder Vorschriften zur Ausfuhrbewilligung nicht.[55]

Die deutsche Konfektion hatte auf dem Weltmarkt nach dem Krieg einen schweren Stand. Nach einer Messe in Berlin berichtete *Der Konfektionär* 1921 es sei wichtig, Vorurteile der ausländischen Einkäufer abzubauen. Auf der Messe war der Eindruck entstanden, die Einkäufer seien mehr aus informatorischen Zwecken in Berlin, weniger zum Einkaufen selbst. Über Leistungsfähigkeit und Eigenart der Berliner Konfektion seien die ausländischen Einkäufer nur unzureichend informiert worden. Auch müsse das Vorurteil abgebaut werden, Berliner Konfektion sei teurer als Pariser Ware.

---

51 Vgl. Westphal, Berliner Konfektion, S. 49 – 52.
52 Vgl. Konf, Nr. 104, 31.12.1919, S. 1, 1.B
53 Vgl. Konf, Nr. 2, 2.4.1920, S. 2, 2.B.
54 Vgl. Konf, Nr. 30, 11.4.1920, S. 1.
55 Vgl. Konf, Nr. 56, 24.10.1920, S. 1.

Die in der deutschen Konfektion verwendeten Körperformen ließen sich außerdem weitgehend auf andere Länder übertragen.[56]

Ende 1921 verfügte der Ausschuss der Außenhandelsstelle[57] für Textilwirtschaft – eine Institution des Reichswirtschaftsministeriums (RWM) – eine Auslandsfakturierung und Devisenablieferung. Nachdem sämtliche Außenhandelsnebenstellen innerhalb der Außenhandelsstelle für Textilwirtschaft dem Beschluss zugestimmt hatten, musste sich auch die Außenhandelsnebenstelle[58] für Bekleidung fügen. Ausfuhranträge wurden von der Außenhandelsnebenstelle nur genehmigt, wenn die Verkäufe nach „hochvalutarischen" Ländern in der Währung des betreffenden Landes gingen. „Nicht-hochvalutarisch" waren z. B. Finnland, Russland, Rumänien, Griechenland und Polen. Alle durch Verkäufe ins Ausland eingehenden Devisen waren bei der Reichsbank abzuliefern, ausgenommen die Devisen, die zur Deckung der Kosten für die Beschaffung der Rohstoffe und zur Deckung der in Hochvaluta entstandenen Spesen notwendig waren.[59] 1923 wurden Mindestquoten für die Devisenablieferung festgesetzt. Diese lagen für HAKA, DOB und Wäsche bei 40 Prozent.[60] Die steigenden Kurse der ausländischen Währungen waren für die Bekleidungsindustrie auch insofern ein Problem, weil die Tuchfabrikanten – deren Rohstoffe nur aus dem Ausland stammten – ihre Preise von Tag zu Tag auch für schon angenommene Aufträge erhöhten, die Konfektionäre ihren Abnehmern aber feste Preiszusagen gemacht hatten. Ließen sich die Konfektionäre auf die Preiserhöhungen nicht ein, gaben die Tuchfabrikanten oft vor, nicht genügend Rohmaterial zur Ausführung der Aufträge zu besitzen.[61] Diese Bedingungen waren der Nährboden für den Konditionenstreit zwischen Textilindustrie, Bekleidungsindustrie und Handel (vgl. dazu Kap. 3.6).

Verhandelt wurde Anfang der 1920er Jahre auch immer wieder über die Exportabgabe, die von den Unternehmen als zu hoch empfunden wurde. In der Wäscheindustrie lag diese beispielsweise bei 6 Prozent des Umsatzes und sollte nach Forderung der Fabrikanten um die Hälfte gesenkt werden.[62] Das RWM lehnte derartige Anträge aber mit Verweis auf den Niedergang der Mark ab.[63]

Über die Aufhebung der Außenhandelskontrolle herrschte im Ausschuss der Außenhandelsnebenstelle für Bekleidung in der ersten Hälfte des Jahres 1923 keine Einigkeit. Dieser setzte sich aus acht Vertretern der Industrie, drei Vertretern des

---

56 Vgl. Konf, Nr. 63, 7.8.1921, S. 1, 3.B.
57 Im Original Aussenhandelsstelle für Textilwirtschaft.
58 Im Original Aussenhandelsnebenstelle für Bekleidung.
59 Vgl. BA, R 3101/6905, Protokoll über die Sitzung des vorläufigen geschäftsführenden Ausschusses der Aussenhandelsnebenstelle für Bekleidung, 20.9.1922.
60 Vgl. BA, R 3101/6665, Bericht über die Sitzung des Ausschusses der Aussenhandelsnebenstelle für Bekleidung, 26.6.1923.
61 Vgl. Isaac, Bekleidungsindustrie, S. 33.
62 Vgl. BA, R 3101/6905, Bericht über die Kommissionssitzung des geschäftsführenden Ausschusses der Aussenhandelsnebenstelle für Bekleidung, 27.9.1922.
63 Vgl. BA, R 3101/6905, Protokoll über die Sitzung des vorläufigen geschäftsführenden Ausschusses der Aussenhandelsnebenstelle für Bekleidung, 21.11.1922.

Einzelhandels, einem Vertreter des Handwerks und einem Vertreter der staatlichen Beschaffungsstellen zusammen.[64] Der Verband der deutschen Schürzen-, Unterrock- und Kinderkleiderfabrikanten meinte, es sei kein Dumping deutscher Unternehmen mehr festzustellen, da die Rohmaterialien aus dem Ausland bezogen würden und die Löhne sich stark erhöht hätten.[65] Der Verband deutscher Damen- und Mädchenmäntelfabrikanten war jedoch gegen eine Aufhebung, weil die Waren immer noch zu Schleuderpreisen an das Ausland abgesetzt würden, nur um Devisen zu erhalten.[66] Nach der Währungsstabilisierung im Herbst 1923 wurden alle Ausfuhrverbote aufgehoben und die Außenhandelsnebenstelle stellte ihre Tätigkeit ein.[67]

Ein Problem für die deutsche Konfektionsindustrie war auch, dass in anderen Ländern im Zuge des Krieges viele eigene Bekleidungsbetriebe errichtet worden waren. Das Ausland fragte nicht mehr nur gute Qualität nach, sondern die Preise spielten die entscheidende Rolle. Durch den Kursverlust der Mark und die dadurch steigenden Importpreise für Rohstoffe war die deutsche Bekleidungsindustrie trotz engster Kalkulation spätestens ab 1923 kaum mehr konkurrenzfähig.[68] Erschwerend kam die neu eingeführte Allphasen-Umsatzsteuer hinzu, die auf jeder Stufe der Wertschöpfungskette anfiel und die Textilwaren verteuerte (vgl. Kap. 3.7).[69] Schaut man sich die Ex- und Importstatistiken an, sieht man deutlich den Einbruch der Exportzahlen verglichen mit der Zeit vor dem Ersten Weltkrieg. Seit der Jahrhundertwende bis 1913 wurden zwischen 8.000 und 10.000 Tonnen fertiger Kleidung exportiert. In der Weimarer Republik bewegten sich die Zahlen – abgesehen von der Zeit der Hyperinflation 1922 und 1923, als die Zahlen auf Vorkriegsniveau lagen – etwa bei der Hälfte dieser Werte, nur mit den Notexporten 1930/31 stiegen sie auf etwa 7.000 Tonnen an (vgl. Tabelle 11).[70] Auf der Importseite war der Anteil der Fertigwaren stark gestiegen. Problematisch gestaltete sich auch der deutsch-italienische Handelsvertrag. Vom dortigen Grundsatz der Meistbegünstigung wurde eine Reihe von Fertigerzeugnissen, darunter auch die Bekleidung, ausgenommen. Damit war der Einfuhr deutscher Bekleidungsgegenstände nach Italien keine Obergrenze auferlegt. Dazu hatte die Zollbelastung auf die Rohstoffe z.T. prohibitive Wirkung auf die Bekleidungsindustrie.[71] Erst im Jahr 1926 normalisierte sich die Ausfuhr wieder und konnte in den folgenden Jahren kontinuierlich gesteigert werden.[72]

64 Vgl. BA, R 3101/6665, Geschäftsordnung der Aussenhandelsnebenstelle für Bekleidung, 26.6.1923.
65 Vgl. BA, R 3101/6665, Ausschusssitzung der Aussenhandelsnebenstelle für Bekleidung, 19.2.1924.
66 Vgl. BA, R 3101/6905, Sitzung des vorläufigen geschäftsführenden Ausschusses der Aussenhandelsnebenstelle für Bekleidung, 6.4.1923.
67 Vgl. BA, R 3101/6665, Bericht über die Ausschusssitzung der Aussenhandelsnebenstelle für Bekleidung, 19.2.1924.
68 Vgl. Konf, Nr. 103/104, 29.12.1923, S. 1, 1.B.
69 Vgl. BA, R 401/1548, Textilenquete 1924, Anhang, Wirkung der Umsatzsteuer in der Textilwirtschaft, S. 33–35.
70 Vgl. Stat. Jahrbuch für das Deutsche Reich 1902–1933.
71 Vgl. Konf, Nr. 11, 17.2.1925, Sonderteil zur 1. Fachmesse der Bekleidungsindustrie.
72 Vgl. Konf, Nr. 77, 15.7.1930, S. 1.

Im Gegensatz zu anderen Industriezweigen konnte die Bekleidungsindustrie Anfang der 1920er Jahre nicht in großem Maß von den Kursdifferenzen der Mark profitieren. Vielen Unternehmen gelang dies aufgrund der Unterschiede zwischen dem in- und ausländischen Preisniveau. Die deutschen Produkte verbilligten sich auf dem Weltmarkt und das Preisniveau lag unter der ausländischen Konkurrenz.[73] Die Bekleidungsindustrie konnte an dieser Entwicklung aus mehreren Gründen nur zu geringen Teilen partizipieren. Erstens war sie auf ausländische Rohstoffe angewiesen und musste als Importeur erhöhte Preise für diese Ware zahlen und zweitens gab es von Seiten des Reiches zahlreiche Vorschriften zur Einschränkung des Exports inklusive einer Ausfuhrabgabe. Hinzu kam, dass viele Länder während des Krieges zur Importsubstitution selbst Bekleidungsbetriebe errichtet hatten. Bedenkt man die Auswirkungen dieser Faktoren auf die Preisentwicklung, fällt ein möglicher Kursvorteil im Vergleich zum Ausland geringer aus als in anderen Branchen.

3.4 Krise der Bekleidungsindustrie 1925/26: Überproduktion und Lageraufbau

Im Zuge des gesamtwirtschaftlichen Konjunktureinbruchs 1925/26[74] durchlief auch die Bekleidungsindustrie eine Krise. Hinzu kam folgende Entwicklung: Zahlreiche Inflationsgründungen[75] Anfang der 1920er Jahre sowie die Vertikalisierungstendenzen in Einzelhandel und Textilindustrie hatten zu Überproduktion und Lageraufbau geführt. Die Überproduktion kam dadurch zustande, dass zu viele Firmen auf dem Markt agierten, aber nicht genug Absatzmöglichkeiten vorhanden waren.[76] So schrieb der Ökonom Heinrich Redlich 1934 über diese Zeit, dass „jeder Vertreter, jeder kleine Zwischenmeister, der nur irgendwie zu etwas Kapital gekommen war, [...] sich ‚selbständig' machen zu müssen [glaubte].“[77] Ersichtlich werden die Inflationsgründungen, wenn man sich die Mitgliedszahlen des Verbandes für Damen- und Mädchenmäntelfabrikanten ansieht. Der Verband hatte 1914 325 Mitglieder; Anfang der 1920er stieg die Zahl an und erreichte zwischen September 1923 und März 1924 mit 420 ihren

73 Vgl. Blaich, Fritz: Der schwarze Freitag. Inflation und Weltwirtschaftskrise. 2. Aufl., München 1990, S. 25.

74 Die Wirtschaftskrise 1925/26 und die Reaktionen der Politik untersuchte ausführlich Fritz Blaich: Die Wirtschaftskrise 1925/26 und die Reichsregierung. Von der Erwerbslosenfürsorge zur Konjunkturpolitik, Kallmünz 1977.

75 Eine starke Ausweitung der Kapazitäten während der Inflation war auch in anderen Branchen zu beobachten, so z. B. beim Lokomotiv- und Waggonbau. Dies lag v. a. daran, dass relativ leicht risikolose Kredite zu bekommen waren und die Nachfragestrukturen durch die Preisentwicklungen und den Nachholbedarf verzerrt wurden. Nach der Währungsreform erwiesen sich die vorhandenen Kapazitäten meist als zu groß vgl. Blaich, Freitag, S. 52–54.

76 Vgl. Konf, Nr. 12, 10. 2. 1926, S. 1.

77 Redlich, Heinrich: Die deutsche Konfektionsindustrie. Betriebsentwicklung und Betriebsstruktur in ihrer Beziehung zur Konzentrationstendenz, Rostock 1934, S. 24.

Höchststand. Danach gingen die Mitgliederzahlen wieder auf Vorkriegsniveau zurück.[78] Auch wenn man die Anzahl der Aktiengesellschaften in der Bekleidungsindustrie betrachtet, fällt die Zahl der unverhältnismäßig vielen Gründungen auf. Traditionsgemäß gab es in der von kleinen und mittleren Unternehmen geprägten Branche wenige Aktiengesellschaften. 1907 waren es 34, Ende des Jahres 1925 226. Insgesamt über alle Branchen gesehen nahm die Zahl der AGs in diesem Zeitraum nur um 3,5 Prozent zu. Nach der Krise 1925/26 sank die Zahl der Aktiengesellschaften in der Bekleidungsindustrie wieder auf ihr voriges Niveau ab.[79]

Aufgrund der Mehrproduktion stiegen auch die Lagerbestände stark an. Ein weiterer Grund für die hohen Lagerbestände war das Verhalten des Einzelhandels, der immer kurzfristiger und in kleinen Stückzahlen orderte. Dadurch wälzte er das Mode- und Verkaufsrisiko auf die Bekleidungsindustrie ab, die immer mehr zum Lager des Einzelhandels wurde.[80] Verschärfend kamen der unverhältnismäßig milde Winter, ein zunehmend rascherer Modewechsel, große Preisschwankungen auf den Rohstoffmärkten sowie die dadurch bedingte Schwächung der sowieso schon dünnen Eigenkapitaldecke der Firmen hinzu.[81] Außerdem war der Nachholbedarf nach dem Krieg spätestens Mitte der 1920er Jahre gedeckt.[82]

Bis zum Sommer 1926 gab es im Bekleidungsgewerbe monatlich mehr als 100 Konkurse und Geschäftsaufgaben, in Nicht-Krisen-Jahren waren es 20 bis 30.[83] Zunächst waren von den Insolvenzen v. a. die Inflationsgründungen betroffen, die meist mit wenig Betriebskapital ausgestattet waren und deren Inhaber und Geschäftsführer wenig kaufmännische Erfahrung besaßen. Diese Unternehmen fanden vermutlich Anfang der 1920er Jahre nur einen Markt vor, weil viele Konsumenten das schnell an Wert verlierende Geld in Kleidung anlegten. Zudem bestand infolge der Einschränkungen während des Krieges erhöhte Nachfrage nach Bekleidung. Außerdem war ein Bekleidungsunternehmen ohne hohen Kapitalaufwand zu gründen, ein großer Maschinenpark und weite Gebäudekomplexe waren nicht notwendig. Die Finanzierung war während der Inflation ebenso leicht, da kurzfristige Kredite mit entwertetem Geld pünktlich zurückgezahlt werden konnten.[84] Zunehmend waren aber auch traditionsreiche Firmen von der Krise betroffen.[85]

Die Krise 1925/26 umfasste aber nicht nur die Bekleidungsindustrie, sondern die gesamte Wirtschaft. Fritz Blaich errechnete, dass die Zahlungseinstellungen deut-

78 Vgl. Konf, Nr. 71, 4.9.1923, S. 1.

79 Vgl. Stat. Jahrbuch für das Deutsche Reich 1907 und 1925 und Konf, Nr. 4, 12.1.1927, S. 1.

80 Vgl. DK, Nr. 46, 16.11.1928, S.13f. und DLuW, Nr. 9, 23.4.1926, S. 98.

81 Vgl. Konf, Nr. 33, 24.4.1925, S. 1.

82 Vgl. Blaich, Wirtschaftskrise, S. 40f.

83 Vgl. Marcus, Benno: Die deutsche Bekleidungsindustrie. Ihre Produktion und ihr Export, in: Wirtschafts-Jahrbuch für Industrie und Handel des Deutschen Reiches und der Nachfolgestaaten Österreich-Ungarns 1928, S. 715–728, hier S. 723.

84 Vgl. Blaich, Wirtschaftskrise, S. 24.

85 Vgl. Konf, Nr. 94, 26.11.1925, S. 1 und Konf, Nr. 71, 4.9.1926, S. 1.

scher Unternehmen im Jahr 1926 mit knapp 16.000 den höchsten bis dahin je beobachteten Stand erreichten. Auch in anderen Branchen betrafen die Konkurse zunächst nach dem Krieg gegründete Firmen.[86] Die Kreditpolitik der Reichsbank war zu dieser Zeit sehr strikt und bot den Unternehmen wenig Spielraum. So kann die Zeit nach der Währungsreform 1924 keineswegs nur als die „Goldenen Zwanziger" bezeichnet werden. Auch in anderen Branchen gab es Geschäftszusammenbrüche wie beispielsweise den des Stinnes-Konzerns im Mai 1925.[87] Insgesamt über alle Branchen gesehen war auf dem Höhepunkt der Krise im Februar 1926 jeder fünfte Arbeitnehmer erwerbslos.[88] Von vielen Beteiligten wurden die Jahre aber als „Reinigungskrise" gesehen, da viele Inflationsgründungen in der Folgezeit nicht mehr bestanden und sich die Konkurrenzsituation entzerrte.[89]

3.5 Weltwirtschaftskrise und Bekleidungsindustrie

Die Bekleidungsindustrie befand sich schon vor der Weltwirtschaftskrise in keiner besonders rosigen Ausgangssituation. Das Problem der hohen Lagerbestände hatte sich seit der Krise 1925/26 nicht gelöst, da der Einzelhandel weiterhin zur kurzfristigen Order tendierte. Erschwert wurde die Situation durch schnell wechselnde Konsumentenwünsche, die rasch neue Kollektionen sowie eine große Auswahl erforderten.[90]

Zunächst stockte der Absatz an Arbeitsbekleidung aufgrund der großen Zahl an Arbeitslosen – Anfang 1929 immerhin bereits 3 Millionen, Anfang 1932 6 Millionen –[91] und das Käuferverhalten verlagerte sich auf billige Stapelware. Zunehmend brach aber auch hier der Absatz ein. Bekleidung ist ein Gut des elastischen Bedarfs, das bedeutet, dass bei sinkenden Einkommen – etwa bei Arbeitslosigkeit – die Nachfrage nach Bekleidung prozentual stärker zurückgeht als das Einkommen selbst. Deswegen wird die Bekleidungsindustrie von Krisenentwicklungen immer besonders hart getroffen.[92]

Schon im Frühjahr 1930 bekam die Konfektion die schlechte Konjunktur mit dem Rückgang der Aufträge für die Wintersaison zu spüren. Die Produktion konnte nur in eingeschränktem Maß fortgeführt werden.[93] Bereits 1930 spürte auch die Berufsbekleidungsbranche einen Einbruch der Produktion. Da in dieser Sparte aufgrund der Einheitlichkeit der Produkte ein im Vergleich zu anderen Sparten hoher Rationali-

86 Vgl. Blaich, Wirtschaftskrise, S. 21–23.
87 Vgl. Spoerer/Streb, Wirtschaftsgeschichte, S. 49.
88 Vgl. Blaich, Wirtschaftskrise, S. 15.
89 Vgl. Konf, Nr. 71, 4.9.1923, S. 1 und Blaich, Wirtschaftskrise, S. 26 f.
90 Vgl. DK, Nr. 46, 16.11.1928, S. 13 f. und DK, Nr. 50, 14.12.1928, S. 18.
91 Vgl. Spoerer/Streb, Wirtschaftsgeschichte, S. 85.
92 Vgl. Hamm, Bekleidungsindustrie, S. 240 und Dick, Bekleidungsindustrie, S. 739.
93 Vgl. Konf, Nr. 53, 7.5.1930, S.2.

sierungsgrad vorherrschte und die Fließbänder ausgelastet werden mussten, um wirtschaftlich arbeiten zu können, entstanden große Lagerbestände.[94] Zunehmend mussten die Firmen zu Kurzarbeit übergehen, im Sommer 1930 arbeiteten in Mönchengladbach 95 Prozent der Firmen kurz.[95] Der Lageraufbau traf im Laufe des Jahres 1930 aber auch die anderen Bereiche der Branche, sodass die Bestände zunehmend zu Schleuderpreisen abgesetzt werden mussten. In der Wuppertaler Konfektionsindustrie lag der Umsatz im Sommer 1930 um ca. 20 Prozent unter dem des Vorjahres.[96] Viele Unternehmen versuchten durch Export die schlechten Absatzmöglichkeiten im Inland auszugleichen, dies zeigen die Ausfuhrziffern, die von 104 Milliarden RM 1926 auf 175 Milliarden RM 1931 stiegen (vgl. Tabelle 11) – trotz gesunkener Preise. Dieses Vorgehen konnte dem Einbruch im Inland nur bedingt entgegenwirken, da die Krise nicht nur Deutschland erfasst hatte und auch in anderen Ländern die Preise gesunken waren.[97]

1932 war – bis auf wenige Ausnahmen – jeder deutsche Haushalt direkt oder indirekt von Arbeitslosigkeit, Kurzarbeit oder Lohnrückgang betroffen, was sich wiederum direkt auf die Konsumausgaben auswirkte.[98] Neuanschaffungen wurden verschoben, Kleidung wieder mehr ausgebessert.[99] Zunehmend gingen auch die Firmen, die vor der Krise mittlere und höhere Genres produziert hatten, zu der Herstellung preiswerter Ware über.[100]

Vergleicht man die Angaben zur Anzahl der Betriebe aus der Gewerbezählung 1925 mit denen von 1933, ist ein deutlicher Rückgang zu erkennen. 1925 gab es in der Branche 596.101 Betriebe (mit Handwerk), 1933 546.301.[101] Ob der Rückgang nur durch die Wirtschaftskrise oder auch schon durch die Krise 1925/26 bedingt war, lässt sich im Einzelnen nicht nachweisen. Aufgrund der jeweiligen Ausmaße der Krisen ist aber anzunehmen, dass der größte Teil der ca. 50.000 Firmen infolge der Weltwirtschaftskrise in Konkurs ging.

Die Konkursstatistik einer nicht weiter spezifizierten IHK von 1939 – die nur die Industriebetriebe umfasst – zeigt deutlich, wie sich die Krisen 1925 und 1926 sowie die Weltwirtschaftskrise auf die Insolvenzhäufigkeit in der Bekleidungsindustrie auswirkten:

Der Umsatz der Branche Bekleidungsindustrie fiel von 1928 nominal 2 Milliarden RM auf nur noch 1,1 Milliarden RM 1933.[102] Zu beachten ist beim Vergleich dieser

94 Vgl. Konf, Nr. 77, 15.7.1930, S.1.
95 Vgl. Konf, Nr. 104, 15.9.1930, S.2.
96 Vgl. Konf, Nr. 97, 30.8.1930, S.2.
97 Vgl. Stat. Jahrbuch für das Deutsche Reich 1926–1933 und Hagemann, Bekleidungsindustrie, S. 5.
98 Vgl. Hesse, Jan-Otmar/Köster, Roman/Plumpe, Werner: Die große Depression. Die Weltwirtschaftskrise 1929–1939, Frankfurt a. M./New York 2014, S. 56.
99 Vgl. DK, Nr. 41, 14.10.1932, o.S.
100 Vgl. Konf, Nr. 35, 4.5.1932, S.3.
101 Vgl. Stat. Jahrbuch für das Deutsche Reich 1925 und 1933.
102 Vgl. Stat. Jahrbuch für das Deutsche Reich 1928–1933 und Hagemann, Bekleidungsindustrie, S. 5.

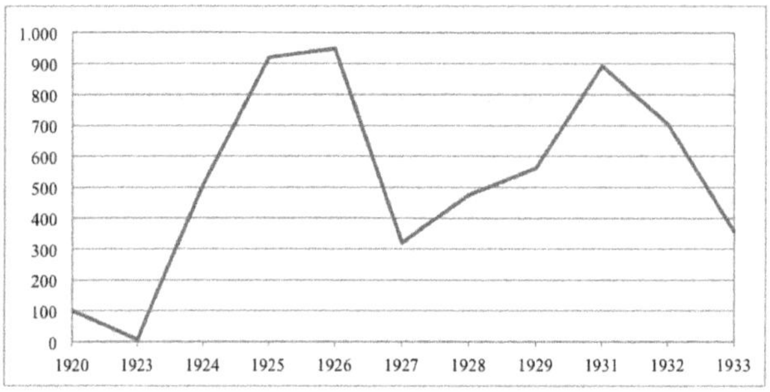

Abbildung 3: Konkurse in der deutschen Bekleidungsindustrie 1920 bis 1933
Quelle: BA, NS 5 VI/16223, Wirtschaftsblatt der IHK, Nr. 25/26, 29.7.1939.

Zahlen allerdings der Preisrückgang wie ihn Abbildung 2 zeigt. Der reale Umsatzrückgang fiel geringer aus. Hier nahm der Wert von 1,1 Milliarden RM 1928 auf 0,9 Milliarden RM 1933 ab (vgl. Tabelle 10). Auch die Zahlen des Verbandes für Damen- und Mädchenmäntel zeigen eine ähnliche Entwicklung wie in der gesamten Branche. Hier reduzierte sich die Anzahl der Mitgliedsfirmen von 421 1924 auf 170 1931. Der Wertumsatz in dieser Sparte sank im gleichen Zeitraum von nominal 335 (real 189[103]) Millionen RM auf 200 (real 138) Millionen RM, in der Hochkonjunktur 1927 hatte er bei 350 (real 223) Millionen RM gelegen. In den anderen Konfektionszweigen scheint die Entwicklung parallel verlaufen zu sein. Der Rückgang war v. a. ein wertmäßiger, da preiswertere Kleidung gekauft wurde.[104]

3.6 Verbandspolitik und Konditionenstreit

Der Streit um Liefer- und Zahlungsbedingungen prägte die Branche Bekleidungsindustrie während der ganzen Weimarer Republik. Einseitige Festsetzungen der Konditionen, Auftragssperren und vertragslose Zustände wechselten beinahe wöchentlich. Diese Rahmenbedingungen erschwerten Disposition und Kalkulation in den Unternehmen, häufig kam es zu Verlusten. Gründe hierfür waren die oben beschriebene sinkende Konkurrenzfähigkeit der Mark nach dem Krieg sowie die Geldentwertung durch die Hyperinflation.[105] Sowohl die Textilindustrie, deren Stoffe die Bekleidungsunternehmen abnahmen, als auch die Einzelhändler, an die sie ihre Ware absetzten, versuchten, ihre Vorstellungen in den Konditionsverhandlungen bzw. in der alltäglichen Praxis durchzusetzen.[106] Die Konfektionäre versuchten wohl auch des

103 Der nominale Umsatz wurde mit dem Index der Großhandelspreise für Bekleidung 1913 = 100 in Tabelle 39 (Anhang) deflationiert.

104 Vgl. *Vossische Zeitung*, 23.9.1932.

105 Zur Inflation ausführlich: Spoerer/Streb, Wirtschaftsgeschichte, S. 36–47.

106 Vgl. Isaac, Bekleidungsindustrie, S. 34.

Öfteren, einseitig Bedingungen festzusetzen. Dies ließ sich der Einzelhandel aber verständlicherweise meistens nicht gefallen und legte ein Veto ein. Manche Einzelhändler veranlassten auch Gegenreaktionen und verhängten beispielsweise Auftragssperren. Die Fronten waren verhärtet, so dass sich Verhandlungen meist lange hinzogen und oft ohne Ergebnis abgebrochen werden mussten. In nächster Instanz konnten dann Schiedsgerichte oder das Kartellgericht des RWM eingeschaltet werden. In vielen Fällen war es deshalb den Bekleidungsfabrikanten nicht möglich, die von der Textilindustrie festgesetzten Liefer- und Zahlungsbedingungen an den Einzelhandel weiterzugeben. Um überhaupt verkaufen zu können, mussten Verluste in Kauf genommen werden. Höhepunkte der Auseinandersetzung waren v.a. die Krisenjahre 1923 sowie 1925/26, die im Folgenden näher betrachtet werden sollen. Der Interessenkonflikt schwelte während des gesamten Jahrzehnts, in wirtschaftlich schwierigen Zeiten aber verschärfte sich der Ton der Auseinandersetzung und jede Verhandlungsseite versuchte, ihre Position auf Kosten der anderen zu stärken und auf diese Weise hohe Verluste zu vermeiden.

1923 gab es zwei große Streitpunkte. Zum einen war dies die Frage, wer das Risiko der Geldentwertung übernehmen sollte, zum anderen das Rücktrittsrecht der Abnehmer. Der Reichsbund des Textileinzelhandels schrieb infolge gescheiterter Verhandlungen seinen Mitgliedern vor, nur in festen Papiermarkpreisen zu kaufen. Einkauf in kursgesicherter Mark, mit Vorauszahlung in bar und Preisvorbehalt für Löhne verbot der Reichsbund.[107] Diese harten Bedingungen wurden jedoch schon nach einer Woche wieder aufgehoben, da der Reichsverband erkennen musste, dass er trotz der Sperre nicht einmal seine Mindestziele durchsetzen konnte.[108] Der Zentralverband der Herren- und Kleiderfabrikanten schlug vor, den Warenpreis in zwei Teile zu zerlegen, um den Auswirkungen der galoppierenden Inflation Rechnung zu tragen: Einen Material- und einen Produktionskostenanteil. Im Materialanteil sollte die Veränderung des Dollarkurses berücksichtigt werden, im Produktionsanteil die Lohnsteigerungen. Auf diesem Weg sollte der Warenpreis vor der Geldentwertung geschützt werden. Die Einzelhändler stellten sich gegen ein solches Vorgehen, da sie den Vorschlag als ein Abwälzen des Risikos auf den Einzelhandel empfanden.[109] Nachdem es zu keiner Einigung kam, stellte der Zentralverband der Herren- und Knabenkleiderfabrikanten im Juli neue Konditionen auf, ohne mit seinen eigenen Mitgliedern und dem Einzelhandel darüber zu verhandeln, was bei den Abnehmern zu heftigem Widerstand führte.[110]

Ein weiterer Streithöhepunkt lag in den Jahren 1925/26. Die Monopolstellung der Lieferanten der Bekleidungsindustrie wie Weber und Veredler erschwerte die Lage der Unternehmen, die sich zunehmend zwischen den Wünschen ihrer Lieferanten und

107 Vgl. Konf, Nr. 5/6, 20.1.1923, S. 1, 2.B.
108 Vgl. Konf, Nr. 7/8, 27.1.1923, S. 1, 1.B.
109 Vgl. DK, Nr. 1925, 4.5.1923, S. 49.
110 Vgl. DK, Nr. 1297, 7.6.1923, S. 7 und DK, Nr. 1298, 14.6.1923, S. 7.

Abnehmer eingezwängt fühlten.[111] Zwischen dem Zentralverband der Herren- und Knabenkleiderfabrikanten und der Deutschen Tuchkonvention auf Seiten der Textilindustrie eskalierte der Streit. Einige große Konfektionäre wollten sich den Vorgaben dieser Vereinigung nicht beugen und gaben ihre Stofforders dorthin, wo es ihnen passte. Die Tuchkonvention verbat ihren Mitgliedern als Gegenreaktion, diesen Konfektionären Winterkollektionen vorzulegen. Die Konfektionäre riefen daraufhin das Kartellgericht und das Reichswirtschaftsministerium an und bestellten Stoffe aus dem Ausland.[112] Auch auf der anderen Seite wurde mit harten Bandagen gekämpft. *Der Konfektionär* berichtete von Fällen, in denen Einzelhändler Bekleidungsgegenstände systematisch fehlerhaft machten, um einen Anspruch auf Rückerstattung der Ware bei den Konfektionären zu erhalten.[113] Im Mai des Jahres 1926 konnten 90 Prozent der Abnehmer im Einzelhandel das Zahlungsziel nicht mehr einhalten und versuchten auf diese Weise, Zeit und Geld zu gewinnen.[114]

Nur unter Druck wurden Zugeständnisse bei den Konditionen gemacht. Als Beispiel seien das Saargebiet und die angrenzenden Regionen genannt, wo die deutschen Fabrikanten in Konkurrenz zu den französischen Konfektionsfirmen standen und aufgrund der schlechten Konditionen zunehmend von diesen verdrängt wurden. Im Oktober 1923 wurde das Zahlungsziel für das Saargebiet auf 14 Tage und 2 Prozent Skonto bei Zahlungen in Devisen erhöht. Zum Vergleich: Straßburger Firmen räumten ein 30-Tage-Zahlungsziel und 2 bis 3 Prozent Skonto bei wesentlich niedrigeren Preisen ein.[115]

Während der Weltwirtschaftskrise machte der Bekleidungsindustrie die Konzentration der Abnehmerschaft in Großkonzernen und Einkaufsverbänden immer mehr zu schaffen. Diese Organisationen übten einen starken Druck auf die Preise aus und spielten die Fabrikanten gegeneinander aus. Es setzte sich immer mehr durch, die Stammorders sehr gering zu halten und kurzfristige Aufträge zu erteilen. Die Bekleidungsindustrie beklagte, immer mehr zum Lager des Einzelhandels zu werden und scheiterte laut Zeitungsberichten auf der anderen Seite bei Verhandlungen mit ihren Vorlieferanten, mit denen sie die Zahlungsziele zu verlängern suchte.[116]

Für die Fabrikanten erhöhten sich in diesem unsicheren Umfeld die Transaktionskosten sowohl ex-ante als auch ex-post. Sich bei Vertragsverhandlungen über die jeweiligen Konditionen bei den einzelnen Firmen und Verbänden zu informieren kostete Zeit und Geld. War dann einmal ein Geschäft zustande gekommen, schnellten auch die Kosten für die Überwachung der Vertragsbedingungen in die Höhe, da keineswegs angenommen werden konnte, dass diese auch eingehalten wurden. In vielen Fällen wurden die Liefer- und Zahlungsbedingungen einseitig von Textilindustrie und

111 Vgl. DK, Nr. 7, 19.2.1926, S. 11f.
112 Vgl. DK, Nr. 5, 4.2.1927, S. 12.
113 Vgl. Konf, Nr. 94, 26.11.1925, S. 1.
114 Vgl. DK, Nr. 18, 17.5.1926, S. 11.
115 Vgl. DK, Nr. 1317, 25.10.1923, S. 7.
116 Vgl. Konf, Nr. 10. 2.2.1929, S. 5.

Einzelhandel geändert und die Ware gar nicht geliefert bzw. abgenommen. Oft musste eine Schiedsinstanz angerufen werden, was wiederum Kosten erforderte.

3.7 Vertikalisierung in Einzelhandel und Textilindustrie als Konkurrenz für die Bekleidungsindustrie

Im Zuge des Konditionenstreites und der sich rapide verschlechternden Währung bzw. der Inflation kam es Anfang der 1920er Jahre zu einer Vertikalisierungsbewegung, v. a. im Einzelhandel, aber auch in der Textilindustrie. Einzelhandelsgeschäfte vertikalisierten rückwärts und gliederten sich die Vorstufe der Bekleidungsproduktion an, die Textilindustrie vertikalisierte vorwärts und nahm die Folgestufe ihrer Produktion mit ins eigene Fabrikationsprogramm auf. Ziel beider Seiten war es, Transaktionskosten zu sparen. Bei einer Integration fiel die Umsatzsteuer an die vor- oder nachgelagerte Produktionsstufe weg, dieser Aspekt wurde umso dringlicher, je schneller die Inflation voranschritt. Die Einführung der Umsatzsteuer 1918 und deren Änderung 1920 führten zu einer Verschlechterung der Wettbewerbsstellung der deutschen Unternehmen. Textilwaren wurden teurer, da die Umsatzsteuer von 2,5 Prozent auf jeder Produktionsstufe vom Spinner und Weber bis zum Einzelhandel anfiel. Die Einfuhr ausländischer Waren war umsatzsteuerfrei, bei der Ausfuhr wurde aber nur der vom Ausfuhrwert berechnete 2-prozentige Umsatzsteuerbetrag zurückvergütet, nicht aber die Umsatzsteuerbeiträge, die während der Herstellung der Ware und ihrer Bestandteile vor ihrer Fertigstellung durch den ausführenden Fabrikanten oder Händler anfielen.[117]

Außerdem stiegen in der Zeit der (Hyper-) Inflation die ex-ante Transaktionskosten unkontrollierbar an. Da die Preise für Stoffe und fertige Kleidung sich mehrfach täglich änderten, war es fast unmöglich, sich über die Preise bei den Lieferanten und Abnehmern zu informieren und diese verlässlich zu verhandeln. Dies zeigt auch die oben beschriebene Unsicherheit bei den Liefer- und Zahlungsbedingungen, die eine Kalkulation kaum möglich machte. Selbst schon getätigte Preiszusagen wurden von den Lieferanten nicht eingehalten und waren kaum durchzusetzen, was die Transaktionskosten enorm erhöhte. Die vertikale Integration war hier eine Möglichkeit, Transaktionskosten in einer unsicheren Umwelt zu sparen. Außerdem konnten Verluste auf der einen Produktionsebene durch Gewinne auf einer anderen ausgeglichen werden.

Bei vielen Warenhauskonzernen gewann die Eigenfertigung während der Inflationszeit an Bedeutung, bei manchen Unternehmen verschob sich gar der Schwerpunkt vom Handel zur Produktion. Die Aufnahme der Produktion in der Bekleidungsindustrie konnte durch Angliederung schon bestehender Unternehmungen, den Aufbau einer eigenen Fabrik oder starke Kapitalbeteiligung erfolgen. Der Waren-

---

117 Vgl. BA, R 401/1548, Textilenquete 1924, Anhang.

hauskonzern Rudolf Karstadt AG gliederte sich beispielsweise von 1919 bis 1923 12 Fabrikbetriebe an, darunter eine Baumwollspinnerei, eine Fabrik für Mädchen- und Damenkleidung und eine Knabenkleiderfabrik. Neben dem Bereich Bekleidung setzte Karstadt diese Strategie auch in anderen Bereich um, beispielsweise bei der Papier- und Lebensmittelherstellung. Der Autor einer Studie zur Eigenfabrikation deutscher Warenhauskonzerne rechnete damit, dass der Anteil der Eigenproduktion von Textilien am Umsatz bei Karstadt bis zu 70 Prozent betragen haben könnte. Bei dem Warenhaus Wertheim nahm die vertikale Ausdehnung zeitweise einen solchen Umfang an, dass Zeitgenossen davon sprachen, dass das eigentliche Warenhausgeschäft relativ an Bedeutung verlor, um Großhandel und Produktion eine Konkurrenz zu bieten. Auch die Warenhauskette Leonhard Tietz AG erwarb zu den bereits bestehenden Beteiligungen an Kleiderfabriken während der Inflationszeit weitere hinzu, fuhr damit im Gegensatz zu Karstadt nach 1924 aber nicht mehr fort. Die Nachteile der vertikalen Integration unter normalen Wirtschaftsverhältnissen wurden oft aber nicht bedacht.[118] Diese sollten sich erst in der Krise 1925/26 und v. a. während der Weltwirtschaftskrise offenbaren.

Vereinzelt gab es auch Fabrikanten, die zum Einzelhandel übergingen. Der Höhepunkt dieser Welle wurde mit der Krise 1925/26 erreicht und hatte v. a. zum Ziel, die Läger zu räumen.[119] Oft scheint die Ware minderwertig gewesen zu sein und beim Einzelhandel keine Abnehmer gefunden zu haben. Etablierte und spezialisierte Fabrikanten gliederten sich selten einen Verkauf an.[120]

Das Für und Wider einer Vertikalisierung wurde in den Fachzeitschriften weitreichend diskutiert. Man war sich einig, dass sich Vertikalisierung v. a. bei Massenartikeln sowie bei großen Stückzahlen und guter Kapitalausstattung lohne.[121] Die Vorteile für Einzelhändler wurden v. a. in der Vielseitigkeit bei der Einkaufsauswahl, der Freiheit der Größenabnahme und Zusammenstellung der Sortimente, den kurzfristigen Liefermöglichkeiten und den günstigen Zahlungsbedingungen sowie den Einsparungen bei der Umsatzsteuer gesehen. Allerdings erschienen die Nachteile durch geringe Kenntnis der Produktionssphäre, Festlegung von Kapital, ein zu hohes Moderisiko, zu große Lagerhaltung und Erschwerung des Verkaufs durch Lieferverzögerungen in der eigenen Fabrik als so groß, dass viele Experten von einer Vertikalisierung abrieten.[122]

Im Zuge der Weltwirtschaftskrise kehrten viele Einzelhändler der Selbstanfertigung den Rücken, da die Vorteile zu gering waren.[123] Die verschärfte Konkurrenz unter

118 Vgl. Husemann, Heinrich: Die Eigenproduktion der deutschen Warenhauskonzerne, Hamburg 1930, S. 22–24, S. 35 und S. 38 f.

119 Vgl. Konf, Nr. 48, 4.12.1925, S. 11.

120 Vgl. Konf, Nr. 12, 26.3.1926, S. 13 f.

121 Vgl. DK, Nr. 1244, 30.4.1924, S. 22 und DK, Nr. 39, 2.10.1925, S. 19.

122 Vgl. DK, Nr. 20, 17.5.1929, S. 10; DK, Nr. 38, 20.9.1929, S. 26 und Husemann, Eigenproduktion, S. 64–113.

123 Vgl. Konf, Nr. 5, 10.1.1931, S. 1.

den Bekleidungsfabrikanten einerseits und der Preisabbau andererseits führten dazu, dass die Produkte im Einkauf so billig waren, dass es sich nicht mehr lohnte, selbst zu fertigen.[124] Die Herstellung in der eigenen Fabrik mit hohen Bürokratie- und Fixkosten war in einer wieder sicherer werdenden Umwelt – zumindest was die Preisentwicklung anging – einer Marktlösung unterlegen und wurde von den meisten Einzelhändlern spätestens Anfang der 1930er Jahre wieder aufgegeben. Während der Inflationszeit 1923 hatten die Kunden den Fabrikanten die Ware aus der Hand gerissen, ein Geschäft lohnte sich also. Nach der Währungsumstellung ging die Nachfrage zurück, die meisten Einzelhändler ließen die Eigenfabrikation allerdings weiterlaufen, wenn auch meist auf Sparflamme. Im Zuge der Weltwirtschaftskrise verursachte dieser in den meisten Fällen umsatzschwache Unternehmsteil zu viele Kosten und wurde abgestoßen. Diese Entwicklung spiegelt das Beispiel Karstadt wieder. Nach dem Ende der Warenknappheit erwies sich die Eigenfabrikation als äußerst hemmend, die dort hergestellten Produkte mussten zu erhöhten Preisen verkauft werden. Karstadt reduzierte die Betriebe zunächst aber nur in geringem Umfang, Neuerwerbungen unterließ das Unternehmen. Zu einem Abbau der Eigenproduktion kam es erst im Zuge der Weltwirtschaftskrise 1931/32.[125]

3.8 Trend zur Fließbandfertigung und Abschaffung der Heimarbeit?

Schon kurz nach Kriegsende 1918 wurde im Zuge der Sozialisierungsdebatte[126] die Zurückdrängung der Heimarbeit und die Zentralisierung der Fertigung in der Fabrik diskutiert. Im Dezember 1918 beschlossen der Allgemeine Deutsche Arbeitgeberverband für das Schneidergewerbe und die Verbände der Schneider, Schneiderinnen und Wäschearbeiterinnen Deutschlands sowie der Gewerkverein der Schneider und der Christliche Schneiderverband eine Beschränkung der Heimarbeit. Die Arbeitgeber verpflichteten sich, bis zum 1.1.1919 (!) ausreichende Werkstätten zu errichten. Heimarbeiter sollten ab dem 1.1.1919 nur noch beschäftigt werden, wenn die vorhandenen Werkstätten besetzt seien oder Kriegsteilnehmer in Betracht kämen, die durch die Art ihrer Beschädigung gezwungen seien, von zu Hause aus zu arbeiten.[127]

Allerdings war den Fabrikanten sehr schnell klar, dass eine so radikale Abschaffung der Heimarbeit eine „blühende Industrie an den Abgrund bringen“[128] würde. Die Ziele des Verbandes der Schneider, Schneiderinnen und Wäschearbeiterinnen wurden von ihren Leitern, dem bayrischen Justizminister und früheren

124 Vgl. Konf, Nr. 1, 6.1.1932, S. 20.

125 Vgl. Lenz, Rudolf: Karstadt. Ein deutscher Warenhauskonzern 1920–1950, Stuttgart 1995, S. 95 und S. 140.

126 Vgl. dazu Spoerer/Streb, Wirtschaftsgeschichte, S. 35.

127 Vgl. Konf. Nr. 102, 22.12.1918, S. 1.

128 Konf. Nr. 102, 22.12.1918, S. 1

Schneider Johannes Timm, sowie dem Aufsichtsbeamten der Reichsbekleidungsstelle, Kunze, vertreten. In der Durchsetzung der Fabrikarbeit und der Abschaffung der Heimarbeit sahen die Verbandsleiter eine Besserung der Lohn- und Lebensverhältnisse ihrer Mitglieder. Die Fabrikanten stellten sich jedoch gegen eine solche radikale Lösung. Der Leiter einer bedeutenden Berliner Blusen- und Konfektionsfirma gab zu bedenken, dass durch die plötzliche Abschaffung der Heimarbeit die Konkurrenzfähigkeit der deutschen Konfektion auf dem Weltmarkt erheblich beeinträchtigt würde. Eine große Firma in der Damenwäscheindustrie urteilte, dass durch die Umstellung viele Heimarbeiter arbeitslos würden.[129] Der Inhaber eines großen Unternehmens der Schürzenkonfektion schrieb folgendes: „Wenn die Heimarbeit noch nicht erfunden wäre, müßte sie unter den heutigen Umständen erfunden werden."[130] Er dachte damit in erster Linie an Frauen und Kriegswitwen, die aufgrund ihrer familiären Verpflichtungen nicht in der Fabrik arbeiten konnten. Das Heimarbeiterproblem war für ihn v. a. eine Lohnfrage. Würden auskömmliche Löhne bezahlt, wäre das Heimarbeiterproblem gelöst.[131] Auch der Verband Deutscher Damen- und Mädchenmäntelfabrikanten lehnte die Umstellung auf reine Fabrikbetriebe ab, dafür seien die materiellen und sachlichen Mittel nicht vorhanden.[132] Die radikalen Forderungen der Gewerkschaft wurden nicht erfüllt, die Heimarbeit und das Verlagssystem blieben bis zum Zweiten Weltkrieg ein besonderes Charakteristikum der Bekleidungsindustrie, wenngleich die Konzentration in der Fabrik während der Weimarer Republik weiter voranschritt, dies jedoch eher aus betriebs- und produktionstechnischen Gründen.[133]

Ein weiterer Diskussionspunkt in Fragen der Betriebsorganisation betraf die Einführung des Fließbandes. Insgesamt gesehen wurde das Band in der Bekleidungsindustrie nur in wenigen Betrieben eingesetzt, im Gegensatz zu anderen Branchen wie dem Maschinenbau und der Elektroindustrie.[134] Insbesondere die Inflationszeit wirkte sich nicht nur in der Bekleidungsindustrie hemmend auf mögliche Rationalisierungserfolge aus. Problematisch erwies sich ein schwankender Auftragseingang, aber auch die Tatsache, dass aufgrund des sinkenden Außenwertes der Mark die Unternehmen von der Konkurrenz aus dem Ausland abgeschirmt wurden. Dies wurde v. a. nach der Währungsumstellung 1924 zum Problem, als sich die deutsche Industrie wieder dem Wettbewerb mit oft überlegenen ausländischen Unternehmen ausgesetzt sah.[135]

Die meisten Konfektionsfirmen erachteten die Investition in ein Fließband als zu groß und risikoreich. Außerdem widersprach ein an der Mode orientiertes und schnell wandelbares Produkt einer Standardisierung, die für eine Fließbandarbeit notwendig

129 Vgl. Konf, Nr. 2, 19.1.1919, S. 1/H und S. 2/H.
130 Konf, Nr. 2, 19.1.1919, S. 2/H.
131 Vgl. Konf, Nr. 2, 19.1.1919, S. 2/H.
132 Vgl. Konf, Nr. 10, 2.2.1919, S. 1/H und S. 2/H.
133 Vgl. DK, Nr. 15, 15.4.1927, S. 11 und Westphal, Berliner Konfektion, S. 58.
134 Vgl. DK, Nr. 38, 24.9.1926, S. 18.
135 Vgl. Blaich, Freitag, S. 53.

gewesen wäre.[136] Des Weiteren musste eine bestimmte Mindestgröße der Produktionsmenge zur Einführung der Fließarbeit vorliegen, damit diese wirtschaftlich war. Allgemein wurden 80 bis 100 Stück eines Produktes pro Tag als Mindestwert angesehen.[137] Am ehesten setzte sich das Fließband bei Berufsbekleidung und Wäsche durch, da die gefertigten Produkte einheitlicher und weniger der Mode unterworfen waren als in den anderen Sparten.[138] Die Fließfertigung sowie die Möglichkeit zur Arbeitsteilung senkten die Produktionskosten durch Spezialisierung gegenüber dem Verlagssystem und ließen diese Möglichkeit der Produktion zumindest in einzelnen Sparten und für größere Unternehmen mit genügend Kapital sinnvoll erscheinen.

In der DOB war die Einführung des Fließbandes aufgrund der Modeabhängigkeit am schwierigsten. Der Trend in den 1920er Jahren, Wert auf individuelle und elegante Kleidung zu legen, stand einer seriellen Fertigung entgegen und förderte deren Ausbreitung nicht. Saisonale Veränderungen konnten viel besser in Klein- und Zwischenmeisterbetrieben verwirklicht werden. Die ökonomisch effektivste Art der Kleiderherstellung stand nicht so sehr im Vordergrund wie das Ziel, mit den Modellen den Geschmack der Kundschaft zu treffen.[139] Ein Zeitgenosse klagte Anfang der 1930er Jahre:

> Die Modelinie wirkt sich hemmend auf den Absatz aus. Vor dem Krieg trug die Dame Hemd, Beinkleid, Untertaille, Unterrock, Anstandsrock und Taillenrock. Diese Wäschestücke brachten insgesamt einen Stoffverbrauch von etwa rund 13 ½ m. Heute trägt die Dame Hemdhose, Schlüpfer und Büstenhalter mit 3 ½ bis 4 m Stoffverbrauch, also 10 m weniger. Die neueste Moderichtung geht sogar noch weiter. Der letzte Pariser Chic gebietet der Dame, zum Abendkleid nur noch einen Schlüpfer oder ein seidenes Höschen mit passendem Büstenhalter zu tragen.[140]

Eine Kostenstrukturanalyse für die Wäscheindustrie, die zu Beginn der 1930er Jahre erstellt wurde, zeigt zur Frage der Einführung der Fließfertigung kein einheitliches Bild. Von den reinen Herstellungskosten gesehen (ohne Selbstkosten) sei die Fließfertigung nicht immer kostenwirtschaftlich günstiger als das Fabrik- oder Heimarbeitersystem, so ist dort zu lesen. Grund dafür sei v. a., dass der variable Kostenanteil extrem hoch sei. Die Frage, ob Fließbandarbeit sinnvoll sei oder nicht, hänge in entscheidendem Maß von den technischen Eigenheiten des Fabrikats ab.[141]

In den USA arbeitete die Bekleidungsindustrie in größerem Maße mit dem Fließband, allerdings herrschten dort meist nur eine Qualität und wenige Schnitt-

---

136 Vgl. Konf, Nr. 14, 16. 2. 1927, S. 31.
137 Vgl. DK, Nr. 15, 15. 4. 1927, S. 11.
138 Vgl. DLuW, Nr. 5, 27. 2. 1925, S. 71.
139 Vgl. Westphal, Berliner Konfektion, S. 66.
140 Eberhardt, Alfred: Fliessarbeit und Selbstkostengestaltung im Wäscheindustriebetrieb, Diss. Mühlhausen 1931, S. 80/81.
141 Vgl. Eberhardt, Fliessarbeit, S. 113 f.

formen vor. Im Deutschen Reich war die Auswahl an Qualitäten, Formen und Schnitten deutlich größer.[142]

142 Vgl. DK, Nr. 38, 24.9.1926, S. 18.

4 Zwischen Arisierung und Uniformproduktion: Die Bekleidungsindustrie in der NS-Zeit (1933 bis 1945)

Die NS-Zeit bedeutete neben dem Niedergang in den 1970er Jahren den größten Bruch in der Branchengeschichte. 1945 war die Bekleidungsindustrie weder regional, noch personell oder fertigungstechnisch mit der von 1933 vergleichbar. Durch die Gebietsverluste im Osten gingen mit dem Wegfall vieler Bekleidungszentren wie Breslau und Stettin oder dem Hausvogteiplatz in Berlin – lange Zeit das Zentrum der deutschen Konfektion und nach 1945 im Ostsektor der Stadt gelegen – etwa zwei Drittel der Fertigung verloren. Durch die Verdrängung der jüdischen Unternehmer verlor die Branche viele bedeutende Köpfe und Gestalter. Fertigungstechnisch setzte sich eine rationalisierte Produktion durch. Bedingt war diese Veränderung durch die Einschränkung der Produkt- und Warengruppen, die Etablierung einheitlicher Produkte wie Uniformen sowie den Einsatz maschineller Produktionsmittel, der durch den Abzug von Arbeitskräften in die Wehrmacht und in Rüstungsbetriebe nötig wurde. Zunehmend setzte die NS-Führung marktwirtschaftliche Gesetze außer Kraft. Viele Unternehmen wurden stillgelegt und mussten ihre Fertigung für die Rüstungsindustrie freimachen. Diejenigen, die weiter produzieren durften, fertigten zu 80 bis 90 Prozent Kleidung für Staat und Wehrmacht. Die Unternehmenstätigkeit wurde durch Festlegung der Preise in den Spinn- und Faserstoffgesetzen sowie die Zuteilung der Rohstoffe und Vorgaben bei der Produkt- und Stoffauswahl stark eingeschränkt. Nicht nur in Privatfirmen, sondern auch in Ghettos und Konzentrationslagern wurde während des Krieges Kleidung produziert und repariert. Diese Entwicklungen und ihre Auswirkungen auf das Erscheinungsbild der Branche und die einzelnen Unternehmen nachzuzeichnen, ist die Aufgabe dieses Kapitels.

4.1 Branchenentwicklung in Zahlen

Bei der Gewerbezählung 1933 wurden 546.301 Betriebe in der Bekleidungsindustrie gezählt, bis 1939 stieg die Anzahl um gut 50.000 auf 589.044 an, was auf die Erholung der Konjunktur und den (Rüstungs-)Aufschwung unter der NS-Regierung hindeutet. 1939 zählte der Bekleidungssektor ca. 1,5 Millionen Beschäftigte, etwa 400.000 mehr als 1933. Der Stand der Betriebe und Beschäftigten war 1939 etwa so hoch wie bei der Gewerbezählung 1925.[1] Nimmt man die Zahlen der Wirtschaftsgruppe Bekleidungsindustrie aus dem Jahr 1939, die nur die Industriebetriebe zählte, gab es insgesamt 6.460 Betriebe. 1943 produzierten von knapp 7.900 Betrieben der Branche noch etwa 6.600. In der folgenden Aufstellung sind nur die bekleidungsherstellenden Indu-

1 Vgl. Gewerbezählungen 1925, 1933 und 1939.

https://doi.org/10.1515/9783110560381-007

striebetriebe erfasst, nicht die der handwerklichen Fertigung. Da es eine Zwangsmitgliedschaft in der Wirtschaftsgruppe gab, sind diese Zahlen als recht verlässlich und vollständig anzusehen. Der Zuwachs von 1939 bis 1943 ergibt sich v. a. durch die Gebietsveränderungen und die zwangsweise Eingliederung von Nähbetrieben, die nicht zum Handwerk gehörten. Die Zahlen geben auch Aufschluss darüber, dass 1943 fast 20 Prozent der Betriebe stillgelegt waren.

Tabelle 14: Produktionsstätten der Wirtschaftsgruppe Bekleidungsindustrie 1939 und 1943

Reichsteile	Mitglieder 1939	Mitglieder 1943	1943 stillgelegt	1943 in Betrieb
„Altreich“[2]	5.894	6.828	1.138	5.690
Ostmark	314	450	46	404
Sudetenland	202	365	58	307
Ostgebiete		150	18	132
Westgebiete		76	1	75
Südgebiete		10		10
gesamt	6.460	7.879	1.261	6.618

Quelle: BA R 3/3897, Wirtschaftsgruppe Bekleidungsindustrie: Die deutsche Bekleidungsindustrie im Kriege 1943, S. 2.

Erhebungen über die Betriebsgrößenverteilung finden sich 1942 in Aufzeichnungen der Wirtschaftsgruppe Bekleidungsindustrie. Insgesamt gab es – wie in Tabelle 15 dargestellt – 1942 6.618 Betriebe mit 261.300 Beschäftigten. 44 Prozent der Betriebe beschäftigten bis zu 10 Mitarbeiter, allerdings arbeiteten nur 4 Prozent aller angestellten Arbeitnehmer in diesen Betrieben. Die größte Gruppe der Beschäftigten (37 Prozent) arbeitete in Betrieben mit 100 bis 500 Mitarbeitern, wobei die Anzahl dieser Firmengröße an den Gesamtbetrieben der Wirtschaftsgruppe nur knapp 8 Prozent ausmachte. Ein Vergleich der Zahlen mit 1933 ist schwierig, da die Größenklassen anders gewählt sind und die Datengrundlage jeweils nicht bekannt ist, sich vermutlich aber unterscheidet, da es sich einmal um Angaben des Reichsverbandes Bekleidungsindustrie und das andere Mal um Angaben der Wirtschaftsgruppe handelt. Außerdem sind die Zahlen für 1942 durch die Auskämmung der Branche für die Rüstungsindustrie sowie die Gebietsveränderungen beeinträchtigt.

2 Das Deutsche Reich in den Grenzen von 1937.

Tabelle 15: Betriebsgrößenklassen der Wirtschaftsgruppe Bekleidungsindustrie 1942

Beschäftige	Anzahl der Betriebe	in %	Beschäftigte insgesamt	Beschäftigte in %	Beschäftigte pro Betrieb im Durchschnitt
1–10	2.931	44,4	10.200	4,0	4
11–25	1.500	22,6	27.600	10,6	17
26–50	951	14,3	37.200	14,2	35
51–100	680	10,1	54.800	21,0	75
101–500	516	7,9	96.500	37,0	180
über 500	40	0,7	35.000	13,2	875
gesamt	6.618	100,0	261.300	100,0	40

Quelle: BA R 3/3897, Wirtschaftsgruppe Bekleidungsindustrie: Die deutsche Bekleidungsindustrie im Kriege 1943, S. 2.

Aufzeichnungen der Wirtschaftsgruppe erlauben, die Umsätze der einzelnen Sparten bis 1941 anzugeben, diese sind in Tabelle 16 zusammengefasst. Bis zum Ausbruch des Zweiten Weltkrieges stieg der Jahresumsatz kontinuierlich von 1,3 Milliarden RM 1935 auf 2,3 Milliarden RM 1939. Der kriegsbedingte Einbruch 1940 konnte 1941 schon fast wieder ausgeglichen werden. Alle Fachgruppen wiesen Umsatzsteigerungen auf; am größten waren diese allerdings in der Uniformindustrie, wo sich der Umsatz im gesamten Zeitraum mehr als verdreifachte. Die Ausdehnung dieses Zweiges hing mit der Uniformierung der Gesellschaft sowie dem Ausbau der Wehrmacht auch schon in Friedenszeiten zusammen.

Während der ersten Kriegsjahre stieg der Umsatz noch einmal an, um die nun im Feld befindlichen Soldaten versorgen zu können. Auch die Wäscheindustrie wurde mit der Anfertigung von Unterwäsche und Hemden für diese Aufgabe herangezogen. Die HAKA hingegen konnte weniger von Kriegsaufträgen profitieren. In dieser Sparte fiel der Umsatz in den ersten beiden Kriegsjahren sogar um ca. 35 Prozent. 1935 stellte die DOB mit ca. 320 Millionen RM den größten Teil von etwa einem Viertel am Gesamtumsatz der Branche, gefolgt von HAKA und Wäsche, die sich mit ca. 230 und 208 Millionen RM in einer ähnlichen Größenordnung bewegten und jeweils knapp 20 Prozent des Gesamtumsatzes generierten. 1941 erwirtschaftete die DOB im Vergleich aller Sparten immer noch den meisten Umsatz; die Wäscheindustrie hatte sie aber fast eingeholt und die HAKA deutlich hinter sich gelassen. Neben der Uniformindustrie, die ihre Umsätze seit 1933 mehr als verdreifacht hatte, konnte auch die Berufs- und Sportbekleidungsbranche aufgrund des Bedarfs in der Rüstungskonjunktur stark zulegen und erreichte 1941 fast den Umsatz der HAKA (wobei der höchte

Jahresumsatz in der BeSpo 1939 erzielt worden war, zu diesem Zeitpunkt lag die HAKA aber noch deutlich höher).[3]

Tabelle 16: Jahresumsatz der Sparten der Wirtschaftsgruppe Bekleidungsindustrie 1935 bis 1941 in Millionen RM („Altreich“)[4]

Jahr	HAKA	Beruf- und Sport	DOB	Wäsche	Mieder	Uniform	Wirtschaftsgruppe gesamt
1935	230,8	149,6	322,7	208,2		44,4	1.300,0
1938	345,9	246,0	386,4	342,8	62,3	79,4	1.925,7
1939	383,0	286,3	472,1	433,1	74,1	113,1	2.298,9
1940	235,8	267,2	408,0	338,0	65,4	147,6	1.958,0
1941	261,5	243,3	459,3	424,6	75,1	139,3	2.132,2

Quelle: BA R 13 XV/35.

Für die Jahre 1942 und 1943 ist nur der Gesamtumsatz dokumentiert, für 1944 und 1945 fehlen die Angaben ganz. 1942 stieg der Umsatz im Vergleich zum Vorjahr noch einmal leicht auf 2.233 Millionen RM an, ehe er aufgrund der einschränkenden Maßnahmen für die Produktion (vgl. Kap. 4.7) 1943 auf 1.870 Millionen RM fiel.[5]

Der Reichsverband Bekleidungsindustrie erstellte für das Jahr 1933 eine Umsatzstatistik nach Größenklassen. Zu beachten ist allerdings, dass in Tabelle 17 nur die etwa 1.700 Mitgliedsfirmen des Reichsverbandes vertreten sind. Im Vergleich aller Betriebe wurden gut 60 Prozent des Umsatzes von den Betrieben mit mehr als 500 Beschäftigten erzielt. Während in der DOB die Betriebe mit mehr als 2.000 Arbeitskräften knapp ein Drittel des Umsatzes erwirtschafteten, waren es in der HAKA in der gleichen Größenklasse nur ca. 13 Prozent. Hier stellten die Betriebe mit 500 bis 1000 Beschäftigten den meisten Umsatz (knapp 25 Prozent). In der Wäscheindustrie generierten die Betriebe mit mehr als 2.000 Beschäftigten 30 Prozent des Umsatzes. Weitere 20 Prozent des Umsatzes entfielen auf die Betriebe mit 1.000 bis 2.000 Beschäftigten, während sich die restlichen Größenklassen mit absteigenden Werten die andere Hälfte aufteilten.

3 Vgl. BA R 13 XV/94, Wirtschaftsgruppe Bekleidungsindustrie: Aufstellung der Umsätze in der Bekleidungsindustrie 1935–1943.

4 Altreich = das Deutsche Reich in den Grenzen von 1937. Der Umsatz der Wirtschaftsgruppe insgesamt ist höher als die Summe der Sparten, da hier nur einige relevante Teilbereiche erfasst wurden, vgl. Kap. 4.4.

5 Vgl. R 3/3897, Wirtschaftsgruppe Bekleidungsindustrie: Die Bekleidungsindustrie im Kriege 1943, S. 5 und R 13 XV/94, Gesamtumsatz der Bekleidungsindustrie 1943.

Tabelle 17: Umsatz der deutschen Bekleidungsindustrie nach Betriebgsrößenklassen 1933 in Tausend RM

Beschäftigte	HAKA		DOB		Wäsche		Gesamt	
	Umsatz	in %	Umsatz	in %	Umsatz	in %	Umsatz	in %
1–50	4.446	1,76	2.053	0,77	1.825	1,29	12.116	2,10
51–100	9.366	3,71	4.951	1,72	5.389	3,96	25.990	2,60
101–250	35.536	14,46	22.102	7,77	16.876	12,25	88.205	11,03
251–500	49.190	19,48	43.371	15,20	18.850	13,70	125.032	16,29
501–1000	60.863	24,10	50.657	17,71	25.882	18,75	150.987	20,28
1001–2000	58.315	23,08	78.543	27,55	27.503	20,00	174.782	24,30
über 2000	33.880	13,41	83.407	29,28	41.525	30,05	160.847	23,40
gesamt	252.596	100,00	285.084	100,00	137.790	100,00	737.959	100,00

Quelle: MRB, Nr. 7, 16.5.1933.

An der geographischen Verteilung änderte sich im Vergleich zur Weimarer Republik wenig (Abbildung 4). Der Schwerpunkt des Bekleidungsgewerbes (mit Handwerk) war laut Gewerbezählung 1939 weiterhin Berlin mit gut 41.000 Betrieben. Breslau und Stettin beherbergten 10.000 bzw. 5.000 Bekleidungsbetriebe. Im Rheinland gab es ca. 25.000 Betriebe, in Bayern 45.000 und in Sachsen ca. 40.000.[6] Die folgende Karte zeigt die regionale Verteilung 1935. Je größer die Buchstaben, desto mehr Betriebe gab es in der jeweiligen Region. Die Karte gibt auch Aufschluss darüber, ob die Betriebe eher klein und verstreut über die Region waren, wie z. B. in Sachsen, oder eher in den Städten konzentriert, wie in München, Augsburg und Nürnberg.

Die Preise stiegen von 1933 bis 1944 kontinuierlich an, trotz des propagierten Preisstopps; dies bringt Abbildung 5 zum Ausdruck. In der DOB lagen die Preise im letzten kompletten Friedensjahr 1938 wieder fast auf dem Niveau von 1928, bei HAKA und Wäsche weiter darunter. Die Großhandelspreise für Rohstoffe auf dem Weltmarkt fielen entgegen dem Trend bei Kleidung ab 1938. Höschle weist in diesem Zusammenhang auf die staatlichen Maßnahmen hin, die preistreibende Wirkung im Textilbereich gehabt haben könnten. Außerdem seien günstige Standardqualitäten für den Verbraucher ab 1936/37 nur noch schwer zu erhalten gewesen und hätten durch teure Varianten ersetzt werden müssen. Als Hauptgrund sieht er aber die Bilateralisierung des Außenhandels. Die weitgehende Aufgabe des freien Warenaustausches habe dazu geführt, dass gegenüber dem Weltmarktniveau überteuerte Preise für Textilrohstoffe hätten gezahlt werden müssen, die im Rahmen der Preisvorschriften legal an die Verbraucher weitergegeben worden seien. 1937 lag der deutsche Import-

6 Vgl. Gewerbezählung 1939.

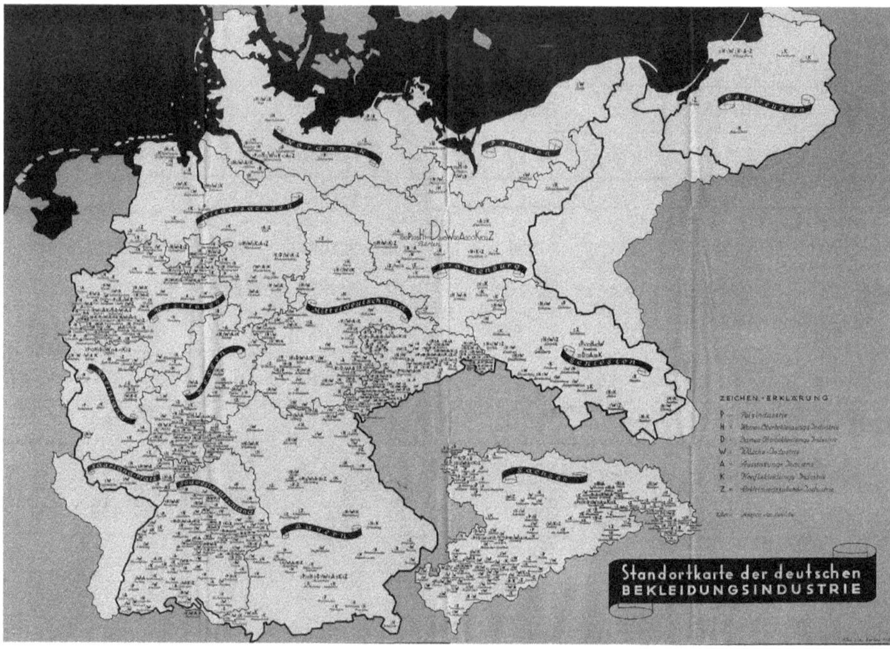

Abbildung 4: Geographische Verteilung der deutschen Bekleidungsindustrie 1935
Quelle: BA, NS 5 VI/16214.

preis mehr als 60 Prozent über dem Weltmarktpreis. Als Ursache für das Auseinanderklaffen von Verrechnungs- und Weltmarktpreis sieht Höschle, dass Rohstoffexporteure für Verrechnungs- und Kompensationsgeschäfte entschädigt werden mussten, da sie keine konvertiblen Devisen, sondern Reichsmark erhielten und davon nur im Deutschen Reich Ware aus einem beschränkten Angebot wählen konnten. Diese Nachteile seien mit einem höheren Kaufpreis vergütet worden. Dazu kam, dass die Preise für Zellwolle und Kunstseide in der zweiten Hälfte der 1930er Jahre um etwa 40 Prozent höher lagen als die für Baumwollfasern und zudem die Verarbeitung von Ersatzstoffen Investitionen in neue Maschinen erforderte.[7]

7 Vgl. Höschle, Textilindustrie, S. 143–149. In der Forschung sind allerdings die Zuverlässigkeit der Preisindices und die Vergleichbarkeit untereinander sowie mit den Preisen in den 1930er Jahren umstritten, da der Verdacht einer bewussten staatlichen Manipulation vorliegt. So könnten stark steigende Preise aus Propaganda-Gründen verheimlicht worden sein. Der Index für Großhandelspreise schnitt aber in der Bewertung der Forscher am besten ab, da er eine Übereinstimmung mit der Inflation seit 1933 zeige. Die genannten Probleme scheinen eher für den Lebenshaltungskosten-Index zu bestehen. Zu dieser Thematik vgl. z. B. Buchheim, Christoph: Naziboom. An economic Cul-de-Sac, in: Hans Mommsen (Hg.): The Third Reich between Vision and Reality. New Perspectives on German History 1918–1945, Oxford 2001, S. 79–94. Zur Preispolitik der NS-Zeit und steigenden Preisen für Bekleidung siehe auch Steiner, André: Umrisse einer Geschichte der Verbraucherpreispolitik unter dem Nationalsozialismus der Vorkriegszeit, in: Werner Abelshauser u. a. (Hg.): Wirtschaftsordnung, Staat

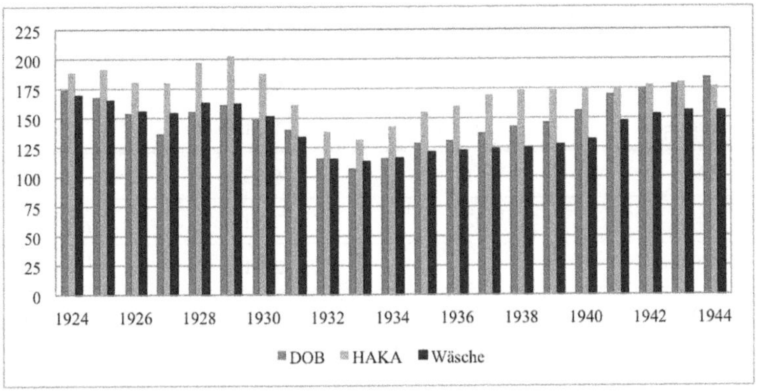

Abbildung 5: Index der Großhandelspreise für Bekleidung 1924 bis 1944 (1913 = 100)[a)]
Quelle: Stat. Jahrbuch für das Deutsche Reich 1924 bis 1942 und 1952.[a)]Die exakten Zahlen zur Entwicklung der Großhandelspreise für Bekleidung finden sich in Tabelle 39 im Anhang.

Auch während des Dritten Reichs blieben die Importe im Vergleich zu den Exporten gering. Sie nahmen allerdings von 1933 bis 1937 mengenmäßig um mehr als die Hälfte ab. Grund war hier vermutlich die von der NS-Politik propagierte Autarkie-Politik. 1939 und 1940 lagen die Importziffern (vermutlich aufgrund der Kriegsentwicklung) aber wieder deutlich höher. Die Ausfuhr nahm nach der Machtübernahme – gemäß dem allgemeinen wirtschaftlichen Trend – zunächst ab, ehe sie 1936 leicht anstieg. In den Jahren 1935 bis 1937 führten diverse Reformmaßnahmen zu Exportanreizen für die Unternehmen (z. B. Erhöhung der Verlustausgleichssätze oder faktische Abwertung der Reichsmark durch freie Bewertung der Verrechnungsguthaben im Handel mit südamerikanischen und südosteuropäischen Ländern). Außerdem wurde die Wettbewerbsfähigkeit deutscher Unternehmen durch Subventionen gestärkt. 1938 brach der Export aber auf knapp die Hälfte des Wertes von 1936 ein, auch dies war ein Trend, der die gesamte Wirtschaft betraf. Die deutschen Ausfuhrpreise stiegen 1938 im Vergleich zum Vorjahr um 4 Prozent, die Preise anderer Länder nahmen geringer zu bzw. sanken sogar wie die der USA oder Frankreichs. Außerdem führte die starke Binnenkonjunktur zu einer steigenden Auslastung der Industrie durch Inlandsaufträge. Auch eine Qualitätsverschlechterung deutscher Produkte durch Rohstoffmangel und den Einsatz von Ersatzstoffen wirkte sich hemmend aus.[8] Eine Übersicht der mengen- und wertmäßigen Ein- und Ausfuhr gibt die folgende Tabelle:

---

und Unternehmen. Neue Forschungen zur Wirtschaftsgeschichte des Nationalsozialismus, Essen 2003, S. 279–303, besonders S. 284f.

8 Vgl. Ebi, Michael: Export um jeden Preis. Die deutsche Exportförderung von 1932–1938, Stuttgart 2004, S. 62f. und S. 225–242.

Tabelle 18: Import und Export von Kleidung 1933 bis 1940 in Tonnen und Tausend RM

Jahr	Import		Export	
	Tonnen	**Tsd. RM**	**Tonnen**	**Tsd. RM**
1933	148	5.410	4.956	94.090
1934	140	5.020	3.411	66.550
1935	101	3.980	2.812	54.360
1936	120	4.900	3.120	64.100
1937	60	3.500	2.640	46.600
1938	190	3.600	1.790	32.900
1939	490	6.500	2.460	33.900
1940	260	3.300	2.010	32.400

Quelle: Stat. Jahrbuch für das Deutsche Reich 1933 bis 1940.

Die Löhne blieben in den 1930er Jahren im Vergleich zu anderen Branchen weiterhin zurück, wie eine Aufstellung der Bruttostundenverdienste auf Grundlage der amtlichen Lohnsummenerhebungen in 22 Gewerben zeigt. Allerdings scheinen sich die Differenzen im Vergleich zur Weimarer Republik etwas verringert zu haben. 1936 verdienten gelernte und angelernte Arbeiter im Bekleidungsgewerbe im Durchschnitt 81,0 Rpf. pro Stunde. Angelernter Arbeiter im Maschinenbau bekamen 87,3 Rpf. pro Stunde, Betriebsarbeiter in der chemischen Industrie 87,8 Rpf. und Arbeiter im Braugewerbe 104,5 Rpf. Gelernte und angelernte Arbeiterinnen im Bekleidungsgewerbe erhielten 46,2 Rpf. pro Stunde, Arbeiterinnen in der Chemischen Industrie und in der Kautschukindustrie bekamen 51,7 Rpf. bzw. 54,5 Rpf. pro Stunde. Bis Kriegsbeginn hielten sich die Unterschiede etwa auf ähnlichem Niveau, wenngleich die Löhne insgesamt etwas anstiegen. Für die Zeit des Zweiten Weltkrieges sind die Überlieferungen nur lückenhaft.[9]

4.2 Uniformen für alle: Die Uniformherstellung als neues Betätigungsfeld der Bekleidungsindustrie

In der Zeit vor dem Ersten Weltkrieg oblag die Uniformherstellung für das Heer staatlichen Betrieben. Privatfirmen begannen erst um 1914 mit der Produktion von Uniformen. Im NS-Staat wurde die Uniformherstellung in weiten Teilen – vermutlich aufgrund des großen Bedarfs – auf die Privatwirtschaft übertragen, die nun Unifor-

9 Vgl. Länderrat, Handbuch, S. 470 f.

men für die Wehrmacht, aber auch für Staat und Partei fertigte.[10] Nach der Machtübernahme schnellte der Bedarf an Parteiuniformen durch die rasch anwachsende Mitgliederzahl rasant in die Höhe. Die Herstellung von Uniformen war genauestens geregelt. Ab dem 31.5.1933 durften Firmen nur mit Erlaubnis der Reichszeugmeisterei der NSDAP in München Bekleidungs- und Ausrüstungsgegenstände mit Parteiabzeichen herstellen.[11] Welche Kleidungsstücke unter diese Regelung fielen, wurde ebenso festgelegt:

> Als parteiamtliche Bekleidungsgegenstände gelten sämtliche als Dienstkleidung für die Politische Organisation der NSDAP, die SA, SS-Marine, für die SS, das NSKK, für die HJ, den BDM, das deutsche Jungvolk, die Jungmädels und die DAF bestimmten in Farbe und Form einheitlich festgelegten Kleidungsstücke.[12]

Die so hergestellten Kleidungsstücke mussten das Schutzzeichen der Reichszeugmeisterei der NSDAP tragen. Wenn für die einzelnen Bekleidungsstücke besondere Gewebe vorgeschrieben waren, durften nur diese verarbeitet werden, falls nicht, mussten die Firmen Stoffproben zur Musterung einreichen.[13] Wer sich nicht an die Vorgaben hielt, konnte sogar mit einer Gefängnisstrafe belegt werden:

> Nach §1 der ‚Verordnung des Reichspräsidenten zur Abwehr heimtückischer Angriffe gegen die Regierung der nationalen Erhebung' vom 21.3.1933 wird mit Gefängnis bis zu 2 Jahren bestraft, wer eine Uniform des Verbandes, der hinter der Regierung der nationalen Erhebung steht, unbefugt im Besitz hat. Für Kleiderfabrikanten und Textileinzelhandel ergibt sich aus dieser Verordnung, dass sie nicht ohne weiteres befugt sind, solche Uniformen herzustellen oder auf Lager zu halten.
>
> Diese Befugnis wird nach amtlichen Verlautbarungen vielmehr nur solchen Geschäften zuzusprechen sein, denen der in Frage stehende Verband sein Einverständnis mit der Herstellung und Lagerhaltung und dem Verkauf erklärt hat.
>
> Fabrikanten müssen Lieferungen von Uniformen oder Uniformstücken an Einzelhändler davon abhängig machen, daß der Abnehmer ihnen eine Bescheinigung des in Betracht kommenden Verbandes vorlegt, wonach der Verband gegen den Besitz der Uniformen durch den Abnehmer keine Bedenken hat.[14]

Im Juli 1933 lagen der Reichszeugmeisterei 15.000 Anträge von Unternehmen vor, die Uniformen herstellen und verkaufen wollten.[15] Die Heeresbekleidungsämter vergaben die Aufträge an die Bekleidungsindustrie und fertigten nur in geringem Umfang selbst. [16] Die große Nachfrage nach Parteiuniformen stellte die Industrie aber auch vor

---

10 Vgl. BA, R 8034 II/836, Frankfurter Handel, 29.11.1938.
11 Vgl. DK, Nr. 27, 7.7.1933, S.12
12 DK, Nr. 6, 25.3.1935, S. 22.
13 Vgl. DK, Nr. 6, 25.3.1935, S. 22.
14 Konf, Nr. 43, 31.5.1933, S. 7.
15 Vgl. DK Nr. 35, 7.7.1933, S. 12.
16 Vgl. BA, RH 9/26, Der Oberfeldintendant Land, Kurzvortrag über Rüstungswirtschaft und Beschaffungswesen der Wehrmacht bei Bekleidung und Ausrüstung des Mannes, 13.3.1944.

Probleme. Zunehmend wurde eine Reihe von Mängeln festgestellt. Für die Uniformfarben gab es zunächst keinen Normausschuss, so dass einige hundert verschiedene Braun-, Grau- und Grünfärbungen existierten. Bei Uniformhemden mangelte es an imprägniertem oder wasserabweisendem Hemdstoff. Grund war, dass die Hemden von den Herstellern oft als Wäschestück angesehen wurden. Bei den Hosen fehlte oft die Schlaufe für die Befestigung der Koppel an der hinteren Seite.[17] Selbst während des Krieges scheint es noch keine übergreifende Vereinheitlichung der Uniformen gegeben zu haben. Die 1944 auf dem Gebiet der Wehrmacht bestehenden 84 Hosengrößen sollten auf 20 reduziert werden. Eingaben der Wirtschaftsgruppe Bekleidungsindustrie über Vereinheitlichungen der Wehrmachtsuniformen, um Zeit und Material zu sparen, brachten augenscheinlich keine Resultate.[18] Hitler ordnete 1944 höchstselbst die Normierung der Heeresuniformen anhand der Festlegung von Schablonen und Richtlinien an.[19] Erst Anfang 1945 gelang es auf diesem Gebiet, eine weitere Stufe der Vereinheitlichung durchzuführen. Ab dem 1.1.1945 gab es nur noch fünf Verteilerfirmen, über die Schnittmuster und Uniformmuster an die Betriebe vergeben wurden. Außerdem erfolgte der Zuschnitt nun durch die Bekleidungsindustrie selbst und nicht mehr durch Stellen der Wehrmacht.[20]

Ab Mitte 1933 waren zahlreiche Neugründungen von Unternehmen in der Uniformindustrie zu verzeichnen – in Berlin hatte sich beispielsweise die Zahl der Unternehmen von 1934 bis 1937 mehr als verdoppelt. Aber auch schon bestehende Firmen nahmen die Uniformfertigung in ihr Fabrikationsprogramm auf. Dies führte dazu, dass der Industriezweig spätestens seit 1937 überbesetzt war, zumal die Anfangskonjunktur sich abschwächte, da die stürmische Nachfrage nach Uniformen erst einmal gedeckt war. Ab 1937 wurden deswegen vorerst keine neuen Betriebe zur Uniformfertigung zugelassen. Die Unternehmen der HAKA und BeSpo, die nur in geringem Umfang Uniformen herstellten, sollten dies ganz aufgeben.[21]

Da Uniformen ein leicht zu vereinheitlichendes Bekleidungsstück sind und in großen Serien produziert werden können, gelang es, die Fertigungszeiten von 1933 bis 1942 um mehr als 50 Prozent zu senken. Grund dafür war auch der zunehmende Einsatz von Spezialmaschinen. Diese Entwicklung hatte zur Folge, dass der Anteil der Facharbeiter in der Bekleidungsindustrie von 46,4 Prozent 1933 auf 41,9 Prozent 1939 sank (vgl. Abbildung 6).[22]

17 Vgl. Konf, Nr. 43, 31.5.1933, S. 7.

18 Vgl. BA, R 13 XV/68, Sitzung der Wirtschaftsgruppenleiter, 22.5.1944.

19 Vgl. BA, R 13 XV/68, Präsidiumssitzung der Wirtschaftsgruppe Bekleidungsindustrie, 21.7.1944.

20 Vgl. BA, R 13 XV/68, Sitzung der Bezirksbeauftragten der Wirtschaftsgruppe Bekleidungsindustrie, 19.10.1944.

21 Vgl. TexWo, Nr. 47, 20.11.1937, S. 16; 1938 gab es laut Statistik der Wirtschaftsgruppe Bekleidungsindustrie 297 Uniformbetriebe, vgl. dazu Lorch, Wilhelm: Die Industrie der Bekleidung, in: Die Wirtschaftskurve 21 (1942), S. 169–178, hier S. 173.

22 Vgl. Hachtmann, Rüdiger: Industriearbeit im „Dritten Reich“. Untersuchungen zu den Lohn- und Arbeitsbedingungen in Deutschland 1933–1945, Göttingen 1989, S. 60–63.

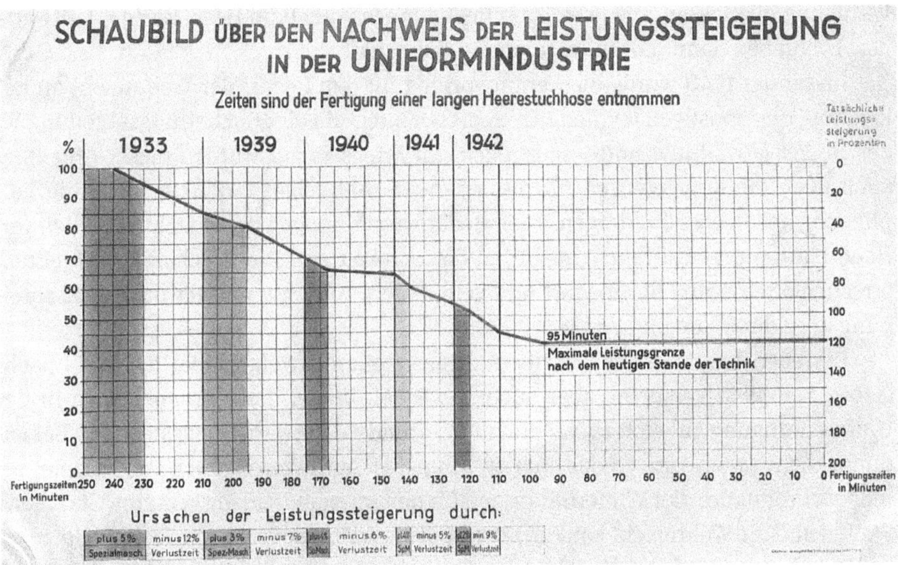

Abbildung 6: Fertigungszeiten in der deutschen Uniformindustrie 1933 bis 1942
Quelle: BA, R 13 XV/37.

Die Fertigung in der Fabrik setzte sich durch die Vereinheitlichung der Bekleidungsstücke zunehmend durch. Nötig war diese Art der Fertigung aber auch, weil immer mehr Arbeiter in die Wehrmacht eingezogen wurden bzw. Näherinnen in kriegswichtige Rüstungsbetriebe umgesetzt wurden (vgl. Kap. 4.7). und die Produktion deswegen mechanisiert werden musste. Der Aufwand für Qualitätskontrolle und die Bürokratiekosten waren bei einer zentralen Fertigung deutlich geringer. Gerade bei einem Produkt wie Uniformen, das in großen Mengen einheitlich hergestellt werden konnte, bot sich der Einsatz maschineller Produktion an und die Qualitätskontrolle konnte direkt vor Ort vorgenommen werden. Durch den steigenden Einsatz von Maschinen war es auch möglich, Kosten auf der Lohnseite zu sparen, da man auch angelernte Arbeitskräfte einsetzen konnte. Dazu kam die politische Ausrichtung und Propaganda weg von der Heimarbeit hin zur Entwicklung einer rationellen Fertigung in der Fabrik.[23]

Während des Krieges wurde die Organisation der Uniformfertigung mehrfach neu geordnet. Mit Kriegsbeginn wurde das Wehrmachtsbeschaffungsamt gegründet. Bei der Uniformfertigung für die Wehrmacht wurde die Meterware nun durch das Wehrmachtsbeschaffungsamt angekauft und anschließend den Wehrmachtsteilen zur

23 Vgl. Konf, Nr. 52, 28.12.1935, S. 14 und TZ, Nr. 99, 25.4.1942, o.S.

Verfügung überlassen. Die jeweiligen Bekleidungsämter (von Heer, Marine, Luftwaffe usw.) vergaben dann die Aufträge an die Wirtschaft.[24]

Im Januar 1940 wurde die Verantwortung für den Bedarf der Wehrmacht an Bekleidung und sonstigen textilen Erzeugnissen intern an die Beschaffungsabteilung V5 des Heeresverwaltungsamtes übertragen. Im Kriegsverlauf wurden dieser Abteilung auch noch die Kompetenzen für die lederwirtschaftlichen Produkte sowie die Verpflegung des Heeres übertragen.[25] Die Bedarfsanordnungen der einzelnen Stellen von Heer, Marine und Luftfahrt gingen bei diesem Amt ein. Die Beschaffungsabteilung errechnete dann den Stoffbedarf und vergab den Auftrag entweder nach Ausschreibung oder direkt an eine Firma.[26]

Die eben beschriebene Art der Auftragserteilung erfolgte über die Wehrmacht selbst. Seit 1940 versuchte aber auch das RWM, immer mehr Kompetenzen in der Uniformfertigung auf sich zu vereinen und gründete die Verteilungsstelle für Bekleidung. Nicht selten kam es dadurch zu doppelter Auftragsvergabe.[27] Als Beispiel sei hier die Produktion der Winteruniformen für den Russlandfeldzug genannt. Staatliche Stellen und die Wehrmacht konkurrierten um die Auftragsvergabe, wobei sich letztlich der Würzburger Kaufmann Josef Neckermann durchsetzte und als Geschäftsführer der Zentralen Lagergemeinschaft[28] dieser – vermittelt über die Reichsstelle für Kleidung, deren Leiter Neckermann ebenfalls war – Staatsaufträge sichern konnte (vgl. Kap. 4.7). Innerhalb kurzer Zeit wurden 2,5 Millionen Winteruniformen über die Reichsstelle für Kleidung abgewickelt – wohlgemerkt am Wehrmachtsbeschaffungsamt vorbei.[29] Die für das NS-System typischen polykratischen Entscheidungsstrukturen lassen sich also auch in der Uniformfertigung wiederfinden.[30] Aufträge zur Uniformherstellung vergab das Reich aber nicht nur an Privatfirmen im Deutschen Reich, sondern auch an solche in den besetzten Gebieten, wie beispielsweise die Firma Grijpman in Hilversum,

---

24 Vgl. BA, RH 9/26, Der Oberfeldintendant Land, Kurzvortrag über Rüstungswirtschaft und Beschaffungswesen der Wehrmacht bei Bekleidung und Ausrüstung des Mannes, 13.3.1944 und Köster, Boss, S. 46 f.

25 Vgl. BA, RH 9/26, Der Oberfeldintendant Land, Kurzvortrag über Rüstungswirtschaft und Beschaffungswesen der Wehrmacht bei Bekleidung und Ausrüstung des Mannes, 13.3.1944.

26 Vgl. BA, RH 9/26, Der Oberfeldintendant Land, Kurzvortrag über Rüstungswirtschaft und Beschaffungswesen der Wehrmacht bei Bekleidung und Ausrüstung des Mannes, 13.3.1944 und BA, RH 9/26, Vortrag Wilhelmi (Wehrmachtsbeschaffungsamt), Vergleichende Darstellung über die besonderen Schwierigkeiten bei der Beschaffung von Bekleidung und Ausrüstung des Mannes im Zeitraum April–März 44.

27 Vgl. Melzer, Ernst: Verteilungsstelle für Bekleidung, in: Uniform-Markt 8 (1941), S. 1 f.

28 Ende 1941 auf Veranlassung des RWM als Gesellschaft des bürgerlichen Rechts von zwei privaten Gesellschaftern gegründet: Der Wäsche- und Kleiderfabrik Josef Neckermann und der Hertie-Tochtergesellschaft Bekleidungs-Handels AG. Vgl. Bähr, Johannes: Die Dresdner Bank in der Wirtschaft des Dritten Reiches, München 2006, S. 402.

29 Vgl. Veszelits, Thomas: Die Neckermanns. Licht und Schatten einer deutschen Unternehmerfamilie, Frankfurt a.M./New York 2005, S. 129–132.

30 Vgl. Köster, Boss, S. 48.

Niederlande.[31] Außerdem wurden Aufträge an die Ghettos und Konzentrationslager vergeben (vgl. Kap. 4.8).

4.3 Faser- und Spinnstoffgesetze: Die textilpolitische Regulierung durch das NS-Regime

Die Gleichschaltung in der Bekleidungsindustrie vollzog sich am 2.6.1933. Die in der Fachgruppe Bekleidungsindustrie beim Reichsverband der Deutschen Industrie vereinigten Verbände gründeten an diesem Tag den Reichsverband der deutschen Bekleidungsindustrie. An die Spitze des Verbandes trat ein fünfköpfiges Direktorium.[32]

Im Zuge der Neuordnung und Reformierung erließ der Reichsverband der deutschen Bekleidungsindustrie 1934 Einheitsbedingungen der deutschen Bekleidungsindustrie. Die *Deutsche Konfektion* schrieb dazu: „Mit den Einheitsbedingungen ist bewußt der Mannigfaltigkeit und, man darf dies ruhig aussprechen, mit dem Wirrwarr der Lieferungs- und Zahlungsbedingungen der einzelnen Gruppen der Bekleidungswirtschaft aufgeräumt worden."[33] Die Gegensätze zwischen Bekleidungsindustrie und Einzelhandel sollten überbrückt werden, deswegen leitete Herbert Tengelmann in Personalunion die Spitzenverbände beider Branchen. Tengelmann spielte eine zentrale Rolle für die Bekleidungsindustrie in der NS-Zeit. Er besetzte neben den genannten Ämtern weitere zentrale Positionen in der Bekleidungsbranche und besaß zudem mit der Leineweber KG ein eigenes Unternehmen. (vgl. Kap. 4.4).[34]

Im Juli 1936 wurden die Konditionen noch einmal leicht abgeändert und enthielten verbindliche Regelungen über Zahlungsspannen, Zahlungsweise und Skontoabzüge. Die Verkäufe hatten nun zu festen Preisen und bestimmten Lieferterminen zu erfolgen. Beispielsweise mussten Rechnungen vom 1. bis 15. eines Monats am 15. des nächsten Monats mit 2 Prozent Skonto beglichen werden, sollten sie erst bis zum 15. des übernächsten Monats gezahlt werden, hatte der Betrag netto einzugehen. Die Versandkosten trug der Käufer.[35] Mit der Durchsetzung der Einheitsbedingungen ging für die Fabrikanten eine große Ersparnis der Transaktionskosten einher, da sie nun nicht mehr bei jedem Abschluss erneut die Liefer- und Zahlungsbedingungen aufwändig neu verhandeln und deren Einhaltung überprüfen mussten. Die einheitliche Regelung bot zudem die Möglichkeit, sich bei Missachtung direkt an den Reichsverband bzw. die Fachverbände zu wenden und diese als Schlichter einzuschalten.

Das NS-Regime griff durch politische Erlasse und Gesetze immer mehr in das freie Wirtschaften der Bekleidungsunternehmen ein. Zuständig für die Umsetzung der

---

31 Vgl. Barnuow, David: Die Schneiderei und Bekleidungsfirma Grijpman GmbH. Der Krieg und seine Profiteure, in: Neunzehnhundertneunundneunzig 10 (1995), S. 15–37.

32 Vgl. DK, Nr. 23, 9.6.1933, S. 34.

33 DK, Nr. 17, 25.4.1934, S. 10.

34 Vgl. Konf, Nr. 74, 8.11.1933, S. 1.

35 Vgl. NS 5 VI/16224, Einheitsbedingungen der deutschen Bekleidungs-Industrie vom 6.7.1936.

Regelungen waren produktspezifische Überwachungsstellen. Die legislative Grundlage bildete die Verordnung über den Warenverkehr von September 1934.[36] Für bestimmte Rohstoffe wie Baumwolle und Wolle waren schon im März 1934 Überwachungsstellen errichtet worden. Ab September 1934 wurden auch die bisher noch freien Textilprodukte erfasst. Der Reichswirtschaftsminister gründete die Überwachungsstelle für Seide, Kunstseide, Kleidung und verwandte Gebiete, die sich im Oktober 1935 in die Überwachungsstelle für Seide, Kunstseide und Zellwolle sowie die Überwachungsstelle für Kleidung und verwandte Gebiete aufspaltete. Die Planungs- und Überwachungsbefugnisse des RWM wurden durch diese Verordnung auch auf Fertigerzeugnisse ausgedehnt. [37]

Die Faserstoffverordnung vom 19.7.1934 hatte das Ziel, inflationäre Preiserhöhungen zu vermeiden. Produktionstechnisch gesehen wandte sich dieses Gesetz an die Textilindustrie, von den Preisregelungen war aber auch die Bekleidungsindustrie betroffen. Die Rohstoffüberwachungsstellen, die mit dem Gesetz etabliert wurden, hatten die Aufgabe, die Einfuhr an Rohstoffen mit den bestehenden knappen Devisenvorräten in Übereinstimmung zu bringen. Da in den Betrieben große Mengen an Rohstoffen lagen, diese aber nicht sofort restlos verarbeitet werden sollten, wurde die gesetzliche Arbeitszeit von 48 auf 36 Stunden pro Woche gesenkt. Dies war allerdings nur bedingt erfolgreich, da die Unternehmen die Tourenzahl ihrer Maschinen erhöhten oder zusätzliche Webstühle in Betrieb nahmen.[38] Bei einer amtlichen Untersuchung 1935 stellte sich heraus, dass die gesetzliche Anordnung, die Wochenarbeitszeit um 30 Prozent zu kürzen, in den wenigsten Unternehmen befolgt wurde, insgesamt errechnete man nur eine Verkürzung von 5 Prozent.[39] Außerdem gab es ein „Verbot ungerechtfertigter Preiserhöhungen“, das besagte, kein Preis eines Gutes aus Spinnstoffen dürfe höher sein als der, welcher in der Zeit vom 1. bis 21.3.1934 bei Verkäufen, die nach Art, Güte und Menge vergleichbar waren, überwiegend auf dem Markt erzielt worden sei. Lagen solche Abschlüsse nicht vor, durfte der Preis nicht das Niveau vom 21.3.1934 überschreiten.[40] Der Zeitraum wurde gewählt, weil bis dahin ein normaler Preisausgleich gegenüber der Krisenzeit zu verzeichnen war, ab April 1934 zogen die Preise aufgrund erhöhter Nachfrage bereits wieder an. Damit sollte eine Preisspekulation verhindert werden.[41]

Nicht enthalten waren in diesen Regelungen aber Problematiken wie Rohstoffpreiserhöhungen und die Einführung neuer Produkte, für die es keinen Referenz-

---

36 Vgl. Reichsministerium des Innern (Hg.): Reichsgesetzblatt, Teil 1, 1934, Verordnung über den Warenverkehr vom 4.9.1934, S. 816–818.

37 Vgl. Höschle, Textilindustrie, S. 32.

38 Vgl. RGBl, Teil 1, 1934, Faserstoffverordnung vom 19.7.1934, S. 714–716.

39 Vgl. Höschle, Textilindustrie, S. 171.

40 Vgl. RGBl, Teil 1, 1934, Faserstoffverordnung vom 19.7.1934, S. 716.

41 Vgl. Schneider, Preispolitik, S. 29. Höschle kommt zu dem Ergebnis, dass die Einführung der Höchstpreisregelung auch in Zusammenhang mit dem zeitlich vorlaufenden Einkaufsverbot für Textilrohstoffe gesehen werden muss. Vgl. Höschle, Textilindustrie, S. 135f.

rahmen gab. Eine Ergänzung zur Faserstoffverordnung vom September 1934 erlaubte nun, dass der höchstzulässige Preis überschritten werden konnte, wenn die Selbstkosten „durch nicht zu vermeidende Umstände gestiegen sind. Der Preis hat jedoch nicht höher zu sein, als erforderlich ist, um die Selbstkosten zuzüglich einer angemessenen Verzinsung des Kapitals zu decken."[42] Diese „höchstzulässigen" Preise durften nach einer neuen Erweiterung der Verordnung vom April 1936 nur um die Beträge überschritten werden, um die sich die Einkaufspreise und die damit gestiegenen Kosten erhöht hatten sowie um den höheren Aufwand an Löhnen und Sozialbeiträgen.[43]

Das Spinnstoffgesetz vom 6.12.1935 sollte die Mängel der Faserstoffverordnung beseitigen. Nun wurde nicht mehr die Arbeitszeit, sondern die Verarbeitungsmenge vorgeschrieben; die Betriebe mussten ein Lagerbuch führen. Diese Regelungen galten allerdings nur für die Textilindustrie. Für die Bekleidungsindustrie änderte sich wenig, da die Preisvorschriften im Großen und Ganzen erhalten blieben.[44]

Die Preisstoppverordnung vom November 1936[45] traf auch die Bekleidungsindustrie. Preiserhöhungen waren nun nicht mehr zulässig bzw. mussten von staatlicher Stelle genehmigt werden. Überwacht wurde dies von den sog. Preisüberwachungsstellen, die meist bei der obersten Landesbehörde angesiedelt waren und dem Preiskommissar bzw. dem Reichswirtschaftsminister unterstanden.[46] Mit dieser Verordnung wurde der Preis in seiner Funktion als Regulator von Angebot und Nachfrage faktisch ausgeschaltet. Im März 1937 mussten die Behörden allerdings bereits die Verordnung lockern, da die Rohstoffpreise auf dem Weltmarkt gestiegen waren. Als die Rohstoffpreise Ende des Jahres wieder sanken, konnte sogar der Richtwert der Preise von 1934 unterschritten werden.[47] Bis zu Beginn des Krieges war die Bekleidungsindustrie nur in der Preisbildung von gesetzlicher Einschränkung betroffen und im Gegensatz zur Textilindustrie nicht in den Verarbeitungsmengen und der Arbeitszeit eingeschränkt.

1939 wurden mit der Kriegswirtschaftsverordnung weitere Vorschriften bei der Preisbildung erlassen. Sämtliche Kostenersparnisse mussten in Preissenkungen weitergegeben werden.[48] Im Grundsatz galten aber weiterhin die höchstzulässigen Preise

---

42 RGB, Teil 1, 1934, Zweite Verordnung über die Ergänzung der Faserstoffverordnung vom 6.9.1934, S. 818 f.

43 Vgl. RGBl, Teil 1, 1935, Verordnung zur Änderung der Faserstoffverordnung, vom 21.4.1935, S. 561–564; Schneider, Walter: Betrachtungen zur deutschen Preispolitik in der Textilwirtschaft von 1933 bis 1945, Basel 1958, S. 28 f. und Hagemann, Bekleidungsindustrie, S. 6–8.

44 Vgl. RGBl, Teil 1, 1935, Spinnstoffgesetz vom 6.12.1935, S. 1411–1416 und Schneider, Preispolitik, S. 39–42.

45 Vgl. RGBl, Teil 1, 1936, Verordnung über das Verbot von Preiserhöhungen, S. 955 f.

46 Vgl. RGBl, Teil 1, 1934, Verordnung gegen Preissteigerungen vom 16.5.1934, S. 389 f.

47 Vgl. RGBl, Teil 1, 1937, Verordnung zur Preisbildung in der Spinnstoffwirtschaft vom 9.12.1937, S. 1351; Höschle, Textilindustrie, S. 60–66 und Schneider, Preispolitik, S. 51 f.

48 Vgl. RGBl, Teil 1, 1939, Kriegswirtschaftsverordnung vom 4.9.1939, Abschnitt IV, Kriegspreise, S. 1609–1612.

mit dem Referenzrahmen 1. bis 21.3.1934.[49] Das Oberkommando der Wehrmacht (OKW) erließ eigene Richtlinien zur Preisermittlung. Die Betriebe, die Uniformen anfertigten, mussten nach strengen Vorgaben ein Preisberechnungsformblatt ausfüllen, das genau Angaben über die Festsetzung der Löhne in bestimmten Ortsklassen und Vertriebskosten enthielt. Auch war genau festgelegt, welche Höchstsätze an Rohstoff zu verbrauchen waren. Für einen Waffenrock des Heeres durften beispielsweise maximal 1,60 Meter Tuch verarbeitet werden.[50] Textilien waren ab September 1939 für den Verbraucher nicht mehr frei zugänglich, sondern nur über Bezugsscheine bzw. ab November 1939 über ein Punktesystem mit der Reichskleiderkarte erhältlich.[51] Die Preisvorschriften des Spinnstoffgesetzes wurden 1941 durch Bestimmungen für die einzelnen Zweige der Bekleidungsindustrie ersetzt; das Spinnstoffgesetz 1942 außer Kraft gesetzt.[52] Für jeden Betrieb musste fortan ein höchstzulässiger Preis aus Werkstoff-, Fertigungs-, Verwaltungs- und Vertriebskosten einschließlich Gewinn, Risiko und Sondervertriebskosten ermittelt werden.[53]

Gerd Höschle weist für die Textilindustrie einige Vergehen und Tricks zur Umgehung der Preisvorschriften auf. Ob dies in der Bekleidungsindustrie auch vorkam, ist nicht überliefert, aber aufgrund der rigiden Regelungen durchaus wahrscheinlich. Preiskontrollen wurden nur selten durchgeführt. Außerdem war es schwierig, bei den vielen Änderungen der Gesetze und Ausnahmen wie Erhöhungen des Selbstkostenpreises den genauen Preis zu ermitteln. 1938 sollten die Textilbetriebe selbst prüfen, ob ihre Preise den Vorschriften entsprachen; dies wurde aber erwartungsgemäß kaum befolgt. Allerdings wurden auch diverse Unternehmen wegen Vergehen gegen die Verordnung bestraft. Diese Strafen waren allerdings eher gering im Gegensatz zum Gewinn, der aus der illegalen Umgehung der Vorschriften entstand.[54]

4.4 Die Wirtschaftsgruppe Bekleidungsindustrie

Im folgenden Kapitel sollen Organisation und Tätigkeit der Wirtschaftsgruppe Bekleidungsindustrie beleuchtet werden. Diese war eine fachspezifische Unterabteilung der Hauptgruppe VI der deutschen Industrie „Leder, Textilien und Bekleidung" des

---

49 Vgl. BA, RW 19/1613, Erläuterung zur Nachweisung des gesetzlich zulässigen Preises, 1941.

50 Vgl. BA R 8 II/22, Richtlinien zur Preisbildung für Uniformen aus Spinnstoffen oder Austauschstoffen für Spinnstoffe, 1.7.1944.

51 Vgl. RGBl, Teil 1, 1939, Verordnung über die Verbrauchsregelung von Spinnstoffwaren vom 14.11. 1939, S. 2196 und Höschle, Textilindustrie, S. 73. Zur Reichskleiderkarte vgl. auch Streb, Reichswirtschaftsministerium, S. 579 f.

52 Vgl. RGBl, Teil 1, 1942, Verordnung über das Außerkrafttreten des Spinnstoffgesetzes und der Durchführungsordnungen hierzu und anderer Vorschriften auf dem Gebiet der Spinnstoff- und Bekleidungswirtschaft, 23.12.1942, S. 738.

53 Vgl. Hagemann, Bekleidungsindustrie, S. 6–8.

54 Vgl. Höschle, Textilindustrie, S. 162–167.

RWM.[55] Ab dem 1.9.1934 waren alle Firmen in der Wirtschaftsgruppe Bekleidungsindustrie zwangsorganisiert.[56]

Diese gliederte sich in sieben Fachgruppen und 32 Untergruppen mit ca. 6.000 Betrieben. Außerdem wurden einige Arbeitsausschüsse gegründet, z. B. zur Förderung des Exports oder zur Zusammenarbeit mit dem Einzelhandel.[57] Leiter der Wirtschaftsgruppe wurde Herbert Tengelmann, Hauptgeschäftsführer Otto Jung.[58] Tengelmann war auch Leiter der Wirtschaftsgruppe Einzelhandel und seit 1935 Präsident des Deutschen Mode-Instituts.[59] Zudem war er erster Vorsitzender der Fachausschüsse Oberbekleidung und Textilindustrie sowie Vizepräsident der IHK Berlin (1933 bis 1939). Daneben besaß er mit der Leineweber KG in Herford ein eigenes Unternehmen der Branche[60] und war seit dem 1.3.1933 NSDAP-Mitglied.[61] Otto Jung war neben seinem Amt in der Wirtschaftsgruppe Leiter des Reichsverbandes der deutschen Bekleidungsindustrie, der wiederum eine Unterorganisation der Hauptgruppe VI der deutschen Industrie „Leder, Textilien und Bekleidung" des RWM darstellte. Nach dem Ersten Weltkrieg hatte Jung in München die Handelshochschule absolviert und wurde 1922 Leiter einer Hut-Exportgesellschaft. Bereits 1925 trat er der NSDAP bei. Seine Stelle in der Exportgesellschaft verlor er 1926 wegen des Vorwurfs „Judenhetze" betrieben zu haben und war in den folgenden Jahren publizistisch tätig, u. a. für den Völkischen Beobachter. Neben zahlreichen privatwirtschaftlichen und staatlichen Ämtern wie z. B. als Vorsitzender des Aufsichtsrates der Zentraltextilgesellschaft[62] in Berlin bekleidete Jung während der NS-Zeit auch Parteiämter wie die stellvertretende Leitung im Fachamt Bekleidung und Leder der Deutschen Arbeitsfront (DAF). Er trat für eine konsequente Rationalisierung der Branche mit Einführung der Fließarbeit und Massenproduktion ein.[63]

Eine Neuorganisation der Wirtschaftsgruppe wurde 1943 vorgenommen, als es zu einer Zusammenarbeit der fachlichen Lenkungsstellen mit bezirklichen Stellen kam. Die bisherige Verteilungsstelle für Kleidung bei der Reichsstelle für Kleidung und verwandte Gebiete (unter dem Dach des RWM, im Folgenden Reichsstelle für Kleidung), die in Personalunion mit der Wirtschaftsgruppe Bekleidungsindustrie stand,

---

55 Vgl. Westphal, Berliner Konfektion, S. 123. Zur Organisation des RWM vlg. Streb, Jochen: Das Reichswirtschaftsministerium im Kriege, in: Albert Ritschl (Hg.): Das Reichswirtschaftsministerium in der NS-Zeit. Wirtschaftsordnung und Verbrechenskomplex, Berlin 2016, S. 533–610, hier S. 536 f.

56 Vgl. Konf, Nr. 33, 15.8.1934, S. 3.

57 Vgl. Konf, Nr. 25, 20.6.1933, S. 4a.

58 Vgl. MRB, Nr. 9, 12.9.1934, S. 1–4.

59 Vgl. Leineweber GmbH & Co. KG (Hg.): CXXV BRAX 125 Jahre Leineweber, Essen 2013, S. 48–53.

60 Vgl. Westphal, Berliner Konfektion, S. 123 f.

61 Vgl. BA, 3200 Ortsgruppenkartei der NSDAP, Herbert Tengelmann, Mitgliedsnummer 1506207.

62 Die Zentraltextilgesellschaft wurde ebenso wie die Zentrallagergemeinschaft auf Veranlassung des Reiches gegründet, hatte aber eine privatwirtschaftliche Form. Die Zentraltextilgesellschaft erwarb im Auftrag des RWM Textilien, Wolle und Garne hauptsächlich in besetzten Gebieten und veräußerte die Bestände dann im „Altreich". Vgl. Bähr, Dresdner Bank, S. 398 und Kap. 4.7.

63 Vgl. Westphal, Berliner Konfektion, S. 110 und S. 118.

wurde durch eine Bewirtschaftungsstelle des Reichsbeauftragten für Kleidung und verwandte Gebiete ersetzt. Neben den oben genannten Fachgruppen und Fachuntergruppen richtete die Wirtschaftsgruppe Bekleidungsindustrie Bezirksgruppen ein. Ein Unternehmer leitete jeweils eine dieser Bezirksgruppen ehrenamtlich, ein hauptamtlich tätiger Geschäftsführer übernahm das Tagesgeschäft.[64]

Abbildung 7 zeigt die Organisation der Wirtschaftsgruppe Bekleidungsindustrie, vermutlich Ende 1943. Sie unterhielt zu diesem Zeitpunkt 13 Bezirksgruppen in den Zentren der deutschen Bekleidungsindustrie, außerdem acht Zweigstellen. Des Weiteren waren ihr 10 Fachgruppen direkt unterstellt, denen selbst noch einmal diverse Fachuntergruppen oder Fachabteilungen angegliedert waren. Neben der DOB, HAKA, Wäsche und BeSpo gehörten auch die Bereiche Bekleidungszubehör, Pelze, Bettwäsche und Reinigung zur Wirtschaftsgruppe Bekleidungsindustrie.

Nach dem Tod Otto Jungs im September 1943 erhielt die Wirtschaftsgruppe einen neuen Hauptgeschäftsführer. Nachfolger wurde Wilhelm Börries, der bis zu diesem Zeitpunkt Geschäftsführer beim Gauwirtschaftsberater des Gaues Groß-Berlin der NSDAP gewesen war. Im Rahmen dieses Führungswechsels fand die Bildung eines Präsidiums der Wirtschaftsgruppe statt. Grundlage war die Anordnung des RWM über die Bildung von Präsidien bzw. Vorständen bei den Wirtschaftsgruppen vom 30.1.1943. Dem Präsidium gehörten folgende Personen an: Walter Seidensticker von der gleichnamigen Firma in Bielefeld[65], Curt Becker von der Firma Clemens August Becker aus Mönchengladbach, Hellmut Winkler von den Greiffwerken in Greiffenberg, James Cloppenburg von Peek & Cloppenburg in Berlin sowie Hermann Fromm von den Bettfedernfabriken Hermann Fromm in Güstrow. Jedes der fünf Mitglieder erhielt ein bestimmtes Aufgabengebiet.[66] Vorsitzender des Präsidiums und Leiter der Wirtschaftsgruppe – auf ehrenamtlicher Basis – war Herbert Tengelmann.[67] Der Leiter der Wirtschaftsgruppe bestellte in Einvernehmen mit der Parteikanzlei, nach Anhörung des Beirats der Wirtschaftsgruppe und der Zustimmung des Leiters der Reichsgruppe Industrie sowie des RWM einen Hauptgeschäftsführer, der die laufenden Geschäfte nach seinen Weisungen führte.[68]

Zunächst hatte die Wirtschaftsgruppe laut dem „Gesetz zur Vobereitung des organischen Aufbaus der deutschen Wirtschaft“ von 1934 beratende und betreuende Aufgaben. Sie war die alleinige Vertretung des Wirtschaftszweiges, gehörte der Reichsgruppe Industrie an und hatte die Stellung eines rechtmäßigen Vereins mit Sitz in Berlin.[69] Mit Genehmigung des RWM konnte sie aber auch marktregelnde Maß-

64 Vgl. BA, R 13 XV/97, Wirtschaftsgruppe Bekleidungsindustrie an die Reichswirtschaftskammer, 20.7. 1943.

65 Roman Köster arbeitet zurzeit an einer Unternehmensstudie der Firma Seidensticker.

66 Vgl. BA, NS 5 VI/6387, TZ, Nr. 146, 7.9.1943.

67 Vgl. BA, R 13 XV/31, Herbert Tengelmann an Ministerialrat Homann im RWM, Wirtschaftsgruppe Bekleidungsindustrie, 26.8.1944.

68 Vgl. BA, R 13 XV/32, Satzung der Wirtschaftsgruppe Bekleidungsindustrie, 10.1.1944, §12.

69 Vgl. BA, R 13 XV/32, Satzung der Wirtschaftsgruppe Bekleidungsindustrie, 10.1.1944, §1–3.

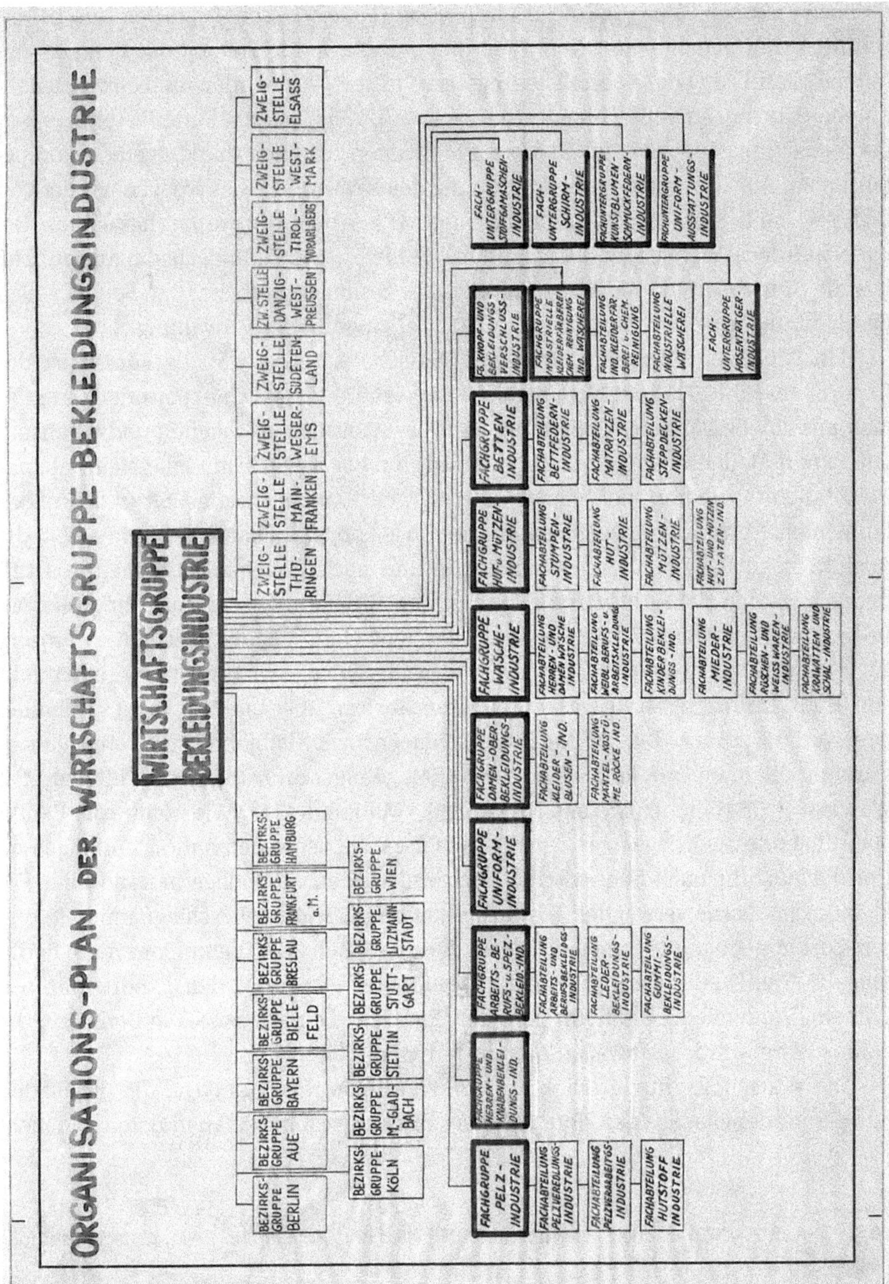

Abbildung 7: Organisationsplan der Wirtschaftsgruppe Bekleidungsindustrie 1943
Quelle: BA, R 13 XV/37.

nahmen erlassen. Mit Beginn des Krieges griff die Wirtschaftsgruppe durch Vorschriften und Genehmigungsverfahren immer mehr in die Freiheit der Betriebe ein. Mit der Einführung der Spezialisierungsvorschriften 1942 wurden die Lenkungsmaßnahmen auch nach außen hin sichtbar (vgl. Kap. 4.7).[70] Mit der Kartellbereinigung in der Bekleidungsindustrie im Oktober 1943 kamen ihr auch marktregelnde Kompetenzen zu. Auf Grundlage einer Anordnung des RWM wurde das Nebeneinander von Gruppen- und Kartellorganisation beseitigt. Die Wirtschaftsgruppe besaß nun Bewirtschaftungsaufgaben, außerdem erließ sie Liefer- und Zahlungsbedingungen. Ziel war die Auftrags- und Produktionslenkung der gesamten Branche.[71] Im Sommer 1944 beschäftigte die Wirtschaftsgruppe ca. 200 Personen in der Verwaltung.[72]

Ein wichtiger Tätigkeitsbereich der Wirtschaftsgruppe war die Förderung des Exports. Im Juni 1936 errichtete man ein Exportbüro, dem sich exportorientierte Firmen anschließen konnten. Das Büro erkundete Absatzmöglichkeiten und veranstaltete Export-Modenschauen in Berlin.[73] Zu Beginn des Krieges und im ersten Halbjahr 1940 brach der Export erst einmal ein, v. a. weil Frankreich, die USA und Großbritannien als Absatzländer ausblieben. Allerdings konnte im Laufe des Jahres 1940 die Ausfuhr nach Belgien, in die Niederlande und nach Dänemark z.T. mehr als verdoppelt werden.[74] 1941 gewann Skandinavien für die deutsche Ausfuhr weiter an Bedeutung. Der Anteil dieser Länder an der deutschen Ausfuhr stieg von 49 Prozent 1940 auf 61 Prozent 1941. Auch der Export nach Südosteuropa nahm im selben Jahr von 9 auf 22 Prozent zu. Insgesamt ging die Ausfuhr aber um 21 Prozent gegenüber dem Vorjahr zurück. Der größte Exportschlager im 2. Halbjahr 1940 waren Rauchwarenprodukte im Wert von 6,7 Millionen RM, gefolgt von DOB für 3,3 Millionen RM, Wäsche für 2,7 Millionen RM und HAKA für 2,4 Millionen RM.[75] Wie wichtig der Export auch am Ende des Krieges war, demonstriert die sog. „Schweden-Aktion" Anfang 1944. Um die Ausfuhr nach Schweden zu steigern wurden Pflichtlagerbestände der Bekleidungsindustrie verwendet. Die Reichsstelle für Kleidung beschlagnahmte in diesem Zusammenhang bei einigen Firmen, darunter auch C&A Brenninkmeyer in Berlin und die Greiffwerke aus Greiffenberg, Material und teilte es den Exporteuren wie Wilhelm Vordemfelde in Stettin oder der Bernward Leineweber KG in Berlin zu, die daraus Ware für die „Schweden-Aktion" fertigten.[76]

Die Wirtschaftsgruppe erhob ab 1935 eine Exportförderumlage, die die Bekleidungsunternehmen aus den Unternehmenseinkünften finanzieren mussten und nicht

70 Vgl. BA, R 13 XV/31, Herbert Tengelmann an Ministerialrat Homann im RWM, Wirtschaftsgruppe Bekleidungsindustrie, 26.8.1944.

71 Vgl. BA, NS 5 VI/16230, Hamburger Fremdenblatt Nr. 272, 28.10.1943.

72 Vgl. BA, R 13 XV/31, Der Leiter der Wirtschaftsgruppe Bekleidungsindustrie an den Reichsminister für Rüstung und Kriegsproduktion, 21.8.1944.

73 Vgl. BA, NS 5 VI/6387, Die Bekleidungsarbeit Nr. 6, 17.6.1936.

74 Vgl. BA, R 9 IV/16, Prüfungsstelle Bekleidungsindustrie, Lagebericht für das 2. Halbjahr 1940, S. 2.

75 Vgl. BA, R 9 IV/17, Prüfungsstelle Bekleidungsindustrie, Lagebericht für das 2. Halbjahr 1941, S. 2f.

76 Vgl. BA, R 9 IV/5, Paul Engelmann an die Prüfungsstelle Bekleidungsindustrie, 6.4.1944.

an die Kunden in Form von Preiserhöhungen weitergeben konnten. Auch in anderen Branchen führten die Wirtschaftsgruppen einen solchen Beitrag ein. Die Abgabe bedeutete für viele Unternehmen eine große Belastung, weil mitunter der gesamte Gewinn dafür verwendet werden musste.[77] Sie lag zunächst bei 3 Prozent, ab 1937 bei ca. 1,5 Prozent des Inlandsumsatzes. 1938 wurde sie auf 0,2 Prozent des Inlandsumsatzes gesenkt und durfte nur bei Firmen erhoben werden, die mehr als 500.000 RM Umsatz erwirtschafteten.[78] 1935/36 betrugen die Ausfuhrförderabgaben in der Textilindustrie insgesamt 100 Millionen RM, damit stand die Branche zusammen mit der Chemischen Industrie (115 Millionen RM) an der Spitze der Abgaben, die Eisen- und Stahlindustrie zahlte beispielsweise „nur" 26 Millionen RM. Die Abgabesätze unterschieden sich allerdings je nach Branche. Die höchsten Abgaben zahlte IG Farben mit 8,7 Prozent des Inlandsumsatzes im Jahr 1935/36, den geringsten Satz mit 2 Prozent die Textilindustrie, die Eisen- und Stahlindustrie sowie die Unternehmen der Feinmechanik und Optik.[79] „Exportfleißige" Firmen wurden belohnt, z. B. bei der Zuteilung von Rohstoffen oder mit der Senkung der Ausfuhrförderabgabe, „exportfaule" Firmen benachteiligt.[80] Im Sommer 1939 erhielten beispielsweise 63 „exportfleißige" Firmen eine Ermäßigung der Ausfuhrförderumlage um 0,5 Prozent, 76 „exportfaule" Firmen mussten 0,5 Prozent mehr zahlen, was immerhin insgesamt eine Umsatzschmälerung von 65.000 RM pro Monat bedeutete. Der Effekt scheint aber nicht sehr groß gewesen zu sein, da es sich bei den „exportfaulen" Firmen der Wirtschaftsgruppe oft um große Unternehmen mit mehr als 1 Millionen RM Umsatz handelte.[81] Viele Unternehmen versuchten offensichtlich auch, die Abgabe in den Preise weiterzugeben, was die Reichswirtschaftskammer im Juli 1935 verbot.[82] Viele Firmen zahlten die Exportförderumlage auch gar nicht oder wehrten sich dagegen. Von den zu zahlenden 26 Millionen RM für den Zeitraum 1936/37 waren im April 1937 erst knapp 16 Millionen RM eingegangen, die Unternehmen waren also mit 10 Millionen RM im Rückstand. Gegen die Zahlung der Umlage lagen für den Zeitraum 1935/36 2.300 Einsprüche vor, für 1936/37 waren es 1.000. Dies waren etwa 16 Prozent aller Unternehmen und mehr Einsprüche als beispielsweise im Maschinenbau (9 Prozent) oder der Eisen- und Stahlindustrie (8 Prozent).[83] Die fehlenden Mittel musste die Wirtschaftsgruppe Beklei-

77 Zur Ausfuhrförderumlage vgl. Ebi, Export, S. 241.

78 Vgl. BA, R 3101/33595, Der Leiter der Wirtschaftskammer, Exportförderabgabe für die Bekleidungsindustrie, 9.7.1935; Anordnung III/30 der Reichswirtschaftskammer, 11.5.1937 und Reichswirtschaftskammer an den Reichskommissar für Preisbildung, 7.12.1938.

79 Vgl. Ebi, Export, S. 168 f.

80 Vgl. BA, R 13 XV/43, Wirtschaftsgruppe Bekleidungsindustrie, Hauptbericht über die Exportsituation der deutschen Bekleidungsindustrie, 3.10.1938, S. 9 und Reichswirtschaftsminister an die Wirtschaftsgruppe Bekleidungsindustrie, 23.11.1938.

81 Vgl. BA, R 13 XV/52, Wirtschaftsgruppe Bekleidungsindustrie an den Reichswirtschaftsminister, 25.8.1939.

82 Vgl. BA, R 3101/33595, Anordnung 3 der Reichswirtschaftskammer, 9.7.1935.

83 Vgl. Ebi, Export, S. 170 f.

dungsindustrie aufbringen.[84] Auch in den Gremien war die Exportförderumlage umstritten. Während das RWM höhere Abgabesätze forderte, war Herbert Tengelmann gegen eine Erhöhung, da diese die ohnehin kapitalschwachen Unternehmen erheblich benachteiligen würde.[85]

4.5 Die ADEFA und die „Entjudung" der deutschen Bekleidungsindustrie

Die ADEFA bestand schon vor 1933 als privater Zusammenschluss deutsch-arischer Fabrikanten der Bekleidungsindustrie. Ein genaues Gründungsdatum ist nicht bekannt, 1932 bekam die ADEFA den Status eines eingetragenen Vereins.[86] Am 1.6.1933 wurde die ADEFA als Arbeitsgemeinschaft deutscher Fabrikanten der Bekleidungsindustrie in das Vereinsregister des Amtsgerichts Berlin eingetragen. Am 7.9.1934 änderte sie ihren Namen in Arbeitsgemeinschaft deutsch-arischer Fabrikanten der Bekleidungsindustrie. Am 14.11.1938 erfolgte eine weitere Umbenennung in ADEFA: Arbeitsgemeinschaft deutscher Fabrikanten der Bekleidungsindustrie. Vermutlich wurde der Zusatz „arisch" im November 1938 aus dem Namen gestrichen, da es nach der Reichspogromnacht kaum noch nicht-arische Fabrikanten gab. Nach der Satzung vom 14.11.1938 war der Zweck der Arbeitsgemeinschaft die Förderung der nationalsozialistischen Haltung der Mitglieder untereinander sowie gegenüber Staat und Partei. Dazu kamen die Pflege einer „zeit- und artgemäßen Kleiderkultur" sowie die besondere Förderung des Exports.[87] Die ADEFA hatte also eher politische Aufgaben. Die Organisation der gewerblichen Wirtschaft übernahmen die Fachgruppen der Wirtschaftsgruppe Bekleidungsindustrie.[88]

Der Leiter der ADEFA war Gottfried Dierig (Inhaber der Christian Dierig AG, des zu dieser Zeit größten Baumwollunternehmens Kontinentaleuropas); geschäftsführender Direktor wurde Otto Jung. Jung war ebenso Hauptgeschäftsführer der Wirtschaftsgruppe Bekleidungsindustrie (vgl. Kap. 4.4). Neben der personellen Verbindung zwischen ADEFA und Wirtschaftsgruppe gab es auch eine räumliche, beide saßen zunächst im „Haus der Deutschen Bekleidungsindustrie" in der Kielganstraße 4 in Berlin.[89]

Otto Jung beschrieb die Zustände in der Branche und die Arbeit der Organisation wie folgt:

---

84 Vgl. BA, R 3101/33595, Der Leiter der Wirtschaftskammer: Exportförderabgabe für die Bekleidungsindustrie, 9.7.1935.

85 Vgl. BA, R 3101/33595, Vermerk über die Besprechung der Wirtschaftsgruppe Bekleidungsindustrie über die Ausfuhrförderumlage 1937/38, 2.3.1937 (4.3.1937).

86 Vgl. BA, R 3101/8648, Reichsgruppe Industrie an den Reichswirtschaftsminister, 3.7.1940.

87 Vgl. BA, R 3101/8648, Vereinssatzung der ADEFA, 14.11.1938.

88 Vgl. BA, R 3101/8648, Reichsgruppe Industrie an den Reichswirtschaftsminister, 3.7.1940.

89 Vgl. Westphal, Berliner Konfektion, S. 110.

> An das Märchen, daß der Jude, vom Hausvogteiplatz allein es versteht, Kleidung herzustellen, glaubt heute niemand mehr. Es ist ein Verdienst der Adefa, mit dieser Mär aufgeräumt zu haben. Die ‚jüdische Konfektion' hatte es in dem letzten Jahrzehnt durch gerissene Geschäftstricks, durch eine rücksichtslose kapitalistische Ausbeutung ihrer Opfer, durch das bekannte jüdische Anreißertum und durch ein geschlossenes Auftreten in der Öffentlichkeit verstanden, dem deutschen Volk an Kleidung nicht zu liefern, was geschmackvoll war und dem deutschen Wesen zu Gesicht stand, sondern was fremder Modewahn und jüdische ‚Frechheit' erfunden haben, um dem deutschen Volke einzureden und klarzumachen, daß schöne und saubere Kleidung nur die sein könne, die fremdem Geschmack entspreche und den spekulativen Absichten ihrer Monopolhersteller rücksichtslos diene.[90]

Die Leistung der ADEFA übertrug er in den militärischen Bereich, in dem er sie als „Stoßtrupp"[91] auf dem textilwirtschaftlichen Gebiet bezeichnet.

Der Anteil jüdischer Unternehmer war in der Bekleidungsindustrie sowie im Warenhaus- und Privatbankensektor höher als im Durchschnitt anderer Branchen.[92] Genaue Zahlen sind aufgrund fehlender und nicht verlässlicher Statistiken schwer zu ermitteln. Die NS-Propaganda sprach davon, dass 1933 64 Prozent aller Bekleidungsbetriebe in jüdischer Hand gewesen seien, 1938 nur noch 0,4 Prozent, was als Erfolg der ADEFA gefeiert wurde. Auch der Umsatzanteil der jüdischen Betriebe sei von 80 Prozent 1933 auf 0,2 Prozent 1938 reduziert worden.[93] Ein Betrieb galt als jüdisch, wenn der Inhaber Jude war (§5 der ersten Verordnung des Reichsbürgergesetzes vom 14.11.1935). Bei einer OHG oder KG reichte es schon, wenn ein oder mehrere Gesellschafter jüdisch waren. Bei einer AG mussten in Vorstand, Aufsichtsrat oder bei der Kapitalmehrheit Juden vertreten sein.[94] Das Institut zum Studium der Judenfrage beschäftigte sich 1936 mit dem jüdischen Anteil in der Textil- und Bekleidungswirtschaft vor 1933. Die Angaben zu den Berechnungen stammten angeblich aus jüdischen Kreisen, da amtliches Material gefehlt haben soll. In der Sparte DOB wurden von 1.349 Betrieben 579 als jüdisch eingestuft (42,9 Prozent), in der Damenmäntelfabrikation 185 von 259 (71,4 Prozent), in der HAKA 390 von 661 (59 Prozent). Aufzeichnungen von jüdischer Seite sprachen angeblich von 30 Prozent jüdischen Betrieben in der Textil- und Bekleidungswirtschaft. Abgedruckt sind diese Angaben aber nicht.[95] Die Zeitschrift *Wirtschaftskurve* nennt für Ende 1934 ähnliche Werte wie das Institut zum Studium der Judenfrage. Die Zahlen der *Wirtschaftskurve* beruhen auf Angaben der

---

90 TexWo, Nr. 36, 4.6.1937, S. 8f.

91 TexWo, Nr. 36, 4.6.1937, S. 8f.

92 Vgl. Barkai, Avraham: Vom Boykott zur Entjudung. Der wirtschaftliche Existenzkampf der Juden im Dritten Reich 1933–1943, Frankfurt a. M. 1987, S. 15.

93 Vgl. Man, Nr. 21/22, 1.6.1939, o.S.

94 Vgl. TexWo, Nr. 25, 25.6.1938, o.S.

95 Vgl. TexWo, Nr. 20, 14.5.1938, S. 4. Für Österreich gibt es ähnliche Schwierigkeiten bei der Einschätzung des Anteils der jüdischen Unternehmen. Je nach Sparte und Region rechnet man mit einem Anteil von 50 bis 70 Prozent vgl. dazu Hurton, Andrea: „Der Jude ist in der Modeindustrie durchaus ersetzbar". Zur Strategie und Praxis von „Ariseuren" in der Wiener Bekleidungsbranche, in: Jahrbuch des Dokumentationsarchivs des österreichischen Widerstandes (2009), S. 278–294, hier S. 281f.

Wirtschaftsgruppe Bekleidungsindustrie. In DOB sollen ca. 79,5 Prozent aller Betriebe jüdisch gewesen sein, in der HAKA 56,2 Prozent, in der Wäscheindustrie 53,4 Prozent und in der BeSpo 37 Prozent.[96] Diese Zahlen scheinen insgesamt aber eher der Propaganda geschuldet gewesen zu sein. Meist gingen die Verfasser von Berlin aus und generalisierten den dortigen Trend. Der jüdische Anteil in der Branche unterschied sich aber regional. In Berlin waren es vermutlich ca. 50 Prozent,[97] in Mönchengladbach beispielsweise aber nur gut 20 Prozent.[98]

Von 1933 bis 1936 führte die ADEFA zunächst ein marginales Dasein. Freiwillige Beitritte gab es nicht, da die Geschäftsbeziehungen zu jüdischen Unternehmen nach Eintritt in die ADEFA abgebrochen werden mussten und viele Betriebe sich so erhebliche wirtschaftliche Nachteile geschaffen hätten. Innerhalb der Branche scheinen die Mitgliedsfirmen zunächst nicht ernstgenommen und sogar belächelt worden zu sein. Erst 1936 erhielt die ADEFA durch die Einbindung in den Vierjahresplan eine klarere Organisationsstruktur und Ausschüsse für Presse, Mode und Export. Jüdische Firmen wurden durch Sperrung der Zulieferwege oder Erhöhung der Preise für Ware isoliert.[99] Ein großer Einschnitt für die noch bestehenden jüdischen Firmen war ein Beschluss der Mitgliederversammlung der ADEFA vom 15.11.1937. Fortan durften Juden bei Mitgliedern nicht mehr als Lieferanten oder Einkäufer zugelassen werden,[100] was vielen jüdischen Unternehmen damit faktisch die Existenzgrundlage entzog.[101] Ab 1938 führte die ADEFA ihr Verbandszeichen in der Bekleidungsindustrie ein: ADEFA = Waren aus arischer Hand.[102] Die Mitglieder waren verpflichtet, ihre Erzeugnisse mit diesem Zeichen zu versehen.[103] Die ADEFA übernahm für ihre Mitglieder Bankbürgschaften, so dass diese leichter einen Kredit bekamen und Firmen kaufen konnten.[104] Der Zinssatz der Kredite lag bei 6,5 Prozent. Die ADEFA verzichtete im Gegensatz zu Banken auf Übereignungen und Sicherheiten.[105]

1933 hatte die ADEFA 50 Mitglieder, Ende 1934 200, 1938 600 (vgl. Kap. 4.1, Tabelle 14).[106] Nimmt man die Zahlen der Wirtschaftsgruppe Bekleidungsindustrie als Referenz, die für 1938 6.031 Betriebe in der Branche zählt, zeigt sich, dass nur etwa 10 Prozent aller Betriebe ADEFA-Mitglieder waren. Zählt man auch das Handwerk mit, so ist der Anteil an etwa einer halben Million Betriebe verschwindend gering. Für viele Unternehmen war es lange Zeit ökonomisch auch schlicht unsinnig, jahrelang auf-

96 Vgl. Lorch, Industrie, S. 171.
97 Vgl. Westphal, Berliner Konfektion, S. 100.
98 Vgl. Rouette, Textilbarone, S. 302.
99 Vgl. Westphal, Berliner Konfektion, S. 110 f, S. 115 und S. 123.
100 Vgl. TexWo, Nr. 2, 8.1.1938, S. 8 f.
101 Vgl. Genschel, Helmut: Die Verdrängung der Juden aus der Wirtschaft im Dritten Reich, Göttingen 1966, S. 87 f.
102 Vgl. Westphal, Berliner Konfektion, S. 115.
103 Vgl. BA, R 3101/8648, Vereinssatzung der ADEFA, 14.11.1938.
104 Vgl. Westphal, Berliner Konfektion, S. 118 f.
105 Vgl. BA, NS 5 VI/16216, Braune Wirtschafts-Post, Heft 42, 15.10.1938.
106 Vgl. TexWo, Nr. 19, 7.4.1938, S. 13.

gebaute Distributionswege über jüdische Kaufleute abzubrechen und sich so selbst Gewinnchancen zu verbauen.

Ob die ADEFA ihr Ziel erreicht hat, die Bekleidungsbranche zu „entjuden“, ist schwer nachzuprüfen. Anfang 1938 waren laut Angaben des Instituts zum Studium der Judenfrage von den 6.000 Firmen in der Wirtschaftsgruppe 4.500 arisch. Bis Ende des Jahres 1938 sollen weitere 900 arisiert worden sein. Die restlichen Betriebe sollten allerdings keinesfalls alle durch Besitzerwechsel arisiert, sondern der Großteil aufgelöst oder liquidiert werden, da die Branche – wie man zeitgenössisch sagte – „übersetzt“ war. Das Institut machte auch Angaben zur Größenordnung der arisierten Betriebe. Ende 1937 war die Mehrzahl der größeren Betriebe noch in jüdischem Besitz, das gehe daraus hervor, dass der Umsatz der nichtarischen Betriebe – die insgesamt nur ein Drittel aller Betriebe ausmachten – um 20 Prozent höher gewesen sei als der arischer Betriebe. Sehr stark sei das Übergewicht noch in der DOB, hier waren nach Angaben des Instituts Anfang 1938 noch 65 Prozent nichtarisch.[107]

Im August 1939 löste sich die ADEFA mit der Begründung auf, sie habe ihr Ziel erreicht.[108] Es gebe keinen jüdischen Abnehmer mehr und auch die Industrie sei „fast vollständig judenfrei.“[109] Dies war aber wohl eher die nach außen angegebene Begründung. Tatsächlich überschnitt sich die Arbeit der ADEFA wohl immer mehr mit den Kompetenzen der Fachgruppen. 93 Prozent der 521 Mitgliedsfirmen stimmten dem Antrag auf Auflösung der ADEFA zu. Das Vereinsvermögen wurde zur Errichtung einer Stiftung verwendet.[110] Die ADEFA-Stiftung mit Sitz in Berlin hatte die Aufgabe, unschuldig in Not geratene ehemalige Mitgliedsfirmen der ADEFA zu unterstützen. Die Stiftung wurde aus dem Liquidationsvermögen der ADEFA gebildet und finanzierte sich durch Spenden. 1939 besaß sie ein Kapital von 50.000 RM.[111]

Anfang 1938 gab es großen Wirbel um die Entstehung der ADEBE, der Arbeitsgemeinschaft deutscher Unternehmer der Spinnstoff-, Bekleidungs- und Lederwirtschaft. Die ADEBE sollte auf Initiative des Einzelhandels gebildet werden und die Zusammenarbeit zwischen deutschen Lieferanten und Abnehmern verbessern. Die *Textil-Zeitung* meldete am 21.1.1938 die Gründung der ADEBE, die das Ziel der Ausschaltung des Einflusses der Juden aus der Bekleidungswirtschaft habe. Erster Vorsitzender sollte laut *Textil-Zeiung* der Hauptgeschäftsführer der Wirtschaftsgruppe Bekleidungsindustrie Otto Jung sein. Das RWM opponierte gegen die Gründung der ADEBE, da sie die Arbeitsgebiete des RWM „sehr erheblich“[112] berühre. Es sei vor der Gründung des Vereins mit dem RWM kein Kontakt aufgenommen worden. Das RWM sah die Gründung einer ADEBE als unnötig an, da sie in Konkurrenz zu schon bestehenden Stellen stehen würde. Die ADEBE hätte unter parteiamtlicher Leitung ge-

---

107 Vgl. TexWo, Nr. 45, 5.11.1938, S. 4.

108 Vgl. TexWo, Nr. 35, 26.8.1939, S. 35.

109 TexWo, Nr. 35, 26.8.1939, Nr. 35.

110 Vgl. BA, R 3101/8648, Auflösungs-Mitgliederversammlung der ADEFA, 15.8.1939.

111 Vgl. BA, R 3101/8648, Satzung der ADEFA-Stiftung, 16.12.1939.

112 BA, R 3101/9108, Vermerk im RWM, 19.2.1938, Abschrift IV 15528/38.

standen, da der Vorsitzende vom Leiter der Wirtschaftskommission der NSDAP, Bernhard Köhler, eingesetzt und abgesetzt werden sollte.[113] Jung und Tengelmann waren sich über Organisation und Vorsitz der ADEBE keineswegs einig, wie unabhängige Befragungen der beiden durch das RWM ergaben.[114] Laut Verfügung löste Wirtschaftsminister Göring die ADEBE am 31.1.1938 auf, obwohl sie bis dahin nur in das Stadium der Vorplanung gelangt war.[115]

Weder der Wirtschaftsgruppe noch der ADEFA gelang es, den deutschen Frauen einen bestimmten Kleidungsstil und ein bestimmtes Erscheinungsbild zu „verordnen". Gerade höher gestellte Frauen, aber auch Damen des Mittelstandes, vertraten ihren eigenen Modestil gegen die propagierte Konformität, sie orientierten sich auch an internationalen Trends. Magda Goebbels ließ sich wohl mindestens bis Kriegsbeginn weiterhin Kleider von jüdischen Designern entwerfen.[116]

4.6 Arisierung[117] in der Bekleidungsindustrie

Die Einschränkungen, die die unmittelbare Lebenswelt der jüdischen Konfektionäre tangierten, begannen schon 1933. Im März und April wurden Juden aus Ämtern und Funktionen in den Wirtschaftsverbänden entlassen. Vereinzelt kam es bis 1936 zu Arisierungen; mit den Nürnberger Gesetzen vom 15.9.1935 und der Ersetzung Schachts durch Göring im RWM im November 1937 wurden die Repressionen gegen die jüdischen Konfektionäre härter.[118] Alle Industrie- und Handelskammern hatten nun die jüdischen Betriebe in ihrem Bezirk zu erfassen. Außerdem wurden die Devisen- und Rohstoffkontingente jüdischer Firmen um 10 Prozent gekürzt, was für viele Unternehmen existenzbedrohend war.[119] Die „Verordnung gegen die Unterstützung der Tarnung jüdischer Gewerbebetriebe" unterband ab dem 22.4.1938 jegliche Zusammenarbeit zwischen Juden und Ariern. Im selben Monat zwang ein Gesetz die jüdischen Bürger, ihren Besitz und ihr Eigentum anzumelden. Außerdem ließ Göring eine einheitliche Struktur zur Vermögensberechnung jüdischer Betriebe entwickeln. Die Genehmigung zur Arisierung musste bei den zuständigen Industrie- und Handels-

113 Vgl. BA, R 3101/9108, Vermerk im RWM, 19.2.1938, Abschrift IV 15528/38.

114 Vgl. BA, R 3101/9108, Otto Jung an den Staatssekretär Ernst Posse im RWM, 2.2.1938 und Vermerk des RWM über ein Gespräch mit Herbert Tengelmann zur Entstehungsgeschichte der ADEBE, Februar 1938.

115 Vgl. BA, R 3101/9108, Vermerk des Reichswirtschaftsministers, 7.2.1938

116 Vgl. Guenther, Irene: Nazi Chic? Fashioning Women in the Third Reich, Oxford 2004, S. 157 und S. 265.

117 Transfer jüdischen Eigentums in „arische" Hände. Zum Begriff Arisierung vgl. Köhler, Ingo: Werten und Bewerten. Die kalte Technik der „Arisierung" 1933 bis 1938, in: Hartmut Berghoff (Hg.): Wirtschaft im Zeitalter der Extreme. Beiträge zur Unternehmensgeschichte Deutschlands und Österreichs, München 2010, S. 316–336, hier S. 320 f.

118 Vgl. Westphal, Berliner Konfektion, S. 106–109.

119 Vgl. Janetzko, Arisierung, S. 183.

kammern, den Gauleitern oder Gauwirtschaftsberatern eingeholt werden. Nach der Reichspogromnacht am 9.11.1938 verschärften sich die Maßnahmen. Mit der „Verordnung zur Ausschaltung der Juden aus dem deutschen Wirtschaftsleben" vom 12.11. 1938 untersagte Göring die Beteiligung von Juden in allen Wirtschaftsbereichen. In Berlin beispielsweise durften Juden ab dem 6.12.1938 die Wilhelmstraße von der Leipziger Straße bis Unter den Linden, den Wilhelmsplatz und die Voßstraße nicht mehr betreten, wo sich viele Konfektions- und Modegeschäfte befanden.[120]

Das Ausmaß der Arisierungen ist aufgrund fehlender Dokumente schwer nachzuweisen.[121] Weder über Umfang noch über regionale Verteilung lassen sich gesicherte Aussagen treffen (vgl. Kap. 4.5). Eine erste Einschätzung kann aufgrund der Veröffentlichungen in der Zeitschrift *Die Textil-Woche* vorgenommen werden, die von März bis Dezember 1938 Arisierungsfälle dokumentierte. Die einzelnen Anzeigen lassen sich in Form einer Tabelle auswerten:

Tabelle 19: Arisierungen in der deutschen Bekleidungsindustrie März bis Dezember 1938

Stadt	Arisierungen gesamt[122]	Arisierungen HAKA	Arisierungen DOB	Arisierungen Wäsche
Aachen	1			
Aschaffenburg	8	8		
Augsburg	1	1		
Bamberg	1			1
Berlin	19	4	10	4
Bielefeld	4			4
Breslau	17	7	6	4
Chemnitz	1			1
Dortmund	1			1
Dresden	1			
Düsseldorf	1		1	
Essen	3			2
Falkenstein (Vogtland)	1			1
Frankfurt a.M.	2			2
Gelsenkirchen	1	1		

120 Vgl. Westphal, Berliner Konfektion, S. 106–109.

121 Vgl. Genschel, Verdrängung, S. 134. Die Schwierigkeiten, (aussagekräftiges) Material zu finden beschreibt auch Westphal, Berliner Konfektion, S. 52 und S. 90.

122 Einige der hier erfassten Unternehmen waren in den Anzeigen keiner Kategorie zugeordnet und ließen sich deswegen nicht bei DOB, HAKA oder Wäsche einordnen.

Tabelle 19: Arisierungen in der deutschen Bekleidungsindustrie März bis Dezember 1938 *(Fortsetzung)*

Stadt	Arisierungen gesamt[122]	Arisierungen HAKA	Arisierungen DOB	Arisierungen Wäsche
Gera	1			
Göppingen	1			1
Hamburg	1			
Hannover	1			
Herford	1			1
Königsberg	1	1		
Leipzig	1			1
Liegnitz	1	1		
Mainz	1	1		
Mönchengladbach	2			
München	2			2
Munderkringen	1			1
Neuss	1			
Nürnberg	4			3
Plauen	1			2
Regensburg	1			1
Rodwisch (Vogtland)	1			1
Schweinfurt	1			1
Stettin	2	1		
Stuttgart	2	1		1
Ulm	1			1
Wien	1	1		
Wuppertal-Elberfeld	3	1		2
Gesamt	94	28	17	38

Quelle: TexWo, Ausgaben März bis Dezember 1938.

Insgesamt veröffentlichte die *Die Textil-Woche* 94 Arisierungsfälle. Dass diese nicht vollständig alle Vorgänge erfassten, zeigt sich daran, dass für Bielefeld vier Fälle angegeben wurden. Laut einem Verzeichnis nicht-arischer Firmen in Bielefeld, das wahrscheinlich aus dem Jahr 1939 stammt, gab es im Stadtbereich Bielefeld 16 jüdische Bekleidungsunternehmen, davon war die Hälfte im Wäschebereich tätig, die restlichen Firmen verteilten sich relativ gleichmäßig auf HAKA, DOB und BeSpo.[123] Da der Schwerpunkt der Arisierungen im Jahr 1938 lag, kann man annehmen, dass die *Die Textil-Woche* nicht alle Arisierungsvorgänge vollständig aufgeführt hat. Ähnliches lässt sich für Augsburg belegen, hier gibt die *Die Textil-Woche* einen Arisierungsfall an, laut der IHK waren es 1938 drei. Ramona Bräu nennt in einer unvollständigen Auflistung der vom Gauwirtschaftsberater Schlesien genehmigten Arisierungen für Breslau im Zeitraum März bis Dezember 1938 22 aus der Bekleidungsindustrie.[124] Auch für Frankfurt ist die Zahl zwei zu niedrig, hier weist Benno Nietzel für 1938 22 Übernahmen und Liquidationen von Bekleidungsbetrieben aus.[125] Die Zahlen sind also im Trend nach oben zu korrigieren.

In der Wäscheindustrie wurden laut den Angaben der *Die Textil-Woche* die meisten Unternehmen arisiert, insgesamt 38. Die HAKA lag an zweiter Stelle mit 28 Unternehmen, in der DOB waren es 17. Allerdings ist zu bedenken, dass nicht alle Unternehmen einer Kategorie zugeordnet werden konnten. Zeitlich sind die meisten Arisierungsfälle im November und Dezember anzusiedeln (17 bzw. 15). Weitere Monate mit relativ vielen Arisierungen waren April und September mit jeweils 13. Dazwischen lagen Monate mit einer geringen Anzahl wie fünf im August. Die Zunahme der Arisierungsfälle ab November ist auf die Reichspogromnacht und die sich in der Folge verschärfenden Maßnahmen zur Verdrängung der Juden aus dem Wirtschaftsleben zurückzuführen.

Anhand der Tabelle lassen sich regionale Schwerpunkte festmachen, die mit den Zentren der Bekleidungsindustrie identisch sind. Die meisten Arisierungsfälle wurden in den DOB-Zentren Berlin und Breslau registriert. Uwe Westphal schätzt, dass in Berlin vor 1933 ca. 50 Prozent aller Betriebe der Damen- und Herrenkonfektion im Besitz von Berliner Juden waren (vgl. Kap. 4.5). Da in Berlin aufgrund der dort herrschenden geschäftlichen Möglichkeiten wie oben geschildert (vgl. Kap. 2.3.1) viele Gründungen auf jüdische Unternehmer zurückgingen, ist mit einem erhöhten Anteil im Vergleich zu anderen Städten zu rechnen.[126] Bei der Verteilung der jüdischen Beschäftigten nach Wirtschaftsgruppen werden für Berlin einige Besonderheiten ersichtlich. Der Anteil der im Bekleidungsgewerbe arbeitenden Juden an den gesamten jüdischen Beschäftigten betrug in Berlin 53,5 Prozent, im Durchschnitt Preußens waren es 44,4 Prozent. Außerdem war im Bekleidungsgewerbe der Anteil der Selbständigen unter den Juden besonders hoch. Ein Forschungsprojekt zur Vernichtung jüdischer Gewerbetätigkeit in Berlin errechnete 2.709 Betriebe im Bereich Textil und Bekleidung, dies war mehr als ein Drittel aller identifizierten jüdischen Gewerbebetriebe in der Reichshauptstadt. Zu beachten ist aber, dass die Betriebe in aller Regel

---

123 Vgl. StArchBI-105 – 4 – 10, Verzeichnis nichtarischer Geschäfte, Industrieunternehmungen, handwerklicher Betriebe, freier Berufe usw. aus dem Kreis Bielefeld Stadt, ca. 1939.

124 Vgl. Bräu, Arisierung, S. 123 – 134.

125 Vgl. Nietzel, Benno: Jüdische Unternehmer aus Frankfurt am Main 1924 – 1964, Göttingen 2012, S. 162.

126 Vgl. Westphal, Berliner Konfektion, S. 100.

nur wenige Mitarbeiter hatten und überdurchschnittlich oft nicht ins Handelsregister eingetragen waren, weswegen ihre Gesamtanzahl vermutlich noch höher einzuschätzen ist.[127]

Im Bereich der IHK Berlin wurden laut den Forschungen von Helmut Genschel für den Bereich der Bekleidungsindustrie von April bis Oktober 1938 112 Arisierungsanträge gestellt, 60 seien befürwortet, 20 bedingt befürwortet und 25 abgelehnt worden. Genschel verweist auch darauf, dass in der Textil- und Bekleidungsindustrie wohl bis zu 50 Prozent der Betriebe nicht im eigentlichen Sinne arisiert, sondern liquidiert wurden, da die Konkurrenzsituation Mitte der 1930er Jahre angespannt war und man so die Lage entspannen konnte. Häufig kam es zu Angliederungen, Vereinigung mehrerer vormals jüdischer Betriebe oder Liquidierung des ehemaligen Betriebes, aber Weiterverwendung des Inventars.[128] Auch Benno Nietzel zeigt für Frankfurt, dass dort im Bereich der Bekleidungsindustrie 1933 bis 1942 im Rahmen der Arisierung 24 Unternehmen übernommen und 34 liquidiert wurden.[129]

Arisierungsfälle lassen sich aufgrund fehlenden Materials nur schwer an Originaldokumenten analysieren. Meist sind Namen und Besitzer jüdischer Unternehmen gar nicht bekannt oder die staatlichen Archive haben keine Unterlagen über die Arisierungen, die i. d. R. im privaten Rahmen abliefen. Eine mögliche Zugangsweise bieten die Aufzeichnungen der IHKs, die Unterlagen über die Gewerbebetriebe in ihrem Bezirk aufbewahren. Ausführliche Dokumentationen sind aus der Kammer Augsburg erhalten, wo sich im Bestand auch drei Arisierungsfälle in der Bekleidungsindustrie finden.

Eine weitere Quellenart sind Rückerstattungsunterlagen. Auch bei diesen Dokumenten besteht die Schwierigkeit, dass man Namen der ehemaligen Inhaber, der Arisierer und der Firma benötigt, um an die Dokumente zu gelangen, was schon alleine eine Herausforderung darstellt, da für die Zeit vor 1945 keine Listen oder Verzeichnisse der Bekleidungsbetriebe einer Stadt bestehen. Die Rückerstattung ist ein Teil der allgemeinen Wiedergutmachung für die Verfolgten des Nationalsozialismus. Sie betraf Vermögen, das während der nationalsozialistischen Herrschaft aufgrund von Rasse, Religion oder politischen Überzeugungen ungerechtfertigt entzogen wurde. Den Geschädigten sollte ihr Eigentum zurückgegeben werden (Unternehmen, Haus- und Grundbesitz); in aller Regel wurden aber Geldzahlungen als Entschädigung geleistet.[130] Die Rückerstattungsansprüche konnten Betroffene zunächst bei den Be-

127 Vgl. Kreutzmüller, Christoph: Ausverkauf. Die Vernichtung der jüdischen Gewerbetätigkeit in Berlin 1930 – 1945, Berlin 2012, S. 99 und S. 106 f.

128 Vgl. Genschel, Verdrängung, S. 159 und S. 211 f.

129 Vgl. Nietzel, Handeln, S. 163.

130 Vgl. Goschler, Constantin: Die Auseinandersetzung um die Rückerstattung „arisierten" jüdischen Eigentums nach 1945, in: Ursula Büttner (Hg.): Die Deutschen und die Judenverfolgung im Dritten Reich, Hamburg 1992, S. 339 – 356, hier S. 339 und Ders: Wiedergutmachung. Westdeutschland und die Verfolgten des Nationalsozialismus 1945 – 1954, München 1992, S. 12.

satzungsbehörden stellen, nach Gründung der BRD bei Wiedergutmachungsämtern, die an die Landgerichte angeschlossen waren.[131]

Für die vorliegende Arbeit wurden beispielhaft die Landesarchive Berlin und Nordrhein-Westfalen ausgesucht, da hier die Produktionsschwerpunkte für DOB (Berlin) und Wäsche (Bielefeld/Herford) angesiedelt waren und laut der Liste der TexWo die meisten Arisierungsfälle vorzufinden sind (in den Stadtarchiven Breslau und Aschaffenburg befinden sich keine Arisierungsunterlagen). Im Folgenden sollen anhand von qualitativen Beschreibungen beispielhafte Verlaufsmuster von Arisierungen dargestellt werden. Zunächst werden drei Fälle aus Augsburg beschrieben, die vom Eingreifen der Behörden, einer wohlwollenden Arisierung und einer Liquidierung berichten. Es folgt eine Fallstudie aus Bielefeld/Herford, die die Arisierung eines Unternehmens unter Druck des Käufers und der Behörden beschreibt, ehe zum Schluss ein Rückerstattungsfall aus dem Bereich der IHK Berlin geschildert wird, der beispielhaft erläutern soll, wie schwierig es nach dem Krieg war, herauszufinden, welche Gegenstände und Firmenwerte überhaupt und zu welchem Preis übernommen wurden.

IHK Augsburg: Löwenstein & Co., Altenstadt/Iller

Richard Bradatsch, Syndikus des Bankhauses Gerstmair & Strehle, teilte der IHK Augsburg am 10.6.1938 sein Interesse an der Firma Löwenstein mit. Seiner Meinung nach müsse der Betrieb erhalten werden, da er etwa eine halbe Millionen RM Jahresumsatz mache und ca. 110 Mitarbeiter beschäftige. Bradatsch versprach, der Firma nach der Übernahme auch öffentliche Aufträge zu verschaffen und so ehemalige Beschäftigte der Kleiderfabrik Sulzer aus Ichenhausen (arisierter und liquidierter Betrieb) übernehmen zu können. Als Gesellschafter kämen er selbst und Ludwig Kreiner, der Prokurist der Firma Löwenstein, in Frage, der seit 1932 im Unternehmen arbeite. Bradatsch selbst war Jurist, seine einzigen Vorkenntnisse im Bekleidungsbereich bezogen sich auf die Organisation einer Modenschau im Bereich der IHK Passau. Er legte allerdings mehrfach dar, sich die nötigen Kenntnisse zur Führung eines Bekleidungsbetriebes aneignen zu wollen und einen – wie er es nannte – „verwahrlosten Betrieb" zu einem Musterbetrieb auszubauen.[132] Noch im selben Monat ersuchte er den Oberregierungsrat von Schwaben und Neuburg um die Erteilung einer Genehmigung zum Erwerb der Firma Löwenstein. Der jetzige Inhaber solle ihn in die Praxis einarbeiten und bei Kunden vorstellen.[133]

131 Vgl. Roeckner, Katja: Der Konflikt um die Rückerstattung arisierten Eigentums am Beispiel der Bielefelder Wäschefabrik Juhl/Winkel, in: Jahresbericht des Historischen Vereins für die Grafschaft Ravensberg (2002), S. 181–192, hier S. 182.

132 Vgl. BWA, K 9/2194, Löwenstein & Co., Richard Bradatsch an Meier, Geschäftsführer der IHK Augsburg, 10.6.1938.

133 Vgl. BWA, K 9/2194, Löwenstein & Co., Richard Bradatsch an Oberregierungsrat Eder der Regierung von Schwaben und Neuburg, 22.6.1938.

Bradatsch war allerdings nicht der einzige Bewerber. Auch der Direktor der Spar- und Kreditbank Ichenhausen, Reingruber, wollte die Firma Löwenstein arisieren. Das Bankhaus und Reingruber waren maßgeblich an der Beko, Bekleidungs- und Rohstoffgenossenschaft Ichenhausen, beteiligt. Um den Vorgang in die Wege zu leiten, hatte die Beko bereits am 1.7.1938 den Betriebsleiter von Löwenstein abgeworben. Die beiden Kontrahenten diffamierten sich öffentlich, um den anderen auszustechen. Reingruber behauptete in einem Brief an den Gauleiter der NSDAP in Schwaben, das Bankhaus Gerstmair & Strehle finanziere weiterhin jüdische Geschäfte und die Interessenten seien nicht in der Partei. Die Spar- und Kreditbank hingegen habe sich schon früh von jüdischen Kunden getrennt.[134] Bradatsch legte der IHK dar, dass Löwenstein nicht an Beko verkaufen wolle und die Genossenschaft zudem keine Erfahrung im Absatz über Vertreter habe.[135] Er selbst sei „jederzeit bereit, seine eindeutige antisemitische Einstellung unter Beweis zu stellen."[136] Auch betonte Bradatsch die politische Zuverlässigkeit von Kreiner. Bradatsch legte weiter dar, wie er sich die Finanzierung vorstellte. Von der Kaufsumme über 138.589,38 RM könne er selbst 30.000 RM stellen, Kreiner 15.000. Die restliche Summe sollte über einen Kredit des Bankhauses Gerstmair & Strehle gedeckt werden. Als Zugeständnis an die Beko versicherte Bradatsch, dass das arisierte Unternehmen sich nicht auf Behördenaufträge bewerbe, die der Beko zugesichert worden seien.[137]

Die Gendarmeriestation Ichenhausen befragte politische Größen des Ortes nach dem Bankhaus Gerstmair & Strehle sowie der Spar- und Kreditbank. Sowohl der Bürgermeister als auch der Ortsgruppenleiter versicherten, Gerstenmaier & Strehle sei keine „Judenbank". Es bestehe wenig Verbindung zu jüdischen Kunden. Geschäfte mit Juden hätten sowohl Gerstmair & Strehle als auch die Spar- und Kreditbank in früheren Zeiten geschlossen.[138]

Die IHK Augsburg prüfte ihrerseits die politische Zuverlässigkeit der Bewerber. Kreiner wurde als unbedenklich eingestuft, gegen Bradatsch jedoch wurden Bedenken geäußert. Er sei bereits zweimal angezeigt worden, einmal wegen des ungerechtfertigten Tragens einer Parteiuniform, das zweite Mal wegen Diebstahls. Beide Male seien die Verfahren eingestellt worden. Des Weiteren hatte Bradatsch vom 21. bis 29.11.1933 einen Aufenthalt in Schutzhaft zu verbuchen, weil er einen Weltkriegsflieger verleumdet und wichtige Männer der Partei in Misskredit gebracht haben soll. Am 27.12.1933 war Bradatsch dann wegen unzulässiger Vertretung von Parteiabzei-

134 Vgl. BWA, K 9/2194, Löwenstein & Co., Beko, Bekleidungs- und Rohstoffgenossenschaft Ichenhausen an die NSDAP Gauleitung Schwaben, 23.6.1938.

135 Vgl. BWA, K 9/2194, Löwenstein & Co., Richard Bradatsch an Meier, Geschäftsführer der IHK Augsburg, 24.6.1938.

136 BWA, K 9/2194, Löwenstein & Co., Richard Bradatsch an Meier, Geschäftsführer der IHK Augsburg, 5.7.1938.

137 Vgl. BWA, K 9/2194, Löwenstein & Co., Richard Bradatsch an Lauter, IHK Augsburg, 14.7.1938.

138 Vgl. BWA, K 9/2194, Löwenstein & Co., Gendarmeriestation Ichenhausen an das Bezirksamt Günzburg, 14.8.1938.

chen und unstandesgemäßem Verhalten aus dem juristischen Vorbereitungsdienst entlassen worden.[139]

Die Ortsgruppenleitung der NSDAP äußerte Interesse an einer schnellen Arisierung und Weiterführung des Betriebes, dabei unterstützte sie die Bewerbung Bradatschs – trotz dessen Vorgeschichte – und lehnte eine Arisierung durch die Beko ab.[140] Bradatsch drängte Anfang August 1938 bei der IHK mehrfach um schnelle Entscheidung im vorliegenden Fall, damit die Geschäfte ordnungsgemäß weitergeführt werden könnten. Die Ereignisse von 1933 stellte er als Fehler in der Jugend dar – zu diesem Zeitpunkt war er 24 Jahre alt – und beschrieb sich nun als fleißigen Arbeiter, der ein vorbildliches Leben führen würde.[141]

Die IHK lehnte Bradatsch allerdings ab und dieser zog seinen Antrag am 20.8.1938 zurück. Bradatsch und Kreiner fuhren nun eine neue Strategie, in der Bradatsch nicht mehr als Käufer auftrat. Stattdessen stellte Kreiner nun am 21.8.1938 einen Antrag zur alleinigen Übernahme der Firma Löwenstein. Auch die Klausel über Weiterbeschäftigung des ehemaligen Firmeninhabers wurde gestrichen.[142] Bradatsch unterstützte Kreiner bei der Erwerbung mit einem Darlehen.[143] Die Regierung genehmigte den Kaufvertrag Kreiners. Der Erwerb erfolgte mit allen Aktiven und Passiven sowie der gesamten Einrichtung und den Warenvorräten. Der Kaufpreis lag mit 16.000 RM deutlich unter dem ursprünglich angesetzten von etwa 140.000 RM.[144]

IHK Augsburg: Pfaunlacher & Schwab, Augsburg

Die Firma Pfaunlacher & Schwab wurde am 2.4.1938 von Karl von Gruny und Josef Kunert erworben und firmierte danach unter Josef Kunert & Co. Der Kaufpreis setzte sich aus mehreren Komponenten zusammen. Lagerbestände wurden unterschiedlich bewertet. Rohmaterialien wurden nach dem Fakturierungswert berechnet. Halb- und Ganzfabrikate sollten nach einem noch zu verhandelnden Preis, verkaufte, noch nicht abgesendete Ware, nach dem Verkaufspreis übernommen werden. Auch der Preis für Maschinen und Einrichtung sollte noch verhandelt werden. Außerdem übernahmen Kunert und Gruny die Außenstände, im Innenverhältnis allerdings nur treuhänderisch zum Einzug. Alle Eingänge wurden auf einem Gemeinschaftskonto gutgeschrieben,

139 Vgl. BWA, K 9/2194, Löwenstein & Co., IHK Augsburg an die Regierung von Schwaben und Augsburg, 15.8.1938.

140 Vgl. BWA, K 9/2194, Löwenstein & Co., NSDAP Gau Schwaben an Kreisleitung NSDAP Neu-Ulm, 11.8.1938.

141 Vgl. BWA, K 9/2194, Löwenstein & Co., z.B. Richard Bradatsch an Oberregierungsrat Eder, Regierung von Schwaben und Neuburg, 11.8.1938.

142 Vgl. BWA, K 9/2194, Löwenstein & Co., IHK Augsburg an die Regierung von Schwaben und Neuburg, 20.8.1938.

143 Vgl. BWA, K 9/2194, Löwenstein & Co., Richard Bradatsch an Oberregierungsrat Eder, Regierung von Schwaben und Neuburg, 20.8.1938 und Ludwig Kreiner an Oberregierungsrat Eder, Regierung von Schwaben und Neuburg, 21.8.1938.

144 Vgl. BWA, K 9/2194, Löwenstein & Co., Schwaab, Regierung Schwaben und Neuburg, an Ludwig Kreiner, 24.8.1938.

über das auch die ehemaligen Besitzer Max Schwab und Karl Wassermann verfügen konnten. Des Weiteren übernahmen die Käufer Rechte und Verträge mit Lieferanten sowie die Verbindlichkeiten. Der Kaufpreis sollte innerhalb von drei Wochen nach Übernahme in bar gezahlt werden.[145]

Außerdem gab es im Kaufvertrag einige Regelungen, die positiv für die Verkäufer gewertet werden können. Paul Jacobson, der Schwiegersohn von Max Schwab, durfte bis zum 1.10.1938 im Unternehmen bleiben und erhielt bis dahin die ihm vertraglich zustehenden Bezüge von 800 RM monatlich und 2 Prozent des Jahresumsatzes anteilsmäßig sowie eine Abfindung von 20.000 RM. Schwab und Wassermann selbst konnten auf eigenen Wunsch bis zum 31.3.1939 im Unternehmen bleiben und sollten dafür ein monatliches Gehalt von je 1.500 RM erhalten.[146] Diese Regelung stieß der Gauleitung Schwaben negativ auf und sie teilte der IHK mit, dass das Unternehmen deswegen noch nicht als arisch angesehen werden könne.[147] Bereits Mitte April verlangte die IHK eine Aussage von Kunert über den Einfluss der ehemaligen Inhaber auf die Geschäftsleitung.[148] Kunert und von Gruny mussten wegen der geschilderten Angelegenheit im Büro der IHK vorsprechen und betonten, auf Weisungen und Rat von Jacobson, Schwab und Wassermann nicht verzichten zu können. Drei weitere jüdische Angestellte (Verwandte der Besitzer) seien in untergeordneten Positionen im Unternehmen tätig. Mit allen Mitarbeitern seien langfristige Verträge geschlossen worden. Die Käufer gaben allerdings an, die Dienste der genannten Personen nur so lange in Anspruch nehmen zu wollen, wie es unbedingt notwendig sei, spätestens bis zum 31.12.1938. Damit kamen sie der IHK entgegen und verkürzten die Zeit auch für Schwab und Wassermann um drei Monate. Kunert und von Gruny – beide Mitglieder der NSDAP – versicherten, dass die Herren keinen Einfluss auf die Geschäftsleitung nähmen.[149] Bereits Ende 1939 schied Kunert wieder aus dem Unternehmen aus, von Gruny wurde alleiniger Inhaber. Das Unternehmen firmierte nun unter Augsburger Kleiderfabrik von Gruny & Co.[150]

IHK Augsburg: Wäschefabrik Hugo Israel Schwarz, Augsburg

Das erste Mal bei der IHK Augsburg aktenkundig wurde die Wäschefabrik Schwarz im November 1938. Die Leipziger Trikotagenfabrik AG schrieb an den Kreiswirtschafts-

---

145 Vgl. BWA, K 9/2103, Pfaunlacher & Schwab, Kaufvertrag Karl v. Gruny und Joseph Kunert über Pfaunlacher&Schwab, 17.3.1938.

146 Vgl. BWA, K 9/2103, Pfaunlacher & Schwab, Kaufvertrag Karl v. Gruny und Joseph Kunert über Pfaunlacher&Schwab, 17.3.1938.

147 Vgl. BWA, K 9/2103, Pfaunlacher & Schwab, NSDAP Gauleitung Schwaben an IHK Augsburg, 7.4.1938.

148 Vgl. BWA, K 9/2103, Pfaunlacher & Schwab, IHK Augsburg an Joseph Kunert & Co. KG, 14.4.1938.

149 Vgl. BWA, K 9/2103, Pfaunlacher & Schwab, Aufzeichnung des Kammerbüros IHK Augsburg, 19.4.1938.

150 Vgl. BWA, K 9/2103, Pfaunlacher & Schwab, Hauptbearbeiter des Gauwirtschaftsberaters an den Regierungspräsidenten in Düsseldorf, 8.12.1939 und IHK Augsburg an den Regierungspräsidenten in Düsseldorf, 30.4.1940.

berater im Kreis Augsburg und fragte, ob die Firma noch existiere, da sie für diese versandfertige Ware vorhalte.[151] Die IHK antwortete am 22.12.1938, dass die Firma noch nicht arisiert worden sei, da sich noch kein Interessent gefunden habe. Sie sicherte zu, sich um die Angelegenheit zu kümmern.[152] Noch am selben Tag kontaktierte die IHK Hugo Schwarz und forderte Informationen darüber, ob er Absichten hege, den Betrieb weiterzuführen oder ob er bereits Kontakt mit Verkaufsinteressenten aufgenommen habe.[153] Hugo Schwarz antwortete zwei Tage später, dass die Firma zum 31.12.1938 erlöschen werde und er bereits seit Mitte des laufenden Jahres Warenvorräte verkaufe. Auch die Maschinen sollten laut seiner Aussage noch veräußert werden, einen Interessenten habe er aber noch nicht gefunden.[154] Ende des Jahres sandte Schwarz die Abmeldung seiner Wäschefabrik an die IHK und teilte die Liquidierung des Unternehmens mit.[155]

Mit der Liquidierung war die Sache Wäschefabrik Schwarz aber nicht beendet. Hugo Schwarz stellte Anfang des Jahres 1939 einen Antrag auf Genehmigung zur Ausfuhr der Maschinen aus seinem Unternehmen als Umzugsgut nach Ecuador. Dabei handelte es sich um fünf Nähmaschinen, eine Knopflochmaschine, eine Zick-Zack-Maschine, eine Gummibandeinziehmaschine, eine Zuschneidemaschine und drei Elektromotoren.[156] Die IHK Augsburg äußerte in einem vertraulichen Schreiben an den Oberfinanzpräsidenten der IHK München Bedenken, dass durch die Ausfuhr der Maschinen und die Errichtung eines Betriebes in Ecuador die deutsche Exportlage beeinträchtigt werde.[157] 1937 wurde Ware im Wert von rund 260.000 RM und 16 Tonnen nach Ecuador exportiert. Dies waren 0,6 % der gesamten deutschen Ausfuhr (vgl. Tabelle 18). In der vorliegenden Angelegenheit holte die IHK auch die Meinung der zuständigen Fachgruppe in Berlin ein.[158] Die Fachgruppe antwortete prompt und gab an, den Antrag nicht befürworten zu können und plädierte für eine Ablehnung. Sie teilte damit die Bedenken der IHK.[159] Die Meinung der Fachgruppe leitete die IHK

151 Vgl. BWA, K 9/2149, Wäschefabrik Hugo Israel Schwarz, Leipziger Trikotagenfabrik AG an NSDAP, Kreiswirtschaftsberater Kreis Augsburg, 18.12.1938.

152 Vgl. BWA, K 9/2149, Wäschefabrik Hugo Israel Schwarz, Der Präsident der IHK Augsburg an Leipziger Trikotagenfabrik AG, 22.12.1938.

153 Vgl. BWA, K 9/2149, Wäschefabrik Hugo Israel Schwarz, Der Präsident der IHK Augsburg an Wäschefabrik Hugo Israel Schwarz, 22.12.1938.

154 Vgl. BWA, K 9/2149, Wäschefabrik Hugo Israel Schwarz, Hugo Israel Schwarz an den Präsidenten der IHK Augsburg, 22.12.1938.

155 Vgl. BWA, K 9/2149, Wäschefabrik Hugo Israel Schwarz, Hugo Israel Schwarz an IHK Augsburg, 29.12.1938.

156 Vgl. BWA, K 9/2149, Wäschefabrik Hugo Israel Schwarz, IHK Augsburg an Fachgruppe Wäscheindustrie, Berlin, 9.2.1939.

157 Vgl. BWA, K 9/2149, Wäschefabrik Hugo Israel Schwarz, Vertrauliches Schreiben der IHK Augsburg an den Oberfinanzpräsidenten der IHK München, 9.2.1939.

158 Vgl. BWA, K 9/2149, Wäschefabrik Hugo Israel Schwarz, IHK Augsburg an Fachgruppe Wäscheindustrie, Berlin, 9.2.1939.

159 Vgl. BWA, K 9/2149, Wäschefabrik Hugo Israel Schwarz, Fachgruppe Wäscheindustrie, Berlin, an IHK Augsburg, 13.2.1939.

Augsburg an den Oberfinanzpräsidenten weiter.[160] Weitere Schreiben sind nicht überliefert, aber aufgrund der negativen Haltung beider Instanzen ist mit einer Ablehnung des Antrages von Hugo Schwarz zu rechnen.

Die oben dargestellten Beispiele für Arisierungen in Augsburg beschreiben jeweils einen ganz unterschiedlichen Ablauf. Während das Unternehmen von Hugo Schwarz liquidiert wurde, enthielt der Kaufvertrag für die Firma Pfaunlacher & Schwab einige vorteilhafte Regelungen für die Verkäufer. Diese sollten noch einige Zeit nach Veräußerung im Unternehmen weiterarbeiten dürfen. Außerdem zahlten die Käufer für alle am Tag der Übernahme vorliegenden, aber noch nicht ausgeführten Aufträge eine Umsatzprovision von 15 Prozent. Dies könnte auf eine versteckte Goodwillzahlung hindeuten, wie im Rückerstattungsprozess behauptet wurde. Maren Janetzko kann in ihrer Studie über Arisierungen mittelständischer jüdischer Unternehmen in Bayern nachweisen, dass Unternehmen beim Verkauf in Augsburg wohl größere Handlungsspielräume besaßen als in andern Städten. Die IHK trennte laut Janetzko ihre Aufgaben klar von denen des Gauwirtschaftsberaters und versuchte, die Verkäufe so kaufmännisch korrekt wie möglich darzustellen. Die IHK sah sich laut Janetzko als Sachwalterin allgemeiner bzw. regionaler wirtschaftlicher Interessen.[161] Gauwirtschaftsberater und IHK mischten sich in die Kaufverhandlungen nur in wenigen Fällen ein, wie beispielsweise beim Verkauf der Firma Löwenstein. Die Gründe hierfür lagen aber wohl eher in der heftigen Auseinandersetzung zwischen Bradatsch und der Beko sowie im Vorleben Bradatschs und dessen zweifelhaften politischen Ruf.

IHK Bielefeld/Herford: J. Elsbach & Co. AG, Herford

Curt Elsbach stellte im April 1948 einen Antrag auf Rückerstattung bei der Wiedergutmachungskammer des Landgerichts Bielefeld. Antragsgegner war die Herforder Wäschefabrik AG bzw. Adolf Ahlers, Elverdissen. Inhalt des Antrages waren die Aktienmehrheit, das Geschäftsvermögen und der Grundbesitz der Firma J. Elsbach & Co. AG, Herford.[162]

1934 befanden sich die Aktien der J. Elsbach & Co. AG noch zu 72 Prozent in den Händen der Familie Elsbach. Ende des Jahres wurde eine Teil-Arisierung durchgeführt. Der Vorsitz im Aufsichtsrat musste einem Arier übertragen werden, Vorstand und Aufsichtsrat mussten zu 60 Prozent von Ariern besetzt sein. Die Herforder Wäschefabrik erwarb 150.000 RM Aktien aus dem Besitz von Curt Elsbach gegen Eintragung einer Grundschuld. Die Aktien wurden vernichtet, das Aktienkapitel von 1,5 auf 1,35 Millionen RM herabgesetzt. Die Mehrheit der Aktien verblieb also bei Familie Elsbach. In den folgenden Jahren übten die DAF, die Kreisleitung, Fachverbände und

160 Vgl. BWA, K 9/2149, Wäschefabrik Hugo Israel Schwarz, Vertrauliches Schreiben der IHK Augsburg an den Oberfinanzpräsidenten der IHK München, 15.2.1939.

161 Vgl. Janetzko, Arisierung, S. 211–233.

162 Vgl. LANRW, D 20 A Nr. 6528, Rückerstattungssache Firma J. Elsbach & Co. AG, Erklärungen von Personen, die von den Vermögen Kenntnis haben, das unter Artikel I Absatz I der allgemeinen Verfügung Nr. 10 fällt, diverse von April 1948.

Parteiorgane Druck auf die Familie aus, ihre Aktien zu verkaufen. Die Aktien in Höhe von 715.000 RM wurden im Mai 1938 unter erheblichem Druck des NS-Regimes zu einem deutlich niedrigeren Kurs verkauft. Curt Elsbach – damals Vorstandsmitglied und Vertreter der Familien-Aktienbesitzer – saß vom 10.5. bis 3.7.1938 im Polizeigefängnis in Berlin und gab die Unterschrift während des „persönlichen Sicherheitsarrests". Der für die Aktien zu zahlende Kurs wurde auf 80 Prozent festgesetzt und entsprach „in keiner Weise dem Wert des Unternehmens oder einem Preis, der bei einem normalen Freiverkauf hätte erzielt werden können"[163], wie nach dem Krieg im Antrag auf Rückerstattung vermerkt wurde. Wenige Wochen vorher seien 130 Prozent vereinbart worden, der wahre Kurs, zu dem früher Aktienverkäufe getätigt worden seien, habe bei 142 Prozent gelegen.[164] Das Aktienpaket umfasste nominell 715.000 RM, mit dem Ahlers die Aktienmehrheit erhielt (1,35 Millionen RM Gesamtkapital) und damit neuer Besitzer wurde. Ein Teil der Maschinen wurde an andere, zur Ahlers-Gruppe gehörige Unternehmen, übertragen.[165] Ahlers behauptete nach dem Krieg, nichts von der Schutzhaft Elsbachs gewusst zu haben. Die Aktien hätten 1938 nur einen Wert von 80 Prozent gehabt, bei der damaligen Lage des Unternehmens – womit er wohl die Einschränkung der jüdischen Geschäftstätigkeit durch immer neue Vorschriften meint – sei dies noch als außerordentlich günstig anzusehen gewesen.[166]

Der Rechtsanwalt riet Ahlers, die Aktien im Rahmen eines allgemeinen Vergleichs rückzuerstatten, da die Situation für Ahlers „ungünstig" sei.[167] Recherchen der amerikanischen Besatzungsmacht belasteten Ahlers und seinen Bruder ebenfalls schwer: „Ahlers Bros were undoubtedly a 100 Prozent reliable Nazi and therefore permission was readily granted to them to buy."[168] Adolf Ahlers war bereits seit 1.5.1933 Mitglied der NSDAP, hatte dort aber keine Position, sein Bruder Wilhelm Ahlers war seit 1.5. 1937 Mitglied.[169] 1939 war das westfälische Textilwerk Adolf Ahlers mit der Verleihung der „Goldenen Fahne" zum nationalsozialistischen Musterbetrieb erklärt worden.[170]

---

163 LANRW, D 20 A Nr. 6528, Rückerstattungssache Firma J. Elsbach & Co. AG, Antrag auf Rückerstattung von Vermögen, das unter Artikel 1 Absatz 1 der allgemeinen Verfügung Nr. 10 fällt, 16.12.1948.

164 Vgl. LANRW, D 20 A Nr. 6528, Rückerstattungssache Firma J. Elsbach & Co. AG, Antrag auf Rückerstattung von Vermögen, das unter Artikel 1 Absatz 1 der allgemeinen Verfügung Nr. 10 fällt, 16.12.1948.

165 Vgl. LANRW, D 20 A Nr. 6528, Rückerstattungssache Firma J. Elsbach & Co. AG, Erklärung des Eigentümers oder Verwalters von Vermögen, das unter Artikel 1 Absatz 1 der allgemeinen Verfügung Nr. 10 fällt, 20.10.1948.

166 Vgl. LANRW, D 20 A Nr. 6528, Rückerstattungssache Firma J. Elsbach & Co. AG, Adolf Ahlers an das Wiedergutmachungsamt beim Landgericht Bielefeld, 20.6.1950.

167 Vgl. LANRW, D 20 A Nr. 6528, Rückerstattungssache Firma J. Elsbach & Co. AG, Rechtsanwalt Hans Barz an Adolf Ahlers 2.12.1949.

168 LANRW, D 27 Nr. 4692, Subject: Herforder Wäschefabrik, No 8 Intelligence Team, Herford to Area Intelligence Officer, Detmold, 4.6.1946.

169 Vgl. LANRW, D 27 Nr. 4692, Subject: Adolf Ahlers, The Military Government, Finance Officer, Herford, 12.10.1945.

Das Verfahren endete mit einem Vergleich am 6.9.1951. Ahlers verpflichtete sich zur Rückerstattung von Aktien im Wert von 715.000 RM, die Gegenstand des notariell beglaubigten Kaufvertrages vom 21.5.1938 waren.[171]

IHK Berlin: Firma Alfred Zentler, Berlin

Am 30.6.1950 stellte Fred Siegfried Spur den Antrag auf Rückerstattung bei der Wiedergutmachungskammer des Landgerichts Berlin. Antragsgegner war die Firma W. Irrgang & Co. KG Berlin (Willi Irrgang) bzw. die Firma Wirco & Co. GmbH. Verhandlungsgegenstand war der Besitz der Firma Alfred Zentler (alleiniger Inhaber: Siegfried Spur, jüdischer Abstammung), Fabrik für Modellkleidung[172], früher Berlin, Neue Friedrichstraße 38/40. Der Betrieb der Firma Alfred Zentler mit Aktiven und Goodwill wurde im Jahr 1939 erst auf die Firma W. Irrgang & Co. KG übertragen, ohne dass der Eigentümer des (arisierten) Betriebes eine Entschädigung erhielt. Später führte Irrgang einen Teil des Betriebes an der Adresse Blücherstraße 62 bis 64 in Berlin weiter. 1948 fand an gleicher Adresse eine Umgründung statt, die Firma wurde danach unter Wirco & Co. GmbH betrieben.[173]

Der Streitpunkt im Prozess war die Frage, ob Irrgang die gesamte Firma oder nur Vermögensteile übernommen hatte. Willy Irrgang behauptete, laut Kaufvertrag vom 15.1.1939 die Maschinen, das Inventar und das Warenlager erworben zu haben. Eine Firmenübernahme habe nicht stattgefunden. Die Firma Zentler habe weiter existiert und sei von dem Bevollmächtigten abgewickelt worden. Sein Unternehmen habe im November 1943 einen Totalschaden in Höhe von ca. 400.000 RM erlitten, davon seien 250.000 RM Schadensersatz bezahlt worden. Damit sei die erworbene Ware einschließlich Nutznießung vollständig vernichtet worden. Eine Wiedergutmachung komme daher nicht in Frage.[174]

Der Anwalt des Klägers konnte jedoch nachweisen, dass Irrgang den gesamten Betrieb einschließlich Goodwill und sonstigen Firmenwerten laut vorliegendem Kaufvertrag vom 15.1.1939 übernommen hatte. Als Beweis wurde die Anmeldung des Rechtsanwaltes und Notars Walter Haucke beim Handelsregister vom 17.5.1939 angeführt. Der Genehmigungsvermerk des Polizeipräsidenten Berlins umfasste die Übernahme des Betriebes der Firma Zentler. Der Verkauf der Firma erfolgte nicht an

170 Vgl. Escher, Jürgen: Westfälisches Textilwerk Adolf Ahlers, in: Andreas Beaugrand (Hg.): Der steinerne Prometheus. Industriebau und Stadtkultur – Plädoyer für eine neue Urbanität, Berlin 1989, S. 134–139, hier S. 134.

171 Vgl. LANRW, D 20 A Nr. 6528, Rückerstattungssache Firma J. Elsbach & Co. AG, Beschluss der Wiedergutmachungskammer des Landgerichts Bielefeld, 6.9.1951.

172 Kleider, die nach einem der neuesten Mode entsprechenden Entwurf nur einmal oder in sehr geringer Stückzahl gefertig werden.

173 Vgl. LAB, B Rep. 025–03, 32 WGA 334/51, Rückerstattungssache Firma Alfred Zentler, Zuleitung eines Rückerstattungsanspruches gemäß Art. 53 des Rückerstattungsgesetzes, 6.7.1949.

174 Vgl. LAB, B Rep. 025–03, 32 WGA, 334/51, Rückerstattungssache Firma Alfred Zentler, Willy Irrgang an den Treuhänder der amerik., brit. und frz. Militärregierung für zwangsübertragene Vermögen, 29.12.1950.

die neugegründete Firma W. Irrgang & Co. KG, sondern an den Antragsgegner persönlich. Der Kaufpreis wurde als zu niedrig angesetzt bewertet. Dies werde laut dem Anwalt dadurch ersichtlich, dass dem Antragsgegner später die Zahlung eines Differenzbetrages in Höhe von 60.000 RM als Ausgleichsabgabe auferlegt wurde. Der Antragsgegner könne sich, so der Anwalt, nicht darauf berufen, dass die Firma im Ostsektor gelegen sei. Der Antragsgegner habe den in der Blücherstraße fortgeführten Betrieb der Firma W. Irrgang & Co. KG in die 1948 neu gegründete Wirco GmbH eingebracht. Daher sei er verpflichtet, die in der neuen Firma vorhandenen Werte, die aus dem Betrieb des Antragsstellers stammten, an diesen zurückzuerstatten. Der Antragssteller fürchtete, dass Irrgang im Laufe des Restitutionsverfahrens seinen Betrieb insolvent gehen lassen würde, um sich der Verpflichtung zur Rückerstattung zu entziehen. In ähnlicher Weise war Irrgang bereits bei seinen Betrieben in Hamburg und den dortigen Verfahren vorgegangen.[175] Die Firma Wirco & Co. GmbH sollte liquidiert werden und die Gründung einer Wirco OHG war beabsichtigt. Irrgang versuchte, das der Firma Alfred Zentler entzogene Vermögen, das sich bisher im Besitz der Firma Wirco & Co. GmbH befand, auf eine andere Firma zu übertragen, um dadurch den Rückerstattungsanspruch zu vereiteln oder seine Durchsetzung zumindest zu erschweren.[176]

Das Verfahren endete am 25.2.1954 mit einem Vergleich. Willy Irrgang verpflichtete sich zu einer Zahlung von 45.000 DM an Fred Siegfried Spur.[177]

Uwe Westphal führte im Rahmen seiner Studie zur Berliner Konfektion eine Auswertung der Branchenverzeichnisse durch und stellte von 1932 bis 1940 eine Verringerung an DOB-Fabriken um 639 Betriebe von 1.020 1932 auf 381 1940 fest. Der größte Teil der Betriebe – 435 – „verschwand“ nach 1935. Diese Zahl stieg laut den Recherchen von Westphal analog zu der Emigrationsziffer von Juden aus der Berliner Konfektion. Diese Tatsache und die gute (Rüstungs-)Konjunktur in der zweiten Hälfte der 1930er Jahre lassen darauf schließen, dass ein Großteil der Fälle zu den Arisierungen oder Liquidierungen jüdischer Betriebe zu zählen ist. Die von ihm anhand von Zeitzeugeninterviews recherchierten Betriebe der Damenkonfektion in Berlin seien bis Anfang 1939 arisiert oder liquidiert worden.[178]

Wolfram Selig schildert in seiner Studie über Arisierungen in München 13 Fälle für die Bekleidungsindustrie, die jeweils unterschiedliche Formen und Methoden der Arisierung beschreiben. Die Firmen waren Kleinstunternehmen mit bis zu 10 Beschäftigten oder Kleinbetriebe mit höchstens 60 Mitarbeitern. Von einem Management-Buy-Out, wie bei den Firmen Erlanger & List, Bayr. Trachtenkleiderfabrik und

175 Vgl. LAB, B Rep. 025 – 03, 32 WGA, 334/51, Rückerstattungssache Firma Alfred Zentler, Fliess an Wiedergutmachungsamt Berlin-Schöneberg, 7.1.1952

176 Vgl. LAB, B Rep. 025 – 03, 32 WGA 334/51, Rückerstattungssache Firma Alfred Zentler, Fliess an Wiedergutmachungsamt Berlin-Schöneberg, 25.11.1953.

177 Vgl. LAB, B Rep. 025 – 03, 32 WGA 334/51, Rückerstattungssache Firma Alfred Zentler, Vergleich vom 25.2.1954.

178 Vgl. Westphal, Berliner Konfektion, S. 185 und S. 199.

Max Glaßmann, über Kauf durch Fremde, wie bei der Firma Lehrburger, bis zur Liquidation,[179] wie bei der Louis Picard OHG, waren auch hier verschiedenste Formen der Arisierung vertreten. Einige der neuen Besitzer versuchten den Preis zu drücken und entnahmen in der Folgezeit Geld aus dem Unternehmen, wie es bei B+S Frank der Fall war oder bei Gerstle & Berwin, wo der Verkaufspreis nach dem 9.11.1938 noch einmal um die Hälfte gedrückt wurde. Andere Arisierungen wie die der Neumeyer & Triest Wäschefabrik durch P&W Povel & Co. KG aus Nordhorn scheinen nach anständigen kaufmännischen Gesichtspunkten abgelaufen zu sein. Zeitlich liegen die Arisierungen in München relativ spät, die erste wurde Ende 1937 durchgeführt. Für das Frühjahr 1938 sind drei Fälle überliefert. Der Großteil der Unternehmen wurde jedoch erst nach der Reichspogromnacht arisiert, sechs Unternehmen noch bis Ende des Jahres 1938, zwei im März 1939. Die Kleiderfabrik Martin Frank wurde sogar erst 1941 durch eine Treuhandgesellschaft abgewickelt.[180]

Sowohl die Beispiele aus Augsburg und Bielefeld/Herford als auch die aus Berlin und München zeigen die unterschiedlichsten Verläufe und Ausgänge der Arisierungen und Rückerstattungsverfahren. Schwierigkeiten in den Rückerstattungsverfahren stellten besonders die Bewertung des Kaufpreises[181] als angemessen oder unangemessen sowie die Einstufung des Grades der Freiwilligkeit beim Verkauf dar. Beides ließ sich oft mehr als 15 Jahre nach dem Kauf und der Beeinträchtigung des Krieges schwer nachweisen. Bedrohungsmaßnahmen durch Staat und Partei sind in schriftlichen Akten mitunter nur schwer festzumachen. Generell ist aber anzumerken, dass die Tendenz, vorhandene Spielräume zu Lasten der jüdischen Verkäufer zu nutzen, mit Fortschreiten der Maßnahmen gegen die Juden zunahm und kaufmännische Standards zunehmend deformiert wurden.[182] Die Radikalisierung der Arisierungspolitik ab Ende 1937 hing auch mit der Ersetzung Hjalmar Schachts im RWM durch Walther Funk, einen Protegé Görings, zusammen.[183] Der Großteil der Arisierungen fand – wie auch in anderen Branchen – im Jahr 1938 statt. Die Wiedergutma-

179 So beispielsweise auch im von Ramona Bräu erforschten Fall der Damenmäntelfabrik Felix Epstein OHG in Breslau, die 1940 liquidiert wurde. Inventar und Lager hatten bereits im Februar 1939 Breslauer Kaufleute übernommen, vgl. Bräu, Arisierung, S. 63–66.

180 Vgl. Selig, Arisierung, S. 765–821.

181 Der Wert eines Unternehmens setzt sich aus der materiellen Substanz und dem immateriellen Goodwill zusammen. Außerdem ist er von interessengeleiteten Einschätzungen über den Nutzen abhängig. Den „tatsächlichen" Wert des Unternehmens zu bestimmen ist schwierig bis unmöglich vgl. Köhler, Werten, S. 324f.

182 Vgl. Köhler, Werten, S. 335. Zur zunehmenden Aufgabe kaufmännischer Standards siehe auch Ziegler, Dieter: Erosion der Kaufmannsmoral. „Arisierung", Raub und Expansion, in: Norbert Frei (Hg.): Unternehmen im Nationalsozialismus. Zur Historisierung einer Forschungskonjunktur, Göttingen, 2010, S. 156–168.

183 Vgl. Kopper, Christopher: Wer waren die Hauptprofiteure der „Arisierungen"? Zu neueren Forschungen über eine alte Kontroverse, in: Hartmut Berghoff (Hg.): Wirtschaft im Zeitalter der Extreme. Beiträge zur Unternehmensgeschichte Deutschlands und Österreichs, München 2010, S. 298–315, hier S. 298.

chungskammern scheinen aber weder besonders pro Antragssteller noch besonders pro Antragsgegner geurteilt zu haben. Bei Unsicherheiten wurden weitere Gutachten eingeholt und Zeugen befragt. In einem Großteil der Fälle wurde ein Vergleich zwischen beiden Parteien erzielt. Dies scheint auch ein allgemeiner Befund zu sein, wie Benno Nietzel für Frankfurt über alle Branchen hinweg darlegt.[184]

Für die Rückerstattungsverfahren galt die Umkehr der Beweislast auf die Erwerber. Der Gesetzgeber stellte hohe Anforderugen an die Käufer, die die Zahlung eines angemessenen Verkaufspreises hätten nachweisen müssen. Die zwangsweise erfolgten Arisierungen unter den politischen Rahmenbedingungen des NS-Regimes wurden also quasi zum Normalfall erklärt. Die Rechtsposition der Verfolgten wurde damit erheblich gestärkt, zu Lasten der Rückerstattungspflichtigen.[185] Die große Anzahl von Vergleichen deutet darauf hin, dass die Erwerber oft gar nicht erst versuchten, Beweise für eine rechtmäßige Erwerbung aufzubringen und stattdessen bestrebt waren, die Vergleichssumme so niedrig wie möglich zu halten.

4.7 Die Bekleidungsindustrie im Zweiten Weltkrieg: Bewirtschaftung, Rationalisierung, Spezialisierung und Auskämmung

Das folgende Kapitel gibt einen Überblick, welchen Herausforderungen und Schwierigkeiten die Bekleidungsindustrie während des Zweiten Weltkrieges ausgesetzt war. Im Mittelpunkt der Betrachtung stehen zunächst die Organisation der Bewirtschaftung, die Veränderungen in der Wertschöpfungskette durch die Einführung von Punktekonten sowie die Lage auf dem Rohstoffmarkt. Im zweiten Teil des Kapitels werden staatliche Maßnahmen wie Spezialisierung, Stilllegungs- und Auskämmungsaktionen sowie deren Folgen für die Betriebe beschrieben. Die Resultate dieser Eingriffe waren Fertigungs-Verlagerungen und technologische Entwicklungen hin zu einer quasi staatlich forcierten rationalisierten Produktion.

Die Bewirtschaftung auf dem Gebiet der Textil- und Bekleidungswirtschaft wurde während des Krieges zunächst von mehreren Reichsstellen und zuletzt von der Reichsstelle für Kleidung und der Reichsstelle für Textilwirtschaft durchgeführt. Beide Stellen waren Körperschaften des öffentlichen Rechts, die ihre Weisungen vom RWM empfingen, das die Grundlage der Bewirtschaftung und die Verteilung der zur Verfügung stehenden Rohstoffe und sonstigen Textilwaren auf den Gebieten Wehrmacht, öffentliche Bedarfsträger, technischer Spezialbedarf und Zivilbevölkerung festlegte. 1944 ging die Planung und Bestimmung über die Versorgung und die Produktion in der Textil- und Bekleidungsindustrie auf das Planungsamt des Reichsministeriums für

184 Vgl. Nietzel, Handeln, S. 328 f.

185 Vgl. Köhler, Ingo: Die „Arisierung" der Privatbanken im Dritten Reich. Verdrängung, Ausschaltung und die Frage der Wiedergutmachung. 2. Aufl., München 2008, S. 456.

Rüstung und Kriegsproduktion über. Während die Reichsstelle für Textilwirtschaft die Zuteilung und Verarbeitung der Rohstoffe in der Textilindustrie regelte, war die Reichsstelle für Kleidung mit der Organisation der Weiterverarbeitung in Bekleidungsindustrie und Handwerk sowie dem Absatz der Fertigerzeugnisse über den Handel oder an öffentliche Bedarfsträger wie Gemeinden und Krankenhäuser betraut. Zur Unterstützung der Reichsstelle bei der Bewirtschaftung und zur Weitergabe von fachlichen Weisungen an die Betriebe wurden bestimmte fachliche Organisationen zu Bewirtschaftungsstellen ernannt, darunter auch die Wirtschaftsgruppe Bekleidungsindustrie (vgl. Kap. 4.4). Das RWM berechnete anhand der verfügbaren Rohstoffmengen und Verarbeitungsmöglichkeiten die Produktion für einen bestimmten Zeitabschnitt und verteilte die Rohstoffe an öffentliche Bedarfsträger wie die Wehrmacht. Die restlichen Bestände an Rohstoffen teilte die Reichsstelle für Kleidung der Bekleidungsindustrie zur Versorgung des zivilen Bedarfs zu. [186]

Durch die Tätigkeiten der Reichsstellen und des RWM wurde in die Wertschöpfungskette vom Rohstoff zum Fertigprodukt die staatliche Kontrolle eingeschaltet. Dies zeigt eine Darstellung der Wirtschaftsgruppe Bekleidungsindustrie aus dem Jahr 1942 (vgl. Abbildung 8).

Die Gewebe gelangten nach Vorgaben der Punkteverrechnungsstellen an die Bekleidungsindustrie, wo sie zu Fertigkleidung verarbeitet wurden. Die Unternehmen mussten bei der Punkteverrechnungsstelle für Bekleidung oder einer örtlichen Punkteverrechnungsstelle eine Berechtigung für ein Punkte- und Meterkonto erwerben, um Gewebe beziehen zu können. Unternehmen, die selbst Rohstoffe anfertigten, mussten diese zunächst bei der Punkteverrechnungsstelle für Bekleidung angeben und verrechnen lassen, bevor sie sie verarbeiten konnten.[187] Allerdings konnten auch bestimmte Gewebe wie Segeltuche im Gewicht von mindestens 400 g pro m^2 oder Riementuche für technische Zwecke ohne Punktescheck und Bezugsscheinberechtigung erworben werden. Beim Bezug von Rohware waren für die Errechnung der Punkte Länge und Breite der aus der Rohware herzustellenden Fertigware entscheidend. Der Bezieher hatte dem Lieferer die Punktezahl zu berechnen, die der aus der Rohware hergestellten Menge Fertigware entsprach. Uniformstoffe und die zur Herstellung von Uniformen benötigten Futterstoffe durften nur von den Uniformgroßhändlern gegen Vorlage der Uniformbezugsscheine bezogen werden. Wehrmachtsuniformtuche und Uniformbesatztuche konnten Unternehmen auch von der Heereskleiderkasse in Berlin, der Verkaufsabteilung der Luftwaffe in Berlin oder der Offizierskleiderkasse der Kriegsmarine in Kiel erhalten. Bezugsberechtigungsscheine für Futterstoffe stellte die Fachgruppe Uniformindustrie aus. Dieser Schein durfte aber nur ausgeschrieben werden, wenn gleichzeitig der Uniformbezugsschein zur Be-

186 Vgl. BA, R 8 II/131, Werner Hagemann: Die Bewirtschaftung der Spinnstoffwaren durch die Reichsstelle für Kleidung und verwandte Gebiete nach dem Stand Ende April 1945, November 1945, S. 1–6.

187 Vgl. BA, NS 5 VI/16225, Anordnung der Reichsstelle für Kleidung und verwandte Gebiete vom 29.12.1942, Zweiter Teil, Abschnitt 1, §5.

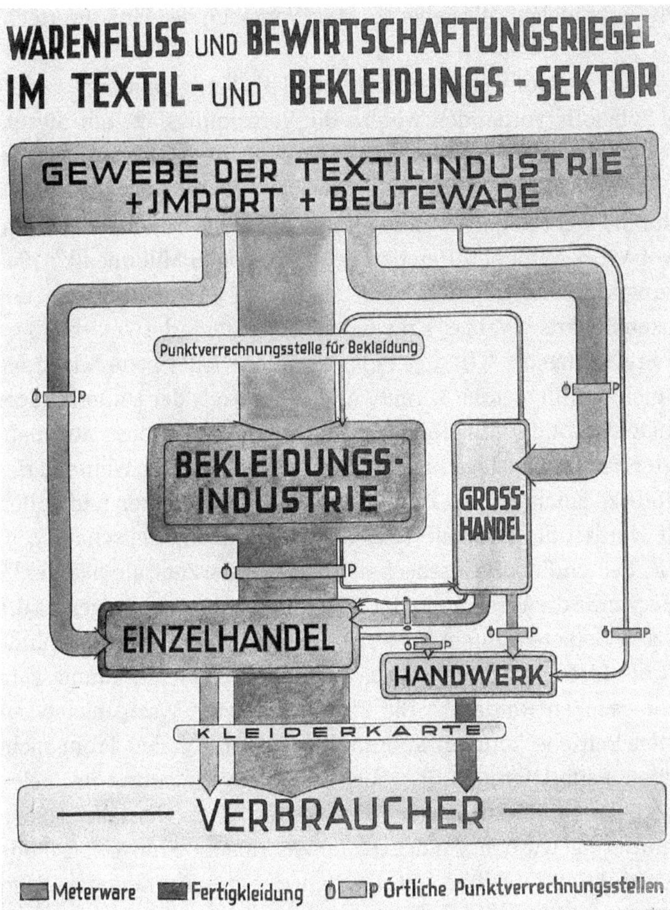

Abbildung 8: Warenfluss und Bewirtschaftungsriegel im Textil- und Bekleidungssektor 1942
Quelle: BA, R 13 XV/37.

schaffung von Uniformen mit dem Vermerk über die erfolgte Auslieferung der Tuche vorgelegt wurde.[188]

Die Bekleidungsindustrie gab die konfektionierte Ware wiederum nach Vorgaben der Punkteverrechnungsstelle an den Einzelhandel ab, wo die Verbraucher nach Vorlage der Kleiderkarte die Kleidung erwerben konnten. Bereits Ende 1939 wurde mit der sog. „Kleiderkarte" eine Bezugsscheinregelung eingeführt, die den freien Markt für Zivilbekleidung de facto aufhob.[189] Möglich war ebenso eine direkte Rohstoffzuteilung an den Einzelhandel oder das Handwerk, die Herstellung von Fertigkleidung dort und

188 Vgl. BA, NS 5 VI/16225, Anordnung 1 zur Ergänzung und Durchführung zur Anordnung II/43 der Reichsstelle für Kleidung und verwandte Gebiete vom 29.12.1943, Erster Teil, Abschnitt 1,§1 und §3 sowie Abschnitt 2, §14.

189 Vgl. Köster, Boss, S. 44.

die Weitergabe an den Verbraucher, alles ebenso nach Vorgaben der Punkteverrechnungsstelle.

Gewebe konnten allerdings nur weiterverarbeitet und als Fertigkleidung verkauft werden, wenn genug Rohstoffe vorhanden waren. Die Versorgungslage auf diesem Gebiet war schon vor dem Krieg nicht einfach und verschlechterte sich ab 1939 zusehends. Schon 1937 war die Rohstofflage sehr angespannt und die geforderten Mäntel und Hemden für die Wehrmacht konnten z.T. nur zur Hälfte beschafft werden. Am 1.7.1938 fehlten von ca. 4 Millionen Hemden noch knapp 1,8 Millionen.[190] 1942 mussten die Beschaffungsvorhaben der Wehrmachtsbedarfsträger auf 40 Prozent des ursprünglich angesetzten Bedarfs herabgesetzt werden. Besonders „der Verschleiß im Osten [überstieg] alle Erwartungen“ [191] und generierte immer wieder neue Nachfrage nach Uniformen, die nicht erfüllt werden konnte. Auch „der Kreis der Uniformträger außerhalb der Wehrmacht droht[e] allmählich ein ungeheures Ausmass anzunehmen“[192] und war mit der Versorgungslage nicht in Einklang zu bringen. Während des Krieges wurden Rohstoffe zu einem großen Teil aus den besetzten Gebieten und Italien bezogen. Abgewickelt wurden die Einkäufe über die Zentraltextilgesellschaft (Zentratex) GmbH und die Leinen-Export-Gesellschaft (Leinex) als Zentraleinkäufer.[193] Gegen Ende des Krieges wurde die Versorgung mit Rohstoffen noch schwieriger, da die Zufuhr aus den besetzten Gebieten durch das Vorrücken der Alliierten abriss. Ende 1944 entfiel Finnland als Lieferant für Zellulose, aus den Ostgebieten konnte kein Flachs und Hanf mehr bezogen werden.[194] Die in den besetzten Westgebieten zur Produktion eingesetzten Betriebe konnten aufgrund der vorrückenden Front nicht mehr für den deutschen Bedarf fertigen,[195] wobei der Rückverlagerung ins Reich „unsinnige und lächerliche bürokratische Schwierigkeiten“[196] in den Weg gelegt wurden. In der Rangordnung wurden zunächst der Wehrmacht Rohstoffbestände zugeordnet. Die Zivilproduktion erhielt erst Bestände, wenn die Aufträge der Wehrmacht abgedeckt waren, was selten vorkam.[197] Neubeschaffungen waren laut dem SS-Wirtschafts-Verwaltungshauptamt nicht möglich, da „hierfür nicht ein Gramm Rohstoffe zur Verfügung“[198] stand.

Die Spinnstoffsammlung von Textil-Altmaterial sollte der Ergänzung der Rohstoffbasis dienen. Im Reich selbst wurde die Bevölkerung zur Sammlung angehalten,

---

190 Vgl. BA, RW 19/2478, OKW zur Rohstofflage, 24.8.1937.

191 BA, RH 9/75, OKW an den Reichswirtschaftsminister, 21.12.1942.

192 BA, RH 9/75, OKW an den Reichswirtschaftsminister, 21.12.1942.

193 Vgl. BA, R 8 II/131, Hagemann, Bewirtschaftung, S. 8.

194 Vgl. BA, NS 3/442, Der Chef des SS-Wirtschafts-Verwaltungshauptamtes an die Kommandanten der Konzentrationslager, 7.11.1944.

195 Vgl. BA, NS 19/261, Der Chef des SS-Wirtschafts-Verwaltungshauptamtes an den Reichsführer SS, 21.6.1944.

196 BA, R 2/3255, Brief eines Fabrikanten an Herrn Prüfer, Planungsamt, 14.12.1944.

197 Vgl. BA, R 13 XV/68, Präsidiumssitzung der Wirtschaftsgruppe Bekleidungsindustrie, 21.7.1944.

198 BA, NS 19/261, Der Chef des SS-Wirtschafts-Verwaltungshauptames an den Reichsführer SS, 21.6.1944.

eine wichtige Rolle spielte aber auch die Altmaterial-Sammlung in den Konzentrations- und Vernichtungslagern. In einer Aufstellung des RWM, die vermutlich aus dem Jahr 1943 stammt, ist von insgesamt 825 Waggons mit Textil-Altmaterial aus Konzentrations- und Vernichtungslagern die Rede. Für welchen Zeitraum die Angaben gelten, ist jedoch nicht nachzuvollziehen.[199]

Das für den NS-Staat typische Kompetenzgerangel und die Polykratie der für die Kriegswirtschaft verantwortlichen Stellen scheinen sich auch auf dem Gebiet der Rohstoffversorgung mit Textilien abgespielt zu haben. Interne Notizen des SS-Wirtschafts-Verwaltungshauptamtes aus dem Jahr 1942 belegen, dass von der SS im Generalgouvernement beschlagnahmte Ware, sog. „schwarze Bestände" an Baumwolle, Schurwolle, Flachs und Hanf und die „durch verschiedene Aktionen anfallenden größeren Mengen von Altmaterial"[200], womit vermutlich auf die Konzentrations- und Vernichtungslager verwiesen ist, verarbeitet werden sollte, „ohne daß das Reichswirtschaftsministerium davon etwas erfährt"[201]. In Ravensbrück und Oranienburg unterhielt die SS Altverwertungsstellen für Textilien und Leder. Dort sollten die genannten Rohstoffe versponnen werden, um außerhalb des zustehenden Kontingents Garn zur Verfügung zu haben. Das RWM kontrollierte allerdings seit 1942 alle Rohstoffe und Betriebe im Generalgouvernement und wusste von den Tätigkeiten der SS, die dann nicht mehr möglich waren, da die Rohstoffzuteilung zentral über das RWM lief. Kontrolle hatte die SS aber weiterhin über das in den Sammelstellen Lublin, Riga, Bobruisk und Dnjepropetrowsk anfallende Material, das in den SS-eigenen Instandsetzungsbetrieben desinfiziert und vorsortiert wurde.[202]

> Das zertrennte Material wird in möglichst viele Rohstoffsorten und Warengattungen sortiert, sodaß keinerlei Bedenken gegen die Abgabe dieser Altrohstoffe an die vom Reichswirtschaftsminister zu nennenden Verwertungsstellen hinsichtlich des Ursprungs dieser Waren bestehen.[203]

Von diesem Altmaterial behielt die SS alles, was für Häftlingsbekleidung und Truppenbedarf verwendet werden konnte, nur den Rest stellte sie dem RWM zur Verfügung, „um damit bei den Kontingentsverhandlungen Fortschritte [zu] erzielen."[204]

199 Vgl. BA, NS 19/225, Aufstellung über die von den Lagern Lublin und Auschwitz auf Anordnung des SS-Wirtschafts- und Verwaltungshauptamtes abgelieferten Mengen an Textil-Altmaterial, vermutlich 1943.
200 BA, NS 19/3531, Der Chef des SS-Wirtschafts-Verwaltungshauptames an den Reichsführer SS, 16.5.1942.
201 BA, NS 19/3531, Der Chef des SS-Wirtschafts-Verwaltungshauptames an den Reichsführer SS, 16.5.1942.
202 Vgl. BA, NS 19/3531, Der Chef des SS-Wirtschafts-Verwaltungshauptames an den Reichsführer SS, 16.5.1942.
203 BA, NS 19/3531, Der Chef des SS-Wirtschafts-Verwaltungshauptames an den Reichsführer SS, 16.5.1942.
204 BA, NS 19/3531, Der Chef des SS-Wirtschafts-Verwaltungshauptames an den Reichsführer SS, 16.5.1942.

Während von den Betrieben zunehmend die schlechte Qualität der Stoffe bemängelt wurde, propagierte der Deutsche Fertigkleidungs-Dienst noch 1944 den hohen Gebrauchs- und Modewert der Kleidung:

> Wenn man einmal unvoreingenommen die Frage prüft, wie es heute, nach mehr als fünf Jahren Krieg, um die Bekleidungsausstattung des einzelnen Volksgenossen tatsächlich bestellt ist, dann kommt man zu der Feststellung, dass der deutsche Mann und die deutsche Frau im Büro, in der Fabrik und auf der Strasse noch durchaus ausreichend, ordentlich, sauber und überwiegend sogar geschmackvoll angezogen sind.[205]

Zwar seien Vorschriften zur Vereinfachung der Kleidung erlassen worden, diese hätten aber keinen Einfluss auf die Qualität gehabt. Das Einnähen von Etiketten wurde 1944 verboten, so dass sich kein Hersteller mehr auszeichnen konnte.[206] Dass die Entwicklung in Wirklichkeit eine andere war, zeigen die Beschwerden der Industrie. Zum großen Teil musste sie statt Wolle und Baumwolle Zellwolle, Kunstseide, Reißbaumwolle und Abfallmaterial verarbeiten, was die Lebensdauer der Kleidung stark verkürzte. Dazu kam eine stärkere Abnutzung infolge der schärferen Waschmittel. Der Bedarf hingegen war durch die schwerindustrielle Produktion und den Einsatz von Frauen sowie Zwangsarbeitern in der Industrie stark gestiegen, da der Verschleiß höher war und die Frauen spezielle Arbeitskleidung benötigten bzw. Zwangsarbeiter meist keine Kleidung mitbrachten, da sie häufig deportiert wurden.[207]

Die Verteilung von Stoffen und fertigen Kleidungsstücken beispielsweise an Arbeitskräfte in besetzten Gebieten übernahm die Zentrallagergemeinschaft (ZLG). Diese Gesellschaft, deren Gründungsmitglied Josef Neckermann war, wurde am 12.1.1942 in Berlin im Auftrag des Reiches errichtet und führte nur Aufträge des Reiches aus. Das Kapital stellten je zur Hälfte die privaten Firmen Wäsche- und Kleiderfabrik Josef Neckermann und die Hertie-Tochtergesellschaft Bekleidungs-Handelsaktiengesellschaft. Der Sitz befand sich in der Kraussenstraße 46/49 in Berlin, im Haus der Firma Neckermann. Als Gruppenverteiler übernahm die ZLG die den beteiligten Firmen übertragenen Aufträge. Insbesondere handelte es sich um die Aufnahme, Verteilung und Weiterleitung der durch die Reichsstelle für Kleidung zugeteilten Bekleidungsstücke an etwa 23 Auslieferungsläger.[208] Eine Auslieferungsstelle für Bekleidung in Berlin war die Leineweber KG von Herbert Tengelmann, der Verwaltungsratsvorsitzender der ZLG war.[209] Die Firma verteilte Textilien an sowjetische Arbeiter im Bezirk

---

205 BA, R 13 XV/28, Deutscher Fertig-Kleidungsdienst, Kriegssonderdienst des Neuen-Wirtschaftsdienstes, November 1944, S. 1.

206 Vgl. BA, R 13 XV/28, Deutscher Fertig-Kleidungsdienst, Kriegssonderdienst des Neuen-Wirtschaftsdienstes, November 1944, S. 2–5.

207 Vgl. BA, R 13 XV/35, Versorgungslage der Bekleidungsindustrie, 10.10.1942.

208 Vgl. BA, R 8136/3071, Vertrag über die ZLG, 12.1.1942.

209 Vgl. Leineweber, BRAX, S. 53.

Berlin.[210] Im Auftrag der Reichsstelle für Kleidung und verwandte Gebiete belieferte die ZLG u. a. deutsche Zivilarbeiter in den besetzten Gebieten, ausgebombte Familien und ausländische Zwangsarbeiter in Deutschland.[211]

Der aus Würzburg stammende Kaufmann Josef Neckermann war seit 1934 SA-Mitglied und seit 1937 NSDAP-Mitglied. Er hatte sich durch verschiedene Arisierungen zwischen 1935 und 1938 ein großes Textilunternehmen aufgebaut.[212] Die Firma Wäsche- und Kleiderfabrik Josef Neckermann war nach Quelle Witt-Weiden und Schöpflin das viertgrößte deutsche Textilversandunternehmen Ende der 1930er Jahre. Seit 1938 lebte Neckermann in Berlin und unterhielt gute Kontakte zur SS und zum Reichswirtschaftsministerium. Neben der Tätigkeit als Geschäftsführer der ZLG leitete Neckermann auch die Reichsstelle für Kleidung. Mit Herbert Tengelmann (vgl. Kap. 4.4), der Verwaltungsratsvorsitzender der ZLG war, korrespondierte er regelmäßig. Durch seine diversen staatlichen Positionen sowie die Größe seines Privatunternehmens besaß er eine einflussreiche Stellung im Bereich Textil und Bekleidung. Durch die Personalunion in der Reichsstelle für Kleidung und der ZLG konnte Neckermann die Auftragsvergabe an Privatfirmen kontrollieren und seinem Unternehmen große Aufträge zuteilen,[213] wie beispielsweise im Ghetto Litzmannstadt (vgl. Kap. 4.8).

Während in den vorigen Abschnitten die Tätigkeit der staatlichen Stellen und die Organisation der Wertschöpfungskette inklusive der Rohstoffbeschaffung betrachtet wurden, sollen im Folgenden die Auswirkungen der einzelnen von RWM, Reichsstellen und Wirtschaftsgruppe erlassenen Vorschriften und Anordnungen auf die Betriebe beschrieben werden.

Auf personeller Seite bedeutete der Kriegsbeginn eine große Veränderung. Durch den Einzug vieler männlicher Arbeitskräfte zum Kriegsdienst stieg der Anteil der weiblichen Arbeitskräfte in der Branche zu Beginn des Krieges noch einmal an, von gut 70 Prozent 1939 auf ca. 83 Prozent 1942. V. a. der Verlust der Stamm- und Facharbeiter wog schwer, da diese nur durch ungelernte Arbeitskräfte ersetzt werden konnten.[214] Durch Einzug in die Wehrmacht oder Umsetzung zu Rüstungsbetrieben fehlten der Bekleidungsindustrie bereits im Juli 1940 50 Prozent der Arbeitskräfte. Bei den Auskämmungsaktionen (Arbeitskräfte wurden aus Branchen der Konsumgüter-

---

210 Vgl. LANRW, D 20 A Nr. 356, Rechtsanwalt Curt Eberlein an das Landgericht Bielefeld, 11.6.1951 und Rechtsanwalt Baumecker an das Oberlandesgericht Hamm/Westfalen, 17.6.1953.

211 Vgl. Bähr, Dresdner Bank, S. 391. Josef Neckermann über Aufgaben und Funktion der ZLG: Ders.: Erinnerungen. Aufgezeichnet von Karin Weingart und Harvey T. Rowe, Frankfurt a. M./Berlin 1990, S. 116–140.

212 Nach mehrjährigen Verhandlungen über die Arisierung des Versandhauses von Karl Amson Joel 1938 wurde Neckermann 1950 in allen Punkten freigesprochen, vgl. Veszelits, Die Neckermanns, S. 240 f.; Zu den Arisierungen von Neckermann vgl. auch Steidle, Hans: Neckermann & Co. Die Ausplünderung der Würzburger Juden im Dritten Reich, Würzburg 2014.

213 Vgl. Veszelits, Die Neckermanns, S. 70, S. 84, S. 99, S. 102–117, S. 122–135 und S. 157.

214 Vgl. BA, R 3/3897, Wirtschaftsgruppe Bekleidungsindustrie: Die deutsche Bekleidungsindustrie im Kriege 1943, S. 3 f.

industrie in rüstungsrelevante Betriebe versetzt) wurde scheinbar relativ wahllos vorgegangen, ohne auf die Bedeutung der Betriebe zu achten.[215]

Bereits zu Anfang des Jahres 1940 wurden die Handelsspielräume der Bekleidungsindustrie erheblich eingeschränkt. Die Reichsstelle für Kleidung erlaubte die Lieferung von Geweben und Gewirken aus Neuproduktion ab dem 1.1.1940 nur auf Grund von Bedarfsscheinen oder besonderer Genehmigung der für den beziehenden Betrieb jeweils zuständigen Fachgruppe. Die Belieferung mit Nähmitteln erfolgte nach Maßgabe eines Prozentsatzes des bisherigen Belieferungsumfanges, der von der Reichsstelle für Kleidung festgesetzt wurde. Zwischenmeister und Heimarbeiter durften nur in Höhe der von ihnen vorgelegten Einkaufs-Berechtigungsscheine beliefert werden. Aus dem zugewiesenen Prozentsatz hatten die Betriebe den Gesamtbedarf für die Produktion einschließlich des Bedarfs für Wehrmacht und Behördenaufträge zu decken.[216]

1943 arbeitete die HAKA zu 70 Prozent für die Wehrmacht und zu 30 Prozent für Fliegergeschädigte. Die Zivilproduktion war verlagert worden. Z.T. ins Protektorat Böhmen und Mähren, aber auch nach Holland, Frankreich und Dänemark. Die BeSpo fertigte zu 60 Prozent für die Wehrmacht und zu 40 Prozent Arbeitsbekleidung für die Rüstungsindustrie. Auch dort gab es Verlagerungen wie in der HAKA. Bei der DOB wurde die Hälfte der Fertigung in die Niederlande und ins Generalgouvernement verlagert, verstärkt wurden Heimarbeiter und „Ostarbeiter“[217] eingesetzt. Die Wäscheindustrie arbeitete zu 70 % für die Wehrmacht. Produktionsverlagerungen gingen hier v. a. ins Protektorat Böhmen und Mähren sowie in die Niederlande. Auch die Miederindustrie war mit der Herstellung von Feldblusen und Drillich-Anzügen für die Marine in die Produktion für öffentliche Bedarfsträger eingebunden. Die Zivilfertigung wurde nach Belgien, Frankreich und ins Protektorat verlagert.[218] Die Genehmigung für eine Verlagerung der Fertigung in besetzte Gebiete mussten die Unternehmen bei der Reichsstelle für Kleidung einholen.[219] Ab März 1943 waren die Betriebe per Anordnung zur Reparatur von Bekleidung verpflichtet. Der Grund war v. a. wenig räumliche Kapazitäten in Anspruch zu nehmen und diese für die Rüstungsindustrie freizumachen. Neuanfertigungen waren bis auf Uniformen, Trauerkleidung und medizinische Garderobe verboten.[220]

---

215 Vgl. BA, R 13 XV/82, Brief des Reichswirtschaftsministers an den Reichsarbeitsminister, 22.7.1940.

216 Vgl. BA, R 11/238, Rundschreiben Nr. 24 der Reichsstelle für Kleidung und verwandte Gebiete, 27.12.1939.

217 Zivilarbeiter aus den vom Deutschen Reich besetzten Gebieten der Sowjetunion in den Grenzen von 1938.

218 Vgl. BA, R 3/3897, Wirtschaftsgruppe Bekleidungsindustrie: Die deutsche Bekleidungsindustrie im Kriege 1943, S. 8.

219 Vgl. BA, R 11/239, Rundschreiben Nr. 40/41 der Reichsstelle für Kleidung und verwandte Gebiete, 12.11.1941.

220 Vgl. TexWo Nr. 9, 27.2.1943, o.S.

Stilllegungen wurden ab 1940 durchgeführt, um Arbeitskräfte und Räume für kriegswichtige Industrien zu nutzen. Ein Beispiel für eine Stilllegungsaktion lässt sich für Aschaffenburg rekonstruieren. Nach Anweisung des Gewerbeaufsichtsamtes Würzburg wurden zwei Drittel aller Aschaffenburger Bekleidungsfirmen (ca. 90) im Zuge kriegswirtschaftlicher Maßnahmen bis 30.6.1940 stillgelegt. Nach Bekanntgabe der Auswahl gab es große Unruhen unter den Betroffenen. Die Gründe für die Stilllegungen wurden nicht bekanntgegeben und es entstand der Eindruck, es sei nicht immer nach betriebswirtschaftlichen Gesichtspunkten entschieden worden. Unter den Firmenbesitzern herrschte die Meinung vor, die Stilllegung sei zum Anlass genommen worden, unliebsame Konkurrenz auszuschalten. Sie erschien vielen Besitzern umso unverständlicher, da die bestehenden Firmen die Aufträge kaum bewältigen konnten. Die Verantwortlichkeit für die Aktion wurde wie der schwarze Peter zwischen verschiedenen Institutionen hin und her gereicht. Die Geschäftsstelle der Wirtschaftsgruppe in Aschaffenburg behauptete, die Verantwortung über die Auswahl liege bei der Reichsstelle in Berlin und umgekehrt.[221] Von einer weiteren großen Stilllegungswelle im Frühjahr 1943 waren ca. 150 Firmen der Bekleidungsindustrie reichsweit betroffen, die von der Wirtschaftsgruppe Bekleidungsindustrie festgelegt wurden.[222] Dass die Bekleidungsindustrie keine große Bedeutung für die Nationalsozialisten hatte, offenbart ein Ausspruch, der Albert Speer zugeschrieben wird: „Ich kann mir sehr wohl einen nackten Soldaten neben einem Maschinengewehr, nicht aber einen bekleideten Soldaten ohne Maschinengewehr vorstellen."[223]

1942 wurde das kriegswirtschaftliche Bewirtschaftungssystem von Hans Kehrl grundlegend refomiert. Die privaten Unternehmen in den zivilen Industrien verloren dadurch ihre bis dato noch vorhandene Gestaltungsfreiheit, im Rahmen des Erlaubten, Qualität und Quantität der Produkte selbst zu bestimmten.[224] Für die Bekleidungsindustrie bedeutete dies konkret, dass sie sich an eine Spezialisierungsvorschrift halten musste. Die Artikel wurden in Warengruppen eingeteilt und jeder Betrieb musste sich auf eine oder mehrere Warengruppen seines Arbeitsgebietes beschränken. Warengruppen waren z. B. Hemden oder Blusen. Maßstab für die erlaubte Anzahl der Warengruppen waren die Mitarbeiterzahlen. Je mehr Beschäftigte ein Betrieb hatte, desto mehr Artikel- oder Warengruppen durfte er herstellen.[225] Lag die Belegschaftszahl unter 20, durften nur zwei Artikel innerhalb einer Warengruppe hergestellt werden. Betriebe mit bis zu 99 Beschäftigen durften nur Artikel aus einer Warengruppe produzieren. Aber auch die größten Betriebe waren von Einschrän-

221 Vgl. BayHStA, MHIG 5784, Anordnung des Gewerbeaufsichtsamtes Würzburg, 9.4.1940. Auch in anderen Branchen und Ländern scheint die Stilllegung nicht immer nach betriebswirtschaftlichen Grundsätzen abgelaufen zu sein, vgl. Streb, Reichswirtschaftsministerium, S. 545 f.

222 Vgl. BA, R 13 XV/63, Wirtschaftsgruppe Bekleidungsindustrie an die Reichsstelle für Kleidung und verwandte Gebiete, 4.5.1943.

223 TW, Nr. 3, 3.2.1947, S. 3.

224 Vgl. Streb, Reichswirtschaftsministerium, S. 542.

225 Vgl. BA, NS 5 VI, 16223, Wirtschaftsdienst Nr. 162, 26.10.1942.

kungen betroffen. In der Wäscheindustrie beispielsweise lag die Höchstzahl der zulässigen Warengruppen für Betriebe mit mehr als 200 Beschäftigten bei drei. Auch der Stoffverbrauch wurde festgelegt und reglementiert. Beispielsweise durften für ein Damennachthemd mit langen Ärmeln in Größe 42 nur 3,25 Meter Oberstoff verbraucht werden, wobei die Stoffbreite maximal 80 cm zu betragen hatte.[226] Ziel war es, durch einen größeren Anteil von Serienfertigung die Produktionskosten zu senken.[227] Durch mehrere Anordnungen versuchten die Behörden bis zum Ende des Krieges, den Verschnitt immer weiter zu begrenzen, beispielsweise durch die Einführung einer Sparschnittschablone 1944.[228]

Auch in den besetzten Gebieten waren die dort beschlagnahmten oder neu errichteten Firmen der Spezialisierung unterworfen. Beispielsweise wurden die Betriebe im Ostland-Gebiet[229] – nachdem dort von den Sowjets Anfang 1940 kleine Betriebe aufgebaut und diese nach dem Einmarsch der deutschen Truppen zunächst stillgelegt oder nur auf Sparflamme beschäftigt worden waren – Anfang 1942 ausgebaut und für Uniformherstellung, Reparaturarbeiten sowie die Produktion von Arbeits- und Berufsbekleidung spezialisiert. Verantwortlich dafür war die neugegründete Hauptabteilung Bekleidungsindustrie der Ostlandfaser GmbH. Nach Riga, Minsk und Reval wurden Sachverständige entsandt, die für die Umstellung der 31 Betriebe und 4.000 Beschäftigten verantwortlich waren. In der Ukraine gab es ca. zehn Betriebe, die sich mit der Herstellung von Arbeitsbekleidung und Reparaturarbeiten befassten.[230]

Die oktroyierte Spezialisierung auf bestimmte Produkte, die Reduzierung der Formenvielfalt und der Abzug von Arbeitskräften führten dazu, dass die schon lange erstrebte Rationalisierung in der Bekleidungsindustrie einen großen Fortschritt machte. Gleichartige Produkte förderten die Herstellung in großen Serien. Dies hatte zur Folge, dass Investitionen in Spezialmaschinen und Verbesserungen in der Qualitätskontrolle vorgenommen werden konnten. Die Wirtschaftsgruppe Bekleidungsindustrie errechnete 1942 eine Einsparung der Fertigungszeiten von fast 50 Prozent gegenüber 1939, erreicht mit ein Drittel weniger Arbeitskräften,[231] wie Abbildung 9 demonstriert.

Die Rationalisierung bzw. Hinwendung zur Massenproduktion ist kein Faktum, dass nur die Bekleidungsindustrie betraf, sondern war ein genereller Trend in den 1930er Jahren und während des Krieges, vermutlich auch hervorgerufen durch die

---

226 Vgl. BA, NS 5 VI, 16225, Deutscher Reichsanzeiger und preußischer Staatsanzeiger, Nr. 208, 8.9. 1944.

227 Vgl. BA, NS 5 VI, 16223, Die deutsche Volkswirtschaft, Nr. 19, 7.7.1942.

228 Vgl. BA, R 13 XV/68, Sitzung der Wirtschaftsgruppenleiter, 22.5.1944.

229 Vom Deutschen Reich besetzte Gebiete im Baltikum und in Weißrussland.

230 Vgl. BA, R 13 XV/19, Die Bekleidungsindustrie in den besetzten Gebieten der UDSSR im Jahre 1942.

231 Vgl. BA, R 13 XV/35, Versorgungslage in Bekleidung, 10.10.1942.

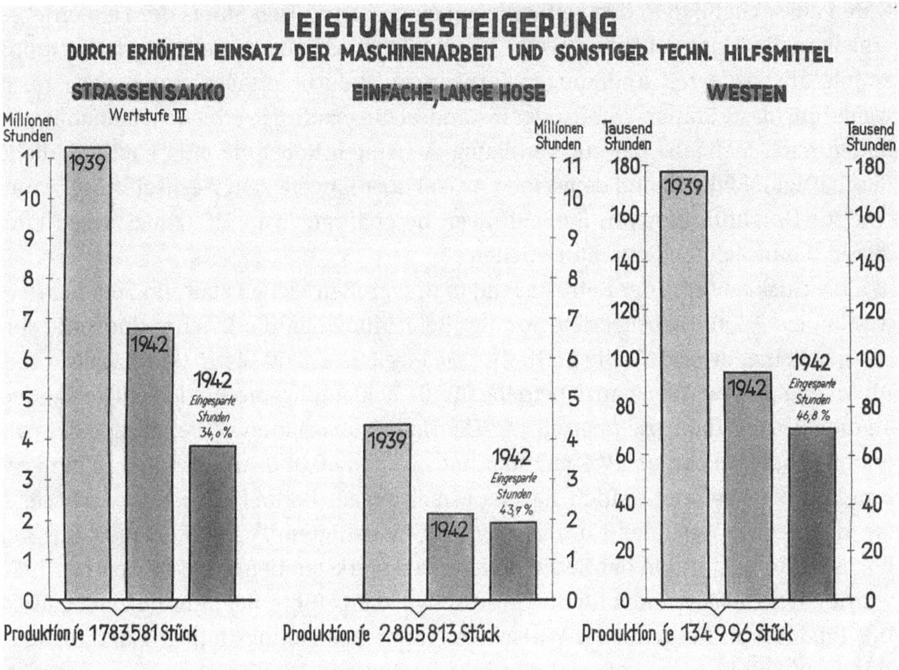

Abbildung 9: Rationalisierung in der deutschen Bekleidungsindustrie 1939 und 1942 im Vergleich
Quelle: BA, R 13 XV/37.

Einschränkungen bei Rohstoffen und die Reglementierungen der Produktion sowie den Abzug von Arbeitskräften.[232]

Ein weiterer Eingriff in die Handlungsspielräume der Betriebe im Bekleidungssektor war die Einteilung in drei Kategorien 1942. Kategorie I waren die Leitbetriebe, die als kriegswichtig mit einem hohen Leistungs- und Rationalisierungsgrad eingestuft wurden. Betriebe der Kategorie II blieben zunächst erhalten, waren aber vor Auskämmung und anderen Maßnahmen nicht geschützt. Betriebe der Kategorie III wurden als leistungsschwach bewertet und stillgelegt.[233] Damit sollte der Verbrauch von Kohle und Strom gedrosselt sowie eine Freisetzung von Arbeitskräften für die Rüstungsindustrie erreicht werden. Insgesamt wurden ca. 3.000 Leitbetriebe benannt, die voll ausgenutzt werden sollten und auch die kaufmännische und technische Aufsicht über die Nicht-Leitbetriebe übernahmen. Die verbliebenen Führungskräfte

---

232 Vgl. Abelshauser, Werner: Modernisierung oder institutionelle Revolution? Koordination einer Ortsbestimmung des „Dritten Reiches" in der deutschen Wirtschaftsgeschichte des 20. Jahrhunderts, in: Werner Abelshauser u. a. (Hg.): Wirtschaftsordnung, Staat und Unternehmen. Neue Forschungen zur Wirtschaftsgeschichte des Nationalsozialismus, Essen 2003, S. 17–39, hier S. 38.
233 Vgl. BA, NS 5 VI/6223, Die deutsche Volkswirtschaft, Nr. 19, 7.7.1942.

waren ausschließlich in den Leitbetrieben eingesetzt.[234] Den Status des Leitbetriebes erhielten die Unternehmen jeweils für ein Jahr verliehen, die Wirtschaftsgruppe konnte aber jederzeit Änderungen vornehmen.[235] Zu unterteilen waren die Firmen weiterhin, ob sie Stamm-, Stoß- oder Instandsetzungsaufträge erhielten. Stammfirmen hatten nach Maßgabe der zur Verfügung stehenden Rohstoffe eine kontinuierliche Beschäftigung mit ein und demselben Artikel über längere Zeit. Wechselfirmen waren v. a. zur Durchführung von Stoßaufträgen beschäftigt. Instandsetzungsfirmen erledigten hauptsächlich Reparaturarbeiten.[236]

Die Auskämmung der Betriebe fand in drei großen Wellen statt. Im Sommer 1943 wurden ca. 35.000 Arbeitskräfte von der Bekleidungs- in die Rüstungsindustrie versetzt, bei einer zweiten Welle im Herbst 1943 weitere 15.000 bis 20.000 Arbeitskräfte. Ab Anfang 1944 wurden ganze Betriebe für die Bekleidungsproduktion stillgelegt und an die Rüstungsindustrie überführt.[237] Die Umsetzungsaktion verlief alles andere als reibungslos. Im Februar 1944 mussten immer noch 40.000 Arbeitskräfte in die Rüstungsindustrie versetzt werden, davon die meisten aus Berlin (3.723); an zweiter Stelle lag der Bezirk Westfalen-Nord mit 2.301 Beschäftigten.[238] Die Regionen mit der höchsten Konzentration der Betriebe waren am stärksten betroffen. Im Sommer 1944 wurde ein neues Verfahren für die Umsetzungen eingeführt, der „Abruf nach Bedarf“. Das Produktionsamt teilte der Wirtschaftsgruppe Bekleidungsindustrie und dem zuständigen Landeswirtschaftsamt den Kräftebedarf mit. Die Bezirksgruppen der Wirtschaftsgruppe setzten dann zusammen mit dem Landeswirtschaftsamt die Abgabequoten fest, die über die Wirtschaftsgruppe dem Produktionsamt als Freigabe gemeldet und der abgebenden Firma mitgeteilt wurde.[239] Neben Arbeitskräften sollte die Bekleidungsindustrie auch Räumlichkeiten an die Rüstungsindustrie abtreten. Die geforderten 33.000 m^2 waren im Oktober 1944 jedoch erst zur Hälfte erreicht, da geeignete Räume fehlten.[240]Auch die Zusammenlegung von Betrieben war eine Möglichkeit zur Freisetzung von Arbeitskräften und zur Bereitstellung neuer Räumlichkeiten. Bis Mai 1944 waren beispielsweise im Bereich Westfalen-Nord 29

234 Vgl. BA, R 13 XV/63, Wirtschaftsgruppe Bekleidungsindustrie, Aktennotiz über die Besprechung am 19.4.1943 mit Melzer und v. Raumer.

235 Vgl. BA, R 13 XV/63, Internes Papier der Wirtschaftsgruppe Bekleidungsindustrie: Konzentrationsarbeit im Bereich der Wirtschaftsgruppe Bekleidungsindustrie, 19.3.1943.

236 Vgl. BA, R 13 XV/97, Wirtschaftsgruppe Bekleidungsindustrie an die Reichswirtschaftskammer, 20.7.1943. Zur Reparatur v. a. von Schuhen, aber auch Bekleidung vgl. Sudrow, Anne: Reparieren im Wandel der Konsumregime, in: Technikgeschichte 79 (2013), S. 227–254.

237 Vgl. BA, R 13 XV/68, Sitzung des Präsidiums der Wirtschaftsgruppe Bekleidungsindustrie, 16.10.1943.

238 Vgl. BA, R 13 XV/68, von Betrieben der Bekleidungsindustrie zwecks Umsetzung in die Rüstungsindustrie, 15.2.1944.

239 Vgl. BA, R 13 XV/68, Sitzung des Präsidiums der Wirtschaftsgruppe Bekleidungsindustrie, 9.6.1944.

240 Vgl. BA, R 13 XV/68, Sitzung des Präsidiums der Wirtschaftsgruppe Bekleidungsindustrie. 6.10.1944.

Herrenwäsche-Betriebe zu neun Betrieben zusammengelegt worden, bei der Damenwäsche waren aus 23 Betrieben sechs geworden.[241]

Mit der Wende des Krieges und den zunehmenden Luftangriffen auf deutsche Städte erließ die Wirtschaftsgruppe Bekleidungsindustrie Maßnahmen, um Bombenschäden in den Betrieben zu verhindern. Die am dringendsten benötigten Arbeitsgeräte sowie die Warenvorräte sollten an zwei verschiedenen, räumlich getrennten Orten aufbewahrt werden.[242] Gegen Ende des Krieges unternahm die Wirtschaftsgruppe große Anstrengungen, um Waren und Maschinen vor der heranrückenden Front zu retten. So wurden aus dem Ghetto Litzmannstadt (vgl. Kap. 4.8) und aus Stettin Gewebe und Maschinen mit Lkws, Pferdefuhrwerken und Waggons abtransportiert.[243]

Mit Näherrücken der Front wurden gefährdete Betriebe ins „Altreich" (das Deutsche Reich in den Grenzen von 1937) verlagert. Viele Unternehmen, die Zweigstellen in den besetzten Gebieten errichtet hatten, mussten diese aufgeben. Aber auch viele in diesen Gebieten schon länger bestehende Firmen mussten sich mit der Frage der Verlagerung befassen. So auch die Bleimund KG aus Wieliczka bei Krakau. Bleimund hatte während des Krieges Uniformen für die Wehrmacht produziert und beabsichtigte, den Betrieb Mitte 1944 nach Westen zu verlegen. Dafür suchte die Firma eine Region, in der keine Rüstungsbetriebe vorherrschten und genügend Heimarbeiter vorhanden waren. Aus diesem Grund nahm Bleimund im Sommer 1944 Kontakt mit dem Reichsministerium für Rüstung und Kriegsproduktion auf.[244] Die Entscheidung für die Region Regensburg war aus o.g. Gründen schnell getroffen. Schon im September schloss Bleimund einen Mietvertrag mit der Firma Carlson in Regensburg, in deren Kellerräumen die zehn elektrisch betriebenen Bänder, sechs Spezialmaschinen und drei Zuschneidemaschinen aufgestellt werden sollten. Eingerichtet werden sollten eine Schneiderei, eine Einrichterei sowie ein Warenlager. Der Mietpreis betrug 100 RM pro Monat.[245] Wie begehrt die Räume waren, wird in der Tatsache deutlich, dass eine Uniformfirma aus Antwerpen ebenso an ihnen interessiert war.[246] Neben diesem Standort errichtete Bleimund Zweigbetriebe in den nahe liegenden Gemeinden Bad Abbach, Sünching, Pielenhofen und Wörth a.D. Gefertigt wurde ausschließlich für die

241 Vgl. BA, R 13 XV/68, Sitzung der Wirtschaftsgruppenleiter, 22.5.1944.

242 Vgl. BA, R 5 VI/16218, *Rheinisch-Westfälische-Zeitung*, Nr. 621, 29.12.1943.

243 Vgl. BA, R 13 XV/17, Fachgruppe BeSpo an die Wirtschaftsgruppe Bekleidungsindustrie Hauptabteilung V, 16.2.1945 und Bericht über die Räumung des Platzes Stettin, 26.3.1945.

244 Vgl. StArchR, ZR II/894, Bleimund & Co. Krakau an den Reichsminister für Rüstung und Kriegsproduktion. 31.8.1944.

245 Vgl. StArchR, ZR II/894, Mietvertrag zwischen Carlson KG, Regensburg, und Bleimund & Co. Krakau als Mieter, 20.9.1944.

246 Vgl. StArchR, ZR II/894, Der Oberbürgermeister der Stadt Regensburg an den Reichsverteidigungskommissar für den Reichsverteidigungsbezirk Gau Bayreuth, Hans Schemm-Platz, Antrag auf Ausgleich kriegswichtigen Raumbedarfs der Firma Bleimund, 21.11.1944.

Heeresbekleidungsämter.[247] Der Standort in Regensburg diente quasi als Zwischenmeisterbetrieb, wo der Zuschnitt durchgeführt wurde, die eigentlichen Näharbeiten wurden in den genannten Zweigbetrieben oder in Heimarbeit vorgenommen.[248] Nach dem Krieg produzierte Bleimund Uniformen für Reichsbahn und Polizei (ca. 70 Prozent der Fertigung), außerdem wurden Produkte der HAKA und DOB gefertigt (ca. 30 Prozent). Anfang 1946 hatte die Firma ca. 250 Beschäftigte. Die Betriebsräume wurden mit der Zeit zu klein. Bleimund mietete deshalb ein Gebäude auf dem ehemaligen Gelände der Firma Messerschmidt GmbH in Regensburg, das als Zentrale diente.[249]

4.8 Bekleidungsproduktion in Ghettos und Konzentrationslagern: Die Beispiele Ghetto Litzmannstadt und KZ Ravensbrück

Nicht nur in den Betrieben der Privatindustrie, sondern auch in Ghettos und Konzentrationslagern wurde während des Zweiten Weltkrieges Bekleidung hergestellt. In großem Umfang geschah dies in den Ghettos Litzmannstadt (heute Łódź) und Warschau[250]. Ebenso bekannt sind Nähbetriebe bzw. Bekleidungswerkstätten in etwa 20 weiteren Ghettos, die in geringerem Umfang als Litzmannstadt und Warschau für Wehrmacht und Luftwaffe sowie für deutsche Privatfirmen fertigten.[251] Während die Ghettos neben ihrer Nutzung als Produktionsstätten für die Wehrmacht auch als Lohnbetriebe für die Privatindustrie, die ihre für die Heeresproduktion und Rüstungsindustrie verlorengegangenen Kapazitäten ins Ghetto verlagerte, fungierten, wurde in den Konzentrationslagern Kleidung v.a. für die SS fabriziert. Bekannt sind Fertigungen in den Konzentrationslagern Auschwitz,[252] Dachau und Ravensbrück.[253] Über die größten Fertigungsstätten – das Ghetto Litzmannstadt und das Frauen-KZ-

247 Vgl. StArchR, ZR II/894, Bleimund & Co. an den Oberbürgermeister der Stadt Regensburg, 10.11. 1944.

248 Vgl. StArchR, ZR II/894, Der Oberbürgermeister der Stadt Regensburg an den Reichsverteidigungskommissar für den Reichsverteidigungsbezirk Gau Bayreuth, Hans Schemm-Platz, Antrag auf Ausgleich kriegswichtigen Raumbedarfs der Firma Bleimund, 21.11.1944.

249 Vgl. StArchR, ZR II/894 Bleimund KG an den Oberbürgermeister der Stadt Regensburg, 28.2.1946.

250 Vgl. BA, R 164/121, Forschungsstelle für Allgemeine und textile Marktwirtschaft an der Universität Münster: Untersuchungen zur Marktwirtschaft. Probleme der Neuordnung der Textilindustrie Oberschlesiens, des Warthegaues und des Generalgouvernements, Juli 1942, S. 41f.

251 Bekannt sind Fertigungen in den Ghettos Bedzin, Belchatow, Brzeziny, Bialystok, Dabrowa Tarnowska, Jaslo, Kaunas, Kobryn, Kosów, Krakau, Lemberg, Lublin, Minsk, Nowy Sacz, Ostrowiec Swietokrzyski, Pabianice, Rzeszów, Sosnowiec, Tarnów, Zawiercie, vgl. Guy, Miron/Shulhani, Shlomit (Hg.): Die Yad Vashem Enzyklopädie der Ghettos während des Holocaust, Göttingen 2014.

252 Vgl. Shelley, Lore: Auschwitz – the Nazi Civilization. Twenty-three Women Prisoners' Accounts, Lanham 1992, S. 213–227.

253 Vgl. Guenther, Nazi Chic, S. 255.

Ravensbrück – bestehen umfängliche Archivbestände, so dass sie im Folgenden als Beispiele für Bekleidungsherstellung in Ghettos und KZs dienen können.

Ghetto Litzmannstadt[254]

Am 9.9.1939 rückten deutsche Truppen in Łódź ein. Der deutsch besetzte Teil Polens wurde in die Reichsgaue im Westen und das Generalgouvernement aufgeteilt. Die Industriestadt wurde im April 1940 in Litzmannstadt umbenannt. Zu dieser Zeit lebten in der Stadt 378.773 Polen, 157.955 polnische Juden, 113.417 Deutsche und 3.373 Personen anderer Nationalität.[255] Viele dieser Juden hatten vor dem Zweiten Weltkrieg in der Textilherstellung und -veredelung sowie in der Konfektion gearbeitet und boten den Deutschen so ein großes Zwangsarbeiterreservoir. Im ärmsten Stadtteil Bałuty wurde ein Ghetto mit ca. 160.000 Juden eingerichtet, das zweitgrößte nach Warschau und das am längsten existierende.[256] Das Ghetto umfasste ein Gebiet von vier Quadratkilometern mit ca. 31.000 Wohnungen, die meisten ohne Wasseranschluss und Kanalisation.[257] Im Herbst 1941 wurden weitere ca. 20.000 Juden aus Westeuropa nach Litzmannstadt deportiert. Mehrere 10.000 starben bis Sommer 1944 an Hunger und Krankheiten, 70.000 wurden zwischen Dezember 1941 und September 1942 im Vernichtungslager Kulmhof (Chełmno) ermordet, weitere 7.000 im Juni/Juli 1944. Die restlichen 68.000 Bewohner wurden im August 1944 nach Auschwitz deportiert.[258]

Der Bremer Kaffeehändler Hans Biebow leitete ab 5.5.1940 bis zur Auflösung des Ghettos die Ernährungs- und Wirtschaftsstelle, die ab dem 29.10.1940 als Ghettoverwaltung eine eigene Organisationseinheit innerhalb der Stadtverwaltung darstellte und direkt dem Oberbürgermeister unterstellt war. Stellvertreter war sein langjähriger Mitarbeiter und Freund Friedrich-Wilhelm Ribbe. Insgesamt beschäftigte die Ghettoverwaltung Ende 1941 zwischen 250 und 400 Mitarbeiter.[259]

---

254 Die hier zitierten Quellen aus den Archiven Łódź und Warschau ermittelte Roman Smolorz aus den polnischen Findbüchern anhand von Vorgaben der Verfasserin und fotografierte die relevanten Dokumente. Dafür danke ich ihm sehr herzlich. Die Auswertung der Quellen nahm die Verfasserin selbst vor. Die Recherche erfolgte im Zusammenhang des Projektes „Die Geschichte des Textileinzelhandels und der Bekleidungsindustrie sowie des Unternehmens C&A im 20. Jahrhundert" an der Universität Regensburg, siehe auch: Schnaus, Julia/Smolorz, Roman/Spoerrer, Mark: Die Rolle des Ghetto Litzmannstadt (Łódź) bei der Versorgung der Wehrmacht und der deutschen Privatwirtschaft mit Kleidung (1940 bis 1944), in: Zeitschrift für Unternehmensgeschichte 62.1 (2017), S. 35–56.

255 Vgl. Klein, Peter: Zwangsarbeit im Ghetto Lodz. Die Wehrmacht als Auftraggeber, in: Mitteilungen aus dem Bundesarchiv 11 (2003), S. 23–28, hier S. 23.

256 Vgl. Löw, Andrea: Juden im Getto Litzmannstadt. Lebensbedingungen, Selbstwahrnehmung, Verhalten, Göttingen 2006, S. 7.

257 Vgl. Klein, Zwangsarbeit, S. 23.

258 Vgl. Loose, Ingo/Lutz, Thomas: Einleitung, in: Stiftung Topographie des Terrors (Hg.): Das Gesicht des Gettos. Bilder jüdischer Photographen aus dem Getto Litzmannstadt 1940–1944, Berlin 2010, S. 8 f.

259 Vgl. Klein, Peter: Die „Gettoverwaltung Litzmannstadt" 1940–1944. Eine Dienststelle im Spannungsfeld von Kommunalbürokratie und staatlicher Verfügungspolitik, Hamburg 2009, S. 508.

Das Zentralbüro des Arbeits-Ressorts[260] diente als Mittlerinstanz zwischen der deutschen Ghettoverwaltung und den Betrieben im Ghetto und trug für die Ausführung der Aufträge Sorge.[261] Die Losung des Judenältesten und Leiters des Zentralbüros Chaim Rumkowski lautete: „Unser einziger Weg ist Arbeit"[262]. Das Ziel dieser Losung war, Lebensmittel und sonstige Güter des täglichen Bedarfs zu erhalten und somit das Überleben zu sichern.[263] Hanna Z., die 1941 bis 1944 im Ghetto war, und in der Teppich- sowie Schuherstellung arbeitete, beschrieb in einem Interview, dass allen Juden klar war, dass die Arbeit die einzige Überlebenschance war und zudem von den allgegenwärtigen Ängsten und Zuständen im Ghetto ablenkte. Man blieb auch ungern zu Hause, da stets wilde Deportationen drohten. Betriebe wurden dann mit sofortiger Wirkung geschlossen und die dort arbeitenden Juden mit bereitstehenden Fahrzeugen weggebracht. Die Arbeitszeit betrug in der Regel zehn Stunden pro Tag (von 7 bis 17 Uhr) an sieben Tagen pro Woche. Die Arbeitsräume waren im Winter nicht beheizt, in einigen sogar die Fenster zerbrochen. Einmal am Tag erhielten die Arbeiter eine Suppe, die aus Futterrüben, manchmal mit Haferflocken oder Sago bzw. Kartoffeln, bestand. Während der Arbeit tauschen sich die Frauen aus und sangen. Direkte Kontrolle während der Arbeitszeit gab es nicht, an jedem Abend wurden die geforderten Mengen der hergestellten Produkte abgeholt. Laut Hanna Z. zeigten sich die Arbeiterinnen in ihrem Bereich sehr solidarisch miteinander. Schaffte eine ihr Pensum nicht, halfen die anderen mit und arbeiteten etwas mehr.[264]

Die Arbeiter blieben im Ghetto und waren dort in verschiedenen Werkstätten (sog. Abteilungen) eingesetzt. In vielen anderen Ghettos verließen Teile der Arbeiter unter Bewachung den Ghetto-Bereich, um für Privatfirmen außerhalb zu arbeiten oder für andere Aufgaben eingesetzt zu werden.[265] Der Bereich Schneiderei bzw. Textil war der größte Bereich in Litzmannstadt. Daneben gab es noch diverse andere Arbeitsbereiche wie Tischlereien, Färbereien, Metallwerkstätten und eine Papiererzeugnisabteilung.[266] 1944 verteilten sich die gut 70.000 Arbeitskräfte auf diese Bereiche wie folgt:

260 Vgl. APL, 221/30619, Verzeichnis der Abteilungen und Ressorts im Litzmannstadt Ghetto, 1.7.1941. In diesem Dokument und auch in später entstandenen Dokumenten ist die Unterscheidung des übergeordneten Ressorts und der darunter stehenden Abteilungen eindeutig. In Zeitzeugenaussagen und auch in der Literatur werden diese Begriffe zuweilen verwechselt.

261 Vgl. Löw, Andrea: Das Getto Litzmannstadt. Eine historische Einführung, in: Sascha Feuchert/Erwin Leibfried/Jörg Rieschke (Hg.): Die Chronik des Gettos Lodz/Litzmannstadt. Supplemente und Anhang, Göttingen 2007, S. 145–165, hier S. 154 f.

262 Loose, Ingo: Das Getto Litzmannstadt, in: Stiftung Topographie des Terrors (Hg.): Das Gesicht des Gettos. Bilder jüdischer Photographen aus dem Getto Litzmannstadt 1940–1944, Berlin 2010, S. 10–23, hier S. 14

263 Vgl. Klein, Zwangsarbeit, S. 23.

264 Vgl. Interview mit Hanna Z. am 21.6.2016 in München (zusammen mit Mark Spoerer). Vielen Dank an Dr. Andras Heusler (Stadtarchiv München) für die Vermittlung des Kontakts.

265 Vgl. Löw, Andrea: Arbeit in den Gettos. Rettung oder temporärer Vernichtungsaufschub?, in: Marc Buggeln/Michael Wildt (Hg.): Arbeit im Nationalsozialismus, Berlin 2014, S. 294–308, hier S. 294.

266 Vgl. ZIH, 205/297, Monatsbericht 1941, Aufstellung der Abteilungen.

Tabelle 20: Die Beschäftigten im Ghetto Litzmannstadt im März 1944

Gruppe	Anzahl der Beschäftigten	Beschäftigte pro Ressort in Prozent
Schneiderei (Textil[267])	31.338	42,5
Holzbetriebe	4.502	6,1
Metall	4.557	6,1
Leder- und Schuhbetriebe	11.945	16,2
diverse	21.440	29,1
gesamt	73.782	

Quelle: APL, 221/29260, Übersicht der Beschäftigten.

Am 1.5.1940 wurde die erste Schneiderabteilung gegründet.[268] Bereits im Herbst 1941 schien die Abteilung gut ausgelastet zu sein, wie eine interne Notiz belegt: „Um der Konfektionsaufträge Herr zu werden, muss der Judenälteste in zwei Schichten arbeiten lassen."[269] Die Nähmaschinen stammten – freiwillig oder durch Zwang abgegeben – zunächst von jüdischen Beschäftigten selbst.[270] Von den knapp 80.000 Juden, die sich 1944 im Ghetto befanden, waren ca. 25.000 Schneider (davon ca. 14.000 weiblich).[271] Neben den neun Schneiderabteilungen im Bereich Textil gab es 1944 auch sieben Wäsche- und eine Korsettabteilung, die an verschiedenen Standorten angesiedelt waren.[272] Zahlreiche Quellen lassen vermuten, dass die einzelnen Abteilungen des Bereiches Konfektion (Schneidereien, Wäsche sowie Korsette und Büstenhalter) in der Verwaltung auch unter den Begriff „Textilabteilung" subsumiert wurden (vgl. Tabellen 20, 21 und 22).

Nach einer Aufstellung der Beschäftigten von Anfang 1944 waren der Schneiderei 7.938 Personen zugeteilt, in den Wäsche- und Kleiderabteilungen arbeiteten 4.348 Personen, in der Korsett- und Büstenhalterabteilung 1.200, insgesamt also 13.486 (vgl. Tabelle 40 im Anhang). Den größten Teil stellten die Arbeiter, Verwaltung und Angestellte bildeten einen kleineren Bereich. Der Anteil der Jugendlichen betrug fast 10 Prozent, allerdings ist nicht angegeben, welche Altersstufen dieser Begriff umfasste.[273] Es soll aber auch Kinderarbeit in der Textilabteilung gegeben haben.[274] Ebenso wurde in Heimarbeit produziert, dort v.a. für die privaten Auftraggeber. Im

267 Zum Bereich „Textil" zählten beispielsweise auch Bettwäsche und Teppiche.
268 Vgl. Löw, Juden, S. 118.
269 APL, 221/29245, interne Notiz Ghettoverwaltung Litzmannstadt, Herbst 1940.
270 Vgl. APL, 221/29245, Tätigkeitsbericht der Ghettoverwaltung Litzmannstadt Oktober 1940.
271 Vgl. APL, 221/29260, Ghettobevölkerung nach Berufs- und Beschäftigungsgruppen, 1.3.1944.
272 Vgl. ZIH, 205/68a, Aufstellung der Arbeits-Ressorts 1943.
273 Vgl. APL, 221/29260, Übersicht der Beschäftigten in der Textilabteilung, 4.3.1944.
274 Vgl. Loose, Getto, S. 45. Im Frühsommer 1942 sollen ca. 2.000 Kinder in der Textilabteilung eingesetzt gewesen sein.

September 1941 arbeiteten ca. 9.000 Heimarbeiter für den Bereich Konfektion.[275] Die Bekleidungsherstellung war besonders attraktiv für die Ghettoverwaltung, da sie v. a. arbeitsintensiv, aber wenig kapitalintensiv war und nur wenige Maschinen erforderte, die die Ghetto-Insassen zu einem großen Teil noch selbst mitbrachten.

Um für das Ghetto Aufträge zu erhalten, warb Biebow in sehr offensiver Weise sowohl bei Wehrmachtsstellen als auch bei Privatfirmen.[276] Beim Oberkommando der Wehrmacht forderte er im März 1943, neben den Heeresbeschaffungsämtern Berlin und Posen auch andere Ämter zu ermächtigen, Aufträge an das Ghetto zu erteilen, denn die Abteilungen lieferten „zur vollen Zufriedenheit aller Wehrmachtsstellen Uniformen."[277] Wie groß der Anteil der Ghettoproduktion an der Gesamtmenge der Heeresbekleidungsämter war, zeigt eine Aufzeichnung des Heeresbekleidungsamts Berlin II. Es sollte im Februar 1942 aus 350.000 Meter Tuchen Uniformen herstellen. Aufträge für 210.000 Meter gingen nach Litzmannstadt.[278] In beinahe größenwahnsinniger Manier schrieb Biebow: „Der Umfang spielt keine Rolle, ich bin nämlich imstande außer leichteren Arbeiten wie Drillichanzügen, Kragenbinden, Schulterklappen usw., pro Tag 7.000 komplette Uniformstücke fertigzustellen."[279] Im April 1941 schrieb er an Friedrich-Wilhelm Ribbe: „Da es uns an brauchbaren Korrespondenten fehlt, müssen wir uns schon selber daran machen, Großkonfektionäre durch schriftliche Bearbeitung zur Auftragsüberschreibung heranzuholen."[280] Biebow war der Auffassung, dass es sich für Privatfirmen leichter arbeiten lasse, da es nicht „wie bei der Wehrmacht auf jeden Millimeter"[281] ankomme. Die Ghettoverwaltung betonte, wenn Abschlüsse mit Privatfirmen gelängen, werde „ein Gegengewicht für die Wehrmacht geschaffen, denn es bedeutet immerhin ein Risiko, sich einseitig zu stark festzulegen."[282]

Wehrmachtsaufträge waren für die Ghettoverwaltung zwar wichtiger und größer, die Bestellungen privater Firmen aber trotz der höheren Kosten durch Akquisition, Ausführung, Rechnungsstellung, Rücksendung übrigen Materials usw. deutlich lu-

---

275 Vgl. ZIH, 205/183, Aufzeichnung Ghetto Litzmannstadt, 22.9.1941.

276 Anne Sudrows Abhandlung über den Schuh im Nationalsozialismus ist die erste Studie, die sich ausführlich mit der Verstrickung von Privatfirmen auf dem Gebiet der Bekleidung in das nationalsozialistische Unrechtsregime beschäftigt. Sie beschreibt, wie die Firmen Freudenberg, Tack und Salamander die Insassen des KZ Sachsenhausen täglich bis zu 48 km laufen ließen, um den Gebrauchswert ihrer Schuhe zu testen. Vgl. Sudrow, Schuh.

277 ZIH, 205/142, Biebow an OKW, Abt. Bekleidung, 4.3.1943.

278 Vgl. BA, RW 20 – 3/7 Kriegstagebuch Berlin, 17.2.1944.

279 ZIH, 205/142, Biebow an OKW, Abt. Bekleidung, 4.3.1943.

280 APL, 221/29383, Biebow an Ribbe, intern Ghettoverwaltung Litzmannstadt, 24.4.1941. Abgedruckt in Spoerer, C&A, S. 210.

281 APL, 221/29383, Biebow an Ribbe, intern Ghettoverwaltung Litzmannstadt, 24.4.1941. Abgedruckt in Spoerer, C&A, S. 210

282 APL, 221/29245, Monatsbericht der Gettoverwaltung Litzmannstadt für die Zeit vom 1.–30. April 1941, S. 10.

krativer.[283] Explizit Kontakt aufnehmen wollte er mit Firmen wie Leffers, Karstadt und Brenninkmeyer, an die „Riesenaufträge“ vergeben werden könnten. Die Adressen der Firmen und Ansprechpartner sollten bei der Wirtschaftsgruppe Bekleidungsindustrie in Berlin (Ernst Posse) oder bei Josef Neckermann ermittelt werden (Reichsstelle für Kleidung und Gesellschafter der ZLG[284] (vgl. Kap. 4.7)).

Im Juli desselben Jahres kontaktierte Biebow die Fachgruppen Damenoberbekleidung, Wäscheindustrie, Berufs- und Sportbekleidung sowie Wirk- und Strickwarenindustrie, um dort Adressen von Firmen aus den Fachgruppen zu erhalten. Besonders für den Bereich Frauen- und Kinderkleidung suchte er Auftraggeber, da wohl „eine erhebliche Anzahl“[285] von Nähmaschinen nicht für das Nähen von Uniformen geeignet war und mit leichter Konfektion belegt werden sollte. Argumentiert wurde v. a. damit, dass größere Firmen ihre Stoffe kaum verarbeiten könnten und das Ghetto den nötigen Platz dafür böte.[286] Gegenüber den Firmen pries Ribbe die Ware aus dem Ghetto als „erstklassig“[287] an, außerdem würde sie aufgrund der noch nicht ausgefüllten Kapazität schneller geliefert werden.[288]

Es gab eine Werbeabteilung, die Firmen über bestimmte Produktionsmöglichkeiten informierte und einen eigenen Ausstellungsraum, in dem Waren für potentielle Auftraggeber präsentiert wurden.[289] Gezielt schaltete die Ghettoverwaltung Werbung in Zeitschriften für eine Produktionsverlagerung ins Ghetto Litzmannstadt, so beispielsweise in *Deutsche Manufaktur- und Modewarenzeitung*. Die Ghettoverwaltung warb in der Anzeige mit der Anfertigung von HAKA, DOB, Uniformen, Wäsche, Hüten und weiteren Konfektionsgegenständen.[290]

Betriebswirtschaftlich gesehen hatte das Ghetto den Status eines Lohnfertigers. Die auftraggebenden Firmen mussten sämtliche Nähzutaten, Stoffe und Größenlisten liefern.[291] Dies wurde in den jeweiligen Aufträgen unter dem Punkt „Stoffanlieferung“ vermerkt.[292] Josef Neckermann schrieb in einem Brief an Fritz Spiesshofer von der Firma Spiesshofer & Braun: „Die jüdischen Fabrikationsbetriebe im Getto werden als Zwischenmeisterbetriebe angesehen“.[293] Diverse Schreiben der Ghettoverwaltung belegen zudem, dass die Ware nicht immer korrekt zugeschnitten war und übrig ge-

283 Vgl. Klein, Gettoverwaltung, S. 519.
284 Vgl. Bähr, Dresdner Bank, S. 402.
285 APL, 221/29411, Ghettoverwaltung Litzmannstadt an die Fachgruppe DOB, 31.7.1941.
286 Vgl. APL, 221/29411, Ghettoverwaltung Litzmannstadt an die Fachgruppe DOB, 31.7.1941.
287 APL, 221/29385, Ribbe an C&A, 4.7.1941.
288 Vgl. APL, 221/29385, Ribbe an C&A, 4.7.1941.
289 Vgl. Klein, Gettoverwaltung, S. 271.
290 Vgl. APL, 221/29385, Anzeige in *Deutsche Manufaktur- und Modewarenzeitung* (ohne Datum, vermutlich 1940).
291 Vgl. APL, 221/29387, Ghettoverwaltung Litzmannstadt an die Firma Elbert & Co. Aschaffenburg, 10.10.1941.
292 Vgl. z. B. APL, 278/1993, Auftrag Nr. 2043 von der Rudolph Karstadt AG, 4.11.1941.
293 APL, 221/29404, Josef Neckermann an Fritz Spiesshofer, 26.6.1941.

bliebene Bestände an die auftraggebenden Firmen zurückgeschickt wurden.[294] Die Preise richteten sich nach denen des jeweiligen Betriebes oder den von der Deutschen Arbeitsfront vorgeschriebenen. Außerdem hatte das beauftragende Unternehmen die Kosten für Hin- und Rücktransport der Ware zu tragen.[295] Die Stoffe wurden also im Ghetto nur verarbeitet. Sie wurden weder als Vorleistung bezahlt, noch als Eigenleistung den Kunden in Rechnung gestellt. Dies erklärt auch, dass die 1944 etwa 13.000 Beschäftigten in den Textilabteilungen – 5 Prozent der damals ca. 260.000 Gesamtbeschäftigten der Branche – nur 0,35 Prozent des Umsatzes gernerierten (Umsatz des Ghettos 1942: 7,6 Millionen RM, Umsatz der gesamten Bekleidungsindustrie 1942: 2,2 Mrd. RM).[296]

Die Auslastung der Produktion mit Wehrmachts- und Privataufträgen schwankte im Laufe der Zeit. Eine Aufstellung der Firmen- und Privataufträge von Juli 1941 bis März 1943 bringt zum Ausdruck, dass das Jahr 1942 ein Jahr der Privataufträge war. In neun Monaten lagen die Auftragszahlen der Privatfirmen über denen der Wehrmacht. Die Angaben für 1941 zeigen ein anderes Bild, hier waren doppelt bis dreimal so viel Wehrmachts- wie Privataufträge vorhanden. 1943 scheinen ebenso wieder mehr Wehrmachtsaufträge eingegangen zu sein. Eine Untersuchung der Forschungsstelle für Allgemeine und textile Marktwirtschaft an der Universität Münster kam 1942 zu dem Ergebnis, dass im Ghetto „für Großbetriebe der Bekleidungsbranche in nicht unerheblichen Mass Arbeit verrichtet"[297] wurde.

Die Tabelle zeigt neben der Aufteilung in Wehrmachts- und Privataufträge, welche Firmen die größten Auftraggeber waren. Im Bereich Konfektion sind zu nennen Josef Neckermann[298] und Erich Assmann (beide Berlin), die kontinuierlich bis zum Auflösen des Ghettos Orders erteilten. In seiner Biographie schreibt Neckermann zur Fertigung in Litzmannstadt: „Ich hatte Nähmaschinen ins Ghetto stellen lassen und war stolz darauf und überzeugt, etwas Gutes zu tun – so naiv diese Aussage anmuten mag. Wir gaben den Juden Arbeit, halfen ihnen damit zu *überleben* (Hervorhebung im Original)"[299]. In Bezug auf die Ghettoinsassen, die sich mit ihrer Losung vor der De-

294 Vgl. z.B. APL 278/1994, Ghettoverwaltung Litzmannstadt an die Firma M. Hendel & Söhne, Oelsnitz, 15.8.1942 und APL, 221/29413, Ghettoverwaltung Litzmannstadt an die Bochumer Schürzenfabrik, 23.12.1942.

295 Vgl. APL, 221/29387, Ghettoverwaltung Litzmannstadt an die Firma Elbert & Co. Aschaffenburg, 10.10.1941.

296 Vgl. APL, 221/29246, Aufstellung der Jahresumsätze 1942; APL, 221/29260, Aufstellung der Beschäftigten nach Gruppen (4.3.1944); BA, R 13 XV/53, Arbeitskräfte in der Bekleidungsindustrie (30.6. 1944) und BA, R 3/3897, Wirtschaftsgruppe Bekleidungsindustrie: Die deutsche Bekleidungsindustrie im Kriege 1943, S. 5. Umsatzzahlen der Branche sind nur für 1942, Beschäftigtenzahlen nur für 1944 vorhanden.

297 BA, R 164/121, Forschungsstelle, Neuordung, S. 29.

298 Vgl. Boelcke, Willi A.: Die deutsche Wirtschaft 1930–1945. Interna des Reichswirtschaftsministeriums. Düsseldorf 1983, S. 335. Neckermann ließ auch im Ghetto Bialystok produzieren, vgl. Veszelits, Die Neckermanns, S. 150–152.

299 Neckermann, Erinnerungen, S. 136.

portation retten konnten (s.o.), mag die zynische Einlassung Neckermanns durchaus zutreffen. Dennoch konnten Neckermann als einer der größten Auftraggeber des Ghettos sowie Geschäftsführer der ZLG und Leiter der Reichsstelle für Kleidung die Zustände im Ghetto nicht verborgen geblieben sein (vgl. Kap. 4.7). Die dort herrschenden Bedingungen nutzte er jedenfalls ausgiebig, um seinem eigenen Unternehmen und auch staatlichen Planungsstellen Aufträge zu sichern. Das Schicksal der dort lebenden und arbeitenden Juden hatte für ihn sicherlich nicht höchste Priorität.

Tabelle 21: Aufträge der Textilabteilung im Ghetto Litzmannstadt Juli 1941 bis März 1943 in RM[300]

Zeitraum	Felina	Spiesshofer & Braun	Erich Assmann	Josef Neckermann	Rudolf Karstadt	Heinrich Leineweber	gesamt privat	gesamt Wehrmacht	insg.
3.Q. 41				80.061		23.199	578.888	1.787.880	2.366.769
1.Q. 42	22.934	31.329	43.772	219.184	14.425	27.400	1.024.462	877.427	1.901.888
2.Q. 42	41.274	42.956	26.424	185.060	13.226	3.173	1.041.654	618.190	1.659.844
3.Q. 42	38.855	35.713	25.149	126.894	13.690	8.591	929.147	1.294.511	2.223.658
4.Q. 42	44.981	22.864	15.378	158.959	29.595		1.050.167	791.942	1.852.108
1.Q. 43	45.149	28.110	20.703	274.217	15.805	1.893	1.208.034	1.476.695	2.684.728
2.Q. 43	22.613	29.327	8.263	309.062	15.879		1.134.356	1.179.472	2.312.828

Quelle: APL, 221/29246, Auftragsbücher der Textilabteilung.

In etwas kleinerem Umfang ließen die Firmen Rudolf Karstadt und Heinrich Leineweber im Ghetto produzieren. Im Bereich Korsette und Büstenhalter stellten die Firmen Spiesshofer & Braun (vgl. Kap. 7.3.2.3) und Felina[301] ab 1942 den größten Teil der Aufträge. Die Übersicht der Produktionszahlen bestätigt noch einmal, dass 1942 (auch noch in den ersten drei Quartalen 1943) insgesamt mehr Teile für den privaten Bereich als für die Wehrmacht hergestellt wurden. Zu beachten ist, dass in dieser Tabelle nicht

300 In der Tabelle sind einige der größten privaten Auftraggeber des Ghettos erfasst. Insgesamt ließen deutlich mehr Privatfirmen im Ghetto fertigen. Alle Aufträge zusammen sind in „gesamt privat" erfasst. Angaben für Oktober bis Dezember 1941 sind nicht überliefert.

301 Zur Produktion von Felina im Ghetto Litzmannstadt vgl. Fritsche, Christiane: Ausgeplündert, zurückerstattet und entschädigt. Arisierung und Wiedergutmachung in Mannheim, Ubstadt-Weiher u.a. 2013, S. 631–633.

nur Kleidung, sondern auch Bettwäsche, Teppiche u. ä. gezählt wurden. Sie gibt aber auch Aufschluss darüber, welche Produkte in welchen Stückzahlen hergestellt wurden:

Tabelle 22: Produktionszahlen der Textilabteilung im Ghetto Litzmannstadt 2. Quartal 1942 bis 3. Quartal 1943 in Stück (Auszug)[302]

Zeitraum	Anzüge	BHs und Hüfthalter	DOB Kleider	Drillichhosen	Tuchmäntel	Winterhosen	Feldblusen	gesamt Konfek-tion	gesamt Wehrmacht
2.Q. 42	32.555	242.673	49.368	48.946	3		6.591	2.035.731	1.676.160
3.Q. 42	24.136	211.585	25.537	26.997			4.768	1.454.314	1.775.818
4.Q. 42	22.270	204.427	30.870	32.975			9.805	1.498.666	760.787
1.Q. 43	29.619	171.709	81.735	12.417	75.797		40.134	1.917.756	638.957
2.Q. 43	40.560	226.096	59.031	23.118	17.676		62.718	1.452.374	1.253.071
3.Q. 43	53.324	296.557	20.660	18.268	29.128	45.762	51.318	2.006.814	1.301.876

Quelle: APL, 221/29246, Aufstellung über die Produktion der Textilabteilung.

Auch wenn man sich die Jahresumsätze der Textilabteilung 1942 in Tabelle 23 anschaut, kann man sehen, dass sowohl bei den Stückzahlen (mengenmäßig) als auch bei den RM-Beträgen (wertmäßig) der größere Teil des Umsatzes von den Privataufträgen stammt. Schaut man sich einzelne Monate, wie z. B. Februar an, kann sich das Verhältnis umkehren, hier wurden mengen- und wertmäßig mehr Stücke für die Wehrmacht produziert, in den meisten Monaten jedoch und über das Jahr verteilt manifestiert sich die Bedeutung der Privataufträge für die Ghettoverwaltung.

Tabelle 23: Jahresumsätze in RM und Stückzahlen der Textilabteilung im Ghetto Litzmannstadt 1942

Monat	Privat RM	Wehrmacht RM	Privat Stückzahl	Wehrmacht Stückzahl	Jahresumsatz/ Stückzahl privat	Jahresumatz/ Stückzahl Wehrmacht
Jan	418.482,56	224.497,89	279.464	277.435	1,50	0,81

302 In der Tabelle wurden einige ausgewählte Produkte erfasst. Das Ghetto produzierte viele weitere Konfektionsartikel. Die gesamte Produktion ist in den Spalten „gesamt Konfektion“ und „gesamt Wehrmacht“ zu finden.

Tabelle 23: Jahresumsätze in RM und Stückzahlen der Textilabteilung im Ghetto Litzmannstadt 1942 *(Fortsetzung)*

Monat	Privat RM	Wehrmacht RM	Privat Stückzahl	Wehrmacht Stückzahl	Jahresumsatz/ Stückzahl privat	Jahresumatz/ Stückzahl Wehrmacht
Feb	256.139,55	358.534,13	247.965	330.069	1,03	1,09
Mrz	349.839,73	294.394,63	296.525	192.920	1,18	1,53
Apr	386.482,65	320.835,48	134.297	665.822	2,88	0,48
Mai	237.144,74	104.744,43	143.480	185.617	1,65	0,56
Jun	418.026,34	192.609,93	376.765	94.950	1,11	2,03
Jul	262.174,70	414.956,59	220.867	126.513	1,19	3,28
Aug	456.742,10	589.505,48	322.748	137.948	1,42	4,27
Sep	210.229,85	181.794,69	146.500	80.525	1,44	2,26
Okt	273.180,67	181.794,69	173.908	41.115	1,57	4,42
Nov	403.157,83	358.691,93	246.583	83.659	1,63	4,29
Dez	373.828,23	261.455,74	211.196	54.799	1,77	4,77
gesamt	4.045.428,95	3.592.070,14	2.710.298	2.271.372	1,49	1,58

Quelle: APL, 221/29246, Aufstellung der Jahresumsätze 1942.

Die Auswertung des Zahlenmaterials zeigt, dass die von Biebow aufgestellte – und in der Literatur übernommene[303] – These, dass 90 Prozent der Ghettoproduktion an die Wehrmacht gingen, nicht aufrecht erhalten werden kann, zumindest nicht für den hier untersuchten Bereich Textil. Im Jahr 1942 dominierten die Privatfirmen mengen- und wertmäßig gesehen. Auch wenn 1941 und 1943 (wertmäßig) mehr Wehrmachts- als Privataufträge eingingen, kann das Verhältnis Wehrmachts- zu Privataufträgen 1941 maximal im Verhältnis 3:1 gesehen werden. Die amgeblich 90-prozentige Auslastung mit Wehrmachtsaufträgen scheint eher eine interessengeleitete Darstellung nach außen gewesen zu sein, wie ein Schreiben des Oberst der Rüstungsinspektion des Wehrkreises XXI Egmont Lebsanft im Herbst 1941 an die Reichsapothekerkammer beweist. Er berichtet, dass es sich bei der „Ghettoverwaltung Litzmamnstadt nicht um eine Verwaltung, sondern um ein kriegswichtiges Unternehmen der Stadt Litzmannstadt“[304] handele, das mit „95 Prozent Wehrmachtaufträgen“[305] belegt sei. Das Ziel

303 Vgl. z. B. Löw, Arbeit; S. 295, Loose, Einleitung, S. 16 und Alberti, Michael: Die Verfolgung und Vernichtung der Juden im Reichsgau Wartheland 1939–1945, Wiesbaden 2006, S. 266

304 APL, 221/29235, Oberst Egmont Lebsanft und Inspektor der Rüstungsinspektion des Wehrkreises XXI an die Reichsapothekerkammer Wartheland, 10.10.1941.

einer solchen Darstellung war wohl auch, bei der Zuteilung von Materialien und Betriebsstoffen wie ein Rüstungsbetrieb behandelt zu werden.[306]

Neben der Neuanfertigung von Kleidungsstücken wurden in Litzmannstadt aber auch alte wieder instand gesetzt, insbesondere Ausrüstungsgegenstände für die Soldaten. Vom 19.7. bis 24.7.1942 beispielsweise wurden neben der Herstellung von 17.000 Groß- und 12.000 Kleinteilen auch 18.000 Kleidungsstücke repariert und wieder instand gesetzt.[307] Das Verhältnis der Instandsetzungen im Verhältnis zu den Neuproduktionen schwankte, lag in der Mehrzahl der Monate aber zwischen einem Drittel und der Hälfte der Neuaufträge.[308]

Die folgende Tabelle gibt Aufschluss darüber, wie teuer und aufwendig die Produktion der einzelnen Kleidungsstücke war. Während Arbeitshosen und Arbeitsblousons für ca. 0,30 RM Arbeitslohn pro Stück hergestellt wurden, musste für einen Herrenanzug 17,50 RM bezahlt werden.

Tabelle 24: Stückzahlen und Arbeitslöhne in RM im Ghetto Litzmannstadt 26.4.1942 bis 2.5.1942

Produktion	Stückzahl	Arbeitslohn in RM	Arbeitslohn pro Stück in RM
Schutzanzüge gefüttert	1.027	4.268,69	4,17
Arbeitshosen	133	44,95	0,33
Tuchhosen	1.190	2.677,50	2,25
Arbeitsblousons	141	51,04	0,36
Drillichhosen	13	14,43	1,11
Schulterklappen	1.111	215,53	0,19
Schutzanzüge ungef.	1.279	3.709,10	2,90
Herrenanzüge	5	87,50	17,50
Herrenmäntel	2	15,00	30,00

Quelle: APL, 278/2335, Aufstellungen über Stückzahlen und Arbeitslöhne.

Eine Aufstellung der Arbeitslöhne in der Schneiderei für April 1942 dokumentiert, dass als Grundgehalt bei der Mehrheit der Arbeiter zwischen 20 und 50 Mark pro Monat berechnet wurde, in der Korsett- und Büstenhalterabteilung zwischen 60 und 80,

305 APL, 221/29235, Oberst Egmont Lebsanft und Inspektor der Rüstungsinspektion des Wehrkreises XXI an die Reichsapothekerkammer Wartheland, 10.10.1941.

306 Vgl. APL, 221/29235, Oberst Egmont Lebsanft und Inspektor der Rüstungsinspektion des Wehrkreises XXI an die Reichsapothekerkammer Wartheland, 10.10.1941.

307 Vgl. APL, 221/29258, Textilabteilung an Biebow, Lieferung der Groß- und Kleinteile für Wehrmachtsaufträge, 27.7.1942

308 Vgl. APL, 221/30619, Wochenberichte der Produktion.

wovon aber nur ca. ein Drittel oder wengier ausbezahlt wurde.[309] Bis September 1940 galt folgende Regelung: Der größte Teil des Lohns wurde an den Gauleiter bzw. das „Aufbaukonto der NSDAP" überwiesen, während der Ghettoverwaltung für jede geleistete Arbeitsstunde 0,10 RM zu überweisen waren. An den einzelnen Arbeiter gelangten jedoch nur 0,07 RM zur Auszahlung, da zur Deckung der durch die Ghettoverwaltung entstehenden Unkosten von allen Geldeingängen 15 Prozent einbehalten wurden. Darüber hinaus kam es zu einem Abzug von 10 Prozent von der Lohnsumme, da der Obmann der Schneider für die Unterhaltung seines Abrechnungsbüros, der Regelung der Rohstoffbeschaffung usw. einen Unkostenbeitrag von 10 Prozent erhielt. Karl Marder, der Oberbürgermeister der Stadt Litzmannstadt, prangerte diese Regelung im August 1940 in einem Brief an den Reichstreuhänder der Arbeit und Reichsstatthalter in Litzmannstadt Kendzia an, da der Anreiz für die jüdischen Arbeiter bei der geringen Entlohnung auf ein Minimum absinke. Bei einem Stundenlohn von 0,07 RM und einem Wochenlohn von drei bis vier RM könne sich ein Arbeiter nicht einmal so viel Brot beschaffen, wie er in den Einrichtungen der Wohlfahrt des Ältesten der Juden erhalten könne. Im Ghetto herrsche der Grundsatz der Selbstfinanzierung vor, dieser solle auch beibehalten werden, deswegen bat Marder, von den Abführungen an das Aufbaukonto abzusehen.[310] Diese Bitte scheint wohl nicht bis zum Reichsstatthalter vorgedrungen zu sein, wie ein erneuter Brief Marders vom 10.9.1940 beweist.[311] Inzwischen hatte der Reichsstatthalter am 5.9.1940 eine neue Anordnung über die Vergütung der Juden erlassen:

> Meine auf Grund des §1 der Verordnung über die Lohngestaltung vom 25. Juni 1938 erlassene Anordnung vom 6. August 1940 ändere ich mit der Wirkung vom 9. September 1940 wie folgt ab: An den Oberbürgermeister von Litzmannstadt, Ernährungs- und Wirtschaftsstelle Ghetto, Litzmannstadt [...] sind (nicht 10 Pfg. für jede Arbeitsstunde) 35 v.H. des in der entsprechenden Anordnung oder Tarifordnung vorgesehenen Stundenlohns oder Entgeltes zu überweisen.[312]

Laut einem Bericht des deutschen Rechnungshofes scheint den jüdischen Beschäftigten mit dieser Regelung noch weniger von der Lohnsumme geblieben zu sein als vorher, dies zeigt auch eine Aufstellung der Entlohnung in den Ghettos Löwenstadt (Brzeziny) und Pabianice. Auch dort waren mehrere tausend Juden mit Bekleidungsherstellung beschäftigt, insbesondere von der Firma Bekleidungswerke Günter Schwarz KG aus Litzmannstadt. In Löwenstadt lag der Durchschnittslohn bei 43,28 RM pro Monat, wovon die jüdischen Beschäftigen bis zum 14.9.1940 21,64 RM erhielten. Ab der neuen Vergütungsregelung vom 15.9. blieben ihnen vom Lohn nur noch 15,15 RM, der Rest ging an die Behörden. Der Tageslohn in Löwenstadt lag bei 1,66 RM (davon erhielten die jüdischen Beschäftigen bis 14.9.1940 0,83 RM, ab dem 15.9. 0,58

309 Vgl. APL, 278/2406 und APL, 278/2425, Gehaltslisten Januar und April 1942.
310 Vgl. APL, 221/29234, Karl Marder an den Reichsstatthalter Litzmannstadt, 21.8.1940.
311 Vgl. APL, 221/29234, Karl Marder an den Reichsstatthalter Litzmannstadt, 10.9.1940.
312 APL, 221/29234, Anordnung des Reichsstatthalters Kendzia über die Vergütung der Juden, 5.9. 1941.

RM), in Pabianice bei 4,01 RM (davon erhielten die jüdischen Beschäftigen bis zum 14.9.1940 2 RM, ab dem 15.9. 1,40 RM). Ob der Anteil den einzelnen Beschäftigten oder der Judengemeinschaft in voller Höhe zugeflossen ist oder von der Ortsbehörde vorher noch um die Aufwendungen für die Unterhaltung des Juden-Wohnviertels gekürzt worden ist, konnte nicht aus den Steuerakten ermittelt werden.[313]

Der durchschnittliche tarifliche Stundenlohn eines Facharbeiters in der Industrie lag 1940 bei 0,79 RM pro Stunde. Bei acht bis neun Stunden Arbeit kamen die Industriearbeiter so auf 6,32 bis 7,11 RM pro Tag. Selbst ein Hilfsarbeiter verdiente mit 0,62 RM pro Stunde und 4,96 bis 5,58 RM pro Tag deutlich mehr.[314] Es darf jedoch nicht außer Acht gelassen werden, dass für die Ghettobewohner weniger das Geld, das sie erhielten, sondern vielmehr die Mahlzeit während der Arbeit entscheidend war. Die dort ausgegebene Suppe war die Hauptverpflegungsmöglichkeit des Tages. Außerdem war es wichtig, arbeitsfähig zu bleiben und so einer drohenden Deportation zu entgehen.

Ab 17.6.1942 erhielten jüdische Arbeitskräfte im Reichsgau Wartheland nach einer Anordnung des Reichsstatthalters keinen Lohn mehr, es waren lediglich Prämien in Höhe von 1,50 RM pro Woche erlaubt. Für jede zugewiesene Arbeitskraft war nun von den Firmen zur Unterhaltung der nicht einsatzfähigen Juden ein Betrag von 0,70 RM pro Tag an die Ghettoverwaltung zu zahlen. Die Arbeitszeit wurde auf 10 Stunden pro Tag festgelegt.[315] Die Wehrmacht bezahlte die gleichen Preise wie die Privatbetriebe an die Ghettoverwaltung.[316]

Ende des Jahres 1944 begannen die Wirtschaftsgruppe Bekleidungsindustrie und die ZLG Ware und Maschinen aus dem Ghetto zu räumen. Die Materialien wurden an deutsche Firmen verteilt.[317] Die Ware wurde zunächst mit dem Zug nach Posen gebracht, dort auf Kähne umgeladen und in verschiedenen Lagern in Sachsen und Schlesien verteilt. Von dort gelangte sie zu von der Wirtschaftsgruppe Bekleidungsindustrie ausgesuchten Firmen.[318]

KZ Ravensbrück

Am 21.6.1940 wurde die Gesellschaft für Textil- und Lederverwertung mbH (Texled) in Berlin von August Frank, Chef des Verwaltungsamtes der Waffen-SS, und Georg Lörner, Chef des Amtes Haushalt im SS-Hauptamt Haushalt und Bauten, gegründet.[319]

313 Vgl. APL, 221/29234, Niederschrift des Beauftragten des Rechnungshofes des Deutschen Reiches über die örtliche Prüfung der Ernährungs- und Wirtschaftsstelle Ghetto des Oberbürgermeisters der Stadt Litzmannstadt, Anlage 6: Beschäftigung von Juden durch Privatfirmen.

314 Vgl. Länderrat, Handbuch, S. 472.

315 Vgl. APL, 221/29245, Anordnung über die Beschäftigung jüdischer Arbeitskräfte im Reichsgau Wartheland, 17.6.1942.

316 Vgl. APL, 221/29245, Monatsbericht April 1941.

317 Vgl. BA, R 13 XV/17, Fachgruppe BeSpo an die Wirtschaftsgruppe Bekleidungsindustrie Hauptabteilung V, 16.2.1945.

318 Vgl. BA, R 13 XV/18, Besprechung der ZLG bzgl. der Litzmannstädter Ware, 5.12.1944.

319 Vgl. BA NS 3/134, Geschäftsberichte Texled 1940/41, S. 4.

Lörner war seit 1933 in der SS-Verwaltung zuständig für Bekleidungs- und Ausrüstungsfragen.[320] Beide brachten je 10.000 RM des Stammkapitals von 20.000 RM ein. Sitz der Gesellschaft war zunächst Dachau, wo die Texled eine Schneiderei und eine Schuhmacherei betrieb. Ab dem 1. Oktober gingen diese Betriebe auf das Bekleidungswerk der Waffen-SS über und die Texled beschränkte sich auf die Betriebe in Ravensbrück, wo sie im Juli 1940 eine Schneiderei, eine Strickerei und eine Rohrmattenflechterei übernommen hatte.[321] Die GmbH wurde am 10.6.1941 Tochtergesellschaft des Konzerns Deutsche Wirtschaftsbetriebe GmbH Berlin, die die einzelnen Wirtschaftsbetriebe der SS als Dachgesellschaft zusammenfassen sollte. Alleiniger Gesellschafter war der spätere Wirtschafts- und Verwaltungshauptamtschef Oswald Pohl. Die GmbH unterstand dem Amt W VI des SS-Wirtschaftsverwaltungshauptamtes und erhielt Aufträge über die Beschaffungsstelle der Waffen-SS.[322] Am 10.7.1941 wurde das Kapital der Texled auf 1,7 Millionen RM erhöht,[323] 1944 auf 3 Millionen RM, weil alle Aufträge in der Folge Vollaufträge waren und die Texled das Material ankaufen musste. Außerdem erfolgte die Umbenennung in Deutsche Textil- und Bekleidungswerke GmbH.[324] Gegenstand des Unternehmens war nach §3 des Gesellschaftsvertrages die „Herstellung von Ausrüstungs- und Bedarfsgegenständen militärischer und ziviler Art vornehmlich aus Textilien und Leder sowie aus den in eigenen oder fremden Produktionsstätten anfallenden Ausfall- oder Altstoffen.“[325]

Anfangs führte die Texled Lohnaufträge für das Bekleidungswerk der Waffen-SS Dachau aus.[326] Das Bekleidungswerk der Waffen-SS gehörte nicht zur Texled, unterhielt aber seit Juli 1940 eine Außenstelle in Ravensbrück, um die Anlieferung von Fertigmaterial und den Abtransport der Produkte zu rationalisieren. Leiter der Außenstelle war Josef Ketterl.[327] Es bestand eine enge Verbindung zum Bekleidungswerk (Eigentum des Reiches), da der Leiter des Bekleidungswerkes SS-Hauptsturmführer Lechler Geschäftsführer der Texled war und somit Auftraggeber und -nehmer in einer Person.[328] Das Bekleidungswerk nahm alle Waren der Texled ab und bezahlte sie aus dem Haushalt der Waffen-SS. Diese Konstruktion führte dazu, dass die Texled als einziges SS-Unternehmen von Anfang an schwarze Zahlen schreiben konnte. Dies lag

320 Vgl. Strebel, Bernhard: Das KZ Ravensbrück. Geschichte eines Lagerkomplexes, Paderborn 2003, S. 213.

321 Vgl. BA NS 3/134, Geschäftsberichte Texled 1940/41, S. 4 und S. 6.

322 Vgl. MGR, LAG/O-1, Bericht 67a Friederieke Jaroslavsky (Original: Dokumentationsarchiv Berlin Bestand Ravensbrück Band 7,8,11, FKL Ravensbrück).

323 Vgl. MGR, GD/1–2, Vermerk über die Gesellschaft für Textil- und Lederverwertung mbH, Dachau und Ravensbrück (undatiert, ca. 1941/42), (Original: Dokumentationsarchiv Österreichischer Widerstand Wien, Nr. 2858), S. 3.

324 Vgl. MGR, LAG/O-8, Friederieke Jaroslavsky, Bericht über das Bekleidungswerk in Ravensbrück, 18.6.1948, S. 4.

325 BA NS 3/134, Geschäftsberichte Texled 1940/41, S. 4.

326 Vgl. MGR, LAG/O-1, Bericht 67a Jaroslavsky.

327 Vgl. Strebel, Ravensbrück, S. 215.

328 Vgl. MGR, GD/1–2, Vermerk Texled, S. 2.

sicherlich aber zu einem nicht unerheblichen Anteil auch an der Möglichkeit, die KZ-Häftlinge als billige Arbeitskräfte auszubeuten, was in den anderen SS-Betrieben nicht in diesem Maße der Fall war.[329]

Im Juli 1940 übernahm die Texled in Ravensbrück die dort schon vorhandenen Betriebe Schneiderei, Strickerei und Rohrmattenflechterei mit 141 Häftlingen.[330] Nach einem vertraulichen Vermerk des Rechnungshofes des Deutschen Reiches über die Texled vom Spätsommer 1941 ging die Einrichtung der Textilbetriebe auf persönliche Anregungen Himmlers im Zusammenhang mit einer Besichtigung des Lagers zurück.[331] Bis Anfang 1941 wurden drei neue Baracken für Schneiderei, Rohrmatten- und Strohflechterei errichtet, die nun 700 Häftlingen Platz boten. Eingerichtet wurden die Baracken mit modernen Pfaff- und Dürrkopp-Nähmaschinen sowie weiteren Spezialmaschinen. Die Baukosten übernahm das Reich. Der Hauptgrund für die Errichtung einer Schneiderei lag darin, dass es sich um ein Frauen-KZ handelte; weibliche Häftlinge sah man für diese Arbeit als besonders geeignet an. Außerdem konnte der Bedarf an Häftlingskleidung auch von ungelernten Kräften gestellt werden. Vorher war die Nachfrage von der allgemeinen SS und dann von dem auf das Reich übergegangenen Bekleidungswerk der Waffen-SS durch Lohnaufträge an die Bekleidungsindustrie gedeckt worden. Im Kriegsfall war dies aber aufgrund des Vorranges der Wehrmachtsfertigung schwierig. Außerdem boten die Häftlinge im KZ die Möglichkeit, Kleidung sehr preiswert herzustellen.[332] Außerhalb des KZ gab es noch eine Baracke für Privatschneiderei.[333] Dort arbeiteten vorwiegend tschechische Häftlinge, die als Näherinnen oder Schneider ausgebildet waren. In der Privatschneiderei wurden Neuanfertigungen für die Aufseherinnen und Frauen der SS-Männer genäht.[334]

Zunächst arbeiteten die Häftlinge in Holzbaracken. Ab 1943 nahm der Anteil der für die SS zu fertigenden Bekleidungsstücke stark zu, deswegen ließ die Texled moderne Steinbauten im Industriehof errichten. Es entstanden die Schneiderei I, Weberei, Kürschnerei und eine Lagerhalle. In der großen Schneiderei I befanden sich 15 Schiebebänder und je 26 elektrische Nähmaschinen. In jeder Tag- und Nachtschicht arbeiteten dort ca. 600 Häftlinge. Es war keine Ventilation vorhanden und es herrschte ständig schlechte Luft, wie die ehemaligen Insassinnen berichten. In der Nacht waren 15 Minuten Pause um Mitternacht, am Tag eine halbe Stunde mittags.[335] Das Arbeitspensum wurde ständig erhöht. Am Anfang wurden pro 12-Stunden-Schicht 120

329 Vgl. Schulte, Jan-Erik: Zwangsarbeit und Vernichtung. Das Wirtschaftsimperium der Waffen-SS. Oswald Pohl und das Wirtschafts-Verwaltungshauptamt 1933–1945, Paderborn u. a. 2001, S. 134 f.

330 Vgl. BA NS 3/134, Geschäftsberichte Texled 1940/41, S. 6.

331 Vgl. Strebel, Ravensbrück, S. 214.

332 Vgl. BA NS 3/134, Geschäftsbericht Texled 1940/41, S. 7 und S. 11–13.

333 Vgl. MGR, RAV-VA/330, Erika Buchmann, Bericht 3, 1949.

334 Vgl. MGR, LAG/O-8, Jaroslavsky, Bericht, S. 13.

335 Vgl. MGR, RAV-VA/333, Fragebögen, Zwangsarbeit im Frauen KZ Ravensbrück „Textilfertigung für die SS-Wirtschaft", Maria Bawol, ohne Datum.

Tarnjacken gefordert, am Ende des Krieges 200.[336] Dies wog umso schwerer, da die wenigsten Frauen gelernte Schneiderinnen waren.[337] Im ersten Jahr wurde in der Schneiderei bis zum 31.3.1941 Ware im Wert von knapp 200.000 RM produziert, darunter ca. 25.000 Tuch- und Feldblusen sowie 17.000 Tarnjacken.[338]

1940 bis 1943 wurden Häftlingskleider (Jacken, Hosen und Tuchmäntel) und Uniformen für die SS hergestellt.[339] Ab 1942 wurde auch Kleidung für weibliche KZ-Häftlinge genäht, insbesondere Winter- und Sommerkleider sowie Hosen und Hemden. Die Schneiderei in Ravensbrück stellte 1943 100 Prozent des Bedarfs an Häftlingskleidung und 80 Prozent des Bedarfs der Waffen-SS her. Außerdem wurden SS-Uniformen für die besetzten Gebiete umgeändert. Seit 1944 gab es ein Instandsetzungswerk im Industriehof für Truppenbekleidung der SS. Die zerfetzte, zerschlissene und mit Blut bespritzte Kleidung war mangelhaft desinfiziert und z.T. fanden sich in den Uniformen noch abgetrennte Gliedmaßen.[340]

Das Rohmaterial für die Fertigung stammte aus den anderen KZs oder auch aus Aufrufen zur Sammlung von Winterkleidung für die Wehrmacht. Die Überlebende Maria Wiedmaier berichtete von Briefen der Spender, die um Antwort der Empfänger baten und oftmals die letzte warme Kleidung abgaben, in der Hoffnung, damit ihre Angehörigen an der Front versorgen zu können. Die sortierten warmen Sachen gingen stattdessen in die Reißerei, damit wieder Material für neue Uniformen zur Verfügung stand.[341] Auch in den wiederverwendeten Kleidern aus anderen KZs befanden sich Uhren, Wertpapiere u. ä.[342] Außerdem wurde viel Beutegut aus Polen und Italien verarbeitet.[343]

Das Werk in Ravensbrück war der Stoßbetrieb des Bekleidungswerkes der Waffen-SS, bei dringenden Aufträgen wurde die Ware dort gefertigt. Im ersten Winter des Russlandfeldzuges wurde warme Pelzbekleidung hergestellt. Die Verwaltungsangestellte Alfredine Nenninger berichtete nach dem Krieg: „Die Soldaten der Wehrmacht konnten frieren, die Herren der SS waren in weiser Voraussicht auf alle schlechten Jahreszeiten vorbereitet."[344] Beim Rückzug aus Griechenland und Albanien mussten 15 Divisionen neu eingekleidet werden, auch hierfür arbeitete die Schneiderei in Ravensbrück.[345]

---

336 Vgl. MGR, NMG 19 – 62, Frauen-KZ Ravensbrück Abt. Industriehof, Hilde Fischer, Helene Potetz, Rosa Jochmann, Maria Wiedmaier, 1948.

337 Vgl. MGR, P-HAST/2 – 2 – 5, Maria Wiedmaier: Der „Schinder der Schneiderei", Aug. 1948 (Original: BStU Archiv der Zentralstelle, MfS- HA IX/11 ZM 1639 Akte 2, 090156), S. 3.

338 Vgl. MGR, GD/1 – 2, Vermerk Texled, S. 3 f.

339 Vgl. MGR, RAV-VA/330, Erika Buchmann, Bericht 3, 1949.

340 Vgl. MGR, LAG/O-8, Jaroslavsky, Bericht, S. 8 und S. 13.

341 Vgl- MGR, P-HAST/2 – 2 – 5, Wiedmaier, Schinder, S. 3.

342 Vgl. MGR, Slg Bu 26, Bericht 391, Alfredine Nenninger, Erlebnisse im KZ Ravensbrück und bei den Wirtschaftsbetrieben der Waffen-SS, 21.6.1945, S. 5.

343 Vgl. MGR, LAG/O-8, Jaroslavsky, Bericht, S. 6.

344 MGR, Slg Bu 26, Bericht 391, Nenninger, Erlebnisse, S. 9.

345 Vgl. MGR, Slg Bu 26, Bericht 391, Nenninger, Erlebnisse, S. 9.

Betriebsleiter Fritz Opitz[346] verfügte über geringe kaufmännische Kenntnisse.[347] Alfredine Nenninger, kaufmännische Angestellte in der Buchhaltung, berichtete nach dem Krieg über die schlechte Bildung Opitz‘ und dessen offensichtlich zweifelhaften Charakter:

> Von Beruf Schneider und von Natur aus mit gutem praktischen Sinn und grosser Energie begabt, darüber hinaus konnte er keinen Satz in gutem Deutsch sprechen noch Deutsch schreiben. Es war die Aufgabe seiner Mitarbeiter, die Diktate in einwandfreiem Deutsch zu übertragen. Ebenso besass er keinen Lebensstil und litt unter starken Minderwertigkeitskomplexen, die er durch Szenen vom ‚grossem Chef' zu vertuschen suchte.[348]

Opitz machte sich wohl auf Kosten der Häftlinge ein schönes Leben, wie Maria Wiedmaier nach dem Krieg berichtete: „Das Gold, das in den Taschen der jüdischen Frauen und Kinder, in Pelzmänteln und Decken eingenäht war, musste Opitz abgeliefert werden, der wie ein König lebte.“[349] Nach dem Krieg berichtete Getrud Popp über ihre Häftlingszeit und Opitz:

> Opitz, einstiger Hauptsturmführer und Leiter der Dachauer Betriebe, war ein Schrecken des Industriehofes. Neben Gustav Binder war er der Gewalttätigste. Er verlangte in den Schneidereibetrieben ein tägliches Pensum, das in einer normal geführten Werkstätte einfach für unmöglich erklärt worden wäre. 160 Wintermängel (sic!) und 220 Tarnjacken waren für ihn Selbstverständlichkeiten. Wer bei diesem Tempo nicht mitkam, dem in der Aufregung an der Nähmaschine eine Nähnadel abbrach, oder wer seine Arbeit nicht mit der präsisesten (sic!) Genauigkeit ausführte, konnte die harten Faustschläge eines Opitz, Binder und Graf verspüren.[350]

Gefürchtet war von den Frauen v. a. der stellvertretende Betriebsleiter Gustav Binder, der von ehemaligen Häftlingen wie folgt beschrieben wurde:

> Der Anführer der SS-Prügelgarde war der SS-Unterscharführer Gustav Binder [...]. Dieser Mann – ein ungeschlachteter, gedrungener Bauerntyp mit Stiernacken – flößte schon durch seinen Gang und seine Stimme den Häftlingen den größten Schrecken ein. Wenn in irgendeinem Schneiderbetrieb nach Meinung der Betriebsleitung etwas nicht funktioniert, wurde ‚Schinderhannes' auf die Häftlinge gehetzt. Zum Beispiel in einer Schneiderei hatte ein Band ein Pensum nicht erreicht. Es war Arbeitsschluß. Die Frauen saßen müde, abgehetzt und verzweifelt bei ihren Maschinen. Sie wußten, was ihrer harrte. – Und nun kam ‚Schinderhannes‘! Mit rotem Kopf, hervorgequollenen Augäpfeln, geballten Fäusten und unartikuliertem Gebrüll stürzte er sich von einer Näherin zur anderen, riß sie an den Haaren, schlug sie mit dem Kopf gegen die Maschine, schlug mit den Fäusten auf sie los, so lange, bis er selber völlig erschöpft war. Der ganze Betrieb hielt den Atem

346 Vgl. BA NS 3/1341, Geschäftsbericht Texled 1941/42, S. 5.

347 Vgl. MGR, LAG/O-8, Jaroslavsk, Bericht, S. 7.

348 MGR, Slg Bu 26, Bericht 391, Nenninger, Erlebnisse, S. 4.

349 MGR, NL 7/4–9, Maria Wiedmaier, Bericht über Hauptsturmführer Opitz, Eidesstattliche Erklärung, 10.5.1947, S. 1.

350 MGR, NL 7/4–9, Gertrud Popp, Bericht über die Dachauer Betriebe ehem. Hauptsturmführer Opitz, 30.4.1947.

an. [...] Es verging kein Tag, an dem Binder nicht geprügelt hat und flüsternd ging es von Baracke zu Baracke: Binder tobt![351]

Der Leiter der Außenstelle des Bekleidungswerkes der Waffen-SS im KZ Josef Ketterl war wohl der einzige ranghöhere SS-Mann, der von den Überlebenden als „menschlich anständig“[352] bezeichnet wurde. Gertrud Popp berichtete 1947, „Ketterl hatte Verständnis für die kleinen Sorgen, die uns Häftlinge bewegten.“[353]

Im ersten Jahr arbeiteten ca. 600 Häftlinge für die Texled. Ab Juni 1941 stieg die Zahl kontinuierlich an, der Höchststand wurde im September 1942 mit 5.082 Häftlingen erreicht. Danach fiel die Zahl wieder ab und schwankte 1943 zwischen 3.000 und 4.000. Der Rückgang wurde durch maschinelle Rationalisierung und Einsetzung der Häftlinge in Rüstungsbetrieben hervorgerufen. In der Schneiderei war ein Drittel bis die Hälfte aller eingesetzten Arbeiterinnen tätig. Ab April 1942 gewann die Kürschnerei an Bedeutung, wo zeitweise die Hälfte aller Häftlinge arbeitete.[354] 20 bis 30 Aufseher waren für sie verantwortlich.[355] Die Anzahl der SS- und Zivilangestellten schwankte 1942 zwischen 40 und 50.[356] Abbildung 10 zeigt, wie sich die Zahl der Häftlinge, die für die Texled arbeiteten, von Juli 1940 bis Dezember 1943 entwickelte.

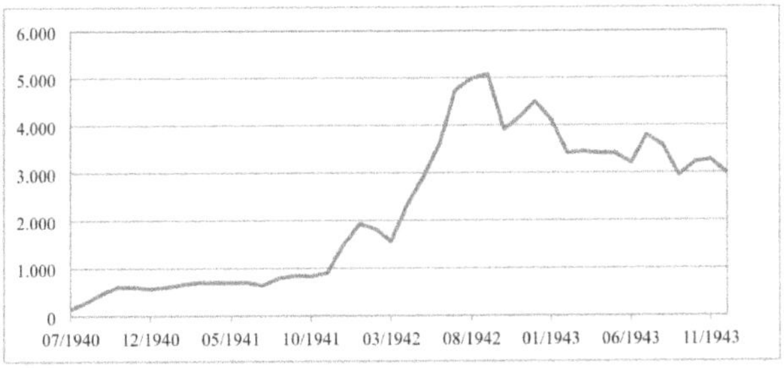

Abbildung 10: Für die Texled arbeitende Häftlinge in Ravensbrück Juli 1940 bis Dezember 1943
Quelle: Strebel, Ravensbrück, S. 221.

Folgende Tabelle bringt die Preise pro drei Stück zum Ausdruck. Bei Tuchhosen und Tuchjacken konnten die Preise 1940/41 gegenüber dem Jahr zuvor noch gesenkt

351 MGR, NMG 19–62, Frauen KZ Ravensbrück Abt. Industriehof, Hilde Fischer, Helene Potetz, Rosa Jochmann, Maria Wiedmaier, 1948.
352 MGR, NL 7/4–9, Gertrud Popp, Bericht über SS-Hauptsturmführer Josef Ketterl, 30.4.1947.
353 MGR, NL 7/4–9, Gertrud Popp, Bericht über SS-Hauptsturmführer Josef Ketterl, 30.4.1947.
354 Vgl. Strebel, Ravensbrück, S. 221. Neben der Texeld waren ca. 6.000 Häftlinge für Siemens tätig, vgl. dazu Zumpe, Lotte: Die Textilbetriebe der SS im Konzentrationslager Ravensbrück, in: Jahrbuch für Wirtschaftsgeschichte 1 (1969), S. 11–40, hier S. 31 f.
355 Vgl. Georg, Enno: Die wirtschaftlichen Unternehmungen der SS, Stuttgart 1963, S. 69.
356 Vgl. Zumpe, SS, S. 30.

werden. Dies lag v. a. daran, dass aufgrund von Rohstoffmangel produktionstechnische Umstellungen nötig waren.[357]

Tabelle 25: Preise der Schneiderei in Ravensbrück 1939 bis 1941 in RM

Produkt	Preis je 3 Stück 1939/40	Preis je 3 Stück 1940/41
Tuchjacken	8,87	6,57
Tuchhosen	8,06	7,54
Hemden	2,50	2,60
Unterhosen	1,89	1,95

Quelle: MGR, GD/1–2, Vermerk Texled, S.7.

Schaut man sich die Umsätze 1940 bis 1944 an, ist ein ständiger Aufwärtstrend zu erkennen. Der sprunghafte Anstieg 1943 um fast 800 Prozent hing v. a. mit der Umstellung von Lohn- auf Vollaufträge zusammen. Bei Vollaufträgen konnten neben Lohn- und Fertigungsgemeinkosten auch Beschaffung und Lagerung von Fertigmaterial berechnet werden.[358]

Tabelle 26: Umsätze der Texled 1940 bis 1944 in RM

Jahr	Umsatz	Umsatz je Beschäftigten[359]
1940	451.234	1003,86
1941	806.100	1016,84
1942	1.552.700	447,48
1943	8.432.700	2477,53
1944	15.000.000	

Quelle: BA NS 3/277, NS 3/889, NS 3/1252 und NS 3/1341.

Die Schneiderei erwirtschaftete 1940 ca. die Hälfte des Gesamtumsatzes, 252.824,66 RM. Im Jahr 1943 sank der Anteil der Schneiderei am Gesamtumsatz auf 38 Prozent, die Kürschnerei hatte stark aufgeholt und erarbeitete 50 Prozent des Gesamtumsatzes.[360] Der Umsatz pro Beschäftigten blieb 1940 und 1941 in etwa konstant. 1942 fiel er etwa auf die Hälfte dieser Werte. Möglicherweise hing dies mit den stark steigenden Häftlingszahlen zusammen, die nicht immer gleichmäßig beschäftigt werden konn-

---

357 Vgl. BA NS 3/134, Geschäftsberichte Texled 1940/41, S. 14.
358 Vgl. Strebel, Ravensbrück, S. 216.
359 Berechnet mit dem Jahresdurchschnitt der Beschäftigten aus Abbildung 10.
360 Vgl. Strebel, Ravensbrück, S. 216.

ten. 1943 stieg der Umsatz pro Beschäftigten auf das doppelte der Jahre 1940 und 1941. Allerdings ist hier die Umstellung von Lohn- auf Vollaufträge zu beachten (s. o.), die die Umsatzzahl erheblich ansteigen ließ.

Der Gewinn der Texled wurde von der Preisprüfungsstelle in Berlin festgelegt.[361] Die Gewinne der Texled sind nicht durchgängig überliefert. 1941 waren es 95.000 RM, 1942 133.837,69 RM und 1943 108.721,73 RM.[362] Die Texled war einer der wenigen Betriebe der SS-Wirtschaftskonzerne, der Gewinn abwarf und galt als „Musterbetrieb".[363] Die Fertigung für KZs und zivile Auftraggeber, die 1940 noch ca. 70 Prozent betragen hatte, wurde zugunsten der Produktion für die SS immer weiter zurückgedrängt. 1943 gingen 80 Prozent der hergestellten Artikel an die SS. Die zivile Fertigung betrug 1943 nur noch 3 Prozent des Gesamtumsatzes, die absoluten Zahlen verdoppelten sich aber von ca. 120.000 RM 1940 auf ca. 250.000 RM 1943. Die Produktion für KZs verlor mit 17 Prozent Anteil am Gesamtumsatz relativ an Bedeutung, aber auch in diesem Bereich stiegen die absoluten Zahlen von ca. 235.000 RM 1940 auf etwa 1,4 Millionen RM 1943.[364]

Die folgende Aufstellung belegt, dass für Männer und Frauen in der jeweils selben Position dieselben Häftlingssätze galten:

Tabelle 27: Häftlingssätze der Texled pro Tag 1940 bis 1945 in RM

Zeitraum	männliche Facharbeiter	männliche Hilfsarbeiter	weibliche Facharbeiter	weibliche Hilfsarbeiter
Bis 31.12.1942	0,30	0,30	0,30	0,30
Ab 1.1.1943	2,50	0,50	2,50	0,50
Ab 1.4.1943	5,00	1,00	5,00	1,00
Ab 1.10.1943	5,00	4,00	5,00	4,00

Quelle: MGR KL/19–4, Häftlingssätze, Document NO – No 576 Office of Chief of Council for War Crimes (Nürnberger-Prozess-Dokument): Der Chef des Amtes D, Amt W VI, 24.2.1944.

Der Anstieg der Sätze ab 1942 ist auf Beschwerden der Privatwirtschaft zurückzuführen, da die Texled aufgrund fehlender Lohn- und Sozialabgaben konkurrenzlos billig fertigen konnte. Während ein Industriebetrieb für die Herstellung einer Tarnjacke durchschnittlich 1,463 RM an Lohnkosten zahlen musste, waren es bei der Texled nur 0,0587, auch andere Kosten wie Verwaltungskosten waren niedriger. Während die Bekleidungsindustrie eine Tarnjacke für durchschnittlich 2,271 RM verkaufen konnte, kam die Texled nur auf 0,2455 RM.[365] Die Häftlinge, die für die Wirtschaftsbetriebe der

361 Vgl. MGR, LAG/O-8, Jaroslavsky, Bericht, S. 3.
362 Vgl. BA, NS 3/277, Gewinne der Texled 1941–1943.
363 Vgl. MGR, Slg Bu 26, Bericht 391, Nenninger, S. 13.
364 Vgl. Strebel, Ravensbrück, S. 216.
365 Vgl. NS 3/134, Geschäftsbericht 1941/41 Texled, S. 11.

SS arbeiteten, wurden deshalb ab Juli 1942 nicht mehr direkt diesen, sondern der Reichsführung SS als parteilicher Gliederung zur Verfügung gestellt. Die Reichsführung SS überließ die Häftlinge von sich aus den Häftlingsbetrieben zu einem höheren Preis als 0,30 RM. Der Differenzbetrag zwischen 0,30 RM, die an das Reich zu zahlen waren, und dem Häftlingslohn, den die Reichsführung SS den W-Betrieben wertverrechnete, wurde beim SS-Wirtschafts-Verwaltungshauptamt laufend gesammelt und dem Lebensborn e.V. zur Verfügung gestellt.[366]

Einige Häftlinge waren auch außerhalb des KZ beschäftigt, z. B. in der Näherei Firma E. Grahl, in Fürstenberg. Zwei Polinnen, die Mitglied der Kolonne ab Dezember 1942 bis Mitte April 1945 waren, berichteten, dass die Näherei unter Staatsverwaltung stand. Anfangs fertigten sie Damenwinter- und Sommerkleider sowie Kinderkleidung, ab 1944 auch blaue Blusen für die Frauenformation und warme Wäsche für die Wehrmacht. Das Material dazu stammte aus Italien, Frankreich und Litzmannstadt (v. a. Zwirn und Nähseide, wohl aus Vorkriegsbeständen). Erst 1945 sei brauner Hemdenstoff für die Wehrmachtshemden aus deutscher Produktion (Papier und Brennnessel) geliefert worden. Die Näherei entstand 1942 auf dem Gelände einer ehemaligen Schokoladenfabrik. Anfangs arbeiteten dort 50 polnische zivile Zwangsarbeiterinnen, ab Dezember 1942 50 Häftlinge aus dem KZ Ravensbrück, für welche die Fabrik der Lagerverwaltung pro Tag 3 RM für Hilfsarbeiterinnen und 5 RM für Facharbeiterinnen zahlte. Zur technischen Ausstattung gehörten 40 elektrische Nähmaschinen. Jede Maschine führte nur eine Tätigkeit (z. B. zusammennähen, einnähen von Manschetten usw.) aus. In der Mitte des Saales gab es ein Fließband. Ende 1943 wurde die Belegschaft um weitere 50 Häftlinge vergrößert. Der Leiter des Betriebes Bruggemann aus Litzmannstadt wurde von den beiden Polinnen als freundlich beschrieben und scheint sich von Opitz und den anderen Aufsehern im KZ unterschieden zu haben. Die Arbeitszeit dauerte von 7 bis 18 Uhr, die Mittagspause betrug 45 Minuten. Ab 1944 wurden alle Feiertage außer Sonntag gestrichen. Das tägliche Arbeitspensum betrug für 23 Personen 125 Nachthemden und 250 bis 400 Hemden. Auch das Ausladen des Materials gehörte zur Arbeit der Häftlinge. Die Belegschaft bestand zu ca. 30 Prozent aus Polinnen, ca. 25 Prozent waren Deutsche und 20 Prozent Jugoslawinnen. Für eine gewisse Freude sorgten immer wieder kleine Sabotageakte wie das Vernichten von Zwirn, gelegentlicher Diebstahl von zugeschnittenen Teilen oder Einnähen lebendiger Läuse in die Nähte von Wäsche, allerdings drohten harte Strafen, wenn die Näherinnen entdeckt wurden.[367]

In Auschwitz wurde auch Bekleidung hergestellt, wenngleich nicht in ökonomisch so gut organisierter und ausbeuterischer Weise wie in Ravensbrück. Im Stabsgebäude des KZ Auschwitz entstand wohl auf Geheiß der Frau von Rudolf Höss, des Kommandanten in Auschwitz, ein Nähraum. Das Rohmaterial stammte von jüdischen

366 Vgl. MGR, KL/19 – 4, Hohberg an SS-Obergruppenführer Pohl, 18.7.1942.

367 Vgl. MGR, RAV-VA/331, Erika Buchmann, Bericht 580, Berichte der Häftlinge aus dem Frauen-KZ Ravensbrück, welche in der Näherei E. Grahl in Fürstenberg beschäftigt waren, insb. Waclawa Wójcik und Halina Raczynska.

KZ-Insassen. Zunächst ließ Höss nur für ihre Familie arbeiten, dann eröffnete sie ein Design- und Nähstudio im KZ. Ca. 20 Gefangene arbeiteten dort. Genäht wurde Kleidung für die Frauen der SS-Offiziere und für die weiblichen SS-Wachmannschaften. Von Alltagskleidung bis Abendkleidern wurde die gesamte Palette der Bekleidung hergestellt.[368] In Auschwitz war die Herstellung von Kleidung allerdings nicht industriell ausgerichtet wie in Ravensbrück, sondern diente nur dem Personal vor Ort. Der Kontakt war persönlicher und bei einem besonders schönen Kleidungsstück bekamen die Näherinnen auch Extrarationen Essen, wie die Näherin Hermine Hecht nach dem Krieg aussagte. Allerdings waren auch hier ähnliche Bestrafungsmechanismen wie in Ravensbrück üblich.[369]

368 Vgl. Guenther, Nazi Chic, S. 4 f.

369 Vgl. Shelley, Auschwitz, S. 216 und S. 222.

5 Zwischen Stoffmangel und Jedermann-Programm: Die westdeutsche Bekleidungsindustrie in der Nachkriegszeit (1945 bis 1949)[1]

In der unmittelbaren Nachkriegszeit kämpfte die Branche mit den Zerstörungen durch den Krieg sowie den Verlusten der Bekleidungszentren im Osten. Dieses Kapitel zeigt, welchen Schwierigkeiten die Unternehmen beim Wiederaufbau ausgesetzt waren, wie sie mit dem weiter vorherrschenden Mangel an Stoffen und Arbeitsmitteln sowie der zentralen Auftragslenkung umgingen. Auch die Etablierung neuer Verbandsstrukturen wird in den Blick genommen.

5.1 Branchenentwicklung in Zahlen

Für die unmittelbare Nachkriegszeit gibt es kaum statistische Erhebungen. Eine Übersicht, die schon 1943 erstellt wurde, demonstriert, welche Kapazitäten durch die SBZ und die Westverschiebung Polens verloren gingen. Für die DOB belief sich der Ausfall auf ca. 90 Prozent der gesamten Produktionskapazität, bei HAKA und Wäsche war es gut die Hälfte. Durch die Gebietsveränderungen sanken allerdings auch die zu versorgenden Bevölkerungszahlen. In der sowjetischen Zone lebten 1946 etwa 17,3 Millionen Personen (26,6 Prozent der Bevölkerung aller deutscher Besatzungszonen), in Berlin 3,2 Millionen (4,9 Prozent der Bevölkerung). In den Westzonen waren 1946 44,6 Millionen Personen registriert. 1939 waren im gesamten Deutschen Reich 69,3 Millionen Personen gezählt worden.[2] Nach dem Krieg waren also in den Westzonen weniger Personen zu versorgen als noch 1939 im gesamten Deutschen Reich. Die abgetrennten Gebiete waren allerdings – wie Tabelle 28 zeigt – Schwerpunktregionen der deutschen Bekleidungsindustrie. Die fehlenden Kapazitäten mussten in den Westzonen durch den Aufbau neuer Betriebe ausgeglichen werden, insbesondere in der DOB, weil es in dieser Sparte in den Westzonen nur wenige Betriebe gab und die Verluste relativ hoch waren.

1 In den folgenden Kapiteln wird aufgrund der divergierenden politischen und wirtschaftlichen Entwicklungen in den westlichen Zonen und der SBZ sowie den späteren beiden deutschen Staaten nur die westdeutsche Geschichte betrachtet. Eine Analyse der Bekleidungsindustrie unter planwirtschaftlichen Bedingungen würde den Rahmen dieser Arbeit sprengen und sollte Inhalt einer eigenen Studie sein.
2 Vgl. Spoerer/Streb, Wirtschaftsgeschichte, S. 210.

https://doi.org/10.1515/9783110560381-008

Tabelle 28: Prozentuale Verteilung der Gesamtproduktion in der deutschen Bekleidungsindustrie auf die Besatzungszonen[3]

Zone	HAKA	Uniform	DOB	Wäsche
sowjetische	46	38	75	45
amerikanische	34	42	8	16
britische	7	10	2	20
französische	3	3	1	5
Nicht mehr zum Reich gehörende Gebiete	10	7	14	14

Quelle: BA R 13 XV/94.

Die aufgebauten Betriebe waren aufgrund der Rationalisierungserfolge in der NS-Zeit und den meist fehlenden historisch gewachsenen Zwischenmeister- und Verlagsstrukturen Fabrikbetriebe. Heimarbeiter wurden nach 1949 nur noch in Saisonspitzen hinzugezogen.[4]

Über die Produktion in der Nachkriegszeit existieren wenig belastbare Zahlen. Folgende Tabelle über die Produktion in der britischen Besatzungszone von Mai 1946 bis März 1947 mag Auskunft über die generelle Entwicklung einzelner Zweige und über den Zeitraum geben, kann aber aufgrund fehlenden Materials nicht mit der Produktion in den anderen Zonen verglichen werden.

Tabelle 29: Produktion in der britischen Besatzungszone Mai 1946 bis März 1947 in Stück

Artikel	Mai 46	Juni	Juli	Aug	Sept	Okt	Nov	Dez	Jan 47	Feb	März
Anzüge	4.397	3.081	8.474	10.844	5.599	6.170	11.724	6.052	7.382	8.188	8.567
HAKA Hosen	9.365	7.019	8.761	10.670	17.981	7.958	20.521	16.900	14.712	14.806	18.836
Kleider	28.418	48.498	24.395	36.910	53.860	56.754	73.766	49.880	40.735	42.560	48.205
BHs	20.362	25.805	19.095	12.610	15.074	9.363	31.732	25.242	22.502	19.694	2.900
Knaben-hosen	12.793	10.050	22.909	10.254	10.477	3.632	23.234	17.107	14.565	11.296	11.721

3 Aus der Akte geht nicht hervor, aus welchem Jahr die Tabelle stammt. Da die Besatzungszonen genannt werden ist 1945 oder 1946 wahrscheinlich. Die Daten stammen allerdings aus dem Jahr 1943 und wurden vermutlich herangezogen, weil durch die Zerstörungen für 1944 und 1945 kaum Zahlenmaterial vorlag.

4 Vgl. Döring, Konfektionsgewerbe, S. 488.

Tabelle 29: Produktion in der britischen Besatzungszone Mai 1946 bis März 1947 in Stück *(Fortsetzung)*

Artikel	Mai 46	Juni	Juli	Aug	Sept	Okt	Nov	Dez	Jan 47	Feb	März
Mädchenkleider	5.300	4.194	9.736	6.165	9.691	5.013	87.41	4.782	10.380	5.332	27.993

Quelle: BA, Z 8/928, Von den Landeswirtschaftsämtern an das Zentralamt für Wirtschaft in Minden gemeldete Produktion.

Insgesamt ist festzustellen, dass es im dokumentierten Zeitraum bei allen Artikeln zu einer sehr schwankenden Produktion kam, die bei den jeweiligen Artikeln auch unterschiedlich ausgeprägt war. Es ist kein generell aufsteigender oder absteigender Trend zu erkennen. Im November 1946 wurde bei fast allen Produkten die Produktionsspitze erreicht. Es sind aber auch gegenläufige Entwicklungen zu erkennen, während bei Kleidern im Vergleich von Mai und Juni 1946 eine Produktionssteigerung von 28.418 auf 48.498 Stück festzustellen ist, wurden im Juni ca. 2.300 HAKA-Hosen weniger produziert als im Mai. Die unterschiedliche Auslastung hing mit der schwankenden Rohstoffversorgung und der Vergabe von Lohnaufträgen zusammen. Dass genug Kapazitäten vorhanden waren, zeigen die Monate mit Produktionsspitzen, die während der anderen Zeiträume aufgrund Materialmangels nicht voll ausgenutzt werden konnten (vgl. Kap. 5.2).

Im April 1948 beschäftigte die Bekleidungsindustrie des Vereinigten Wirtschaftsgebietes ca. 112.000 Personen.[5] Vor der Währungsreform boten die Löhne durch die Wertprobleme der Reichsmark kaum mehr die Möglichkeit, als Lebensunterhalt zu dienen. Kompensations- und Tauschgeschäfte waren an der Tagesordnung. Erst durch die Währungsreform im Juni 1948 wurde diese Problematik beseitigt. Ende Juli desselben Jahres wurde eine bizonale Lohnvereinbarung getroffen, die eine Erhöhung der Tariflöhne um 30 bis 35 Prozent brachte. Die Löhne für jugendliche Hilfsarbeiter/-innen stiegen um 70 bis 75 Prozent. Diese Erhöhungen konnten allerdings den steigenden Preisen nicht gerecht werden, so dass es am 12. November 1948 zu einem Tag der Arbeitsruhe kam, den die Gewerkschaften für Demonstrationen nutzten.[6] Die folgende Tabelle beinhaltet die Lohnentwicklungen 1946 und 1948. Sie belegt außerdem, dass die Löhne in der britischen Besatzungszone 1948 ca. 15 Prozent über denen in der amerikanischen lagen.

5 Vgl. BW, Nr. 12 1950, S. 541.

6 Vgl. Hauptvorstand der Gewerkschaft Textil-Bekleidung (Hg.): Geschäftsberichte der Gewerkschaft Textil-Bekleidung für die Westzonen Deutschlands, Düsseldorf 1947–1949.

Tabelle 30: Entwicklung der Durchschnittsstundenlöhne in der Textil- und Bekleidungsindustrie für weibliche Facharbeiterinnen Juni 1946 und September 1948 in Pfg.[7]

Land	Jun 46	Sept 48
Nordrhein (britische Zone)		
Textil	58,5	74,1
Bekleidung	60,3	75,5
Westfalen (britische Zone)		
Textil	55,9	73,2
Bekleidung	60,5	75,7
Hamburg (britische Zone)		
Textil	60,1	71,7
Bekleidung	74,1	77,3
Hessen (amerikanische Zone)		
Textil		66,0
Bekleidung		61,0
Bayern (amerikanische Zone)		
Textil		65,0
Bekleidung		63,0

Quelle: Hauptvorstand der Gewerkschaft Textil-Bekleidung (Hg.): Geschäftsberichte der Gewerkschaft Textil-Bekleidung für die Westzonen Deutschlands, Düsseldorf 1947 bis 1949.

5.2 Bewirtschaftung, Mangel und Wiederaufbau

Die Lage der Bekleidungsindustrie war 1945 alles andere als rosig. In den westlichen Besatzungszonen befanden sich nur etwa 30 Prozent der Produktionskapazitäten des Vorkriegsstandes, von denen über die Hälfte zerstört waren. 30 Prozent aller Betriebe waren östlich der Oder-Neiße-Linie verloren gegangen oder lagen in der sowjetischen Besatzungszone, 38 Prozent waren in Berlin abgeschnitten.[8] Breslau war hinter Berlin und Wien mit 22.000 Beschäftigten und 150 Fabriken der drittgrößte Standort der Bekleidungsproduktion im Deutschen Reich (ab 1938) gewesen.[9] Außerdem war die

7 Vermutlich wurden die Löhne aus dem Jahr 1946 von RM in DM umgerechnet, genau angegeben ist dies leider nicht.

8 Vgl. Bundesverband Bekleidungsindustrie: Aus der Arbeit im Bundesverband Bekleidungsindustrie, 1955, S. 4 und S. 18.

9 Vgl. NS 5 VI/16219, TZ, Nr. 47, 24.2.1942.

Branche während der Kriegsjahre für die Rüstungsindustrie ausgekämmt und der Maschinenpark heruntergewirtschaftet worden.

Der Bekleidungsbestand der Bevölkerung war stark dezimiert. Durch Ausbombung und Flucht besaßen viele Menschen nur noch das, was sie am Leib trugen. Gerade die Tatsache, dass es zu wenig oder zerstörten Wohnraum gab, machte schützende Bekleidung umso notwendiger. Befreite Zwangsarbeiter und KZ-Häftlinge sowie Kriegsheimkehrer waren oft noch in einer schlechteren Lage. Die dringlichste Zuteilung erfolgte zunächst über Tauschhandel und Kleidersammlungen im Auftrag der Besatzungsmächte.[10] Hier deutete sich bereits ein großer Nachholbedarf an.

1946 waren die Anlagen in der britischen Zone wieder soweit in Stand gesetzt, dass die Bekleidungsindustrie den notwendigen Bedarf der Bevölkerung hätte decken können, wären dazu die nötigen Rohstoffe vorhanden gewesen. Die Spinnereien und Webereien waren z.T. stark zerstört und der Aufbau schwierig. Die einsatzbereiten ca. 44.000 Maschinen in der Bekleidungsindustrie waren nur zu etwa 55 Prozent ausgelastet.[11]

Problematisch wirkte sich auch die Aufteilung in Besatzungszonen aus. In der britischen Zone gab es kaum DOB-Betriebe, sodass HAKA- und Wäschebetriebe umgestellt werden mussten, um den Bedarf zu decken.[12] Zwischen den Zonen konnte zunächst kein ungehinderter Austausch stattfinden, auch nicht nach der Gründung der Bizone Anfang 1947.[13] Viele Bekleidungsfirmen konnten deswegen nicht mehr mit ihren Vorlieferanten in Kontakt treten. Beispielsweise war die Wäscheindustrie in Bielefeld von Lieferungen der süddeutschen Webereien abgeschnitten.[14]

Die Textilversorgung der Bevölkerung im britischen Besatzungsgebiet vom 1.7. 1946 bis 30.6.1947 betrug gerechnet auf 1.000 Männer bzw. Frauen 12,9 Herrenanzüge, 11,9 Frauenwintermäntel, 81,5 Herrentaghemden, 57,7 Frauenkleider und 12,5 Herrenwintermäntel. Der Textilverbrauch pro Kopf der Bevölkerung war 1946/47 auf 5 kg festgelegt worden, wurde aber nur zu 7 Prozent erreicht (343 Gramm pro Kopf).[15] Bei der offiziellen Zuteilung von Meterware 1946/47 hätte man in der britischen Zone auf einen Straßenanzug umgerechnet 40 Jahre, auf einen Wintermantel 154 Jahre und auf ein Kleid 12 Jahre warten müssen.[16]

Die Verteilung der vorhandenen Rohstoffe erfolgte ab November 1946 in der britischen Zone über Gewebekonten und Gewebeschecks. Mit der Eröffnung eines Gewebekontos erhielten die Firmen der Bekleidungsindustrie die offizielle Zulassung zu

---

10 Vgl. Sywottek, Jutta: „Darf man jetzt von Mode sprechen?". Bekleidung und Textilwirtschaft im Nachkriegsdeutschland, Hildesheim 2014, S. 9 und S. 11.

11 Vgl. NB, Nr. 1, 8.1.1947, S. 1 und NTZ, Nr. 1, 3.1.1947, S. 3

12 Vgl. NTZ, Nr. 1, 3.1.1947, S. 3.

13 Vgl. *Die Zeit*, 4.3.1948, Jahresbilanz der Bekleidungsindustrie.

14 Vgl. NTZ, Nr. 11, 12.3.1948, S. 2.

15 Vgl. BA, Z 8/939, Die Textilversorgung der Bevölkerung im britischen Besatzungsgebiet vom 1.7. 1946–30.6.1947.

16 Vgl. TW, Nr. 18, 5.5.1955, S. 41 f.

bestimmten Fachgebieten und Warengruppen innerhalb dieser Fachgebiete. Die Firmen durften also nur Gewebe beziehen, für deren Verarbeitung sie zugelassen waren.[17] Die Unternehmen der Bekleidungsindustrie waren mit der Regelung naturgemäß nicht einverstanden, da die Beständezuteilung weiterhin an ein starres Kontingent gebunden war und nicht regelmäßig angeglichen wurde. Außerdem wurde die Grundsatzforderung nach privater Initiative der Unternehmen nicht erfüllt.[18]

Gewebe waren in allen Zonen ohnehin nur gering vorhanden und flossen zudem auch oft in unklare Kanäle – vermutlich in den Schwarzmarkt – ab. Konkurrenz entstand der Bekleidungsindustrie auch von den Webereien, die selbst Lohnanfertigungen ausführten oder sich Nähereien angliederten, um überhaupt bestehen zu können.[19] In der amerikanischen Zone fanden mehrere Verteilungswellen mit OMGUS (Office of Military Government for Germany)-Ware statt. So wurden beispielsweise im Mai 1948 27 Millionen Meter Gewebe vergeben, davon ca. 340.000 Meter für Berufskleidung, Hemden und Kleider.[20] Statt neuen Stoffen wurden auch häufig Decken aus amerikanischen Hilfslieferungen zu Bekleidungsstücken umgearbeitet. Im Winter 1947/48 verarbeitete die Bekleidungsindustrie 70.000 bis 80.000 Armeedecken.[21]

In der amerikanischen Zone entstand 1947 die STEG (staatliche Erfassungsgesellschaft für öffentliches Gut). Ziel dieser Organisation war es, Restbestände der deutschen Wehrmacht und überschüssige Bestände der US-Army zu sammeln, zu erfassen und an die Bevölkerung zu verteilen. Dabei handelte es sich teils um neue Kleidung, teils um gebrauchte Ware. Entsprechend der Einwohnerzahl und der Menge der Flüchtlinge wurden die Bestände auf die einzelnen Länder in der amerikanischen Zone zugeteilt. Gewerkschaften und Wohlfahrtsverbände gaben die Ware an Bedürftige wie Flüchtlinge und Heimkehrer, der Einzelhandel vertrieb sie auf Bezugsschein. Fallschirmseide wurde beispielsweise zu Damen- und Kinderkleidung verarbeitet. Die Ware war bereits entmilitarisiert, also umgefärbt und von Rangabzeichen befreit. Stoffe aus Marine- und Luftwaffenbeständen durften ungefärbt getragen werden, sofern die aufgesetzten Taschen und Schulterklappen entfernt wurden.[22] Die restlichen Uniformen mussten – sofern sie nicht aus STEG-Beständen kamen – vor dem Umnähen jedoch erst gefärbt werden, wofür allerdings der Farbstoff fehlte. Deswegen wurde auf alte Hausmittel wie Zwiebelschalen, Rote Beete und Walnussschalen zurückgegriffen.[23]

---

17 Vgl. BA, Z 8/927, Zonenausschuss der Bekleidungsindustrie der britischen Zone an das Zentralamt für Wirtschaft, 10.12.1946.

18 Vgl. BA, Z 8/927, Bericht des Zonenausschusses über die Einführung der Gewebekonten, 10.12.1946.

19 Vgl. TW, Nr. 22, 28.10.1947, S. 2.

20 Vgl. BA, Z 8/879, Aktenvermerk Verwaltungsamt für Wirtschaft, 31.5.1948.

21 Vgl. TW, Nr. 25, 7.12.1947, S. 1.

22 Vgl. Sywottek, Mode, S. 14–16.

23 Vgl. Schütz, Sabine: Vom Zuckersack zum Traummodell. Die Entwicklung der Nachkriegsmode in Westdeutschland, in: Klaus Honnef/Hans M. Schmidt (Hg.): Aus den Trümmern. Kunst und Kultur im Rheinland und Westfalen 1945–1952, Kontinuität und Neubeginn, Köln 1985, S. 177–182, hier S. 178.

Anfang des Jahres 1947 verbesserte sich die Versorgungslage mit Rohstoffen kurzzeitig. In der zweiten Jahreshälfte verkehrte sich dieser Trend aber wieder ins Gegenteil. Im Mindener Textilplan wurden deswegen für das ganze Jahr 1948 nur 370 g Textilien pro Kopf eingerechnet, das reichte noch nicht mal für ein Oberhemd.[24] Curt Becker, der Leiter des Zonenausschusses der Bekleidungsindustrie, kritisierte, dass die Bedürfnisse des Verbrauchers gegenüber anderen Bedarfsträgern v.a. der wirtschaftstechnischen Ausstattung, in den Hintergrund gestellt würden.[25]

Die meisten Betriebe der Bekleidungsindustrie konnten mit Neuanfertigungen nicht aufrecht erhalten werden und mussten Reparatur- und Lohnarbeiten übernehmen.[26] Lohnkonfektionierung erfolgte für Weber und Großhändler sowie für Einzelhändler. Bei geschickter Konfektionierung der Meterware ließ sich durch Verringerung der Schnittverluste oder vorteilhafte Zusammensetzung des Größensortiments ein Punktgewinn erwirtschaften.[27] Der Anteil der Lohnanfertigung an der Gesamtproduktion in der Bekleidungsindustrie lag 1945/46 bei 60 Prozent. 1947 waren es 40 Prozent, Ende 1948 betrug er nur noch 20 Prozent.[28]

Bis zur Währungs- und Wirtschaftsreform 1948 herrschten unübersichtliche und vielgestaltige Preisvorschriften auf dem Gebiet der Bekleidungsindustrie.[29] Die Preisbildung musste immer noch auf Grundlage der Anordnung zur Preisbildung vom 18.4.1941 vorgenommen werden. 1944 waren noch einmal gesenkte Preise vorgeschrieben worden, mit denen die Betriebe nach dem Krieg nicht mehr kostendeckend arbeiten konnten.[30] Die zur Anwendung kommenden Preisvorschriften ließen die Berücksichtigung erhöhter Fertigungszeiten und Fertigungslöhne nicht zu. Das Merkmal dieser Preisvorschriften war der Verrechnungslohn. Sowohl die Festlegung der Arbeitsminuten als auch die Festsetzung des Mindestentgeltes machten eine Veränderung nach Zeit und Wert für den gleichen Artikel nicht möglich und verhinderten somit eine Preiserhöhung, die aufgrund der abgesunkenen Leistung und höherer tariflicher Lohnzahlungen der Unternehmen nötig gewesen wäre.[31] Immer wieder forderte die Kostenberechnungsstelle für Bekleidungsindustrie, die Preisvorschriften zu vereinheitlichen und anzupassen. Um die Preise an die Kosten anzugleichen, wäre 1948 in der HAKA eine Erhöhung um 10 Prozent nötig gewesen, bei Wäsche um 17 Prozent. Außerdem wäre ein Zuschlag für die Verwaltungs- und Ver-

---

24 Vgl. TW, Nr. 20, 30.9.1947, S. 1f.

25 Vgl. TW, Nr. 9, 16.3.1948, S. 1.

26 Vgl. TW, Nr. 26, 20.12.1947, S. 1f.

27 Vgl. TW, Nr. 28, 29.7.1948, S. 1f.

28 Vgl. Müller, Erwin: Der Markt für textile Bekleidung in der Bundesrepublik Deutschland und der Schweiz, Düsseldorf 1956, S. 65.

29 Vgl. BA, Z 8 /414, Verwaltungsamt für Wirtschaft des vereinigten Wirtschaftsgebietes Hauptabteilung II, Aktenvermerk, 22.4.1948.

30 Vgl. BA, Z 8/418, Zonenausschuss der Bekleidungsindustrie an den Wirtschaftsminister des Landes NRW, 24.10.1946.

31 Vgl. BA, Z 8/418, Kostenberechnungsstelle für die Bekleidungsindustrie an das Wirtschaftsministerium Württemberg-Baden, 13.4.1948.

triebsgemeinkosten von 25 bis 30 Prozent erforderlich gewesen.[32] Zu einer Einigung kam es aber bis 1948 nicht.

Infolge der Währungsreform wurden die Webereiläger abgebaut und die Bekleidungsproduktion stieg wieder an. Nur der Erwerb von Spinnstoffen war noch an die Einkaufsbedingungen gebunden. Der Verkauf von Gespinsten und Geweben zwischen Spinn-, Garn- und Gespinsthandel, der Bekleidungsindustrie sowie dem Groß- und Einzelhandel war nun frei möglich.[33] Die Fertigwarenläger konnten abgebaut werden. Bis Ende August steigerte sich die Produktion im Durchschnitt um 80 Prozent und führte zu einer Auslastung der Betriebe zu ca. 85 Prozent. Die stärkere Auslastung der Betriebe ermöglichte Rationalisierung. Kleinere Betriebe konnten zur Serienfertigung übergehen. Die mittleren Betriebe von 200 bis 400 Arbeitskräften kamen zu einer stärkeren Aufteilung der Arbeitsgänge. Die großen Betriebe mit mehr als 500 Beschäftigten konnten ihre Fließbandfertigung erstmals seit Kriegsende wieder für die Massenproduktion nutzen. Die anfängliche Euphorie kehrte sich aber bald wieder um. Dem Produktionsanstieg im Sommer folgte ein Rückgang, da im Herbst auf dem textilen Sektor wieder Kontingente für bestimmte Programme festgelegt wurden.[34] Erst 1949 verbesserte sich die Versorgung mit Material, zunächst bei einfachen und mittleren Geweben, wobei die Nachfrage sich immer mehr auf höherwertige Produkte verlagerte. Zunehmend beschränkte der Arbeitskräftemangel die volle Auslastung der Kapazität.[35]

Durch Betriebsverlagerungen aus den Ostgebieten und Neugründungen entstanden neue Zentren der Bekleidungsproduktion. Die meisten der 815 Vertriebenen-Unternehmen siedelten sich in Bayern und Nordrhein-Westfalen an.[36] In der Wäscheindustrie entwickelte sich Bayern zu einem neuen Standort neben Bielefeld und Herford, weil dort viele Flüchtlingsbetriebe entstanden (insgesamt 41). In Nordrhein-Westfalen gab es 1949 189 Wäschebetriebe, in Bayern 154. Insgesamt existierten in allen drei Westzonen 1949 729 Wäschebetriebe, davon 126 Neugründungen und 119 von Flüchtlingen gegründete Betriebe. Die Neugründungen waren mit der Anzahl von 37 in Nordrhein-Westfalen am stärksten vertreten.[37] Dort sollten v.a. in ehemaligen Gebieten der Schwerindustrie wie Gelsenkirchen, Recklinghausen, Wattenscheid und Essen Bekleidungsbetriebe angesiedelt werden.[38] In schon bestehenden Zentren wie Mönchengladbach wurde das Angebot erweitert, in Bonn, Düsseldorf und Köln sie-

32 Vgl. BA, Z 8/418, Kostenberechnungsstelle für Bekleidungsindustrie an das Verwaltungsamt für Wirtschaft, Hauptabteilung Preis, 22.3.1948.

33 Vgl. Z 8/2440, Lagebericht über die Textil- und Bekleidungsindustrie des Vereinigten Wirtschaftsgebietes für den Monat Juni 1948.

34 Vgl. TW, Nr. 50, 29.12.1948, S. 1f.

35 Vgl. TW, Nr. 18, 5.5.1949, S. 9 und TW, Nr. 25, 22.6.1949, S. 11.

36 Vgl. BA, B 102/11753, Bundesminister für Wirtschaft. Untersuchung von Vertriebenen-Unternehmen für die Jahre 1950–1953, 29.6.1955.

37 Vgl. TW, Nr. 31, 4.8.1949, S. 5.

38 Vgl. NB, Nr. 16, 8.11.1946, S. 3.

delten sich Unternehmen neu an. Ein großer Vorteil war der Zugang zu einem großen Absatzmarkt durch Handelsunternehmen in Essen und Düsseldorf. Arbeitskräfte standen zunächst in großem Maß zur Verfügung, da die Schwerindustrie den Frauen kaum Beschäftigungsmöglichkeiten bot. Das „Gelsenkirchener System" zur Ansiedlung von Bekleidungsbetrieben bestand beispielsweise darin, dass Stadt und IHK sich um die Niederlassung geflüchteter ostdeutscher Bekleidungsbetriebe und Fachkräfte aus dem Raum Breslau bemühten. Außerdem half die Stadt bei der Suche nach geeigneten Gebäuden und der Finanzierung von Maschinen. Anfang der 1950er Jahre befanden sich hier schon 50 Firmen der Branche mit knapp 7.000 Angestellten.[39] Essen litt besonders unter der Demontage der Krupp'schen Industrieanlagen. 1949 wurde deswegen eine Industrieförderungsgesellschaft gegründet, die sich um die Ansiedlung neuer Unternehmen auf dem Gelände kümmerte. 1951 wurde die Essener Trikotagen und Strumpfwarenfabrik GmbH (früher Litzmannstadt) errichtet, 1952 die Firma Seemann & Kroll, 1952 erbaute C&A Brenninkmeyer eine Fabrik mit 800 Angestellten (vgl. Kap. 7.3.5.1). Im ersten Jahrzehnt nach dem Krieg siedelten sich in Essen 14 Bekleidungsbetriebe mit rund 3.000 Arbeitskräften an. In Wattenscheid errichtete 1958 die Klaus Steilmann GmbH ein Unternehmen, das Branchenführer über Jahrzehnte werden sollte.[40]

Personaltechnisch gesehen bestand nach dem Krieg eine erstaunliche Kontinuität, auch wenn man annehmen kann, dass die gute Kenntnis der Branchenstrukturen sowie zahlreiche Kontakte hier den Ausschlag gaben. Herbert Tengelmann wurde von den britischen Besatzern als Beauftragter für die Organisation der Bekleidungsindustrie eingesetzt, trotz seiner Ämter in den Wirtschaftsgruppen und dem deutschen Mode-Institut. Im Mai 1946 wurde er im Zuge der Entnazifizierungsverfahren für 16 Monate inhaftiert, allerdings am 22.3.1948 nur als „Mitläufer" eingestuft. Bis zu seinem Tod 1959 bekleidete er weiter führende Wirtschaftsämter u.a. als Mitglied des Präsidialrates des Bundesverbandes Bekleidungsindustrie (BBI) und des Bundesverbandes des Deutschen Textileinzelhandels.[41] Auch Curt Becker, Leiter des Zonenausschusses Bekleidungsindustrie und von 1949 bis 1958 Präsident des BBI, war während des Krieges Mitglied im Präsidium der Wirtschaftsgruppe Bekleidungsindustrie gewesen (vgl. Kap. 4.4).

---

39 Vgl. Schneider, Brigitte: Der lokale Neuaufbau im Ruhrgebiet 1945–1955, in: Birgit Beese/Brigitte Schneider: Arbeit an der Mode. Zur Geschichte der Bekleidungsindustrie im Ruhrgebiet, Essen 2001, S. 15–59, hier S. 22f. und S. 29.

40 Vgl. Lassotta, Arnold: Textilhandel an der Ruhr. Die Textil- und Bekleidungsindustrie im Ruhrgebiet von Brügelmann zu Steilmann, in: Manfred Rasch (Hg.): Technikgeschichte im Ruhrgebiet – Technikgeschichte für das Ruhrgebiet. Festschrift für Wolfhard Weber zum 65. Geburtstag, Essen 2004, S. 847–872, hier S. 867–870.

41 Vgl. Leineweber, BRAX, S. 53 und S. 67. Zum Urteil über Tengelmann vgl. auch Westphal, Berliner Konfektion, S. 197.

5.3 Bergarbeiter und Jedermann: Notprogramme für die Bekleidungsindustrie

Im April 1947 startete für die britische Zone das Bergarbeiter-Programm (bis 1.10. 1948). Während der Normalverbraucher im Zeitraum dieses Programms nur 81 g Spinnstoffwaren bekam, stand dem Bergarbeiter eine auf den Kopf der Bevölkerung der Bizone berechnete Zuteilung von 270 g zur Verfügung, mehr als dreimal so viel wie dem Normalverbraucher.[42] Ziel war, diesen Wirtschaftszweig schnell wieder in Gang zu setzen, um die restliche Industrie mit Kohle versorgen zu können und deren Produktion anzukurbeln. Die Bekleidungsbetriebe konnten durch Vorlage von Gewebeschecks mit dem Vermerk „Bergmann“ bei der Textilindustrie Ware beziehen. Der Einzelhandel wiederum konnte gegen Vorlag von Punkteschecks mit dem Vermerk „Bergmann“ die fertigen Artikel bei der Bekleidungsindustrie ordern.[43] Allerdings kritisierten die Unternehmen die Methode, nach der das Bergarbeiter-Programm ablief. Die Zahl der einbezogenen Firmen war stark begrenzt und wurde als zu klein angesehen. Außerdem stieß der Bekleidungsindustrie auf, dass das Verwaltungsamt für Wirtschaft in Minden die beteiligten Betriebe mit denen der Textilindustrie gekoppelt hatte. Der Leiter des Zonenausschusses der Bekleidungsindustrie Curt Becker sagte zu dieser Vorgehensweise:

> Dadurch werden für dieses wichtige Zivilprogramm die normalen Geschäftsverbindungen zwischen den Webereien und den Bekleidungsfabriken umgangen. Die gesamte Verteilung geht damit in die Hand der Behörden über, mit allen damit verbundenen Nachteilen rein formaler Behandlung.[44]

Dies sei Ausdruck einer „übertriebene[n] Planwirtschaft“.[45] Gerade bei der beschränkten Rohstofflage sei es nicht zu vertreten, dass bedeutende Rohstoffmengen nur einem begrenzten Kreis zugutekämen und die Vollbeschäftigung dieser Firmen sicherten, während der überwiegende Teil seinem Schicksal überlassen werde.[46] 80 Prozent des Bergarbeiter-Programms wurden in der Bekleidungsindustrie gefertigt, 20 Prozent in Handel und Handwerk. Die größte Menge im Programm produzierte Nordrhein-Westfalen, in der HAKA beispielsweise 64 Prozent aller Bekleidungsstücke. Allerdings war die Lieferung an einen Abnehmer nach oben und unten begrenzt. Von den Webern durften höchstens 20 Prozent der für ein Land bestimmten Quote an einen einzelnen Abnehmer geliefert werden. 120 Meter Wollstoff oder 500 Meter Kunstseide,

42 Vgl. Müller, Markt, S. 66.

43 Vgl. BA, Z 8/978, Richtlinien des Verwaltungsamtes für Wirtschaft des amerikanischen und britischen Besatzungsgebietes für die Versorgung der Bergarbeiter mit Spinnstoffen im Rahmen des Bergarbeiter-Punktesystems April 1947, S.4 f.

44 TW, Nr. 11, 29.5.1947, S. 2.

45 TW, Nr. 11, 29.5.1947, S. 2.

46 Vgl. TW, Nr. 11, 29.5.1947, S. 2.

Zellwolle oder Baumwolle waren die Mindestquoten.[47] Am 1.10.1948 endete das Bergarbeiterprogramm, es wurden keine zusätzlichen Textilbezugsrechte mehr ausgegeben.[48]

Im Herbst des Jahres 1948 lief das Jedermann-Programm an. Es sollte die Bevölkerung mit preiswerter, aber qualitativ guter Ware versorgen.[49] Ca. 2.600 Firmen beteiligten sich an der Ausschreibung, etwa die Hälfte davon erhielt den Zuschlag, da eine möglichst große Anzahl von Betrieben beteiligt werden sollte. Die Firmen waren mit der Herstellung der gut vier Millionen Kleidungsstücke vier bis sechs Wochen beschäftigt.[50] Der Anteil des Zuschlages an der Zahl der Angebote unterschied sich aber je nach Sektor. Im Bereich Schürzen erhielt nur ein Fünftel aller Firmen einen Zuschlag, bei Damenmänteln dagegen vier Fünftel. Dies hing damit zusammen, dass bei Schürzen, die in Verarbeitung und Mode recht ähnlich waren, der Faktor Preis stärker angewendet werden konnte als bei den in Bezug auf Schnitt und Verarbeitung äußerst variablen Damenmänteln. Außerdem wurden Preisuntergrenzen festgelegt, um einen Mindeststandard an Qualität zu gewährleisten. Die Firma Müller-Wipperfürth beispielsweise, die preiswerte Anzüge herstellte, an denen die Knöpfe falsch angenäht waren, wurde nicht zugelassen.[51] Die Aschaffenburger HAKA-Fabriken erhielten ca. ein Viertel des gesamten Programms in dieser Sparte.[52]

Die Auftragsvergabe erfolgte auf dem Weg der Submission. Die Bekleidungsindustrie übte an dieser Vorgehensweise von Anfang an Kritik.[53] Statt für die Entscheidung, welche Betriebe produzieren sollten, Muster anzufordern, wurden einfach Preisgrenzen festgesetzt. Außerdem war nicht die Bekleidungsindustrie selbst für die Durchführung des Jedermann-Programms verantwortlich, sondern Fachbeauftragte des Verwaltungsrates für Wirtschaft, die sich bestimmter Gremien zur Unterstützung bedienten.[54] Die Industrie sah das Jedermann-Programm als weitere Maßnahme der Zwangsbewirtschaftung.[55] Für die Belieferung des Handels gab es wie beim Bergarbeiter-Programm Mindest- und Höchstsätze, um einerseits zu kleinteilige Lieferungen zu verhindern, aber auch eine gewisse Streuung zu gewährleisten.[56] Der Nachteil für die nichtbeteiligten Firmen war, dass die Webereien für eine kurze Zeit mit dem Planprogramm so stark ausgelastet waren, dass kaum mehr freie Ware auf den Markt kam.[57]

47 Vgl. Z 8/877, Notiz des Verwaltungsamt für Wirtschaft des Vereinigten Wirtschaftsgebietes, 31.12. 1947.

48 Vgl. TW, Nr. 27, 30.9.1948, S. 2.

49 Vgl. NTZ, Nr. 42, 9.10.1948, S. 1.

50 Vgl. TW, Nr. 50, 29.12.1948, S. 1 f.

51 Vgl. TW, Nr. 45, 25.11.1948, S. 4.

52 Vgl. SSAA, Chronik der Kleiderfabrik Desch, S. 65.

53 Vgl. TW, Nr. 45, 25.11.1948, S. 4.

54 Vgl. NTZ, Nr. 54, 20.11.1948, S. 3.

55 Vgl. NTZ, Nr. 60, 11.12.1948, S. 3.

56 Vgl. TW, Nr. 41, 28.10.1948, S. 1 f.

57 Vgl. TW, Nr. 50. 29.12.1948, S. 1 f.

Insgesamt entfielen pro Kopf der deutschen Bevölkerung im Jedermann-Programm monatlich nur 45 g Stoff oder 2 Punkte – was gerade einmal zwei Taschentüchern entsprach.[58] Es war letztlich also kein Versorgungsprogramm für Jedermann, sondern ein Projekt, um die dringendsten Versorgungslücken zu schließen.[59] Neben dem Bergarbeiter- und Jedermann-Programm gab es gesonderte Kontingente für Schwerst- und Landarbeiter sowie bei Uniformen für Bahn, Post und Polizei.[60]

Betriebe in der amerikanischen und britischen Zone von Berlin waren ebenso in die genannten Programme eingebunden. Der Qualitätsstandard in Berlin, v. a. in der DOB, lag über dem der anderen Zonen, die Preise für die Anfertigung waren aber auch höher. Berlin erhielt ein Gewebekonto mit einem Punktevorschuss und konnte so bei den Webern in der Bizone einkaufen.[61]

5.4 Arbeit der Verbände in den einzelnen Zonen

Schon im Herbst 1945 wurde in der britischen Zone der Beratungsausschuss für die Bekleidungsindustrie in der britischen Besatzungszone ins Leben gerufen. Er sollte die Bekleidungsindustrie in der britischen Zone vertreten und sicherstellen, dass die von der Militärregierung herausgegebenen Anweisungen erfolgreich ausgeführt wurden.[62] Im Mai 1946 formierte sich in der britischen Zone die Beratungsstelle für Bekleidungsindustrie auf Veranlassung des Controller of Clothing. Sie war die offizielle Vertretung der Branche.[63] Im Herbst 1946 wurde ein Zonenausschuss der Bekleidungsindustrie für die britische Zone gegründet, der die bisherigen Beratungsstellen ablöste. Mitglieder waren sechs gewählte Vertreter der Landesverbände der Bekleidungsindustrie: Curt Becker (Firma August Becker, Mönchengladbach), Wilhelm Ostertag (Karl Fischer KG, Barmen), Heinrich Angenete (Angenete und Scholle, Herford), Reinhold Poll (Wäschefabrik Rudolf Poll, Minden), Salomon Schneider (Schneider & Hesse, Hannover) und Wilhelm Köppen (Eres KG, Hamburg). Aufgabe des Ausschusses war die gemeinsame Vertretung der Verbände der Bekleidungsindustrie in den einzelnen Ländern der britischen Zone. Die Geschäftsstelle befand sich in Herford.[64] Die Zusammenarbeit mit den Verbänden der anderen beiden Westzonen war allerdings nicht einfach, da die jeweiligen Vertreter oft im Sinne ihrer Besat-

58 Vgl. Müller, Markt, S. 63.
59 Vgl. TW, Nr. 50. 29.12.1948, S. 1 f. und Meier, Markt, S. 68.
60 Vgl. TW, Nr. 26, 20.12.1947, S. 1 f.
61 Vgl. BA, Z 8/877, Geheimrat Hagemann an den stellvertretenden Direktor des Verwaltungsamtes für Wirtschaft, 3.12.1947.
62 Vgl. BA, Z 8/918, Besprechung zur Bildung des Beratungsausschusses für die Bekleidungsindustrie in der britischen Besatzungszone, 8.10.1945.
63 Vgl. NB, Nr. 1, 10.5.1946, S. 2.
64 Vgl. BA, Z 8/916, Zonenausschuss der Bekleidungsindustrie für die britische Zone an das Zentralamt für Wirtshaft (Geheimrat Hagemann), 21.9.1946.

zungsmächte argumentierten. So konnte beispielsweise bei den Konditionen für Gewebekonten keine Einigung erzielt werden.[65] Ende 1947 kam es zur Bildung einer Arbeitsgemeinschaft der Bekleidungsindustrie in den Westgebieten. Der Zusammenschluss wurde v.a. durch die unterschiedlichen Bewirtschaftungsvorschriften erschwert. Während die Bekleidungsindustrie in der britischen Zone mit der Einführung von Gewebekonten einer ständigen Kontrolle unterlag, war die Wirtschaftsordnung in der amerikanischen Zone freier. Dort gestatteten Einkaufsgenehmigungen den Ankauf von Ware, ohne dass ein spezielles Konto für jedes Unternehmen ständig Auskunft über die Warenbewegung geben musste.[66]

Die Verbände in der US-Zone bemühten sich schon ab 1947, die Ausfuhr wieder in Gang zu bringen und gründeten einen Exportausschuss. Sie sahen die Einschaltung auf diesem Gebiet als notwendig für die Aufrechterhaltung der Beschäftigung an. Auch in der britischen Zone gab es ähnliche Bestrebungen, dort wurde ein Export-Kontor gebildet.[67] Im März 1948 gab das JEIA (Joint Export-Import Agency) – nachdem es den Exportbemühungen der Deutschen zunächst skeptisch gegenüber gestanden hatte[68] – 12 Tonnen Wolle, 5 Tonnen Baumwolle und 8 Tonnen Kunstseide als Mustermaterial für Exportkollektionen der Bekleidungsindustrie des Vereinigten Wirtschaftsgebietes frei.[69] Der Export kam aber nur schleppend in Gang. Dies lag zum einen am Dollarmangel der Importländer. Zum anderen befanden sich die deutschen Stoffe und Muster bzw. ihre Technik zur Herstellung auf dem Stand von 1939 und hatten damit im internationalen Vergleich an Attraktivität verloren.[70] Des Weiteren bestanden große bürokratische Hürden. Zur Abfertigung eines 10-Tonnnen-Lastzuges mit Textilien in die Schweiz mussten beispielsweise mehr als 70 Blatt Papier für die Frachtformalitäten ausgefüllt werden. Außerdem entstanden durch umständliche Zuteilungen und Bewilligungsverfahren zeitliche Verzögerungen – die Bearbeitung der Exportaufträge dauerte etwa sechs Wochen –, die für eine von der Mode abhängige Branche sehr nachteilig waren.[71]

---

65 Vgl. BA, Z 8/928, Niederschrift über die Sitzung des Zonenausschusses der Bekleidungsindustrie (Brit. Zone) in Herford am 26.11.1946, S. 3.

66 Vgl. *Die Zeit*, 4.3.1948, Jahresbilanz der Bekleidungsindustrie.

67 Vgl. TW, Nr. 11, 29.5.1947, S. 1.

68 Vgl. NTZ, Nr. 12, 10.3.1948, S. 3.

69 Vgl. TW, Nr. 11, 31.3.1948, S. 1.

70 Vgl. *Die Zeit*, 27.5.1948, Kleider sind noch Mangelware.

71 Vgl. *Die Zeit*, 20.5.1948, Die 30 Cents machen Sorgen.

6 Zwischen „Kleiderwelle“ und Importdruck: Die Bekleidungsindustrie in der frühen BRD (1949 bis 1973)

Die ersten Jahre nach der Währungsreform im Juni 1948 bzw. insbesondere nach Gründung der BRD im Mai 1949 waren durch den Nachholbedarf und die „Kleiderwelle“ äußerst erfolgreiche für die deutsche Bekleidungsindustrie. Umsatz und Gewinn der Unternehmen stiegen an, die Kapazitäten wurden ausgeweitet. Von der Öffentlichkeit, der Politik und den Unternehmen zunächst kaum bemerkt, war aber schon Mitte der 1950er Jahre zunehmende Überproduktion und mit der Textilkrise 1958 der Anfang vom schleichenden Ende der deutschen Bekleidungsindustrie zu erkennen. Die ab Anfang der 1960er Jahre passive Außenhandelsbilanz und die zunehmende Konkurrenz durch Billiglohnländer taten das übrige hinzu, die vorher latente Krise zu einer akuten werden zu lassen, die die arbeits- und lohnintensiven deutschen Unternehmen in ihrer Existenz bedrohte und zunehmend vom Markt verdrängte. In diesem Kapitel sollen diese Thesen sowohl zahlenmäßig als auch anhand schriftlicher Quellen belegt werden. Dabei stehen Reaktionen der Unternehmen auf die genannten Entwicklungen genauso im Fokus der Betrachtung wie die Rolle der Politik, die sich lange Zeit nicht für die Probleme im Bekleidungssektor interessierte bzw. diese sogar negierte.

6.1 Branchenentwicklung in Zahlen

Für die Bundesrepublik Deutschland werden die Zahlen des Bundesverbandes Bekleidungsindustrie herangezogen. In dieser Statistik sind nur die Industriebetriebe erfasst. Außerdem enthalten die Berichte neben der genauen statistischen Auswertung der gesamten Branche auch Angaben zu den jeweiligen Fachzweigen. Insofern haben die Daten des BBI höhere Aussagekraft für die Arbeit als die Veröffentlichungen des Statistischen Bundesamtes, die in vielen Erhebungen außerdem weiterhin die Handwerksbetriebe mit einbeziehen. Diese Daten werden ergänzend für die Erhebungsgrößen verwendet, die der BBI nicht erfasste. Einige der Tabellen und Abbildungen werden bis in die 1980er Jahre fortgeführt, um Entwicklungen zu verdeutlichen bzw.Veränderungen über größere Zeiträume zu betrachten.

Die Entwicklung der Betriebe in der Bekleidungsindustrie in Abbildung 11 zeigt bis zur ersten Rezession 1966/67 ein stetiges Ansteigen von 3.212 1951 auf 5.628 1966. Von diesem Zeitpunkt an nahm die Anzahl der Betriebe ab und stieg in wirtschaftlich guten Zeiten auch nicht wieder an, was auf eine Strukturkrise oder einen Konzentrationsprozess hindeutet. Zunächst waren v. a. kleine Unternehmen und Zweigwerke in ländlichen Gebieten von Schließung betroffen, die nicht mehr rationell arbeiten konnten. Mit der Rezession 1973 gerieten aber selbst gut situierte mittelständische

https://doi.org/10.1515/9783110560381-009

Unternehmen in Bedrängnis. Bedroht waren v. a. Unternehmen, die Standardware wie Wäsche, Arbeitskittel und Hemden herstellten. Auf diese einfach herzustellenden Produkte konzentrierte sich die Konkurrenz aus den Schwellenländern zunächst. Außerdem waren Unternehmen mit wenig Eigenkapital gefährdet.[1]

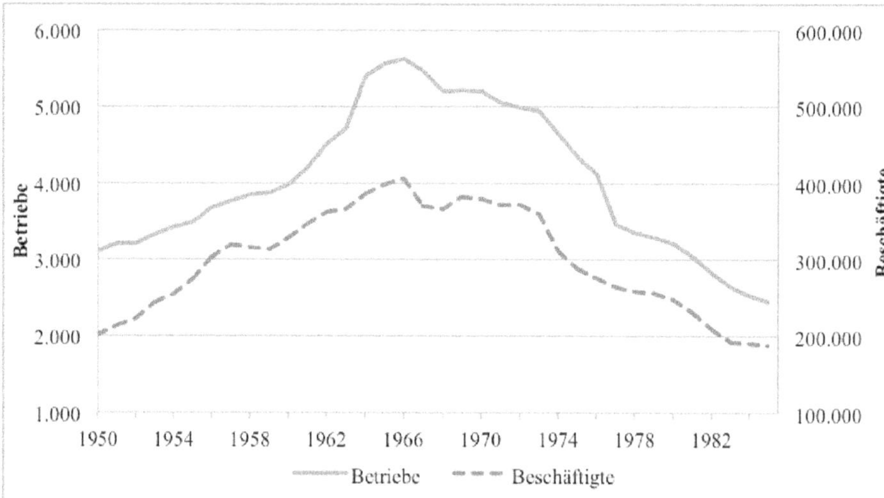

Abbildung 11: Betriebe[2] und Beschäftigte in der deutschen Bekleidungsindustrie 1950 bis 1985
Quelle: BBI, Bekleidungsindustrie in der BRD 1951 bis 1985.

In der DOB gab es nach Sparten gesehen die meisten Betriebe, etwa doppelt so viele wie in Wäsche und HAKA (beispielsweise 1963 1.951 DOB-Betriebe, 907 HAKA-Betriebe und 895 Wäsche-Betriebe, vgl. Abbildung 12). Da die HAKA mehr Beschäftigte aufwies als die Wäscheindustrie, ist anzunehmen, dass die Betriebe dort größer waren. Dies bestätigt auch die Untersuchung von Brigitte Schneider zur Bekleidungsindustrie im Ruhrgebiet.[3] Der Höchststand der Betriebe in der DOB wurde 1971 mit 2.229 erreicht, 1974 waren es nur noch 1.455. In HAKA und Wäsche nahmen die Betriebszahlen bereits seit Anfang bzw. Mitte der 1960er Jahre ab, was auf den Importdruck hindeutet (vgl. Kap. 6.4). In Frankreich war die Struktur der Branche ähnlich wie in der BRD. 1960 gab es 2.500 DOB- und 1.200 HAKA-Betriebe.[4]

Bei der Anzahl der Beschäftigten gestaltete sich die Entwicklung differenzierter, wie Abbildung 11 dokumentiert. Von 1951 bis 1957 stieg deren Anzahl von 214.037 auf

---

1 Vgl. Beese, Birgit: Die Internationalisierung der Bekleidungsproduktion nach 1970, in: Birgit Beese/ Brigitte Schneider: Arbeit an der Mode. Zur Geschichte der Bekleidungsindustrie im Ruhrgebiet, Essen 2001, S. 111–155, hier S. 121.

2 Örtliche Betriebseinheiten mit mehr als 10 Beschäftigten.

3 Vgl. Schneider, Neuaufbau, S. 20.

4 Vgl. Frisch, französische Bekleidungsindustrie, S. 632f.

319.922, ehe sie sich infolge der Textilkrise 1958 (vgl. Kap 7.3) geringfügig auf 313.785 im Jahr 1959 verringerte. Danach war wieder eine Zunahme der Beschäftigten bis auf 361.804 1962 zu verzeichnen. Nach einem Einbruch um 50.000 Beschäftigte 1963 erhöhte sich deren Anzahl wiederum, bis 1966 der Wendepunkt mit 406.402 erreicht wurde. In diesem Jahr waren etwa 5 Prozent aller Beschäftigten in der Bekleidungsindustrie tätig. Ab diesem Zeitpunkt ist insgesamt eine Abwärtstendenz zu konstatieren. 1975 arbeiteten in der Branche noch 288.308 Personen, also knapp 30 Prozent weniger als Mitte der 1960er Jahre. 1985 waren es nur noch knapp 190.000. Hier manifestiert sich der Abbau der Arbeitsplätze durch die Importkonkurrenz sowie die Verlagerung der Betriebe ins Ausland (vgl. Kap. 6.6).[5]

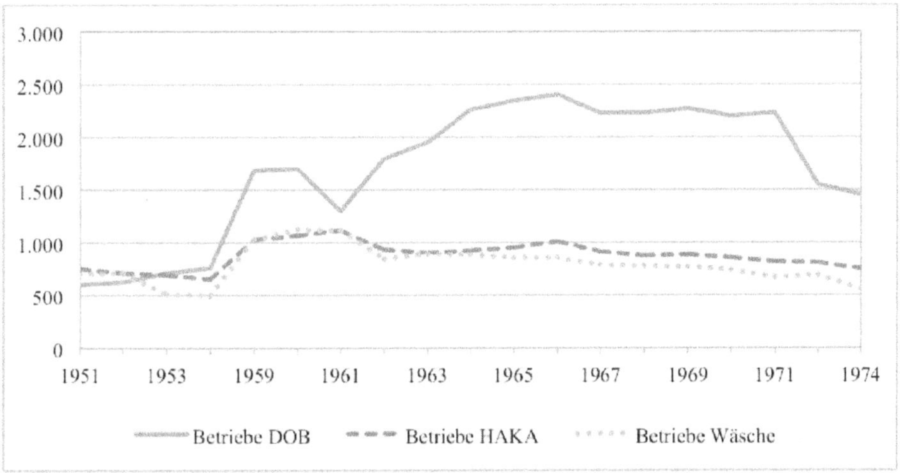

Abbildung 12: Betriebe[6] in der deutschen Bekleidungsindustrie nach Sparten 1951 bis 1974[7]
Quelle: BBI, Bekleidungsindustrie in der BRD 1951 bis 1974.

Bis Anfang der 1960er Jahre hatte die HAKA die meisten Beschäftigten der Branche (vgl. Abbildung 13). Ab diesem Zeitpunkt war der Großteil der Personen, die in der Bekleidungsindustrie arbeiteten, in der DOB beschäftigt. 1973 waren dies etwa 150.000 Beschäftigte. In den folgenden Jahren verringerte sich die Anzahl, 1975 zählte die DOB nur noch etwa 120.000 Arbeitnehmer. Aber auch in der HAKA waren 1975 nur noch etwa 70.000 Personen tätig, im Gegensatz zu etwa 100.000 1966. In HAKA und Wäsche begann der Rückgang des Personals bereits 1967, vermutlich wegen der Konkurrenz aus dem Ausland (vgl. Kap. 6.4). Mitte der 1980er Jahre waren in der DOB

5 Vgl. Pesch, Bekleidungsindustrie, S. 303.
6 Örtliche Betriebseinheiten mit mehr als 10 Beschäftigten.
7 Werte für 1955 bis 1958 sowie 1973 sind nicht überliefert. Eine Fortführung der Abbildung bis in die 1980er Jahre ist leider nicht möglich, da sich die Erhebungsgrundlage ändert.

noch etwa 96.000 Personen beschäftigt, in der HAKA ca. 36.000 und im Bereich Wäsche ca. 10.000.[8]

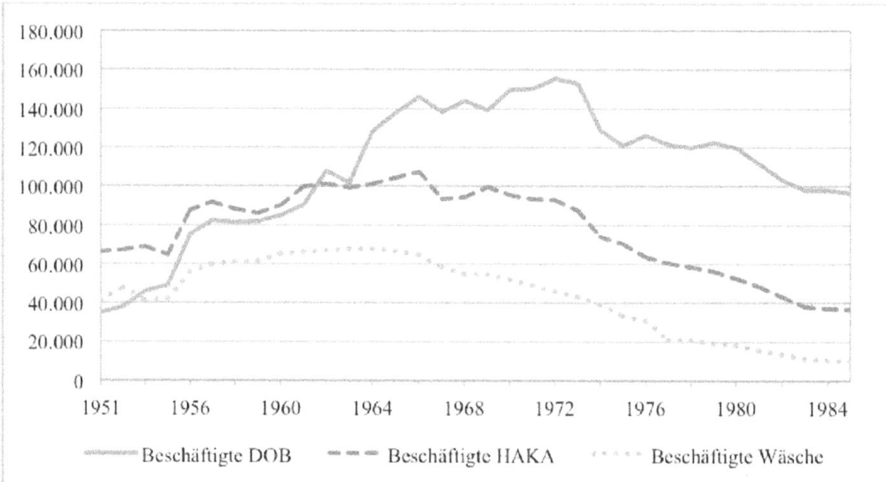

Abbildung 13: Beschäftigte in der deutschen Bekleidungsindustrie nach Sparten 1951 bis 1985[9]
Quelle: BBI, Bekleidungsindustrie in der BRD 1951 bis 1985.

Der Anteil der Angestellten an den Gesamtbeschäftigten der Branche erhöhte sich von 16 Prozent 1951 auf gut 22 Prozent 1975. Dies deutet auch darauf hin, dass die Fertigung immer mehr ins Ausland verlagert wurde, das Know-How und die Verwaltung der Firmen hingegen in Deutschland blieben. Dafür spricht auch, dass sich die Anzahl der Arbeiter vom Höchststand 345.533 1966 um gut 110.000 auf 235.762 1975 verringerte, das waren mehr als 30 Prozent. Die Zahl der Angestellten nahm im gleichen Zeitraum von 60.869 auf 52.546 ab, also nur um ca. 14 Prozent. Bei den Heimarbeitern vollzog sich die Entwicklung noch radikaler. Ende der 1960er verzeichnete man den Höchststand mit 30.000 Heimarbeitern, dem ein kontinuierlicher Abbau folgte; bis 1975 halbierte sich die Anzahl auf ca. 16.000.[10]

Die Größenstruktur in der Branche änderte sich nicht entscheidend; kleinere und mittlere Betrieben dominierten die Branche weiterhin.[11] In der DOB arbeiteten die meisten Personen in Betrieben mit 50 bis 200 Beschäftigten; die meisten Betriebe gab es in der Größenklasse von 20 bis 49 Mitarbeitern. In der HAKA war der größte Teil der Beschäftigten in Betrieben von 200 bis 499 Mitarbeitern zu finden, also in größeren Betrieben als in der DOB, wenngleich auch hier die meisten Betriebe im Bereich von 20 bis 49 Beschäftigten zu finden waren, in der Wäscheindustrie war die Verteilung

8 Vgl. Pesch, Bekleidungsindustrie, S. 303.
9 Für das Jahr 1955 sind keine Werte überliefert.
10 Vgl. BBI, Bekleidungsindustrie in der BRD 1951–1985.
11 Vgl. Stat. Jahrbuch für die Bundesrepublik 1950 – 1975.

vergleichbar. Insgesamt gesehen gab es in der Wäscheindustrie und der HAKA mehr größere Firmen als in der DOB, was auf die geringere Modeabhängigkeit und die größere Möglichkeit der Standardisierung zurückgeführt werden kann.[12] Damit war die Größenstruktur in der BRD der in Frankreich sehr ähnlich. Mehr als die Hälfte der Betriebe beschäftigte dort weniger als 50 Personen, nur 2 Prozent zählte mehr als 500 Beschäftigte.[13]

Schaut man sich die absolute Anzahl der Betriebe an, ist in den 1960er Jahren ein Anstieg der kleineren Produktionsstätten von 10 bis 49 Beschäftigten zu beobachten, insbesondere bei der DOB. 1964 zählte man in dieser Größenklasse 431 Betriebe, 1967 waren es 610. Dies deutet auf die Verlagerungen in strukturschwache Regionen hin, wo v. a. kleine Betriebe errichtet wurden (vgl. Kap. 6.5).[14]

Die Umsatzentwicklung der Branche zeigt Abbildung 14. Bis Anfang der 1970er Jahre bewegten sich der reale und nominale Umsatz in ähnlichen Bereichen. Im Verlauf beider Kennzahlen sieht man einen leichten Einbruch mit der Textilkrise 1958 und einen deutlichen mit der Rezession 1966/67. In den folgenden Jahren entwickelten sich beide Werte unterschiedlich. Während nominale Umsatz weiterhin anstieg, stagnierte der reale Umsatzwert zunächst in den 1970er Jahren und sank Anfang der 1980er Jahre sogar. Hier zeigen sich die Schwierigkeiten der Branche durch den Importdruck (vgl. Kap. 6.4).

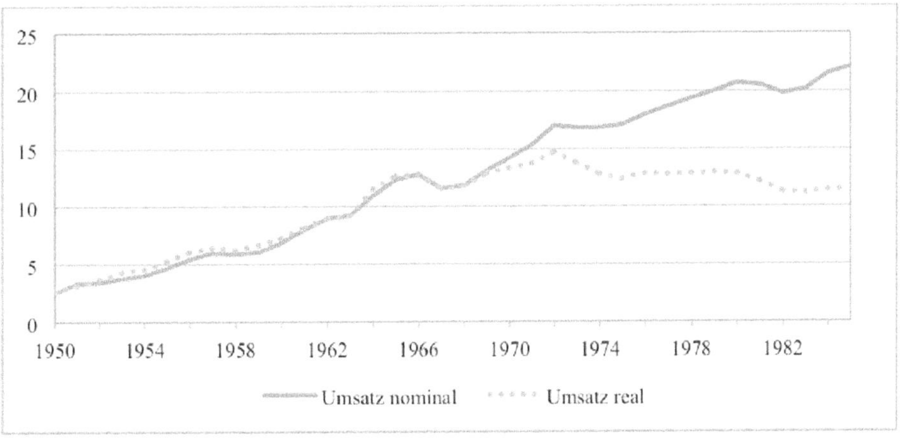

Abbildung 14: Umsatz in der deutschen Bekleidungsindustrie 1950 bis 1985 in Milliarden DM[15]
Quelle: BBI, Bekleidungsindustrie in der BRD 1951 bis 1985

12 Vgl BBI, Bekleidungsindustrie in der BRD 1960 – 1976.

13 Vgl. BW, Nr. 1 1958, S. 4.

14 Vgl. BBI, Bekleidungsindustrie in der BRD 1960 – 1970 und Meier, Bekleidungsindustrie, S. 51.

15 Der nominale Umsatz wurde mit dem Erzeugerpreisindex für die Bekleidungsindustrie 1962 = 100 in Tabelle 43 (Anhang) deflationiert.

Der Umsatz in der DOB lag insgesamt am höchsten, gefolgt von HAKA und Wäsche. Gründe hierfür waren die häufigeren modischen Wechsel und die höheren Preise in der DOB. Die Krise 1966/67 zeigte sich in allen drei Fachgebieten, am stärksten in der DOB. Die Umsatzsteigerungen von 1957 bis 1973 waren in der DOB am größten. Hier vergrößerte sich der Umsatz von 1,5 auf etwa 7 Milliarden DM. In der HAKA lässt sich für diesen Zeitraum eine Verdopplung des Umsatzes von 1,7 auf knapp 4 Milliarden DM nachweisen. Die Wäscheindustrie erwirtschaftete 1957 900 Millionen DM und 1973 2 Milliarden DM, also etwa die Hälfte der HAKA. Die geringeren Umsatzsteigerungen bei HAKA und Wäsche deuten auf den Importdruck in diesen Sparten hin (vgl. Kap. 6.4). In der Wäscheindustrie sank der Umsatz bis Mitte der 1980er Jahre weiter, in der HAKA blieb er stabil und in der DOB stieg er sogar auf 11 Mrd. DM an. Die DOB war die modischste Sparte in der Branche. Hier war der Konkurrenzdruck im Vergleich mit dem Ausland am geringsten ausgeprägt, da die Mode schnell wechselte und hohe Qualitätsstandards herrschten. Preissteigerungen ließen sich in der DOB noch am ehesten durchsetzen.[16]

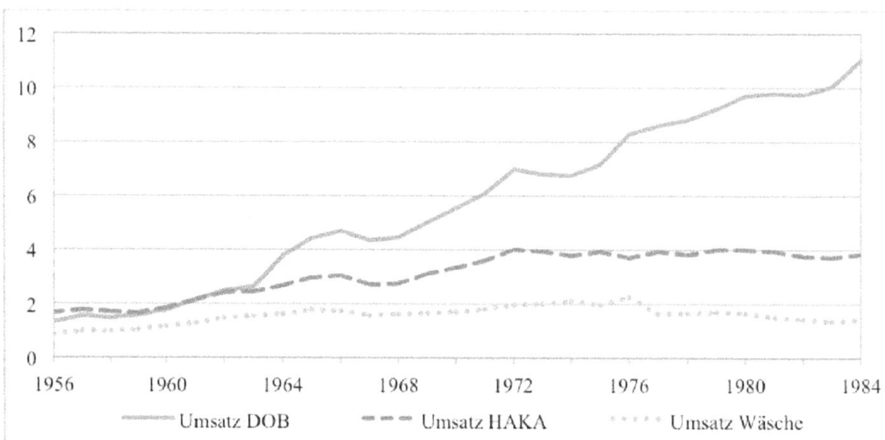

Abbildung 15: Umsatz in der deutschen Bekleidungsindustrie nach Sparten 1956 bis 1985 in Milliarden DM[17]
Quelle: BBI, Bekleidungsindustrie in der BRD 1957 bis 1985.

Die großen Betriebe vereinten immer mehr Umsatz auf sich. 1959 stellten die Betriebe mit mehr als 10 Millionen DM Umsatz im Jahr 29 Prozent des Gesamtumsatzes der Branche, 1972 bereits 61 Prozent, also mehr als das Doppelte. Schaut man sich die Betriebe in der Umsatzgrößenklasse über 50 Millionen DM an, erhöhte sich deren Anteil am Gesamtumsatz von knapp 9 Prozent 1959 auf 22 Prozent 1972. Der größte Teil der Betriebe erwirtschaftete im Jahr nicht mehr als 0,5 Millionen DM Umsatz, erst

16 Vgl. BBI, Bekleidungsindustrie in der BRD 1957–1985.
17 Der Umsatz nach Sparten wurde erst ab 1956 erfasst.

Anfang der 1970er Jahre fand ein leichter Trend zur Verschiebung in die jeweils nächsthöhere Umsatzklasse statt.[18]

Der Umsatz pro Beschäftigten lag bis Mitte der 1960er ca. ein Drittel unter dem der gesamten Industrie. Danach vergrößerte sich der Abstand auf etwas mehr als die Hälfte des Umsatzes pro Beschäftigten in der gesamten Industrie, was auf die geringere Produktivität der Branche hindeutet.

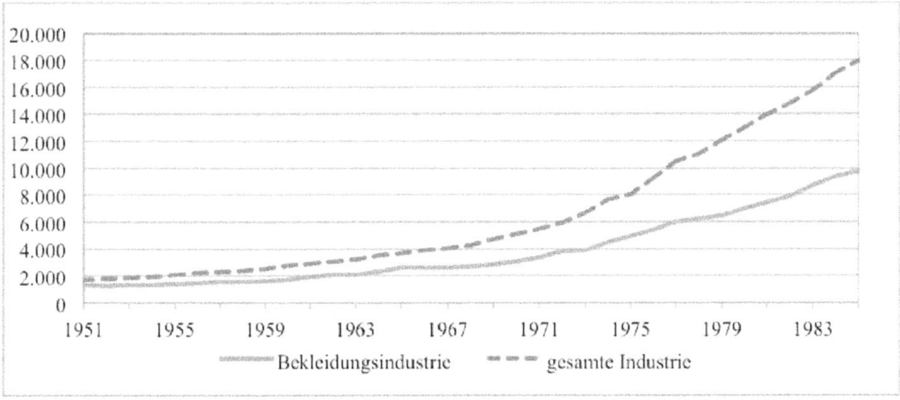

Abbildung 16: Umsatz je Beschäftigten in der Bekleidungsindustrie und der gesamten Industrie 1951 bis 1985 in DM
Quelle: BBI, Bekleidungsindustrie in der BRD 1951 bis 1985.

Bei den produzierten Stückzahlen sieht man ähnlich wie bei den Beschäftigten einen Einbruch 1958 sowie bei den beiden Rezessionen 1966/67 und 1973. Abbildung 17 demonstriert, dass die Produktionsmengen für Damen- und Herrenoberbekleidung bis Mitte der 1950er Jahre noch relativ eng beieinander lagen, die DOB in den folgenden Jahren aber deutlich mehr Kleidungsstücke herstellte als die HAKA. Ab Anfang der 1960er Jahren wurde etwa doppelt so viel Oberbekleidung für Frauen als für Männer produziert. Dies könnte damit zusammenhängen, dass Frauen aufgrund der wechselnden Modetrends häufiger neue Kleidung kauften und dafür insgesamt mehr Geld von ihrem Haushaltsbudget ausgaben als Männer.[19] Auch die Tatsache, dass sich die Importe aus Niedrigpreisländern zunächst auf Herrenwäsche bzw. Herrenbekleidung konzentrierten, sollte bei der Interpretation der Zahlen nicht außer Acht gelassen werden. In den Unternehmen und Verbänden zerbrachen sich die Verantwortlichen die Köpfe, darüber „wie [man] nun das Objekt unseres Ziels, nämlich den zu wenig kleidungsbewussten Mann aktiv an[greift]? Dabei müssen wir den Mann entthronen, der glaubt, daß das zehnjährige Tweed-Sakko der höchste Aus-

18 Vgl. BBI, Bekleidungsindustrie in der BRD 1951–1975.
19 Vgl. Meier, Bekleidungsindustrie, S. 25.

druck der Kulturstufe seines Trägers ist."[20] Das Deutsche Institut für Herrenmode war noch Anfang der 1970er Jahre der Meinung, der deutsche Mann sei „modisch unselbständig erzogen – Mutter, Freundin oder Frau begleiten ihn zum Einkauf. Wäsche, Hemden, Accessoires legen sie ihm morgens zurecht."[21] Als Resümee stellte das Institut fest, das modische Bewusstsein des deutschen Mannes sei „unterentwickelt".[22]

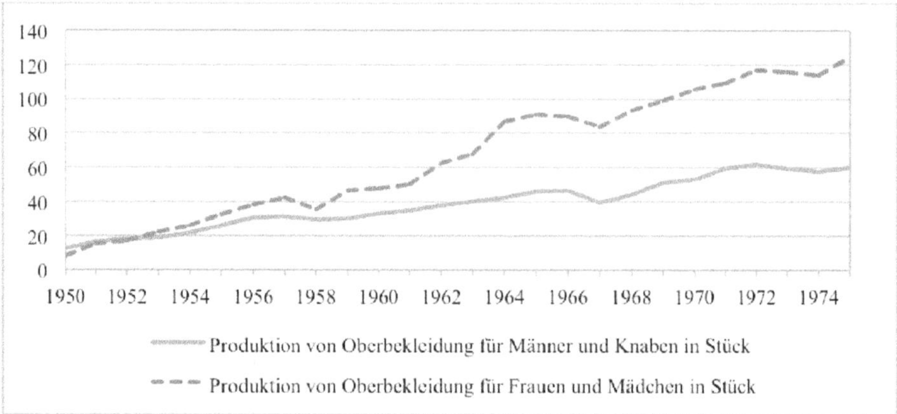

Abbildung 17: Produktion in der deutschen Bekleidungsindustrie 1950 bis 1975 in Millionen Stück
Quelle: Statistisches Bundesamt (Hg.): Statistisches Jahrbuch für die Bundesrepublik Deutschland, Stuttgart 1950 bis 1975.

Interessant erscheint auch eine Betrachtung der Lohnkostenentwicklung in Abbildung 18. Diese zeigt einen stetigen Anstieg von 1,06 DM je geleisteter Arbeitsstunde 1951 auf 6,92 DM 1973, also eine Steigerung um mehr als 600 Prozent. Dazu kamen in den 1960er Jahren erhöhte Materialpreise. Bis Mitte der 1980er Jahre stiegen die Lohnkosten auf 14,00 DM pro geleistete Arbeitsstunde an. Die Schere zwischen Kosten und Preisen öffnete sich immer weiter, die Rentabilität der Unternehmen verringerte sich immer mehr.

Im Vergleich zu anderen Ländern wird ein deutliches Lohngefälle zuungunsten der BRD ersichtlich. 1979 betrugen die Lohnkosten pro Stunde in Deutschland 10,25 DM, in der Schweiz und den USA umgerechnet 7,60 DM, in Hong Kong 2,20 DM und in Tunesien 1,60 DM. Oft waren auch die Fertigungsgemeinkosten[23] im Ausland niedriger, da die Jahresarbeitszeit in Deutschland kürzer war. Kam man in der BRD 1979 auf

20 BW, Nr. 9 1959, S. 574.

21 *Der Spiegel*, Nr. 35 1971, Volle Fahrt, S. 41–44, hier S. 41

22 *Der Spiegel*, Nr. 35 1971, S. 41.

23 Kosten, die als Nebenleistung für die Produktion notwendig sind, z. B. Hilfslöhne, Hilfsmaterial, Energiekosten, kalkulatorische Abschreibungen und Zinsen. Sie können nicht direkt einzelnen Kostenträgern zugeordnet werden.

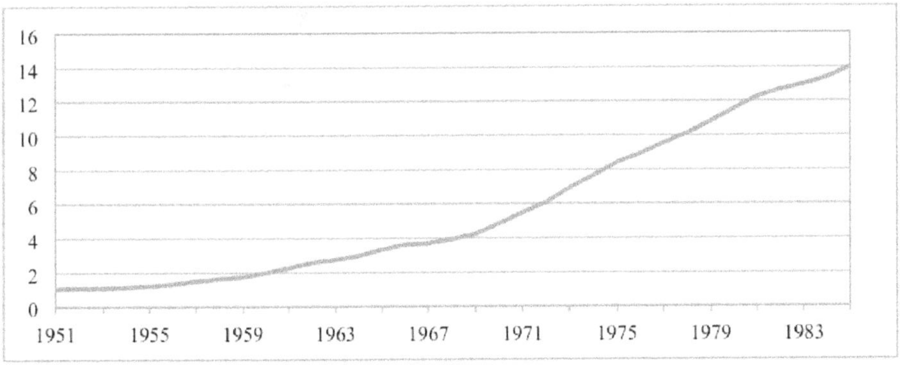

Abbildung 18: Lohnkosten pro geleisteter Arbeitsstunde in der deutschen Bekleidungsindustrie 1951 bis 1985 in DM
Quelle: BBI, Bekleidungsindustrie in der BRD 1951 bis 1985.

durchschnittlich 1.768 Arbeitsstunden pro Person, waren es in Hong Kong 2.344.[24] Auch im Vergleich zur EWG lagen die Löhne in der BRD am höchsten.[25] 1966 nahm die deutsche Bekleidungsindustrie im Vergleich der EWG dennoch mit 55 Prozent des Gesamtumsatzes und 46 Prozent der Beschäftigten weiterhin eine führende Stellung ein.[26]

Die Entwicklung des Erzeugerpreisindexes 1950 bis 1976 – vgl. dazu Tabelle 31 – macht deutlich, dass die Steigerungen auf der Kostenseite nicht an den Konsumenten weitergegeben werden konnten. Gründe hierfür waren die stetig steigende Konkurrenz im Inland und der Importdruck durch Billiglohnländer (vgl. Kap. 6.3 und 6.4). Erst in den 1970er Jahren stieg der Erzeupreisindex leicht an. Gründe waren die Lohnsteigerungen von bis zu 15 Prozent sowie die Erhöhung der Weltmarktpreise für Rohstoffe, die die Unternehmen nun nicht mehr auffangen konnten und an die Verbraucher weitergaben. Die Steigerungsrate in der Bekleidungsindustrie lag allerdings noch deutlich unter der der gesamten Industrie.[27] Erstaunlich erscheint v.a. der Preisrückgang Anfang der 1950er Jahre – nach einer kurzen Boomphase –, der auch deutlich stärker war als in der gesamten Industrie. Dies hing vermutlich mit der starken Mengenkonjunktur und der angespannten Konkurrenzsituation zusammen (vgl. Kap. 6.2).

24 Vgl. Hoffmann, Rolf: Überlegungen und Erfahrungen zur Verlegung von Produktionsstätten ins Ausland – am Beispiel der deutschen Bekleidungsindustrie, in: Zeitschrift für Betriebswirtschaft 10 (1979), S. 939 – 944, hier S. 942.
25 Vgl. BBI, Bekleidungsindustrie in der BRD 1961, S. II.
26 Vgl. BBI, Bekleidungsindustrie in der BRD 1966, S. II.
27 Vgl. BBI, Bekleidungsindustrie in der BRD 1974, 1975 und 1976.

Tabelle 31: Erzeugerpreisindex der Bekleidungsindustrie und der gesamten Industrie 1950 bis 1976 (1962 = 100)[28]

Jahr	Bekleidungsindustrie	gesamte Industrie
1950	97	80
1951	105	95
1952	94	97
1953	89	94
1954	88	93
1955	88	95
1956	90	96
1957	93	98
1958	94	97
1959	91	97
1960	94	98
1961	98	99
1962	100	100
1963	101	101
1964	95	96
1965	98	98
1966	100	100
1967	100	99
1968	101	99
1969	102	102
1970	107	108
1971	111	113
1972	115	116
1973	122	123
1974	132	139
1975	137	147

28 Diese Tabelle stellt einen Auszug dar. Die gesamte Aufstellung des Erzeugerpreisindex von 1950 bis 1985 findet sich im Anhang (vgl. Tabelle 43). Aufgrund fehlender durchgängiger Daten aus einer Quelle wurde die Tabelle aus Angaben des BMWi sowie des BBI zusammengestellt. Die Jahre, in denen aus beiden Quellen Daten überliefert sind, zeigen, dass diese annähernd übereinstimmen.

Tabelle 31: Erzeugerpreisindex der Bekleidungsindustrie und der gesamten Industrie 1950 bis 1976 (1962 = 100) *(Fortsetzung)*

Jahr	Bekleidungsindustrie	gesamte Industrie
1976	140	152

Quelle: BA, B 102/207132 und BBI, Bekleidungsindustrie in der BRD 1950 bis 1976.

Die Investitionen folgten klar der wirtschaftlichen Entwicklung, in Krisenzeiten wurde weniger investiert; insgesamt gesehen stieg die Investitionssumme seit Mitte der 1960er Jahre bis 1980 kaum an – sie lag bei etwa 300 Millionen DM im Durchschnitt der Branche, am ehesten wurde in Anlagen sowie die Betriebsausstattung investiert. Die Investitionsquote der Bekleidungsindustrie betrug in den 1950er Jahre und 1960er Jahren etwa ein Drittel bzw. die Hälfte der Investitionsquote der gesamten Industrie. Hier machten sich die Probleme auf der Kostenseite sowie die geringe Kapitalintensität bemerkbar.

Tabelle 32: Investitionsquote[29] der Bekleidungsindustrie und der gesamten Industrie 1955 bis 1966

Jahr	Bekleidungs-industrie	gesamte Industrie
1955	2,4	6,8
1956	2,8	6,5
1957	2,3	6,2
1958	2,1	6,2
1959	2,0	6,1
1960	3,0	6,7
1961	2,8	7,1
1962	2,5	7,0
1963	2,5	6,3
1964	2,8	6,1
1965	2,9	6,6
1966	3,5	6,4

Quelle: BA, B 102/103607.

Der Export während der Wirtschaftswunderzeit ging hauptsächlich in die Länder der EWG und EFTA. Der Import kam zunächst ebenfalls aus diesen Ländern, immer

29 Nominale Bruttoanlageninvestitionen in Prozent des Umsatzes.

stärker aber auch aus den Ostblock- sowie Billiglohnländern in Asien. Im Schaubild sieht man deutlich, dass die Außenhandelsbilanz bis Ende der 1950er Jahre relativ ausgeglichen war, ab Anfang der 1960er Jahre der Import den Export aber immer weiter überstieg. 1975 wurde Ware für 1,8 Milliarden DM exportiert, der Import lag hingegen bei 4,8 Milliarden DM. Mitte der 1980er Jahre lag der Export bei etwa 5,6 Milliarden DM; der Import belief sich auf ca.12 Milliarden DM.

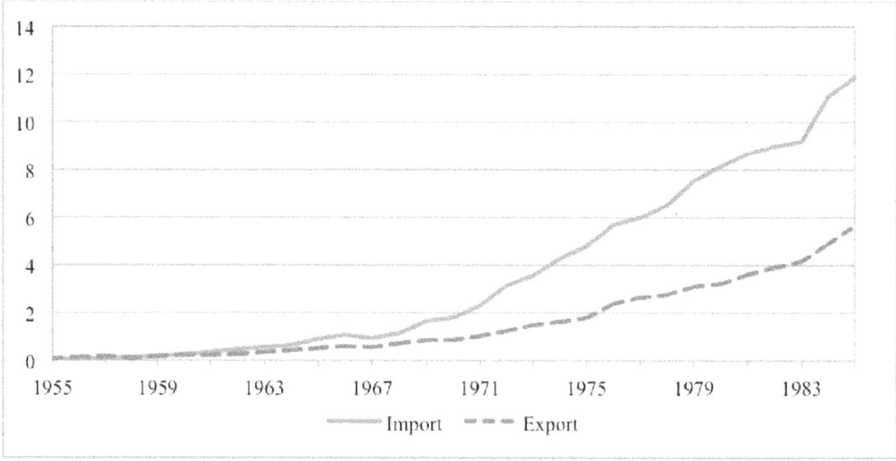

Abbildung 19: Import und Export der deutschen Bekleidungsindustrie 1955 bis 1985 in Milliarden DM Quelle: BBI, Bekleidungsindustrie in der BRD 1955 bis 1985.

Zu beachten ist auch, dass die Ausfuhrwerte stärker zunahmen als die Mengen. Das bedeutet, dass immer mehr hochwertige Textilien exportiert wurden. Bei den Einfuhren verhielt es sich genau umgekehrt, es wurde immer mehr preiswerte Ware importiert (vgl. Kap. 6.4).[30]

Zu kämpfen hatte die Bekleidungsindustrie auch damit, dass die Haushalte einen immer kleineren Anteil ihres Einkommens für Kleidung aufwendeten, weil man andere Verbrauchsgüter wie Autos und Haushaltselektronik bevorzugte. Wurden in den 1950er Jahren 9 Prozent und mehr des Einkommens für Kleidung ausgegeben, waren es 1975 nur noch 8 Prozent.[31]

Bei der geographischen Verteilung ergab sich aufgrund der Gebietsverluste 1945 eine erhebliche Verschiebung. Es liegen hier leider nur die Zahlen der Gewerbezählung vor, die auch die Handwerksbetriebe sowie die Betriebe des Bekleidungszubehörs enthalten. Die Zentren der deutschen Bekleidungsindustrie nach 1945 lagen in

30 Vgl. Hauptvorstand der Gewerkschaft Textil-Bekleidung (Hg.): Geschäftsbericht des Hauptvorstandes der Gewerkschaft Textil-Bekleidung, Düsseldorf 1959/1960, S. 182.

31 Vgl. Stat. Jahrbuch für die Bundesrepublik 1950 – 1975. Die absoluten Ausgaben für Bekleidung stiegen (inflationsbedingt) an. Die Angaben gelten für einen Vier-Personen-Arbeitnehmerhaushalt einer mittleren Verbrauchergruppe.

Nordrhein-Westfalen und in Bayern, wobei Bayern stark aufholte und bei der Gewerbezählung 1950 zum ersten Mal mehr Bekleidungsbetriebe aufwies als Nordrhein-Westfalen. In Schleswig-Holstein, wo es vor dem Krieg nur wenige Kleiderfabriken gegeben hatte, siedelte sich eine Reihe von Unternehmen an.[32] Gründe für die Verschiebungen waren zum einen die Ansiedlung von Flüchtlings- und Vertriebenenunternehmen sowie Neugründungen nach 1945 (vgl. Kap. 6.2), zum anderen die Verlagerung von Betrieben in strukturschwache Regionen nach 1960 (vgl. Kap 6.5 und Kap. 7.2.5.2 Errichtung der Triumphstraße). Düsseldorf lief Berlin den Rang der „Bekleidungsstadt" mit 12.228 Betrieben 1950 ab, in West-Berlin war es weniger als die Hälfte. In Düsseldorf fand mit der IGEDO (Interessengemeinschaft Damenoberbekleidung) die größte Bekleidungsmesse nach dem Zweiten Weltkrieg statt.[33] Auch Köln war mit 4.602 Betrieben 1950 ein wichtiger Standort. Bis 1970 holte Baden-Württemberg stark auf und reichte mit 6.500 Betrieben schon nahe an Nordrhein-Westfalen mit ca. 7.800 heran. Spitzenreiter blieb weiterhin Bayern mit gut 11.000 Betrieben sowie ca. 125.000 Beschäftigten. Die traditionelle Bekleidungsstadt Bielefeld hingegen büßte schon in den 1950er Jahren ihre Vorrangstellung ein. Die Zahl der Betriebe nahm von 846 1950 auf 461 1961 ab. [34] Hier scheint sich der generelle, auch in anderen Branchen nachweisbare Trend zur Schwerpunktverlagerung in die südlichen Bundesländer widerzuspiegeln.[35]

Auch in der französischen Bekleidungsindustrie gab es Zentren für bestimmte Sparten. Nordfrankreich, Lyon und Paris stellten in den 1960er Jahren 65 Prozent der gesamten Herrenkonfektion des Landes her. Auch das Zentrum für Arbeitskleidung lag im Norden. Bei der Damenkonfektion entfielen rund drei Viertel der gesamten Produktion auf Paris, eine Stellung wie sie vor dem Krieg Berlin für Deutschland eingenommen hatte.[36]

Wichtigster Abnehmer für die Bekleidungsindustrie war der Einzelhandel mit 1955 75 Prozent aller Produkte, 16 Prozent wurden über Waren- und Kaufhäuser, 4,5 Prozent über den Versandhandel abgesetzt.[37] Problematisch war für die Branche, dass sie zwischen weitgehend monopolisierten Rohstoffmärkten (Baumwolle) bzw. multinationalen Konzernen (Chemiefaser) einerseits und zunehmend oligopolistischen Strukturen im Textileinzelhandel (Kaufhäuser, Handelsketten) andererseits stand. Große Textilkonzerne und Einzelhandelsketten besaßen eine starke Marktmacht und

32 Vgl. BBI, Bekleidungsindustrie in der BRD 1951, S. II.

33 Vgl. Haber, Ruth: Die Modestadt Berlin nach 1945, in: Christine Waidenschlager (Hg.): Berliner Chic. Mode von 1820 bis 1990, Berlin 2001, S. 76–83, hier S. 76.

34 Vgl. Gewerbezählungen 1950, 1961 und 1970; siehe dazu auch Pesch, Bekleidungsindustrie, S. 300.

35 Vgl. BBI, Bekleidungsindustrie in der BRD 1970/71, S. III.

36 Vgl. Frisch, französische Bekleidungsindustrie, S. 632f.

37 Vgl. Meier, Bekleidungsindustrie, S. 55f.

konnten ihre jeweilige Position nachhaltig vertreten – meist zu Lasten einzelner Bekleidungsunternehmen, die weniger organisiert waren.[38]

6.2 Kleiderwelle: Boom in der Bekleidungsindustrie

Während der ersten Jahre der BRD war der Nachholbedarf an Bekleidung für die Expansion der Bekleidungsindustrie verantwortlich. In den folgenden Jahren war die Nachfrage an Bekleidung in erster Linie durch ein steigendes Interesse an modischer und qualitativ besser verarbeiteter Kleidung bestimmt.[39] Diese Konstellationen führten zur endgültigen Durchsetzung der Fertigung in der Fabrik. Die während der NS-Zeit erworbenen Kenntnisse zur Serienfertigung wurden nun auf die Herstellung ziviler Kleidung übertragen (vgl. Kap. 4.7). Heimarbeit blieb allerdings zur Überbrückung von Saisonspitzen weiterhin bedeutsam. Die Konzentration der Fertigung in der Fabrik hatte zur Folge, dass die Fertigungszeiten gegenüber der Zeit vor dem Zweiten Weltkrieg auf die Hälfte bis ein Drittel zurückgingen.[40]

Die positiven Auswirkungen des Korea-Booms ab 1950 erreichten auch die Bekleidungsindustrie und führten zu einer Ausweitung der Produktion und steigender Nachfrage. Die Preise für Investitions- und Konsumgüter zogen durch die forcierte Nachfrage stark an. Auf dem Weltmarkt kam es zu einer Rohstoffverknappung und das internationale Preisgefüge geriet ins Wanken.[41] Im September 1950 stand der Produktionsindex auf 121 Prozent im Vergleich zu 1936, was eine Verdreifachung gegenüber 1946 bedeutete, wo nur 39 Prozent der Menge von 1936 produziert worden waren. Die Arbeitszeit erhöhte sich von 33 Stunden 1948 auf 44 Stunden 1950.[42] 1950 lag der nominale Umsatz in der Bekleidungsindustrie bei 2,5 Milliarden DM. 1951 waren es 3,4 Milliarden DM.[43] 1952 erwirtschaftete die Bekleidungsindustrie nominal 3,5 Milliarden DM Umsatz, 1953 3,8 Milliarden DM. Zunehmend wurden – entsprechend den Verbraucherwünschen – höherwertige Gewebe verarbeitet. Begünstigt wurde die gute Absatzlage durch Gehaltserhöhungen im öffentlichen Dienst, erhöhte Sozialleistungen, zusätzliche Ausschüttungen aus dem Lastenausgleich und Steuersenkungen ab der Jahresmitte 1953. Es herrschte Mengenkonjunktur, das bedeutete, dass Kostener-

38 Vgl. Wassermann, Wolfram: Arbeitsgestaltung als Gegenstand gewerkschaftlicher Politik. Zur Soziologie der Arbeitsgestaltung am Beispiel der Textil- und Bekleidungsindustrie, Bonn 1982, S. 284.

39 Vgl. Schneider, Brigitte: Produktion für den neuen Modemarkt, in: Birgit Beese/Brigitte Schneider: Arbeit an der Mode. Zur Geschichte der Bekleidungsindustrie im Ruhrgebiet, Essen 2001, S. 67–93, hier S. 67.

40 Vgl. Dick, Bekleidungsindustrie, S. 731–736.

41 Vgl. Geschäftsbericht GTB, 1951/52.

42 Vgl. BW, Nr. 12 1950, S. 541. Die Daten werden in einer Rede von Curt Becker (Präsident des BBI) genannt. Aus welcher Quelle die Zahlen stammen und ob sie im Vergleich zu 1936 gebietsbereinigt sind, wird nicht angegeben.

43 Vgl. TW, Nr. 12, 20. 3. 1952, S. 2 und Abbildung 14.

höhungen nicht in den Preisen weitergegeben wurden, dennoch aber ein Anreiz bestand, Produktion und Umsatz bei sich verringernden Gewinnspannen auszuweiten.[44]

Nach einer Aufstellung des BBI lag die Bekleidungsindustrie 1951 gemessen an der Zahl der Industriebetriebe (3.154) an fünfter Stelle aller Industrien hinter der Industrie der Steine und Erden (5.021), der Textilindustrie (4.350), dem Maschinenbau (4.244) und der holzverarbeitenden Industrie (3.750). Bei der Zahl der Beschäftigten nahm sie die sechste Stelle ein, beim Umsatz Rang 9.[45]

Dennoch wurde bereits während der Boomphase von Experten auf die schlechte Eigenkapitalversorgung der Unternehmen aufmerksam gemacht, die sich in Krisenzeiten existenzbedrohend auswirken könnte.[46] Curt Becker, der Präsident des Bundesverbandes Bekleidungsindustrie, kritisierte 1953, dass die geltenden Steuergesetze eine Neubildung von Kapital kaum möglich machten. Bei den durch den Boom erhöhten Umsätzen entwickele sich das Verhältnis von Eigenkapital und Bilanzsumme zunehmend ungünstiger. Außerdem komme es zu Liquiditätsschwierigkeiten, weil der Einzelhandel zunehmend längere Zahlungsziele in Anspruch nehme.[47] Im Vergleich zum Ausland seien die deutschen Unternehmen kapitalmäßig schlechter ausgestattet.[48] Dennoch sei die überwiegende Zahl der Unternehmen in der Bekleidungsindustrie strukturell und finanziell gesund, wie der Präsident des Bundesverbandes Bekleidungsindustrie Richard Lorenz 1958 betonte: „Wir sind keine Fußkranken der Industrie, wie uns Bundeswirtschaftsminister Erhardt [...] nannte.“[49]

Technisch gesehen waren die USA Anfang der 1950er Jahre ein Vorbild für die deutsche Bekleidungsindustrie. In der Fachzeitschrift *Bekleidung und Wäsche* wurde häufig von Studienreisen in die USA berichtet. Allerdings ließen sich viele Methoden nur schwer übertragen, da in den USA Großbetriebe mit 2.500 bis 4.500 Beschäftigten die Branche dominierten.[50] Das Fließband hatte sich in der BRD noch nicht flächendeckend durchgesetzt. Ca. 30 Prozent aller Betriebe arbeiteten Anfang der 1950er Jahre mit dem Fließband; verwendet wurde es v. a. von Betrieben der HAKA, dort in ca. der Hälfte aller Betriebe.[51] Bei DOB und Wäsche herrschte weiterhin Bündelfertigung vor, bei der eine kleine Gruppe von Näherinnen verschiedene Arbeitsgänge an einem Arbeitsplatz ausübte.[52] Bei kleineren Losgrößen in der modeabhängigen DOB war diese Art der Fertigung die günstigste. Ein Autor der Zeitschrift *Bekleidung und Wäsche* urteilte 1963 vernichtend und mit düsteren Aussichten über den technischen Stand in der Bekleidungsindustrie:

---

44 Vgl. BW, Nr. 6 1954, S. 243 f.
45 Vgl. BBI, Bekleidungsindustrie in der BRD 1951, S. I.
46 Vgl. TW, Nr. 19, 7.5.1953, S. 5.
47 Vgl. TW, Nr. 23, 31.12.1953, S. 2.
48 Vgl. TW, Nr. 52, 27.12.1962, S. 8.
49 TW, Nr. 49, 4.12.1958, S. 2.
50 Vgl. BW, Nr. 7 1953, S. 299–302.
51 Vgl. Geschäftsbericht GTB 1953/54.
52 Vgl. BW, Nr. 10 1953, S. 461–468.

> Als technisch überholt, antiquiert und aus dem vorigen Jahrhundert stammend, in ihrer mengenmäßigen Ergiebigkeit völlig unbefriedigend, müssen jene Produktionsverfahren angesehen werden [...], derer sich die Textil- und Bekleidungsindustrie bedient. Im Hinblick auf den begründeten Zwang zu höchster Produktivität *muß* [Hervorhebung im Original] die Textil- und Bekleidungsindustrie, sofern sie sich dieser überholten, produktionstechnischen Verfahrensweisen bedient, verschwinden und wird nur soweit erhalten werden können, als sie neuen technischen Verfahren zum Durchbruch verhilft.[53]

Die Mode nach dem Krieg wurde maßgeblich von Paris und den dortigen Designern beeinflusst. Insbesondere Christan Dior prägte den New Look mit wadenlangen, glockigen Röcken, schmaler Schulterpartie und enger Taille, der typisch für die 1950er Jahre werden sollte. Allerdings war der New Look bis Ende der 1940er Jahre keineswegs unumstritten. Kritisiert wurde neben dem hohen Stoffverbrauch für die Röcke, dass er nicht zur deutschen Frau passe und den Männern gefielen die langen Röcke nicht, da die hübschen Beine der Damen verdeckt würden.[54]

Nach dem Zweiten Weltkrieg feierten synthetische Fasern ihren endgültigen Durchbruch. Der von DuPont schon in den 1930er Jahren entwickelte Nylonstrumpf setzte sich durch. Aber auch in der Kleidung selbst wurde nun eine Vielfalt an Kunstfasern verarbeitet. Dazu gehörten Polyamid, Polyester und Polyacryl. In den 1960er Jahren erlebten bügelfreie Hemden aus Polyamidfasern einen Boom. Polyesterfasern wie Driolen oder Trevira wurden oft mit Baumwollen zu Mischgewebe verarbeitet und bestachen v. a. durch ihre Formbeständigkeit. Daraus wurden z. B. bügelfreie Hemden und Blusen sowie Röcke mit Plissees gefertigt. Pullover stellte man zunehmend aus Acryl her, dadurch waren sie waschmaschinenfest und formbeständig. Neben dem Preis war in den 1950er Jahren v. a. die leichtere Pflege ein Verkaufsargument für Kunstfasern. Bügeln und Stärken entfielen bei vielen Produkten. In den 1960er und 1970er Jahren spielte der Preis nicht mehr eine so große Rolle, modische Gesichtspunkte wie Glanzeffekte standen im Mittelpunkt. Synthetische Fasern verdrängten Naturfasern aber nicht vom Markt, sondern etablierten sich in spezifischen Anwendungsfeldern.[55]

Kleidung war seit den 1950er Jahren ein Massenkonsumgut. Sie veraltete i. d. R. nicht mehr durch Verschleiß, sondern durch den Modewechsel. In der Wirtschaftswundergesellschaft trat die Neuanschaffung von Kleidung an die Stelle von Flicken und Umarbeiten. Der gestiegene Wohlstand führte dazu, dass Menschen mehr Kleidungsstücke besaßen als vor dem Krieg. Bis zur Textilkrise 1958 stiegen die Bekleidungsausgaben privater Haushalte[56] von 8,9 Prozent des Einkommens 1950 auf 9,4 Prozent 1958. In den Folgejahren fielen sie auf 8,9 Prozent. Mit Erholung der

---

53 BW, Nr. 6 1963, S. 460 f.

54 Vgl. Sywottek, Mode, S. 95 und S. 101 f.

55 König, Konsumgesellschaft, S. 132–135.

56 Ausgaben für Bekleidung eines Vier-Personen-Arbeitnehmerhaushaltes einer mittleren Verbrauchergruppe pro Monat in Prozent des Einkommens, vgl. Tabelle 44 im Anhang.

Konjunktur Anfang der 1960 Jahre waren es noch einmal 9,4 Prozent, bis Anfang der 1970er Jahre hatte sich der Anteil allerdings deutlich auf 8 Prozent reduziert.[57]

6.3 Marktsättigung und zunehmender Konkurrenzkampf

Der Nachholbedarf an Bekleidung war bereits Mitte der 1950er Jahre gedeckt, obwohl der Produktionsindex noch bis 1957 um durchschnittlich 11,8 Prozent anstieg.[58] Schon 1954 herrschte Überproduktion vor. Die Unternehmen mussten, um im Geschäft zu bleiben, die Produkte oft unter dem Selbstkostenpreis abgeben.[59] Die Gewinnspannen wurden geringer, da Kostensteigerungen nicht in den Preisen weitergegeben werden konnten. Die Preise von Bekleidung nahmen ab, obwohl die Qualitäten besser wurden. Der Erzeugerpreisindex sank von 1951 = 105 auf 1954 = 93 (1962 = 100).[60]

Auch in der Wäscheindustrie stellte man 1954 bereits das Ende des Nachholbedarfs und die Ausbreitung starker Konkurrenz fest. Die Autoren der *TextilWirtschaft* rieten den Unternehmen daher, keine Erweiterungs-, sondern Modernisierungs- und Rationalisierungsinvestitionen vorzunehmen. Die Ertragsmöglichkeiten wurden als unzureichend bezeichnet, wofür die Autoren mehrere Gründe ausmachten. Zum einen seien die Lohn- und Fertigungsmaterialkosten stark gestiegen. Zum anderen hätten einige Webereien ihren Betrieben Konfektionsabteilungen angegliedert und könnten so steuerliche Vorteile nutzen. Die Lohn- und Materialkosten seien so stark gestiegen, dass Preiserhöhungen unumgänglich, aufgrund der großen Konkurrenz aber schwer durchzusetzen seien.[61]

Die Textilkrise 1958 läutete endgültig das Ende des Nachholbedarfs bei Bekleidung ein. Seit Beginn des zweiten Quartals stagnierte die Produktion, im Juli gab es ca. 17.000 Kurzarbeiter in der Branche, davon mehr als die Hälfte in Nordrhein-Westfalen, das 34 Prozent der Gesamtzahl der Beschäftigten stellte.[62] Neben dem Bergbau sowie der eisen- und stahlschaffenden Industrie war die Bekleidungsindustrie der einzige Wirtschaftszweig, der trotz anhaltendem, wenn auch stark abgeschwächten Wachstums der Gesamtwirtschaft, eine rückläufige Entwicklung aufwies.[63] Die Produktion der DOB nahm im zweiten Quartal 1958 im Vergleich zum Vorjahr um 6 Prozent ab. Den stärksten Einbruch hatte die Mantelsparte zu verzeichnen, wo der mengenmäßige Rückgang bei 16 Prozent, der wertmäßige bei

57 Vgl. Statistisches Jahrbuch 1950–1975 und Tabelle 44 im Anhang sowie König, Konsumgesellschaft, S. 132–135.
58 Vgl. Pesch, Bekleidungsindustrie, S. 300.
59 Vgl. TW, Nr. 50, 16.12.1954, S. 1f.
60 Vgl. Tabelle 43 im Anhang und TW, Nr. 23, 9.6.1955, S. 1f.
61 Vgl. TW, Nr. 51, 23.12.1954, S. 21f.
62 Vgl. TW, Nr. 28, 10.7.1958, S. 6.
63 Vgl. GTB, Geschäftsbericht 1957/58.

11 Prozent lag.[64] Auch der Aufwärtstrend im Gesamtumsatz der Branche wurde unterbrochen. Die Konsumenten verlagerten ihre Ausgaben eher auf langlebige Konsumgüter wie Fernseher und PKWs. Daneben gewann auch der Tourismus an Bedeutung und nahm einen immer größeren Teil des Haushaltsbudgets ein.[65] Eine Aufstellung des Wirtschaftswissenschaftlichen Instituts der Gewerkschaften zur industriellen Erzeugung (1952 = 100) drückt diese Entwicklung in Zahlen aus. 1959 lag der Produktionsindex der Industrien, die langlebige Gebrauchsgüter herstellten (z. B. PKW, Kühlschränke, Fernseher) bei 594 gegenüber einem Index von 242 in der Bekleidungsindustrie.[66]

Ausgelöst wurde die Krise v. a. durch steigende Rohstoffpreise in Folge des Suez-Konfliktes 1956 und hohe Absatzerwartungen, die nicht erfüllt werden konnten, aber zu einer Erhöhung der Produktion geführt hatten. Der Textileinzelhandel – an den die Bekleidungsindustrie etwa 90 Prozent ihrer Erzeugnisse absetzte[67] – blieb auf seinen hohen Lagerbeständen sitzen und schränkte weitere Bestellungen ein.[68] Hinzu kam auch der Übergang zur freien Konvertibilität der DM ab dem 29.12.1958. Die DM konnte nun unbegrenzt in andere Währungen umgetauscht werden und umgekehrt.[69] In der Folge konnten sich komparative Kostenvorteile in einem liberalisierten und multilateralen Handelsverkehr voll durchsetzen.[70] Dies beeinträchtigte die Bekleidungsindustrie mit ihren hohen Lohnkosten und der Billigkonkurrenz aus dem Ausland stark. Die Bekleidungsindustrie wies im Gegensatz zur gesamten Industrie 1958 eine negative Zuwachsrate der Produktion auf. Außerdem lag diese in den 1960er Jahren mehrheitlich unter der der Gesamtindustrie. Die durchschnittliche Wachstumsrate in der Bekleidungsindustrie betrug von 1960 bis 1966 4,7 Prozent, in der gesamten Industrie waren es im Durchschnitt 5,8 Prozent (vgl. Abbildung 20).

Die Bekleidungsunternehmen versuchten zunächst dem stockenden Inlandsabsatz durch eine Ausweitung des Exportes zu begegnen. Nach der Gründung der EWG 1957 war innerhalb der Mitgliedsstaaten Freihandel möglich, die Kosten für den Zoll entfielen. Zunächst standen die Niederlande und Belgien im Fokus der deutschen Unternehmen, da dort die einheimische Industrie schon Anfang der 1960er Jahre zu schrumpfen begann und nur wenig sprachliche Barrieren bestanden. Aber auch nach Frankreich wurde exportiert.[71] Die Ausfuhrziffern stiegen in der Folge von etwa

64 Vgl. TW, Nr. 20, 20.11.1958, S. 20

65 Vgl. TW, Nr. 52, 25.12.1958, S. 18 und Reckendrees, Alfred: Konsummuster im Wandel. Haushaltsbudgets und privater Verbrauch in der Bundesrepublik 1952–1998, in: Jahrbuch für Wirtschaftsgeschichte 2 (2007), S. 29–61, hier S. 41.

66 Vgl. BBI, Bekleidungsindustrie in der BRD 1959, S. III.

67 Vgl. Breitenacher, Bekleidungsindustrie, S. 125 f.

68 Vgl. GTB, Geschäftsbericht 1957/1958.

69 Vgl. Monatsberichte der Deutschen Bundesbank, November 1958, S. 3–6.

70 Vgl. Schmidt, Detlef: Die Konvertibilität der Währungen und ihre Probleme, in: Gewerkschaftliche Monatshefte 5 (1954), S. 545–552, hier S. 549.

71 Vgl. Vordemfelde, Herrenbekleidungsindustrie, S. 47 f.

162 Millionen DM 1958 auf etwa 500 Millionen DM Mitte der 1960er Jahre.[72] Die Exporterfolge bedeuteten aber nur ein kurzes Durchatmen, da sie die zunehmenden Importe aus Billiglohnländern nicht ausgleichen und das größte Problem der deutschen Betriebe nicht lösen konnten: Die steigenden und zunehmend nicht mehr konkurrenzfähigen Produktionskosten.

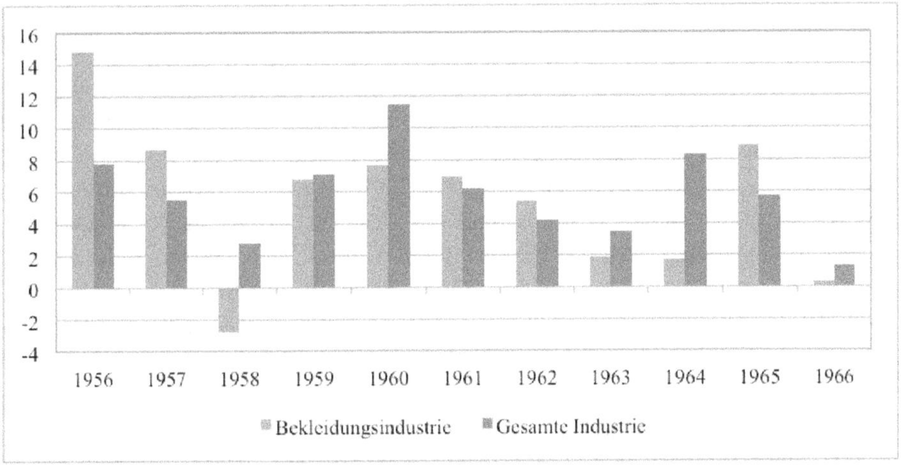

Abbildung 20: Zuwachsrate der Produktion in der Bekleidungsindustrie und der gesamten Industrie 1956 bis 1966 in Prozent[73]
Quelle: BA, B 102/103607, Aufstellung Wachstum der Produktion, der Produktivität, der geleisteten Arbeitsstunden, der Erzeugerpreise in der Bekleidungsindustrie und der Gesamtindustrie im Zeitraum 1956–1966 (Bundesgebiet ohne Westberlin).

Die Fabrikpreise in der Bekleidungsindustrie beinhalteten Anfang der 1960er Jahre ca. 60 Prozent Kosten für die verarbeiteten Vorprodukte und 20 Prozent Lohnkosten. Bei einer Zunahme der Erzeugerpreise in der Textilindustrie um durchschnittlich 8 Prozent 1960 gegenüber 1959 und einer Steigerung der Löhne und Gehälter in der Bekleidungsindustrie um 14,8 Prozent wäre laut der Berechnung der *TextilWirtschaft* ein 8 Prozent höherer Erzeugerpreis zu erwarten gewesen. Tatsächlich stieg er aber nur um 1,0 Prozent. Somit hatte die Bekleidungsindustrie unter dem Druck des Marktes steigende Kosten aufgefangen.[74] Der Verteuerung der Material-, Lohn-, und Gehaltskosten um 6,75 Prozent von 1962 bis 1964 stand sogar eine Verringerung des Erzeugerpreisindexes um 5 Prozent gegenüber. Die Bekleidungsindustrie konnte also unter dem Druck des in- und ausländischen Wettbewerbs die Kostensteigerungen bei Material und Lohn nicht in den Preisen weitergeben. Nur mit

72 Vgl. Stat. Jahrbuch für die Bundesrepublik 1958–1965.
73 Die exakten Zahlen zur Entwicklung der Zuwachsrate finden sich in Tabelle 42 im Anhang.
74 Vgl. Tabelle 43 im Anhang und TW, Nr. 9, 2.3.1961, S. 10.

Mühe konnten die notwendigen Mittel für Investitionen bereitgestellt werden.[75] Vier Fünftel der Investitionen dienten Mitte der 1960er Jahre der Rationalisierung. Die Investitionsquote lag mit 2,8 Prozent des Umsatzes 1964 außerdem deutlich unter der der Gesamtindustrie, die 6,1 Prozent betrug.[76] Die *TextilWirtschaft* urteilte: „Mehr denn je ist also die Bekleidungsindustrie in die Zange zwischen steigende Arbeitskosten und steigende Preise der Vorprodukte einerseits und dem Käufermarkt andererseits gekommen.“[77] Außerdem verschlechterte sich die Position der deutschen Bekleidungsindustrie im Vergleich zum Ausland durch die Erhöhung der Löhne und Gehälter sowie der Verkürzung der Arbeitszeit (vgl. Kap. 6.1).[78] Die Gewerkschaft Textil und Bekleidung forderte ohne Rücksicht darauf, wie sich ihre Lohnforderungen auf die Arbeitsplätze ihrer eigenen Mitglieder auswirkten, während der 1960er Jahre konstant mehr als 10 Prozent Lohnsteigerung. 1973 wurde ein Tarifabschluss mit 15-prozentiger Lohnsteigerung verabschiedet.[79] Dies war angesichts der allgemeinen wirtschaftlichen Situation 1973 und insbesondere der Schwierigkeiten in der eigenen Branche überzogen. Die Stundenlöhne lagen Anfang der 1960er Jahren in Deutschland ohnehin schon 10 Prozent über den belgischen, 15 Prozent über den französischen, 25 Prozent über den italienischen und 35 Prozent über den niederländischen.[80] Ein Autor der Zeitschrift *Bekleidung und Wäsche* schrieb 1965: „Wir stehen tatsächlich mit dem Rücken zur Wand.“[81]

Die Rezession 1966/67 war in der Bekleidungsindustrie deutlich zu spüren. Das Jahr 1967 war das schwierigste der Branche seit der Währungsreform. Produktion, Umsatz, Zahl der Beschäftigten und geleistete Arbeitsstunden gingen stärker zurück als im Durchschnitt der sonstigen Industrien. Die Schwere der Krise wurde auch durch eine mangelnde Voraussicht auf allen Stufen der Wertschöpfungskette hervorgerufen. 1965 und Anfang 1966 hatte der Handel die Verkaufsflächen kräftig erweitert und mehr bestellt, die Bekleidungsindustrie demnach ihre Kapazität vergrößert. Im September halbierten dann die Großabnehmer ihre Stammorders.[82] Ein damals aktueller Branchenwitz beschrieb die Zustände im Textilsektor: „Ein Mantelfabrikant stürzte aus dem vierten Stock seines Betriebes und blieb unverletzt; er landete weich auf einem Berg von unverkauften Mänteln.“[83]

Um den Absatz anzukurbeln, vereinigten sich einige HAKA-Betriebe 1970, um gemeinsam Werbung im In- und Ausland zu schalten. Gedanken machte man sich v. a. über folgende Aspekte:

---

75 Vgl. Tabelle 43 im Anhang und TW, Nr. 12, 25.3.1965, S. 2.

76 Vgl. BW, Nr. 15 1966, S. 1053.

77 TW, Nr. 8, 23.2.1961, S. 8.

78 Vgl. TW, Nr. 8, 23.2.1961, S. 8.

79 Vgl. TW, Nr. 29, 17.7.1962, S. 12 und BBI, Bekleidungsindustrie in der BRD 1973, S. IV.

80 Vgl. TW, Nr. 52, 27.12.1962, S. 13 f.

81 BW, Nr. 1 1965, S. 19 f.

82 Vgl. TW, Nr. 52, 28.12.1967, S. 3 f.

83 *Der Spiegel*, Nr. 50 1966, Angst steckt an. S. 50 – 59, hier S. 54.

> Was ist los mit dem deutschen Mann? Diese Frage beschäftigt nicht nur die Illustriertenpresse, sondern auch die HAKA-Branche. In der ab Februar 1970 beginnenden Gemeinschaftswerbung (der Werbeetat umfaßt 2,5 Millionen DM) wird er zum ‚größten Untersuchungsobjekt der Saison'. Frage: ‚Hat der deutsche Mann Sex?' – ‚Ist er geschmacklos?'— ‚Ist er ein Spießer?'"[84]

Mit der Kampagne sollte dem Modebewusstsein der Männer auf die Beine geholfen werden, „denn, daß unsere Männer in dieser Hinsicht noch etwas unbeholfen und wacklig in der Gegend stehen, ist der Branche Grund genug, wachzurütteln."[85] Die Mitgliedsfirmen reichten vertikal von den Vorlieferanten bis zum HAKA-Einzelhandel. Zur Finanzierung zahlten alle Firmen ein Tausendstel ihres Inlandsumsatzes, um dieses Gemeinschaftsprojekt zu finanzieren.[86]

In den 1970er Jahren wurde die Schere zwischen Kosten und Preisen noch größer. Die *TextilWirtschaft* schätzte, dass die Bruttolohn- und Gehaltssumme von 1962 bis 1970 um über 90 Prozent gestiegen war, die Umsätze aber nur um gut 50 Prozent. Der Anteil der Löhne und Gehälter am Umsatz habe sich in der gleichen Zeit um über 27 Prozent erhöht. Einschließlich der Lohnnebenkosten betrage er nun weit über 30 Prozent. Der 90-prozentigen Zunahme von Löhnen und Gehältern von 1962 bis 1970 stehe eine Steigerung der Arbeitsproduktivität um 49 Prozent gegenüber. Die Kostensteigerungen konnten also aufgrund des Preiskampfes und des Importdrucks wiederum nicht in den Preisen weitergegeben werden.[87]

Im Gegensatz zu anderen Branchen scheint es in vielen Unternehmen auch der Führungsebene an betriebswirtschaftlichen Kenntnissen gefehlt zu haben, wie Anfang der 1970er Jahre ein Unternehmensberater urteilte:

> In der europäischen Bekleidungsindustrie gibt es noch viele Meister der Improvisation. Sie verlassen sich auf ihren Instinkt und glauben, daß sie es auch ohne Instrumentarium schaffen. Unter den neuen Produktions- und Absatzbedingungen kann man dabei leicht auf der Strecke bleiben. Deshalb müssen sie sich über kurz oder lang mit gesteuerten Planungsprozessen vertraut machen.[88]

Problematisch war die Rekrutierung von Führungskräften, da selbst in Betrieben mit 500 bis 800 Beschäftigten für das mittlere Management nur Gehälter von 2.000 Mark, für Betriebsleiter von 3.000 bis 3.500 Mark und für Geschäftsführer von 4.000 bis 4.500 Mark bezahlt wurden, was im Vergleich zu anderen Branchen nicht attraktiv genug war.[89]

---

84 TW, Nr. 50, 11.12.1969, S. 22.
85 TW, Nr. 50, 11.12.1969, S. 22.
86 Vgl. TW, Nr. 50, 11.12.1969, S. 22.
87 Vgl. TW, Nr. 40, 1.10.1970, S. 1f.
88 TW, Nr. 28, 15.7.1971, S. 121.
89 Vgl. TW, Nr. 28, 15.7.1971, S. 121.

6.4 Bedrohliche Importe: Konkurrenz aus den Niedriglohnländern

Ab Ende der 1950er Jahre kam zu der in der BRD herrschenden Überproduktion im Bekleidungssektor noch die Konkurrenz von Billigprodukten aus den Ostblockländern, Südosteuropa und zunehmend auch aus dem Fernen Osten hinzu. Bereits 1958 warnte die *TextilWirtschaft*, die Importe hätten „besorgniserregend“ zugenommen.[90] Die Preise der Importwaren aus den Niedriglohnländern lagen je nach Artikel bei einem Drittel bzw. der Hälfte der deutschen Fabrikpreise.[91] Die Relationen des durchschnittlichen Einfuhrpreises eines Hemdes aus Hongkong zum durchschnittlichen Verkaufspreis ab Fabrik eines in Westdeutschland hergestellten Hemdes betrug 1966 4,22 zu 11,00 DM.[92] Die Einfuhren aus Hongkong wurden zum Problem, weil diesem Staat als Kronkolonie Englands die OEEC-Liberalisierung gewährt und keine Kontingente mehr festgelegt wurden.[93] Die Transportkosten spielten keine entscheidende Rolle, da Bekleidung leicht, gut zu verpacken und damit preiswert zu transportieren war.[94]

Von der Importproblematik betroffen waren v. a. die Sparten HAKA und Wäsche. Von 1959 bis 1961 verdoppelte sich der Importanteil der HAKA gemessen am Umsatz der inländischen Industrie. Die absoluten Einfuhrwerte verdreifachten sich.[95] Bei der Unterbekleidung für Männer und Knaben kamen 1959 72,4 Prozent der gesamten Einfuhr aus Hongkong, in der DOB waren es nur 7,5 Prozent.[96] 1960 lag der Anteil der Einfuhren aus Hongkong und Japan in der Wäscheindustrie bei Einem Achtel der deutschen Inlandsproduktion. Es war also zunächst nicht die Menge an sich, sondern die Herkunft und die Konzentration auf wenige Bereiche, die die Importe so gefährlich machten.[97]

Aussagekräftige Statistiken zu den Importen – die auch Auskunft über den Anteil der reimportierten Ware der deutschen Firmen, sog. Eigenimporte, enthalten – zu finden oder zu erstellen ist schwierig. Michael Breitenacher schätzt in seinem statistischen Werk über die deutsche Bekleidungsindustrie den Anteil der Eigenimporte für Anfang der 1970er Jahre auf 20 bis 30 Prozent.[98] Der BBI führte Importstatistiken; dort änderten sich aber nach wenigen Jahren die Kategorien, nach denen klassifiziert wurde. Von 1955 bis 1965 wurden Oberbekleidung und Wäsche nach ihrer jeweiligen

---

90 Vgl. TW, Nr. 52, 25.12.1958, S. 19.
91 Vgl. BW, Nr. 1 1966, S. 18.
92 Vgl. Pesch, Bekleidungsindustrie, S. 313.
93 Vgl. BA, B 149/23236, Der Bundesminister für Wirtschaft Karl Schmücker an Karl Buschmann, 12.10. 1966.
94 Vgl. TW, Nr. 21, 27.5.1965, S. 20.
95 Vgl. TW, Nr. 12, 22.3.1962, S. 12.
96 Vgl. BW, Nr. 6a 1961, S. 1.
97 Vgl. BBI, Bekleidungsindustrie in der BRD 1960, S. III.
98 Vgl. Breitenacher, Bekleidungsindustrie, S. 145.

Stoffart gegliedert in Tonnen und DM angegeben, ab 1966 waren es einzelne Kleidungsstücke, die unabhängig von ihrer Stoffart registriert wurden.

Die Erfassung einzelner Produkte – wie in Abbildung 21 beispielsweise Herrenhemden – von 1966 bis 1972 zeigt generell den weiterhin steigenden Trend der Importe, von ca. 76 Millionen DM 1966 auf gut 320 Millionen DM 1972. Der Wert nahm also innerhalb von acht Jahren um mehr als das Vierfache zu. Daran beteiligt waren nicht nur die Importe aus Hongkong, die sich von 36 Millionen DM (der Hälfte aller Importe) 1966 auf ca. 90 Millionen DM 1972 verdreifachten, sondern auch die Einfuhren aus den Ostblockländern, die von knapp 1 Million DM auf 45 Millionen DM 1972 stark anstiegen.

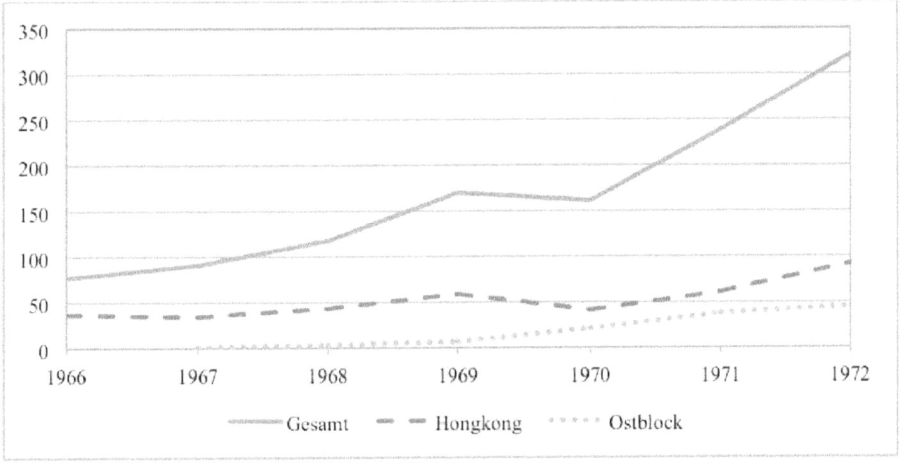

Abbildung 21: Importe von Herrenhemden 1966 bis 1972 in Millionen DM
Quelle: BBI, Bekleidungsindustrie in der BRD 1966 bis 1972.

Eine Aufstellung aller Importe der Bekleidungsindustrie nach Länder und Ländergruppen aus den Jahren 1965 und 1974 in den Abbildungen 22 und 23 bringt die Steigerung des Anteils aus Niedrigpreisländern des asiatischen Raums[99] und Ostblockländern[100] zum Ausdruck. Kamen 1965 78 Prozent aller Importe aus der EWG und nur 2 Prozent aus Asien, hatte sich das Bild 1974 komplett gewandelt. Der Anteil der EWG-Importe war auf 44 Prozent gefallen. 30 Prozent der Bekleidungsimporte stammten nun aus den asiatischen Niedrigpreisländern, weitere 12 Prozent aus den Ostblockländern und knapp 10 Prozent aus Jugoslawien. Dies hatte v. a. Folgen für die Preise (s. o.). Außerdem wurde auch aus der DDR Fertigkleidung bezogen. Zur Förderung des Interzonenhandels ließ die BRD – ohne Gegenleistungen – Lieferungen

99 Pakistan, Indien, Singapur, Macau, Südkorea, Japan, Taiwan, Hongkong.
100 Sowjetunion, Polen, CSSR, Ungarn, Rumänien, Bulgarien, Albanien, Volksrepublik China, Nordkorea, Mongolische Volksrepublik.

von Kleidung aus der DDR seit 1956 zu. Bis 1960 hatten sich diese Importe bereits verzehnfacht.[101]

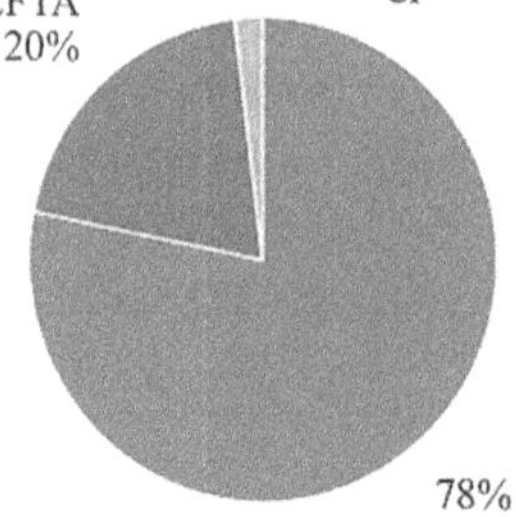

Abbildung 22: Importe der deutschen Bekleidungsindustrie nach Ländergruppen 1965
Quelle: Stat. Jahrbuch für die Bundesrepublik 1965.

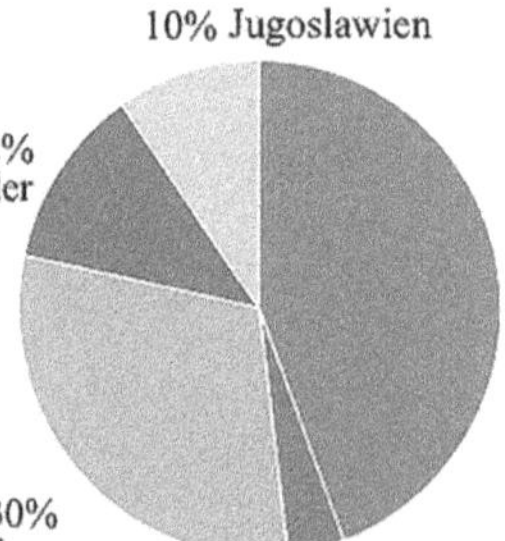

Abbildung 23: Importe der deutschen Bekleidungsindustrie nach Ländergruppen 1974
Quelle: BBI, Bekleidungsindustrie in der BRD 1974.

Begünstigt wurden Importe durch den Zollabbau in der EWG. Diese senkte am 1.7. 1962 die Binnenzölle um weitere 10 Prozent; sie betrugen dann nur noch 50 Prozent des Standes von 1957.[102] Die Mitgliedsländer behandelten Importe unterschiedlich. Die Einfuhrbesteuerungen Belgiens, Frankreichs und Italiens lagen deutlich höher als in der BRD.[103] Deshalb nahm von den Lieferungen aus Hongkong die BRD im EWG-Raum mit ca. 85 Prozent Anfang der 1960er Jahre am meisten auf.[104] Einziger Versuch zur Eindämmung von politischer Seite war die Anwendung des GATT-Baumwollabkommens auf die Importe aus Hongkong 1966. Die Importe aus Baumwollgarnen wurden auf einen Stand zurückgedrängt, der in der Mitte der beiden Exportziffern 1964 und

101 Vgl. BBI, Bekleidungsindustrie in der BRD 1960, S. III.
102 Vgl. TW, Nr. 20, 17.5.1962, S. 12.
103 Vgl. TW, Nr. 52, 27.12.1962, S. 13 f.
104 Vgl. BBI, Bekleidungsindustrie in der BRD 1963, S. III.

1965 lag.[105] Erschwerend hinzu kamen die Aufwertung der DM nach dem Ende des Bretton-Woods-Systems 1973 und der Freigabe der Wechselkurse gegenüber dem Dollar. Durch die nun vorherrschenden flexiblen Wechselkurse, die durch Floating Angebot und Nachfrage auf den Devisenmärkten unterlagen, verschlechterte sich die Wettbewerbsfähigkeit der deutschen Unternehmen.[106] Bei einem System fixer Wechselkurse bestand kein Wechselkursrisiko. Dieses entstand bei flexiblen Wechselkursen aus der zeitlichen Differenz zwischen dem Abschluss des Geschäfts und der Zahlung. Unternehmen konnten sich zwar gegen das Wechselkursrisiko absichern, dadurch erhöhten sich aber die Transaktionskosten des Geschäfts.[107] Eine solche Konstellation herrschte ab 1973 vor.

6.5 Flucht aufs Land

Das immer knapper werdende Arbeitskräfteangebot in den Industriezentren und die strukturelle Benachteiligung der Bekleidungsindustrie im Vergleich zu anderen Branchen, die höhere Löhne zahlten, führte ab Mitte der 1950er Jahre zu einer Verlagerung bzw. Umsiedlung in strukturschwache Regionen, wo zunächst noch genügend Arbeitskräfte zur Verfügung standen. Da dort die Konkurrenz mit anderen Industriezweigen fehlte, konnten die Löhne weiterhin niedrig gehalten werden. Eine Untersuchung der Verhältnisse in Cham/Oberpfalz und München von Dietrich Bley aus dem Jahr 1969 kam zu dem Ergebnis, dass im Vergleich zu Cham in München 46,7 Prozent höhere Lohnkosten, 136,4 Prozent höhere Grundstückpreise, 117,1 Prozent höhere Darlehenszinsen und 10 Prozent höhere Gewerbesteuerhebesätze zu entrichten waren. Regionalen Arbeitskräftereserven in Kombination mit örtlichen Lohnkostenersparnissen für die besonders arbeitsintensive Bekleidungsindustrie kam die größte Bedeutung bei der Verlagerung zu.[108]

Auch Gastarbeiter boten kein ausreichendes Arbeitskräftereservoir; 1964 waren in der Branche ca. 18.000 gemeldet, also etwa 4 Prozent aller Beschäftigten in der Bekleidungsindustrie. Damit lag die Zahl unter dem Durchschnitt aller Wirtschaftszweige, wo der Wert 4,4 Prozent betrug.[109] Dies hing sicherlich auch damit zusammen, dass es eher Männer waren, die als Gastarbeiter tätig waren. Für Frauen schien die Hürde größer zu sein, ihr Heimatland zu verlassen und für Männer waren andere Branchen attraktiver.[110]

---

105 Vgl. BBI, Bekleidungsindustrie in der BRD 1966, S. V.

106 Vgl. Plumpe, Werner: Wirtschaftskrisen. Geschichte und Gegenwart. 2. Aufl., München 2011, S. 93.

107 Vgl. Spoerer/Streb, Wirtschaftsgeschichte, S. 239.

108 Vgl. Bley, Dietrich: Die Standortverlagerungen der Bekleidungsindustrie in der Bundesrepublik Deutschland und ihre Ursachen, Mainz, Univ. Diss. 1969, S. 158 f.

109 Vgl. TW, Nr. 10, 11. 3. 1965, S. 14.

110 Vgl. BBI, Bekleidungsindustrie in der BRD 1963, S, II.

Die deutsche Bekleidungsindustrie investierte von 1955 bis 1963 nach einer Untersuchung des Arbeitsministeriums eine Milliarde DM in die Verlagerung und Neuerrichtung von Betrieben. Die Betriebe wichen in weiter entfernt liegende und weniger entwickelte Gebiete aus.[111] In diesem Zeitraum wurden 625 Betriebe mit mehr als 50 Beschäftigten verlagert oder neu errichtet, meist als Filialbetriebe schon bestehender Unternehmen.[112] Allein 1964 und 1965 wurden gut 400 Betriebe mit fast 14.000 Beschäftigten verlagert, davon 4.700 Beschäftigte in Bayern, 3.200 in Nordrhein-Westfalen und 1.800 in Baden-Württemberg.[113]

Die in ländlichen Gebieten errichteten Betriebe waren kleiner als die Zentralen und in der Regel stark dezentralisiert.[114] Die Zahl der Zwergbetriebe mit 1 bis 9 Beschäftigten wuchs von 1960 bis 1969 nach Angaben des Statistischen Bundesamtes um über 40 Prozent auf über 2.700. Die Zahl der Großbetriebe mit mehr als 500 Beschäftigten ging hingegen im selben Zeitraum um 18 Prozent auf 59 zurück. Dies scheint auf den ersten Blick erstaunlich, da Großbetriebe meist einen doppelt so hohen Umsatz je Beschäftigten aufwiesen als Kleinbetriebe. Von 1960 bis 1969 war der Pro-Kopf-Umsatz bei Großbetrieben um 150 Prozent gestiegen, bei Mittelbetrieben um 83 Prozent und bei Kleinbetrieben nur um 53 Prozent. Der Grund für diese Entwicklung liegt in der Errichtung der Betriebe in strukturschwachen Regionen, weil dort pro Gebiet nur eine begrenzte Zahl von Arbeitskräften verfügbar war. Führungskräfte und Gastarbeiter waren für solche Betriebe schwer zu gewinnen. Eine rationalisierte Produktion war in diesen Gegenden deswegen kaum möglich. Die Bekleidungsindustrie befand sich in einem Dilemma:[115]

> Mit ihrer Importpolitik schlägt die Bundesregierung, was sie mit ihrer regionalen Strukturpolitik zu fördern sucht. Beengter Arbeitsmarkt und aggressive Lohnpolitik wiederum zwingen die Bekleidungsindustrie, in Förderungsgebiete auszuweichen, wo sie augenscheinlich nicht die höchste Produktivität entfalten kann. Als Aufgabe verbleibt somit die Quadratur des Kreises, markiert durch aggressive Lohnpolitik, superliberale Einfuhrpolitik, regionale Strukturpolitik und optimale Rationalisierungspolitik. Ein echter Zielkonflikt also. Bonn wird sich hier bald entscheiden müssen.[116]

Die Errichtung von Kleinbetrieben war aufgrund der steigenden Verwaltungskosten und der Dezentralisierung des Informationsflusses transaktionskostenökonomisch gesehen wenig sinnvoll. Sie lässt sich aus dem ökonomischen Zwang erklären, die Produktion aufrecht erhalten bzw. ausweiten zu können. Die dafür nötigen Arbeitskräfte standen in den Industriezentren nicht mehr zur Verfügung. Die Unternehmen

111 Vgl. TW, Nr. 21, 27.5.1965, S. 20
112 Vgl. BBI, Bekleidungsindustrie in der BRD 1964, S. II.
113 Vgl. BW Nr. 24 1966, S. 1785
114 Vgl. BBI, Bekleidungsindustrie in der BRD 1960, S. I.
115 Vgl. TW, Nr. 3, 21.1.1971, S. 1f.
116 TW, Nr. 3, 21.1.1971, S. 1f.

mussten also kurzfristige Entscheidungen treffen, die sie später teuer zu stehen kamen.

Eine Verlagerung der Betriebe in ländliche Gebiete, um Lohnkosten zu sparen und Arbeitskräfte zu mobilisieren, fand auch in anderen Ländern statt, z. B. in Österreich. Vergleichend zu der Stellung von Berlin befanden sich bis in die 1950er Jahre in Wien die Hälfte aller Bekleidungsbetriebe des Landes. Seit den 1960er Jahren errichtete man auch Betriebe in ländlichen Regionen wie Vorarlberg.[117] Auch in der Schweiz wurden viele Betriebe in ländliche Gegenden verlegt.[118]

6.6 Verlagerung der Betriebe ins Ausland

Eine Strategie, um dem Konkurrenz- und Kostendruck zu begegnen, war die Verlagerung ins Ausland, die zu Beginn der 1960er Jahre einsetzte und sich Ende des Jahrzehnts sowie in den 1970er und 1980er Jahren rasant beschleunigte. Eine Möglichkeit der Verlagerung war, Aufträge in Form von passiver Lohnveredelung (PLV) zu vergeben, bei der die deutschen Unternehmen Stoffe und Nähzutaten lieferten, die eigentliche Näharbeit aber in Fremdbetrieben im Ausland stattfand. Der Reimport in die BRD fand in der Regel unter zollgünstigen Bedingungen statt. Meist wurde auf schon bestehende Fremdbetriebe zurückgegriffen. Die Firmen vereinbarten zunächst Probeaufträge, wenn die Qualität zufriedenstellend war, folgten Preisverhandlungen und größere Aufträge.[119] Letztlich war die PLV eine Zwischenmeisterfertigung im Ausland. Die Bekleidungsindustrie blieb also einem alten Produktionsmodell treu, nur dass die Fertigung nicht mehr innerhalb Deutschlands, sondern außerhalb der Grenzen stattfand. Eine weitere Möglichkeit der Verlagerung bestand in der Errichtung von eigenen Betrieben oder der Anmietung von Räumlichkeiten, also einer Errichtung von Zweig- oder Tochterbetrieben.

Transaktionskostenökonomisch gesehen scheint die Errichtung einer eigenen Fabrik oder die Anmietung einer Immobilie am vorteilhaftesten, da nicht bei jedem Auftrag, Preise sowie Liefer- und Zahlungsbedingungen erneut ausgehandelt werden müssen. Außerdem ist die Kontrolle der Angestellten in der eigenen Fabrik effektiver. Ebenso kann die Qualitätskontrolle zentral vorgenommen werden, insbesondere wenn es sich um standardisierbare Ware handelt. Zu bedenken ist aber die Struktur der Branche. Kleine und mittlere Unternehmen besitzen selten weder das personelle noch das finanzielle Kapital, solche Fabriken zu errichten. Bei Unkenntnis der Lage in den jeweiligen Ländern kann ein solches Projekt auch schnell scheitern, weil beispielsweise Arbeitsmoral oder örtliche Lohnbedingungen nicht genügend eruiert wurden. Hier kann die Etablierung einer PLV sinnvoll sein, da die mit einer eigenen

117 Vgl. Gärtner, Hans: Die Vorarlberger Oberbekleidungsindustrie. Ihre Entwicklung und Struktur, Innsbruck 1970, S. 47.

118 Vgl. BW, Nr. 6 1953, S. 270.

119 Vgl. Vordemfelde, Herrenbekleidungsindustrie, S. 133.

Fabrik verbundenen fixen Kosten wegfallen. Die Kosten entstehen hier v.a. für Konditionsverhandlungen und Qualitätskontrolle. Der Weg der Internalisierung scheint eher für größere Unternehmen sinnvoller, die dafür das nötige Know-How und Geld besaßen (vgl. Kap. 7.1.5.4, Kap. 7.1.6.3, Kap. 7.2.6.2 und Kap. 7.3.5.4).

Meist verlagerten die Unternehmen die Produktion von preiswerter und gut standardisierbarer Massenware ins Ausland. Die noch in der BRD verbleibende Herstellung wurde auf Qualitätsware und Musterkollektionen umgestellt. Zunächst erfolgte die Produktion in nahe gelegenen europäischen Ländern wie Österreich, Spanien und Italien. Im südeuropäischen Raum hatten sich die Lohnkosten seit Anfang der 1950er auf einem relativ niedrigen Niveau gehalten. Deutsche Unternehmen versuchten so, entstehende Lohngefälle für sich zu nutzen. In Norditalien bestand zudem eine gut entwickelte Textilindustrie, sodass gute und relativ preiswerte Rohstoffe ebenso zur Verfügung standen. Der Lohnkostenvorteil bestand allerdings nur wenige Jahre. In den 1970er Jahren konnten die Gewerkschaften auch für Italien höhere Löhne durchsetzen. Ab Ende der 1960er Jahre gerieten deswegen die Ostblockstaaten wie Jugoslawien, Bulgarien und Polen in den Fokus der deutschen Unternehmen. Dort herrschten keine marktwirtschaftlichen Bedingungen vor, die Preise wurden künstlich festgesetzt und waren im Verhältnis zu den Produktionspreisen in der BRD deutlich niedriger. Ab den 1970er Jahren nahmen deutsche Firmen zunehmend auch asiatische Länder wie Hongkong und Südkorea in den Blick. Hongkong genoss durch seinen Status als britische Kronkolonie die Vorteile englischen Rechts, die Steuern und die Löhne waren allerdings deutlich niedriger als in Europa.[120] Die „Bekleidungskarawane“ zog also immer weiter nach Osten, in Richtung der geringeren Lohnkosten.[121]

Von 1962 bis 1970 erhöhte sich die Zahl der in den Auslandsbetrieben deutscher Bekleidungsunternehmen beschäftigten Personen von 15.000 auf gut 25.000, dies entsprach einer Steigerung von 3,7 Prozent auf 6,5 Prozent. Der Anteil der Auslandsfertigung am Umsatz stieg von 2,4 auf 5 Prozent. Die Bedeutung dieser Entwicklung zeigt sich erst im Vergleich mit den Zahlen für das Inland. Von 1966 bis 1970 verringerte sich die Zahl der Beschäftigten in der deutschen Bekleidungsindustrie um 6 Prozent.[122] Hatte die Branche Ende der 1960er Jahre bei den Beschäftigten noch den sechsten Platz unter allen Wirtschaftsbereichen eingenommen, war es 1974 nur noch der neunte.[123] Beim Umsatz stand 1966 bis 1970 einer Zunahme innerhalb der BRD um nur 3 Prozent ein Umsatzwachstum in ihren Auslandsbetrieben um 123 Prozent gegenüber.[124]

Die Qualität der im Ausland produzierten Ware war allerdings zu Anfang für die deutschen Unternehmen und deren Kunden in vielen Fällen nicht zufriedenstellend. Deutsches Know-How in den Zielländern zu etablieren (meist mit Hilfe deutscher

---

120 Vgl. Vordemfelde, Herrenbekleidungsindustrie, S. 109–111 und S. 120.

121 Vgl. BBI, Bekleidungsindustrie in der BRD, 1965–1975.

122 Vgl. TW, Nr. 15.10.1970, S. 1f.

123 Vgl. BBI, Bekleidungsindustrie in der BRD 1973, S. I.

124 Vgl. TW, Nr. 15.10.1970, S. 1f.

Techniker, die für einige Zeit im Auslandsbetrieb arbeiteten) dauerte oft mehrere Saisons. Im schlechtesten Fall liefen den deutschen Firmen in dieser Zeit die Kunden wegen mangelhafter Ware davon. Auch Transporte und Zollverfahren mussten organisiert werden, was zu Beginn eine große Hürde darstellte, zumal in vielen Unternehmen die dafür nötigen Sprachkenntnisse fehlten.[125] Trotz der Startschwierigkeiten war der Weg der Produktionsverlagerung für fast alle Firmen immer noch günstiger und erfolgversprechender, als die Fertigung im Inland zu belassen.

Von der genannten Entwicklung profitieren konnten große Unternehmen auf Kosten der kleineren und mittleren Betriebe.[126] Kleinere familiengeführte Unternehmen besaßen oft nicht das Know-How und die finanziellen Mittel, um in anderen Ländern Verträge abzuschließen oder das Personal zu führen. Oft haperte es schon am Beherrschen der englischen Sprache.[127] Auf der Eröffnung der Herren-Modewoche machte dies der Redner Kurt Schmerl klar:

> Wir sind kein Industriezweig mit anonymem Kapital und riesenhaften Gewinnen: Vielmehr sinkt der ohnehin schon geringe Gewinn von Jahr zu Jahr, und die persönlichen Arbeitsleistungen des Unternehmers steigern sich im umgekehrten Verhältnis zu der Arbeitszeitverkürzung. Aufgrund der geringen Kapitaldecke hat er kaum noch Zugang zum Kapitalmarkt, und das noch in einer Industrie, in der ein Unternehmen durch eine modische Fehldisposition in einer Saison ruiniert werden kann.[128]

Das Beispiel Steilmann zeigt, wie große Unternehmen von der Krise profitieren konnten. Die 1958 gegründete Klaus Steilmann GmbH & Co. KG in Wattenscheid nutzte die Schwierigkeiten vieler Firmen und übernahm einige Konkurrenten. Mit 25 Herstellungsbetrieben, 3.900 Beschäftigten in der BRD und über 500 Millionen Umsatz war sie Ende der 1970er Jahre das größte europäische Unternehmen der DOB. Die Strategien waren der Fokus auf Marktnischen, „permanente Musterung", also die Ergänzung der Kollektion um neue Warenangebote während der laufenden Saison, sowie Rationalisierung.[129] Allerdings blieb Steilmann am Ende auch nicht vom Strukturwandel der Branche verschont. 2003 wurde das letzte Werk in Deutschland geschlossen, nur der Stammbetrieb mit reduzierter Belegschaft in Wattenscheid blieb erhalten.[130] In der Branche war also ein Konzentrationsprozess zu beobachten. Im Zeitraum von 1960 bis 1972 erhöhte sich das Gewicht der größeren Unternehmen stark.

---

125 Vgl. Vordemfelde, Herrenbekleidungsindustrie, S. 139 f.

126 Vgl. Bundesverband Bekleidungsindustrie (Hg.): Kongress der Bekleidungsindustrie am 15. und 16. Mai 1968 in Bonn, Bad Godesberg 1968, S. 240.

127 Vgl. Hoffmann, Verlegung, S. 941.

128 BW, Nr. 18 1972, S. 1363.

129 Vgl. Beese, Internationalisierung, S. 131 f. Für Nordrhein-Westfalen vgl. auch: Buchholz-Will, Wiebke/Skrotzki, Rainer/ Wassermann, Wolfram: Krisenanpassung und Arbeitsbedingungen in der nordrhein-westfälischen Textil- und Bekleidungsindustrie 1985, in: Jahrbuch Arbeit und Technik in Nordrhein-Westfalen 1985, S. 281–294.

130 Vgl. Lassotta, Textilhandel, S. 869 f.

Entfiel im Jahr 1960 auf die Unternehmen mit einem Umsatz von über 10 Millionen DM ein Anteil von 32,2 Prozent, so erhöhte sich dieser bis 1972 auf 61,1 Prozent. Dies kann v. a. auf einen Anstieg der Zusammenschlüsse zurückgeführt werden.[131]

6.7 Dem Strukturwandel preisgegeben: Die Rolle der Politik und der Niedergang der deutschen Bekleidungsindustrie

Die Politik behandelte die Bekleidungsindustrie eher stiefmütterlich.[132] Während Eingaben anderer Branchen wie der Kohle- und Stahlindustrie Subventionsprogramme nach sich zogen, gingen die Appelle der Bekleidungsunternehmen beinahe ungehört in den Ministerien unter. Auch die Beschäftigten selbst begehrten nur in geringem Umfang auf und konnten sich kein Gehör verschaffen. So stellte Karl Buschmann, Vorsitzender der Gewerkschaft Textil-Bekleidung (GTB), 1966 klar:

> Die Gewerkschaft Textil-Bekleidung fordert keinen Naturschutzpark für die Textil- und Bekleidungsindustrie zur Abdeckung eventueller unternehmerischer Fehlleistungen. Sie erwartet aber von den zuständigen und für alle Bürger verantwortlichen politischen Gremien und staatlichen Stellen eine Wirtschafts-, Finanz- und Handelspolitik, die mit Nachdruck im inländischen wie im ausländischen Wirtschaftsbereich für gleiche Wettbewerbsmöglichkeiten für alle Industriezweige eintritt.[133]

Die Bundesregierung und die Ministerien beschäftigten sich lange Zeit nicht mit den Problemen in der Bekleidungsindustrie bzw. hielt diese für nicht bedeutsam.[134] Briefe und Anfragen von GTB und BBI wurden auf folgende Weise beantwortet:

> Nach Mitteilung des zuständigen Referats des Bundesministerium für Wirtschaft (Dr. Dommasch) wird dieser Teil des Briefes in allgemeinen Wendungen beantwortet werden und u. a. auf die Maßnahmen des Bundesministerium für Wirtschaft verwiesen, die den Schutz vor der Konkurrenz aus Niedrigpreisländern (Hongkong!) zum Zwecke haben.[135]

Die Textilindustrie war nach Ansicht der Regierung viel stärker von Substitutionsprozessen und Strukturwandel betroffen als die Bekleidungsindustrie.[136] Durch den einen oder anderen wenig klugen Schachzug der Bekleidungsindustrie in der ersten Hälfte des Jahres 1965 – v. a. bei der Einfuhr von passiver Lohnveredelung aus Polen –

131 Vgl. Breitenacher, Bekleidungsindustrie, S. 121.

132 Vgl. Vordemfelde, Herrenbekleidungsindustrie, S. 217.

133 BA, B 149/23236, Karl Buschmann an den Bundesminister für Arbeit und Sozialordnung, Hans Katzer, 15.9.1966.

134 Vgl. BA, B 102/103552, Vermerk Sauermilch im BMWi über das Schreiben des Präsidenten des BBI vom 17.5.1965.

135 BA, B 149/23236, Vermerk des Bundesministeriums für Arbeit und Sozialordnung, 13.10.1966.

136 Vgl. BA, B 102/103552, Vermerk im BMWi über die Lage der deutschen Bekleidungsindustrie, 2.8. 1965.

scheinen sich im Bundesministerium für Wirtschaft (BMWi) Ressentiments gegen den BBI entwickelt zu haben, die nicht zur Besserung der Lage beitrugen, wie folgende Äußerung dokumentiert:

> Wenn die Bekleidungsindustrie den Vorwurf erhebt, die Bundesregierung habe sie bei ihren Entscheidungen und Maßnahmen schlechter behandelt als andere Industriesparten z.B. die Textilindustrie, so kann sie dies sachlich nicht rechtfertigen. Denn wenn immer sie glaubte, Schutzbedürfnisse anmelden zu müssen, hat sie dies umgehend getan (s. Hongkongfälle) und dabei wenig Rücksicht auf Wirtschaftspolitik und Regierung genommen, wie ihre Reaktion im jüngsten Fall der Ausschreibung einer Einfuhrmöglichkeit für Herrenanzüge aus Polen (passive Lohnveredelung) gezeigt hat.[137]

Das BMWi war der Meinung, dass die Produkte aus den Osthandelsländern nicht mit den deutschen konkurrieren konnten und deswegen keine Gefahr darstellten. Außerdem betrage die Gesamtimportbelastung z. B. bei HAKA Oberbekleidung nur 3 bei 4 Prozent und sei deswegen keine Belastung. Die Sorge der Bekleidungsindustrie über die Billigprodukte wurde als „allergisch“[138] abgewertet. Dabei ließ das BMWi immer wieder selbst Berichte erstellen, die den Preisverfall – besonders in der Wäscheindustrie – belegten. Dort wurde z.B. festgestellt, dass die Nachtwäscheeinfuhr für Männer aus Hongkong 1966 59 Prozent der deutschen Produktion betrug. Das BMWi hielt das Problem aber nicht für schwerwiegend, da in diesen Zahlen auch die aus den ins Ausland verlagerten Fertigungsbetrieben stammende und auf den deutschen Markt quasi heimkehrende Produktion enthalten sei.[139] Dass dann aber trotzdem Arbeitsplätze in Deutschland verloren gingen, da die Fertigung im Ausland stattfand, fand offensichtlich wenig Beachtung.

Im BMWi selbst scheint keine Einigkeit geherrscht zu haben, welche Importprodukte und -mengen als gefährlich für die Bekleidungsindustrie eingestuft werden sollten. Während die Abteillung IV (Gewerbliche Wirtschaft)[140] 1965 den Vorschlag machte, Hongkong von Länderliste A in B zu überführen und damit die Einfuhr von sensibel geltenden Gütern genehmigungspflichtig zu machen, opponierten Abteilung I (Wirtschaftspolitik) und V (Außenwirtschaft) gegen eine solche Globalregelung. Diese Abteilungen argumentierten, der Rückgang bei der Synthetikhemdenproduktion sei bedingt durch die hohe Lohnfertigung im Ausland, weniger durch die Hongkong-Importe. Eine Diskussion zwischen den Abteilungen, bei welchen Produkten es zu Marktstörungen durch die Einfuhren komme, führte ebenfalls zu keinem Ergebnis.[141]

137 BA, B 102/103552, Vermerk im BMWi über die Lage der deutschen Bekleidungsindustrie, 2.8.1965.

138 BA, B 102/103552, Vermerk BMWi, Bekleidung im Handel mit Ostblockstaaten und Jugoslawien, 23.11.1965.

139 Vgl. BA, B 102/103556, Die Lage der Bekleidungsindustrie, 19.9.1966, S. 3f.

140 Zur Organisationsstruktur des Bundeswirtschaftsministeriums vgl. Löffler, Bernhard: Soziale Marktwirtschaft und administrative Praxis. Das Bundeswirtschaftsministerium unter Ludwig Erhard, Stuttgart 2002, S. 219–236.

141 Vgl. BA, B 102/103552, Der Leiter der Abteilung IV des BMWi, Risse, an Minister Langer, 23.11.1965.

Benachteiligt wurde die Bekleidungsindustrie in den 1960er Jahren auch bei der Umsatzausgleichssteuer.[142] Für die meisten Gewebe lag die Umsatzausgleichssteuer mit 8 Prozent höher als die 6 Prozent für Fertigkleidung. Ebenso wenig ist den Interessen der Bekleidungsindustrie bei der Erhöhung der Umsatzsteuerrückvergütung Rechnung getragen worden. Erwartet hatte die Bekleidungsindustrie, dass die Umsatzsteuerrückvergütung mindestens für jene Erzeugnisse erhöht würde, für deren Vorprodukte (Gewebe) die Vergütung eingeführt wurde. Das geschah – mit Ausnahme der Wäsche – nicht. Für die meisten Gewebe wurde Mitte der 1960er Jahre eine Umsatzsteuerrückvergütung von 4 Prozent gewährt, für Bekleidung nur eine solche von 3 Prozent.[143]

Mit der Rezession 1966/67 nahm die Auseinandersetzung zwischen GTB und BBI auf der einen und BMWi auf der anderen Seite noch einmal an Fahrt auf. Während die GTB der Bundesregierung „zügellos betriebene Liberalisierung“[144] vorwarf, entkräftete die Regierung den Vorwurf, dass zwei Drittel der Textil- und Bekleidungseinfuhren aus der EWG stammten, gegen die sich der Vorwurf nicht richten könne. Wobei das BMWi einräumen musste: „Zugegeben ist, daß die Textileinfuhr je Einwohner in der BRD erheblich höher ist als in einigen anderen EWG-Ländern“[145], nämlich 1965 97,6 DM. In Frankreich lag die Einfuhr je Einwohner nur bei 28 DM und in Italien sogar nur bei 14 DM. „Von zügellos betriebener Einfuhrpolitik kann aber auch gegenüber den sog. Drittländern keine Rede sein.“[146] Der Sektor der Textil- und Bekleidungsindustrie sei der einzige Zweig der verarbeitenden Industrie, für den noch in wesentlichem Umfang mengenmäßige Beschränkungen gegenüber den Ländern der Liste B (asiatische und afrikanische Niedrigpreisländer) aufrecht erhalten würden. Gegenüber den Ostblockländern seien bisher praktisch keine Textilerzeugnisse liberalisiert worden. Dazu gerechnet wurde allerdings nicht Jugoslawien, das im Jahr 1966 für 127,9 Millionen DM Textilerzeugnisse lieferte. Der Bekleidungsindustrie sei kürzlich eine verschärfte Preiskontrolle dieser Einfuhren zugesagt worden.[147] Von höchster Stelle wurde bescheinigt:

142 Die Umsatzausgleichssteuer wurde auf importierte Waren erhoben und sollte diejenigen Steuern ausgleichen, die auf einheimische Waren erhoben wurden. Importeure hielten die Umsatzausgleichssteuer für einen versteckten Zoll. Sie plädierten deshalb für eine Aufhebung und strengten einige Verfahren an. Die Bundesrepublik gewann diese allerdings mit der Begründung, dass die Umsatzausgleichssteuer weder ein Zoll noch eine Abgabe zollgleicher Wirkung sei. Sie sollte lediglich dazu dienen, die eingeführte Ware den inländisch produzierten Waren in der steuerlichen Belastung gleichzustellen. Vgl. Haltern, Ulrich: Europarecht. Dogmatik im Kontext. 2. neubearb. Aufl., Tübingen 2007, S. 462–465.

143 Vgl. BA, B 102/103552, Fanz Kellner (BBI) an Kurt Schmücker (BMWi), 17.5.1965.

144 BA, B 102/103584, Lage und Probleme der deutschen Bekleidungsindustrie, 15.11.1967.

145 BA, B 102/103584, Lage und Probleme der deutschen Bekleidungsindustrie, 15.11.1967.

146 BA, B 102/103584, Lage und Probleme der deutschen Bekleidungsindustrie, 15.11.1967.

147 Vgl. BA, B 102/103584, Lage und Probleme der deutschen Bekleidungsindustrie, 15.11.1967.

Am 7. November 1967 bestätigten erneut sowohl Herr Minister Prof. Dr. Schiller wie der Herr Staatssekretär Dr. Schöllhorn der Gewerkschaft TEXTIL-BEKLEIDUNG [Hervorhebung im Orig.], daß die immer wieder aufkommenden Befürchtungen, die deutsche Textil- und Bekleidungsindustrie würde im Zuge der fortschreitenden internationalen Arbeitsteilung geopfert werden, unbegründet seien. Desgleichen seien die Vorwürfe, die Bundesregierung betriebe bei Textilien und Bekleidung eine unverantwortlich liberale Außenwirtschaftspolitik, unberechtigt.[148]

Im April 1970 stellten einige Abgeordnete eine kleine Anfrage im Bundestag, in der es um die Auswirkungen der Osthandelspolitik der Regierung auf die deutsche Textil- und Bekleidungsindustrie ging. V. a. sollte geklärt werden, wie es dazu komme, dass sich die Einfuhren aus den Ostblockstaaten auf die BRD konzentrierten, obwohl de jure mehrere EWG-Mitglieder gegenüber den Ostblockstaaten die volle Liberalisierung zugesagt hatten. Gefragt wurde auch, was die Regierung im Rahmen der EWG unternommen habe, um die Wettbewerbsverzerrungen zu Lasten der Konsumgüter zu beseitigen und welche Hilfen bei Arbeitsplatzverlusten bereit gestellt werden sollten. Des weiteren wurde eine widersprüchlich Politik angeprangert, die auf der einen Seite darin bestehe, im Rahmen der regionalen Strukturpolitik Mittel für die Schaffung von Arbeitsplätzen in strukturschwachen Gebieten bereit zu stellen, diesen aber zugleich durch die Importpolitik ihre Existenzgrundlage wieder zu entziehen.[149]

In der Antwort schätzte das BMWi die Bedeutung der Importe aus den Ostblockstaaten im Verhältnis zur Gesamteinfuhr wieder als gering ein, wobei man einräumte, dass einige Sparten der Bekleidungsindustrie „in der Tat erhebliche Einfuhrüberschüsse aufweisen. Dies ist aber angesichts der angespannten Arbeitsmarktlage, der sich die Bekleidungsindustrie bisher gegenübersieht, und der im großen Umfang in den Ostländern noch vorhandenen freien Nähkapazitäten eine ganz natürliche Entwicklung."[150] Der BBI kritisierte diese Antwort als undifferenziert, das BMWi beharrte aber weiterhin auf seinem Standpunkt, dass die Importe 1969 zwar um 70 Prozent gestiegen seien, davon aber zwei Drittel aus passivem Lohnveredelungsverkehr stammen würden.[151]

Noch 1971 hatte die Regierung das Ziel, durch Niedrigpreiseinfuhren auch die weniger kaufkräftigen Bevölkerungsschichten mit billigen Textilien zu versorgen und den Wettbewerb auf den Textilmärkten lebhaft zu halten, so dass sich die Preise in der Bekleidungsindustrie weniger stark erhöhen würden als bei anderen Verbrauchsgütern. Ein Land, dass durch seinen Außenhandel so mit der Welt verflochten sei wie die BRD und auf ein hohes Ausfuhrniveau angewiesen sei, müsse im Textilbereich die Liberalisierung weiter vorantreiben. Die Textil- und Bekleidungsindustrie werde mehr als andere Industriezweige einem ständigen strukturellen Anpassungs- und Wand-

148 BA, B 102/103584, Lage und Probleme der deutschen Bekleidungsindustrie, 15.11.1967.

149 Vgl. BA, B 102/164025, Kleine Anfrage im Bundestag betr. Auswirkungen der Osthandelspolitik der Bundesregierung auf die deutsche Textilindustrie und Bekleidungsindustrie, 17.4.1970.

150 BA, B 102/164025, Bundesminister für Wirtschaft, Staatssekretär Rohwedder, an das Präsidium des Gesamtverbandes der Textilindustrie in der BRD, 2.7.1970.

151 Vgl. BA, B 102/164025, Pressenotiz des BMWi, ohne Datum.

lungsprozess unterliegen: „Dies braucht aber nicht zu bruchartigen Entwicklungen zu führen, sondern es handelt sich hier vielmehr um einen normalen und organischen Entwicklungsprozeß, der sich im Zuge der verstärkenden internationalen Arbeitsteilung fortsetzen wird.“[152] Entgegen der schon eingesetzten Entwicklung äußerte die Regierung:

> All dies ändert aber nichts an der Tatsache, daß die deutsche Textil- und Bekleidungsindustrie in ihrem Kern modern, dynamisch und gesund ist und deshalb sicher mit Erfolg den einer Marktwirtschaft immanenten ständigen Strukturanpassungsprozeß überdauern wird.[153]

Im Sommer 1972 wetterte die GTB auf einer Pressekonferenz gegen die Bundesregierung:

> Die Bundesregierung hat sich ohne Berücksichtigung dieser Realitäten (Liberalisierung, Entlassungen usw. J.S.) in den vergangenen Jahren bis in die letzten Wochen mit geradezu wütendem Eifer bemüht, das theoretische Modell des liberalisierten Welthandels zu praktizieren. Die doktrinär verfolgte Liberalisierungspolitik hat zu einer ständig steigenden Importflut an Textil- und Bekleidungswaren aus allen Himmelsrichtungen in der BRD geführt. Diese Politik führte zu einer ständigen und unerträglichen Steigerung der Textileinfuhren.[154]

Die Importe in der Bekleidungsindustrie stiegen von 1968 bis 1971 um 95,3 Prozent (Textilindustrie 61 Prozent), die Importüberschüsse um 382,2 Prozent (Textilindustrie 168,8 Prozent). „Eine solche Sturmflut an Einfuhren unter ungleichen Wettbewerbsbedingungen kann die gesündeste Industrie nicht verkraften.“[155]

1972 weitete die Bundesregierung die Ostliberalisierung noch aus. Der GTB wurde im Gegenzug versprochen, die Problematik „Hongkong“ anzugehen. Die Bundesregierung machte aber von Anfang an deutlich, dass sie auf die Forderung der Gewerkschaft, die Einfuhren auf 25 Prozent der Inlandserzeugung zu begrenzen, nicht eingehen könne, da sie einer liberalen Handelspolitik und einer internationalen Arbeitsteilung widersprechen würde. Außerdem fürchtete die Regierung, dass auch andere Wirtschaftsbereiche dann ähnliche Forderungen stellen könnten.[156]

Von der Rezession 1973 wurde die Bekleidungsindustrie schwer getroffen, was die Bundesregierung aus Sicht der Gewerkschaft nicht ernst genug nahm. So schrieb der Vorsitzende des GTB Karl Buschmann an den Minister für Wirtschaft Hans Friedrichs im BMWi:

---

152 BA, B 102/164026, BMWi, Die Perspektiven der deutschen Textil- und Bekleidungsindustrie im Hinblick auf die Einfuhrpolitik gegenüber den Ostblockländern, 3.2.1971, S. 5.

153 BA, B 102/164026, BMWi, Die Perspektiven der deutschen Textil- und Bekleidungsindustrie im Hinblick auf die Einfuhrpolitik gegenüber den Ostblockländern, 3.2.1971, S. 5.

154 BA, B 102/207132, Pressekonferenz der GTB am 31.8.1972 in Düsseldorf.

155 BA, B 102/207132, Pressekonferenz der GTB am 31.8.1972 in Düsseldorf.

156 Vgl. BA, B 102/164026, Notiz über das Gespräch des Bundesministers für Wirtschaft mit der GTB, 23.10.1972.

> Da hierbei wieder einmal seitens Ihres Ministeriums eine grobe Fehleinschätzung der tatsächlichen Lage dieser beiden wichtigen Verbrauchsgüterzweige sichtbar wurde und die negativen beschäftigungspolitischen Auswirkungen der außenhandelspolitischen Maßnahmen heruntergespielt wurden, sehen wir uns veranlasst, Ihnen in einem offenen Brief zu antworten. Herr Grüner vergleicht die Beschäftigungsentwicklung für 1972 mit dem Jahr 1969. Hierbei wurde von ihm ein nicht besonders lauterer Trick versucht; denn das Jahr 1968 war für die Textil- und Bekleidungsindustrie beschäftigungsmäßig ein Rezessionsjahr mit entsprechend niedrigen Beschäftigungszahlen. Bei objektiver Betrachtungsweise müßte man als Basisjahr das letzte Normaljahr vor der Rezession (1966) nehmen und dieses mit den neuesten vorliegenden Zahlen vergleichen[157]

Der parlamentarische Staatssekretär des BMWi, Martin Grüner, bezeichnete die Kurzarbeit in der Bekleidungsindustrie als „nicht besonders gravierend“[158]. Die amtliche Statistik für Juli wies aber nach, dass 60 Prozent aller Kurzarbeiter in der BRD auf die Bekleidungsindustrie entfielen, obwohl der Anteil dieses Sektors an der gesamten industriellen Beschäftigungszahl nur 9 Prozent ausmachte.[159] Nur allein das Faktum, dass es noch die ein oder andere offene Stelle in der Bekleidungsindustrie gebe, reiche nicht aus, um die Lage zu verbessern, so Buschmann. Hierzu schrieb er an Friedrichs:

> Herr Grüner stellt fest, daß auf jeden Arbeitslosen im Textil- und Bekleidungsgewerbe fast 2,5 offene Stellen kommen. ‚Deshalb sollte man auch in Ballungsgebieten der Bekleidungsindustrie Befürchtungen einer Beeinträchtigung der Arbeitsplätze entgegentreten.‘ Hier folgt das Wirtschaftsministerium wieder seiner eigenen Logik. Bei der Arbeitslosigkeit in einem der textilen Ballungsgebiete nützt es nämlich den betroffenen Arbeitnehmern recht wenig, zu wissen, daß in weit entfernten Gebieten der BRD noch offene Stellen zu haben sind. Oder glaubt das Bundesministerium für Wirtschaft, daß es für eine entlassene verheiratete Näherin in Aschaffenburg ein ausreichender Trost wäre, in Hamburg eine offene Stelle zu kennen?[160]

Noch Anfang Oktober sah das BMWi für eine „Dramatisierung [...] kein Anlaß“[161], da noch genügend offene Stellen vorhanden seien. Da das BMWi nach Meinung der GTB nicht ausreichend handelte, wendete sich diese an die EWG in Brüssel, wo die Maßnahmen der Regierung noch genehmigt werden mussten. Dort scheint der GTB mehr Verständnis entgegen gebracht worden zu sein und die Maßnahmen der Bundesregierung wurden zusammengestrichen. Von 100 Warenpositionen, die liberalisiert werden sollten, untersagte Brüssel 34, die Ostkontingente wurden nicht um 150,

157 BA, B 136/7744, Karl Buschmann (GTB) an den Bundesminister für Wirtschaft Hans Friedrichs, 23.8.1973.

158 BA, B 136/7744, Karl Buschmann (GTB) an den Bundesminister für Wirtschaft Hans Friedrichs, 23.8.1973.

159 Vgl. BA, B 136/7744, Karl Buschmann (GTB) an den Bundesminister für Wirtschaft Hans Friedrichs, 23.8.1973.

160 BA, B 136/7744, Karl Buschmann (GTB) an den Bundesminister für Wirtschaft Hans Friedrichs, 23.8.1973.

161 BA, B 136/7744, Weiss an den parlamentarischen Staatssekretär Martin Grüner, 1.10.1973.

sondern nur um 100 Millionen DM erhöht und sollten für jede Warengruppe gesondert verhandelt und nicht global festgelegt werden.

> Der Brüsseler Eingriff ließ jedoch das Wirtschaftsministerium in Bonn nicht ruhen. Staatssekretär Schlecht erklärte reichlich verärgert in der Öffentlichkeit, man könne ja im Herbst einen Nachschlag für die vorgenommenen Streichungen vornehmen. Dieser absolute und rücksichtslose, rein ideologisch motivierte ‚Liberalisierungsfetischismus' im Wirtschaftsministerium machte es unumgänglich, uns direkt an den Bundeskanzler zu wenden.[162]

Bei Gesprächen im Bundeskanzleramt am 3.10.1973 konnte zunächst keine Einigung erzielt werden. Am 9.10. machte die Bundesregierung dann kleine Zugeständnisse. Importe aus einem Zusatzprogramm mussten bis 31.12.1973 eingeführt sein. Ein Bezug im Jahr 1974 war nicht möglich. Eine neue Ausschreibung fand nicht statt. Bei den Importerleichterungen für 1974 wollte man „möglichst restriktiv"[163] vorgehen. Am 25.10.1973 trat im BMWi die „Textilkonzertierte" aus GTB, BBI und BMWi zusammen, auf der beschlossen wurde, für 1974 keine Kontingenterhöhungen gegenüber den Ostblockstaaten und Jugoslawien vorzunehmen.[164]

Im November 1973 wandte sich der GTB noch einmal an Bundeskanzler Willy Brandt und bemängelte insbesondere die negativen Auswirkungen der restriktiven Konjunktur- und Stabilitätspolitik.[165] Hatte sich Wirtschaftsminister Helmut Schmidt für ein Selbstbeschränkungsabkommen mit Hongkong eingesetzt, an das es sich größtenteils hielt, sei unter dem neuen Wirtschaftsminister Friedrichs die „alte ruinöse Liberalisierungspolitik wieder aufgenommen und unbeirrt weitergeführt worden."[166] Für 1973 waren die Warenkontingente gegenüber den Ostblockländern um 26 Prozent von 320 auf 403 Millionen DM erhöht worden. Die GTB äußert den Verdacht,

> daß mangels wirtschaftlicher Notwendigkeit und stabilitätspolitischer Wirksamkeit unter dem Decknahmen Stabilitätspolitik in Wirklichkeit im Textil- und Bekleidungssektor Strukturpolitik betrieben werden soll, um möglichst schnell den Abbau und die Verlagerung der deutschen Textil- und Bekleidungsindustrie zu erreichen und dies ohne Rücksicht auf soziale Belange.[167]

Am 13.12.1973 führte der GTB eine Protestkundgebung in Bonn durch, da 100.000 Arbeitnehmer in der Textil- und Bekleidungsindustrie kurz arbeiteten und 20.000 arbeitslos waren. Die Arbeitslosenquote in der Bekleidungsindustrie lag bei 4 Prozent,

---

162 BA, B 136/7744, Ernst Ringelstein (GTB) an Bundeskanzler Willy Brandt, 6.11.1973.

163 BA, B 136/7744, Ernst Ringelstein (GTB) an Bundeskanzler Willy Brandt, 6.11.1973.

164 Vgl. BA, B 136/7744, Ernst Ringelstein (GTB) an Bundeskanzler Willy Brandt, 6.11.1973.

165 Vgl. BA, B 136/7744, Vermerk über das Gespräch mit den Spitzenverbänden der Textil- und Bekleidungsindustrie sowie der GTB am 25.10.1973.

166 Vgl. BA, B 136/7744, Vermerk über das Gespräch mit den Spitzenverbänden der Textil- und Bekleidungsindustrie sowie der GTB am 25.10.1973.

167 Vgl. BA, B 136/7744, Vermerk über das Gespräch mit den Spitzenverbänden der Textil- und Bekleidungsindustrie sowie der GTB am 25.10.1973.

in der Textilindustrie waren es 3 Prozent. Von den Kurzarbeitern in der BRD insgesamt entfielen zwei Drittel auf die Textil- und Bekleidungsindustrie.[168] Arbeitgeber und Gewerkschaft zeigten sich aufgrund der Situation ungewohnt einig, sie warfen der Regierung vor, die Branche „in eine Katastrophe zu treiben."[169]

Nicht nur von GTB und BBI kam Kritik an der Vorgehensweise des BMWi und der Bundesregierung, wie folgende Äußerung eines Aschaffenburger Bekleidungsingenieurs zeigt, die er 1975 an den parlamentarischen Staatssekretär im BMWi, Martin Grüner, sandte:

> Die Beschäftigungslage in der Bekleidungsindustrie in Deutschland und speziell in der hiesigen Region bayrischer Untermain ist absolut beschissen und katastrophal!!! [Hervorhebung im Original] Sie sollten einmal in der Praxis nachforschen bevor Sie Aussagen zur Veröffentlichung machen. Offensichtlich aber ist es bequemer auf ihrem parlamentarischen Sessel zu sitzen und ohne Basisinformationen Ungereimtheiten zu verbreiten.[170]

Im Juli 1974 erließ die Bundesregierung weitere kleinere Entlastungsmaßnahmen für die Textil- und Bekleidungsindustrie. Die Einfuhrkontingente gegenüber den asiatischen Ländern sollten auf den Stand des zweiten Stabilitätsprogramms von Mai 1973 reduziert und gegenüber den Ostblockstaaten nicht erhöht werden. Außerdem wurde ein Teil der Ostkontingente zunächst nicht ausgeschrieben. Die Streckung der Haushaltsmittel für die Gemeinschaftsaufgaben „Regionale Wirtschaftsstruktur" und „Agrarstruktur" hob die Bundesregierung auf, um den bestehenden Schwierigkeiten in den strukturschwachen Gebieten, in denen besonders die Textil- und Bekleidungsindustrie angesiedelt war, entgegenzuwirken. Alle öffentlichen Auftraggeber wurden aufgefordert, durch Vorziehen öffentlicher Aufträge im Textil- und Bekleidungssektor Entlastung zu schaffen.[171] Dies war aber auch nicht die ultimative Lösung, wie das Beispiel Aschaffenburg zeigt. Unternehmen aus der Region äußerten wenig Interesse an öffentlichen Aufträgen, da sie durch langfristige Lieferverträge mit der Privatwirtschaft gebunden waren. Z. T. forderte der Bund auch veraltete technische Lieferbedingungen, die Güteprüfmaßnahmen des Innenministeriums waren äußerst streng und man konnte nicht so viel verdienen wie in der Privatwirtschaft. Um die Produktionslücken mit öffentlichen Aufträgen zu schließen, wären technische Umrüstungen und dafür wiederum Fördermittel notwendig gewesen.[172] Die Bundesre-

168 Vgl. BA, B 136/7744, Karl Buschmann (GTB) an Bundeskanzler Willy Brandt, 7.12.1973.

169 *Der Spiegel*, Nr. 43 1973, Vor der Katastrophe, S. 73.

170 BWA, K 5/621 Textil- und Bekleidungsindustrie 1972–1977, Brief des Bekleidungsingenieurs Hans Mertens an Martin Grüner, BMWi, 18.8.1975.

171 Vgl. BA, B 136/9378, BMWi, Vermerk über Maßnahmen der Bundesregierung zur Entlastung der Bekleidungsindustrie, 11.7.1974.

172 Vgl. BWA, K 5/621 Textil- und Bekleidungsindustrie 1972–1977, Auswirkungen der Konjunkturmaßnahmen der Bundesregierung auf die Wirtschaftssituation Bayerns, insbesondere des Zonenrandgebiets im Raum Aschaffenburg unter Hervorhebung der Lage auf dem Textil- und Bekleidungssektor, 22.11.1973.

gierung beauftragte die Kreditanstalt für Wiederaufbau weiterhin, ihr 1973 aus konjunkturpolitischen Gründen gestopptes Mittelstandsprogramm wieder voll zu eröffnen und ein Sonderprogramm zugunsten der Textil- und Bekleidungsindustrie sowie einiger anderer Zweige zu etablieren.[173]

Dies war aber nur eine Beruhigungsmaßnahme für die Branche, denn von ihrer generellen Linie der Liberalisierung wollte die Bundesregierung nicht abweichen, wie folgender Vermerk aus dem BMWi zeigt: „Herrn Buschmann sollte klar gemacht werden, daß eine Ausschreibung der zweiten Kontingentsrate nach der Sommerpause unumgänglich sei.“[174] Begründung war, dass eine wertmäßige Reduzierung der Einfuhrkontingente unter den Stand des Jahres 1973 angesichts der handelsvertraglich gegebenen Zusagen für einen weiteren Abbau der noch bestehenden Beschränkungen und der hohen östlichen Handelsbilanzdefizite nicht vertretbar wäre. Durch die Preissteigerungen, die auch bei den Textil- und Bekleidungseinfuhren aus dem Osten zu verzeichnen wären, bedeute ein wertmäßig gleiches Kontingentvolumen wie im Vorjahr mengenmäßig eine Reduzierung. Durch das Hinausschieben der Ausschreibung der zweiten Rate in den Herbst sei erreicht worden, dass ein großer Teil der zu erwartenden Mehrlieferungen erst im Jahr 1975 auf den Markt der BRD käme. Die entscheidende Ursache für die aktuellen Schwierigkeiten der Industrie seien nicht die Einfuhren, sondern der Rückgang der Inlandsnachfrage. Die Bedeutung der Einfuhren aus den Ostblockländern dürfe nicht überschätzt werden.[175]

Vom Bundeskanzler gemachte Zusagen wurden offensichtlich vom BMWi nicht eingehalten, wie ein Schreiben von Karl Buschmann an Helmut Schmidt vom September 1974 belegt:

> Wir stießen mit unserer Argumentation bei Dir auf großes Verständnis. In einem Schreiben des Bundeskanzleramtes vom 27. 8. 1974 wurde uns mitgeteilt, daß daraufhin das Bundesministerium für Wirtschaft aufgefordert wurde, die Termine für die Ausschreibung der zweiten Rate der Einfuhrkontingente gegenüber den Staatshandelsländern zu überprüfen. In diesem Schreiben wurde uns gleichzeitig versichert, daß wir nach Vorliegen dieser Stellungnahme – also noch vor einer definitiven Entscheidung – unterrichtet würden.
>
> Mit großem Befremden erfahren wir nun – so u. a. durch ein Rundschreiben des HAKA-Verbandes –, daß die Vorbereitungen für die Ausschreibung längst abgelaufen sind und nur noch formell in Gang gesetzt werden müssen. Sollte das zutreffen, können wir nur mit Bitterkeit feststellen, daß unsere Dir vorgetragenen Sorgen über die Beschäftigungssituation in der Textil- und Bekleidungsindustrie vom Bundesministerium für Wirtschaft einer Verpflichtung mit zweifelhaftem politischem Ruf gegenüber Staatshandelsländern untergeordnet werden.
>
> Wir finden es deshalb bedauerlich, daß Zusagen uns gegenüber offensichtlich nicht eingehalten werden. Sehr viel schwerer aber wiegt die Tatsache, daß außenpolitische Maßnahmen

---

173 Vgl. BA, B 136/9378, BMWi, Vermerk über Maßnahmen der Bundesregierung zur Entlastung der Bekleidungsindustrie, 11. 7. 1974.

174 Vgl. BA, B 136/9378, BMWi, Vermerk über Maßnahmen der Bundesregierung zur Entlastung der Bekleidungsindustrie, 11. 7. 1974.

175 Vgl. BA, B 136/9378, BMWi, Vermerk über Maßnahmen der Bundesregierung zur Entlastung der Bekleidungsindustrie, 11. 7. 1974.

> ergriffen werden, ohne auf die schwierige Lage der Textil- und Bekleidungsindustrie Rücksicht zu nehmen. Diese Industriezweige waren die bevorzugten ‚Opfer' der Stabilitätspolitik.
>
> Die jetzt geplanten Liberalisierungsmaßnahmen gegenüber den Ländern mit einer nicht liberalen Wirtschaftsordnung treffen die Textil- und Bekleidungsindustrie in einer konjunkturellen Situation, in der jede zusätzliche Belastung zu einem Rückschlag führen muss, die konjunkturelle Wiederbelebung gefährden muss und mehreren tausend Arbeitnehmern den Arbeitsplatz kosten wird.[176]

Wie schwierig die Situation zwischen Bundesregierung, BMWi und der Industrie war, bringt eine Notiz des Bundeskanzleramtes über die Planung der Rede des Bundeskanzlers zur Eröffnung des Gewerkschaftstages des GTB am 3.11.1974 zum Ausdruck: „Redeentwurf muß sorgfältig mit Bundesministerium für Wirtschaft und Bundesministerium für Arbeit abgestimmt werden. Lage in diesem Industriesektor sehr [Hervorhebung im Original] heikel."[177]

Ende des Jahres 1974 wurde in der EWG eine Einigung über die zukünftigen gemeinschaftlichen Importquoten für die einzelnen Mitgliedstaaten erzielt. Die Staaten mit zuvor geringen Textileinfuhren sollten einen relativ größeren Anteil an dem im Welttextilabkommen vorgesehenen jährlichen Zuwachs der Importe der Gemeinschaft übernehmen. Auf die Hauptimportländer der EWG (Deutschland und Großbritannien) entfiel nur eine relativ geringe Erhöhung, die allerdings nicht unter jährlich 0,5 Prozent liegen durfte.[178] Ende des Jahres sah die Bundesregierung ihre Maßnahmen als ausreichend an:

> Die Bundesregierung hat im Rahmen der ihr durch die Stabilitätspolitik gezogenen Grenzen alle Möglichkeiten ausgeschöpft, um den erwähnten Anpassungsprozess zu erleichtern. Die Bundesregierung ist allerdings der Auffassung, daß die in den vergangenen Monaten aufgetretenen Schwächen einzelner Branchen durch staatliche Hilfsmaßnahmen nicht grundlegend beseitigt werden können.[179]

Allerdings soll nicht unbemerkt bleiben, dass die protektionistischen Maßnahmen v.a. den Unternehmen im Inland zugutekamen, die weiterhin dort produzierten. Unternehmen wie Triumph, die Mehler AG und Seidensticker, die schon früh im Ausland fertigen ließen, mussten die dort hergestellten Kleidungsstücke zunächst importieren, bevor sie sie in Deutschland verkaufen konnten. Auch wenn deren Anteil bis zu Beginn der 1970er Jahre wohl nicht allzu groß war, stellte diese Vorgehensweise doch für das eine oder andere Unternehmen ein Hindernis dar. Gegen die Liberalisierungspolitik anzukämpfen stellte mithin also ein zweischneidiges Schwert dar. Auf der einen Seite sollten so Arbeitsplätze in den Unternehmen gerettet werden, andererseits wurde deutschen Firmen die Verlagerung der Fertigung ins Ausland aber erschwert,

176 BA, B 136/9378, Karl Buschmann (GTB) an Bundeskanzler Helmut Schmidt, 6.9.1974.
177 BA, B 136/9378, BMWi, Notiz für Minister Bauer, 21.10.1974.
178 Vgl. BA, B 136/9378, BMWi, Verhandlungen in Brüssel über die Durchführung des Welttextilabkommens, 22.12.1974.
179 BA, B 136/9378, BMWi Tagesnachrichten, 14.11.1974.

und gekoppelt mit der Lohnentwicklung im Inland sowie den Billigimporten kostete diese Politik ebenso Arbeitsplätze.

Die Frage, ob es Aufgabe der Regierung gewesen wäre, die Bekleidungsindustrie mit protektionistischen Maßnahmen oder Subventionen zu unterstützen, kann und soll hier nicht beantwortet werden. Zu bemerken ist aber, dass andere vom Strukturwandel betroffene Industriezweige wie die Eisen-, Stahl- und Schiffbauindustrie sowie die Landwirtschaft über Jahre Subventionsmittel[180] erhielten und der Untergang der deutschen Bekleidungsindustrie billigend in Kauf genommen wurde. Dieser Vorgang zeigt, wie gering die politische und gesellschaftliche Bedeutung dieser Branche letztlich zu bewerten ist. Unternehmen der Eisen- und Stahlindustrie, aber auch des Automobil- und Maschinenbaus erwirtschafteten hohe Steuersummen und generierten große Wertschöpfung. Deswegen spielten sie für die Politik eine wichtige Rolle.[181]

Gründe für den niedrigen Stellenwert der Bekleidungsindustrie sind der hohe Frauenanteil in der Branche sowie die Prägung durch kleine und mittlere Unternehmen, bei deren Konkurs „nur" ein überschaubarer Anteil von Personen arbeitslos wurde. Die Bindung der Frauen an die Unternehmen war oft nicht besonders hoch, da die Beschäftigung in den meisten Fällen nur eine Übergangsphase bis zur Heirat oder der Familiengründung bzw. einen Zuerwerb darstellte. Waren die Frauen nach der Heirat oder Familiengründung weiterhin erwerbstätig, so war dies oft nur halbtags oder wenige Stunden in der Woche der Fall. Ein solcher Arbeitsplatz galt für Gewerkschaft und Politik als nicht so erhaltenswert wie eine Vollzeitstelle eines männlichen Arbeiters in anderen Industriezweigen.[182] Krupps und Thyssens schienen in Bonn mehr Gehör zu finden, als kleine Unternehmen aus der Bekleidungsindustrie, die keine Lobby hatte. Auch die lokale Konzentration der Eisen- und Stahlindustrie im Ruhrgebiet trug zur Protestkultur bei, die verstreut arbeitenden Näherinnen ließen sich deutlich schwerer organisieren, zumal es in den 1970er Jahren sicherlich noch nicht zum Selbstverständnis jeder Frau zählte, sich für ihren Arbeitsplatz öffentlich einzusetzen.

Für die Politik galt eine Industrie, die auf der Arbeitskraft an- und ungelernter Frauen basierte, als wenig zukunftsträchtig. Man sah sie als Nachzüglerbranche an, die gerade im Sinne der internationalen Arbeitsteilung als Industrialisierungseinstieg für Entwicklungs- und Schwellenländer geeignet schien. Die Politik setzte auf Branchen wie den Maschinen- und Anlagenbau sowie die Elektroindustrie. Die Industrialisierungsansätze in Südostasien und anderen Schwellenländern boten Anreize für den Ausbau exportintensiver Branchen. Handelspolitisch gesehen war diesen Industriezweigen jedoch nur ein erleichterter Zugang zu den neuen Märkten auszuhandeln, wenn den Einfuhrländern Zugeständnisse gemacht wurden. Sie lieferten die

180 Vgl. Jákli, Zoltán: Vom Marshallplan zum Kohlepfennig. Grundrisse der Subventionspolitik in der Bundesrepublik Deutschland 1948–1982, Opladen 1990.

181 Vgl. Vordemfelde, Herrenbekleidungsindustrie, S. 127.

182 Vgl. Janzen, Dörte: Frauen in der Konfektionsindustrie (1930–1960). Zur Bedeutung der Arbeit im Alltag von Arbeiterinnen, in: Rheinisches Jahrbuch für Volkskunde 29 (1991), S. 149–156, hier S. 151.

Produkte, die sie selbst herstellen konnten. Dies waren vornehmlich textile Rohstoffe und Bekleidung. In der deutschen Bekleidungsindustrie fielen also Arbeitsplätze weg, andere Branchen wie der Maschinenbau profitierten aber durch Exportlieferungen in Entwicklungs- und Schwellenländer von dieser Konstellation. So traf das Interesse einiger exportorientierter Branchen mit den Zielen der Wirtschaftspolitik zusammen, angesichts einer inflationären Preisentwicklung und sinkender Kaufkraft, die Importbeschränkung für Konsumgüter (u. a. Bekleidung) zu senken.[183]

183 Vgl. Beese, Internationalisierung, S. 118 f.

II Teil 2: Die Entwicklung einzelner Unternehmen

7 Fallstudien: Die Firmen Valentin Mehler AG, Triumph International AG und C&A Brenninkmeyer 1918 bis 1973

Während sich die vorigen Kapitel auf die Branchenebene konzentrierten und nur an einigen Stellen auf die Mikroebene verwiesen wurde, werden nun drei Unternehmen näher betrachtet. Diese drei Fallstudien sollen beispielhaft zeigen, wie sich Unternehmen über den Untersuchungszeitraum hinweg entwickelten, mit welchen Schwierigkeiten sie zu kämpfen hatten und wie sie diese bewältigen. Da die Unternehmen unterschiedlichen Sektoren der Branche angehören, in verschiedenen regionalen Gebieten angesiedelt sind und auch divergierende Eigentums- und Kontrollstrukturen aufweisen, soll danach gefragt werden, ob sich Herausforderungen und Strategien nach diesen Aspekten unterschieden und wenn ja, wie sich dies erklären lässt. Eine solche vergleichende Analyse mehrerer Bekleidungsunternehmen über den genannten Zeitraum liegt bislang nicht vor.

7.1 Valentin Mehler AG

Die Quellenlage für die Mehler AG ist die im Vergleich der drei Beispielunternehmen ausführlichste. Die wirtschaftliche Entwicklung des Unternehmens konnte anhand von Geschäftsberichten, die durchgängig ab 1920 vorhanden sind, und Aufsichtsratsprotokollen, die ab 1915 erhalten sind, analysiert werden. Diese enthalten zum Teil auch Hintergrundmaterial wie Korrespondenz mit den Aufsichtsratsmitgliedern sowie Investitions- und Produktionsübersichten. Ausgewertet wurde des Weiteren eine etwa 1.000 Seiten umfassende Chronik. Dort wurden für jedes Jahr geschäftliche Entwicklungen, strategische Entscheidungen und allgemeine wirtschaftliche Entwicklungstendenzen analysiert. Die Chronik basiert auf Aufsichtsratsprotokollen, Geschäftsberichten, aber auch diversen einzelnen Geschäftsunterlagen und Zeitzeugenaussagen, die heute nicht mehr erhalten sind. Einzelne Ausgaben der Firmenzeitschrift „Mehler-Schiff" aus den 1950er Jahren, eine Pressesammlung ab 1933 und der Ordner „Konfektion und Preise 1932 bis 1940" bieten einen Einblick in den Arbeitsalltag und Probleme der Konfektionsabteilung. Außerdem sind diverse Unterlagen zum Rückerstattungsprozess der jüdischen Familie Kayser (bis 1938 Mehrheitsaktionäre und im Vorstand vertreten) erhalten.

7.1.1 Die Weberei Valentin Mehler 1837 bis 1918: Vom Verlags- zum Fabrikbetrieb

Die Ursprünge des Unternehmens Valentin Mehler AG reichen bis in das Jahr 1837 zurück, als der damals 21-jährige Valentin Mehler aus Friesenhausen in der Rhön im

https://doi.org/10.1515/9783110560381-010

nahen Fulda ein Geschäft eröffnete, in dem er das gebleichte Leinen seines Vaters verkaufte und Auftragsarbeiten einholte, also als Verleger arbeitete. Er hatte das Webereihandwerk bei seinem Vater gelernt. Leinenweberei war in der Rhön aufgrund der kargen Böden bereits seit dem 14. Jahrhundert ein traditionelles Gewerbe und diente oft als Einnahmequelle ergänzend zur Landwirtschaft. Flachsanbau und Schafzucht waren die Rohstoffquellen. Die erste Produktionsstätte von Valentin Mehler lag mitten in der Stadt Fulda, in der Borgiasstraße (damals mittlere Schulstraße). Lange Zeit wurde die Ware in Friesenhausen gebleicht und in Fulda gewebt. Über Jahrzehnte war die Valentin Mehler Weberei nach Ertrag, Umsatz und Beschäftigtenzahl das stärkste Unternehmen der Stadt.[1] Um 1850 soll Valentin Mehler bereits Tafelleinen nach Holland, Dänemark und Schweden exportiert haben. Die Fertigung war zum großen Teil zentral organisiert, wenn auch Heimarbeiter ergänzend bei guter Auftragslage beschäftigt wurden.[2] In der Textilindustrie war die Fertigung deutlich früher zentral organisiert als in der Bekleidungsindustrie. Bereits Mitte des 19. Jahrhunderts wurde die Textilproduktion weitgehend mechanisiert und in der Fabrik konzentriert.[3]

In den 1880er Jahren führte das Unternehmen einen weiteren Schritt zur Mechanisierung durch. Nachdem der Umsatz von ca. 142.000 Mark 1865 auf weniger als die Hälfte (ca. 60.000 Mark) 1886 gefallen war, musste die Firmenleitung reagieren. Die Söhne Valentin Mehlers, Friedrich Wilhelm und Carl Ludwig, stellten die Produktion Ende des 19. Jahrhunderts vom handbedienten Webstuhl auf den vollmechanisierten Betrieb um. 1887 entstanden drei Hallenbauten auf dem heutigen Grundstück an der Edelzeller Straße. Die neuen mechanischen Webstühle waren v. a. durch Lohnarbeiten ausgelastet. Die erste Maschinenausstattung erlaubte nur die Herstellung von leichteren Geweben. Anfragen nach schwereren Geweben wie Segeltuchen mussten abgewiesen werden. Im Februar 1892 wurde ein neuer Webstuhl erworben, an dem Lohnarbeiten dieser Art verrichtet werden konnten. Die Inbetriebnahme des Stuhls verzögerte sich aber durch Umstellung der Vor- und Nachstufen sowie durch Fehler bei der Benutzung, sodass die Auftraggeber schon mit Abbruch der Kundenbeziehung drohten. Die Auslastung der Produktion im Sommer 1892 war schlecht, deswegen schrieb die Firma an das Königliche Kriegsministerium in München und erhielt von dort einen Auftrag für 4.000 Zeltbahnen. Zu dieser Zeit beschäftigte das Unternehmen ca. 80 Personen.[4]

In den 1890er Jahren stellte die Mehler AG Handtücher, Reinleinen, Halbleinen für Bett- und Tischwäsche sowie Drelle (dichte, reißfeste und strapazierfähige Gewebekonstruktion), darunter auch Militärdrillich, her. Mit schweren Geweben wie Segeltuch befasste man sich aufgrund fehlender Erfahrung nur vorsichtig. Auf Dauer konnte Mehler sich dem Trend aber nicht verschließen und musste eine Änderung des

1 Vgl. Stadtarchiv Fulda, FZ, 30.6.1984 und FZ, 6.8.2006.
2 Vgl. Chronik Mehler AG, S.7
3 Vgl. Pierenkemper, Gewerbe, S. 15 und S. 22f.
4 Vgl. Pierenkemper, Gewerbe, S. 9, S. 17f., S. 26 und S. 30.

Fabrikationsprogramms durchführen. 1903 holten Friedrich Wilhelm und Carl Ludwig Mehler Arthur Kayser ins Unternehmen, der nicht nur die Fachkenntnisse auf diesem Gebiet, sondern auch das nötige Kapital zur Betriebsausweitung mitbrachte. Kayser hatte bereits in Kassel im Bereich der Schwergewebe gearbeitet. Auf zunächst sechs Webstühlen wurde Segeltuch für Schuhoberstoff und Filtertücher hergestellt, später auch wasserdichte Gewebe für Wagen- und Pferdedecken, außerdem für Heereszwecke Zeltbahnstoffe, Tornister- und Brotbeutelstoff, die in der angegliederten Näherei auch vernäht wurden. Waren zuvor ca. ein Drittel der Beschäftigten männlich gewesen und zwei Drittel weiblich, stieg der Anteil der männlichen Beschäftigten nach der Umstellung auf Schwergewebe an. Die Arbeitskräfte stammten aus dem gesamten Fuldaer Raum, aber auch aus Textilzentren wie Mönchengladbach oder Landeshut in Schlesien, von dort wurden v. a. Fachkräfte eingestellt.[5]

1915 wurde das Unternehmen in eine Aktiengesellschaft mit einem Grundkapital von 1 Millionen Mark umgewandelt, Arthur Kayser wurde alleiniger Vorstand. Friedrich Wilhelm Mehler war 1912 verstorben, sein Bruder Carl Ludwig ging in den Aufsichtsrat. Mit Gründung der AG schied die Familie Mehler aus der Unternehmensleitung aus und hielt lediglich noch einen kleinen Teil der Aktien. Während des Ersten Weltkrieges stellte Mehler v. a. Zelte für das Militär her[6], außerdem Planen und wasserdichte Umhänge.[7]

7.1.2 Die „Ära Kayser" bei der Mehler AG (1918 bis 1938): Von der Weberei zum diversifizierten Textil- und Bekleidungsbetrieb

7.1.2.1 Krisenjahre (1918 bis 1926)

Die Umstellung von der Kriegs- auf die Friedenswirtschaft ging laut Chronik „verhältnismäßig leicht von statten."[8] Dennoch war ein Ertragsrückgang v. a. durch hohe Produktionskosten und Steuern sowie Rohstoff- und Kohlemangel zu verzeichnen. 1919 wurde ein „lebhafter Geschäftsgang", aber auch ein Steigen der Rohstoffpreise in „nie dagewesene Höhe" beobachtet. Dies hing v. a. mit den Valutaproblemen der deutschen Mark zusammen (vgl. Kap. 3.2 und 3.3). Um den Preiserhöhungen zu begegnen, erhöhte Mehler das Eigenkapital auf 2 Millionen Mark.[9] Zum Schutz gegen Valutaverluste (Kursdifferenzen) aufgrund des Wertverlustes der Mark schloss das Unternehmen eine Versicherung ab und bildete eine Rücklage, der jeweils 10 Prozent aller ordnungsgemäß bestätigten Ein- und Verkäufe in Fremdwährungen zu überweisen waren. Um der wachsenden Inflation zu begegnen wurde das Kapital im No-

5 Vgl. Pierenkemper, Gewerbe, S. 51 und S. 58.
6 Vgl. Pierenkemper, Gewerbe, S. 68 – 71 und S. 87.
7 Vgl. Jubiläumszeitung 150 Jahre Mehler, hrsg. von der Mehler AG, Juni 1987.
8 Chronik Mehler AG, S. 94.
9 Vgl. Geschäftsbericht Mehler AG 1919/1920.

vember 1921 auf 6 Millionen Mark erhöht. Trotz der unsicheren wirtschaftlichen Lage erweiterte man Färberei, Bleicherei und Weberei.[10]

Die Preissteigerungen durch die Inflation trafen das Unternehmen, konnten aber durch den Export gemildert werden, für den die Erlöse in Devisen bezahlt wurden. In einigen Ländern hatte das Unternehmen eigene Vertreter, meist wurde der Export aber über spezialisierte Im- und Exportfirmen in Bremen, Hamburg und Berlin organisiert. Außerdem war die Mehler AG an Reparationslieferungen, v. a. Zeltbahnen, für verschiedene ausländische Armeen beteiligt.[11]

Die Krise in der Textilbranche 1925 wirkte sich auch auf die Mehler AG aus. Der Abruf getätigter Abschlüsse verzögerte sich, wodurch ein höherer Warenbestand auflief. Dazu kamen Abnahmeverpflichtungen von Rohstoffen, die bei der Ende 1925 einsetzenden allgemeinen Wirtschaftskrise und der nachlassenden Konjunktur vorerst nicht benötigt wurden. Als Reaktion legte die Führung des Unternehmens die Beteiligung an der Hessischen Flachsbearbeitung GmbH in Hünfeld still.[12] Preisrückgänge für Halb- und Fertigfabrikate bei zu teuren Rohstoffen einerseits und eine plötzliche Stockung des Absatzes andererseits hatten zeitweise Betriebseinschränkungen zur Folge und es entstand erstmals seit Gründung der AG ein Verlust von ca. 33.000 RM.[13]

7.1.2.2 Vertikalisierung: Die ersten Jahre der eigenen Konfektionsabteilung (1926 bis 1938)

Im Krisenjahr 1926 unternahm Mehler mit der Gründung der Konfektionsabteilung einen ersten Schritt in Richtung vertikale Integration. Die unsicheren Zeiten durch den Konditionenstreit während der gesamten Weimarer Republik (vgl. Kap. 3.6) ließen aus der Sicht einer Transaktionskostenersparnis die Vorwärtsvertikalisierung in die Bekleidungsfertigung sinnvoll erscheinen. Immerhin sparte man sich so eine Verhandlungsebene und musste erst an den Groß- und Einzelhandel bzw. bei Direktverkäufen an den Konsumenten verkaufen. Ebenso kam hinzu, dass eine Stufe der Umsatzsteuer wegfiel, da die selbst hergestellten Stoffe im eigenen Unternehmen weiterverarbeitet wurden.[14]

---

10 Vgl. Chronik Mehler AG, S. 99 und S. 105.

11 Vgl. Chronik Mehler, S. 288.

12 Vgl. Aufsichtsratsprotokoll Mehler AG, 19.12.1925. Seit wann die Beteiligung an der Hessischen Flachsbearbeitung GmbH in Hünfeld bestanden hatte, ist leider nicht überliefert. Wahrscheinlich ist die Zeit des Ersten Weltkrieges 1914 bis 1918. In der Chronik ist die Rede davon, dass 1915 und 1916 Interesse an Unternehmen der Vorlieferindustrie bestand. Ob Beteiligungen zustande kamen, ist nicht erwähnt. Aufgrund der schlechten Rohstofflage wären sie aber durchaus sinnvoll gewesen. Vgl. Chronik Mehler AG, S. 78 – 81.

13 Vgl. Chronik Mehler AG, S. 124.

14 Vgl. Aufsichtsratsprotokoll Mehler AG, 11.5.1929.

Die ersten Produkte der Mehler AG im Bekleidungssektor waren Herren- und Damenmäntel. Anfang der 1930er Jahre kamen auch Trachtenjacken und Laufhosen sowie Sport- und Ski-Artikel durch die Förderung des Sports im Dritten Reich hinzu (s. u.). Neben Standardmodellen stellte man auch modische Artikel und Sonderanfertigungen her.[15] Über die ersten Jahre der Konfektionsabteilung ist wenig bekannt. Da sie nicht einmal im Geschäftsbericht erwähnt wird, ist anzunehmen, dass sie in sehr kleinem Umfang betrieben wurde. Wie schwierig die erste Zeit war, beweist eine Äußerung des Aufsichtsratsmitglieds Eugen Nelkenstock, der nach dem Zweiten Weltkrieg sagte, die ersten Windjacken und Trenchcoats hätten recht wenig elegant ausgesehen und seien aus „segeltuchähnlichen Nachkriegsstoffen" gefertigt worden.[16]

Anfang 1927 erholte sich die angespannte Lage wieder, die Läger konnten abgebaut werden und es herrschte wieder Vollbeschäftigung. Dies zeigte sich auch darin, dass eine zweite Arbeitsschicht eingeführt wurde, um über eine bessere Auslastung der Maschinen eine Erhöhung der Erträge zu erreichen.[17]

Im Geschäftsjahr 1927/28 wurde die Bilanz der Mehler AG allerdings durch die Kredite für die Firma J. Jacobson GmbH Fulda beeinträchtigt, an der das Unternehmen beteiligt war. In der dortigen Leinenweberei entstanden Verluste. Deswegen mussten von der Mehler AG Rückstände von 95.000 RM gebildet werden, wodurch der Jahresgewinn aufgezehrt wurde. Diese Bürgschaften verschlechterten die wirtschaftlich gute Situation der Mehler AG.[18]

Im Frühjahr 1929 entstanden Verluste von knapp t RM. Wie schwierig die Lage war, wird deutlich, wenn man sich die Zahl der Aufsichtsratsbesprechungen anschau. Im ersten Halbjahr 1929 fanden vier, sonst im gleichen Zeitraum eine oder zwei statt. Das Limit für genehmigungsfreie Anschaffungen wurde auf 6.000 RM festgesetzt. Vorher lag es wohl deutlich höher, genaue Zahlen werden nicht gennant.[19]

Die Weltwirtschaftskrise traf die Mehler AG in einer finanziell schon angespannten Situation durch die Beteiligung an der Jacobson GmbH. Die ab 1930 stark nachlassenden Aufträge und die gedrückten Preise erschwerten die Situation zusätzlich. In den Jahren 1930 bis 1934 wurde keine Dividende ausbezahlt. Ab 1931 führten zahlreiche Insolvenzen bei Kunden zu einem Umsatzrückgang. Außerdem ging der Export durch den Währungsverfall in einigen Abnehmerländern zurück.[20]

Umsatzzahlen, die seit 1927/28 verfügbar sind, machen das Ausmaß der Krise deutlich (vgl. Abbildung 26). Wurden 1927/28 noch fast 7 Millionen RM (nominal) erwirtschaftet, waren es im Geschäftsjahr 1931/32 nur 2,2 Millionen, also ein Rückgang von mehr als zwei Drittel. Erst im Laufe des Jahres 1932 stieg der Umsatz langsam

15 Vgl. Flyer „Im Wandel der Zeit", 175 Jahre Mehler AG, 2012, und Chronik, S. 296.
16 Vgl. Chronik Mehler AG, S. 296.
17 Vgl. Chronik Mehler AG, S. 125.
18 Vgl. Chronik Mehler AG, S. 131.
19 Vgl. Chronik Mehler AG, S. 134.
20 Vgl. Geschäftsberichte Mehler AG 1929/30 – 1933/34.

wieder. Bei der Interpretation der Zahlen darf allerdings der allgemeine Preisverfall ab 1930 nicht vernachlässigt werden (vgl. Kap. 3.1 Abbildung 2). Dadurch wurden die Produkte preiswerter verkauft, was den Umsatz schmälerte. Der reale Umsatz fiel von ca. 4,3 Millionen RM 1927/28 auf etwa 1,5 Millionen RM 1931/32. Dies zeigt aber auch, dass die Verluste nicht nur den sinkenden Preisen, sondern auch zurückgehenden Verkaufszahlen zugeschrieben werden können.[21]

Die Weltwirtschaftskrise führte im Geschäftsjahr 1930/31 zu einem Verlust von 250.000 RM, der deutlich über dem der Krise von 1925/26 lag (ca. 33.000 RM). Auch 1931/32 lag der Verlust noch bei knapp 50.000 RM (vgl. Abbildung 26).

Eine Reaktion auf die Krise war die Entlassung von Personal. Hatte die Beschäftigtenzahl 1927 einen Höchststand von knapp 800 erreicht, wurde die Zahl kontinuierlich abgebaut und lag 1932 mit 418 nur bei gut der Hälfte. Als Lehre aus der Krise beschloss das Unternehmen die Einrichtung einer von der Treuhand-Vereinigung AG Frankfurt (Wirtschaftsprüfungsgesellschaft) geforderten Betriebsstatistik mit Zwischenerfolgsrechnungen. Zuvor hatte es keine regelmäßigen Erfolgsrechnungen gegeben. Außerdem wurde die Firma Jacobson stillgelegt. Zu einer Liquidation konnte sich die Mehler AG aber nicht entscheiden, obwohl die Weiterführung laufende Verluste wie Bankzinsen und Versicherungskosten mit sich brachte. Eine endgültige Regelung erfolgte erst 1933 (vgl. Kap. 7.1.2.3). Im Bereich Konfektion kürzte die Mehler AG das Sortiment erheblich und stellte es auf preisgünstigere Artikel um. Außerdem baute man die Läger von Mantelstoffen und fertigen Teilen ab. Für den Herbst 1932 reduzierte die Konfektionsabteilung das Mantelsortiment um etwa zehn Muster auf 13 Artikel in fünf Qualitäten und sechs verschiedenen Designs.[22] Aufgrund der wirtschaftlichen Verhältnisse und der geringen Kaufkraft verlangten die Kunden v. a. Mäntel aus Recordstoff (Baumwollgewebe) wegen der geringen Preise und guten Ausrüstung; Trenchcoats waren weniger gefragt.[23] Einen guten Absatz erzielte das Unternehmen bei Windjacken; die Kundschaft kehrte sich von „dem geringen und appretierten Zeug, wie es die Gladbacher und Schlesischen Firmen bringen“[24] ab. Die Produkte aus Mönchengladbach und Schlesien waren preiwert, aber oft nicht gut verarbeitet.[25] Davon wollte sich die Mehler AG abheben.

Eine Aufstellung der durchschnittlichen Stundenlöhne zeigt, dass die Weber und ausgebildeten Schneider im Unternehmen am meisten verdienten, gefolgt von den Textilarbeitern. Dahinter lag die Bezahlung der weiblichen Textilarbeiterinnen. Näherinnen erhielten die geringsten Löhne. Ein ausgebildeter Weber erhielt pro Stunde fast ein Drittel mehr Lohn als eine Näherin. Vergleicht man die Löhne mit denen in Kap. 3.1 für einige Zentren der Bekleidungsindustrie genannten, wird deutlich, dass die Mehler AG im Vergleich zu anderen Bekleidungsbetrieben relativ hohe Löhne

21 Vgl. Spoerer/Streb, Wirtschaftsgeschichte, S. 94.
22 Vgl. Chronik Mehler AG, S. 128, S. 152, S. 156 und S. 162.
23 Vgl. Ordner Konfektion, „Konfektionierte Artikel“ 19. 8. 1932.
24 Ordner Konfektion, „Konfektionierte Artikel“ 19. 8. 1932.
25 Vgl. Rouette, Textilbarone, S. 283.

zahlte. Schneider in der Berufskleiderkonfektion verdienten im April 1932 im Durchschnitt der Städte 70 RM pro Monat (vgl. Tabelle 12), bei der Mehler AG waren es 84 RM.[26] Eine Näherin in der HAKA bekam im Durchschnitt der Städtegruppen im April 1932 50 RM pro Monat (vgl. Tabelle 13), bei der Mehler AG waren es 1932, gerechnet mit 42 Wochenstunden Arbeit, ca. 64 RM pro Monat. Im Vergleich zu anderen Branchen lagen die Löhne aber deutlich niedriger. Ein Facharbeiter erhielt pro Monat im Durchschnitt aller Industriezweige 1932 137 RM, eine Fach- bzw. angelernte Arbeiterin 89 RM.[27]

Abbildung 24: Konfektionsfertigung der Mehler AG um 1930
Quelle: Fotobuch der Mehler AG.

1931 löste sich „die Herstellung von Oberbekleidung aus ihrem Schattendasein"[28] und bekam zunehmende Bedeutung, auch durch die Einstellung von Julius und Alfred Rosenbaum, die in der Chronik als „flamboyant gekleidete und außerordentlich tüchtige Konfektionäre"[29] beschrieben werden. Die Rosenbaum-Brüder waren es auch, die die Sparte Konfektion mit der Marke Valmeline zum zweiten Standbein der

26 Vgl. Chronik Mehler AG und Geschäftsbericht 1932.
27 Vgl. Länderrat, Handbuch, S. 472, Tarifliche Stundenlöhne.
28 Chronik Mehler AG, S. 150.
29 Chronik Mehler AG, S. 150.

Mehler AG ausbauten. Der Markenname Valmeline setzt sich zusammen aus den Wörtern VALentin MEhler LINE.[30] 1932/33 ist im Geschäftsbericht vermerkt, dass die Konfektionserzeugnisse gut ankamen. Die Preise lagen allerdings nah an der Grenze zu den Selbstkosten.[31] Julius Rosenbaum – seit Ende 1932 Leiter der Konfektions-Abteilung – machte die Mehler'schen Produkte in den führenden Bekleidungsgeschäften hoffähig. Als Gag wurde zum verkauften Valmeline-Mantel das Einnäh-Etikett mit dem Namen des Käufers geliefert, was eine gute Kundenwerbung darstellte.[32] Die Fachzeitschrift *Die Herrenmode* lobte 1933 die Stoffe der Valmeline-Konfektion:

> Bisher wurden die Stoffe hierfür oder das Fertigstück aus dem Ausland bezogen. Neuerdings ist es dem deutschen Fabrikanten Val. Mehler gelungen, eine Ware herauszubringen, die den englischen Qualitäten vollständig ebenbürtig ist. Überlegen ist diese Ware in der Lichtechtheit, da diese Stoffe sämtlich indanthrengefärbt sind.[33]

Die Mehler AG zeichnete sich also v. a. in der Zusammenarbeit ihrer beiden Produktionsstätten Textilerzeugung und -verarbeitung sowie der Lieferung „aus einer Hand“ aus.

Ab Frühjahr 1933 war das Unternehmen erstmals seit der Weltwirtschaftskrise wieder voll ausgelastet und tätigte Neueinstellungen, wozu v. a. die Abteilung Konfektion beitrug. Dieser Erfolg war besonders Julius Rosenbaum zuzuschreiben, der ausgezeichnete Verbindung zu einschlägigen Abnehmerkreisen unterhielt.[34] Besonderen Wert legte er auf gute Qualität, um sich von den geringeren Niveaus mönchengladbacher und schlesischer Firmen abzugrenzen. Der Schlager des Unternehmens war die Wickelbluse „Rhönsegler“, die durch die Versendung eines Prospektes bei allen einschlägigen Geschäften bekannt gemacht wurde. Angepriesen wurde v. a. die Bewegungsfreiheit bei der Ausübung jeglicher Sportarten. Mehler bewarb die Produkte auch in Zeitschriften.[35]

Eine Marktlücke entdeckte die Mehler AG beim Popeline-Mantel (besonders dichtes Gewebe aus (Baum-)Wolle oder Kunstfasern), der für lange Zeit das Vorzeigeprodukt des Unternehmens wurde. Über die Herstellung eines Wollmantels gab es im Vorstand im Herbst 1933 zunächst Kontroversen. Während Kayser dafür plädierte, weil die Kunden sich Wollmäntel wieder leisten könnten, war das andere Vorstandsmitglied Hermann Wighardt dagegen. Kayser konnte sich letztlich durchsetzen.[36]

---

30 Vgl. Jubiläumszeitung 150 Jahre Mehler, hrsg. von der Mehler AG, Juni 1987. 1937 wurde der Markenname Valmeline beim Patentamt registriert, vgl. Chronik, S. 168.

31 Vgl. Geschäftsbericht Mehler AG 1932/33.

32 Vgl. Chronik Mehler AG, S. 296.

33 Jubiläumszeitung 150 Jahre Mehler, hrsg. von der Mehler AG, Juni 1987. Indanthren = Licht- und farbecht.

34 Vgl. Chronik Mehler AG, S. 162.

35 Vgl. Chronik Mehler AG, S. 165–168.

36 Vgl. Chronik Mehler AG, S. 200 f.

Abbildung 25: Werbeanzeige Valmeline 1930er Jahre
Quelle: Jubiläumszeitung 150 Jahre Mehler, hrsg. von der Mehler AG, Juni 1987.

Julius Rosenbaum führte außerdem eine Räumung von Restposten zu reduzierten Preisen am Ende der Saison ein – eine Art Schlussverkauf –, der Vorstand erlaubte dies aber nur in begrenztem Umfang. Die Sparte Bekleidung konnte ihren Umsatz 1933/34 im Vergleich zu 1932/33 verdreifachen, bei der Weberei lag die Steigerung nur bei ca. 45 Prozent. Im Dezember 1933 wurde eine Tagesleistung von 400 Mänteln erreicht.[37]

Im Herbst 1935 führte die hohe Nachfrage bei Ski-Kleidung zu Lieferverzögerungen. Die Unternehmensführung gab einen Annahmestopp für neue Aufträge aus. Um den großen Bedarf zu decken wurde ein vorher für die Zeltnäherei genutzter Raum für die Konfektion freigemacht und mit 24 Nähmaschinen ausgestattet. V. a. in den Monaten September bis Dezember fertigte Mehler Skiblusen, weil sie „sofort geldbrin-

37 Vgl. Chronik Mehler AG, S. 165–168, S. 189 und S. 204.

gend" abgesetzt werden konnten. Die enorme Geldmittel bindenden Mäntel sollten erst langsam anlaufen und ab Januar die Kapazität auslasten.[38]

Die Konfektion wurde größtenteils an den Einzelhandel abgesetzt. Weitere Kunden des Unternehmens im Textil- und Gewebebereich waren die Beschaffungsstellen für Heer und Marine (10 Prozent des Umsatzes), Gummireifen-Fabriken, Fahrzeug- und Karosserie-Fabriken, Hersteller von Militäreffekten (Rücksäcke, Tornister) sowie Großfirmen der Elektro- und Chemischen Industrie.[39]

Nach der Machtübernahme der Nationalsozialisten 1933 wurde die Mehler AG, obwohl in mehrheitlich jüdischem Besitz, zunächst wenig behelligt, da das bedeutende Exportgeschäft ein willkommener Devisenbringer war. Das Unternehmen führte v.a. Segeltuche, Zeltbahnen und konfektionierte Stoffe aus. 1939 wurde bei einem Gesamtumsatz von 10 Millionen RM immerhin noch etwa 1 Million RM im Ausland erzielt.[40]

Probleme gab es aber beim Absatz an Behörden und staatliche Einrichtungen. Im Oktober 1933 machte Mehler ein Angebot für die Fertigung von SA-Mänteln, -Blusen und -Unterziehwesten sowie -Mänteln für 20 RM das Stück. Julius Rosenbaum soll diesem aber reserviert gegenüber gestanden haben. Das Geschäft kam nicht zustande, wahrscheinlich weil die Mehrheit der Aktien in jüdischem Besitz des Vorstandsmitgliedes Arthur Kayser sowie der Aufsichtsratsmitglieder Sally Bacharach und Willy Fels war. Sie hielten zusammen 628.000 der 1,1 Millionen RM, also ca. 57 Prozent.[41] Sally Bacharach legte am 15.11.1934 seinen Vorsitz im Aufsichtsrat nieder.[42] Arthur Kayser scheint sich sehr wohl über die Entwicklungen bewusst gewesen zu sein, wie das Aufsichtsratsmitglied Eugen Nelkenstock später dazu ausführte:

> Herr Kayser, sein Sohn Ernst und ich haben ziemlich genau gewußt, wohin die Dinge steuern. Es war aber unbedingt notwendig, nach außen hin Ruhe zu bewahren. Schließlich und endlich war Valentin Mehler kein kleiner Käseladen, sondern ein auch in der Nazizeit hoch angesehenes Unternehmen, das einer ruhigen und nicht nervösen Führung bedurfte. Innerlich war uns allen, die das mitgemacht haben, das nicht so einerlei.[43]

Außerdem stand die Mehler AG unter Beobachtung der Devisenprüfungsstelle. 1937 monierte die NSDAP, dass der Sohn von Arthur Kayser und Mitinhaber des Unternehmens, Ernst, von Auslandsreisen immer ohne Aufträge zurückkomme – im Gegensatz zu Julius Rosenbaum. Man mutmaßte, dass er sich dort anderen Aufgaben zuwendete und ordnete eine Devisenprüfung an.[44] In der Folge musste die Mehler AG

38 Vgl. Chronik Mehler AG, S. 232 und S. 237.
39 Vgl. Geschäftsbericht Mehler AG 1937/38 und Chronik Mehler AG, S. 249–251.
40 Vgl. Chronik Mehler AG, S. 263.
41 Vgl. Chronik Mehler AG, S. 184 und S. 311 f.
42 Vgl. Aufsichtsratsprotokoll Mehler AG, 15.11.1934.
43 Chronik Mehler AG, S. 242 f.
44 Vgl. HHStAW Abt. 519/3 Nr. 9358, NSDAP Gauleitung Kurhessen an den Oberfinanzpräsidenten Devisenstelle, Zweigstelle Frankfurt am Main, 25.10.1937.

für jede Auslandsreise eine eigene Akte mit Namen des Reisenden, Ziel, Reisezeitraum und Geschäftsabschlüsse anlegen.[45] Noch nach der Arisierung im April 1938 wurden Arthur Kayser mehrere Verstöße gegen die Preisgesetzgebung zur Last gelegt.[46] Ab April 1936 wurde die Devisenüberwachung allgemein zu einem Verfolgungsinstrument. Nachdem Göring in diesem Monat zum Chef des Sonderstabes für Rohstoff- und Devisenfragen ernannt worden war, richtete er ein Devisenfahndungsamt ein, dessen Leitung Reinhard Heydrich, dem Chef des Sicherheitsdienstes, übertragen wurde. Auf diese Weise verschmolzen die Überwachungsorgane für Staat und Wirtschaft.[47] Frank Bajohr beschrieb als erster, wie die Nationalsozialisten tatsächliche oder vermeintliche Devisenvergehen jüdischer Unternehmer dazu nutzten, den Verkauf oder die Liquidation der Betriebe zu erzwingen.[48]

Betroffen war die Mehler AG auch von allgemeinen staatlichen Maßnahmen wie der Faserstoff-Verordnung vom Juli 1934, die eine 25-prozentige Herabsetzung der Arbeitszeit vorsah, die in den Abteilungen Weberei und Zwirnerei wirksam wurde, die Konfektion blieb davon verschont.[49] Die Umstellung bei den Rohstoffen machte den Kauf neuer Webstühle, die für Zellwolle geeignet waren, notwendig.[50] Zellwolle war allerdings weder bei Verbrauchern noch bei Produzenten sehr beliebt, da sie bei Wassereinfluss dazu neigte, aufzuquellen und auseinanderzufallen.[51] Auch Exportförderabgaben, die von der Wirtschaftsgruppe erhoben wurden (vgl. Kap. 4.4), musste das Unternehmen bezahlen. 1935/36 waren dies 134.000 RM (1,6 % des Umsatzes) und 1936/37 132.000 RM (1,2 % des Umsatzes). Damit lag die Mehler AG im von der Wirtschaftsgruppe vorgegebenen Soll, das bei 1,5 % des Umsatzes lag (vgl. Kap. 4.4).[52]

1937 verließ Julius Rosenbaum, der jüdische Leiter der Konfektion, das Unternehmen und ging zu einer englischen Mantelfabrik, was einen großen Verlust bedeutete. Auch innerhalb der Firma gab es nun immer mehr Stimmen gegen Arthur Kayser. Die staatlichen Verordnungen schränkten seine Tätigkeit ein und forderten Ressortverteilungen mit Aufgaben- und Verantwortungszuweisungen. Nach den Nürnberger Gesetzen von 1935 waren erste Auswirkungen zu spüren, beispielsweise wurden der Mehler AG die Behördenlieferungen entzogen und Kayser verlor seinen Sitz im Beirat der IHK.[53]

---

45 Vgl. HHStAW Abt. 519/3 Nr. 16537, Bericht der Devisenstelle, Zweigstelle Frankfurt am Main, über die Mehler AG, 20.12.1937.
46 Vgl. HHStAW Abt. 519/3 Nr. 9358, Preisüberwachungsstelle Kassel an die Devisenstelle Frankfurt am Main, 28.6.1938.
47 Vgl. Nietzel, Handeln, S. 74.
48 Vgl. Bajohr, Frank: „Arisierung“ in Hamburg. Die Verdrängung der jüdischen Unternehmer 1933–1945. 2. Aufl., Hamburg 1998, S. 195–208.
49 Vgl. Geschäftsbericht Mehler AG 1934/35.
50 Vgl. Chronik Mehler AG, S. 245.
51 Vgl. Höschle, Textilindustrie, S. 124.
52 Vgl. Chronik Mehler AG, S. 165.
53 Vgl. Chronik Mehler AG, S. 245, S. 260 und S. 311 f.

Trotz der Schwierigkeiten profitierte die Mehler AG vom Aufschwung und der Aufrüstung, wie Abbildung 26 erkennen lässt. Der nominale Umsatz steigerte sich von 2,6 Millionen RM 1932/33 auf 10,7 Millionen RM 1936/37. Der reale Umsatz wuchs im selben Zeitraum von ca. 2,1 Millionen RM auf etwa 7,7 Millionen RM. Nach einer Statistik des Reichsverbandes der deutschen Bekleidungsindustrie wiesen nur 53 von 2.164 erfassten Betrieben in der Branche einen Umsatz über 2 Millionen RM auf.[54] Bei der Einordnung muss man allerdings beachten, dass die Bekleidungssparte der Mehler AG Anfang der 1930er Jahre nur etwa ein Drittel des Umsatzes stellte. Die Gewinne und Verluste bewegten sich zwischen 250.000 RM Verlust infolge der Weltwirtschaftskrise 1930/31 und 200.000 RM Gewinn 1933/34.

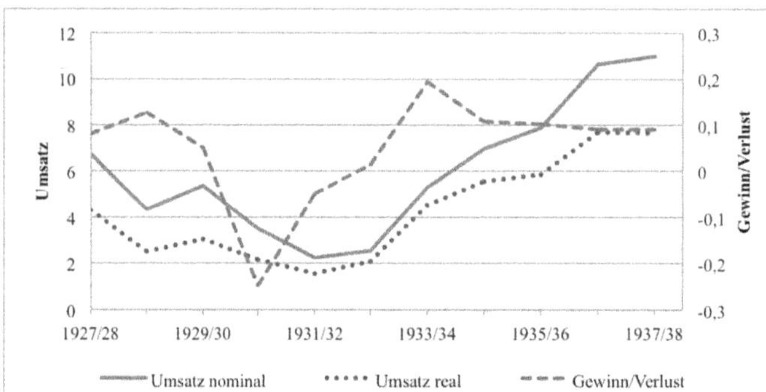

Abbildung 26: Umsatz und Gewinn/Verlust der Mehler AG 1927 bis 1938 in Millionen RM[55]
Quelle: Geschäftsberichte der Mehler AG 1927/28 bis 1937/38.

1932/33 erwirtschaftete die Weberei zwei Drittel und die Bekleidung ein Drittel des Umsatzes. Bis 1936/37 nahm der Anteil beider Sparten am Umsatz etwas ab, da die neu hinzugekommene Abteilung Zelte 17 Prozent des Umsatzes stellte.[56]

Die gute Umsatzentwicklung spiegelte sich auch in den Beschäftigtenzahlen wieder, die sich von 418 1932 auf 1.220 1934 etwa verdreifachten. In den folgenden Jahren pendelte sich die Zahl auf diesem Niveau ein, ehe sie 1938 auf 1.524 anstieg.

Nach der Gewerbezählung 1925 gab es nur 282 Betriebe in der Bekleidungsindustrie mit einer Größe zwischen 200 und 1.000 Beschäftigten. Die Einordnung in die Betriebsgrößenklassen ist bei der Mehler AG allerdings schwierig, da der Schwerpunkt in den 1930er Jahren noch auf der Textilsparte lag.[57]

---

54 Vgl. MRB, Nr. 7, 16.5.1933.

55 Der nominale Umsatz wurde mit dem Index der Großhandelspreise für Bekleidung 1913 = 100 in Tabelle 39 (Anhang) deflationiert.

56 Vgl. Chronik Mehler AG, S. 232 und S. 237.

57 Vgl. Gewerbliche Betriebszählung 1925, S. 68–70.

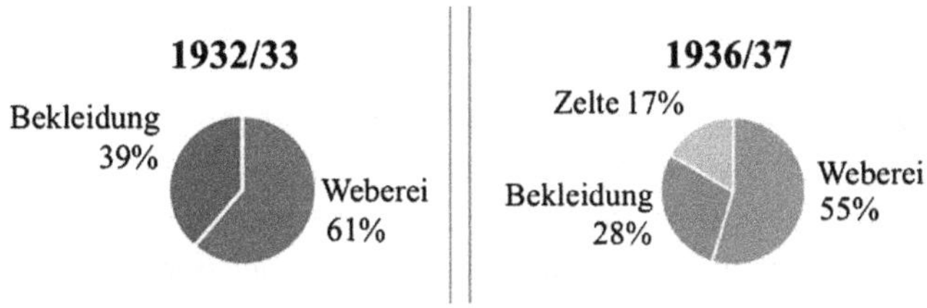

Abbildung 27: Umsatzverteilung der Mehler AG 1932/33 und 1936/37
Quelle: Chronik Mehler AG, eigene Berechnungen.

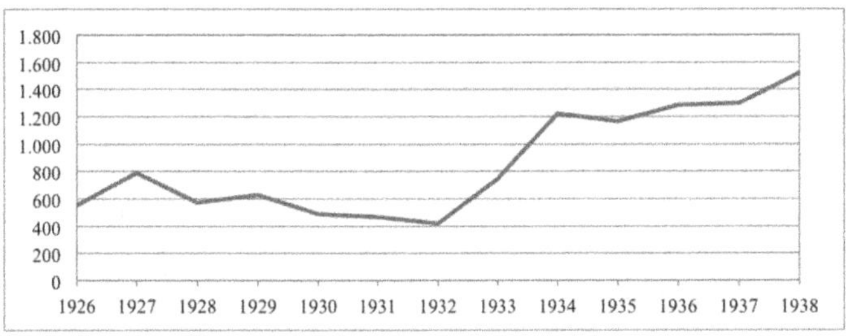

Abbildung 28: Beschäftigte der Mehler AG 1926 bis 1938
Quelle: Geschäftsberichte der Mehler AG 1926/27 bis 1937/38.

7.1.2.3 Scheinarisierung: Hermann Wighardt und die Textilwerke GmbH (1933/34)

Hermann Wighardt, seit 1928 neben Arthur Kayser im Vorstand der Mehler AG, führte ab 1933 eine eigene Gesellschaft neben seiner Tätigkeit bei der Mehler AG. Die seit März 1933 ins Handelsregister eingetragene und von der Mehler AG gegründete Textilgesellschaft mbH übernahm bis Anfang 1935 den Grundbesitz der Jacobson GmbH (Grundvermögen, Maschinen und Geschäftseinrichtungen).[58] Die Geschäfte sollten laut Chronik in enger Anlehnung an die Mehler AG getätigt werden. Die Aktiven wurden im März 1933 von 5.000 auf 30.000 RM aufgestockt, davon stellte Wighardt 22.000 RM und benannte die Firma in Textilwerk Fulda GmbH um. Ein Interessenvertrag zwischen den Textilwerken und der Mehler AG bestimmte, dass die Textilwerke vorerst als reines Verkaufsgeschäft auf Provisionsbasis zu führen waren. Die Mehler AG musste zu konkurrenzfähigen Preisen liefern, die Textilwerke durften nur Mehler-Produkte vertreiben. Andere Waren konnten verkauft werden, wenn sie nicht zum Fabrikationsprogramm der Mehler AG gehörten. Gegenstand der Textilwerke waren Herstellung und Vertrieb von Textilien aller Art und verwandte Geschäfte. Die Verlustübernahme von der Jacobson GmbH in Höhe von ca. 60.000 RM konnte die Mehler AG durch eine Rückstellung tilgen. Der Vorteil für die Mehler AG lag laut

58 Vgl. Ordner Wighardt, Beschluss zur Zwangsversteigerung, 7.11.1934 und Grundbucheintrag, 22.1.1935.

Chronik in der Schaffung einer zusätzlichen Vertriebsorganisation mit arischer Leitung.[59]

Sehr schnell nach Abschluss des Interessenvertrages kam es aber zu Differenzen zwischen dem jüdischen Vorstandsvorsitzenden Arthur Kayser und Hermann Wighardt, der mit dem NS-Regime sympathisierte. Kayser und der Mehler-Führung wurde laut den Aufzeichnungen der Chronik rasch klar, dass Wighardt zielstrebig das Textilwerk zu Lasten der Mehler AG ausbaute.[60] Aufsichtsratsmitglied Rudolf Büttner bezeichnete es als „Unding, wenn ein Vorstand einer Aktiengesellschaft einen Konkurrenzbetrieb"[61] besaß.

Ende 1933 schlug der Aufsichtsrat als Schlichtung vor, ein drittes Aufsichtsratsmitglied einzustellen. Kayser begrüßte diese Idee, Wighardt hingegen lehnte sie ab.[62] Nach langen Querelen verließ Wighardt am 20.6.1934 die Mehler AG. Die Gründe waren wohl „mehr geschäftlicher und weniger persönlicher Natur."[63] Die Gehaltszahlung lief bis Ende des Jahres weiter und Wighardt erhielt eine Abfindung von 20.000 RM. Außerdem übernahm Wighardt mit seinem Ausscheiden aus der Mehler AG 21,7 Prozent der bei der Mehler AG und 5 Prozent der bei Kayser liegenden Aktien an den Textilwerken zu einem Kurs von 130 Prozent.[64] Damit war die geschäftliche Trennung der Textilwerke von der Muttergesellschaft vollzogen, auch wenn Kayser dies laut Chronik-Überlieferung nur schweren Herzens tat. Arthur Kayser war nun wieder alleiniger Vorstand der Mehler AG. Wighardt bemühte sich kurz nach seinem Ausscheiden um einen Kredit bei der Dresdner Bank, der abgelehnt wurde, offensichtlich aus Loyalität mit Mehler, wie die Chronik berichet.[65] Die Textilwerke stellten ebenso wie die Mehler AG Regenmäntel und Sportbekleidung her, waren also ein direktes Konkurrenzunternehmen, das seinen Sitz nur wenige hundert Meter entfernt unterhielt.[66]

Arthur Kayser hatte die Gründung der Textilwerke im März 1933 als Scheinarisierung betrachtet, um sein Unternehmen über die Zeit des Nationalsozialismus hinwegzuretten. Mit Hermann Wighardt als Strohmann wolle er einen arischen Verkaufsapparat errichten. Wighardt hingegen wollte mit den Textilwerken ein Konkurrenzunternehmen Er hatte bald nach der Stilllegung des Jacobson'schen Betriebes (den die Mehler AG übernommen hatte) begonnen, die veralteten Anlagen wieder herzurichten und für die Wiederaufnahme der Produktion vorzubereiten. Er hatte ohne das Wissen Kaysers u. a. Arbeiter zum Textilwerk Fulda dirigiert, um dort Arbeiten vornehmen zu lassen. Er hatte die fabrikatorischen Voraussetzungen zur Er-

59 Vgl. Chronik Mehler AG, S. 156–159.
60 Vgl. Chronik Mehler AG S. 172 und S. 190.
61 Aufsichtsratsprotokoll Mehler AG, 14.7.1934.
62 Vgl. Aufsichtsratsprotokoll Mehler AG, 31.12.1933.
63 Aufsichtsratsprotokoll Mehler AG, 14.7.1934.
64 Vgl. Aufsichtsratsprotokoll Mehler AG.
65 Vgl. Chronik Mehler AG, S. 211–216.
66 Vgl. Jubiläumsreport 150 Jahre Mehler AG.

öffnung einer Färberei durch Errichtung einer Anlage geschaffen, schließlich Webstühle der Mehler AG in die Textilwerke überführt. Ein Gutachten einer Wirtschaftsprüfungsgesellschaft vom 18.1.1934 ergab, dass der Interessenvertrag eigentlich nur Nachteile für Mehler habe, außer, dass die Mehler AG die Auswirkungen des Judenboykotts etwas mildern könne. Man folgerte, dass der Vertrag wohl nur deswegen geschlossen worden sei.[67]

7.1.2.4 Arisierung der Mehler AG: Das Ausscheiden Kaysers aus der Firma (1938)

Im April 1938 musste Arthur Kayser sein Amt auf Grund des öffentlichen Drucks niederlegen und seine Aktien an der Mehler AG verkaufen. Der Verkauf erfolgte laut Chronik unter Zeitdruck nach kurzen Verhandlungen.[68] Der Aktienbesitz von 1,1 Millionen RM zum Zeitpunkt der Arisierung verteilte sich auf die Arthur Kayser & Co. GmbH zu 500.000 RM, auf Arthur Kayser selbst zu 115.000 RM, Willy Fels hielt 24.000 RM, die Frau von Sally Bacharach 30.000 RM, die Dresdner Bank 50.000 RM und der restliche Aktienbesitz entfiel auf kleinere Aktieninhaber.[69]

Wilhelm (Willy) Kaus aus Hanau erwarb am 7.4.1938 sämtliche Aktien von Arthur Kayser, der Arthur Kayser & Co. GmbH sowie diejenigen von Willy Fels und Frau Bacharach.[70] Damit besaß er die Mehrheit des Gesamtkapitals. Nach Erhöhung des Aktienkapitals 1941 aufgrund der Verordnung zur Begrenzung der Gewinnausschüttung (Dividendenabgabeverordnung) hielt Willy Kaus 1,375 der nun 2,75 Millionen RM Aktienkapital, seine Frau Annemarie Kaus 1 Millionen RM und die Witwe von Karl Mehler 375.000 RM.[71] Willy Kaus wurde alleiniger Vorstand.[72] Ob der Kaufpreis angemessen war oder nicht, ist problematisch zu bewerten und wurde nach dem Krieg in einem Rückerstattungsverfahren verhandelt (vgl. Kap. 7.1.4.2).[73]

Willy Kaus entstammte einer Hanauer Bauunternehmer-Familie und hatte bereits 1936 bis 1938 die Union-Brauerei in Groß-Gerau, die Weberei Hohenleuben, die Firma Schnellbett in Heidelberg und die Gummiwerke Odenwald in Neustadt erworben. Vorkenntnisse im Textilbereich besaß er nicht.[74] Bereits seit 1933 war er im Nationalsozialistischen Kraftfahrerkorps vertreten und seit 1.5.1937 Mitglied der NSDAP.[75]

67 Vgl. Gutachten über mögliche Rückerstattungsansprüche auf Grund des Gesetzes Nr. 59 der amerikanischen Militärregierung, Frankfurt am Main, Dezember 1950, S. 4–6.

68 Vgl. Chronik Mehler AG, S. 311 f.

69 Vgl. Prüfung und Gutachten über Rückerstattungsfragen bei der Firma Val. Mehler AG Fulda, Frankfurt am Main, Juli 1949 (Rudolf Falk), S. 3.

70 Vgl. Aufsichtsratsprotokoll Mehler AG, 24.3.1938.

71 Vgl. Gutachten Falk, S. 3.

72 Vgl. HHStAW, Abt. 519/V Nr. 2143_19.1, Handelsregistereintrag 2.5.1938.

73 Vgl. Chronik Mehler AG, S. 270 f. und S. 331.

74 Vgl. Wittrock, Christine: Das Unrecht geht einher mit sicherem Schritt. Notizen über den Nationalsozialismus in Langenselbold und Schlüchtern, Hanau 1999, S. 24.

Da Arthur Kayser seine Auswanderung plante, erließ die Devisenstelle Frankfurt am Main im Juli 1938 eine Sicherungsanordnung gegen ihn, wonach er nur mit Genehmigung der Devisenstelle über seine Wertpapiere und den Erlös aus dem Verkauf verfügen konnte.[76] Arthur Kayser und sein Sohn Ernst kamen bei ihrer Auswanderung im Oktober 1938 ums Leben, als ihr Flugzeug auf dem Flug von Frankfurt am Main nach Mailand über den Alpen abstürzte. Die Witwe Arthur Kaysers, Hedwig, und ihr Sohn Harold überlebten den Krieg in England und Hedwig Kayser führte den Rückerstattungsprozess nach dem Krieg (vgl. Kap. 7.1.4.2).[77]

7.1.3 Die Mehler AG nach der Arisierung (1938 bis 1945): Auf dem Weg zum nationalsozialistischen Musterbetrieb

7.1.3.1 Ausbau der Konfektion bis Kriegsbeginn

Willy Kaus ernannte kurz nach Eintritt in die Mehler AG einen der engsten und vertrautesten Mitarbeiter von Arthur Kayser, Otto Weber, zum stellvertretenden Betriebsleiter. Die Abteilungen Weberei und Bekleidung baute er aus. Es gelang, einen Mantel aus reinem Zellwollgewebe herzustellen, den Valmeline-Supra. Der Kriegsausbruch und die dadurch notwendige Umstellung der Produktion auf Textilartikel behinderten aber die Ausweitung der Bekleidungsproduktion. Außerdem bereitete die braune Farbe des Mantels Sorgen, da sie abfärbte. Von den Kunden wurde sie aber verlangt. Kaus forderte von der Konfektion wöchentliche Berichte über die Produktion und das Verhältnis zu den Planziffern, um zeitnah auf Probleme reagieren zu können.[78]

Mitte Oktober 1938 traf bei der Mehler AG eine Anfrage der Firma C&A Brenninkmeyer aus Berlin (eine der größten Bekleidungskaufhausketten) ein. Es ging um die Belieferung mit Valmeline-Mänteln. Mehler lehnte ein Geschäft ab, obwohl C&A es dem Fuldaer Unternehmen überlassen hatte, die Liefermenge selbst zu bestimmen. Als Begründung wurde angeführt, dass C&A vor einigen Jahren vorgeschriebene Verkaufspreise bei Trenchcoats abgelehnt und andere Berliner Abnehmer unterboten habe. Da sich Kaus im Urlaub befand, schrieb die Firma an ihn in dieser Angelegenheit: „Ausserdem hat es die Firma Brenninkmeyer an der Mode, die Preise zu drücken, um zum Schluss den Mantel auf den Hund zu bringen.“[79] Laut Chronik-Aufzeichnungen hegte die Unternehmensführung die Sorge, dass das gleiche Verhalten auftreten könnte, deswegen erfolgte die Ablehnung, obwohl es um große Ab-

75 Vgl. BA, 3200 Ortsgruppenkartei der NSDAP, Willy Kaus, Mitgliedsnummer 4371799 und HHStAW, Abt. 501 Nr. 2831, Klageschrift des Großhessischen Staatsministeriums gegen Willy Kaus an die Spruchkammer Hanau Stadt und Land, 6.1.1947.

76 Vgl. HHStAW, Abt. 519/3 Nr. 9358, Sicherungsanordnung gegen Arthur Kayser, 5.7.1938.

77 Vgl. Chronik Mehler AG, S. 311–314.

78 Vgl. Chronik Mehler AG, S. 274, S. 284 und S. 318 f.

79 Ordner Konfektion, Valentin Mehler AG an Willy Kaus in Meran 13.9.1938.

nahmemengen ging. Überliefert ist allerdings, dass C&A von der Firma Wighardt beliefert wurde, dem Konkurrenzunternehmen der Mehler AG.[80]

Problematisch wirkte sich die zunehmende Rohstoffkontingentierung aus. Man musste immer mehr zu „Neustoffen deutschen Ursprungs"[81] (Kunstseide, Zellwolle usw.) greifen. Dies führte zu Kostensteigerungen, da auch Ausrüstungs- und Imprägnierverfahren ab April 1939 geändert werden mussten. Um bei der Zuteilung auf Zellwolle eine bessere Position zu haben, erwarb die Mehler AG Anteilsrechte an Zellwollunternehmen: 15.000 RM an der Kurmärkischen Zellwolle und Zellulose AG in Hirschberg, 40.000 RM an der Zellwolle Lenzing AG (Österreich) und 115.000 RM an der Zellwolle und Zellulose AG Küstrin. Diese Beteiligungen erwiesen sich nach dem Krieg allerdings als Fehlinvestitionen, weil die Werke nach 1945 im Ausland lagen.[82]

7.1.3.2 Verlagerung der Fertigung auf technische Artikel

1939 fand mit der Vorbereitung auf den Krieg eine Produktionsumschichtung statt. Das Schwergewicht legte Kaus auf die Herstellung von Geweben für technische Zwecke wie den Autocord (Textileinlagen für Autoreifen, gefertigt seit 1935).[83] Die Grundlagenforschung im Bereich Cord war laut Chronik bereits durch Arthur Kayser vorgenommen worden und die Fertigungsmethoden produktionsreif.[84] Stückzahlen und Umsatz in der Konfektionsabteilung nahmen durch diese Maßnahmen ab.[85] Der Mehler AG wurde als erstem und einzigem Betrieb in Kurhessen die Stilllegung der Abteilung „Bekleidung" verfügt, wogegen Kaus – zunächst erfolgreich – energisch opponierte. Kaus suchte als Ersatz Kapazitäten in den besetzten Gebieten (vgl. Kap. 7.1.3.3).[86]

Kurz nach Kriegsbeginn musste der Versand gestoppt werden, während die Außenstände blieben. Es kam zu einer Stockung, die das Unternehmen nur unter Inanspruchnahme von Bankkrediten überbrücken konnte. Bei den Banken scheint Kaus allerdings nicht sehr beliebt gewesen zu sein, wie Aufzeichnungen der Dresdner Bank wiedergeben: „Herr Kaus, bei dem es sich, wie Sie wissen, um einen äusserst eigenwilligen und schwer zu behandelnden Mann handelt" schien dazu zu neigen, „die einzelnen Banken gegeneinander auszuspielen."[87]

---

80 Vgl. Chronik Mehler AG, S. 321.

81 Chronik Mehler AG, S. 323.

82 Vgl. Chronik Mehler AG, S. 323 und S. 329.

83 Vgl. Geschäftsbericht Mehler AG 1938/39.

84 Vgl. Chronik Mehler AG, S. 331.

85 Vgl. Geschäftsbericht Mehler AG 1939/40.

86 Vgl. HHStAW Abt. 520/F Nr. 6815_14, Willy Kaus, Darstellungen meiner wirtschaftlichen Tätigkeit und Stellungnahme zum Arisierungsproblem, 10. 8. 1948, S. 18. Wann die Verfügung zur Stilllegung bei der Mehler AG einging, ist in der genannten Quelle nicht angegeben. Da Kaus nach dem Krieg angab, bereits ab 1939 nach geeigneten Verlagerungsmöglichkeiten gesucht zu haben, muss der Befehl in den ersten Kriegsmonaten eingegangen sein.

87 HAC-500/21192 – 2001, Dresdner Bank Frankfurt an die Direktion Berlin, 11. 9. 1939.

Eine Verteilung der Umsätze auf die einzelnen Sparten zeigt, dass im Geschäftsjahr 1938/39 die Abteilungen Bekleidung und Weberei mit 34 und 36 Prozent gleichwertig am Gesamtumsatz beteiligt waren, 1940/41 zeichnet sich bereits ein ganz anderes Bild. 73 Prozent des gesamten Umsatzes wurden von der Weberei erwirtschaftet, die Konfektion steuerte nur noch 11 Prozent bei und war sogar hinter die Abteilung Zelte mit 16 Prozent zurückgefallen.

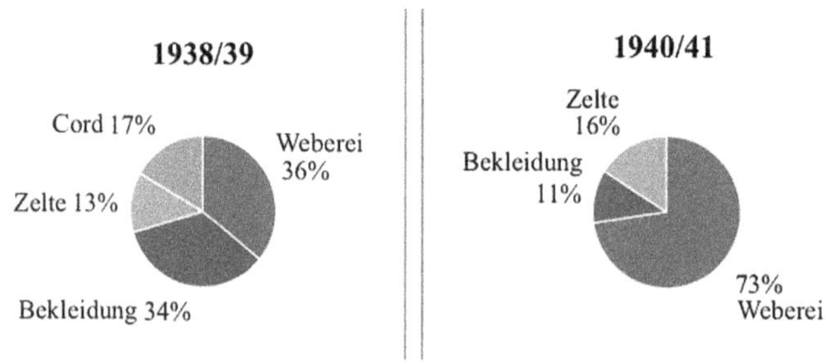

Abbildung 29: Umsatzverteilung der Mehler AG 1938/39 und 1940/41
Quelle: Chronik Mehler AG, eigene Berechnungen.

Die Mäntel wurden wie alle anderen Kleidungsstücke ab November 1939 für die Warenbeschaffung des Einzelhandels sowie für den Verkauf an die Verbraucher mit bestimmten Punktwerten auf der Reichskleiderkarte bewertet. Die Reisetätigkeit der Vertreter wurde vorläufig eingestellt, da die Rohstoffzuteilung für den zivilen Sektor zu unsicher war. Auf Anweisung staatlicher Stellen sollte die Bekleidungskonfektion nur bis zu 50 Prozent des normalen Produktionsvolumens ausgenutzt werden. Durch die Inbetriebnahme der neuen Fertigungsanlagen im Gewebe- und Stückwarenbereich konnten jedoch diese Umsatzeinbußen ausgeglichen werden. Mit dem Einzug der wehrfähigen Männer mussten mehr Frauen für die Produktion eingestellt werden.[88]

Im Frühsommer 1940 nahm das Unternehmen eine weitere Einschränkung in der Bekleidungsproduktion vor. Die Fertigung der Winterbluse wurde auf drei Modelle beschränkt; zwei Modelle konnten immerhin in zwei Versionen gefertigt werden. In der Chronik ist zu lesen: „Der Bereich Konfektion Oberbekleidung wurde in Produktion, Umsatz und natürlich auch Ertrag, gemessen an der – kriegsbedingt – sich stetig steigernden Produktion in den technischen Artikeln, fast bedeutungslos."[89] Die Mantelproduktion wurde nur noch in zwei Modellen für Herren und drei für Damen vorgenommen. Neu war die Fertigung von feldgrauen Pelerinen und Uniformmänteln; diese Produktion erlangte allerdings während des gesamten Krieges keine größere Bedeutung.[90]

88 Vgl. Chronik Mehler AG, S. 335.
89 Chronik Mehler AG., S. 350.
90 Vgl. Chronik Mehler AG, S. 350.

Während des Krieges ging der größte Teil der Produktion an öffentliche Bedarfsträger.[91] Bereits kurz nach Kriegsbeginn lieferte die Mehler AG 21.500 Meter Segeltuch an das Wehrmachts-Beschaffungsamt. Im November 1939 stellte das Unternehmen mit 20.000 Metern Zeltbahnrohstoff eine durchschnittliche Liefermenge dieses Produktes.[92] Unter anderem war die Mehler AG auch an einem Auftrag des Wehrmachts-Beschaffungsamtes Berlin vom 10.4.1941 über insgesamt 50.000 Brotbeutel beteiligt, zu welchem Umfang ist nicht überliefert.[93] Ende 1944 war das Unternehmen zu 90 Prozent mit Wehrmachtsaufträgen höchster Dringlichkeitsstufe ausgelastet. Mehler fertigte Fallschirme und Großzelte. Die Zwirnerei stellte Garne für die Reifenindustrie her. Die restlichen 10 Prozent der Produktion waren Exportware und Regenmantelstoffe, die im Nähbetrieb verarbeitet wurden.[94]

Die Umrüstung auf technische Produkte lohnte sich für die Firma, wie die Aufstellung der Umsätze in Abbildung 30 dokumentiert. Diese konnten von ca. 13 Millionen RM (nominal) 1938/39 bis auf 43 Millionen RM (nominal) 1943/44 mehr als verdreifacht werden. Erst mit Ende des Krieges und der unsicheren Lage 1945 brach der Umsatz ein und fiel auf weniger als die Hälfte des Wertes von 1943/44. Der reale Umsatz nahm einen ähnlichen Verlauf auf niedrigerem Niveau. Er stieg von ca. 9,6 Millionen RM 1938/39 auf 25 Millionen RM 1943/44. 1944/45 fiel er auf etwa 12 Millionen RM.

Auch der Gewinn stieg – wie in Abbildung 30 zu sehen – von ca. 140.000 RM 1938/39 auf 1,4 Millionen RM 1943/44, was eine Verzehnfachung bedeutet. 1944 und 1945 wurde aufgrund der unsicheren Lage bei Rohstoff- und Absatzversorgung ein Verlust erzielt. Hinzu kamen die Schwierigkeiten mit den Werken in Roth-Kosteletz und Prag (vgl. Kap. 7.1.3.3).

Nach der Übernahme durch Willy Kaus nahm die Zahl der Beschäftigten leicht von 1.524 1938 auf 1.611 1941 zu. Danach fand ein sprunghafter Anstieg bis auf 2.111 1944 statt (vgl. Kap. 7.1.3.4), ehe sich die Belegschaft aufgrund der Ereignisse bei Kriegsende um mehr als drei Viertel auf 444 verminderte. Laut einer Aufstellung der Wirtschaftsgruppe Bekleidungsindustrie aus dem Jahr 1942 gab es in der Branche nur 40 Betriebe mit mehr als 500 Beschäftigten.[95] Selbst wenn man die Textilsparte mit berücksichtigt, war die Größe von gut 2.000 Beschäftigten sehr beachtlich.

91 Vgl. HAC-500/21192 – 2001, Dresdner Bank Frankfurt an Dresdner Bank Berlin, 6.3.1940.

92 Vgl. BA, R 13 XV/71, Nachweisung des Wehrmachts-Beschaffungsamts über Lieferungen, September-November 1939.

93 Vgl. ZIH 205 – 435, Auftragslisten des Wehrmachtsbeschaffungsamts Berlin.

94 Vgl. BA, R 8 II/96, Revisionsbericht des Betriebsprüfers Ernst Ludwig an die Reichsstelle für Kleidung und verwandte Gebiete, 20.11.1944.

95 Vgl. BA R 3/3897, Betriebsgrößenklassen in der Bekleidungsindustrie 1942.

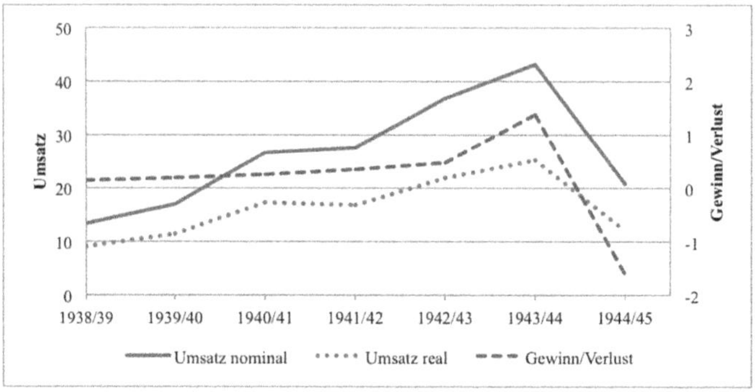

Abbildung 30: Umsatz und Gewinn/Verlust der Mehler AG 1938 bis 1945 in Millionen RM[96]
Quelle: Geschäftsberichte der Mehler AG 1938 bis 1945.

7.1.3.3 Verlagerung der Fertigung ins Ausland

Schon 1939 beschäftigte sich der Vorstand mit der Drosselung der Valmeline-Produktion und dem geplanten Ausbau der Cord- und Riementuchweberei und diskutierte dabei über Betriebsverlagerungen. Kaus wollte die Valmeline-Produktion aber dennoch so gut wie möglich aufrecht erhalten. Seit 1940 war er in Verhandlungen mit den Wirtschaftsstellen Kurhessens, der Fachgruppe Herren- und Knabenoberbekleidungsindustrie, der Wirtschaftskammer Sudetenland und dem Chef der Zivilverwaltung im Elsass (einer Textilregion) zwecks Verlagerung der Bekleidungsfertigung. Außerdem führte er ab Ende 1939 Gespräche mit Privatfirmen, die aber zu keinem Ergebnis kamen.[97] Von Seiten der SS wurde ein Abschluss wohl immer wieder verhindert. Kaus selbst war der Meinung, dass dies daran liege, dass er kein Mitglied der SS sei, obwohl er in einem Brief an den SS-Untersturmführer Hans Tänzer äußerte: „Als SS-Angehöriger fühlen, könnte ich mich m. E. mindestens."[98]

Die Mehler AG beteiligte sich während des Zweiten Weltkrieges an zwei Unternehmen. Zum einen waren dies die Roth Kosteletzer Textilwerken Erich Larché OHG in Roth-Kosteletz (Sudetenland) und zum anderen die Firma Glockenwäsche Arthur Lembeck in Prag (Protektorat Böhmen und Mähren). Etwas undurchsichtig ist allerdings die Frage, wann sich die Mehler AG bzw. Willy Kaus persönlich an den genannten Firmen beteiligten. Diese Frage konnte auch während des Rückerstattungsprozesses nur teilweise geklärt werden. Vermutlich überlagerte sich hier ein Eigeninteresse Kaus' mit ökonomischen Zwängen der Mehler AG zur Fertigungsverlagerung (vgl. Kap. 7.1.4.2).

---

96 Der nominale Umsatz wurde mit dem Index der Großhandelspreise für Bekleidung 1913 = 100 in Tabelle 39 (Anhang) deflationiert.

97 Vgl. Gutachten Falk, S. 59.

98 HHStAW Abt. 501 Nr. 2831, Willy Kaus an Untersturmführer Hans Tänzer, 4.3.1942.

Am 10.4.1942 übernahm Willy Kaus laut Gesellschaftsvertrag 1,5 Millionen RM an den Roth-Kosteletzer Textilwerken.[99] Diese wurden von einer AG in eine OHG umgewandelt. Am 1.1.1943 wurde Willy Kaus Gesellschafter.[100] Ebenso übernahm laut Gesellschaftsvertrag vom 27.5.1943 die Mehler AG 45 Prozent der insgesamt 90-prozentigen Beteiligung von Kaus an den Textilwerken, die vom Aufsichtsrat aber nicht genehmigt war, da Kaus diesen erst im September 1943 von der Beteiligung in Kenntnis setzte.[101] Erst am 30.11.1944 genehmigte der Aufsichtsrat den Vertrag zwischen Kaus und den Roth-Kosteletzer Textilwerken mit der Übernahme einer 45-prozentigen Beteiligung der Mehler AG.[102] Im November 1944 betrug der Produktionsanteil in Roth-Kosteletz im Verhältnis zum Werk Fulda rund 25 Prozent.[103]

Auch im Fall Firma Glockenwäsche Arthur Lembeck lag eine ähnliche Interessensverquickung vor. Willy Kaus informierte den Aufsichtsrat 1942, „daß er sich persönlich an einem Textilunternehmen im Protektorat maßgeblich beteiligt habe."[104] Er habe innerhalb dieses Unternehmens einen Zweigbetrieb eröffnet, der auf Rechnung von Mehler laufe.[105] Erst am 19.8.1944 fand der endgültige Vertragsschluss über eine Interessengemeinschaft mit der Firma Lembeck statt, die Kragen und feine Herren-Luxuswäsche herstellte, obwohl bereits ein „gewisser Vertragszustand geschaffen war"[106]. Wie dieser genau beschaffen war und welche Rolle Willy Kaus darin spielte, konnte im Rückerstattungsverfahren nach dem Krieg nicht komplett aufgeklärt werden (vgl. Kap. 7.1.4.2). Kaus hatte sich wohl vor dem Vertragsschluss im August 1944 bereits persönlich an der Firma Lembeck beteiligt.[107] Willy Kaus wurde im Vertrag von August 1944 angeblich persönlich erwähnt, da laut offizieller Begründung Lembeck keiner Gesellschaft Einfluss an seinem Unternehmen habe zuschreiben wollen. Die Mehler AG finanzierte die Beteiligung von 250.000 RM (weitere 250.000 RM wurden

---

99 Im Gesellschaftsvertrag ist zwar die Mehler AG genannt, da Kaus den Aufsichtsrat aber erst im September 1943 informierte, ein geeignetes Verlagerungsobjekt gefunden zu haben, muss man davon ausgehen, dass er zunächst persönlich an dem Unternehmen beteiligt war. Vgl. Gesellschaftsvertrag vom 10.4.1942 zwischen Erich Larché und Walter Frommherz Müller über die offene Handelsgesellschaft Roth-Kosteletzer Textilwerke Erich Larché und Co.; Willy Kaus an Rudolf Büttner, 13.9.1943 und Rudolf Büttner an Willy Kaus, 18.9.1943.

100 Vgl. Gesellschaftsvertrag zwischen Erich Larché und Willy Kaus über die Kosteletzer Textilwerke Erich Larché & Co., 27.5.1943.

101 Vgl. Gesellschaftsvertrag zwischen Erich Larché und Willy Kaus über die Kosteletzer Textilwerke Erich Larché & Co., 27.5.1943; Vertrag zwischen Mehler AG und Willy Kaus, 28.11.1944; Willy Kaus an Rudolf Büttner, 13.9.1943 und Rudolf Büttner an Willy Kaus, 18.9.1943.

102 Vgl. Aufsichtsratsprotokoll Mehler, AG 30.11.1944 und Vertrag zwischen Mehler AG und Willy Kaus, 28.11.1944

103 Vgl. Gutachten Falk, S. 11.

104 Chronik Mehler AG, S. 366.

105 Vgl. Chronik Mehler AG, S. 366

106 Ordner Beteiligung, Beteiligung an der Firma Arthur Lembeck, Willy Kaus an die Mehler AG, 19.8.1944.

107 Vgl. Ordner Beteiligung, Beteiligung an der Firma Arthur Lembeck, Willy Kaus an die Mehler AG, 19.8.1944.

von Lembeck eingebracht) und ersetzte die bisher von Kaus persönlich geleisteten Zahlungen. Der auf die Gesellschaftsanteile entfallene Gewinn wurde zur Hälfte zwischen Kaus und Mehler aufgeteilt.[108]

Verlagerungen waren typisch für die Branche, so erwarb die Firma Seidensticker 1940 ein Werk in Winterberg an der tschechischen Grenze, in dem bis Kriegsende produziert wurde; das Hauptwerk in Bielefeld wurde zerstört.[109] Auch die Bernward Leineweber KG kaufte neben den Produktionsbetrieben in Herford, Breslau und Wien die Firma Rolný & Co. KG im mährischen Prossnitz (heute Prostějov) (vgl. auch Kap. 7.3.3.6). Bis März 1939 war diese Firma zu 40 Prozent in jüdischem Besitz gewesen. Nach der Arisierung hielt Herbert Tengelmann die Mehrheitsrechte. Rund 1.000 Mitarbeiter fertigten in Prossnitz Knabenkleidung, Arbeitsanzüge und Herrenmäntel für die Wehrmacht, die Bekleidungswerke der Waffen-SS in Dachau und die Organisation Todt sowie für C&A. In den letzten Kriegsmonaten wurden auch Rüstungsgüter wie Gasschutzgeräte hergestellt. In den deutschen Fertigungsstätten produzierte Leineweber zunehmend Uniformen für die Wehrmacht, zivile Bekleidung in Prossnitz sowie in Dänemark und den Niederlanden.[110] Bierbaum-Proenen verlagerte ab dem Sommer 1943 Aufträge in niederländische Fabriken. Das gesamte Material lieferte die Firma an die dortigen Betriebe, die Lohnaufträge vergaben.[111]

7.1.3.4 Einsatz von Zwangsarbeitern[112]

1941/42 hatte die Mehler AG 2.000 Beschäftigte, darunter „eine erhebliche Zahl von ausländischen Arbeitskräften".[113] Der Umfang des Einsatzes ausländischer Zivilarbeiter wird an folgender Äußerung in der Chronik deutlich: „Es ist heute fast nicht faßbar, wie ungestört Mehler in diesem 4. Kriegsjahr noch arbeiten konnte. Zwar war ein großer Teil der männlichen Arbeitskräfte eingezogen, diese aber weiterhin durch fremdländische Arbeitskräfte ersetzt."[114] Im Geschäftsjahr 1943/44 konnte die sogar Produktion gesteigert werde; der Betrieb war voll ausgelastet. Die Rohstoff- und En-

108 Vgl. Ordner Beteiligung, Beteiligung an der Firma Arthur Lembeck, Willy Kaus an die Mehler AG, 19.8.1944.

109 Vgl. Seidensticker, Gerd: 70 Jahre Walter Seidensticker, Bielefeld 1965, o.S.

110 Vgl. Leineweber, BRAX, S. 64 f.

111 Vgl. Vogt, Bierbaum-Proenen, S. 104 f.

112 Die zur Zwangsarbeit eingesetzten ausländischen Arbeitskräfte lassen sich in drei Gruppen einteilen. Erstens waren dies ausländische Zivilarbeiter, die ursprünglich ein freiwillig geschlossenes Arbeitsverhältnis eigingen, das zwangswesie verlängert wurde. Die zweite Gruppe bildeten Kriegsgefangene und die dritte Gruppe KZ-Häftlinge. Die erhaltenen Dokumente der Mehler AG lassen vermuten, dass es sich bei den für die Mehler AG arbeitenden Zwangsarbeitern um ausländische Zivilarbeiter handelte. Vgl. Spoerer, Mark: Zwangsarbeit unter dem Hakenkreuz. Ausländische Zivilarbeiter, Kriegsgefangene und Häftlinge im Deutschen Reich und besetzten Europa 1939–1945, Stuttgart 2001, S. 18 und S. 90–116.

113 Chronik Mehler AG, S. 366.

114 Chronik Mehler AG, S. 366.

ergieversorgung war, anders als in vielen anderen Betrieben, noch gut.[115] Bis zum Ende des Krieges konnte das Unternehmen laut Chronik unvermindert weiterproduzieren, allerdings wurden die Cord-Garne für die Reifenfabriken im März 1945 nur noch stockend abgesetzt und stapelten sich.[116]

Im Juni 1944 wurde der Höchststand mit 723 ausländische Zivilarbeiter gezählt. Laut einer Zählung vom 30.11.1944 arbeiteten 666 ausländische Zivilarbeiter bei der Mehler AG, immerhin fast ein Drittel der Gesamtbelegschaft, davon waren 308 weiblich und 358 männlich. Bei den Frauen kamen 207 aus der Sowjetunion, 57 aus Polen, die restlichen ausländischen Zivilarbeiterinnen verteilten sich auf Frankreich, Litauen und die Niederlande. Bei den Männern kam die größte Gruppe aus Italien (125), gefolgt von Flamen und Franzosen (76 und 73). Aus Polen kamen 64 ausländische Zivilarbeiter, aus den Niederlanden 13.[117] Zunächst waren die ausländischen Zivilarbeiter in verschiedenen Gaststätten und kirchlichen Einrichtungen untergebracht. Ab 1942 beherbergte das Lager „Rosita", das die Mehler AG errichtet hatte, den größten Teil des ausländischen Personals. Es lag auf dem Mehler-Grundstück in der Edelzeller Straße 6 und bestand aus hocheingezäunten Baracken, die eigens überwacht wurden, was bei ausländischen Zivilarbeitern ungewöhnlich war.[118]

Vom Luftangriff auf Fulda am 27.12.1944 wurde die Mehler AG nur leicht getroffen (zerbrochene Fensterscheiben), verlor aber viele Arbeitskräfte, da zwei Bomben den Grezzbachbunker in der Nähe des Werkes trafen, in den sich viele Arbeiter zurückgezogen hatten. 451 Tote standen mit der Firma in Verbindung (darunter 7 leitende Angestellte), insgesamt waren es 700.[119] 206 Tote waren in der Gruppe der Fremdarbeiter zu beklagen, davon 120 weiblich und 86 männlich.[120] Die Firma startete – die Chronik berichtet – eine Hilfsaktion für die Angehörigen.[121]

Für die Unternehmen lohnte der Einsatz von Zwangsarbeitern aus ökonomischer Sicht. Auf dem Höhepunkt der Zwangsarbeiterbeschäftigung im Juli 1944 arbeiteten in Deutschland ca. 7,6 Millionen ausländische Arbeitskräfte. Zwar unterschieden sich die Bruttolöhne, die die Unternehmen zu zahlen hatten, wenig von den Löhnen deutscher Arbeiter. Dennoch – so zeigt Mark Spoerer in seiner Studie über Zwangsarbeit im Dritten Reich – waren Zwangsarbeiter preiswerter als deutsche Arbeitnehmer, da Zulagen und Zuschläge für Überstunden u. ä. nicht gezahlt werden mussten. Bei Hilfsarbeitern machten diese Komponenten 20 Prozent, bei gelernten Arbeitern bis zu 45 Prozent des Tariflohns aus. Generell wurden Zivilarbeiter aus Nord-, West- und Südeuropa besser bezahlt als Ostarbeiter, die keine Zulagen erhielten. Ob dies bei der Firma Mehler auch der Fall war, lässt sich nicht mehr nachweisen. Für die Unter-

115 Vgl. Aufsichtsratsprotokoll Mehler AG, 30.11.1944.
116 Vgl. Chronik Mehler AG, S. 389.
117 Vgl. Personalbücher der Mehler AG.
118 Vgl. Dokumentation der Personalabteilung zum „Einsatz von Fremd- und Zwangsarbeitern", 1955.
119 Vgl. Chronik Mehler AG, S. 380.
120 Vgl. Personalbücher der Mehler AG.
121 Vgl. Chronik Mehler AG, S. 380.

nehmen war neben der Entlohnung v. a. die Arbeitsproduktivität entscheidend, und die scheint häufig aufgrund der schlechten Ernährung und geringerer Motivation unter der der deutschen Arbeitskräfte gelegen zu haben. Bei genauerem Hinsehen ergebe sich aber, so Spoerer, dass die Differenz in der Leistung bei den Ostarbeitern zum deutschen Personal geringer war als beim Lohn, die Ostarbeiter also deutlich „billiger" waren. Dies treffe auch auf nicht-sowjetische Kriegsgefangene und angelernte KZ-Häftlinge zu. Auch bei den anderen ausländischen Arbeitern sei den Firmen keinesfalls Verlust entstanden.[122]

Grundsätzlich aber ist zu bedenken, dass Unternehmen während des Krieges nicht wählen konnten, ob sie einen deutschen Lohn- oder einen ausländischen Zwangsarbeiter einstellen wollten. Die Entscheidung betraf vielmehr die Tatsache, ob sie ihre Produktion überhaupt aufrecht erhalten wollten und dies ging nur mithilfe von Zwangsarbeitern. Diese wurden wie andere Arbeitskräfte auch über das Arbeitsamt nachgefragt. Hätte dies ein Unternehmen nicht getan, wäre es sicherlich negativ aufgefallen und hätte mit Überprüfungsmaßnahmen rechnen müssen. Für den Zeitraum 1944/45 ist kein größeres Unternehmen des produzierenden Gewerbes bekannt, dass keine ausländischen Arbeitskräfte (zu diesem Zeitpunkt i. d. R. Zwangsarbeiter) einsetzte. Zu fragen ist also nicht v. a. nach der Tatsache, ob dies Unternehmen taten, sondern ob sie dabei ökonomische Gewinninteressen verfolgten und wie sie die Zwangsarbeiter behandelten. Die Motive, Zwangsarbeiter einzusetzen, lagen manchmal in Sachzwängen, oft aber in Eigennutz. Dazu musste man kein Nationalsozialist gewesen sein, Karriere- und Gewinnstreben genügten, um die im NS-Regime gebotenen Möglichkeiten auszunutzen.[123]

Die ausländischen Zivilarbeiter scheinen bei der Mehler AG vergleichsweise gut behandelt worden zu sein, wie einige Aussagen nach dem Krieg belegen. Edmund Czaykowski, polnischer Zivilarbeiter bei der Mehler AG, sagte im Spruchkammerprozess gegen Willy Kaus 1948 aus und beschrieb folgende Szene: „Ich muss sagen, dass Herr Kaus sehr gut zu den Ausländern war. Wenn er in die Fabrik kam, dann gab er uns die Hand, fragte, wie es uns ging und ob wir gut behandelt würden."[124] Dies waren anscheinend nicht nur leere Worte, denn als ein Lageraufseher die ausländischen Zivilarbeiter schlecht betreute, entließ ihn Kaus laut Czaykowski.[125] Aussagen weiterer Zivilarbeiter sind nicht überliefert. Dass Zwangsarbeiter auf dem Land und in kleinen und mittleren Unternehmen im Schnitt besser behandelt wurden als in der Stadt und in Großunternehmen, stellt Mark Spoerer in seiner Studie über Zwangsar-

122 Vgl. Spoerer, Zwangsarbeit, S. 9, S. 151, S. 184 und S. 188.

123 Vgl. Spoerer, Wirtschaftsgeschichte, S. 200 f. und in Spoerer, Zwangsarbeit, S. 258 f. und S. 262.

124 HHStAW Abt. 501 Nr. 2831, Erklärung Edmund Czaykowski am 20. 3. 1948 bei der Militärregierung Hanau.

125 Vgl. HHStAW Abt. 501 Nr. 2831, Erklärung Edmund Czaykowski am 20. 3. 1948 bei der Militärregierung Hanau.

beit im Dritten Reich heraus. Grund sei v. a., dass der Kontakt persönlicher und der Überwachungsapparat nicht ganz so stark ausgeprägt gewesen sei.[126]

Auch in anderen Firmen der Bekleidungsindustrie wurden Zwangsarbeiter eingesetzt. Die Firma Leineweber beschäftigte ab 1942 Zivilarbeiterinnen aus Polen und der Sowjetunion.[127] Bei Boss in Metzingen wurden ca. 140 Zwangsarbeiter, zumeist Frauen aus Polen, Russland und der Ukraine sowie ca. 40 Kriegsgefangene v. a. aus Frankreich in der Produktion eingesetzt. Bezahlung, Ernährung und Unterbringung der Zwangsarbeiter scheinen vergleichsweise gut gewesen zu sein, zumindest so lange sie privat beherbergt wurden. In einem Ende 1942 entstandenen Ostarbeitslager sollen die Bedingungen schlechter gewesen sein, auch wenn diese Unterbringung wohl von staatlichen Stellen erzwungen wurde.[128] Beim Arbeitsbekleidungshersteller Bierbaum-Proenen in Köln zählte man 1942 für drei Monate neun Zwangsarbeiterinnen aus der Ukraine und Weißrussland, nach der Studie von Helmut Vogt wurden sie ordentlich untergebracht und verpflegt.[129] Auch bei der Firma Lodenfrey in München wurden ca. 30 Zwangsarbeiter aus Russland, Polen, Italien und Jugoslawien sowie nach Angaben ehemaliger Mitarbeiter ebenso etwa acht bis zehn Kriegsgefangene eingesetzt. Die Aussagen ehemaliger KZ-Häftlinge bei Lodenfrey scheinen durchweg positiv zu sein und lassen auf eine im Vergleich recht gute Behandlung schließen.[130]

7.1.4 Die Mehler AG in der Nachkriegszeit (1945 bis 1952): Wiederaufbau und Treuhänderschaft

7.1.4.1 Erste Produkte: Mäntel und Kleider

Mit der Besetzung Fuldas um die Ostertage 1945 kam die Produktion bei Mehler laut Chronik für kurze Zeit zum Stillstand. Bereits 14 Tage später wurde die Fertigung in kleinem Umfang wieder aufgenommen, v. a. mit Artikeln des täglichen Gebrauchs. Die Plünderung der Läger nach Kriegsende wurde laut Berichten des Chronisten von amerikanischen Wachtruppen nicht sanktioniert und behinderte den Anlauf der Produktion und des Verkaufs. Die Kriegsschäden beziffert die Cronik auf 4,3 Millionen RM, davon mehr als 3 Millionen RM durch Beteiligungen an den Roth-Kosteletzer Textilwerken ab 1943 (vgl. Kap. 7.1.4.2), die durch die Enteigung wertlos wurden.[131]

Willy Kaus verlor aufgrund des Kontrollratsgesetzes Nr. 52 der Militärregierung seine Position als Vorstand und schied Ende Mai 1945 aus dem Unternehmen aus. Joachim Kahl wurde Treuhänder.[132] Zum ersten kommissarischer Leiter des Unter-

126 Vgl. Spoerer, Zwangsarbeit, S. 258 f. und S. 262.
127 Vgl. Leineweber, BRAX, S. 64. Die genaue Anzahl der Zivilarbeiterinnen wird nicht angegeben.
128 Vgl. Köster, Boss, S. 74–76 und S. 103.
129 Vgl. Vogt, Bierbaum-Proenen, S. 100.
130 Vgl. Georgi/Kamp, Lodenfrey, S. 51–61.
131 Vgl. Chronik Mehler AG, S. 391 und S. 396.
132 Vgl. HHStAW, Abt. 519/V Nr. 2143_19.1, Property Control, 7.9.1945.

nehmens wurde Emil Pfeffermann ernannt, laut Angaben des Chronisten zur Verwunderung der noch verbliebenen Mitarbeiter, weil er Mitglied der NSDAP gewesen war.[133]

In den ersten Monaten nach Kriegsende baute die Firma die von Kaus angesammelten Vorräte ab. Produziert wurden v. a. ursprünglich für die Wehrmacht bestimmte Artikel wie Zeltbahnen und Rucksäcke, aber auch deren Weiterverarbeitung zu Taschen und Pferdedecken stand im Produktionsprogramm. Im Bereich Bekleidung fertigte das Unternehmen Hemden und Hosen. Im November 1945 produzierte Mehler bereits wieder ca. 20.000 Bekleidungsstücke, davon mehr als zwei Drittel im Betrieb selbst, den Rest in Heimarbeit. Mit ca. 110.000 RM Umsatz in diesem Monat stellte die Sparte Bekleidung aber weiterhin nur ein Sechstel aller Umsätze.[134]

Um die Konfektion wieder in Gang zu setzen, nahm das Unternehmen die Fertigung von Damenkleidung auf, da Garne für die Mantelherstellung fehlten. Als Material diente Kunstseide aus eigener Herstellung. Auch Lohnaufträge über Damenkleider übernahm Mehler, diese waren aber kein vollwertiger Ersatz für die angestammte Fertigung. Zudem waren die Erträge unbefriedigend. Insgesamt ging der Umsatz zurück, da Rohstoffe fehlten und einige Betriebsteile wie die Färberei erst im Januar 1946 den Betrieb wieder voll aufnehmen konnten.[135] Außerdem fielen durch die Aufteilung in Besatzungszonen die Kunden in der SBZ weg. Die Cordproduktion lag aus Mangel an Rohstoffnachschub darnieder.[136]

Der Export lief laut Chronik schon kurz nach Kriegsende wieder an. An das Ausland wurden v. a. Gewebe für die Herstellung von Auto- und Fahrradreifen sowie Vorlieferer-Produkte der Kautschukindustrie abgesetzt. Schwierig gestaltete sich die Rückgewinnung der Auslandsmärkte für die Valmeline-Mäntel, weil die meisten Länder eine eigene Konfektionsfertigung entwickelt hatten. Es kamen nur einige kleinere Aufträge mit langjährigen Kunden zustande.[137]

Nach der Währungsreform besserte sich der Geschäftsgang und Mehler begann noch 1948, das Unternehmen auszubauen. Die Zwirnerei erhielt eine neue Produktionsstätte in Zennern bei Fritzlar. Dort wurden Cordgewebe für Auto- und Fahrradreifen hergestellt, weil die Nachfrage der Kautschukindustrie stetig wuchs.[138] Das Unternehmen weitete auch die Bekleidungsfertigung weiter aus. Die schon während des Krieges in Hünfeld eingerichtete Näherei nahm man wieder in Betrieb, dazu kamen Fertigungsstätten in Hilders und Rommerz in angemieteten Räumen (jeweils

133 Vgl. Chronik Mehler AG, S. 390 f.

134 Vgl. HHStAW, Abt. 519/V Nr. 2143_19.1, Monatsmeldung der Valentin Mehler, Segeltuchweberei, AG für Monat November 1945.

135 Vgl. Aufsichtsratsprotokoll Mehler AG, 22.1.1947.

136 Vgl. Chronik Mehler AG, S. 410 – 412.

137 Vgl. Chronik Mehler AG, S. 432.

138 Vgl. HHStAW, Abt. 519/V Abt. 2143_19.2, Joachim Kahl an das Landesamt für Vermögenskontrolle, Wiesbaden, 27.7.1948.

etwa 20 km von Fulda entfernt).[139] Insgesamt investierte Mehler im Geschäftsjahr 1948/49 eine Million DM in Gebäude und Maschinen.[140] Die Tagesproduktion von Valmeline-Mänteln lag laut Chronik Anfang der 1950er Jahre bei 1.000 Stück, sollte aber ausgeweitet werden. Der Nachholbedarf machte sich hier stärker bemerkbar als in den anderen Sparten.[141] 1951 genehmigte der Aufsichtsrat deswegen einen Neubau für die Näherei in Höhe von 1,75 Millionen DM.[142]

Die gute Entwicklung wurde durch die Korea-Krise im Sommer 1951 unterbrochen. Anfang des Jahres 1951 waren die Nachfrage und die Preise stark angestiegen, weil die Kunden Hamster-Käufe getätigt hatten. Mit dem Zusammenbruch der Korea-Hausse im Sommer 1951 sank die Nachfrage, die Preise für Rohstoffe waren rückläufig und die Preise für Fertigwaren mussten gesenkt werden. Die Riementuch- und Stückweberei wies schon seit Frühsommer 1951 sinkende Erträge auf, in der Valmeline-Produktion zeigten sich Rückgänge erst im Herbst.[143]

Die zunehmende Bedeutung der Sparte Bekleidung wird auch in der Umsatzverteilung in Abbildung 31 deutlich. Die Bekleidungsabteilung konnte ihren Anteil am Umsatz von 12 Prozent 1946/47 auf 36 Prozent 1950/51 verdreifachen. Der Anteil der Weberei hingegen fiel von 53 Prozent 1946/47 auf 23 Prozent 1950/51. Die Cord-Abteilung, die nach Kriegsende stillgelegt war, konnte ihren Anteil am Umsatz bis 1950/51 wieder auf knapp ein Drittel steigern.

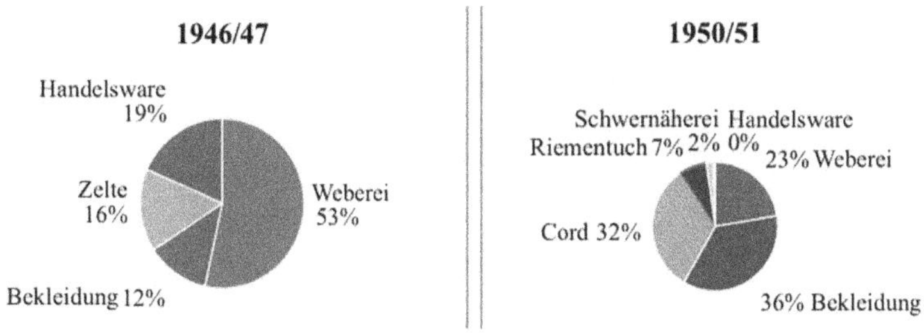

Abbildung 31: Umsatzverteilung der Mehler AG 1946/47 und 1950/51
Quelle: Chronik Mehler AG, eigene Berechnungen.

Schaut man sich den Umsatz an, versechsfachte sich dieser von 12 Millionen RM 1946/47 auf fast 60 Millionen DM 1950/51, ehe er bis 1952/53 infolge der Korea-Krise auf 53 Millionen DM sank.

Begann die Mehler AG 1946/47 mit einem Verlust von ca. 750.000 RM, lag sie danach immer in der Gewinnzone. 1950/51 wurde mit 2,8 Millionen DM der bis dato

139 Vgl. Chronik Mehler AG, S. 451.
140 Vgl. Aufsichtsratsprotokoll Mehler AG, 29.7.1949.
141 Vgl. Chronik Mehler AG, S. 432.
142 Vgl. Aufsichtsratsprotokoll Mehler AG, 11.8.1950 und 28.12.1950.
143 Vgl. Chronik Mehler AG, S. 491.

höchsten Gewinn der Nachkriegszeit erzielt. 1951/52 schloss die Gesellschaft infolge der Korea-Krise mit einem Verlust von ca. 200.000 DM ab.

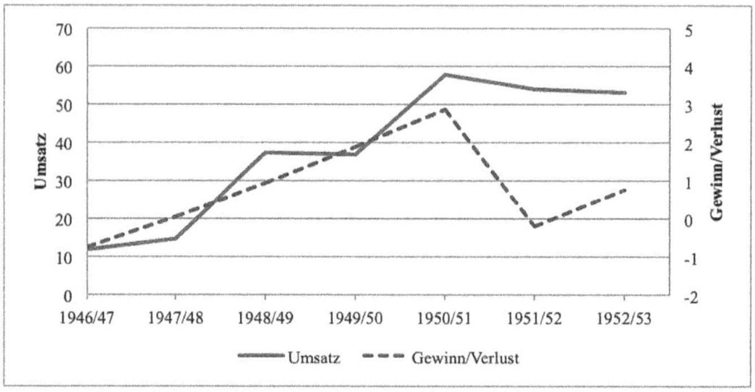

Abbildung 32: Umsatz und Gewinn/Verlust der Mehler AG 1946 bis 1953 in Millionen RM/DM[144]
Quelle: Geschäftsberichte Mehler AG 1948 bis 1953.

Die Zahl der Beschäftigten stieg von knapp 500 1945 auf etwa 2.800 1951 an. Infolge des Korea-Krieges war 1952 ein Rückgang auf 2.500 zu verzeichnen. Für das Jahr 1947 ist eine Aufstellung der Mitarbeiter mit Verteilung auf die jeweiligen Unternehmensbereiche erhalten. Von den gut 1.300 Beschäftigten insgesamt waren 350 in der Näherei, 350 in der Weberei, knapp 200 in der Zwirnerei, und je ca. 100 in der Zelte-Näherei und in der kaufmännischen Abteilung beschäftigt.[145]

7.1.4.2 Rückerstattungsverfahren Kayser-Kaus und Mehler-Wighardt

Willy Kaus war bereits im Januar 1947 in einem Spruchkammerverfahren angeklagt worden, die Verhältnisse im Dritten Reich ausgenutzt und sein Vermögen durch Arisierungen und Kriegsaufträge vermehrt zu haben. Allerdings konnte Kaus auch unter der Hervorbringung von Zeugen relativ überzeugend darstellen, dass er sich nicht aktiv in der NSDAP engagiert habe, ihm der Titel „Wehrwirtschaftsführer" durch die Wehrmacht verliehen worden sei und er politisch Verfolgte unterstützt habe.[146]

Das für Mehler wichtigere Rückerstattungsverfahren war das der Erben Arthur Kaysers gegen Willy Kaus, da aufgrund dieses Aktienerwerbs die Firma nach dem Krieg unter Treuhänderschaft stand. 1949 meldeten Hedwig Kayser – die Witwe von Arthur – und ihr Sohn Harold Rückerstattungsansprüche an.[147]

---

144 In DM ab 21.6.1948. In der Abbildung finden sich nur die nominalen Umsatzzahlen. Für die ersten Jahre nach dem Zweiten Weltkrieg ist kein Preisindex für Bekleidung überliefert, mit dem die nominalen Umsätze hätten deflationiert werden könnnen.

145 Vgl. Chronik Mehler AG, S. 421.

146 Vgl. HHStAW, Abt. 501 Nr. 2831, Klageschrift des Großhessisches Staatsministeriums gegen Willy Kaus an die Spruchkammer Hanau Stadt und Land, 6.1.1947.

147 Vgl. Gutachten Falk, S. 19.

Ein Gutachten über Rückerstattungsfragen bei der Mehler AG, dass das Landesamt für Vermögenskontrolle und Wiedergutmachung in Hessen im März 1949 bei dem Frankfurter Wirtschaftsprüfer Rudolf Falk in Auftrag gab, ergab, dass die Mehler AG Anspruch auf Rückerstattung anmelden konnte. 56 Prozent des Grundkapitals (Aktien im Nominalbetrag von etwa 1,5 Millionen DM), Rückzahlungen des seit der Entziehung[148] gezogenen Nutzens (Dividenden und Vorstandsbezüge) und Schadenersatz, der durch Minderung des Mehler-Vermögens und Einbußen der Vorstandsbezüge entstanden sei, waren laut Gutachten rückerstattungspflichtig. Ergebnis des Berichts war das Urteil, dass der von Kaus bezahlte Preis „unangemessen niedrig" gewesen sei und eine „erhebliche Wertsteigerung" der Firma von 1938 bis 1945 stattgefunden habe.[149]

Die Anwälte von Hedwig Kayser versuchten in einem Brief an das Amt für Vermögenskontrolle vom 7.4.1949 den Beweis zu erbringen, dass der Aktienerwerb von Kaus eine „schwere Entziehung" gewesen sei. Im Verfahren vor der Spruchkammer Frankfurt sagten einige Zeugen aber das Gegenteil aus.[150]

Kaus selbst verteidigte den Kaufpreis als angemessen, der Erwerb sei im beiderseitigen Einverständnis zustande gekommen. Er führte an, der Gauleiter von Frankfurt habe ihn sogar als Käufer abweisen wollen, da er einen korrekten Kaufpreis habe zahlen wollen. Für das Aktienpaket von Kayser habe er 162,5 Prozent gezahlt. Die Aussage, dass Kayser auch frei gewesen wäre, nicht zu verkaufen, hätten ihm die Bedingungen nicht gepasst, erscheint angesichts der Situation eines jüdischen Fabrikanten 1938 allerdings überzogen.[151] Ein Gutachten des Wirtschaftsprüfers Hermann Praetorius, das Kaus selbst in Auftrag gegeben hatte, kam zu dem Ergebnis, dass der an Kayser bezahlte Preis dem Wert des Unternehmens nicht nur entsprach, sondern „sogar ungewöhnlich günstig war."[152]

Die Bewertung der Beteiligungen während des Krieges gestaltete sich schwierig, da „von Seiten des Vorstandes aus Gründen, die nicht festgestellt werden konnten, nicht die in solchen Fällen unerläßliche notwendige Trennung in Geschäfte des Herrn Kaus und Geschäfte der Firma Val. Mehler AG erfolgte, wie dies bei einer ordnungsgemäßigen Verwaltung einer Aktiengesellschaft erwartet werden muss."[153]

V.a. der Fall Roth-Kosteletzer Textilwerke bereitete Schwierigkeiten. Gegen den Standpunkt von Kaus, er habe als Treuhänder der Mehler AG gehandelt, standen laut

---

148 Der Begriff der „Entziehung" umfasst den gesamten Transfer jüdischen Vermögens in nicht-jüdische Hände, unabhängig davon, ob Vermögensgegenstände dabei durch Gesetzesakte oder auf dem Verwaltungswege enteignet, geraubt, erpresst oder durch den Schein privater Rechtsgeschäfte wahrende Vereinbarungen übereignet wurden. Der Begriff „Entziehung" impliziert, dass diese Vorgänge unfreiwillig und unter Zwang abliefen. Vgl. Nietzel, Handeln, S. 271f.

149 Vgl. Chronik Mehler AG, S. 483f.

150 Vgl. Gutachten Falk, S. 19.

151 Vgl. HHStAW Abt. 501 Nr. 2831, Willy Kaus, Kaufpreisbegründung zum Erwerb von nom. RM 615.400 Valentin Mehler Aktien zu 1.000.000 RM = 162,5 Prozent, 17.12.1946.

152 HHStAW, Abt. 519/F Nr. 6815_19, Gutachten des Wirtschaftsprüfers Hermann Praetorius.

153 Gutachten Falk, S. 73.

Gutachten des Wirtschaftsprüfers Rudolf Falk Schriftstücke, in denen er von „Eigeninteresse“, „persönlichen Interessen“, von der „Identität“ und der „Koordinierung dieser Interessen“ spreche. Der Vertrag vom 28.11.1944 stand, so Falk, zweifelsfrei bereits unter dem Eindruck des verlorenen Krieges. Die unmittelbar auf den Vertragsabschluss erfolgte Genehmigung des Vertrages durch den Aufsichtstrat ließe darauf schließen, „daß von interessierter Seite auf eine Beschleunigung des Vertragsabschlusses und der Genehmigung Wert gelegt wurde.“[154] Das finanzielle Risiko ging auf die Mehler AG über und bedeutete eine finanzielle Entlastung für Kaus, da die Beteiligung bereits als verloren anzusehen war. Die Mehler AG verpflichtete sich, Kaus einen Anteil von 1,2 Millionen RM auf den von ihm für den Erwerb der Gesamtbeteiligung aufzuwenden Kaufpreis zu erstatten. Dass Kaus aber 45 Prozent der Beteiligung behielt, spricht laut Falk dafür, dass er ein „Eigengeschäft“ besaß (auch weiterhin), zumal er nicht klar die Trennung zwischen Eigen- und Fremdgeschäften belegen konnte. Kaus konnte auch keinen Nachweis bringen, dass er diesen Anteil ausschließlich treuhänderisch für Mehler AG schon zwei Jahre zuvor erworben hatte.[155]

Die Auswertung von fünf Jahren Korrespondenz durch einen Sachverständigen sprach hingegen für Willy Kaus. Die Aktennotizen der Rechtsanwälte, die Vertragsentwürfe und der Gesellschaftsvertrag vom 30.4.1942, ebenso die Korrespondenz mit Wehrmacht und Wehrwirtschaftsstellen enthielten an keiner Stelle den Namen „Kaus“, sondern durchgängig „Mehler AG“. Der Vertrag vom 28.11.1944 stellte laut der Prüfung des Sachverständigen kein Novum dar, sondern den schriftlichen Niederschlag einer schon über ein Jahr aufgrund von Besprechungen mit Aufsichtsrat und Vorstand längst ausgeübten Handhabung.[156]

Für die Mehler AG problematisch war jedoch, dass Kaus die Beteiligungen an den Roth-Kosteletzer Textilwerken und an der Firma Arthur Lembeck in den Jahren 1942 bis 1944 über die Firma finanzierte, ohne dass der Aufsichtsrat eine solche Beteiligung genehmigt hätte. Bereits ab 1.12.1942 wurden Beiträge an die Roth-Kosteletzer Textilwerke überwiesen, die Genehmigung des Aufsichtsrates erfolgte aber erst am 28.11. 1944.[157]

Eine Entscheidung des United States Court of Restitution Appeals of the Allied High Commission for Germany (CORA) erfolgte am 24.1.1952. Die Verhandlung wurde wohl von beiden Seiten erschwert, wie es im Urteil heißt: „so haben die Antragssteller auch hier mit allen Mitteln versucht, die gerechte Regelung der Sache durch eine Fülle von Ablenkungsmanövern zu erschweren.“[158] Der CORA sprach der Familie Kayser Entschädigungsansprüche zu. 1941 war das Grundkapital der Mehler AG von 1,1 Mil-

154 Gutachten Falk, S. 74.

155 Vgl. Gutachten Falk

156 Vgl. Gutachten Falk, Anlage 25, Auszug aus einer schriftlichen Stellungnahme von Rudolf Paul vom 15.7.1959 an Wirtschaftsprüfer Rudolf Falk.

157 Vgl. HHStAW, Abt. 519/V Nr. 2143_19.1, Joachim Kahl an das Amt für Vermögenskontrolle Stadt- und Landkreis Fulda, 26.10.1946.

158 Urteil CORA, Fall Nr. 359, 24.1.1952, S. 1.

lionen RM auf 2,75 Millionen RM erhöht worden. Die Mittel dafür wurden aus dem Umlaufvermögen, versteuerten Rücklagen und dem Gesellschaftervermögen entnommen. Nach Art. 22 REG (Rückerstattung feststellbarer Vermögensgegenstände) sei so der Nennwert der von der Familie Kayser verkauften Aktien auf 1.538.500 RM erhöht worden. Diese Aktien standen ihnen laut CORA abgesehen von dem in Artikel 44 vorgeschriebenen Geldausgleich entschädigungslos zu:

> Beide Vorinstanzen gelangten auf Grund nicht nur beträchtlicher, sondern tatsächlich überwältigender Beweise zu der Feststellung, dass die Entziehung eine sittenwidrige und schwere im Sinne der Art. 2 und 30 REG gewesen sei. Es genügt zu sagen, dass die Parteistellen unter Androhung körperlicher und wirtschaftlicher Folgen für Kayser die Arisierung des Unternehmens gefordert hatten. Der damals zuständige Nazibeamte diktierte selbst den zu zahlenden Preis. Die Kammer hat dazu klipp und klar festgestellt, dass Kaus wusste, ‚dass er es mit einem Menschen zu tun hatte, dessen freiwilliger Wille durch Gewalt ausgeschlossen oder beeinträchtigt war.... Kaus handelte unsittlich, als er trotz seiner Kenntnis von der Unfreiheit des Arthur Kayser mit ihm einen Vertrag abschloss.‘[159]

Kaus musste nominal 1,5 Millionen RM zurückerstatten, seine Frau Annemarie 163.500 RM.[160]

Nach einem mehrjährigen Rückerstattungsverfahren über zwei Instanzen ging die Aktienmehrheit von Kaus wieder an die früheren Eigentümer über. Hedwig Kayser und ihr Sohn Harold hielten nun wieder die Aktienmehrheit von 1,5 Millionen DM am Gesamtkapital von 2,75 Millionen DM der Mehler AG. Das restliche Kapital war in kleineren Beträgen auf mehrere Anteilseigner verteilt. Die Treuhänderschaft endete am 28.3.1952, Walter Bauer wurde zum neuen Vorstand bestellt mit dem Recht, die Gesellschaft alleine zu vertreten.[161] Er brachte Erfahrung in der Leitung eines maßgebenden mitteldeutschen Braunkohlekonzerns, aber auch von Textilbetrieben mit.[162] Bauer hielt ab 1952 10.000 DM des Aktienkapitals, 1967 erwarb er die Anteile von Hedwig und Harold Kayser, womit er der größte Anteilseigner wurde.[163]

Kaus wurde in einem Entnazifizierungsverfahren nach mehreren Instanzen in die Gruppe IV – Mitläufer eingestuft.[164] Er war auch weiterhin in der Wirtschaft tätig, u. a. beteiligte er sich an zwei Textilfabriken in Aschaffenburg, am Versandhaus Neckermann, an zwei Brauereien und an der Metzeler Gummiwerke AG in München.[165]

Ein weiteres Rückerstattungsverfahren der Firma Mehler lief gegen die Firma Wighardt. Die Mehler AG und die Kayser-Erben hatten gegen die Firma Wighardt

---

159 Urteil CORA, Fall Nr. 359, 24.1.1952, S. 2f.

160 Vgl. Urteil CORA, Fall Nr. 359, 24.1.1952, S. 3.

161 Vgl. Chronik Mehler AG, S. 475 und S. 487.

162 Vgl. Mauersberg, Hans: Die Wirtschaft und Gesellschaft Fuldas in neuerer Zeit. Eine städtegeschichtliche Studie, Göttingen 1969, S. 291.

163 Vgl. Chronik Mehler AG, S. 314.

164 Vgl. Wittrock, Unrecht, S. 37.

165 Vgl. *Die Zeit*, 25.2.1966, Porträt: Willy Kaus. Außenseiter in Chemie und Kautschuk und *Der Spiegel*, Nr. 11 1957, Metzeler Gummiwerke. Sind die Aktien nichtig?

wegen der beim Ausscheiden von Hermann Wighardt im Jahr 1934 auf ihn übertragene Anteile am Textilwerk Fulda Restitutionsansprüche geltend gemacht.[166]

Die Textilwerke waren als Forschungsgesellschaft mit 5.000 RM Kapital von Kayser und der Mehler AG gegründet worden. Eine Kapitalerhöhung auf 30.000 RM, wovon Wighardt 22.000 einbrachte und eine Umbenennung in Textilwerke Fulda GmbH wurden als „Scheinarisierung im beiderseitigen Einverständnis“[167] beurteilt. Einen formalen Entziehungsvorgang im Sinne der Bestimmungen des REG sah ein Gutachten nicht. Beim Jacobson'schen Grundbesitz (vgl. Kap. 7.1.2.2) verhielt sich der Sachverhalt anders. Art. 3 des REG bezeichnete Verträge über Veräußerung oder Aufgabe von Vermögensgegenständen als Entziehungsvorgänge. Die Abtretung der Geschäftsanteile an den Textilwerken von Kayser und Mehler an Wighardt am 4.6.1934 zu 130 Prozent fiel laut Gutachten unter diesen Tatbestand.[168]

Das Gutachten hatte auch die Angemessenheit des Kaufpreises zu bewerten. Der Jacobson'sche Betrieb ging laut den Verfassern unter Wert in das Eigentum der Textilwerke über. Der innere Wert des Textilwerkes sei durch die Investitionen zwischen 13.3.1933 und 4.6.1934 erheblich erhöht worden (zu Lasten der Mehler AG). Das Aufgeld von 30 Prozent (für beide Anteile 2.450 RM; Kayser besaß nominal 1.500 RM, Mehler 6.500 RM), das Wighardt an Kayser und Mehler zahlte, sei im Vergleich zur Wertsteigerung nicht angemessen gewesen. Laut Gutachten handelte es sich um den Fall der „gewöhnlichen Entziehung“, evtl. liege sogar eine schwere Entziehung durch Ausübung von Drohung vor. Der Entwurf des Verkaufsvertrages zwischen Kayser und Wighardt ließe aus Randbemerkungen von Kayser schließen, dass er sich unter Druck gesetzt fühlte. Wighardt sei zunächst kein überzeugter Nationalsozialist gewesen, erschien aber wohl in der SA-Uniform bei Mehler, um Kayser unter Druck zu setzen.[169] Das Gutachten kam zu dem Schluss: „Der Rückerstattungsanspruch [sollte] mit guter Aussicht auf Erfolg verfolgt werden.“[170]

Im März 1951 kam es zu einer außergerichtlichen Regelung zwischen den Parteien, die Textilwerke zahlten an Hedwig Kayser nach Art. 59 REG einen Betrag von 375.000 DM.[171]

166 Vgl. Öffentliche Sitzung der Wiedergutmachungskammer des Landgerichts Fulda in der Rückerstattungssache Hedwig Kayser gegen Firma Textilwerke Hermann Wighardt, Fulda, 31.3.1951.

167 Gutachterliche Stellungnahme über mögliche Rückerstattungsansprüche auf Grund des Gesetzes Nr. 59 der amerikanischen Militärregierung der Val. Mehler AG, Fulda gegen die Erben des Hermann Wighardt, Frankfurt am Main Dezember 1950, S. 7.

168 Vgl. Gutachten über mögliche Rückerstattungsansprüche Mehler – Wighardt, S. 7f.

169 Vgl. Gutachten über mögliche Rückerstattungsansprüche Mehler – Wighardt, S. 13–17.

170 Gutachten über mögliche Rückerstattungsansprüche Mehler – Wighardt, S. 17.

171 Vgl. Öffentliche Sitzung der Wiedergutmachungskammer des Landgerichts Fulda.

7.1.5 Die Mehler AG in der Wirtschaftswunderzeit (1952 bis 1972): Die Bekleidungssparte als Stütze des Unternehmens bei zunehmender Eigenkapitalschwäche

7.1.5.1 Die Abteilung Bekleidung als Aushängeschild des Unternehmens

1952 war die Abteilung Bekleidung erstmals umsatzstärkste Abteilung der Mehler AG und blieb dies bis in die 1970er Jahre. Sie wurde zum „Aushängeschild des Unternehmens“[172]. 1952/53 stellte die Bekleidungssparte 35 Prozent am Umsatz, konnte diesen Anteil in den nächsten Jahren – mit leichten Schwankungen – sogar ausbauen und erwirtschaftete 1970/71 45 Prozent des Umsatzes. Rechnet man die Valmeline-Weberei und die Näherei C (Bekleidung für Behörden) hinzu, die ebenfalls für die Sparte Bekleidung arbeiteten, waren es sogar knapp 50 Prozent. Die folgende Abbildung demonstriert diese Entwicklung:

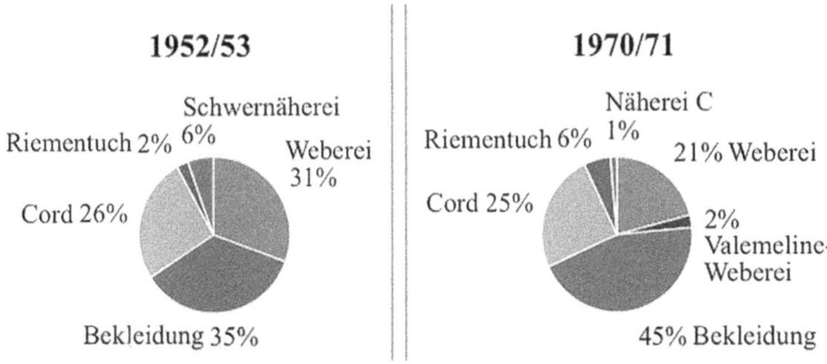

Abbildung 33: Umsatzverteilung der Mehler AG 1952/53 und 1970/71
Quelle: Chronik Mehler AG, eigene Berechnungen.

Der nominale Umsatz insgesamt folgte von 1952 bis 1972 einem stetigen Aufwärtstrend – mit wenigen konjunkturellen Unterbrechungen – von ca. 50 Millionen DM auf knapp 200 Millionen DM (vgl. Abbildung 34). Die Dimension des Unternehmens wird deutlich, wenn man die Umsatzgrößenstatistik des BBI zur Rate zieht. Darin sind für 1972 nur 13 Betriebe mit einem Umsatz von mehr als 100 Millionen DM aufgeführt, der größte Teil bewegt sich in einem Rahmen von 125.000 DM bis 5 Millionen DM Umsatz pro Jahr (3.506 von 4.200 erfassten Betriebe).[173] Anfang der 1970er Jahre war die Mehler AG eines der größten Unternehmen im deutschen Textil- und Bekleidungssektor. Nach einer Weltrangliste der Bekleidungsindustrie, erstellt von der *TextilWirtschaft*, die 354 Unternehmen mit einem Umsatz von mehr als 25 Millionen DM pro Jahr enthielt, nahm die Mehler AG in Deutschland 1969 den neunten Platz ein,

172 Vgl. Öffentliche Sitzung der Wiedergutmachungskammer des Landgerichts Fulda, S. 510.
173 Vgl. BBI, Bekleidungsindustrie in der BRD 1971, S. 5f.

weltweit lag sie auf Rang 72.[174] In Hessen war die Mehler AG das größte Textilunternehmen.[175] Der Marktanteil bei Herrenmänteln betrug 18 Prozent, bei Damenmänteln waren es 12 Prozent.[176] Der Exportanteil insgesamt lag bei ca. 20 Prozent.[177]

Die Aufstellung der Gewinne und Verluste (vgl. Abbildung 34) zeigt einen Einbruch von 2,3 Millionen DM auf 1,3 Millionen DM Mitte der 1950er Jahre – vermutlich hervorgerufen durch die Kosten für die Errichtung einer Vertriebsgesellschaft in Nordamerika (vgl. Kap. 7.1.5.2).[178] Ab Ende der 1950er Jahre stiegen die Gewinne wieder und fielen erst infolge der Rezession 1966/67 auf ca. 200.000 DM 1968/69. Anfang der 1970er Jahre wuchsen die Gewinne erneut an und erreichten die 1 Millionen DM-Grenze.

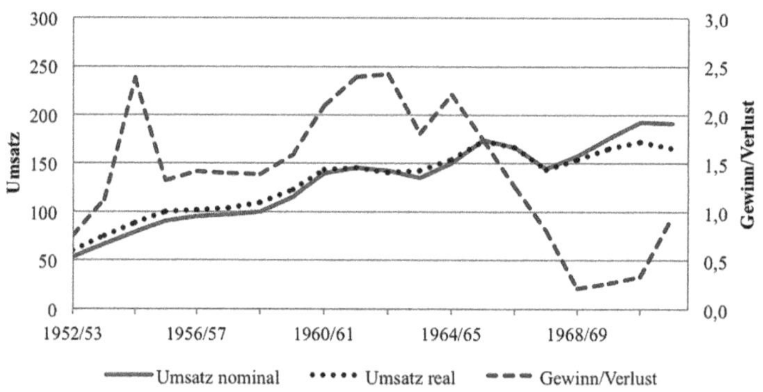

Abbildung 34: Umsatz und Gewinn/Verlust der Mehler AG 1952 bis 1972 in Millionen DM[179]
Quelle: Geschäftsberichte der Mehler AG 1952 bis 1972.

Die Erfolge des Unternehmens in der Wirtschaftswunderzeit spiegeln sich auch im Personalstand wieder, der von 2.500 1952 bis auf etwa 3.800 1957 kontinuierlich anstieg. 1958 fiel die Zahl aufgrund der Textilkrise um etwa 200 Mitarbeiter. Nach dem kurzen Einbruch hielt der Aufwärtstrend weiter an, der Höchststand wurde laut Abbildung 35 1961 mit ca. 4.500 Beschäftigten erreicht. Ab diesem Zeitpunkt begann – mit Schwankungen, die den konjunkturellen Entwicklungen folgen – ein Rückgang der Beschäftigtenzahl. Laut einer Aufstellung im Statistischen Jahrbuch fanden sich in den 1960er Jahren nur 7 Betriebe in der Branche mit mehr als 1.000 Beschäftigten,

174 Vgl. TW, Nr. 6, 11.2.1971, S. 15–17 und FAZ, 12.2.1971.

175 Vgl. *Fuldaer Volkszeitung*, 19.7.1972.

176 Vgl. HAC-500/17340–2000, Gespräch der Dresdner Bank (Industriebüro Finanzanalysen) mit Josef Waider, 31.8.1971.

177 Vgl. HAC-500/17340–2000, Aufzeichnungen des Industriebüros der Dresdner Bank, 27.7.1971.

178 Vgl. Chronik Mehler AG, S. 397.

179 Der nominale Umsatz wurde mit dem Erzeugerpreisindex für die Bekleidungsindustrie 1962 = 100 in Tabelle 43 (Anhang) deflationiert.

dazu gehörte auch die Mehler AG.[180] 1959 waren von den gut 3.600 Beschäftigten etwa 2.000 weiblich, 418 arbeiteten in der kaufmännischen Abteilung. Im Werk Fulda waren 3.144 Beschäftigte gemeldet, in Flieden ca. 200, in Hünfeld 180 und in Zennern 128.[181]

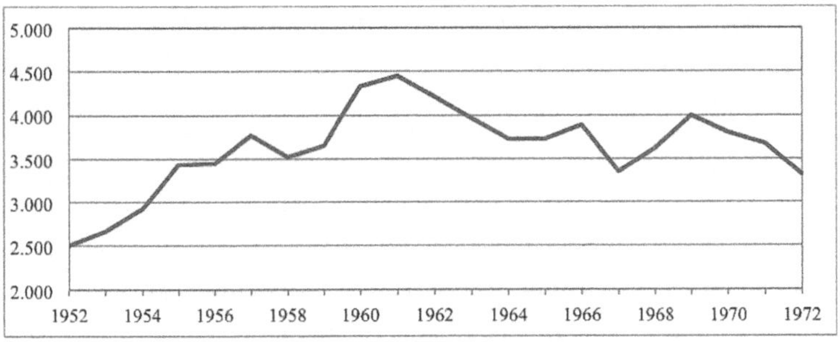

Abbildung 35: Beschäftigte der Mehler AG 1952 bis 1972
Quelle: Chronik Mehler AG, eigene Berechnungen.

Vorstand Walter Bauer sah im Valmeline-Geschäft „das Rückgrat der Ertragskraft des Unternehmens."[182] Allerdings wies er auch auf große Risiken durch saisonale, modische, konjunkturelle und technische Entwicklungsgründe hin. Im Juli 1954 genehmigte er den Bau eines Valmeline-Mäntellagers für rund 300.000 DM.[183] Das Lager war laut Chronik nötig, um einen höheren Umsatz zu erreichen. Die Unterbringung der Ware bis zur Auslieferung in unzureichenden, verstreut liegenden, vielfach behelfsmäßigen Räumen verursachte erhebliche Kosten durch Transporte und Versicherung und führte zu Verschmutzungen der Ware. An die Valmeline-Näherei wurde außerdem eine eigene Lehrlingswerkstatt angegliedert.[184]

1954 erwarb Bauer eine Beteiligung an der Kronenhut GmbH Straubing zusammen mit der Bayrischen Staatsbank. Als Geschäftsführer setzte er einen Bekannten, Reinhold Walker ein, die Firma wurde in R.G. Walker GmbH umbenannt. Ab 1954 ließ die Mehler AG dort Kleidung produzieren, wenn in Fulda die Kapazitäten ausgeschöpft waren.[185]

Das Mantelgeschäft ging ab Herbst 1957 merklich zurück, die Ware musste zu Schleuderpreisen abgegeben werden, da die Läger noch voll waren.[186] Im Zuge der Textilkrise musste die Mehler AG ab dem 1.5.1958 Kurzarbeit anmelden. Für die

---

180 Vgl. Stat. Jahrbuch für die Bundesrepublik 1960 – 1970.
181 Vgl. Chronik Mehler AG, S. 430.
182 Aufsichtsratsprotokoll Mehler AG, 17.7.1954.
183 Vgl. Aufsichtsratsprotokoll Mehler AG, 17.7.1954.
184 Vgl. Chronik Mehler AG, S. 523.
185 Vgl. Chronik Mehler AG, S. 366. Hinweis: Ab 1954/55 beginnt die Seitenzählung der Chronik wieder bei S. 355, sodass die Seiten 355 – 531 doppelt vorhanden sind. Hier werden sie zur besseren Wiederauffindbarkeit wie im Original zitiert.
186 Vgl. Aufsichtsratsprotokoll Mehler AG, 20.12.1958.

Frühjahrssaison 1958 waren die Läger voll, aufgrund des spät beginnenden Frühjahrswetters und verkürzter Saison durch einen frühen Ostertermin gingen weniger Aufträge ein. Allerdings wollte die Mehler AG die Preissenkungen von bis zu 40 Prozent laut Angaben des Chronisten nicht mitmachen und behielt so erst einmal die vollen Läger. Der Umsatz in der Konfektion von Juli bis November 1958 lag um knapp 4 Prozent unter dem des Vorjahres.[187] Die Schwierigkeiten in der Bekleidung konnten durch günstige Entwicklung bei Zelten (Reisewelle), Planen und Cord ausgeglichen werden, hier kamen die Vorteile eines diversifizierten Unternehmens zum Tragen.[188] 1959 konnte der Absatz der Valmeline-Mäntel durch die im Haus entwickelten Mischgewebe aus Baumwolle und synthetischen Fasern wieder erhöht werden. Der Umsatz an Behördenkleidung wurde ebenso ausgebaut. Die Näherei C entstand neu und wurde ausschließlich für die Produktion von Behördenkleidung genutzt.[189]

Die Konfektion begann im Frühjahr 1960 einen Teil ihrer Fertigung an West-Berliner Zwischenmeister abzugeben, die ihre Arbeit so gut machten, dass unter den Abnehmern die Forderung laut wurde, wenn einzelne Modelle gleichzeitig in Fulda und Berlin hergestellt würden, möchte man aus Berlin beliefert werden. Das Geschäft wurde über die Magufa abgewickelt, die aus Fulda Zuschnitte und Nähzutaten angeliefert bekam, das Material an die Zwischenmeister verteilte, die fertigen Teile einsammelte, kontrollierte und sie dann nach Fulda weiterleitete (der Gewinn für die Magufa ergab sich aus den unterschiedlichen Umsatzsteuer-Sätzen).[190]

Durch gestiegene Mitarbeiterzahlen im Jahr 1960 (ca. 4.300 Mitarbeiter 1960 im Vergleich zu ca. 3.600 1959) sowie Lohn- und Gehaltserhöhungen entstanden hohe Personalkosten (vgl. auch Kap. 7.1.5.3). Die Chronik berichtete, dass erste Stimmen vor einer weiteren Expansion warnten. Vorstandsmitglied Wolfgang Straßburg, der für den Bereich Konfektion zuständig war, befürchtete, er könne die Produktion der Abteilung nicht mehr gesichert mit entsprechendem Ertrag absetzen. „Aber Dr. Bauer wollte von solchen Mahnungen nichts wissen."[191] Die Meinungsverschiedenheiten zwischen Bauer und seinem stellvertretenden Vorstandskollegen Straßburg über die Abteilung Bekleidung waren offensichtlich so groß geworden, dass Straßburg 1960 zurücktrat. Bauer hatte laut Angaben des Chronisten keinen Hehl daraus gemacht, sich für die Abteilung den Mann zu suchen, der sich zutraute, die gesamte Kapazität zu verkaufen. Straßburg schied daraufhin aus der Gesellschaft aus, an seine Stelle trat Gerd Somberg. Das Ausscheiden Straßburgs verstanden viele Vertreter, Kunden und Mitarbeiter offenbar nicht und es stieß auf Kritik. Die Beschäftigten sahen im Nachheinein das Ausscheiden von Straßburg als entscheidenden Bruch in der weiteren Entwicklung der Konfektionsabteilung.[192]

187 Vgl. Chronik Mehler AG, S. 415 und S. 425.
188 Vgl. Geschäftsbericht Mehler AG 1957/58.
189 Vgl. Chronik Mehler AG, S. 442.
190 Vgl Chronik Mehler AG, S. 446.
191 Chronik Mehler AG, S. 448.
192 Vgl. Chronik Mehler AG, S. 453.

1961/62 kam es zu Qualitätsproblemen in der Konfektion durch Mangel an guten Fachkräften und unzulänglicher Leistung. Diese gefährdeten laut Chronik-Überlieferung bei anspruchsvollem Markt und schwieriger Konkurrenz den Markennamen Valmeline. Als Ausgleich für den rückläufigen Popeline-Mantel sollten Artikel aus Wolle und Skibekleidung dienen. Seine Aufgabe fasste Somberg wie folgt zusammen:

> Wir werden in Zukunft im Wettbewerb auf dem freien, großen europäischen Raum nur dann bestehen, wenn wir durch die Fertigung einer erstklassigen Qualität, durch die laufende Fühlungnahme mit allen maßgebenden Abnehmern der Mode und dem Trend des Marktes angepasst uns bemühen, den Absatz unserer Produkte auch für die Zukunft sicherzustellen.[193]

Die 1961 aufgenommene Fertigung von Lederbekleidung wurde wieder aufgegeben, der Artikel war auf dem Markt rückläufig und in der Fertigung sehr stark anfällig. Auch der reine Baumwollmantel, das ursprüngliche Produkt von Mehler, war schwer abzusetzen und wurde durch Mischgewebe, v. a. Diolen, Nylon und Perlon ersetzt.[194] Der Anteil dieser Stoffart steigerte sich von 38 Prozent 1962 auf 55 Prozent 1963. Trotzdem gelang es nicht, die stark rückläufigen Umsätze bei den Baumwollmänteln in den typischen Konsumpreislagen mit den neu aufgenommenen Qualitäten zu kompensieren, weder in der Stückzahl noch im wertmäßigen Umsatz. Der Marktanteil von Valmeline bei Popeline-Mänteln aus Mischgewebe lag Mitte der 1960er Jahre bei DOB und HAKA etwa bei 50 Prozent. Um die unterschiedlichen Bedingungen auf dem europäischen Markt, v. a. die Zolldifferenzen, zu überbrücken, versuchte man den EFTA-Raum von Wien aus mit einer Verkaufsvertretung für Valmeline-Mäntel zu beliefern.[195]

1963 beeinflussten schlechte Wetterverhältnisse die Frühjahrssaison negativ. Die Stammaufträge des Einzelhandels gingen um 15 Prozent von 45 auf 30 Prozent zurück und Folgeaufträge blieben aus. Der Verkauf der vorproduzierten Frühjahrsware konnte nur über Sonderposten zu niedrigen Preisen stattfinden. Somberg schlug zur Verbesserung der Gesamtsituation eine Kollektion an Freizeitkleidung vor, um von der allgemein herrschenden „Freizeitwelle" in den 1960er Jahren zu profitieren.[196] Außerdem machte die nicht einheitliche Qualität der Valmeline-Mäntel Probleme laut Chronik Sorge. Grund dafür war vermutlich die Herstellung in unterschiedlichen Produktionssätten.[197]

Mit Ausnahme der Cord- und Riementuchweberei mussten alle übrigen Abteilungen im Geschäftsjahr 1963/64 Umsatzeinbußen hinnehmen, am stärksten die Bekleidung mit fast 4 Millionen DM. Es kam zu Personalabbau und bei den Investitionen wurden alle größeren Projekte zurückgestellt. Somberg schied Ende Oktober 1964

193 Chornik Mehler AG, S. 481.
194 Vgl. Aufsichtsratsprotokoll Mehler AG, 20.12.1957.
195 Vgl. Chronik Mehler AG, S. 494 und S. 536.
196 Vgl. Chronik Mehler AG, S. 496 und Breitenacher, Bekleidungsindustrie, S. 38.
197 Vgl. Chronik Mehler AG, S. 496.

Abbildung 36: Werbeanzeige Valmeline 1962
Quelle: Werbematerial-Sammlung Mehler AG.

frühzeitig aus dem Vorstand aus, Gründe waren laut Chronik Differenzen mit Bauer. Bauer setzte in Bezug auf das Importproblem die Chance für inländische Konfektion allein bei ausgeprägtem und raschem Modewechsel, auch wenn dies ein höheres Risiko bedeutete.[198]

Die Jahre 1966/67 waren für das Unternehmen schwierig, Bauer war an Leukämie erkrankt und lenkte das Unternehmen vom Krankenbett aus. Der Umsatz-Rückgang in der Textil- und Bekleidungsindustrie, bedingt durch die Rezession, lag durchschnittlich zwischen 6 und 7 Prozent, bei der Mehler AG nur bei 2,3 Prozent, wobei der Umsatz bei Bekleidung entgegen dem Trend sogar noch gesteigert werden konnte. Dennoch nahm die Zahl der Beschäftigten von etwa 3.800 1966 auf 3.500 1967 ab. Der

198 Vgl. Chronik Mehler AG, S. 504 und S. 535.

Abbau fand v. a. beim ausländischen Personal statt. Wie viele andere Firmen beschäftigte auch die Firma Mehler Gastarbeiter. 1966 waren es insgesamt 434, darunter 149 Griechen und 118 Italiener. 1967 zählte man nur noch insgesamt 281 Gastarbeiter.[199]

Außerdem gestaltete sich die Änderung des Umsatzsteuergesetzes durch die Umstellung von der kumulativen Umsatzsteuer auf die Mehrwertsteuer problematisch, da sich diese hemmend auf die Kauf- und Dispositionsbereitschaft sowie Preis- und Margenentwicklung auswirkte.[200] Auch im Geschäftsjahr 1967/68 lagen die Umsatzerlöse 8,5 Prozent unter denen des Vorjahres. Bei der Konfektion ergab sich neben dem Rückgang eine Verlagerung der Nachfrage auf mittlere und untere Preislagen. Die Erhöhung des Grundkapitals um 5 Millionen auf 10 Millionen DM und die Aufnahme von lang- und mittelfristigen Krediten brachten eine leichte Verbesserung der Kapitalstruktur. Das Problem blieb aber das schlechte Verhältnis von Eigenkapital und Fremdkapital und damit eine hohe Zinsbelastung (vgl. Kap. 7.1.5.6). Am 1.11.1968 verstarb Walter Bauer. Josef Waider – schon seit einigen Jahren Vorstandsmitglied – übernahm den Vorsitz im Vorstand.[201]

7.1.5.2 Verlustgeschäft: Exportgesellschaften in den USA und Kanada

Zur Ausdehnung des Valmeline-Exports in die USA gründete die Mehler AG im Herbst 1953 eine eigene Vertriebsgesellschaft, die Valmeline Imports Ltd. New York mit einem Kapital von 20.000 DM. Dies geschah unter Mitwirkung des dort lebenden früheren Prokuristen Nelkens, früher Eugen Nelkenstock.[202] Der Umsatz der Valmeline Imports betrug vom 1.10.1953 bis 30.6.1954 2,4 Millionen DM. Die anfänglichen Verkaufserfolge waren laut Chronik „beachtlich", das geringe Eigenkapital der Tochter zwang die Mehler AG aber, die Finanzierung für sie zu übernehmen.[203] 1956 wurde eine weitere Vertriebsgesellschaft für den Verkauf in Kanada mit einem Kapital von 20.000 US $ gegründet.[204]

1955 konnte der Herbstumsatz in den USA nicht gesteigert werden. Als Gründe wurden das warme, trockene Wetter, die Präsidentenwahl und die Suez-Krise identifiziert.[205] Die Chronik berichtet, dass Wertberichtigungen der Forderungen gegenüber den Tochtergesellschaften in der USA und Kanada in der Bilanz 1956/57 erkennen ließen, dass diese Geschäfte die in sie gesetzten Erwartungen nicht erfüllten. Sonderabschläge für Verkaufsrisiken, zusätzliche Werbekosten und Rücknahme unverkäuflicher Waren zeigten die Schwierigkeiten auf diesen Märkten. Auch die labilen

199 Vgl. Chronik Mehler AG, S. 540 f.
200 Vgl. Geschäftsbericht Mehler AG 1967/68.
201 Vgl. Chronik Mehler AG, S. 551–559.
202 Vgl. Aufsichtsratsprotokoll Mehler AG, 21.12.1953.
203 Vgl. Chronik Mehler AG. S. 529.
204 Vgl. Aufsichtsratsprotokoll Mehler AG, 30.6.1956.
205 Vgl. Aufsichtsratsprotokoll Mehler AG, 15.12.1956.

modischen Tendenzen und die Notwendigkeit langer Vordisposition sowie angemessene Lagerhaltung stellten Probleme für die Mehler AG dar. Der Vorstand überlegte, das Geschäft grundlegend zu ändern, wie, blieb laut Chronik aber unklar.[206] Ende der 1950er Jahre bereiteten die Gesellschaften in Nordamerika „Sorge und waren Quelle stetiger Verluste".[207] Andere Firmen hatten mit ihren Tochtergesellschaften auf dem amerikanischen Markt aber wohl ähnliche Probleme.[208] Die Bekleidungskaufhauskette C&A versuchte Ende der 1940er und Anfang der 1950er Jahre in Nordamerika Fuß zu fassen. Allerdings ließen sich die Erfahrungen in Europa nicht ohne Weiteres auf die nordamerikanischen Verhältnisse übertragen. Die Löhne waren dort deutlich höher als in Europa, die Preise jedoch nicht. Die ersten Jahre blieb das Geschäft defizitär und konnte sich auch in den folgenden Jahren nicht zu einem bedeutenden Standbein entwickeln.[209]

Bis Anfang der 1970er Jahre war bei der Mehler AG das Geschäft mit der amerikanischen Tochtergesellschaft Valmeline Imports beinahe zum Erliegen gekommen, die 100-prozentige Beteiligung wurde auf einen Teilwert von 20.000 DM abgeschrieben. Die Hoffnung war laut Angaben des Chronisten, das Geschäft eines Tages wieder ausbauen zu können. Die Beteiligung an der Valmeline Imports in Kanada wurde hingegen vollständig abgeschrieben und 1970 die Löschung der Firma beantragt.[210]

7.1.5.3 Arbeitskräftemangel: Betriebsstätten auf dem Land

Mitte der 1950er Jahre hatte der Vorstand damit zu kämpfen, in Fulda geeignete Näherinnen zu finden.[211] Die Mitglieder schlugen deshalb vor, Arbeitsplätze in Gegenden mit kleineren Orten zu schaffen, wo noch Arbeitskräfte zur Verfügung stünden. Der Aufsichtsrat bremste aber laut Chronik zunächst die Euphorie des Vorstandes und forderte genauere Aufstellungen zu Finanzierung und Planung.[212] 1957 wurden Verhandlungen über die Errichtung einer Näherei in Flieden (etwa 20 km von Fulda entfernt) geführt, aber von einer Zahlung des Bundes bzw. Landes Hessen in Höhe von 800.000 DM abhängig gemacht, die man erhielt.[213] Ende 1957 genehmigte der Aufsichtsrat die Inanspruchnahme eines Darlehens in Höhe von 1,5 Millionen DM aus öffentlichen Mitteln und die hypothekarische Sicherung dieses Darlehens aus dem Grundbesitz des Unternehmens.[214] Im Oktober 1958 wurde das Werk in Flieden in Betrieb genommen. Es bot Platz für 300 Näherinnen. Zur Eröffnung kamen Vertreter

206 Vgl. Chronik Mehler AG, S. 397 und S. 435.
207 Chronik Mehler AG, S. 448.
208 Vgl. Chronik Mehler AG S. 462.
209 Vgl. Spoerer, C&A, S. 235–241.
210 Vgl. Chronik Mehler AG, S. 626.
211 Vgl. Aufsichtsratsvorsitzender Werner Hilpert an die Mitglieder des Aufsichtsrats 16.10.1956.
212 Vgl. Chronik Mehler AG, S. 385.
213 Vgl. Aufsichtsratsprotokoll Mehler AG, 29.4.1957.
214 Vgl. Aufsichtsratsprotokoll Mehler AG, 21.12.1957.

kommunaler und wirtschaftlicher Behörden, z. B. der Hauptgeschäftsführer des Gesamtverbandes der deutschen Textilindustrie, Hans Werner Staratzke, und der Präsident des deutschen Bundestages und Mehler-Aufsichtsrats-Vorsitzende Eugen Gerstenmaier.[215]

1958 genehmigte der Aufsichtsrat die Investition in den Neubau eines Nähereibetriebes in Hünfeld (etwa 20 km von Fulda entfernt) für ca. 1,5 Millionen DM,[216] der im Juni 1961 eröffnet wurde. 1959/60 errichtete Mehler in Schlüchtern (etwa 30 km von Fulda entfernt) ein Nähereizweigwerk, um dort das Arbeitskräftereservoir auszuschöpfen (120 Arbeitsplätze). Im Zuge der Rezession 1966/67 wurde die Näherei in Schlüchtern wieder stillgelegt, Grundstück und Gebäude verkauft. 1965 richtete die Mehler AG im nordhessischen Sontra in neuen Räumen einen Nähereibetrieb mit 150 Beschäftigten ein.[217]

7.1.5.4 Passive Lohnveredelung in Jugoslawien

1968 schloss die Mehler AG einen Vertrag mit der jugoslawischen Bekleidungsfirma Idnina in Bitola. Mit der Verlagerung der Produktion ins Ausland sollten Lohnkosten gesenkt werden. Es handelte sich um einen dreijährigen Kooperationsvertrag technisch-kommerzieller Zusammenarbeit. Idnina übernahm im Weg des passiven Lohnveredelungsverkehrs für die Mehler AG die Erzeugung von Bekleidung in den Räumen einer stillgelegten Tabakverarbeitungsfabrik mit 200 Beschäftigten. Die Investitionen lagen bei 600.000 DM. Mehler stellte die Produktionsanlagen und zahlte den Transport. Die Geschäftsverbindung war – wie in der Chronik zu lesen ist – durch die Arbeitsvermittlungsbehörde in Skopje hergestellt worden. Die Behörde sprach Mehler an, da das Unternehmen seit einiger Zeit jugoslawische Gastarbeiterinnen beschäftigte. Ob der Kontakt nach Jugoslawien über die Gastarbeiterinenn selbst zusstande kam oder die Initative von der Behörde in Skopje ausging, konnte leider nicht ermittelt werden. Zunächst musste viel „Pionierarbeit“[218] geleistet werden, bis die Produktion den Fuldaer Standards genügte. [219]

Außerdem richtete das Unternehmen in Fulda eine Ausbildungsstätte für Näherinnen ein. Diese sollten ein Jahr als Fachkräfte ausgebildet werden. Ein großer Teil der Näherinnen blieb aber nach diesem Jahr in Fulda und wollte nicht mehr zurück, was nicht unproblematisch war, da ausgebildete Näherinnen in Jugoslawien fehlten. An sich entwickelte sich die Verbindung laut Chronik aber „für beide Seiten positiv.“ In Fulda gab es jedoch auch Kritik an diesem Projekt, man schaffe sich seine eigene

215 Vgl. Chronik Mehler AG, S. 425.
216 Vgl. Aufsichtsratsprotokoll Mehler AG, 18.12.1959.
217 Vgl. Chronik Mehler AG, S. 443, S. 460, S. 524 und S. 542.
218 Chronik Mehler AG, S. 582.
219 Vgl. Aufsichtsratsprotokoll Mehler AG, 20.12.1969.

Konkurrenz, hieß es.[220] 1972 wurde bereits 30 Prozent der gesamten Produktion in Jugoslawien gefertigt.[221]

7.1.5.5 Erwerb von Tochtergesellschaften

Seit 1964 liefen Übernahme-Verhandlungen mit den Wighardt Textilwerken (vgl. Kap. 7.1.2.3 und Kap. 7.1.4.2) – die in finanzielle Schwierigkeiten geraten waren. Anfang 1965 übernahm die neugegründete Wighardt Textil- und Bekleidungswerk GmbH – an der eine Gruppe unter Führung der Mehler AG beteiligt war – die Wighardt-Textilwerke. Die Gründe für ein Engagement der Mehler AG waren laut Chronik mehrschichtig. Zunächst sollten negative Einflüsse auf den Fuldaer Arbeitsmarkt im Allgemeinen und die Textil- und Bekleidungsindustrie insgesamt verhindert werden. Außerdem sollte die Firma Müller-Wipperfürth, ein wegen seiner Preispolitik gefürchtetes Unternehmen, als Interessent ausgeschaltet werden sowie ein zunehmend unbequemer Wettbewerb mit fast identischem Produktionsprogramm bei Bekleidung und Schwergewebe und v. a. im Behördengeschäft beseitigt werden.[222]

Die Mehler-Gruppe stellte nach der Übernahme Anfang 1965 57 Prozent aller Beschäftigten in der Textil- und Bekleidungsindustrie im Bereich IHK Fulda.[223] Das Stammkapital der neuen Gesellschaft betrug 4 Millionen DM, davon hielt die Mehler AG 2,5 Millionen DM, die Veredelungswirtschaft GmbH Stuttgart 250.000 DM und Maria Wighardt 250.000 DM. Walter Bauer wurde alleiniger Geschäftsführer. Der Kaufpreis lag bei 3,2 Millionen DM. Zunächst blieb die Wighardt GmbH selbständig, am 22.6.1965 wurde ein Organschafts- und Ergebnisabführungsvertrag geschlossen. Aufgrund der Anfangsschwierigkeiten und der Rezession erwirtschaftete die Wighardt GmbH im Geschäftsjahr 1965/66 einen Verlust von 50.000 DM, den die Muttergesellschaft durch innerbetriebliche Umstellung und Anpassung ausgleichen musste. Erst ab 1969 war die Sparte Wighardt erfolgreich. Die Kinderbekleidung mit der Marke impidimpi kam bei den Kunden gut an.[224]

Am 1.11.1967 erwarb die Mehler AG Stammanteile und Inventar der Firma FF Zauberschnitt-Bekleidungsgesellschaft mbH Fulda in Höhe von 420.000 DM.[225] Dieses Unternehmen war auf die Herstellung von Damenkleidern spezialisiert. Die Fertigung wurde nach dem Kauf stillgelegt, Maschinen, Werkzeuge und Betriebsausstattung samt Arbeitskräften in die Abteilung Bekleidung der Mehler AG übernommen. Grund für die Übernahme war die persönliche Beziehung zwischen Bauer und Fuchs, dem Besitzer der FFZ.[226]

---

220 Vgl. Chronik Mehler AG, S. 582.
221 Vgl. FZ, 10.2.1972.
222 Vgl. Chronik Mehler AG, S. 513.
223 Vgl. Aufsichtsratsprotokoll Mehler AG, 18.12.1965.
224 Vgl. Chronik Mehler AG, S. 513–518, S. 531 und S. 581.
225 Vgl. Aufsichtsratsprotokoll Mehler AG, 16.12.1967.
226 Vgl. Chronik Mehler AG, S. 542.

1969 erwarb die Mehler AG die Gesellschaftsanteile der Pfeffermann Bekleidungswerke Hünfeld, die von Emil Pfeffermann, einem ehemaligen Beschäftigten der Mehler AG, gegründet worden waren.[227] 1972 wurde die Sparte HAKA bei Wighardt herausgelöst und bei Pfeffermann konzentriert. Der Umsatz bei Wighardt sank daraufhin von 18 auf 13,5 Millionen DM gegenüber dem Vorjahr, bei Pfeffermann stieg er von 7 auf 13,9 Millionen DM.[228]

7.1.5.6 Eigenkapitalproblematik der Mehler AG

Die material- und lohnintensive Fertigung der Mehler AG belastete die Finanzlage. Die Angleichung der Tarife der weiblichen an die der männlichen Arbeiter Mitte der 1950er Jahre wirkte sich negativ auf die Kostenstruktur aus, tarifmäßige Umgruppierungen kamen hinzu und führten zu einem Anstieg der Personalkosten um 15 Prozent. Im Geschäftsjahr 1956/57 stiegen die Löhne, Gehälter und Sozialleistungen gegenüber dem Vorjahr um 13,5 Prozent, die Jahresproduktionsleistung wuchs nur um 4 Prozent, der Umsatz sogar nur um 1 Prozent.[229] Dies macht die Gefahr für das Unternehmen deutlich. Auch durch weitere Rationalisierungen gelang es nicht, die anhaltend steigenden Kosten aufzufangen, sodass trotz scharfen in- und ausländischen Wettbewerbs Preiserhöhungen nicht zu vermeiden waren.[230]

Abbildung 37 verdeutlicht die gestiegenen Personalkosten von knapp 10 Millionen DM 1952 auf fast 90 Millionen DM 1978. Ab Ende der 1960er Jahre beschleunigte sich der Anstieg nochmals, alleine nach 1970 erhöhten sich die Personalkosten um etwa 40 Millionen DM. Der Anteil der Personalkosten am Umsatz verdoppelte sich von 15 Prozent Anfang der 1950er Jahre auf 30 Prozent Mitte der 1970er Jahre.

Eine Aufstellung der Eigenkapitalquote (vgl. Abbildung 38) bringt zum Ausdruck, dass diese 1952 noch 45 Prozent betrug, Anfang der 1960er Jahre aber unter 30 Prozent fiel, was allgemein als bedrohlich angesehen wird, da die Fremdmittel – und damit die Zinsen – enorm ansteigen. Die gesamte Textilbranche wies im Durchschnitt 40 bis 45 Prozent Eigenkapital auf. Ab Ende der 1950er Jahre lag die Mehler AG deutlich darunter. 1970/71 fiel die Eigenkapitalquote auf 22 Prozent und stieg nach der Glöggler-Übernahme (vgl. Kap. 7.1.6.1) kurzzeitig an. Die Eigenkapitalproblematik konnte aber generell nicht gelöst werden. Das zeigt auch die Eigenkapitalrentabilität, die sich Ende der 1960er Jahre der Null-Linie näherte und in der Glöggler-Ära sogar ins Negative fiel.[231]

Abbildung 39 veranschaulicht den Anstieg der Verbindlichkeiten von etwa 20 Millionen DM Anfang der 1950er Jahre auf gut 100 Millionen DM Ende der 1960er Jahre. Mit der Übernahme von Glöggler verringerten sich die Schulden kurzzeitig, um

227 Vgl. Aufsichtsratsprotokoll Mehler AG, 20.12.1969.
228 Vgl. Chronik Mehler AG, S. 644.
229 Vgl. Chronik Mehler AG, S. 378 und S. 398.
230 Vgl. Geschäftsbericht Mehler AG 1958/59.
231 Vgl. HAC-500/17340 – 2000, Aufzeichnungen des Industriebüros der Dresdner Bank, 27.7.1971.

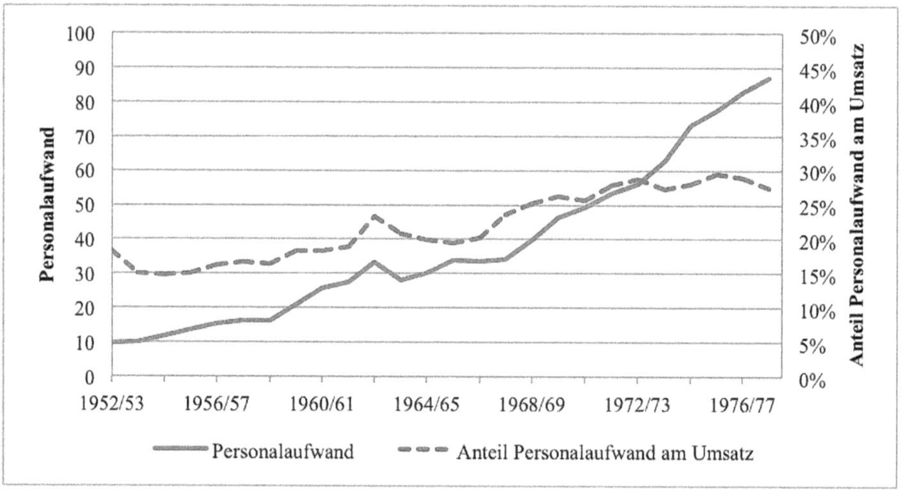

Abbildung 37: Personalaufwand der Mehler AG 1952 bis 1978 in Millionen DM und Anteil des Personalaufwandes am Umsatz 1952 bis 1978 in Prozent
Quelle: Geschäftsberichte der Mehler AG 1952 bis 1978.

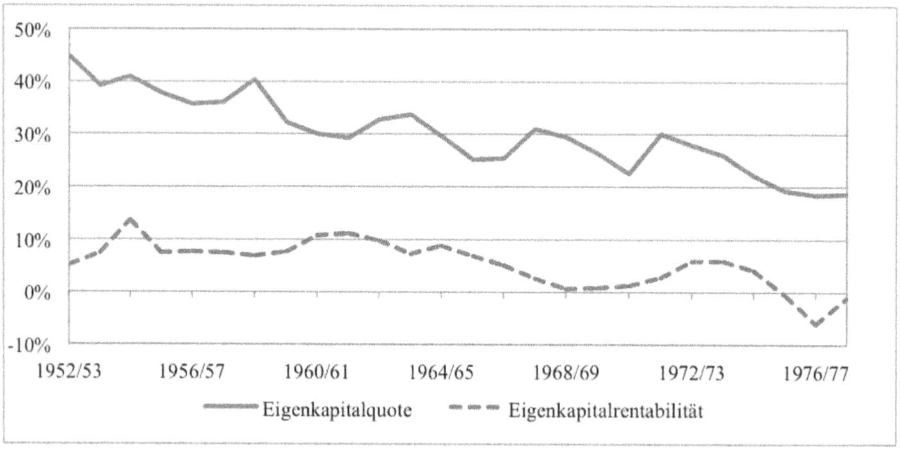

Abbildung 38: Eigenkapitalquote und -rentabilität der Mehler AG 1952 bis 1978
Quelle: Geschäftsberichte der Mehler AG 1952–1978.

dann bis 1976 auf fast 160 Millionen DM anzusteigen. Auch der Anteil der Verbindlichkeiten an der Bilanzsumme erhöhte sich von etwa 50 Prozent Anfang der 1950er Jahre auf 75 Prozent 1971. Nach der Übernahme sank er geringfügig auf 69 Prozent 1972 bzw. 68 Prozent 1973. 1976 – im Jahr der Herauslösung der Mehler AG aus der Glöggler-Gruppe – lag er bei 78 Prozent und fiel erst in den folgenden Jahren wieder leicht ab.

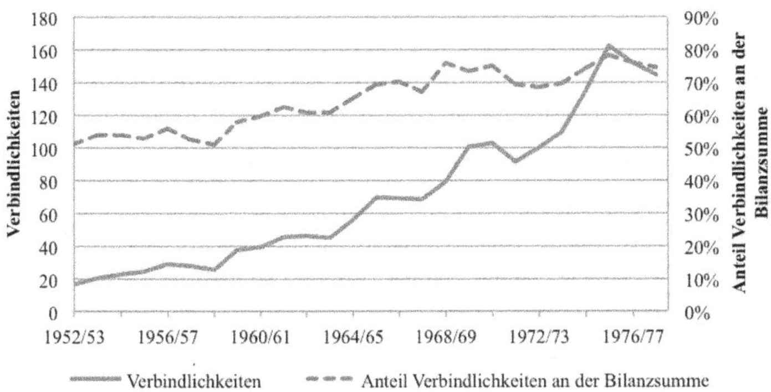

Abbildung 39: Verbindlichkeiten der Mehler AG 1952 bis 1978 in Millionen DM und Anteil der Verbindlichkeiten an der Bilanzsumme 1952 bis 1978 in Prozent
Quelle: Geschäftsberichte der Mehler AG 1952 bis 1978.

Der Aufsichtsrat mahnte 1956, die „außerordentliche Investitionstätigkeit“[232] aufgrund der Unsicherheit der Verhältnisse etwas einzuschränken, v. a. da die Kostenerhöhungen die Produktivitätssteigerungen bereits übertrafen.[233] Die Anstrengungen des Vorstandes, wettbewerbsfähig zu bleiben, machten eher einen hilflosen Eindruck. Bauer soll in Vorstand und Aufsichtstrat des Öfteren geäußert haben: „Meine Herren, helfen Sie mir!“[234]

Schwierigkeiten bereitete der Firma auch die Tendenz des Einzelhandels, die Industrie zum Lagerhalter zu machen (v. a. Warenhäuser und Konzerne). Die Mehler AG entschloss sich aber, nicht in unbeschränktem Maß Ware vorzuhalten. Man folgte luat Chronik der Devise, dass der Einzelhandel lernen müsse, sich bei kurzfristiger Disposition der Gefahr bewusst zu sein, im entscheidenden Moment ohne Ware dazustehen.[235]

Zur Beseitigung des Liquiditätsproblems wurde Ende der 1960er Jahre in Vorstand und Aufsichtsrat diskutiert, Belegschaftsaktien auszugeben. Diesem Ansinnen hatten Bauer und der Aufsichtsrat laut Chronik-Aufzeichnungen stets ablehnend gegenüber gestanden. Der Aufsichtsrat kritisierte, dass keine angemessene Verzinsung des Eigenkapitals sichergestellt werden könnte. Die Idee der Belegschaftsaktien wurde also schnell wieder verworfen.[236]

Bauer setzte sich laut der Chronik „tatkräftig für das Unternehmen ein“[237], hatte aber dabei wohl auch immer sein persönliches Interesse im Auge. Er engagierte sich in

232 Aufsichtsratsprotokoll Mehler AG, 15.12.1956.
233 Vgl. Aufsichtsratsprotokoll Mehler AG, 15.12.1956.
234 Chronik Mehler AG, S. 502.
235 Vgl. Chronik Mehler AG, S. 535.
236 Vgl. Chronik Mehler AG, 15.12.1956, S. 601.
237 Chronik Mehler AG, S. 504.

Wirtschaftsverbänden und der Politik.[238] Nach dem Krieg war er Generaltreuhänder für den konzerngebundenen Kohlehandel in der amerikanischen Zone und Vertreter des Landes Hessen im Wirtschaftsrat des Länderrats der süddeutschen Länder gewesen. 1950/51 nahm er als deutscher Delegierter an den Beratungen für den Schumann-Plan teil und wurde Vorsitzender der deutschen Gruppe der europäischen Vereinigung für wirtschaftliche und soziale Entwicklungen. 1960 bis 1964 war er Vizepräsident des Verbandes Gesamttextil und einige Jahre Präsident der IHK Fulda.[239]

Im Geschäftsjahr 1969/70 verzeichnete die Mehler AG eine Umsatzsteigerung von 12 Prozent, im Durchschnitt der Textil- und Bekleidungsindustrie waren es 8 Prozent.[240] Die Vorteile eines breit gestreuten, vertikal aufgebauten Produktions- und Verkaufsprogramms offenbarten sich. Allerdings war der hohe Umsatzanstieg wohl auch auf die Erweiterung des Konsolidierungskreises 1969/70 durch die Firma Pfeffermann Bekleidungswerke GmbH zurückzuführen, also eher bilanztechnischer Natur.[241] Dass die Erträge nicht den Erwartungen entsprachen, lag auch an den ungewöhnlich hohen Kostensteigerungen bei Zinsen und Personal. Rationalisierungen konnten diesen Prozess nicht aufhalten. Vorstand Waider sagte 1970:

> Die Chance und der Zwang zu größeren Umsätzen bei vertikalem Produktionsaufbau, die Notwendigkeit von Rationalisierung und Umstrukturierung der Produktionsanlagen, die Rückzahlungsverpflichtungen für die langfristig bereitgestellten Fremdmittel und die Größenordnung der aufzubringenden Zinsen für lang-(mittel-)fristige Verbindlichkeiten stoßen an die Grenze der finanziellen Kraft und Belastbarkeit des Unternehmens in seiner derzeitigen Kapitalausstattung.[242]

Die ungünstige Relation von Fremdkapital zu Eigenkapital führte auch zur Diskussion über den vertikalen Aufbau des Unternehmens. Aufsichtsratsmitglied Carl Schubert bezweifelte die Zweckmäßigkeit dieser überwiegend historisch bedingten Unternehmensstruktur. Bisher hatte man die geringere Anfälligkeit bei Schwankungen in den einzelnen Sparten immer als Vorteil gesehen. Zu einer ernsthaften Überlegung, die Bekleidungsfertigung einzustellen, kam es aber nicht. Sie war Anfang der 1970er Jahre immer noch die Sparte mit dem größten Umsatzanteil.[243]

1971 wurde das Grundkapital um 5 Millionen DM auf 20 Millionen DM erhöht. Das Geschäftsjahr 1970/71 war das erste Jahr seit 1951/52, das mit einem Verlust abschloss, v. a. durch die Bereinigung von Beteiligungen. 1971 wirkte sich eine weitere Verwicklung negativ auf die Kapitalausstattung der Mehler AG aus. Das Unternehmen unterstützte die Verwi Veredelungsgesellschaft GmbH in Stuttgart, die der Bruder des Aufsichtsratsvorsitzenden Eugen Gerstenmaier, Walther Gerstenmaier, leitete. Die Verwi belieferte soziale, kirchliche und karitative Einrichtungen. Außerdem war sie

238 Vgl. Chronik Mehler AG, S. 504.
239 Vgl. Der Herr, 12.12.1968.
240 Vgl. Geschäftsbericht Mehler AG 1969/70.
241 Vgl. HAC-500/17340 – 2000, Aufzeichnungen des Industriebüros der Dresdner Bank, 27.7.1971.
242 Chronik Mehler AG, S. 611.
243 Vgl. Aufsichtsratsprotokoll Mehler AG, 23.4.1971.

Abnehmer einiger von Mehler hergestellter Konfektions- und Camping-Artikel. Im Sommer 1971 verlängerte die Verwi ihre Finanzwechsel und forderte noch einen Barkredit über eine halbe Millionen DM von der Mehler AG. Der Aufsichtsratsvorsitzende Eugen Gerstenmaier setzte Mehler in Kenntnis, dass sein Bruder in dubiose Geschäfte mit Gemälden verwickelt sei und dazu Mittel aus der Verwi entnommen habe. [244] Ein Schwindler-Team hatte ihm Millionen für mittelmäßige Gemälde abgenommen, die sich nicht gewinnbringend verkaufen ließen und er fiel dort wiederum auf Betrüger rein.[245] Es handelte sich um 7,5 Millionen DM, auch die von Mehler kürzlich überwiesenen 550.000 DM waren betroffen. Über die Angelegenheit wurde Stillschweigen vereinbart, die Mehler AG und Eugen Gerstenmaier stellten Finanzhilfen zur Verfügung, wodurch der Konkurs der Verwi abgewendet wurde, die Mehler AG erwarb Anteile von 25 Prozent an der Verwi.[246] Die Untestützung der Mehler AG kam wohl v. a. aufgrund persönlicher Motive zustande. Die finanzielle Situation des Unternehmens war Anfang der 1970er Jahre keinesfalls so rosig, dass man Beteiligungen ohne ausführliche Abwägung der Vor- und Nachteile eingehen konnte.

Zu dieser Zeit suchte die Mehler AG bereits aktiv nach Kapitalgebern. Das Interesse einer amerikanischen Gruppe zerschlug sich wieder. Der Vorstand dachte immer mehr an eine Kooperation. Seit Herbst 1971 bestanden Kontakte zur Erba AG in Erlangen, die bereits Popeline-Stoffe an das Fuldaer Unternehmen lieferte. Die Verhandlungen kamen laut Chronik aber Ende des Jahres zum Stillstand.[247]

7.1.6 Die Mehler AG und die Ära Glöggler (1972 bis 1976): Eine unglückliche Konstellation

7.1.6.1 Die Glöggler-Gruppe und der Erwerb der Mehler AG

Der Aufsichtsrat forderte Anfang der 1970er Jahre eindringlich, die Kapitalbasis der Mehler AG über den Charakter einer reinen Familiengesellschaft zu erweitern. Auch die Banken bestanden auf einer Änderung der Kapitalstruktur, wie Aufzeichnungen der Dresdner Bank nachweisen.[248] Negativ für diese Pläne wirkte sich aber aus, dass der Bilderskandal der Verwi an die Öffentlichkeit gelangte und die Banken verunsicherte, die jährlichen Saisonkredite wurden z.T. nicht verlängert bzw. mit harten Auflagen belegt.[249]

Ende 1971 führte Hans Glöggler aus Augsburg Verhandlungen mit der Mehler AG. Am 18.7.1972 wurde der Verkauf des gesamten im Besitz der Gruppe Bauer befindli-

244 Vgl. Chronik Mehler AG, S. 631 und S. 637f.
245 Vgl. *Der Spiegel*, Nr. 10 1972, Rückspiegel, S. 136–141.
246 Vgl. Chronik Mehler AG, S. 638.
247 Vgl. Chronik Mehler AG, S. 638.
248 Vgl. HAC-500/17340–2000, Meyer-Preschany an Brandt, 1.2.1972 und Meyer-Preschany an Leeb, Dresdner Bank intern, 31.8.1972.
249 Vgl. Chronik Mehler AG, S. 641f.

chen Aktienpaketes von 92 Prozent des Gesamtkapitals der Mehler AG an Glöggler bekannt gegeben.[250] Für den Glöggler-Konzern bedeutete der Erwerb eine Erweiterung und Abrundung der Produktpalette.[251] Hans Glöggler war eigentlich Bauherr und Baustoffgroßhändler, hatte sich aber seit Ende der 1960er Jahre mit dem Erwerb einiger unrentabler Textilfirmen ein eigenes Textilimperium aufgebaut.[252] Zur Glöggler Gruppe zählen die Erba AG Erlangen, die Mechanische Baumwoll-Spinnerei und Weberei Augsburg (SWA)[253], die HFI Hanfwerke Füssen und die Mehler AG. Insgesamt erwirtschaftete die Gruppe 1971 einen Umsatz von 700 Millionen DM mit 13.000 Beschäftigten.[254] 1973 kam noch die Augsburger Kammgarnspinnerei (AKS) hinzu. Damit wurde die Glöggler-Gruppe zum größten Textilunternehmen in der BRD.[255] Axel Glöggler – Sohn von Hans Glöggler und Finanzvorstand des Glöggler-Konzerns Anfang der 1970er Jahre – räumte in einem Interview mit der Verfasserin ein, dass beim Erwerb einiger Firmen gegen betriebswirtschaftliche Grundsätze verstoßen worden sei, z. B. bei der Finanzierung durch Tagegeld. Dies habe sein Vater oft allein entschieden, ohne ihn als Finanzvorstand um Rat zu fragen.[256] Beim Ausbau seines Konzerns hatte Hans Glöggler laut Manfred Gies, zu dieser Zeit Assistent des Vorstandes der Mehler AG, zunächst aber das volle Vertrauen der Banken, die ihm wohl ohne große Nachfragen hohe Kredite gewährten.[257] Außenstehende und v. a. die Presse stellten schon früh die Frage, wie Glöggler die Expansion finanziert haben könnte.[258]

Die Überraschung über den Verkauf der Mehler AG war bei den Angestellten und im Umfeld des Unternehmens war laut Cronik groß. Der Hauptgrund für den Verkauf war die schlechte Kapitallage. Bauer hatte die Chance in einer breiten Firmenstreuung in möglichst vielen Branchen gesehen; dies wurde Ende der 1960er Jahre zum Nachteil. Außerdem hatte er seinen Sohn nicht rechtzeitig auf die spätere Aufgabe im Unternehmen vorbereitet (er leitete einen Exportbereich). Die Testamentsvollstrecker Bauers votierten dafür, das Aktienpaket Mehler aus dem Nachlass der Familie Bauer zu entfernen, um nicht für Risiken haften zu müssen.[259]

---

250 Vgl. Aufsichtsratsprotokoll Mehler AG, 18.7.1972.

251 Vgl. Interview mit Axel Glöggler, Finanzvorstand des Glöggler-Konzerns, am 23.5.2014 in Oberleichtersbach.

252 Vgl. FAZ, 20.7.1972.

253 Vgl. Pache, Michael: Der Niedergang der SWA zwischen 1950 und 1975. Eine wirtschaftshistorische Analyse, Magisterarbeit eingereicht an der Univ. Augsburg am 11.1.2008.

254 Vgl. FAZ, 19.7.1972.

255 Vgl. Hans Glöggler: Die Affäre Glöggler, 1976, S. 75.

256 Vgl. Interview mit Axel Glöggler am 23.5.2014.

257 Vgl. Interview mit Manfred Gies, seit 1974 Assistent des Vorstandes der Mehler AG, am 19.3.2014 in Fulda.

258 Vgl. z. B. *Die Welt*, 4.8.1972.

259 Vgl. Chronik Mehler AG, S. 640 und S. 654.

7.1.6.2 Die Unternehmenspolitik im Schatten des Beherrschungsvertrages mit der Glöggler-Gruppe

Nach der Übernahme der Mehler AG durch die Glöggler-Gruppe lag die Verantwortung für das Tagesgeschäft weiterhin beim Vorstand des Fuldaer Unternehmens.[260] Die einzelnen Konzerngesellschaften der Glöggler-Gruppe arbeiteten unabhängig voneinander. Am 21.12.1972 schloss Glöggler mit der Mehler AG (und ebenso mit allen anderen Unternehmen der Glöggler-Gruppe) einen Beherrschungsvertrag, in dem letzere sich der Leitung Glögglers unterstellte und zusagte, dessen Weisungen Folge zu leisten.[261] Laut Chronik und Zeitzeugenaussagen war Glöggler am Einzelunternehmen Mehler nichts gelegen, er baute keinen näheren Kontakt auf.[262]

Im Geschäftsjahr 1972/73 stieg der Umsatz der Mehler AG um 6 Prozent gegenüber dem Vorjahr. Glöggler und seine Vertrauten schrieben diesen Erfolg auf ihre eigenen Fahnen, deren Einfluss war offensichtlich jedoch sehr gering, da die Einzelunternehmen für das Tagesgeschäft verantwortlich waren.[263] Die Umsätze der Mehler AG unter Glöggler überstiegen erstmals die 200 Millionen DM-Marke, die Gewinne bewegten sich laut Bilanz im Bereich von 2 Millionen DM.[264] Glöggler rührte nach Außen mit auffälligen Anzeigen und der Unterstützung des lokalen Fußballvereins Borussia Fulda kräftig die Werbetrommel, wo aber die Verkaufserlöse der Firma hinflossen, wusste man in Fulda angeblich jahrelang nicht, auch wenn das schwer vorstellbar ist.[265]

Im August 1973 trat der frühere Prokurist der Mehler AG Horst Hain, der jahrelang in führender Position in der Abteilung Bekleidung gearbeitet hatte und 1971 mit Unstimmigkeiten ausgeschieden war, an Vorstandsmitglied Waider heran und bot ihm seine inzwischen gegründeten Handelsunternehmen Hain Tex GmbH Fulda, Trend-Tex Hain & Co. KG Fulda und die italienische AG Trend Tex Italia S.p.A. Monte Murlo zum Kauf an. Hain musste laut Chronik verkaufen, weil die florierenden Betriebe zu schnell gewachsen waren und Kapital forderten. Im Vorstand der Mehler AG herrschten zu diesem Angebot unterschiedliche Meinungen, die von vollständiger Ablehnung des Kaufs bis zu sinnvoller Ergänzung des Produktionsprogramms reichten. Auf Unbehagen stieß besonders, dass Hain auch nach einer Übernahme Geschäftsführer der Firmen bleiben wollte. Nach kurzen Verhandlungen kam es am 13.8. 1973 trotzdem zum Vertragsschluss, der schnell und ohne gründliche Prüfung vorgenommen wurde. Vordergründig brachte der Kauf eine Erweiterung und Abrundung der Konfektionsinteressen, insbesondere im Bereich Freizeit-Bekleidung.[266]

---

260 Vgl. Interview mit Axel Glöggler am 23.5.2014.

261 Vgl. Beherrschungsvertrag der Firma Hans Glöggler und der Firma Val. Mehler AG, 21.12.1972.

262 Vgl. Chronik Mehler AG, S. 664 und S. 684.

263 Vgl. Chronik Mehler AG, S. 678.

264 Vgl. Geschäftsberichte Mehler AG 1972/73 – 1975/76.

265 Vgl. Chronik Mehler AG, S. 677.

266 Vgl. Chronim Mehler AG, S. 689.

Zur Förderung der Exportinteressen gründete die Zentralverwaltung des Glöggler-Konzerns zwei Vertriebsgesellschaften. Dies waren die Glöggler Vertriebsgesellschaft mbH Wien, an der sich die Mehler AG mit 20.000 ÖS (20 Prozent des Kapitals) beteiligte, und die Glöggler Benelux Trading Company N.V. Merksem (Belgien), an der Mehler Anteile in Höhe von 225.000 Bfr. (18 Prozent) hielt.[267]

Unmut in den einzelnen Unternehmensteilen erregte, dass Glöggler keine konsolidierte Konzernbilanz vorlegte. Die einzelnen Firmen fragten sich laut Chronik, wo die Gewinne hingingen und wie Glöggler seine Expansion finanzierte. Der Mehler AG hätte es nach den ertragsschwachen Jahren gut getan, Reserven anzusammeln, dies wagte wohl aber keiner zu fordern.[268] Die Bilanz des Glöggler-Konzerns beruhte nach Presseaussagen auf einer „simplen Addition"[269] der Einzelbilanzen. Laut eigenen Berechnungen der Glöggler-Gruppe steigerte der Konzern seinen Umsatz trotz der allgemeinen wirtschaftlichen Rezession von 736 Millionen DM 1972 auf 802 Millionen DM 1973 und 910 Millionen DM 1974. Die Mehler AG erwirtschaftete 1974 neben der Erba AG (350 Millionen DM) den größten Teil des Umsatzes mit knapp 300 Millionen DM.[270]

Mit dem Verkauf der Mehler-Aktien durch die Bauer-Erben an Glöggler war die Verbindung der Mehler AG zur R.G. Walker GmbH nach Straubing abgeschnitten. Im Juni 1974 bot die Geschäftsleitung in Straubing der Mehler AG das kurz vor dem Konkurs stehende Unternehmen an. Die Führungsetage in Fulda war laut Chronik – außer Waider – gegen den Kauf. Dieser verwies auf den günstigen Erwerb und glaubte den Betrieb wieder nutzbringend aufbauen zu können. Hans Glöggler, der Vorsitzende des Aufsichtsrats, soll nicht begeistert gewesen sein, dennoch wurde der Übernahmevertrag am 1.7.1974 unterschrieben.[271] Dazu war eine Finanzierungshilfe des bayrischen Wirtschaftsministeriums in Höhe von 3 Millionen DM nötig. Gefertigt wurden in Straubing Oberbekleidung und Hüte von ca. 400 Beschäftigten. Je nach Marktsituation konnten auch Lohnaufträge angenommen werden.[272]

Hans Glöggler engagierte sich aber nicht nur in der Textilbranche, sondern übernahm 1973 auch 30 Prozent der Aktien der Philipp Holzmann AG. Grund war laut seines Sohnes die Finanzierung von ca. 5.000 Werkswohnungen für den Glöggler-Konzern. Allerdings hielt die Deutsche Bank 35 Prozent des Kapitals der Holzmann-AG und opponierte amscheinend gegen Glöggler.[273] Nach Übernahme der Aktien kam es zu immer größeren Schwierigkeiten im Glöggler-Konzern.[274]

267 Vgl. Chronik Mehler AG, S. 691.
268 Vgl. Chronik Mehler AG, S. 700 und S. 710.
269 *Der Spiegel*, Nr. 25 1975, Industrie und Beton, S. 50.
270 Vgl. Die Glöggler-Gruppe im Jahr 1974.
271 Vgl. Chronik Mehler AG, S. 711.
272 Vgl. Aufsichtsratsprotokoll Mehler AG, 29.10.1974.
273 Vgl. Interview mit Axel Glöggler am 23.5.2014.
274 Vgl. Chronik Mehler AG, S. 728.

7.1.6.3 Verlustquelle Auslandsfertigung Valmeline S.A. Tarragona

Bereits seit Ende der 1960er Jahre ließ die Mehler AG ein Teil ihrer Konfektion in Lohnarbeit im Ausland fertigen. Der Schwerpunkt lag zunächst bei vier Firmen in Jugoslawien, in geringerem Umfang ließ das Unternehmen auch in Italien und Rumänien produzieren. In die Fertigungsbetriebe delegierte Fachkräfte überwachten die Produktion. Von 1971 bis 1973 wurden 1,5 Millionen Konfektionsteile pro Jahr im Ausland genäht, das waren ca. 50 Prozent der Produktion. Der Vorstand hatte Anfang der 1970er Jahre die Idee, einen eigenen Fertigungsbetrieb im Ausland zu erwerben und wählte dafür ein Objekt in Tarragona (Spanien), das die Firma Seidensticker veräußern wollte. Eingehende Standort- und Kostenuntersuchungen gingen der Entscheidung nicht voraus. Ebenso wenig befasste man sich mit dem Betriebsklima, den spanischen Sozialgesetzen und den Gründen, die zur Betriebsaufgabe von Seidensticker geführt hatten. Steuerliche Vergünstigungen zwangen dazu, das Projekt vor Jahresende 1973 durchzuführen. Innerhalb von fünf Jahren sollte das aufgewendete Kapital zurückfließen, dies passierte aber nicht. Am 15.10.1973 wurde die Valmeline SA mit einem Anfangskapital von 600.000 Peseten in Tarragona gegründet, das im Februar 1974 auf 200 Millionen Peseten erhöht wurde. Am 1.2.1974 lief die Produktion an.[275]

Schon zu Beginn gab es Probleme in Spanien mit Widerstand der Belegschaft. Die Ablehnung der Lohnforderungen, die zu einer Verdopplung der Lohnkosten geführt hätten, zog im Juli 1974 Streiks und Aussperrungen nach sich. Der Konflikt konnte beigelegt werden,[276] aber „die Träume von einer interessanten, preisgünstigen ausländischen Fertigung waren verflogen."[277]

1975 gab es laut Chronik in Vorstand und Aufsichtsrat Diskussionen um die Valmeline SA in Tarragona. Der Vorstand gestand ein, dass die Ausgangserwartungen und Zielsetzungen nicht erfüllt wurden. Die Lohnfertigungskosten waren stark angestiegen. Anstelle der ursprünglich zugrunde gelegten 0,12 DM pro Minute, mussten nun 0,30 bis 0,32 DM kalkuliert werden. Die Produktivität lag aufgrund einer „unterentwickelte Leistungsmentalität der Beschäftigten"[278] 20 bis 30 Prozent unter dem bei spanischen Verhältnissen erreichbaren Niveau. Als Reaktion setzte die Mehler AG mehr spanische Fachkräfte für die Leitung des Betriebes ein, um die Verbindung zu den Angestellten zu verbessern, und reduzierte den Personalstand, um Kosten zu sparen. Außerdem wollte der Vorstand ein für den spanischen Markt bestimmtes Angebot an Freizeitkleidung vorbereiten und dafür einen spanischen Partner finden, der Kapital einbringen konnte. Im Aufsichtsrat wurde diskutiert, ob Spanien eine Fehlinvestition war. Die für Spätsommer 1976 erwarteten Lohn- und Tarifforderungen ließen weitere Arbeitskonflikte befürchten. Der Vorstand sah hingegen Chancen, den Betrieb weiterzuführen, v.a. in Hinblick auf den spanischen Markt. Dies hätte aller-

---

275 Vgl. Chronik Mehler AG, S. 672.

276 Vgl. Aufsichtsratsprotokoll Mehler AG, 29.10.1972.

277 Chronik Mehler AG, S. 714.

278 Chronik Mehler AG, S. 812.

dings ein Abgehen von den ursprünglichen Überlegungen bedeutet. Beschlüsse wurden zunächst nicht gefasst. Die Entwicklung der nächsten Monate sollte abgewartet werden. Man nahm nur eine Teilwertabschreibung in Höhe von 3,6 Millionen DM vor.[279]

Auch im Geschäftsjahr 1976/77 blieb der Betrieb in Spanien laut Chronik das „Sorgenkind" der Mehler AG. Durch das unbefriedigende Leistungsniveau und die erheblichen Lohnkostensteigerungen in Spanien verursachte der Betrieb Kosten in Höhe von 0,32 DM pro Fertigungsminute, die Folge waren 80.000 bis 100.000 DM Betriebsverlust pro Monat. Im Sommer 1976 folgte eine Arbeitsniederlegung der Belegschaft. Ein neuer Geschäftsführer wurde eingesetzt, der sich mit den spanischen Verhältnissen auskannte. Waider hielt diesen Weg für „das kleinere Übel".[280] Eine Schließung des Betriebs und eine Verwertung des Areals war seiner Ansicht nach der konsequentere Weg, allerdings stünden die schwierigen spanischen Gesetze und die hohen finanziellen Konsequenzen entgegen. Von Januar bis März 1977 stieg die Produktivität von 60 auf 90 Prozent, die Betriebsverluste verringerten sich um zwei Drittel gegenüber dem Vorjahr. Der Vorstand hoffte, noch im Laufe des Jahres 1977 Kostendeckung zu erreichen, während der Aufsichtsratsvorsitzende Bernd Trinkaus auf Schließung drängte, da die prinzipiellen Probleme nicht beseitigt worden seien.[281] Erschwert wurde die Situation vermutlich auch durch die politische Situation Spaniens Ende der 1970er Jahre. Das Land befand sich nach dem Tod Francos im November 1975 in der Zeit der Transición – dem Übergang zur Demokratie. 1976 gründete sich die Spanische Sozialistische Arbeiterpartei. In den folgenden Monaten kam es landesweit zu Streiks, die Löhne stiegen z.T. um bis zu 30 Prozent.[282]

1978 entsprachen die Fertigungskosten in Tarragona fast den eigenen in der BRD. Die Schließung war wirtschaftlich sinnvoll, wurde aber abgelehnt, da „Folgewirkungen eintreten [könnten], die den Entscheidungs- und Handlungsspielraum einengen."[283] Die Produktion wurde auf Ski- und Freizeitbekleidung beschränkt und ein Käufer gesucht. Die Gesamtfertigungskosten im ersten Halbjahr 1979 lagen in Tarragona sogar um 0,05 DM pro Minute über der inländischen Mehler-Fertigung und um 0,18 DM pro Minute über den ausländischen Fertigungsbetrieben (Jugoslawien). Deswegen wurde im Mai 1980 die Produktion endgültig eingestellt.[284]

279 Vgl. Chronik Mehler AG, S. 812/13.

280 Chronik Mehler AG, S. 827.

281 Vgl. Chronik Mehler AG, S. 827.

282 Vgl. Bernecker, Walther L.: Spaniens Übergang von der Diktatur zur Demokratie. Deutungen, Revisionen, Vergangenheitsaufarbeitung, in: Vierteljahrshefte für Zeitgeschichte 52 (2004), S. 693–710.

283 Chronik Mehler AG, S. 896.

284 Vgl. Chronik Mehler AG, S. 896, S. 919 und S. 975.

7.1.6.4 Rettung durch Banken und das Land Hessen: Die Herauslösung der Mehler AG aus der zahlungsunfähigen Glöggler-Gruppe

1973/74 verschlechterte sich die Lage der Glöggler-Gruppe immer mehr. Der Ölpreisschock führte zu Preisanstiegen bei Textilstoffen, da Synthetikfasern aus Öl hergestellt wurden. Die Zinsen wuchsen auf 13 bis 15 Prozent, was laut Axel Glöggler zu einem Liquiditätsproblem führte. Die Kunden kauften vermutlich nicht, weil sie selbst hohe Lagerbestände hatten. Auch im Glöggler-Konzern nahmen die Vorräte zu, die Banken forderten ihr Geld aber zu hohen Zinsen zurück.[285] Aussagen aus der Führungsetage der Mehler AG zeigen, dass Hans Glöggler v. a. auf Immobilienbesitz gesetzt hatte, den er bei Liquiditätsproblemen aber nicht schnell verkaufen konnte.[286]

Manfred Gies, Assistent des Vorstandes der Mehler AG zu dieser Zeit, berichtete, Glöggler habe – um die Liquiditätsprobleme zumindest einzudämmen – immer mehr Bürgschaften von der Mehler AG und den anderen Konzerngesellschaften verlangt. Die Mehler AG hätte Kredite auf- und Bürgschaften für Glöggler übernommen, habe das Geld aber an diesen weitergeben müssen. Das Problem nach dem Zusammenbruch des Konzerns im Januar 1976 sei gewesen, dass die Mehler AG die Zinsen dieser Kredite habe zurückzahlen müssen.[287]

Ende 1975 trat eine akute Liquiditätsproblematik im Glöggler-Konzern auf, dem industriellen Bereich der Gruppe wurden für Zwecke des nichtindustriellen Bereichs flüssige Mittel in Höhe von 171 Millionen DM entzogen. Es drohte Zahlungsunfähigkeit, wenn innerhalb weniger Tage die notwendige Lösung nicht gelingen würde. Der Mittelbedarf bis Juni 1976 lag bei 80 Millionen DM. Ein Zusammenbruch war nicht mehr abzuwenden.[288]

Die Mehler AG galt als erhaltenswerter Betrieb des Konzerns und verhandelte mit vielen Banken sowie dem hessischen Wirtschaftsminister. Am 6.1.1976 kündigte Mehler den Beherrschungsvertrag mit Glöggler. Am 9.1.1976 fand eine Kapitalherabsetzung von 20 auf 4 Millionen DM statt. Durch Ausgabe neuer auf den Inhaber lautender Aktien (60.000 im Nennbetrag von 200 DM) wurde das Grundkapital der Gesellschaft um 12 Millionen auf 16 Millionen DM erhöht. Finanziert wurde dies mit Krediten der Hessischen Landesbank und der Bank für Gemeinwirtschaft (BFG).[289] Hans-Herbert Karry, hessischer Minister für Wirtschaft und Technik in Wiesbaden, äußerte im Zusammenhang der Verhandlungen: „Was Glöggler mit diesem soliden und gut geführten Unternehmen Mehler praktiziert hat, könnte mich zu der Äußerung verleiten, ob in diesem Falle ein Bankräuber nicht die Pistole durch einen Beherrschungsvertrag ersetze."[290] Aufgrund des Beherrschungsvertrages seien Mehler in den

285 Vgl. Interview mit Axel Glöggler am 23.5.2014.
286 Vgl. Interview mit Manfred Gies mit 19.3.2014.
287 Vgl. Interview mit Manfred Gies am 19.3.2014.
288 Vgl. Aufsichtsratsprotokoll Mehler AG, 7.1.1976.
289 Vgl. Chronik Mehler AG, S. 785 und S. 793.
290 Handelsblatt, 12.1.1976.

letzten beiden Jahren 24 Millionen DM für „betriebsfremde Zwecke“[291] entzogen worden.

Bei Zusammenbruch des Glöggler-Konzerns hatte die Mehler AG 53,7 Millionen DM Forderungen gegenüber Glöggler, die laut Aufzeichunung des Chronisten als uneinbringlich gesehen wurden. Deswegen mussten sie in voller Höhe abgeschrieben werden. Die Konkursverfahren dauerten mehrere Jahre. Trotz der schwierigen Umstände konnten bei der Mehler AG die Auswirkungen auf Auftragseingang, Produktionsentwicklung und Umsatz begrenzt werden, auch dank des Verständnisses von Lieferanten, Kunden und Banken.[292] Die AKS und die Erba AG wurden durch eine Beteiligung des Freistaates Bayern gerettet.[293] Die HFI und die SWA meldeten Konkurs an.[294]

Hans Glöggler selbst konnte für sein Verhalten zunächst nicht belangt werden, da er sich nach Kanada abgesetzt hatte. Sein Sohn Axel – Finanzvorstand des Glöggler-Konzerns – wurde stattdessen zur Verantwortung gezogen. Er wurde wegen Untreue angeklagt und führte einen dreijährigen Prozess, bei dem es um die Frage ging, ob der Glöggler-Konzern Ende 1974 überschuldet gewesen sei.[295] Diverse Gutachten konnten den Tatbestand der Überschuldung nicht eindeutig feststellen, sodass die Klage am Ende fallen gelassen wurde.[296] In seinen Memoiren machte Hans Glöggler die Einzelvorstände der Gesellschaften für die Verluste verantwortlich:

> Trotz meiner wiederholten schriftlichen und mündlichen Aufrufe an diese Herren, die Investitionen zu drosseln, Produktionsbeschränkungen vorzunehmen, die Lagerbestände abzubauen und alle erdenklichen Einsparungen in Verwaltung und Vertrieb vorzunehmen, tätigten sie in den Krisenjahren weiterhin Fehlinvestitionen, erhoehten die Lagerbestände, kauften luxeriöse Bueroausstattungen und teure Autos.[297]

Auch wenn er „nicht wiedergutzumachende Fehler“[298], besonders in der Schlussphase der Karriere, einräumte, reichte er nach seiner Rückkehr nach Deutschland 1988 eine Zivilklage auf Schadenersatz gegen den Bund ein. Diese Klage wurde aber vom Bundesverwaltungsgericht abgewiesen.[299]

---

291 Handelsblatt, 12.1.1976.

292 Vgl. Chronik Mehler AG, S. 819 und S. 822.

293 Vgl. *Die Welt*, 10.1.1976.

294 Vgl. Glöggler, Affäre, S. 121.

295 Vgl. Interview mit Axel Glöggler am 23.5.2014.

296 Vgl. Prüfung des Gutachters Hermann Langenmayr: Gutachterliche Stellungnahme zur Frage der Überschuldung des Glöggler-Konzerns zum 31.12.1974 (zur Verfügung gestellt von Axel Glöggler).

297 Glöggler, Affäre, S. 124.

298 Glöggler, Affäre, S. 125.

299 Vgl. Interview mit Axel Glöggler am 23.5.2014.

7.1.7 Die Mehler AG seit 1976: Konzentration auf technische Textilien

Die Bekleidungssparte der Mehler AG folgte in ihrer Entwicklung dem allgemeinen, in den Kapiteln 2 bis 6 beschriebenen Weg der Branche. Die Gründung der Konfektionsabteilung in den 1920er Jahren war aufgrund der Währungsturbulenzen und der Inflation ein Trend der Zeit. Während des Zweiten Weltkrieges verschob sich der Schwerpunkt des Unternehmens auf technische Textilien, die Bekleidungsfertigung musste in die besetzten Gebiete verlagert werden. Vom Wirtschaftswunder in den 1950er Jahren und der erhöhten Nachfrage nach Bekleidung profitierte das Unternehmen und baute diese Abteilung zum größten Bereich aus. Die Strukturkrise in der Branche ab Mitte der 1960er Jahre mit dem Auftauchen von Billigimporten aus Ostblockländern und Fernost traf auch die Mehler AG und fiel in eine Zeit, in der das Unternehmen durch eine interne Kapitelproblematik ohnehin geschwächt war. Deswegen verlagerte die Mehler AG ihre Bekleidungsfertigung zunehmend ins Ausland und den Unternehmensschwerpunkt seit Mitte der 1970er Jahre wieder auf Textilien.

Im Unternehmenskonzept von 1977 legte die Mehler AG die Fokussierung auf technische Textilien fest. Die Produkte wurden in vier Artikelgruppen eingeteilt: Industrietextilien, Spezialgewebe/technische Konfektion, Camping-Zelte und Oberbekleidung. Der Bereich Valmeline konzentrierte sich auf legere und aktive Sportbekleidung. Durch Zwischenkollektionen (Abkehr von der bisherigen Zwei-Saison-Kollektion) sollten mehr modische Flexibilität sowie ein gutes Preis-Leistungsverhältnis erzielt werden. Der Anteil der Auslandsfertigung nahm immer mehr zu. Wurden 1978/79 45 Prozent im Inland und 55 Prozent im Ausland gefertigt, betrug die Verteilung 1979/80 schon 38 Prozent zu 62 Prozent.[300]

Zu einer Schließung des Konfektionsbereichs – wie es Anfang der 1980er Jahre die Unternehmensberatung Roland Berger & Partner riet – konnte sich der Vorstand nicht entschließen. Die Unternehmensberatung errechnete, dass durch die Einsparung von 200 Mitarbeitern und einer Verkleinerung der Produktpalette ein Kosteneinsparungspotential in Höhe von 8 Millionen DM möglich wäre. Vorstand Hermann-Josef Brielmaier hingegen legte ein Konzept zur Weiterführung des Bereiches Valmeline bei Verringerung des Personals und Begrenzung des Produktionsprogramms vor. Die anderen Vorstandsmitglieder Waider und Possin (Zuständig für Bekleidung) glaubten die Aufrechterhaltung der Bekleidungskonfektion aufgrund der damit verbundenen Risiken nicht verantworten zu können und boten ihren Rücktritt an. Der Aufsichtsrat entschied sich unter Berücksichtigung der sozialen Aspekte zu einer Weiterführung von Valmeline und Fulwiline (Wighardt und Pfeffermann) in konsolidiertem Umfang. Waider und Possin schieden daraufhin aus dem Vorstand aus. Valmeline wurde neben Fulwiline verselbständigt, die eigene Bekleidungsstoffproduktion aufgegeben. Die Bekleidungssparte wurde nach langem Zögern 1996 stillgelegt.[301]

300 Vgl. Chronik Mehler AG, S. 854 und S. 937.

301 Vgl. Chronik Mehler AG, S. 986–988.

Bei einem Ranking der 250 größten Textilunternehmen der *TextilWirtschaft* 1986 hatte die Mehler AG im Vergleich zu Ende der 1960er Jahre etwas verloren, sie nahm weltweit Platz 101 (1969 Platz 72), in Deutschland Rang 14 (1969 Rang 9) ein.[302] Der technischen Konfektion wurde immer mehr Bedeutung beigemessen. Dies kam in der Gründung einer eigenen Gesellschaft, der Mehler Vario Systems GmbH, 1986 zum Ausdruck. Die einzelnen Gesellschaften konnten flexibler auf Marktveränderungen reagieren.[303] Im Bereich technische Bekleidung stellt die Mehler AG bis heute Schutzbekleidung für Polizei und Militär her.[304] Damit liegt das Unternehmen im nationalen Trend. Deutsche Unternehmen sind im Segment technische Textilien weltweit führend, ihr globaler Marktanteil liegt bei ca. 45 Prozent. Gegen den Trend bei Bekleidung ist die Produktion technischer Textilien in Deutschland seit Mitte der 1990er Jahre real um 40 Prozent gewachsen. Gründe dafür sind steigende Bevölkerungszahlen sowie höhere verfügbare Einkommen – besonders in aufstrebenden Volkswirtschaften. Die dortige Industrie fragt ebenfalls technische Textilien in Form von Transportbändern, Planen u. ä. nach. Aber auch die heimische Automobilindustrie verarbeitet technische Textilien in Form von Airbags und Sitzbezügen. Dieses Geschäftsfeld scheint zukunftsweisend zu sein.[305] Die Mehler AG kehrte also zu ihrem eigentlichen Kerngeschäft – der Herstellung und Verarbeitung von Textilrohstoffen – zurück, passte dies aber an die Erfordernisse der Zeit und die Nachfrage nach technischen Textilien an.

7.2 Triumph International AG (bis 1959 Spiesshofer & Braun)

Die Quellenlage für die Triumph International AG ist für die Jahre nach 1945 deutlich ausführlicher als für die Zeit vorher. Ein Brand im Archiv 1969 zerstörte viele der älteren Unterlagen. Private Aufzeichnungen des Firmengründers Michael Braun und dessen Sohns Curt Braun, die Jahresabschlüsse 1914 bis 1934 sowie eine Aufzeichnung der Geschäftszahlen dienen als Grundlage der Unternehmensentwicklung bis in die 1950er Jahre. Ab 1959 (Gründung der Triumph International AG) sind durchgängig Geschäftsberichte überliefert. Außerdem wurden private Aufzeichnungen der Geschäftsführer, diverse Zusammenstellungen über die Geschichte des Unternehmens, Gesellschafterunterlagen, eine Pressesammlung für das In- und Ausland ab den 1950er Jahren, Berichte der Unternehmensleitung ab 1973 sowie Marktforschungsunterlagen (von Triumph in Auftrag gegeben) ab den 1950er Jahren und die Firmenzeitschrift ab 1952 ausgewertet. Das ehemalige Vorstandsmitglied Dieter Braun ermöglichte durch ein Interview einen Eindruck von der Geschäftspolitik Ende der

302 Vgl. Jubiläumsreport 150 Jahre Mehler AG.
303 Vgl. Flyer „Im Wandel der Zeit", 175 Jahre Mehler AG.
304 Vgl. http://www.m-v-s.de/ (Stand: 13.05.2015).
305 Vgl. Heymann, Eric: Textil-/Bekleidungsindustrie. Innovationen und Internationalisierung als Erfolgsfaktoren. Deutsche Bank Research. Aktuelle Themen Nr. 519, 6.7.2011.

1960er/Anfang der 1970er Jahre sowie die Beantwortung einiger Fragen zur Familienpolitik.

7.2.1 Spiesshofer & Braun 1886 bis 1918: Von der Korsettmanufaktur zum Fabrikbetrieb

Bereits 1848 begannen einige Weber in Stuttgart mit der Herstellung von in einm Stück gewebten Korsetten. Die Produkte verkauften sich aufgrund der geringen Nachfrage und hoher Preise zunächst aber schlecht. Erst Anfang der 1850er Jahre schafften einige Korsettweber aus Göppingen den Durchbruch, darunter auch der aus Heubach stammende Webermeister J.J. Unfried, dessen Firma noch bis in die 1890er Jahre bestand. Seine Neffen waren Johann Gottfried Spiesshofer und Michael Braun, die Firmengründer von Spiesshofer & Braun.[306] Ab den 1860er Jahren war es möglich, genähte Korsette herzustellen.[307] Bis Mitte des 19. Jahrhunderts war die Korsettherstellung Arbeit der gelernten Weber gewesen. Mithilfe der Nähmaschine konnten Korsette preiswerter von angelernten Näherinnen produziert werden. Die Fabrikation von Korsetts verlagerte sich damit von der Textil- in die Bekleidungsindustrie.[308]

Der Absatz stieg Ende des 19. Jahrhunderts, da das Korsett *en vogue* wurde, v.a. aber, da sich die Frauen dies zunehmend auch leisten konnten. 1906 verdiente eine Korsettnäherin bei zehnstündiger Arbeit in Heubach 2 bis 2,50 Mark pro Tag; ein einfaches Korsett kostete zwischen 1,80 und 3 Mark, 1865 hatte es noch einen ganzen Wochenlohn gekostet.[309] Trotz der Warnungen aus medizinischen Kreisen über das zu enge Schnüren des Korsetts – z.B. 1893 von Friedrich Völker über die Schädlichkeit des Schnürens, das zu Verformungen der Wirbelsäule, Quetschung der Leber usw. führe – stieg die Nachfrage immer weiter. 1898 gab es im Deutschen Reich 100 Korsettfabriken, die einen Umsatz von 27 Millionen Mark erwirtschafteten und ca. 40.000 Arbeitskräfte beschäftigten. Die Mode differenzierte sich immer mehr. Für jeden Anlass gab es das richtige Korsett, sei es zum Radfahren, Baden, Stillen oder für gemütliche Stunden im Haus den „Faulenzer“. [310] Neben der schwäbischen Alb waren Sachsen und größere Städte wie Berlin und Köln traditionelle Standorte der Korsettherstellung im Deutschen Kaiserreich.[311] Aus dem südwestdeutschen Raum kamen

306 Vgl. TA, Ordner Triumph Geschichte 1, Curt Braun: Geschichte der Firma Triumph, S. 3.

307 Den Übergang vom gewebten zum genähten Korsett sowie die Entwicklung des Korsetts aus mode- und technikhistorischer Sicht beschreibt Barbe, Josephine: Figur in Form. Geschichte des Korsetts, Bern/ Stuttgart/Wien 2012, S. 159–163.

308 Vgl. Braun, Curt/Binger, Doris/Gilles, Anette: Vom Mieder zum Dessous. Eine Kultur- und Produktgeschichte der Miederwaren in Deutschland, Frankfurt a. M. 2007, S. 36.

309 Vgl. Braun, Mieder, S. 39.

310 Vgl. Braun, Mieder, S. 41f. und S. 48.

311 Vgl. Rosenberg, Paul M.: Die Korsettindustrie, Stuttgart und Berlin 1909, S. 15–23

50 Prozent der Gesamtproduktion, 30 Prozent aus Sachsen, der Rest verteilte sich auf das Rheinland und Berlin.[312] In Sachsen lagen die Löhne etwas unter dem Heubacher Niveau, in Berlin und Köln etwas darüber.[313]

Die Lebenssituation in Heubach Ende des 19. Jahrhunderts war schwierig. Durch den mechanischen Webstuhl hatten die Handweber und ihre Familien jede Verdienstmöglichkeit verloren. Die Korsett-Näherei eignete sich als Einkommensquelle, da nur Zuschnitt und Versand an zentraler Stelle erfolgen mussten, alle übrigen Arbeitsgänge konnten in Heimarbeit ausgeführt werden. Die damaligen Korsetts mit Fischbeinstäben waren relativ leicht und konnten recht gut transportiert werden.[314]

1886 gründeten Johann Gottfried Spiesshofer (1854 bis 1917) und Michael Braun (1866 bis 1954) die Korsettmanufaktur Spiesshofer & Braun in Heubach mit einem Barkapital von 2.000 Mark. Ein Gmündner Bankier stockte das Eigenkapital um 10.000 auf 12.000 Mark auf. Spiesshofer beherrschte als Weber und Korsettmacher die Technik, Braun als Kaufmann das Verkaufsgeschick.[315] Im Jahr 1900 heiratete Michael Braun Helene Spiesshofer, die Tochter seines Geschäftspartners. Sie hatte eine zweijährige Lehrzeit im Unternehmen absolviert und erstellte über mehrere Jahre die Kalkulationen der Firma.[316] Im ebenerdig gelegenen Zimmer der Gemischtwarenhandlung des Johann Gottfried Spiesshofer war das Kontor mit untergebracht. Hier wurden die Modelle entworfen und die Schnitte ausgearbeitet. Die Ware wurde im Wohnraum zugeschnitten und an die Heimarbeiterinnen verteilt. Die fertigen Korsetts sammelten die Mitarbeiter in einer kleinen Scheune in einem gegenüberliegenden Weberhäuschen, verpackten sie in Kartons oder Kisten und transportierten sie mit der Postkutsche oder einem Pferdewagen zur Bahnstation Böbingen (Eisenbahnanschluss seit 1861, 4 km von Heubach entfernt).[317] Zunächst war das Unternehmen ein reiner Familienbetrieb – nicht nur die Firmengründer waren verwandt, auch einige der ersten Näherinnen stammten aus einer der beiden Familien oder waren verschwägert. Diese Konstruktion sparte Transaktionskosten. Werte und Traditionen waren bereits innerhalb der Familie bekannt und mussten nicht mehr explizit kommuniziert oder ausgehandelt werden.[318]

1886 beschäftigte Spiesshofer & Braun sechs Näherinnen aus Heubach. Die Anzahl erhöhte sich relativ schnell und es kamen auch Näherinnen aus der Umgegend hinzu, da in Heubach nicht genug Arbeitskräfte zur Verfügung standen. Spiesshofer & Braun errichtete in einzelnen Orten Filialen, meist in gemieteten Zimmern. Dort

312 Vgl. Gaber, Fritz: Mieder- und Leibbindenindustrie, in: Ernst Melzer (Hg.): Die Bekleidungsindustrie, Darmstadt 1955, S. 40–43, hier S. 40.

313 Vgl. Rosenberg, Korsettindustrie, S. 73–90.

314 Vgl. TA, Braun, Geschichte, S. 4.

315 Vgl. TA, Daten und Fakten zur Geschichte der Triumph International AG.

316 Vgl. Braun, Michael: Aus meinem Leben und Werk, Juli 1951 (unveröffentlicht), S. 35.

317 Vgl. TA, Braun, Geschichte, S. 4.

318 Vgl. Berghoff, Hartmut: Zwischen Kleinstadt und Weltmarkt. Hohner und die Harmonika 1857–1961. Unternehmensgeschichte als Gesellschaftsgeschichte, Paderborn 1997S. 111–121.

wurden die Näherinnen angelernt, Zuschnitte und fertige Teile gelagert und bei Rücklieferung kontrolliert. Mit pferdebespannten Kastenwagen, die schwere, massive Aufbauten aus Holz trugen, wurden die Filialen in regelmäßigem Rundverkehr angefahren. Dies war allerdings sehr mühselig, da es zwischen den einzelnen Dörfern damals nur landwirtschaftliche Feldwege gab.[319]

1888 errichteten Betriebsangehörige und deren Verwandte das erste Fabrikgebäude in Heubach. Das Dach deckten Volksschüler unter Aufsicht des Lehrers unentgeltlich.[320] Das erste Fabrikgebäude bot Platz für 150 Personen und 90 Nähmaschinen, die zunächst mit einem Holzschwungrad, später mit Dampf betrieben wurden.[321]

Die ersten Mieder hatten Namen wie Hercules, Colossus oder Walküre und schienen weniger auf die Figur der Trägerin, sondern eher auf die Stabilität der Produkte abzuzielen. 1902 ließ die Firma das Warenzeichen „Triumph" in das Handelsregister eintragen. Vermutlich entstand die Idee auf einer Geschäftsreise nach Paris in Anlehnung an den Arc de Triomphe.[322]

Korsettnäherei war Frauenarbeit, die Männer arbeiteten als Zuschneider oder fertigten die Stahleinlagen für die Korsetts. Außer den Korsett-Stäben stellte Spiesshofer & Braun ab der Jahrhundertwende auch Stahlschließen und Metallteile für Strumpfhalter und verstellbare Trägerbänder her. Diese wurden in eigenen Anlagen verzinkt und verwickelt. Monatlich verarbeitete Spiesshofer & Braun ca. sechs bis acht Waggons Stahl.[323] Die Geschichte des Zuschneiders Wilhelm Bäuerle, wiedergegeben in den Lebenserinnerungen von Curt Braun, beschreibt allerdings auch, dass die Männer ihre Zeit oft im Wirtshaus verbrachten:

> Vor dem Ersten Weltkrieg wäre, sofern er in Heubach war, der Chef Gottfried Spiesshofer morgens nach Erledigung der Briefpost, meist zwischen 8 und 9 Uhr, durch die Arbeitsräume gegangen, um zu sehen, ob alles in Ordnung war. Sobald er durchgegangen und die Vesperpause zu Ende war, habe, besonders an heißen Tagen, oder wenn die Stimmung dafür vorhanden war, ein Zuschneider mit dem Schlüssel an das Heizungsrohr geklopft. Auf dieses Zeichen wären die durstigen Kehlen geschlossen in die neben der Fabrik gelegene Gaststätte ‚Waldhorn' gezogen, wo sie oftmals bis in die Nacht sitzen blieben.[324]

Der erste kaufmännische Angestellte und spätere Prokurist Hermann Riede berichtete, dass vor dem Ersten Weltkrieg oft morgens um 9 Uhr ein Fass Bier angestochen wurde und die Männer ein Maß Gerstensaft tranken. Dazu gab es Landbrot u. ä. Die Folge

319 Vgl. TA, Braun, Geschichte, S. 5–8.
320 Vgl. TA, Braun, Geschichte, S. 11.
321 Vgl. TA, Daten und Fakten zur Geschichte der Triumph International AG.
322 Vgl. TA, Daten und Fakten zur Geschichte der Triumph International AG
323 Vgl. TA, Braun, Geschichte, S. 11 f.
324 Braun, Geschichte, S. 5.

Abbildung 40: Gewebtes Triumph-Korsett um 1900
Quelle: Triumph-Archiv.

war, dass die kaufmännischen Angestellten eine Pause von 10:30 bis 13:30 Uhr gebraucht hätten, um sich von diesem schweren Essen zu erholen.[325]

Über die wirtschaftliche Entwicklung in der Anfangszeit ist wenig bekannt. In den 1890er Jahren soll es einige Schwierigkeiten durch Zahlungseinstellungen großer Kunden gegeben haben. In den folgenden Jahren konnten aber fast alle zahlungskräftigen Großhandelsfirmen und die entstehenden Kauf- und Warenhäuser im Deutschen Reich, der Schweiz, Skandinavien und England als Kunden gewonnen werden. Das Exportgeschäft begann 1892. Bis zum Ausbruch des Ersten Weltkrieges nahm die Firma Charles Bayer in London die gesamte verfügbare Produktion in den ruhigen Sommermonaten ab und belieferte damit Großbritannien einschließlich der Kolonien. Kurz vor dem Ersten Weltkrieg lieferte Spiesshofer & Braun ca. 50 Prozent der jährlichen Produktion nach Großbritannien. Zweitgrößter Abnehmer war die Firma Holger Petersen in Kopenhagen für Skandinavien.[326] Diese Entwicklung scheint

325 Vgl. Braun, Geschichte, S. 5.
326 Vgl. TA, Triumph International: Vom Familienbetrieb zum Weltunternehmen, 1970er Jahre, S. 2.

entgegengesetzt der Branchenentwicklung verlaufen zu sein, wo sich der Exportanteil seit den 1890er Jahren aufgrund protektionistischer Maßnahmen in den Zielländern verringerte.[327]

Die Verkaufsreisen bestritt fast ausschließlich Michael Braun. Er war ca. sechs bis acht Monate pro Jahr auf Reisen, v. a. in größeren und mitttelgroßen Städten, wo er Groß- und Einzelhändler besuchte. Bei der Gründung des ersten Kaufhauses Leonhard Tietz in Stralsund war Michael Braun erfolgreich, er erhielt den Eröffnungsauftrag für Korsetts. Auch den Karstadt-Althoff-Lindemann-Konzern konnte er gewinnen und bekam den Etablierungsauftrag in der Mönckebergstraße in Hamburg. Aber auch Auslandsreisen nach Skandinavien standen auf seiner Agenda.[328]

Bis 1903 konnte die Firma ihren Umsatz – wie in Abbildung 41 ersichtlich – jährlich steigern und innerhalb von 15 Jahren nahezu verdreißigfachen. Er stieg von nominal ca. 50.000 Mark 1887 auf knapp 1,4 Millionen Mark 1903. Der Rückgang auf 1,1 Millionen Mark 1904 war vermutlich eine Folge der Wirtschaftskrise 1901/2[329], denn schon ab 1905 setzt sich der Aufwärtstrend weiter fort, der höchste Wert der Vorkriegszeit wurde 1913 mit 3,7 Million Mark erreicht.

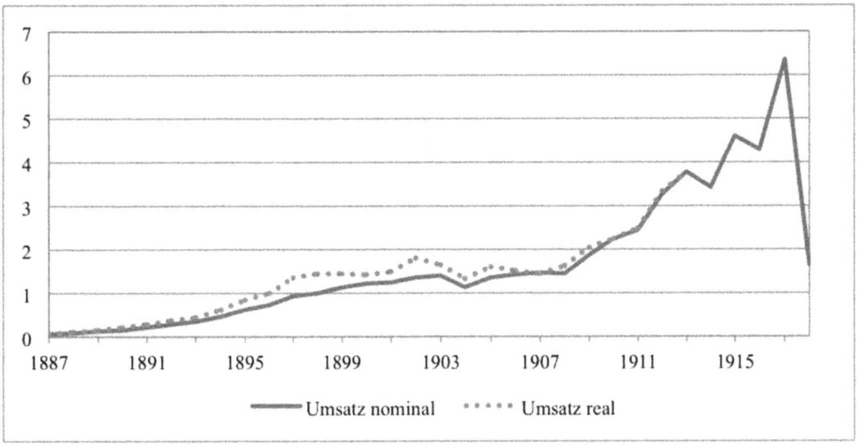

Abbildung 41: Umsatz der Spiesshofer & Braun GmbH 1887 bis 1918 in Millionen Mark[330]
Quelle: Umsatzaufstellung der Triumph-Betriebe 1887 bis 1985.

327 Vgl. Feitelberg, Bekleidungsindustrie, S. 6 und S. 8.

328 Vgl. Braun, Leben, S. 20 f.

329 Vgl. Burhop, Carsten: Wirtschaftsgeschichte des Kaiserreichs 1871–1918, Göttingen 2011, S. 72f.

330 Ein Preisindex für Bekleidung von 1887 bis 1918 ist nicht überliefert. Deswegen wurde der nominale Umsatz mit dem Index der Großhandelspreise für Textilien 1913 = 100 deflationiert (vgl. Tabelle 37 im Anhang). Für die Zeit des Ersten Weltkrieges von 1914 bis 1918 sind keine Indexzahlen angegeben. Die Indexziffern stammen aus Jacobs, Alfred/Richter, Hans: Die Großhandelspreise in Deutschland von 1792–1934, Berlin 1935, S. 79.

Auch die Motorisierung schritt Anfang des 20. Jahrhunderts voran, 1908 erwarb Michael Braun bei Daimler in Untertürkheim ein „Luxusauto“, um beweglicher zu sein und große Kunden von den Schnellzugstationen Schwäbisch Gmünd und Aalen rascher nach Heubach bringen zu können. 1911 kaufte die Firma einen Benz-LKW, der die Kisten mit Fertigware zur Bahnstation in Mögglingen transportierte und die dort ankommenden Gewebe, Draht und sonstige Rohstoffe abholte. Heubach wurde erst 1921 an das Bahnnetz angeschlossen.[331]

1914 hatte die Firma 2.400 Mitarbeiter, davon 40 Angestellte. Es existierten bereits 22 Filialbetriebe in der Umgegend von Heubach.[332] Während des Ersten Weltkrieges kamen einige Veränderungen auf die Firma zu. Mit Beginn des Krieges wurden die meisten Männer in Heubach zum Militärdienst eingezogen. Die Frauen mussten deren Arbeit in der Landwirtschaft übernehmen und die Felder bewirtschaften, um die Versorgung mit Nahrungsmitteln sicherzustellen. Die Kundschaft im Ausland ging durch die Schließung der Grenzen verloren. Durch den Ausfall der Einfuhren kam keine Baumwolle mehr ins Deutsche Reich. Die Gewebe für Korsetts bestanden aus Ersatzmaterialien, die alle mangelhaft waren. Am Ende des Krieges wurden Korsettstoffe aus 100 Prozent reinem Papiergarn mit textiler Spinndrehung hergestellt.[333] Michael Braun kaufte 1918 sogar Servietten und Tischtücher in Gaststätten auf, um die Nachfrage befriedigen zu können. Das Warenlager von Spiesshofer & Braun bestand am Ende des Ersten Weltkrieges aus einem einzigen Ballen Papierstoff, „der nicht einmal mehr für Fußbodenwischtücher zu verkaufen war“.[334] Neben der weiterhin auf Sparflamme laufenden privaten Fertigung produzierte Spiesshofer & Braun während des Krieges für das Bekleidungsamt Ludwigsburg auch Uniformen, Zeltbahnen und Brotbeutel.[335] Vermutlich war diese Tatsache auch die Ursache für die steigenden Umsätze in den ersten Kriegsjahren von 3,4 Millionen RM 1914 auf 6,3 Millionen RM 1917 (vgl. Abbildung 41).

Bis zum Beginn des Ersten Weltkrieges hatte die kleine Korsett-Manufaktur Spiesshofer & Braun eine Entwicklung zum modernen Fabrikbetrieb vollzogen und war in die erste Liga der Korsetthersteller im Deutschen Reich aufgestiegen.[336] Die größte Konkurrenz kam zunächst direkt aus der Nachbarschaft von der 1859 gegründeten Korsettweberei Susa AG. 1863 arbeiteten schon 35 Korsettweber, 20 weibliche Arbeitskräfte und 200 Heimarbeiterinnen für dieses Unternehmen. Wie Spiesshofer & Braun produzierte Susa früh für den Export in die USA und nach Skandinavien. 1912 waren dort 300 Fabrik- und 800 Heimarbeiterinnen beschäftigt, etwa halb so viele wie bei Spiesshofer & Braun.[337] Ebenso ein direkter Konkurrent für Spiessho-

331 Vgl. TA, Braun, Geschichte, S. 10 f.
332 Vgl. TA, Daten und Fakten zur Geschichte der Triumph International AG.
333 Vgl. TA, Braun, Geschichte, S. 15.
334 TA, Braun, Geschichte, S. 15.
335 Vgl. Braun, Leben, S. 28.
336 Vgl. TA, Daten und Fakten zur Geschichte der Triumph International AG.
337 Vgl. Schneider & Sohn: 100 Jahre Susa-Mieder 1859 – 1959, Heubach 1959, S. 10 – 13.

fer & Braun war der 1885 gegründete Mannheimer Miederwarenproduzent Felina. 1914 zählte das Unternehmen 100 Mitarbeiter und war damit deutlich kleiner als die beiden Heubacher Unternehmen.[338] Die Position als Branchen-Primus von Spiesshofer & Braun wurde aufgrund der „miederlosen Zeit" nach dem Ersten Weltkrieg zunächst einmal aber gefährdet.

7.2.2 Das „miederlose Vakuum" in den 1920er Jahren: Neue Produkte müssen her (1918 bis 1933)

7.2.2.1 Diversifizierung in den Frottierbereich

Die Zeit nach Kriegsende war für Spiesshofer & Braun schwer. Die Fabriken mussten geschlossen werden, weil die Kundschaft im Ausland verloren war sowie Betriebsmittel und Rohstoffe fehlten. Maschinen und Ersatzteile waren nur schwer zu beschaffen und mussten häufig selbst angefertigt werden.[339] Erst Ende 1919 trat langsam eine Besserung ein.[340]

Am schwersten aber wog nach dem Krieg, dass das Korsett nicht mehr gefragt war.[341] Die Wespentaille hatte ausgedient. Das Ideal einer aktiven, arbeitenden Frau ließ sich nicht mit einem einengenden Korsett verbinden. Das Schönheitsideal war knabenhaft, fast androgyn. Die Miederindustrie konnte zunächst noch für die ältere Generation produzieren, die am Korsett festhielt, aber der Absatz ging stetig zurück.[342]

Spiesshofer & Braun blieb bei seinem angestammten Artikel Korsett, wandelte diesen aber nach den Erfordernissen der Zeit ab. Mieder wurden nun nicht mehr einteilig als Korsett oder Korselett (Miederhemd, das bis unter das Gesäß reicht) hergestellt, sondern als Zweiteiler, bestehend aus Büstenhalter und Hüfthalter.[343] Das Unternehmen produzierte bis zur Taille gehende Hüfthalter, die am Rücken geschnürt wurden. Sie bestanden aus fest appretierten Geweben mit Stahleinlagen und -schließen, wie sie schon für die Korsetts verarbeitet worden waren. Ein Werbeslogan der Zeit lautete „Für starke Damen nur Golf-Corsets"[344] (kräftige Hüfthalter). Für schlanke und jugendliche Figuren wurden in der Taille und über den Hüften sitzende Strumpfhaltergürtel aus gewebten Stoffen entwickelt, die ähnlich wie Korsetts hergestellt wurden. Spiesshofer & Braun fertigte auch den neu aufgekommenen Büstenhalter, der allerdings durch das weiche Material neue Produktionstechniken er-

338 Vgl. Ritter, Barbara: Architektur und Geschichte der Mannheimer Miederwarenfabrik, Mannheim 2011, S. 21–25.

339 Vgl. TA, Braun, Geschichte, S. 15.

340 Vgl. TA, Daten und Fakten zur Geschichte der Triumph International AG.

341 Vgl. TA, Braun, Geschichte, S. 15.

342 Vgl. Braun, Mieder, S. 52.

343 Vgl. TA, Daten und Fakten zur Geschichte der Triumph International AG.

344 TA, Braun, Geschichte, S. 16.

forderte. Die Umstellung scheint nicht leicht gewesen zu sein.[345] Die ersten BHs waren schon während des Kaiserreichs auf den Markt gekommen, wurden aber aufgrund der geringen Nachfrage nicht serienmäßig produziert; erst mit der Freizügigkeit in den 1920er Jahren setzte sich der BH durch. Der neue Trend zu Zweiteilern unterstützte diese Entwicklung.[346]

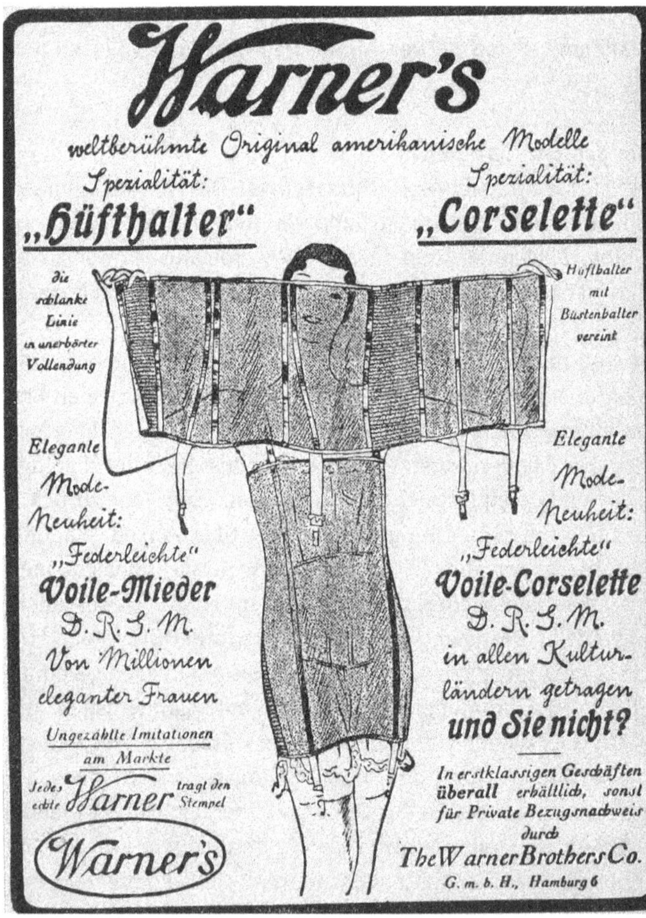

Abbildung 42: Werbung für Hüfthalter und Korselette 1920er Jahre
Quelle: Braun, Mieder, S. 54.

Einen Schritt hin zur Diversifizierung bedeutete der Einstieg in den Frotteebereich. Zwei ehemalige Führungskräfte von Spiesshofer & Braun hatten sich selbständig gemacht, gerieten aber im Zuge der Inflation 1923 in finanzielle Schwierig-

345 Vgl. Braun, Geschichte, S. 16 f.
346 Vgl. Braun, Mieder, S. 56.

keiten. Spiesshofer & Braun kaufte den Betrieb – eine Frottierweberei – 1924.[347] Man übernahm 15 Webstühle und den Markennamen Solfina.[348] Artikel der neuen Sparte waren Frottierhandtücher, Badetücher und Bademäntel. Die Produkte fanden offenbar so guten Absatz, dass die Fertigung 1926 auf 50 Webstühle erweitert wurde und im Drei-Schicht-System gearbeitet werden konnte. Laut einer Aussage des Firmengründers Michael Braun konnte der Ausfall bei der Korsettherstellung durch das neue Standbein mehr als ausgeglichen werden.[349] Diversifikation zu Bett- und Frottierwaren war auch als Strategie bei anderen Korsett- und Miederherstellern in den 1920er Jahren zu finden, allerdings waren längst nicht alle damit so erfolgreich wie Spiesshofer & Braun.[350] Felina war von denselben Schwierigkeiten betroffen und diversifizierte ebenfalls, 1923 gründete das Unternehmen eine Hausschuhfabrik. Auch Felina überstand die „Miederkrise“ dank der Investition in neue Produktbereiche relativ glimpflich und war mit gut 1.050 Beschäftigten 1933 hinter Spiesshofer & Braun (2.175[351]) das zweitgrößte Unternehmen der Branche.[352] Viele Firmen wollten aufgrund traditioneller Gründe aber nicht diversifizieren oder konnten dies schlicht wegen finanzieller Engpässe nicht und verschwanden deshalb vom Markt.[353]

Die Hauptabnehmer für Spiesshofer & Braun in den 1920er Jahren waren große Waren- und Kaufhäuser wie Karstadt, Tietz, Schocken und Breuninger sowie der Versandhandel (z. B. Witt Weiden).[354] Ab 1926 setzte das Unternehmen wieder Waren ins Ausland ab, zunächst in die Niederlande. 1928 scheint es der Firma wieder so gut gegangen zu sein, dass man in Heubach einen neuen Fabrikbau errichten konnte. Das Stammhaus in Heubach wurde auch in den nächsten Jahren sukzessive erweitert, ebenso die 20 Niederlassungen des Betriebes in Württemberg.[355]

Eine weitere wichtige Neuerung war 1928 die Etablierung einer eigenen Werbeabteilung, eine typische Entwicklung in dieser Zeit.[356] Auch C&A richtete in diesem Jahr eine Werbeabteilung ein.[357] Bis zu diesem Zeitpunkt hatte sich Werbung – wie in der Branche üblich – auf Geschäftsreisen und Verkaufsgespräche beschränkt. In den Verkaufsstellen und Verkaufslokalen ließ das Unternehmen nun beispielsweise

347 Vgl. Interview mit Dieter Braun am 27.5.2014 in München.

348 Vgl. TA, Ordner Triumph Geschichte 1, Ziller, Albert: Es begann in einer Scheune... Vom kleinen Familienbetrieb zum Weltunternehmen, S. 2.

349 Vgl. Braun, Leben, S. 27 f.

350 Vgl. Braun, Mieder, S. 55.

351 Vgl. TA, Daten und Fakten zur Geschichte der Triumph International AG.

352 Vgl. Ritter, Architektur, S. 27–31.

353 Vgl. Braun, Mieder, S. 55.

354 Vgl. TA, Schriftwechsel der Firma Spiesshofer & Braun mit dem Finanzamt Schwäbisch Gmünd, 1931.

355 Vgl. TA, Daten und Fakten zur Geschichte der Triumph International AG.

356 Vgl. Braun, Leben, S. 29.

357 Vgl. DCM, 122728, Internationaal statistisch jaarboek 1928, Bl. 112.

Glastafeln mit dem Namenszug Triumph aufstellen, die auf die Marke aufmerksam machen sollten. Dies war eine relativ neue Entwicklung in der Branche.[358]

7.2.2.2 Die geschäftliche Entwicklung 1919 bis 1933

Umsatzzahlen sind von 1919 bis 1923 vorhanden, aufgrund der (Hyper-)Inflation zu dieser Zeit allerdings wenig aussagekräftig, weshalb sie im folgenden Diagramm ausgespart wurden. Im Vergleich zu vielen anderen Firmen war der Rückgang des Umsatzes während der Krise nominal relativ klein. Die realen Umastzzahlen fielen 1930 geringfügig, stiegen aber 1931 und 1932 sogar wieder an. Ein Grund könnte die Diversifizierung in neue Produktbereiche sein, außerdem der Umstieg auf neue Mieder, die einen breiten Kundenkreis erreichten. Vermutlich trug auch der Einstieg in die Werbung 1928 zur besseren Vermarktung der Produkte bei und verschaffte dem Unternehmen gegenüber der Konkurrenz einen Vorteil. Der Umsatz bei Spiesshofer & Braun lag – wie Abbildung 43 dokumentiert – höher als bei der Mehler AG, die sich in einem Bereich zwischen 7 Millionen RM 1927/28 und 2,2 Millionen RM 1931/32 bewegte.[359] Der Rückgang war hier also wesentlich deutlicher. Der Vergleich macht noch einmal die Größe des Unternehmens Spiesshofer & Braun ersichtlich, denn die Mehler AG selbst war in der Branche bereits ein großes Unternehmen.

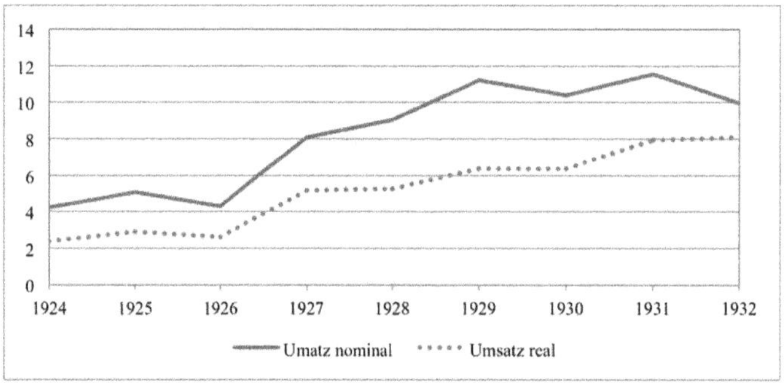

Abbildung 43: Umsatz der Spiesshofer & Braun GmbH 1924 bis 1932 in Millionen RM[360]
Quelle: Umsatzaufstellung der Triumph-Betriebe 1887 bis 1985.

Erst bei der Analyse der Gewinnzahlen zeigen sich die Auswirkungen der Krisen auch bei Spiesshofer & Braun deutlicher. Die Schwierigkeiten 1925/26 hatten eine Verringerung des Gewinns von 210.000 RM auf etwa 136.000 RM 1926 zur Folge. Bis 1928 stieg dieser wieder auf ca. 460.000 RM an. 1929 und 1930 folgte ein Einbruch auf nur noch 85.000 bzw. 76.000 RM. Immerhin schloss Spiesshofer & Braun in den ersten

358 Vgl. Braun, Leben, S. 29.

359 Vgl. Geschäftsberichte Mehler AG 1927/28 und 1931/32.

360 Der nominale Umsatz wurde mit dem Index der Großhandelspreise für Bekleidung 1913 = 100 in Tabelle 39 (Anhang) deflationiert.

beiden Jahren der Krise noch mit Gewinn ab, auch wenn dieser geringer war als in den Vorjahren, dies war vielen anderen Firmen nicht gelungen. Die Mehler AG beispielsweise wies in den Jahren 1930 bis 1932 einen Verlust auf. Gewinnzahlen für 1931 und 1932 sind für Spiesshofer & Braun leider nicht überliefert.[361] Da der Umsatz nur leicht einbrach, muss der Grund für die niedrigeren Gewinnzahlen 1929 und 1930 an anderen Stellen gesucht werden. Erschwerend zur Wirtschaftskrise kamen die Auswirkungen für den Ausbau der Werke hinzu. Möglich wären auch höhere Kosten in der Produktion durch Umstellung auf preiswertere Ware oder häufige Musterwechsel. Eine Erklärung liefert weiterhin die Spekulation über Rohmaterialpreise. 1926 und 1929 orderte Spiesshofer & Braun große Mengen an Garnen und Baumwolle, weil man dachte, es sei ein günstiger Zeitpunkt für den Einkauf. Dies erwies sich allerdings als falsch, da die Preise in der folgenden Zeit sanken, das Unternehmen große Mengen an Rohstoffen aber zu höheren Preisen abnehmen musste. 1930 belief sich der Verlust aus diesem Geschäft auf ca. 100.000 RM. Ein Schriftwechsel der Firma mit dem Finanzamt Schwäbisch Gmünd berichtete von diesen Schwierigkeiten ebenso wie von der Tatsache, dass die Großabnehmer die Preise um bis zu 40 Prozent drückten. An das Ausland musste z.T. unter dem Selbstkostenpreis verkauft werden.[362]

Trotz der Krisenauswirkungen stieg die Zahl der Beschäftigten bei Spiesshofer & Braun stetig – im Gegensatz z.B. zur Mehler AG, die krisenbedingt Personal entließ. Waren es 1924 noch 581 gewesen, hatte sich die Zahl bis 1927 auf 1.181 verdoppelt, 1932 waren es 2.054.[363] Damit war das Unternehmen eines der größten der Branche, 1925 gab es laut Gewerbezählung in der gesamten Bekleidungsindustrie nur 12 Betriebe, die mehr als 1.000 Beschäftigte hatten.[364] Zu diesem Kreis zählte Spiesshofer & Braun.

7.2.3 Zwischen Zwangsmaßnahmen und ökonomischem Profit: Spiesshofer & Braun während der NS-Zeit (1933 bis 1945)

7.2.3.1 Spiesshofer & Braun 1933 bis 1939

Im Bereich der Mode konnte man in den 1930er Jahren eine Rückbesinnung auf traditionelle Korsette und die Wiederkehr der Taille beobachten. Das Ideal der Frau bestand in der Mutterrolle und fürsorglichen Gattin. Neue Modelle, die aus Gummi und Latex bestanden, kamen auf den Markt, so dass die neuen Miederwaren leichter und anschmiegsamer waren und die Brust betonten. Weiterhin waren aber auch Zweiteiler aus BH und Hüfthalter gefragt. Der Hüfthalter reichte bis knapp unter die Brust und diente gleichzeitig als Strumpfhalter, Verschlüsse gab es nun auch vorn.

361 Vgl. Jahresabschlüsse Spiesshofer & Braun 1925–1930.

362 Vgl. TA, Schriftwechsel der Firma SpiesshBofer & Braun mit dem Finanzamt Schwäbisch Gmünd, 1931.

363 Vgl. Aufstellung der Beschäftigten der Triumph Betriebe 1887–1985.

364 Vgl. Gewerbliche Betriebszählung 1925, S. 68–70.

Erstmals gab es einheitliche Büstenhaltergrößen. Die neuen Trendfarben waren Lachs, Rosé und Apricot.[365] 1939 produzierte Spiesshofer & Braun das erste trägerlose Korsett.[366] Die Hauptprodukte der 1930er Jahre waren laut Dieter Braun neben Korsetts, BHs und Hüfthaltern Korseletts für kräftigere Damen und Mieder sowie Schlüpfer v. a. aus Baumwolle.[367]

Blick in einen unserer 45 Nähsäle

Abbildung 44: Nähsaal bei Spiesshofer & Braun 1936
Quelle: Triumph-Archiv.

In den 1930er Jahren intensivierte das Unternehmen die Arbeit im Bereich Werbung. Es wurden Reklamebüsten und Plakate zum Aufstellen eingesetzt.[368] 1938 gab jede deutsche Frau jahresdurchschnittlich 1,60 bis 1,70 RM für Miederwaren aus. [369] 1938 kostete das Dutzend Korsette bei Spiesshofer & Braun 13,10 RM.[370] Im Durchschnitt kaufte die deutsche Frau in diesem Jahr somit ca. 1,5 Mieder (nimmt man den Preis bei Spiesshofer & Braun als Branchendurchschnitt an).

Eine Studie der Gesellschaft für Konsumforschung untersuchte Mitte der 1930er Jahre die Bedeutung von Textilmarken für den Verbraucher und zeigte den Bedarf für Werbung bei Spiesshofer & Braun. Von 174 Befragten kauften im Bereich Korsette und

365 Vgl. Braun, Mieder, S. 59.
366 Vgl. TA, Daten und Fakten zur Geschichte der Triumph International AG.
367 Vgl. Interview mit Dieter Braun am 27. 5. 2014.
368 Vgl. Braun, Leben, S. 29.
369 Vgl. Braun, Mieder, S. 59.
370 TA, Ordner Umsätze Dispo, Auftragseingang Korsettfabrik.

Büstenhalter nur 13 die Marke Triumph. Beliebter waren Hautana mit 30, Felina mit 29 und Thalysia mit 26 Nennungen. Insgesamt bevorzugten knapp 70 Prozent der Verbraucher Markenware.[371]

Insgesamt beschäftigte die Branche 1938 12.000 bis 13.000 Personen. Die Zentren waren weiterhin Sachsen, Südwestdeutschland und einige Großstädte.[372] 1936 hatte Spiesshofer & Braun 3.000 Mitarbeiter, stellte also beinahe ein Viertel aller Beschäftigten der Branche, und wurde von fünf Geschäftsführern der Familien Spiesshofer und Braun geleitet.[373]

Der Auftragseingang spiegelt die gute Entwicklung des Unternehmens v.a. ab Mitte der 1930er Jahre wider.

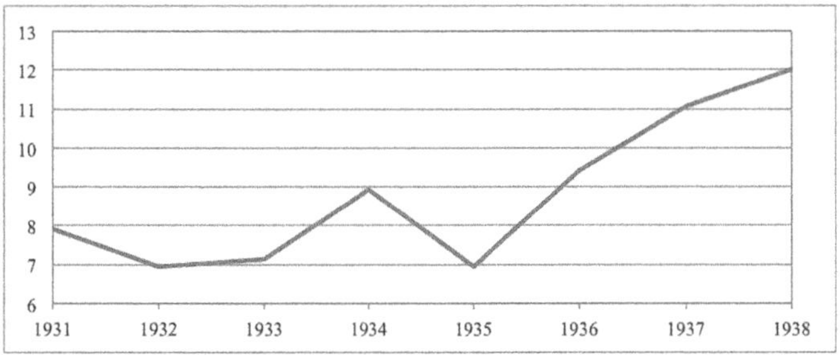

Abbildung 45: Auftragseingang der Korsettfabrik Spiesshofer & Braun GmbH bzw. OHG 1931 bis 1938 in Millionen RM[374]
Quelle: TA, Ordner Umsätze Dispo, Auftragseingang Korsettfabrik.

Auch die Umsatzentwicklung in den 1930er Jahren zeigt die gute Geschäftslage des Unternehmens. Die Umsätze stiegen von ca. 10 Millionen RM 1933 auf gut 15 Millionen RM im letzten kompletten Friedensjahr 1938.[375] Der Gesamtumsatz der Miederindustrie lag 1938 bei 62,3 Millionen RM, wovon Spiesshofer & Braun allein ein Viertel stellte.[376] Gewinnzahlen sind nicht überliefert.

Ob und inwieweit in der Unternehmensführung Sympathien mit dem NS-Regime bestanden, ist aus den vorhandenen Quellen nicht ersichtlich. In wichtigen Ämtern der Wirtschafts- und Fachgruppe taucht aber weder der Name Spiesshofer, noch der Name Braun auf. Firmengründer Michael Braun schrieb Anfang der 1950er Jahre zu seiner politischen Einstellung:

---

371 Vgl. GfK-Archiv, S 1936 003 – 1, Studie der Gesellschaft für Konsumforschung: Die Textilmarke in den Augen des Verbrauchers, 1936/37.

372 Vgl. Braun, Mieder, S. 59.

373 Vgl. TA, Daten und Fakten zur Geschichte der Triumph International AG.

374 1935 erfolgte die Umwandlung von einer KG zur OHG.

375 Vgl. Umsatzaufstellung der Triumph-Betriebe 1887 – 1985.

376 Vgl. BA R 13XV/35, Jahresumsätze der Sparten in der Bekleidungsindustrie 1935 – 1941.

> Meine staatsbürgerlichen Pflichten habe ich treulich und gewissenhaft zu erfüllen gesucht; demokratisches Denken und Fühlen ist mir von Jugend an vertraut, aber politisch bin ich nie hervorgetreten; für Politik im eigentlichen, engeren Sinne hatte ich nichts übrig, dafür fehlte mir die Neigung und Begabung.[377]

Trotzdem sollen lokale politische Größen versucht haben, ihn zum Parteieintritt zu überreden:

> Mehr als einmal versuchte der Kreisleiter von Schwäbisch Gmünd, mich als Mitglied der Partei zu gewinnen. Vergeblich. Es befriedigt mich noch heute, einem fast übermächtigen Druck und der herrschenden politischen Zeitströmung nicht nachgegeben zu haben.[378]

Das einzige Amt, das er je bekleidet habe, so schrieb Michael Braun, sei das Ehrenamt im evangelischen Gemeinderat von Heubach gewesen.[379] Sein Sohn Curt Braun hingegen war seit 1.5.1937 Mitglied der NSDAP.[380] Ob er der Partei aus ideologischer Überzeugung oder ökonomischen Motiven im Hinblick auf das Unternehmen beitrat, ist nicht überliefert.

7.2.3.2 Produktion im Deutschen Reich 1939 bis 1945

Spiesshofer & Braun fertigte während des Zweiten Weltkrieges wie die meisten anderen Bekleidungsunternehmen Uniformen für Heer und Marine, v. a. in den Zweigbetrieben Dinkelsbühl, Schopfloch und Nördlingen. Der Firmenname findet sich in einer Liste von Betrieben, die ab dem 1.1.1945 den Zuschnitt bei der Wehrmachtsfertigung selbst übernahmen.[381] Laut den Aufzeichnungen von Michael Braun wurden insgesamt 4 bis 5 Millionen Uniformen hergestellt. Spiesshofer & Braun sei der Hauptlieferant für ganz Süddeutschland gewesen.[382]

Die Produktionsstätten des Hauptbetriebes in Heubach mussten – da Spiesshofer & Braun keine rüstungswichtigen Produkte wie z. B. die Mehlr AG mit technischen Textilien fertigte – für kriegswichtige Unternehmen freigemacht werden. Die Webstühle und andere große Maschinen wurden aus den Fertigungsräumen herausgeschafft und notdürftig in Schafställen untergebracht. In den freigemachten Webereien produzierte die Robert Bosch GmbH Zündkerzen.[383]

---

377 Braun, Leben, S. 45.

378 Braun, Leben, S. 51.

379 Vgl. Braun, Leben, S. 45.

380 Vgl. BA, 3200, Ortsgruppenkartei der NSDAP, Curt (in der Kartei Kurt) Braun, Mitgliedsnummer 5140904, Fabrikant aus Heubach.

381 Vgl. BA, R 13 XV/16, Bezirksgruppe Bayern, Liste der Mitgliedsfirmen, die ab dem 1.1.1945 den Zuschnitt bei der Wehrmachtsfertigung selbst übernehmen.

382 Vgl. Braun, Leben, S. 28.

383 Vgl. Braun, Leben, S. 28.

Dies war ein Schicksal, das auch viele andere Bekleidungsbetriebe traf, selbst wenn sie kriegswichtige Produkte fertigten und die Mitglieder der Führungsebene überzeugte Nationalsozialisten waren wie bei Hugo Boss.[384] Auch Felina musste während des Krieges Kapazitäten für die Rüstungsindustrie räumen und fertigte Gasmasken und Fallschirme. Dazu wurden auch Zwangsarbeiter eingesetzt, deren Zahl aber unklar ist.[385]

Für die verloren gegangen Kapazitäten suchten viele Firmen Ausweichmöglichkeiten. Dies konnten Betriebsverlagerungen in besetzte Gebiete oder die Vergabe von Lohnaufträgen sein. Eine weitere Möglichkeit war die Nutzung der von Hans Biebow, dem Leiter der Ghettoverwaltung in Litzmannstadt (vgl. Kap. 4.8), stark beworbenen Textilabteilung im Ghetto. Diesen Weg ging auch Spiesshofer & Braun.

7.2.3.3 Produktion im Ghetto Litzmannstadt 1941 bis 1944

Die Auflage, die Räume in Heubach für die Rüstungsindustrie freizumachen und in den Zweigbetrieben Uniformen zu produzieren, stellte das Unternehmen vor die Aufgabe, die Zivilproduktion trotzdem weiterhin aufrechtzuerhalten. Spiesshofer&Braun verlagerte die Feritgung ebenso wie die Mehler AG, allerdings nicht wie diese in Form von Beteiligung an anderern Firmen, sondern nutzte die Textilabteilung des Ghetto Litzmannstadt, an die Privatfirmen Lohnaufträge vergeben konnten. Spiesshofer & Braun war dort neben Felina der größte Auftraggeber im Bereich Korsette und Büstenhalter. Die Firma bestellte kontinuierlich in großen Mengen und war neben Josef Neckermann einer der größten Auftraggeber für die Textilabteilung des Ghettos.

Die Kontaktaufnahme fand über Josef Neckermann in Berlin statt. Im Juni 1941 antwortete Neckermann Fritz Spiesshofer ausführlich auf seine Fragen zur Fertigung im Ghetto und sprach von der schnellen Abwicklung und guten Qualität der Ware. Neckermann erklärte, dass die jüdischen Fabrikationsbetriebe im Ghetto wie Zwischenmeisterbetriebe anzusehen seien, denen man sämtliche Zutaten und Größenhinweise zu stellen hätte.[386] Die erste überlieferte Korrespondenz von Spiesshofer & Braun mit dem Ghetto datiert auf den Juli 1941. Mitte Juli gingen in Litzmannstadt 300 Musterstücke von Spiesshofer & Braun ein. Vermutlich waren zwei Mitarbeiter der Firma Spiesshofer & Braun in Litzmannstadt, da in diesem Brief erwähnt wird, dass eine Einreiseerlaubnis für zwei Herren beantragt wurde.[387] Ende Juli wurden 360 Teile gefertigt.[388] Diese Zahl wurde im August auf 6.000 Stück und schnell auf 12.000 Stück erweitert.[389] Spiesshofer und Braun kündigte an, Zuschnitte und Spezialmaschinen zu

---

384 Vgl. Köster, Boss, S. 60.
385 Vgl. Ritter, Architektur, S. 43.
386 Vgl. APL, 221/29404, Josef Neckermann an Fritz Spiesshofer, 26.6.1941.
387 Vgl. APL, 221/29404, Ghetto Litzmannstadt an Spiesshofer & Braun, 15.7.1941.
388 Vgl. APL, 221/29404, Ghetto Litzmannstadt an Spiesshofer & Braun, 28.7.1941.
389 Vgl. APL, 221/29404, Ghetto Litzmannstadt an Spiesshofer & Braun, 1.8.1941.

liefern, damit die Werkstätten „die Arbeit in grossem Stil“[390] aufnehmen könnten. Die Ghettoverwaltung riet dem Unternehmen, im November wieder neue Rohmaterialien nach Litzmannstadt zu schicken, damit die Werkstätten laufend für Spiesshofer & Braun beschäftigt wären.[391] Eine kontinuierliche Aufstellung der Lieferungen (vgl. Tabelle 33) ist ab Ende des Jahres 1942 möglich und reicht bis zur Auflösung des Ghettos im Sommer 1944 (bzw. sogar einen Monat darüber hinaus). Hauptsächlich orderte Spiesshofer & Braun Hüfthalter und Büstenhalter, Korseletts sporadischer und in kleineren Mengen, insgesamt deutlich mehr als eine halbe Million Kleidungsstücke.

Tabelle 33: Lieferungen aus dem Ghetto Litzmannstadt an die Firma Spiesshofer & Braun 4. Quartal 1942 bis 3. Quartal 1944 in Stück

Quartal	Hüfthalter	Büstenhalter	Korseletts	Strumpfhaltergürtel
4. Q. 1942	10.260	5.184	3.252	
1. Q. 1943	28.236	7.776	12.096	
2. Q. 1943	27.794	45.230	5.184	
3. Q. 1943	62.700	56.388	9.072	1.728
4. Q. 1943	26.538	27.960		8.640
1. Q. 1944	101.088	40.176		
2. Q. 1944	16.848	11.232		
3. Q. 1944	2.172			
gesamt	275.636	193.946	29.604	10.368

Quelle: APL, 221/22091 und APL, 221/29999, Lieferverzeichnisse.

Wie die anderen Firmen musste auch Spiesshofer & Braun die Nähzutaten für die Produkte anliefern. Diese scheinen wohl des Öfteren (wie auch bei anderen Unternehmen) nicht korrekt zugeschnitten gewesen zu sein, wie man einem Brief der Korsettnäherei vom 6.5.1944 an das Zentralbüro der Arbeitsressorts im Ghetto entnehmen kann.[392]

Nach den vorhandenen Dokumenten lässt sich bei Spiesshofer & Braun keine Nähe zum Nationalsozialismus nachweisen. Der Beweggrund für die Produktion im Ghetto war sicherlich der Situation geschuldet, in den eigenen Betrieben Uniformen produzieren bzw. die Kapazitäten Bosch zur Verfügung stellen zu müssen. Dennoch wusste die Unternehmensleitung mit an Sicherheit grenzender Wahrscheinlichkeit, unter welchen Umständen, mit welchen Personen und zu welchen Bedingungen Be-

390 APL, 221/29404, Ghetto Litzmannstadt an Spiesshofer & Braun, 11.8.1941.

391 Vgl. APL, 221/29404, Ghetto Litzmannstadt an Spiesshofer & Braun, 30.10.1941.

392 Vgl. APL, 278/1995, Korsett- und Büstenhalter-Näherei an das Zentralbüro Arbeitsressort, 6.5.1944.

kleidung im Ghetto hergestellt wurde. Es ist überliefert, dass Biebow alle Mitgliedsfirmen der Fachgruppen kontaktierte und i. d. R. eine Person des auftraggebenden Unternehmens die Produkte im Schauraum im Ghetto inspizierte. Bei C&A ist ein Teil dieser Korrespondenz erhalten (vgl. Kap. 7.3.3.6). Auch die oben erwähnten Einreisegenehmigungen für zwei Mitarbeiter von Spiesshofer & Braun deuten auf einen Besuch hin. Außerdem hatte Fritz Spiesshofer schriftlichen Kontakt mit Josef Neckermann,[393] der durch seine zentralen Positionen in der Branche Kenntnis der Zustände im Ghetto hatte.[394]

Die Fertigungsverlagerung führte bei Spiesshofer & Braun dazu, dass der Umsatz von 1940 bis 1944 etwa auf dem Niveau der 1930er Jahre gehalten werden konnte und zwischen 11 Millionen RM und 15 Millionen RM pendelte.[395] Bei vielen anderen Bekleidungsunternehmen war zu dieser Zeit ein deutlicher Umsatzeinbruch zu verzeichnen. Wenngleich wohl die Familien Spiesshofer und Braun gesinnungsmäßig keine große Nähe zum Nationalsozialismus aufwiesen, so kann man zumindest feststellen, dass sie von den herrschenden Bedingungen mindestens insofern profitierten, als sie die Fertigung auslagerten und dadurch aufrecht erhalten konnten.[396]

7.2.4 Neubeginn (1945 bis 1949)

Von 1945 bis 1948 lag die Miederproduktion in den Westzonen nahezu still, amerikanische Unternehmen drängten auf den Markt; sie hatten schon früh mit Chemiefasern experimentiert.[397] Aufgrund der verlorenen Ostgebiete wurden nun 80 Prozent der Mieder-Gesamtproduktion der westlichen Besatzungszonen im Südwesten hergestellt.[398] Bei Kriegsende standen bei Spiesshofer & Braun riesige Lagerbestände von produzierter Ware im Wert von 4 Millionen RM zur Verfügung, die hauptsächlich für die Kriegsmarine, zum Teil auch für die Wehrmacht gedacht waren. Wenige Wochen vor Kriegsende bekam das Unternehmen den Befehl, diese Vorräte zu reduzieren. Dem widersetzte sich die Firma aber und versuchte stattdessen, mit Genehmigung des Landwirtschaftsamts in Schwäbisch Gmünd, die Ware an die Zivilbevölkerung gegen Bezahlung, jedoch ohne Kleiderkartenabschnitte abzugeben. Teilweise gelang dies, die restlichen Bestände wurden aber von den US-Truppen und der US-Militärregierung beschlagnahmt. Die Frottierweberei war einige Wochen für Zivilpersonen gesperrt. Die Vorräte von halbfertigen Arbeitsanzügen und anderen Bekleidungsstücken durften für

393 Vgl. APL, 221/29404, Josef Neckermann an Fritz Spiesshofer, 26.6.1941.

394 Vgl. Neckermann, Erinnerungen, S. 136.

395 Vgl. Umsatzaufstellung der Triumph-Betriebe 1887–1985.

396 Auch bei Felina scheint die Verlagerung der Fertigung ins Ghetto Litzmannstadt v. a. ökonomischer, weniger ideologischer Natur gewesen zu sein, vgl. Fritsche, Arisierung, S. 631 f.

397 Vgl. Braun, Mieder, S. 64.

398 Vgl. Gaber, Miederindustrie, S. 40.

die US-Behörden fertiggestellt werden. Dafür erhielt Spiesshofer & Braun nur die Löhne bezahlt.[399]

Im Laufe der folgenden Monate erreichte das Unternehmen, dass die Besatzungstruppen auch Stoffe für die Anfertigung von Bekleidung freigaben. Damit konnte ein großer Teil der arbeitslos gewordenen Belegschaft wieder beschäftigt werden. Aufgrund des enormen Bedarfs und der eingeschränkten Herstellung von Stoffen produzierte Spiesshofer & Braun zunächst v. a. Arbeitsbekleidung. Korsettstoffe wurden überhaupt nicht gefertigt, so dass die Produktion auf Artikel beschränkt blieb, für die die benötigten Stoffe zu Verfügung standen. Dies waren Schürzen, Damenkleider, Herrenhemden und -anzüge, die eigentlich nicht zum Produktprogramm von Spiesshofer & Braun zählten, aber nach den Einschränkungen des Krieges trotzdem reißenden Absatz fanden.[400]

Auch die Frottierweberei musste zunächst wiederaufgebaut werden, da sämtliche Webstühle und Maschinen ausgelagert und die Betriebsräume vollständig renovierungsbedürftig waren. Hier konnten vorerst jedoch keine Frottierwaren hergestellt werden, da von den amtlichen Verteilerstellen keine entsprechenden Garne zugeteilt wurden und keine Vorräte bestanden. Deswegen stellte man auch hier die Produktion auf branchenfremde Artikel und Lohnaufträge um.[401] Neben den Beschäftigten in den Fabriken kamen auch weiterhin Heimarbeiter zum Einsatz; diese Form der Fertigung hielt sich laut Dieter Braun bis in die 1960er Jahre.[402] Nach einer Aufstellung von 1954 arbeiteten noch 500 Heimarbeiter für Spiesshofer & Braun (bei gut 5.000 Beschäftigten insgesamt).[403]

Schon vor der Währungsreform konnte die Fertigung wieder auf Büstenhalter und Korsette umgestellt werden; in den folgenden Jahren lief die Herstellung von branchenfremden Erzeugnissen langsam aus.[404] 1949 wurden in der in der Produktionsstatistik noch ca. 63.000 Herrenhemden, 62.000 Kittelschürzen und 38.000 Arbeitsanzüge vermerkt.[405]

Der Umsatz stieg von 5,7 Millionen RM 1945 auf 11,3 Millionen RM 1947, wenngleich die Zahlen aufgrund der Währungsschwierigkeiten nicht allzu aussagekräftig sind. Mit der Einführung der DM begann jedoch ein deutlicher Aufwärtstrend. 1948 lag der Umsatz bei 15,5 Millionen DM, ein Jahr später hatte er sich bereits auf 31,3 Millionen DM verdoppelt.[406]

399 Vgl. Braun, Leben, S. 42 f.
400 Vgl. Braun, Leben, S. 42 f.
401 Vgl. Braun, Leben, S. 44.
402 Vgl. Interview mit Dieter Braun am 27. 5. 2014.
403 Vgl. TA, Aufstellung der Beschäftigten am 1. 1. 1954.
404 Vgl. Braun, Leben, S. 42 f.
405 Vgl. TA, Triumph-Geschichte Ordner 2, Umsätze und Mitarbeiter.
406 Vgl. Umsatzaufstellung der Triumph Betriebe 1887–1985.

7.2.5 Führender Miederhersteller in Europa: Errichtung der Triumph-Straße (1949 bis 1959)

7.2.5.1 Die Rückkehr der Mieder

In den 1950er Jahren feierte die Betonung der Weiblichkeit ihr Comeback. Im Gegensatz zur Kriegszeit, wo Frauen oft Männerarbeit übernommen hatten, betonten Frauen nun wieder ihre Kurven. Verstärkt wurde dieser Trend durch zahlreiche Hollywood-Filme mit Stars wie Gina Lollobrigida, Sophia Loren und Liz Taylor, die diesen Look regelrecht zelebrierten. Frauen trugen nun wieder Mieder und Korsette, aber auch der BH wurde immer beliebter. 1957 wurden 23,3 Millionen Stück produziert, dagegen nur 7,6 Millionen Büstenmieder. Der BH war nun spitz und trichterförmig, die ersten Push-Ups wurden hergestellt. 1956 arbeitete Spiesshofer & Braun mit dem deutschen Modeschöpfer Heinz Oestergaard[407] zusammen, um die Produkte noch modischer zu gestalten. In den 1960er Jahren kamen Synthetikstoffe auf, die den Tragekomfort verbesserten und leichter zu pflegen waren.[408]

Der Umsatz von Spiesshofer & Braun stieg aufgrund des Nachholbedarfs und der erfolgreichen Produktpolitik von 44 Millionen DM 1950 kontinuierlich auf 150 Millionen DM 1959. Auch die Zahl der Beschäftigten erhöhte sich von ca. 1.400 1946 auf 5.600 1955 und stieg bis 1960 auf 10.000.[409] Mitte der 1950er Jahre arbeiteten in Heubach in der Korsettnäherei ca. 1.000 Beschäftigte und in der Weberei ca. 600 Personen. Außerdem waren 500 Näherinnen in Heimarbeit angestellt. Die restlichen ca. 3.500 Arbeiterinnen verteilten sich auf die Zweigwerke, von denen die größten zu dieser Zeit Nördlingen und Ellwangen waren.[410] Spiesshofer & Braun exportierte auch viele Artikel. Zielländer waren v. a. Skandinavien sowie die Schweiz und die Niederlande.[411] Der Export lag in der Miederindustrie 1957 mit 13 Prozent der Produktion weit über dem Durchschnitt der Branche mit nur 3 Prozent.[412]

Spiesshofer & Braun spielte weiterhin in einer außergewöhnlichen Liga. Laut Statistik war das Unternehmen Ende der 1950er Jahre einer von zwei Miederherstellern mit mehr als 1.000 Beschäftigten. Auch der Umsatz war außergewöhnlich hoch. In einer Statistik der Umsatzgrößenklassen für 1959 findet man für den Bereich Wäsche keinen weiteren Betrieb mit mehr als 100 Millionen DM Umsatz. [413]

---

407 Vgl. Loschek, Ingrid: Mode im 20. Jahrhundert. Eine Kulturgeschichte unserer Zeit. 3. überarb. u. erw. Aufl., München 1988, S. 209.

408 Vgl. Braun, Mieder, S. 64–67.

409 Vgl. Umsatzaufstellung und Aufstellung der Beschäftigten der Triumph-Betriebe 1887–1985.

410 Vgl. TA, Aufstellung der Beschäftigten am 1.1.1954.

411 Vgl. TA, Triumph-Geschichte Ordner 2, Umsätze und Mitarbeiter.

412 Vgl. Braun, Mieder, S. 64.

413 Vgl. BBI, Bekleidungsindustrie in der BRD 1957 und 1959.

Abbildung 46: Triumph-Werbung Anfang der 1950er Jahre
Quelle: Braun, Mieder, S. 66

7.2.5.2 Expansion in den bayrischen Raum

In Württemberg war die Arbeitskräfterekrutierung seit Mitte der 1950er Jahre aufgrund des niedrigen Lohnniveaus in der Branche und der Konkurrenz durch andere Industriebereiche erschwert. Deswegen verlagerte Spiesshofer & Braun seine Aktivitäten in ländliche bayrische Gebiete.[414] Zwischen 1956 und 1960 eröffnete das Unternehmen 55 neue Werke, die sog. „Triumph-Straße“ entstand (vgl. Abbildung 47).[415]

Die größten Werke befanden sich neben Regensburg in Nördlingen, Dillingen und Donauwörth mit mehreren hundert Beschäftigten. Es gab aber auch sehr kleine Zweigbetriebe wie in Ergoldsbach (Gründung 1969) oder Beilngries, die nur zwischen 30 und 50 Mitarbeitern aufwiesen (vgl. Tabelle 34).

Tabelle 34 zeigt die Beschäftigten in den bayrischen Werken – allerdings ohne Regensburg – jeweils zum 15.4.1961 (3.347 Personen) und 28.3.1969 (4.810 Personen). Die meisten Betriebe beschäftigten 1969 mehr Personen als 1961, in den größeren Werken Monheim, Donauwörth, Nördlingen und Straubing ging die Zahl allerdings zurück. Die große Steigerung in Ingolstadt von 150 auf 355 hing damit zusammen, dass

414 Vgl. Braun, Mieder, S. 64.
415 Vgl. TA, Daten und Fakten zur Geschichte der Triumph International AG.

Abbildung 47: Triumphstraße 1964
Quelle: TA, die sog. Triumphstraße mit Werken entlang der Donau.

Abbildung 48: Triumph-Werk Regensburg 1961
Quelle: Triumph-Archiv.

es sich hier um ein „Exportwerk" handelte, das für das Ausland produzierte, und man diesen Absatzmarkt vergrößern wollte.

Kleine Werke entstanden v. a. aufgrund der Arbeitsmarktsituation, aber auch, weil in kleineren und mittleren Serien produziert wurde. Transaktionskostenökonomisch gesehen waren sie wenig sinnvoll, da die Kosten für Information, Kontrolle und Anpassung überproportional anstiegen. Über Schnelligkeit und Dimension der Expansion gab es unter den Gesellschaftern laut Dieter Braun offenbar zunächst Meinungsverschiedenheiten. Einige seien eher vorsichtig und nicht für eine schnelle Expansion gewesen, diese seien aber letztlich von den anderen überzeugt worden, die die Errichtung kleinerer Werke für ein „überschaubares Risiko" hielten.[416]

Die Verlagerung von Betrieben in ländliche (bayrische) Gebiete war aufgrund der geringeren Lohnkosten und des Arbeitskräfteangebots beliebt. Die Firma Seidensticker beispielsweise ließ seit Mitte der 1950er Jahre Hemden in Sonthofen produzieren.[417] Auch andere Miederwarenhersteller zogen aufs Land. Felina errichtete beispielsweise 1957 und 1958 Zweigwerke in den mittelgroßen Städten Kaiserslautern und Worms. 1959 kam eine Produktionsstätte im baden-württembergischen Ketsch – also in ländlichem Gebiet – hinzu.[418]

Tabelle 34: Mitarbeiter in den Werken entlang der Triumphstraße 1961 und 1969

Werk	Gründung	Beschäftigte 1961	Beschäftigte 1969
Abensberg	1959	154	162
Beilngries	1960	30	40
Cham	1959	83	127
Dietfurt	1959	78	124
Dillingen	1957	211	263
Donauwörth	1955	310	184
Eging	1959	154	154
Ergoldsbach	1969		33
Freilassing	1968		94
Freyung	1959	30	177
Ingolstadt	1955	150	355
Jandelsbrunn	1969		75
Kirchdorf	1960	77	133

416 Vgl. Interview mit Dieter Braun am 27.5.2014.

417 Vgl. Seidensticker, 70 Jahre.

418 Vgl. Ritter, Architektur, S. 49.

Tabelle 34: Mitarbeiter in den Werken entlang der Triumphstraße 1961 und 1969 *(Fortsetzung)*

Werk	Gründung	Beschäftigte 1961	Beschäftigte 1969
Kötzting	1960	53	142
Lam	1960	55	146
Landau	1959	94	148
Landshut	1960	78	156
Monheim	1955	169	121
Nördlingen	1952	500	258
Ortenburg	1959	81	124
Öttingen	1955	177	183
Passau	1959	135	287
Plattling	1959	128	155
Pocking	1959	97	133
Regen	1959	113	276
Ruhmannsfelden	1969		54
Schönsee	1959	97	129
Stallwang	1969		37
Straubing	1959	174	154
Tittling	1959	85	171
Wegscheid	1960	34	215
gesamt		3.347	4.810

Quelle: TA, Aufstellung Belegschaftszahlen Werke Bayern 15.4.1961 und 28.3.1969.

7.2.6 Structure follows strategy[419]: Laufende Umstrukturierungen und Internationalisierung (1959 bis 1973)

7.2.6.1 Die deutschen Triumph-Gesellschaften

Am 27.9.1959 wurde die Triumph International AG mit einem Grundkapital von 100.000 DM errichtet. Bereits im November des Jahres stockte der Vorstand das

419 Der Begriff wurde von Alfred D. Chandler geprägt und spielt darauf an, dass Unternehmen, die schnell expandieren, ihre Struktur den dadurch entstandenen Bedingungen und Erfordernissen anpassen. Vgl. Chandler, Alfred D.: Strategy and Structure. Chapters in the History of the industrial Enterprise, Cambridge 1966.

Grundkapital nach Beschluss der Hauptversammlung auf 6 Millionen DM auf (und in den folgenden Jahren weiter bis auf 68 Millionen DM 1970).[420] Der Name Triumph International AG sollte die internationale Ausrichtung des Konzerns betonen.[421] Gegenstand der Gesellschaft waren laut Satzung die Herstellung und der Vertrieb von Miederwaren. Die Produktion war in Bayern konzentriert, der Verkauf sollte ins Ausland und an die Firma Triumph Spiesshofer & Braun OHG in Heubach erfolgen. Zu Spiesshofer & Braun bestand ein Organschaftsverhältnis, die Gewinne wurden mit dem Organträger gepoolt, das zusammengelegte handelsbilanzmäßige Jahresergebnis 50:50 aufgeteilt. Die Stammfirma Spiesshofer & Baun OHG mit Sitz in Heubach gehörte noch 1961 den beiden Familien je zur Hälfte. 60 Prozent der Fertigung des Gesamtunternehmens waren 1960 in Bayern konzentriert, die restlichen 40 Prozent in Baden-Württemberg.[422]

Konzernspitze war ab 1962 der neu entstandene Wirtschaftliche Verein Spiesshofer & Braun Familienverein reg., der seinen Sitz in Vaduz/Liechtenstein hatte. Der wirtschaftliche Verein war bei einer ganzen Reihe von Unternehmen Direkteigentümer. Mit 75,1 Prozent war er an der Triumph Spiesshofer & Braun OHG in Heubach beteiligt, außerdem Großaktionär und neuer Organträger der Triumph International AG. Die übrigen deutschen Konzernunternehmen, die zum 1.1.1962 bestanden und nicht Tochter- oder Beteiligungsgesellschaften einer der beiden genannten deutschen Produktionsgesellschaften waren, kamen vollständig in den Direktbesitz des Wirtschaftsvereins.[423] Grund für die Errichtung war die organisatorische Straffung und „Sicherung des Unternehmens und des Vermögens der Inhaberfamilien Spiesshofer und Braun gegen erbrechtliche und sonstige Auseinandersetzungen" sowie vermutlich eine Steuerersparnis.[424] Die Familienmitglieder verpflichteten sich, das eingebrachte Vermögen nicht abzuziehen; die paritätische Beteiligung beider Familien wurde unabhängig von der Anzahl der Familienmitglieder festgeschrieben. In Deutschland findet man diese Rechtsform selten, da sie der Genehmigung des Innenministeriums bedarf. Sie ist aber beweglicher als eine Stiftung und kann ohne Weiteres wieder aufgelöst werden.[425]

Ab 1964 übernahm die Triumph International Holding GmbH die Holding-Funktion des wirtschaftlichen Vereins. Hintergrund war die notwendige Beschaffung von Kapital für eine Immobiliengesellschaft (Triumph Investex Gesellschaft für Investitionen) und die 1963 gegründeten Triumph-Interdress AG, die sich mit der Herstellung von Wäsche-, Bade- und Freizeitkleidung befasste. Zur Bereitstellung von Mitteln für die beiden Gesellschaften wurden freie Aktionäre hereingenommen. Um das steuerliche Schachtelprivileg in Anspruch nehmen zu können, musste eine Kapitalgesell-

420 Vgl. Geschäftsberichte Triumph International AG 1959 – 1970.

421 Vgl. Geschäftsberichte Triumph International AG 1959, S. 6 f.

422 Vgl. TA, Gutachten Büro Ludwig, Wirtschaftsberatung, 25.7.1966, S. a1. und S. a4.

423 Vgl. TA, Gutachten Büro Ludwig, Wirtschaftsberatung, 25.7.1966, S. a3 und b1.

424 TA, Gutachten Büro Ludwig, Wirtschaftsberatung, 25.7.1966, S. b1.

425 Vgl. TA, Gutachten Büro Ludwig, Wirtschaftsberatung, 25.7.1966, S. b1.

schaft als Finanzholding über beiden genannten Firmen stehen, dies war die Triumph-International Holding GmbH. Die Rechtsform der GmbH wurde gewählt, da die Aktiengesellschaft eine größere Publizitätspflicht mit sich bringt.[426]

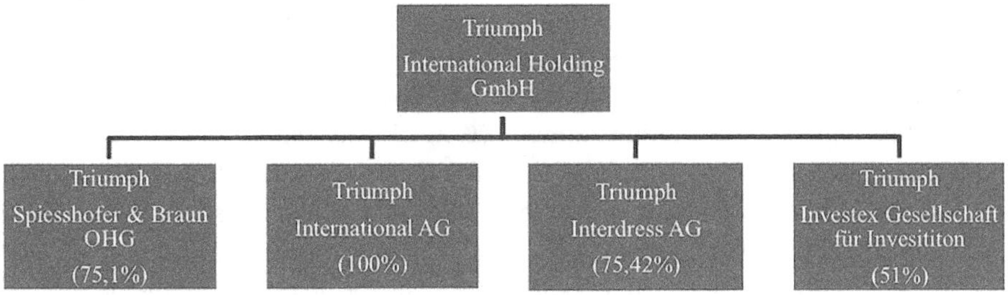

Abbildung 49: Konzernstruktur von Triumph 1964[427]
Quelle: TA, Gutachten Wirtschaftsberatung, S. b2 und S. c3.

1964 bildete das Unternehmen vier Geschäftsbereiche mit Leitungszentren. Die Miederfertigung war nun in Heubach konzentriert, der neue Bereich Wäsche in Ulm, Bade- und Strandmoden (ab 1961/62 im Produktionsprogramm) in Regensburg sowie Freizeitbekleidung in Freilassing/Passau.[428] In den Zentren wurden die Kollektionen konzipiert. Einkauf, Planung und Durchführung der Produktion lagen in eigener Verantwortung der vier Geschäftsbereiche.[429]

Zum 1.1.1965 bildete Triumph eine eigene Vertriebsgesellschaft im Inland, die Triumph Vertriebs GmbH & Co. OHG (Gesellschafter: Triumph International AG und Triumph Interdress AG).[430] Die Rechtsform OHG wurde gewählt, damit Verrechnungspreise[431] zwischen den Produktionsgesellschaften und der Vertriebsgesellschaft verhindert wurden und auf diese Weise Umsatzsteuer gespart werden konnte. Die OHG erhielt nur Kostenersatz und arbeitete ohne Gewinn. Die Produktionsgesellschaften stellten ihre Ware zu Marktpreisen zur Verfügung.[432]

Ein Problem der schnellen Expansion war die Heranbildung von Führungskräften, v. a. der mittleren und unteren Ebene. Im Triumph-Zentrum in Aalen wurde des-

426 Vgl. TA, Gutachten Büro Ludwig, Wirtschaftsberatung, 25.7.1966, S. b2.

427 Die Zahlen in Klammern unter den Firmennamen zeigen die Beteiligung der Holding an den jeweiligen Gesellschaften.

428 Vgl. TA, Triumph, Familienbetrieb, S.8.

429 Vgl. Rede von Herbert Braun auf der Fach-Pressekonferenz am 5.5.1965 in Heubach.

430 Vgl. Geschäftsbericht Triumph International AG 1965.

431 Preis, der zwischen verschiedenen Bereichen eines Unternehmens oder zwischen verschiedenen Gesellschaften eines Konzerns für innerbetrieblich ausgetauschte Sachgüter oder Dienstleistungen verrechnet wird.

432 Vgl. TA, Gutachten Wirtschaftsbüro, S. 11.

wegen eine Fortbildungsstätte für alle Werksangehörigen errichtet. Verkäuferinnen für Miederfachgeschäfte wurden in Heubach geschult.[433]

1970 geriet die Triumph-Gruppe in eine Krise. Ein Grund für die Schwierigkeiten war ein langer Planungszeitraum, da keine auftragsbezogene, sondern eine lagerorientierte Produktion erfolgte. 1969 waren Vorkehrungen für 1970 getroffen werden, wo man aufgrund der gestiegenen Kaufkraft noch mit einem Boom rechnete. Geld- und Wirtschaftspolitik entwickelten sich allerdings konträr. Der Einzelhandel baute Bestände ab und übertrug die Lagerhaltung auf die Bekleidungsindustrie, wodurch es zu Auftragsausfällen kam. Weiterhin kamen 1970 eine Kostenexplosion im Personal- und Sachkostenbereich sowie modische Unsicherheiten im Frühjahr hinzu.[434] Als Fehler in der Vergangenheit wurden die Zersplitterung auf über 60 Werke sowie die Versuche zum Einstieg in die DOB im Bereich Freizeitbekleidung angesehen.

Triumph reagierte sofort mit hartem Kurs auf die Krise. Maßnahmen zur Gewinnoptimierung, Rationalisierung der Fertigung, Senkung der Bereitschaftskosten durch räumliche Konzentration (Schließung kleinerer Werke) und Zusammenlegung von Betrieben zur Erhöhung der Wirtschaftlichkeit wurden durchgeführt. Das Unternehmen verkaufte das Werk in Ingolstadt für 8 Millionen DM an die Audi NSU AG.[435] Außerdem baute Triumph Lohnveredelungs-Kapazitäten ab, straffte das Sortiment, konzentrierte die Einkaufsabteilungen und sprach einen Einstellungs- und Investitionsstopp aus. Sowohl die Produktions- als auch die Anlagenverwaltungsgesellschaften wurden in je einer Aktiengesellschaft zusammengefasst. So verschmolzen auf die Triumph International AG die Triumph Spiesshofer & Braun GmbH Heubach (Frottier- und Miederwaren in Baden-Württemberg und dem Saargebiet) und die Triumph Interdress AG München (Wäsche- und Bademoden). In der Triumph International AG waren nun alle in der BRD gelegenen Produktionsstätten zusammengefasst.[436] Die *Stuttgarter Zeitung* schrieb: „Das sind ungewohnte Töne aus einem Unternehmen, das bisher nur Erfolgsmeldungen verkündete."[437] Der Vorstand der Triumph International AG war nun paritätisch mit familieneigenen und familienfremden Managern besetzt.[438] Welchem Bereich die jeweiligen Mitglieder der Familien Spiesshofer und Braun zugeordnet wurden, entschied man laut Dieter Braun nach Eignung. Im Gesellschaftsvertrag waren laut Aussage des ehemaligen Vorstandsmitglieds Alter und Vorbildung für den Eintritt in die Geschäftsführung festgelegt. Seit den 1950er Jahren seien auch familienfremde Manager ins Unternehmen berufen worden, da die vielfältigen Aufgaben nicht mehr allein von den beiden Familien hätten bewältigt werden können.[439]

---

433 Vgl. TA, Ziller, Scheune, S. 5/6.

434 Vgl. Geschäftsbericht Triumph International AG 1970.

435 Vgl. TA, Ordner 3, *Stuttgarter Zeitung*, Nr. 161, 17.7.1970, S. 14/15.

436 Vgl. Geschäftsbericht Triumph International AG 1970.

437 TA, *Stuttgarter Zeitung*, Nr. 161, 17.7.1970, S. 14/15.

438 Vgl. TA, Karl Hausner, Rede auf der Wirtschaftspressekonferenz am 15.7.1970.

439 Vgl. Interview mit Dieter Braun am 27.5.2014.

Die Wirtschaftskrise 1973 traf auch Triumph. Ende 1973 mussten sieben Werke in Bayern geschlossen werden, 500 Näherinnen wurden entlassen.[440] Die hohen Transaktionskosten aufgrund der Dezentralisierung forderten nun ihren Tribut. 1974 folgte aufgrund der wirtschaftlichen Schwierigkeiten und der strukturellen Krise in der Branche die Zusammenlegung der Produktgruppen Wäsche, Bademoden und Frottierwaren, bei denen eine Verwandtschaft in Hinsicht auf innerbetriebliche Abläufe und Marktverhalten bestand, in Regensburg.[441]

Die Umsatzentwicklung in Abbildung 50 offenbart – mit kleinen Rückgängen zur Wirtschaftskrise 1966 und der Unternehmenskrise 1970 – eine deutlich steigende Tendenz. Der nominale Umsatz vervierfachte sich von 200 Millionen DM im Jahr 1960 auf fast 760 Millionen in 1975. Der reale Umsatz entwickelte sich bis Ende der 1960er Jahre relativ ähnlich dem nominalen. Zu Beginn der 1970er Jahre fielen die realen Umsatzwerte jedoch von ca. 640 Millionen DM 1970 auf ca. 550 Millionen DM 1975. Dies deutet auf die allgemeinen Schwierigkeiten in der Branche durch den Importdruck hin (vgl. Kap. 6.4), aber auch auf die oben beschriebene interne Krise des Unternehmens. Interessant erscheint auch die Aufteilung des Umsatzes nach Inland und Ausland. Während der Umsatz in Deutschland Anfang der 1970er Jahre von ca. 410 Millionen DM 1970 auf etwa 330 Millionen DM 1975 zurückging, erhöhte sich der Auslandsumsatz von 41 Millionen DM 1960 auf 420 Millionen DM 1975 und lag damit über dem Inlandsumsatz.

Der Umsatz der Triumph International AG nach Produktgruppen ist ab 1970 dokumentiert und zeigt die Dominanz der Sparte Mieder mit allein über 250 Millionen DM Umsatz Anfang der 1970er Jahre. Der Wäschebereich erreichte noch knapp 50 Millionen DM, die Bereiche Bade- und Strandmoden sowie Frottierwaren lagen deutlich darunter.[442]

---

440 Vgl. TA, Reden- und Pressemitteilungen Leitende Angestellte, General-Direktor Karl Hausner, 1966 – 1970, Bericht vor der Wirtschaftspresse am 21. 8. 1974 in München.

441 Vgl. Geschäftsbericht Triumph International AG 1974.

442 Vgl. Geschäftsbericht Triumph International AG 1970.

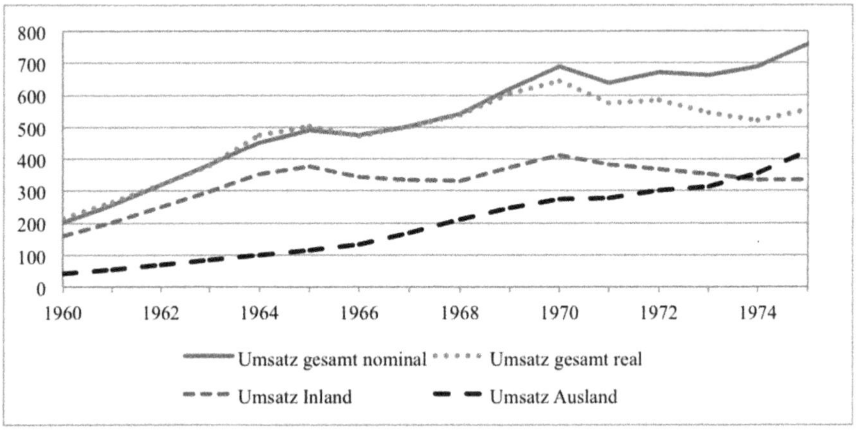

Abbildung 50: Umsatz des Triumph-Konzerns 1960 bis 1975 in Millionen DM[443]
Quelle: Umsatzaufstellung der Triumph- Betriebe 1887 bis 1975.

Die Zahl der Beschäftigten bei der Triumph International AG wuchs in der ersten Hälfte der 1960er Jahre noch auf etwa 1.800 an. Im Zuge der Krise 1966/67 mussten bei Triumph International allerdings ca. 1.000 Beschäftigte entlassen werden, da als Rationalisierungsmaßnahme einige kleine Werke unter 100 Beschäftigten geschlossen wurden.[444] In den folgenden Jahren nahm die Zahl der Beschäftigten jedoch wieder zu. Die Triumph International AG erreichte 1970 mit ca. 8.000 Beschäftigten den höchsten Stand, doch bis 1975 hatte sich die Zahl infolge der Wirtschafts- und Strukturkrise auf nur noch 3.800 schon mehr als halbiert. Nimmt man alle Triumph-Betriebe zusammen, wurde auch hier 1970 mit 20.000 Beschäftigten der Höhepunkt erreicht, danach folgte ein Abbau auf ca. 18.000 Personen Mitte der 1970er Jahre, 1985 waren es wieder knapp 20.000 Beschäftigte. Allerdings betrifft dies nur die Gesamtzahl, schaut man sich die Aufteilung in Arbeitskräfte in Deutschland sowie weltweit an, fällt ein deutlicher Trend zur Beschäftigung von Personen im Ausland auf. Von den ehemals 18.000 Beschäftigten Mitte der 1960er Jahre in Deutschland waren zu Beginn der 1980er Jahre nur noch 3.000 übrig, im Ausland verhielten sich die Zahlen in etwa umgekehrt.[445] Vermutlich waren bei Triumph auch Gastarbeiter beschäftigt, ein Hinweis darauf könnte die Errichtung eines Ausländerwohnheims in Aalen sein. Über Anzahl und Einsatzort ist nichts bekannt.[446]

Die Aufstellung des Reingewinns in Abbildung 51 zeigt deutlicher die Auswirkungen der Krisen und strukturellen Probleme in der Branche, wenngleich die außergewöhnlichen Schwankungen und die Jahre ohne ausgewiesenen Gewinn ab 1971

443 Der nominale Umsatz wurde mit dem Erzeugerpreisindex für die Bekleidungsindustrie 1962 = 100 in Tabelle 43 (Anhang) deflationiert.

444 Vgl. TW, 28.7.1966. o.S.

445 Vgl. Aufstellung der Beschäftigten der Triumph International AG 1887–1985.

446 Vgl. TA, Daten und Fakten zur Geschichte der Triumph International AG.

auf die oben beschriebenen Probleme zurückzuführen sind. Außerdem belasteten „exorbitante Kostensteigerungen vor allem im Personal- und Finanzsektor“[447] das Unternehmen. Bei den Bilanzen der Triumph International AG ist weiterhin zu beachten, dass durch häufige Umpoolung die Zahlen mit den Vorjahren nur schwer zu vergleichen sind.[448]

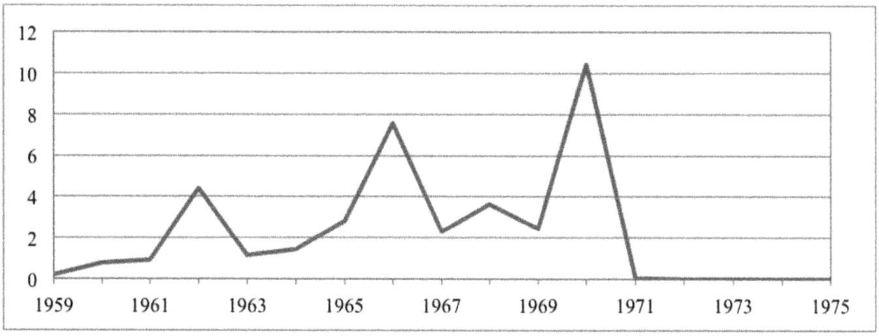

Abbildung 51 : Reingewinn der Triumph International AG 1959 bis 1975 in Millionen DM
Quelle: Geschäftsberichte der Triumph International AG 1960 bis 1975.

Triumph überstand die Krisen 1966/67 und 1973 sowie die Strukturkrise in der Bekleidungsindustrie relativ glimpflich, was laut Dieter Braun nicht zuletzt an der frühen Verlagerung ins Ausland und der schnellen Reaktion auf die Schwierigkeiten 1970 lag.[449]

Die Zahl der Miederwarenhersteller in Deutschland lag Mitte der 1960er Jahre bei 65 mit 24.000 Beschäftigten. 75 bis 80 Prozent des Marktes teilten sich sechs Unternehmen.[450] Neben Triumph waren dies die Karl Dölker KG (Gomaringen-Reutlingen, Marke Naturana), Felina GmbH Miederwarenfabriken (Mannheim), Playtex GmbH (Frankfurt), Ski-Mieder (Köln) und Susa-Werke Schneider & Sohn GmbH (Heubach). Der Marktanteil von Triumph bei Miederwaren lag bei fast 50 Prozent, Naturana folgte mit 11 Prozent, Felina mit 7,5 Prozent. Bei den unteren Preisklassen – in die Triumph erst Anfang der 1960er Jahre einstieg – hatte das Unternehmen bereits 1968 einen Marktanteil von 27,2 Prozent, gefolgt von Naturana mit 16 Prozent.[451] Triumph blieb weiterhin der unangefochtene Branchenführer,[452] nicht nur in Deutschland, sondern auch in Europa.[453] In der Weltrangliste der Bekleidungsindustrie lag Triumph 1971 auf Platz 15 mit über 600 Millionen DM Umsatz.[454]

447 Geschäftsbericht Triumph International AG 1973.
448 Vgl. TA, Gutachten Wirtschaftsbüro, S. e16.
449 Vgl. Interview mit Dieter Braun am 27.5.2014.
450 Vgl. TA, Gutachten Wirtschaftsbüro, S. e16.
451 Vgl. TA, Euro-Advertising-Werbegesellschaft mbH, Konzeption Vesta, 29.3.1968, S. 5/6.
452 Vgl. Braun, Mieder, S. 73.
453 Vgl. Daten und Fakten zur Geschichte der Triumph International AG.

Bei Wäscheprodukten war der Marktanteil von Triumph deutlich niedriger (allerdings produzierte das Unternehmen Wäsche auch erst seit 1965 selbst). Bei Unterkleidern waren es 1966 ca. 10 Prozent, dieser Wert lag etwa auf dem Niveau von Schiesser, bei Nachtwäsche waren es 0,5 Prozent. Der Wäschemarkt zeigte sich deutlich segmentierter als der Miedermarkt und Triumph als relativ neuer Anbieter war noch nicht so etabliert wie bekannte Hersteller.[455] Bei einer Umfrage aus dem Jahr 1964 brachten nur wenige der befragten Frauen Wäsche mit Triumph in Verbindung.[456]

Der Marktanteil bei Bademoden lag im Mai 1963 für Bikinis bei 50 Prozent, für Badeanzüge bei 12 bis 13 Prozent (Einführung 1962).[457] Auch bei anderen Miederherstellern wie Felina kann man Anfang der 1960er Jahre den Einstieg in die Wäscheproduktion sowie das Bademoden- und Freizeitmodensegment beobachten. Vermutlich wollten die Firmen so ihre Produktpalette möglichst nah am Kerngeschäft ergänzen und erhofften sich durch ihren bereits etablierten Namen Absatzchancen.[458]

7.2.6.2 Die internationalen Triumph-Gesellschaften

Triumph erkannte bereits in den 1950er Jahren die Bedeutung von Auslandsmärkten und errichtete deutliche früher als andere Firmen – wie z. B. die beiden anderen untersuchen Unternehmen Mehler AG sowie C&A – Auslandspräsenzen. Die ersten internationalen Gesellschaften entstanden 1953 in Belgien und Frankreich. Hauptgrund für die Errichtung seien Zollschranken beim Export gewsen, die man mit einer Produktion im Ausland umgehen konnte. Zunächst gab es eine Kollektion für alle Länder. Ab den 1960er Jahren entwickelte das Unternehmen – wie Braun berichtete – angepasste Kollektionen für die jeweiligen Märkte.[459] Triumph entwarf 1967 als erstes Unternehmen weltweit eigene Designs für bestimmte Länder und für den asiatischen Markt eigene Gradierungen.[460] Während die Triumph Universa GmbH mit Sitz in Bern die kontinentaleuropäischen Gesellschaften verwaltete, war die Triumph Overseas Ltd. Hamilton (Bermuda) für den außereuropäischen Bereich zuständig. Beide Gesellschaften wurden von der Triumph-International Holding GmbH gehalten.[461] Auf Qualitätsstandards legte das Unternehmen laut Dieter Braun großen Wert. Laut seiner

454 Vgl. TW, Nr. 6, 11. 2. 1971, S. 15 – 17.

455 Vgl. TA, Fascination – Wäsche von Triumph, Marketing- und Werbekonzeption 1967/68, August 1967, S. 7.

456 Vgl. TA, J. Walter Thompson GmbH, Frankfurt am Main, Bericht über die Grundlagenbefragung zum Thema „Mode“ für Triumph, Juli 1964, S. 8.

457 Vgl. TA, Gutachten Wirtschaftsberatung, S. a6.

458 Vgl. Ritter, Architektur, S. 51 f.

459 Vgl. Interview mit Dieter Braun am 27. 5. 2014.

460 Vgl. TA, Daten und Fakten zur Geschichte der Triumph International AG.

461 Vgl. TA, Ordner 3, Abhandlung über die einzelnen Gesellschaften, Ende der 60er Jahre, Verfasser unbekannt, S. 2.

Aussage war die Qualität der im Ausland produzierten Ware in der Regel gut. Qualitätssicherung gab es in Hongkong und in Aalen.[462]

1959 weitete Triumph seine Vertriebstätigkeiten auf den nordamerikanischen Markt aus. Die dortigen 800 Miederwarenhersteller produzierten als Folge hoher Lohnkosten trotz Spezialisierung auf Großserien so teuer, dass Triumph sofort bedeutende Aufträge verbuchen konnte. In New York und Toronto wurden Verkaufsbüros errichtet.[463] Bei diesem Projekt arbeitete Triumph mit dem Modeschöpfer Heinz Oestergaard zusammen und startete eine große Verkaufstour mit Models durch Amerika.[464]

1960 bestanden bereits Konzerngesellschaften in Paris, Rom, Wien, Berlin, New York, Amsterdam, Bern, Beirut, Brüssel, Helsinki, London, Mailand, München, Stockholm, Johannesburg, Kopenhagen, Toronto und Zurzach/Schweiz. 1962 existierten neben den sieben österreichischen Werken und den Produktionsanlagen in Frankreich und der Schweiz auch Zweigwerke in Spanien, Italien, Griechenland, Portugal, und dem Libanon.[465] In Australien wurde eine Lizenzfertigung unterhalten.[466] 1966 hatte Triumph Niederlassungen und Vertretungen in 92 Ländern. 1974 arbeiteten bereits zwei von drei Triumph-Mitarbeitern in den Auslandsgesellschaften.[467] Die Marktanteile bei Miederwaren lagen Mitte der 1960er Jahre bei 30 Prozent in Österreich, 20 Prozent in Dänemark und Norwegen, 30 Prozent in Finnland, 20 Prozent in Italien und 40 Prozent in der Schweiz.[468]

Im Gegensatz zur Mehler AG und C&A, die den größten Teil ihrere Auslandsgeschäfter durch PLV abwickelten, setzte Triumph auf die Errichtung eigener Werke. Diese erforderten zwar höhere Fixkosten, hatten aber transaktionskostenökonomisch gesehen bei wiederkehrenden Geschäften – die hier vorlagen – Kostenvorteile gegenüber einer Lizenzproduktion oder Zusammenarbeit mit Firmen vor Ort. Die variablen Kosten sind bei großer Häufigkeit der Transaktionen bei eigenen Fabriken deutlich niedriger. Dies gilt insbesondere bei speziellen Gütern, wie es Miederprodukte sind.[469]

Der Osthandel verlief laut dem Erfahrungsbericht von Dieter Braun diskontinuierlich. Verkauft habe man in Geschäften, in denen mit DM bezahlt werden konnte; Lizenzproduktion für Miederwaren und Bademoden mit der DDR habe es ab 1988 gegeben.[470] Die Abwicklung erfolgte durch die Euro-Triumph AG.[471] Darüber hinaus

462 Vgl. Interview mit Dieter Braun am 27.5.2014.
463 Vgl. TA, Gutachten Wirtschaftsberatung, S. a2.
464 Vgl. TA, SZ, 12.10.1959.
465 Vgl. TA, Gutachten Wirtschaftsberatung, S. a3 und S. a6.
466 Vgl. TA, Produktionsstätten der Triumph-International Gruppe, 25.3.1965.
467 Vgl. TA, Daten und Fakten zur Geschichte der Triumph International AG.
468 Vgl. TA, Gutachten Wirtschaftsberatung, S. a11.
469 Vgl. Nicholas, Stephen: The Theory of multinational Enterprise as a transactional Mode, in: Peter Hertner (Hg.): Multionationals. Theory and History, Aldershot 1986, S. 64–79, hier S. 67.
470 Vgl. Interview mit Dieter Braun am 27.5.2014 und TA, Daten und Fakten zur Geschichte der Triumph International AG.

bestand ein Kooperationsvertrag mit Ungarn. Ein Werk mit ca. 200 Näherinnen arbeitete seit Mitte der 1960er Jahre ausschließlich für Triumph. Ein Teil der dort produzierten Miederwaren wurde in Ungarn vertrieben, der Rest von den westeuropäischen Triumph-Gesellschaften übernommen. Außerdem arbeiteten in Jugoslawien 1970 ca. 1.500 Näherinnen für alle Produktgruppen in Form von Lohnarbeit.[472]

Eine ähnliche Entwicklung durchlief auch Felina. Ende der 1970er Jahre kamen 50 Prozent der Produktion aus dem Ausland. 300 Mitarbeiter waren in Österreich tätig, 1.000 Näherinnen in Jugoslawien, der CSSR, Ungarn, Griechenland und Italien, ca. 1.000 Beschäftigte in Deutschland. Der Umsatz lag 1977 bei 95 Millionen DM – also deutlich niedriger als bei Triumph –, die Gewinnmarge entwickelte sich unbefriedigend. Das traditionelle Miedergeschäft trug nur noch mit 60 Prozent zum Umsatz bei.[473] Der sinkende Anteil der Mieder am Gesamtumsatz war eine Entwicklung, die man auch bei Triumph ab Mitte der 1970er Jahre beobachten konnte.

7.2.6.3 Neue Wege in Marketing und Werbung

Marketing und Marktforschung standen bei Triumph früher als bei anderen Firmen und in der Miederindustrie eher als im Rest der Branche im Fokus.[474] Das Unternehmen ging laut Dieter Braun innovative Wege, die oft Aufsehen erregten. Dafür zeichnete ab den 1950er Jahren Herbert Braun verantwortlich.[475] Eine Wirtschaftsberatung beschrieb seine Methoden Mitte der 1960er Jahre wie folgt:

> Dr. Braun vereinigte in sich ein modernes Wirtschaftsdenken mit dem angeborenen Talent eines nicht gerade zart besaiteten Reklamefachmannes. Das erste, was er riskierte, war der Bruch mit althergebrachten Äußerst-Zurückhalte-Methoden der Branche. Sein Durchbruch bis zu Großanzeigen mit wohlgestalteten und mit spärlicher Reizwäsche bekleideten Damen verhalfen ihm zu höchsten Umsätzen, aber auch zu heftigen Kritiken aus der Branche und aus Moralistenkreisen.[476]

Der Spiegel nannte ihn 1965 den „Triumphator des Dessousgeschäfts“[477]. Herbert Braun sah sein Wirken wie in der Folge zitiert: „An ernüchternd billiger Wäsche und Alpträumen von Morgenröcken und sogenannten Korsetts sind mehr Ehen gescheitert als an handfesten Seitensprüngen.“[478]

---

471 Vgl. TA, Triumph, Familienbetrieb, S. 7.

472 Vgl. TA, Karl Hausner, Rede bei der Betriebsversammlung am 27.5.1970 in München.

473 Vgl. Ritter, Architektur, S. 53.

474 Vgl. Gaber, Miederindustrie, S. 41. Zum Marketing im Textileinzelhandel vgl. die im gleichen Projekt wie die vorliegende Dissertation entstandene Arbeit von Anna Pauli: Die Geschichte des Marketings im Textileinzelhandel 1918 bis 1960, vorauss. 2017.

475 Vgl. Interview mit Dieter Braun am 27.5.2014.

476 TA, Gutachten Wirtschaftsberatung, S. a1.

477 *Der Spiegel*, Nr. 19 1965, Paprika und helle Haut, S. 60–65, hier S. 60.

478 *Der Spiegel*, Nr. 19 1965, Paprika und helle Haut, S. 60–65, hier S. 60

Triumph revolutionierte Ende der 1950er Jahre die Präsentation der Mieder. Bis 1956 wurden Dessous und Mieder nur vor geschlossener weiblicher Gesellschaft gezeigt. Die Mannequins präsentierten keine nackte Haut, sondern trugen unter den Miedern schwarze und braune Trikots. Während der Fashion Fair in London 1957 ließ Triumph erstmals Models vor großem Publikum mit Miedern auf nackter Haut defilieren. 1959 fand eine große Präsentation im Hilton Hotel in Berlin statt. Das Presse-Echo erreichte Dimensionen, die für Miederverhältnisse außergewöhnlich waren.[479] Der Werbeslogan zu dieser Zeit lautete: „Triumph krönt die Figur."[480]

Anfang der 1960er Jahre führte Triumph neue Marketingkonzeptionen aufgrund von Marktuntersuchungen ein. Anstelle einer Kollektion, bestehend aus vielen Einzelmodellen, trat der Seriengedanke (vgl. Kap. 7.2.6.4).[481] Außerdem bediente Triumph nun auch untere Preissegmente, die vorher anonymer Ware vorbehalten waren.[482] Grund war, dass das Geschäft bei mittleren Preisen stagnierte.[483] Unerwartet schnell konnte Triumph im Wäsche-Niedrigpreismarkt bei Unterkleidern und Hemdröckchen Fuß fassen.[484]

Die Verkaufsorganisation für die BRD war nach Bezirken aufgeteilt, für die jeweils ein Verkaufsdirektor zuständig war. Dieser war für vier bis fünf Reisende verantwortlich. Außerdem gab es 15 bis 20 dezentralisierte Auslieferungslager in größeren Städten und in Westberlin.[485] Der Verkauf lief nach Aussagen Deiter Brauns v. a. über Fachhändler und Kaufhäuser.[486]

Ab 1966 übernahm die Inter Triumph Marketing GmbH das gesamte Marketing.[487] Losgelöst vom eigentlichen Geschäft wie Einkauf, Produktion und Verkauf, befasste sich diese Gesellschaft mit Pressearbeit, Werbung, Marktforschung sowie Mitarbeiter-Schulungen für das In- und Ausland.[488] Ziel der Marketingstrategien für Miederwaren war die Änderung der Kauf- und Verbrauchsgewohnheiten. Für verschiedene Tragegelegenheiten sollten unterschiedliche Arten von Miederwaren verkauft werden.[489]

Mit der Kampagne „Triumph 70" unter der Leitung von Günther Spiesshofer flogen Mannequins, Tänzerinnen und Begleitpersonal in einer eigens für diesen Zweck umgebauten Chartermaschine durch Europa und die Welt. In allen großen Mode-

479 Vgl. Braun, Mieder, S. 68.

480 Braun, Mieder, S. 107.

481 Vgl. Geschäftsbericht Triumph International AG 1961.

482 Vgl. TA, Gutachten Wirtschaftsberatung, S. a4.

483 Vgl. TA, Münchner Merkur, 21.7.1966.

484 Vgl. TA, Rede Herbert Braun anlässlich der Hauptversammlung der Triumph Interdress AG am 23.7.1969.

485 Vgl. Ordner 3, Triumph 1957.

486 Vgl. Interview mit Dieter Braun am 27.5.2014.

487 Vgl. Geschäftsbericht Triumph International AG 1966.

488 Vgl. TA, Ziller, Scheune, S. 5.

489 Vgl. TA, Rede Herbert Braun auf der Fach-Pressekonferenz am 5.5.1965 in Heubach.

Zentren wurden die Kreationen in einem abendfüllenden Programm in Kombination von Tanz, Film und Musik vorgeführt.[490]

Ab 1974 stellte Triumph den BH „einer für alle“ her, der fünf Größen abdeckte (70 A bis 80B).[491] Von Anfang an war der BH ein Bestseller und als „one size“ sogar weltweit ein Hit. Er passte v.a. in die Forderungen der Zeit nach nahtlosen und leichten BHs. Triumph begegnete der „Oben-Ohne-Bewegung“ seit Ende der 1960er Jahre mit einem BH, der zwar Halt bot, aber sich kaum bemerkbar machte und die Brust nicht betonte. Dazu musste er nicht einmal anprobiert werden.[492]

Abbildung 52: Werbung für den BH „einer für alle“ von Triumph 1970er Jahre
Quelle: Braun, Mieder, S. 80.

490 Vgl. TA, Triumph, Familienbetrieb, S. 3.
491 Vgl. Geschäftsbericht Triumph International AG 1975.
492 Vgl. TA, Daten und Fakten zur Geschichte der Triumph International AG und Braun, Mieder, S. 81.

1967 führte Triumph eine Produktinnovation ein: das Moldingverfahren für nahtlose Cups.[493] Materialien aus Polyesterfasern wurden dazu thermoplastisch verformt. Die aus diesen Materialien hergestellten BH-Modelle waren auch zum Tragen unter enganliegenden Oberteilen geeignet und formten eine runde Büste, die natürlich wirkte, im Gegensatz zu den sonstigen spitzformenden BH-Modellen.[494]

Neben Triumph ist ein differenziertes Marketing nur bei der Leineweber GmbH aus Herford bekannt. Dieses Unternehmen führte seit Anfang der 1950er Jahre in jeder Saison bei seinen Einzelhandelskunden einen „Leineweber-Test“ durch, bei dem die Kunden befragt wurden, wie sie in der bevorstehenden Saison zu disponieren gedachten.[495] Ansonsten war systematische Werbung und Marketing in der Branche Anfang der 1970er Jahre noch nicht weit verbreitet. Der Berliner Psychologe und Marktforscher Otto Walter Haseloff urteilte im Spiegel: „Die DOB-Branche ist in ihren Methoden, was differenzierte Marktforschung und gezielten Konsumanreiz betrifft, geradezu archaisch.“[496] Für Werbung gab die gesamte DOB 1969 35 Millionen DM aus, weniger als Hersteller von Suppen und Gewürzen (36 Millionen) sowie Wein und Sekt (42 Millionen). Laut Haseloff war die Branche noch produkt- und herstellerorientiert.[497]

Ein Vergleich mit den anderen Herstellern im Miederwarenbereich belegt den ungewöhnlich hohen Marketing-Aufwand bei Triumph. 1963 gab das Unternehmen 14 Millionen DM für Werbung in Anzeigen und Fernsehen aus, bei der gesamten Konkurrenz waren es mit ca. 7 Millionen DM nur die Hälfte. Die Konkurrenten Playtex und Felina investierten nur 2,4 und 1 Millionen DM (bei allerdings auch niedrigerem Umsatz, der nicht genau beziffert wird).[498] Die Nase vorn hatte Felina aber bei der Testimonial-Werbung. Mitte der 1970er Jahre bewarb Uschi Glas für Felina den „Schätzchen-BH“.[499]

Immer wichtiger wurden Marken als Erfolgsfaktor, dies zeigen auch die Unternehmen Boss und Seidensticker. Boss konzentrierte sich auf das obere Preissegment von Herrenanzügen und etablierte die Marke „Boss“ mit einer geschickten Marketingstrategie zunächst in Deutschland, in den 1980er Jahren auch auf dem Weltmarkt.[500] Seidensticker führte 1957 mit „Toplin mit dem blauen Punkt“ das erste Markenhemd ein.[501] Triumph setzte in Marketing und Produktgestaltung auf seinen Namen, der Qualität, Verlässlichkeit und Tradition mit sich bringen sollte.

---

493 Vgl. Braun, Mieder, S. 73.
494 Vgl. TA, Immer wieder Mieder, 8.12.1972, S. 5/6.
495 Vgl. BW, Nr. 5 1954, S. 195f.
496 *Der Spiegel*, Nr. 46 1970, Im Mini kommste Dir langsam doof vor, S. 221–237, hier S. 225
497 Vgl. *Der Spiegel*, Nr. 46 1970, Im Mini kommste Dir langsam doof vor, S. 235–237.
498 Vgl. TA, Marktforschung, Roter Ordner, Der Miedermarkt 1965.
499 Vgl. Ritter, Architektur, S. 51.
500 Vgl. Köster, Boss, S. 103.
501 Vgl. https://www.seidensticker.com/corporate-unternehmen-historie (Stand: 15.4.2016)

7.2.6.4 Der Set-Gedanke

Seit 1965 stellte Triumph auch Wäsche-Sets her, bei denen Mieder bzw. BHs und Wäsche in einheitlichem Stil angeboten wurden. Dies war in der Branche eine absolute Neuheit.[502] Ein wesentlicher Grund für die bisherige ungenügende Expansion des Wäschemarktes war laut Herbert Braun die Tatsache, dass das Mieder seine Ergänzung in der Wäsche nicht fand. Die Set-Idee vertrat den Gedanken, dass Mieder und Wäsche zusammengehören. So Herbert Braun auf einer Pressekonferenz 1965: „Das TRI-Set bietet jeder Frau die Möglichkeit, sich ihr Set individuell zusammenzustellen, ob sie kurze BHs oder lange BHs, ob sie Miederschlüpfer oder Korseletts trägt, immer wird sie das passende Wäscheteil wählen können."[503] Triumph war das einzige Unternehmen in Europa, das über eine große Mieder- und Wäschefabrikation verfügte.[504]

1971 setzte Triumph angesichts der strukturellen Schwierigkeiten in der Branche sowie den steigenden Importzahlen und des Preiskampfs auf ein hochmodisches Aktualitäten-Programm. In Ergänzung der Hauptkollektion handelte es sich v.a. um BH- und Wäscheslip-Sets basierend auf den verschiedensten, gerade jeweils aktuellen neuen Materialien wie Trikot, Charmeuse (feines, weiches Seidengewebe), Helanca-Spitze (hochelastische Polyamid-Faser) und Lycra-Spitze (hochelastische synthetische Kunstfaser). Die Besonderheit war, dass stets nur eine beschränkte Menge für die Fertigung aufgelegt wurde. Etwa alle sechs Wochen bot der Verkauf zwei bis drei solcher Kombinationen – überwiegend aufbauend auf vorhandenen modisch-aktuellen Schnitten und Modellen, d.h. unter weitestgehender Vermeidung von Entwicklungs- und Produktionskosten – zur einmaligen Lieferung an. Wenn die vorgefertigte Menge abverkauft war, wurde nicht nachproduziert, sondern zwei bis drei neue Sets angeboten. So gab es fortlaufend neue Ware in den Schaufenstern, was das Unternehmen von anderen Herstellern unterschied und neue Umsatzchancen bot. Triumph hielt es für sinnlos, sich auf den Preiskampf im Wäschesektor einzulassen, sondern verfolgte die Strategie, mit Markenware dagegen zu halten. Triumph setzte auf Qualität, hochwertige Verarbeitung und gebundene Preise.[505]

7.2.6.5 Einstieg in die Strumpfproduktion

Die Triumph Spiesshofer & Braun OHG stieg im März 1969 ins Strumpfgeschäft ein. Das Unternehmen produzierte in eigener Regie Strumpfhosen in einem von dem Strumpfproduzenten Schulte & Dieckhoff GmbH & Co. KG gepachteten Werk in Allendorf bei Marburg/Lahn. Der Ausstoß pro Tag lag bei ca. 50.000 Stück. Der Hauptgrund für die Diversifikation war, dass namhafte Strumpfhersteller in ihrer Marketingkonzeption für die Strumpfhose mit dem Begriff „Miederware" geworben hatten.

502 Vgl. TA, Daten und Fakten zur Geschichte der Triumph International AG.

503 TA, Rede Herbert Braun auf der Fach-Pressekonferenz am 5.5.1965 in Heubach.

504 Vgl. TA, Rede Herbert Braun auf der Fach-Pressekonferenz am 5.5.1965 in Heubach.

505 Vgl. TA, Rede Herbert Braun anlässlich der Hauptversammlung der Triumph International AG am 24.8.1972 in München.

Triumph hatte schon Jahre zuvor den zehn maßgebenden deutschen Strumpfherstellern vorgeschlagen, dass nicht einzelne Unternehmen, sondern beide Branchen als Ganzes in den Bereichen Werbung, Verkauf und technische Fragen zusammenarbeiten sollten. Die Strumpfhersteller wollten aber auf die Verwendung des Begriffs „Mieder" im Zusammenhang mit ihren Erzeugnissen nicht verzichten. Deswegen zog Triumph die Konsequenzen und stieg selbst in die Produktion ein.[506] Ein weiterer Grund war wohl, dass nach einer Marktforschungsstudie v. a. junge Frauen mit dem Aufkommen der Strumpfhose dazu neigten, weniger Miederunterteile zu tragen. Dieser Entwicklung wollte Triumph begegnen.[507] Das Produkt passte von der modischen und technischen Beschaffenheit zu den Miederhöschen von Triumph.[508]

Von März bis Dezember 1969 hatte die Strumpfsparte einen Umsatz von fast 20 Millionen DM erwirtschaftet. Deswegen war die Führung des Unternehmens optimistisch und erwarb 1970 die saarländische Strumpffabrik Steinberg KG in St. Wendel. Diese war größer und moderner als der Betrieb in Allendorf. Der bestehende Pachtvertrag mit der Firma Schulte & Dieckhoff wurde deswegen in „gegenseitigem Einvernehmen"[509] aufgelöst. Im Saarland und den umliegenden Zweigwerken arbeiteten nun gut 3.000 Arbeitskräfte für die Strumpfsparte von Triumph. Von der Garnherstellung bis zur Qualitätskontrolle und Verpackung war der gesamte Herstellungsprozess in den Werken konzentriert.[510]

Allerdings war man im Unternehmen schon kurze Zeit später mit der Entwicklung der Strumpfsparte unzufrieden. Der Druck durch preiswerte Importe erschwerte den Absatz, dazu kam, dass durch die Verbreitung der Hose die Verlagerung auf eine Slip/BH-Kombination stattfand und Frauen weniger Strumpfhosen trugen. Die Folgen waren Stagnation des Absatzes und Preisverfall.[511] 1972 lief ein Verlust von 35 Millionen DM auf.[512] 1974 wurde die Strumpfproduktion wegen Rentabilitätsschwierigkeiten v. a. aufgrund mangelnder Nachfrage wieder aufgegeben.[513]

Das Vorgehen in der Strumpfsparte zeigt die Strategie bei Triumph, unrentable Unternehmensteile schnell abzustoßen, eine für Familienunternehmen eher untypische Vorgehensweise.[514] Triumph besaß laut Dieter Braun wenig Know-How in der Technik der Strumpfproduktion und führte alte Technologien im Betrieb ein. Aus diesem Fehlverhalten zog man anscheinend später noch Lehren. Dieter Braun ver-

---

506 Vgl. TA, *Die Welt*, 19. 3. 1969.
507 Vgl. TA, Rede Herbert Braun auf der Hauptversammlung der Triumph Interdress AG, 23. 7. 1970.
508 Vgl. Geschäftsbericht Triumph International AG 1968.
509 TA, Rede Herbert Braun auf der Wirtschafts- und Fachpresse-Tagung am 12. 3. 1970 in München.
510 Vgl. TA, Rede Herbert Braun auf der Wirtschafts- und Fachpresse-Tagung am 12. 3. 1970 in München.
511 Vgl. TA, Karl Hausner, Bericht vor der Wirtschaftspresse in München am 22. 8. 1973.
512 Vgl. TA, *Stuttgarter Zeitung*, 23. 8. 1974.
513 Vgl. TA, *Münchner Merkur*, 23. 8. 1974.
514 Vgl. Berthold, Florian: Familienunternehmen im Spannungsfeld zwischen Wachstum und Finanzierung, Köln 2010, S. 126 f. und Sander, Beate: Börsenerfolg Familienunternehmen. Höhere Rendite mit GEX-Werten, München 2008, S. 28.

hinderte Ende der 1990er Jahre laut eigener Aussage den Einstieg in das Body-Geschäft, weil sich die Firma auch damit nicht ausgekannt habe. Stattdessen seien die Produkte zugekauft worden, was zwar etwas teurer gewesen sei, aber weniger risikoreich. Diese Entscheidung habe sich als richtig herausgestellt, da Bodies nur wenige Jahre gefragt gewesen seien. Insgesamt gesehen erwies sich die Strategie „Schuster bleib bei deinen Leisten" bei Triumph als äußerst erfolgreich.[515]

7.2.7 Anpassung an die Marktbedingungen: Neue Ideen im Inland, Produktion im Ausland (ab 1973)

Auch Triumph folgte wie die Mehler AG bei den wichtigsten strategischen Entwicklungen dem Branchentrend. Das Unternehmen war seit Ende des 19. Jahrhunderts Marktführer seiner Sparte und brachte diese mit immer wieder neuen Innovationen voran, die klug beworben wurden. Bei Schwierigkeiten in der Korsett- und Miederwarensparte – wie in den 1920er Jahren – diversifizierte das Unternehmen in andere Bereiche. Während des Zweiten Weltkrieges ließ Spiesshofer & Braun Zivilkleidung im Ghetto Litzmannstadt herstellen, um die Einschränkungen der Produktion im Deutschen Reich durch Auskämmung und Freimachung für die Rüstungsindustrie auszugleichen. Bereits ab den 1950er Jahren begann Triumph seine Auslandspräsenz auszubauen und verlagerte die Produktion.

Die „Oben-Ohne-Bewegung" in den 1970er Jahren bewirkte einen Rückgang des Absatzes von BHs und Miedern. Der Inlandsumsatz bei Triumph sank von etwa 400 Millionen DM 1970 auf gut 300 Millionen DM 1979.[516] 1974 bis 1976 wurden deshalb mehrere Werke in Bayern geschlossen, ebenso die Betriebe in Ulm und Mögglingen, Waldstetten, Böhmenkirch und Bartholmä.[517] Die Stagnation des Umsatzes im Inland zwischen 300 und 350 Millionen DM hielt bis Mitte der 1980er Jahre an, während der Auslandsumsatz weiter anstieg. 1978 erwirtschaftete Triumph insgesamt 845 Millionen DM, davon waren 520 Millionen DM Auslandsumsatz. Durch die Schließung der Betriebe in Deutschland halbierte sich die Zahl der Beschäftigten im Inland von ca. 7.000 im Jahr 1973 auf nur noch 3.000 gut 10 Jahre später. Weltweit jedoch erhöhte sich die Beschäftigtenzahl von 17.200 1973 auf knapp 20.000 1985.[518]

In den 1980er Jahren wurden weitere Werke in Bayern geschlossen und die bestehenden rationalisiert. Auch im Frotteebereich mussten Kapazitäten abgebaut werden. 1989 wurde die Frottierproduktion in Heubach – dem einzig verbliebenen Standort für diesen Bereich – eingestellt.[519] Ab Mitte der 1980er Jahre expandierte

515 Vgl. Interview mit Dieter Braun am 27.5.2014.

516 Vgl. Umsatzaufstellung und Aufstellung der Beschäftigten der Triumph-Betriebe 1887–1985.

517 Vgl. TA, Daten und Fakten zur Geschichte der Triumph International AG.

518 Vgl. Umsatzsaufstellung der Triumph International AG 1887–1985.

519 Vgl. TA, Daten und Fakten zur Geschichte der Triumph International AG.

Triumph in den osteuropäischen und asiatischen Markt.[520] 1986, zum 100jährigen Jubiläum des Unternehmens, hatte Triumph Niederlassungen oder Vertretungen in fast allen Ländern der Welt.[521]

Bei den Produkten konnte Triumph mit dem leichten, gemoldeten BH punkten.[522] Außerdem entwickelte das Unternehmen Wäsche aus leichten Materialien mit Nylon und Lycra. Die Ende der 1970er Jahre eingeführten Marken Bee dees für junge Mädchen und sloggi verbanden erfolgreich Tragekomfort mit modernen Schnitten und leichter Pflege. In den 1980er Jahren entwickelte Triumph passend zur Fitness- und Aerobic-Welle Sport-BHs. In den 1990er Jahren war Triumph Vorreiter bei der Verarbeitung von Bio-Baumwolle in den Produkten und der Verwendung nickelfreier Ösen und Häkchen. In der Werbung setzte Triumph auf Stars aus dem Showbereich, beispielsweise warb man in den 1990er Jahren mit drei-Meter hohen Plakaten, auf denen Naomi Campbell in Triumph-Wäsche zu sehen war.[523] 1992 wurde Triumph erstmalig Ausrüster der deutschen Damen-Olympia-Mannschaft und des deutschen Damen-Leichtathletik-Verbandes mit Triaction Sport-BHs. 1994 entschloss sich das Unternehmen allerdings zu einer Konzentration auf Kernkompetenzen und -produktgruppen. In diesem Zusammenhang stellte Triumph die Produktion von Sportbekleidung ein.[524]

Heute ist Triumph ein immer noch familiengeführtes Unternehmen mit ca. 33.000 Mitarbeitern im Jahr 2013, der größte Teil davon in Auslandsgesellschaften.[525] 2013 stärkte das Unternehmen durch den Kauf zweier erfolgreicher Unterwäsche-Handelsketten seine Position in den USA und Mexiko. Außerdem werden eigene Produkte im dortigen Einzelhandel verkauft.[526] Weiterhin muss das Unternehmen Herausforderungen wie den in Europa rückläufigen Lingerie-Markt sowie den zunehmenden Wettbewerb mit ausländischen Filialisten bewältigen.[527]

Die Stärke des Unternehmens Triumph liegt zum einen in einer innovativen Marken- und Produktpolitik sowie zum anderen im Umgang mit neuen Herausforderungen und Verlustquellen. Die Analyse zeigte, dass Produkte oder ganze Bereiche, die nicht mehr konkurrenzfähig waren, konsequent aus dem Programm gestrichen und die zugehörigen Unternehmensteile abgestoßen wurden. Vor Diversifikationen in angrenzende Produktbereiche schreckte man nicht zurück. Dieses Vorgehen ist für ein Familienunternehmen eher ungewöhnlich. Gepaart mit der Aufrechterhaltung fami-

---

520 Vgl. Geschichte des Unternehmens Triumph, http://www.triumph.com/de/de/7503.html (Stand: 13.05.2015).

521 Vgl. TA, Daten und Fakten zur Geschichte von Triumph International.

522 Vgl. Braun, Mieder, S. 73.

523 Vgl. Geschichte des Unternehmens Triumph, http://www.triumph.com/de/de/7503.html (Stand: 13.05.2015).

524 Vgl. TA, Daten und Fakten zur Geschichte der Triumph International AG.

525 Vgl. TW, Nr. 30, 24.7.2014, S. 6.

526 Vgl. Geschichte des Unternehmens Triumph, http://www.triumph.com/de/de/7511.html (Stand: 13.05.12015).

527 Vgl. TW, Nr. 30, 24.7.2014, S. 6.

liärer Traditionen und Werte brachte es Triumph bisher eine äußert erfolgreiche Unternehmensentwicklung ein.

Auch andere Mieder- und Wäschehersteller kämpften weiter gegen die steigenden Kosten. In den 1980er Jahren konzentrierte sich Felina auf Miederwaren, Tagwäsche und Bademode. 60 bis 75 Prozent der Produktion wurden in Ungarn, Jugoslawien, der CSSR und Bulgarien gefertigt; in Deutschland arbeiteten 1987 nur noch 90 Näherinnen in Kaiserslautern und 200 in Mannheim. Heute erwirtschaftet Felina ca. zwei Drittel des Umsatzes im Ausland.[528] Von weltweit 1.000 Mitarbeitern sind etwa 130 in Deutschland beschäftigt, die sich um das Design kümmern.[529]

7.3 C&A Brenninkmeyer

Die Quellenlage ist die am wenigsten ausführlichste von allen drei Beispielunternehmen. Händler waren in aller Regel bestrebt, Waren möglichst schnell durchzuschleusen, und mit nicht mehr aktuellen geschäftlichen Unterlagen wurde lange Zeit ähnlich verfahren. Zudem verbrannte ein großer Teil der Akten von C&A Deutschland infolge eines Luftangriffs auf Berlin im November 1943. Bei einem Brand in der niederländischen Hauptverwaltung in Amsterdam wurden 1963 weitere Dokumente zerstört bzw. beschädigt. Insgesamt ist die Zeit nach 1945 deutlich besser dokumentiert.[530]

Die geschäftliche Entwicklung des Unternehmens konnte anhand statistischen Materials über Umsätze, Gewinne, Mitarbeiter- und Produktionszahlen sowie Löhne nachgezeichnet werden. Hauptquelle dafür waren die Jahresberichte des Unternehmens, die von 1926 bis 1961 erhalten bzw. zugänglich sind und vor 1945 auch einen Textteil enthielten. Chroniken der einzelnen Produktionsbetriebe gaben Einblick in die Entwicklungen der jeweiligen Unternehmensteile. Ein unternehmenshistorisches Manuskript aus den 1960er Jahren enthält auch Informationen für die Zeit vor 1945 und hatte einige der bei dem Brand 1963 vernichteten Unterlagen als Quellen. Diverse Personalakten von Mitarbeitern der Produktion halfen nachzuvollziehen, mit welchen Fragen man sich im Alltag beschäftigte. Über den Betrieb Canda Essen – in dem sich die Leitung der deutschen Fabriken in der BRD befand – existieren für die Zeit nach 1950 Betriebsleiterbesprechungen, Protokolle des Wirtschaftsausschusses und Betriebsrats sowie Berichte über Ausbildungskurse und Arbeitsinhalte.

528 Vgl. Ritter, Architektur, S. 57–59.

529 Vgl. http://www.felina.de/Query?node=659057&language=1 (Stand: 13.05.2015).

530 Vgl. Spoerer, C&A, S. 21.

7.3.1 Die Entwicklung des Einzelhandelsgeschäfts bei C&A 1860 bis 1918

Die Vorfahren der Firmengründer Clemens und August Brenninkmeyer stammten aus Mettingen in Westfalen. Bereits im 17. Jahrhundert verkauften sie Leinen in der niederländischen Region Friesland.[531] Der Tödden-Handel (vom englischen to toddle = herumziehen)[532] war in dieser Zeit verbreitet im Tecklenburger Land, da ohne Zuverdienst die eigenen Höfe oft nicht mehr bewirtschaftet werden konnten. Die Tödden handelten mit Stoffen, die in den benachbarten Gegenden gefertigt wurden.[533] In der vierten Generation wurde der traditionelle Wanderhandel der Familie Brenninkmeyer von Johann Gerhard – dem Vater von Clemens und August – neu geordnet. Um 1790 wurde die stationäre Handelsfirma H. Brenninkmeijer & Co. gegründet, die im November 1796 ein Geschäftshaus im friesischen Sneek sowie das bestehende Ladeninventar erwarb. Der Verkauf fand aber weiterhin durch Wanderhandel statt. Johann Gerhard und seine Brüder Johann Hermann sowie Johann Bernhard führten das Unternehmen, während ihre Familien im heimischen Mettingen blieben. 1828 kam es zu einer Trennung des Unternehmens, aus der zwei Firmen hervorgingen. Johann Hermanns Söhne gründeten H. Brenninkmeijer & Zonen, Johann Gerhards Söhne G. Brenninkmeijer & Co.[534]

In den 1830er Jahren traten Clemens und August ihre Lehrzeit an, die durch Handelsreisen geprägt war. Clemens ging 1832 als 14-jähriger nach Sneek, August folgte ihm 1835 16-jährig. Beide absolvierten ihre Ausbildung im Unternehmen G. Brenninkmeijer & Co. Nach ihrer Lehrzeit verließen sie 1840 den Betrieb, um sich selbständig zu machen. Mit einem über 10.000 holländische Gulden ausgestellten Kredit des Vaters gründeten Clemens und August am 1.1.1841 den Manufakturwarenladen C&A Brenninkmeijer am Oosterdijk in Sneek, der zunächst lediglich aus einem angemieteten Obergeschoss bestand. Dort befanden sich ein Warenlager, ein Büro sowie ein Verkaufsraum, der an Markt- und Sonntagen geöffnet war. August spezialisierte sich auf die Akquisition der Privatkundschaft, Clemens kümmerte sich um auswärtige Abnehmer und Verwaltungsaufgaben.[535] Schon im ersten Jahr lag der

531 Vgl. Mentrup, Iris: C&A. Traditionsreiches Familienunternehmen und erfolgreicher Weltkonzern, in: Draiflessen Collection (Hg.): C&A zieht an. Impressionen einer 100jährigen Unternehmensgeschichte. 14. Mai 2011–8. Januar 2012, S. 10–15, hier S. 11.

532 Vgl. Oberpenning, Hannelore: Neue Forschungen zum Handel der Tödden, in: Wilfried Reininghaus (Hg.): Wanderhandel in Europa. Beiträge zur wissenschaftlichen Tagung in Ibbenbüren, Mettingen, Recke und Hopsten vom 9.–11. Oktober 1992, Dortmund 1993, S. 55–65, hier S. 57.

533 Vgl. Oberpenning, Tödden, S. 55–65 und Rickelmann, Hurbert: Die Tüötten in ihrem Handel und Wandel und die Wolle- und Leinenerzeugung im Tecklenburger Land. Ein Beitrag zur Wirtschafts-, Sozial- und Familiengeschichte in der ehemaligen Obergrafschaft Lingen, der Grafschaft Tecklenburg und den benachbarten Gegenden, Paderborn 1976.

534 Vgl. Mentrup, C&A, S. 11.

535 Vgl. Mentrup, C&A.

Gewinn bei 477,53 Gulden, im zweiten Jahr wurden bereits 27.589,05 Gulden erwirtschaftet.[536]

1860 erwarben die Brüder eine eigene Immobilie in Sneek. Das zum Laden umgebaute Wohnhaus wurde am 14.8.1860 eröffnet und war das erste C&A Geschäft mit täglichen Öffnungszeiten. Neben Stoffen wurden dort auch erstmals vorkonfektionierte Kleinartikel verkauft, die erste Kleidung „von der Stange". Der Laden erfreute sich großen Zulaufs, so dass er 1866 weiter ausgebaut werden konnte.[537]

Clemens und August zogen sich 1878 aus der Geschäftstätigkeit zurück. Unter ihren Söhnen ging die Expansion des Unternehmens weiter, sie eröffneten ein Geschäft in Leeuwarden und 1893 eine Filiale in Amsterdam. In Amsterdam verkauften die Brenninkmeyers neben Stoffen auch erstmals Großkonfektion, insbesondere Damenmäntel. Außerdem setzten sie Ware nur noch gegen Bargeld ab, weil sie nun einem anonymen Massemmarkt gegenüber standen. In einer zweiten Filiale in Amsterdam, die 1896 eröffnet wurde, waren auch maßgeschneiderte Damenkostüme und Mäntel erhältlich, für deren Herstellung eine Schneidermeisterin aus Wien engagiert wurde.[538]

Die Söhne von August und Clemens – Bernhard Joseph und Clemens Brenninkmeyer – erkannten Ende des 19. Jahrhunderts das Potential für Preise, die an den mittleren Wochenlohn eines Arbeiters (der bei sechs Gulden lag) angepasst waren. Die allgemeine Preisspanne für konfektionierte Mäntel und Kostüme lag damals im Durchschnitt bei 15 bis 75 Gulden. Niederländische Fabrikanten konnten keine Kleidung herstellen, die wie bei C&A zwischen 5 bis 17,50 Gulden kostete. Bernhard Joseph und Clemens Brenninkmeyer suchten Fabrikanten und fanden schließlich einen Hersteller in Berlin, der bereit war, mit preiswerten Stoffen Mäntel einfachster Machart zu fertigen, indem er beispielsweise das Innenfutter im Mantelärmel wegließ, um auf diese Weise die Kosten zu senken. Die Gewinnspanne war extrem gering und sollte durch die Masse an verkaufte Waren ausgeglichen werden. Durch auffällige Werbeanzeigen und gute Drapierung im Schaufenster wurde diese Unternehmenspolitik zum Erfolg. Neben Damenbekleidung führte C&A ab der Jahrhundertwende auch Herrenbekleidung.[539]

Anfang des 20. Jahrhunderts besaß C&A sechs Filialen in den Niederlanden. Das erste Einzelhandelsgeschäft in Deutschland wurde 1911 im Zentrum der deutschen Konfektion in Berlin eröffnet. Die Lage in der Königstraße – nahe dem Alexanderplatz – war sehr zentral. Die Konfektionäre saßen nicht sehr weit entfernt am Hausvogteiplatz und am Spittelmarkt. Noch vor dem Ersten Weltkrieg kamen C&A-Filialen in Hamburg, Essen und Köln hinzu.[540]

---

536 Vgl. Mentrup, Iris: Biografie, in: Draiflessen Colletion (Hg.): Clemens & August. Gestern – heute – morgen. 24. April-25. Juli 2010, Mettingen 2010, S. 30 – 71, hier S. 42.

537 Vgl. Mentrup, C&A, S. 12.

538 Vgl. Mentrup, C&A, S. 12 f.

539 Vgl. Mentrup, C&A.

540 Vgl. Mentrup, C&A.

Den Einstieg in die Eigenproduktion vollzog C&A während des Ersten Weltkrieges in den Niederlanden. Die niederländischen Filialen konnten nur in geringem Umfang Ware von der deutschen Bekleidungsindustrie beziehen. Die Rohstoffe für die Kleidungsproduktion waren allerdings vorhanden. In Brabant und Twente wurden Flachs bzw. Baumwolle hergestellt. Deswegen entschied sich C&A, vertikal in die Kleidungsproduktion zu integieren. Das Unternehmen erwarb 1916 Anteile an der Confectie Fabriek. Aug. Niemer in Amsterdam, ehe dieser Betrieb 1918 komplett übernommen wurde. Der zuvor selbständige Niemer blieb als Hauptgeschäftsführer in dem nun unter N. V. Nationaale Confectie Industrie (NCI) firmierenden Unternehmen und erhielt eine Provision von 2,5 Prozent des Umsatzes. Hauptprodukt waren Damenmäntel. Zunächst war die Qualität eher mäßig, verbesserte sich aber, nachdem Niemer zwei leitende Angestellte von der Konkurrenz abwerben konnte. Bereits im ersten Jahr war das Unternehmen sehr profitabel. Beim Erwerb hatte es laut Bilanz einen Wert von knapp 225.000 Gulden gehabt. Im ersten Geschäftsjahr unter neuer Führung erwirtschaftete das Unternehmen schon einen Gewinn von 103.000 Gulden.[541]

7.3.2 Der Beginn der Eigenfabrikation im Zentrum der deutschen Konfektion: Cunda und Herfa in Berlin (1921 bis 1933)

7.3.2.1 Anfänge mit Damenoberbekleidung: Die Cunda

Am 1.1.1921 gründete C&A in Berlin die Damenmäntelfabrikation Cunda GmbH (ab 1929 Allgemeine Textil-, Fabrikations- und Handelsgesellschaft mbH C&A Brenninkmeyer). Der Hauptgrund für die Errichtung einer eigenen Fabrikation lag im Währungsverfall und der damit einhergehenden Beeinträchtigung der Geschäfte im Einzelhandel.[542] Mit der Rückwärtsvertikalisierung konnte C&A Transaktionskosten und Umsatzsteuer sparen. In einer unsicheren Zeit für Geschäfte durch die Valutaprobleme der Mark und den Kampf um die Konditionen (vgl. Kap. 3.6) war dieser Schritt aus ökonomischer Sicht nachvollziehbar. Ein weiterer Grund für die Etablierung der Eigenfabrikation war, dass kurzfristig auf Kundenwünsche eingegangen werden konnte.[543] Außerdem fielen Werbungskosten wie Vertreterprovision u. ä. weg.[544] Des Weiteren konnte man über die Eigenproduktion die Kosten der Zulieferer besser einschätzen und bewerten. C&A lag damit auch im Trend der Zeit, viele andere Einzelhändler wie z. B. Karstadt gliederten sich ebenfalls einen eigenen Fabrikationsbe-

541 Vgl. DCM 128926, Blaisse/Dekkers, Tiöttenhandel, Bl. 156 f. und Spoerer, C&A, S. 68.

542 Vgl. DCM, 107887, Chronik der C&A Fabriken Fabra (1951), ohne Seitennummerierung. Hauptsächlich verantwortlich für die Gründung waren die Herren Otto, Rudolf, Alfons und Richard Brenninkmeyer, vgl. DCM, 128926, Blaiss/Dekkers, Tiöttenhandel, S. 183.

543 Vgl. DCM, 107417, Die Bedeutung der Eigenfabrikation für den C&A Einzelhandel, Mettingen 18. 11. 1966, S. 1.

544 Vgl. DCM, 128046, Cunda Kursus Dortmund 1964.Ulrich Padberg, Gründe für die Eigenfabrikation.

trieb an (vgl. Kap. 3.7).[545] Der Standort Berlin wurde zum einen ausgewählt, weil er zu dieser Zeit das Zentrum der deutschen Konfektion war, zum anderen, weil die Räume in der 4. und 5. Etage des Einzelhandelsgeschäfts in der Königstraße 33 zur Verfügung standen. C&A begann mit sechs Näherinnen. Schon nach wenigen Monaten wurden neben Damenmänteln auch Röcke hergestellt, allerdings nicht im Haus Königstraße, sondern im Verlagssystem, vermittelt über Zwischenmeister in Heimarbeit,[546] wie es damals in Berlin üblich war.[547] Aufgrund des gewachsenen Verlagssystems in Berlin war diese Lösung transaktionskostenökonomisch gesehen sinnvoll, da die etablierten Strukturen bereits vorhanden waren und keine großen Investitionen in Maschinen notwendig waren. C&A hatte nur Personalkosten für die Cunda zu entrichten, das Risiko schwankender Nachfrage lag bei den Zwischenmeistern bzw. den Näherinnen.[548]

Die Eigenfabrikation florierte offensichtlich so gut, dass 1928 der Umzug in größere Räume in das Dierig-Haus in der Kaiser-Wilhelm-Straße am Neuen Markt anstand. Inzwischen war die Anfertigung auf alle Artikel der Damen- und Mädchenoberbekleidung ausgedehnt worden und es wurden „auch beachtliche Erfolge im Export nach unseren eigenen Geschäften in Holland und England erzielt."[549] 1931 fand ein erneuter Umzug zur Spandauer/Ecke Neue Friedrichstraße statt, wo die Mietverhältnisse günstiger waren.[550]

Von 1925 bis 1931 wuchs die Stückzahl – wie in Abbildung 53 dargestellt – von 175.328 auf 370.673. 1932 spürte auch C&A die Wirtschaftskrise und die Stückzahlen fielen auf 320.547, ehe sie ab 1933 wieder zunahmen. Am häufigsten wurden Kleider und Mäntel hergestellt, gefolgt von Röcken und Kostümen.

1931 konnte die Cunda zwar ihren Verkauf auf 370.673 Teile gegenüber 285.930 im Jahr zuvor steigern, diese Zunahme war allerdings nur mengenmäßig, wertmäßig fiel der Umsatz von 6.504.985 1930 auf 6.424.708 RM 1931. Die Mittelpreise sanken von 19,57 RM 1930 auf 17,33 1931.[551] Die steigende Zahl der Arbeitslosen führte dazu, dass mehr preiswertere Kleidung gekauft wurde. Aus den Zahlen lässt sich aber auch ablesen, dass sich die Cunda auf diese Entwicklung einstellen konnte und der Umsatz im Gegensatz zu anderen Produzenten nur geringfügig zurückging.

Eine Aufstellung von Umsatz und Bruttogewinn belegt – bis auf 1928 – eine stetige Umsatzsteigerung von nominal 1,9 Milionen RM 1924 auf 6,5 Millionen RM 1930. Den

545 Vgl. Husemann, Heinrich: Die Eigenproduktion der deutschen Warenhauskonzerne, Hamburg 1930, S. 23.
546 Vgl. DCM, 105997, Chronik der Berliner Cunda Brenninkmeyer KG 1921–1965, ohne Seitennummerierung.
547 Vgl. Nussbaum, Standortstypen, S. 38.
548 Vgl. DCM, 107887, Chronik Fabra und Interview Mark Spoerer mit Karl-Heinz Henrichfreise am 12. 2. 2015 in Mettingen.
549 DCM, 107887, Chronik Fabra.
550 Vgl. DCM, 107887, Chronik Fabra.
551 Vgl. DCM, 122731, Internationaal statistisch jaarboek 1931 (Jährliche interne C&A Gewinn- und Verlustrechnung), Bl. 152/53.

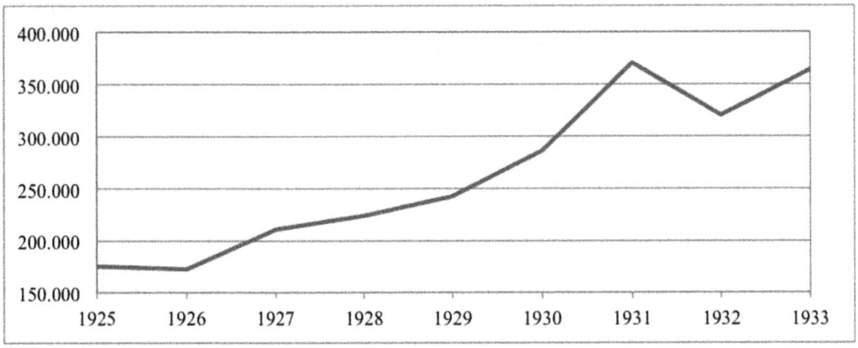

Abbildung 53: Stückzahlen der Cunda 1925 bis 1933
Quelle: DCM, 122727 bis 122733, Internationaal statistisch jaarboek 1927 bis 1933, eigene Berechnungen.

größten Teil des Umsatzes stellten die Mäntel. 1932 folgte mit dem Rückgang der Stückzahlen auch ein Umsatzeinbruch auf nominal 4,3 Millionen RM. Diese Entwicklung spiegelt sich auch in den Gewinnzahlen wider. 1932 betrug der Nettogewinn (Bilanzgewinn zzgl. Veränderungen des Eigenkapitals) 227.635 RM, 1931 waren es noch 558.567 RM gewesen. Allerdings entstand auch bei C&A ebenso wie bei Spiesshofer & Braun im Gegensatz zu vielen anderen Unternehmen – wie z. B. der Mehler AG – kein Verlust.

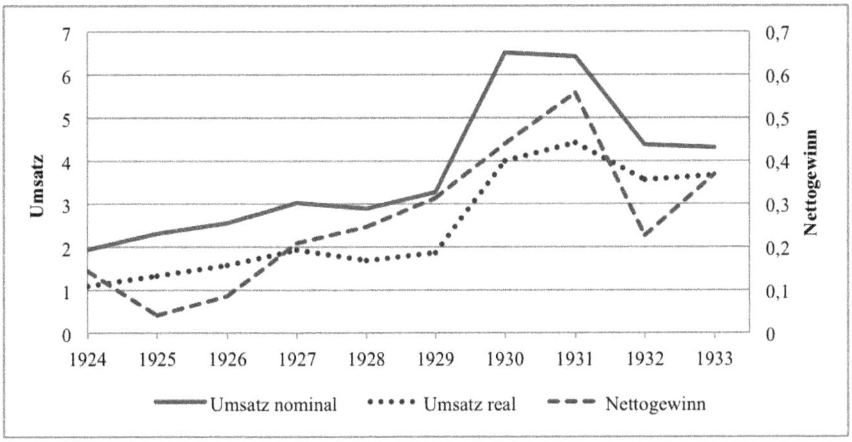

Abbildung 54: Umsatz und Nettogewinn der Cunda 1924 bis 1933 in Milionen RM[552]
Quelle: DCM, 122727 bis 122733, Internationaal statistisch jaarboek 1927 bis 1933, eigene Berechnungen.

552 Der nominale Umsatz wurde mit dem Index der Großhandelspreise für Bekleidung 1913 = 100 in Tabelle 39 (Anhang) deflationiert.

Erst 1932 traf die Krise auch die Cunda in größerem Ausmaß. Die wirtschaftliche Lage führte zu „radikalen Sparmassnahmen"[553], v. a. auf administrativem Gebiet. Die Statistik-Abteilung wurde aufgelöst und die Kontroll-Abteilung verkleinert.[554]

Die Qualität der Ware muss gut gewesen sein. Im Jahresbericht von 1929 wurden die Produkte als höherwertiger gegenüber Artikeln anderer Hersteller beschrieben.[555] Mitte der 1920er Jahre stellte die Eigenfabrikation der Cunda 16 bis 17 Prozent des Gesamtumsatzes in den C&A-Kaufhäusern. Am größten war der Anteil der Eigenware bei den Kostümen mit 1926 einem Drittel. In den ersten Jahren wurde auch Ware an die Häuser in den Niederlanden und England geliefert. 1927 gingen 41.603 Stücke der Produktion ins Ausland (29.005 in die Niederlande, 12.598 nach England), das war immerhin fast ein Viertel der Gesamtmenge.[556]

Viele Unternehmen stießen während der Weltwirtschaftskrise ihre in der Inflationszeit integrierten Fertigungen wieder ab, da der Absatz einbrach. Die Einzelhändler versuchten, die Preise beim Einkauf zu drücken, um einen niedrigeren Verkaufspreis im Handel bieten zu können. Dies gelang im freien Einkauf oft besser als bei den eigenen Fertigungsbetrieben. C&A jedoch hielt an der Cunda fest, die weiterhin – wenn auch bescheidene – Gewinn erzielte. Die Vorteile der Eigenproduktion lagen v. a. darin, dass man die Kosten der Zulieferer besser einschätzen und flexibler auf Kundenwünsche eingehen konnte.[557]

In den Niederlanden produzierte die NCI in Amsterdam Bekleidung. 1927 waren dort 842 Personen beschäftigt. 1934 wurde die Fertigung in den Niederlanden auf Fließbandproduktion umgestellt. 1939 lag die Stückzahl mit 550.000 etwa bei der Hälfte der deutschen Produktion in diesem Jahr.[558] In England errichtete C&A 1928 unter dem Namen Canda Manufacturing Co. Ltd. eine eigene Fabrik in London (Wilson Street in Clerkenwell) mit 253 Beschäftigten. 1930 war der kleine Betrieb aber bereits überlastet und die Produktion zog innerhalb Londons in die Goswell Road um. Dort wurden zu Beginn auf 45.000 m^2 2.500 Mäntel und 3.500 Kleider pro Monat gefertigt, ab 1933 in Fließbandproduktion. 1938 wurden in der Goswell Road 12.000 Mäntel und 15.000 Kleider pro Monat hergestellt, damit war die Kapazitätsgrenze allerdings erreicht. Deswegen zog die Fabrik erneut innerhalb Londons um, an den Shepherdess Walk. 1939 fertigten dort 1.600 Personen 20.000 Mäntel und 40.000 Kleider pro Monat.[559] Damit war der Betrieb die größte damals existierende Fabrik für Damenoberbekleidung in Großbritannien.[560] Die Produktionsmenge der englischen Fabriken lag

553 DCM, 122732, Internationaal statistisch jaarboek 1932, Bl. 151.
554 Vgl. DCM, 122732, Internationaal statistisch jaarboek 1932, Bl. 151.
555 Vgl. DCM, 122729, Internationaal statistisch jaarboek 1929, Bl. 132.
556 Vgl. DCM, 122727, Internationaal statistisch jaarboek 1927, Bl. 111.
557 Vgl. Spoerer, C&A, S. 112f.
558 Vgl. DCM, 128926, Blaisse/Dekkers, Tiöttenhandel, Bl. 182.
559 Vgl. DCM, 128129, Skinner, H.J.: The Jubilee for C&A 1922–1947. 25 years of advertising history, S. 81–84.
560 Vgl. DCM, 109332, UK Corporate History. Years 1930–1950.

ähnlich hoch wie die der deutschen, die Ende der 1930er Jahre ca. 1 Million Kleidungsstücke pro Jahr herstellten (vgl. Kap. 7.3.3.2).

7.3.2.2 Ergänzung des Programms durch Herrenoberbekleidung: Die Herfa

Ab 1927 erweiterte C&A sein deutsches Einzelhandelsgeschäft um den Bereich Herrenoberbekleidung. 1929 wurde auf Initiative von Franz Brenninkmeyer – dem Leiter der Herrenabteilung – eine Fabrik für die Herstellung von Herrenoberbekleidung (bis 1930 Hakage Herrenkleider GmbH) gegründet, die in den eigenen Geschäften verkauft werden konnte. Sie hatte ihren Sitz – ebenso wie die Cunda – in Berlin, in der Gubener Straße 47. Im Gegensatz zur Cunda, die bis 1937 hauptsächlich über das Zwischenmeistersystem fertigen ließ, wurden die Herfa-Produkte von Anfang an zentral in einer Fabrik hergestellt.[561] Die Gründe für die Errichtung einer Herrenfabrik waren ähnlich wie bei der Cunda. Auch hier konnte man Transaktionskosten sparen und schneller auf Kundenwünsche eingehen sowie die Umsatzsteuer mindern. Vorbild war die Fertigung der NCI in Amsterdam, wo der Fabrikleiter und ein Zuschneider angelernt wurden.[562] Die ersten Produkte waren Herrenmäntel und Herrenanzüge.[563] Zunächst war die Herrenfabrikation Teil der Allgemeinen Textil-, Fabrikations- und Handelsgesellschaft C&A Brenninkmeyer, wurde 1932 aber aus dieser herausgelöst und als Herfa Herrenkleiderfabrikationsgesellschaft mbh weitergeführt.[564] Laut notariellem Vertrag vom 28.12.1934 ging die Herfa mit allen Aktiven und Passiven auf die C&A Brenninkmeyer OHG über, die das Unternehmen mit Wirkung vom 1.1.1935 im eigenen Namen und auf eigene Rechnung fortführte.[565]

Trotz der Weltwirtschaftskrise und einem Verlust von ca. 100.000 RM 1930[566] wurde der Ausbau der Herfa Anfang der 1930er Jahre fortgeführt. Das Jahr 1930 wurde als Anlaufphase gewertet, in der Verluste von vornherein mit eingerechnet wurden. Zu Beginn des Jahres 1931 beschäftigte die Herfa 123 Arbeiter und Angestellte, Ende des Jahres 248. Die Produktion stieg im selben Zeitraum von 450 auf 1.200 Stück pro Woche. Aufgrund der positiven Entwicklung wurde zusätzlich die erste Etage in der Gubener Straße mit 1.050 m^2 angemietet. Dadurch war die Ausweitung auf 2.200 Stück pro Woche möglich.[567] 1932 konnte die Zahl der Beschäftigten auf 310 erhöht werden, davon 275 Arbeiter, wovon wiederum 245 weiblich waren.[568]

561 Vgl. DVM, 107887, Chronik Fabra.

562 Vgl. DCM, 122729, Internationaal statistisch jaarboek 1929, Bl. 133.

563 Vgl. DCM, 117711, Chronik der Herrenkleiderfabrik Firma C&A Brenninkmeyer, ohne Seitennummerierung.

564 Vgl. Vgl. DCM, 117711, Chronik der Herrenkleiderfabrik Firma C&A Brenninkmeyer, ohne Seitennummerierung.

565 Vgl. DCM, 122734, Internationaal statistisch jaarboek 1934, Bl. 97.

566 Vgl. DCM, 112700, Aufstellungen über die Herfa GmbH 1930 bis1934 (Original: Bundesamt für zentrale Dienste und Vermögensfragen).

567 Vgl. DCM, 122731, Internationaal statistisch jaarboek 1931, Bl. 153 f.

568 Vgl. DCM, 122732, Internationaal statistisch jaarboek 1932, Bl. 148.

Abbildung 55: Herfa-Nähsaal ca. 1931
Quelle: DCM, 107887, Chronik Fabra.

Die produzierten Stückzahlen wuchsen kontinuierlich von 4.523 1930 auf 38.160 1931 und 66.536 1932 an. Auch die Umsatzzahlen stiegen dementsprechend von ca. 160.000 RM 1930 auf knapp 2 Millionen RM 1932. Der Nettogewinn war 1930 aufgrund der Investitionen in Betriebsmittel noch negativ, ab 1931 mit ca. 40.000 RM jedoch positiv und verdreifachte sich 1932 auf ca. 122.000 RM.[569]

Die in der Herfa produzierten Kleidungsstücke stellten ca. 17 Prozent des Gesamtumsatzes der C&A-Einzelhandelsgeschäfte und bewegten sich damit in einer ähnlichen Größenordnung wie die Produkte der Cunda.[570]

7.3.3 Ausbau der Betriebe, Militärlieferungen und Verlagerungen: Die Eigenbetriebe von C&A in der NS-Zeit (1933 bis 1945)

7.3.3.1 Gescheiterter Einstieg in die Uniformfertigung

Auch C&A versuchte nach der Machtübernahme der Nationalsozialisten an der explodierenden Nachfrage im Uniformsektor zu partizipieren. 1934 erwarb C&A eine Lizenz für die Anfertigung von Parteiuniformen für SA, SS, HJ und BDM sowie Festanzüge der DAF von der Reichszeugmeisterei in München.[571] Die DAF-Festanzüge und Kleidung für SA und SS wurden in Zeitschriften eifrig beworben.[572]

---

569 Vgl. DCM, 122730 – 122732, Internationaal statistisch jaarboek 1930 – 1932, eigene Berechnungen.
570 Vgl. DCM, 122730 – 122732, Internationaal statistisch jaarboek 1930 – 1932, eigene Berechnungen.
571 Vgl. DCM, 107491, Protokoll der 14. Betriebsleiterversammlung am 3./4.9.1934, S. 19 f.
572 Vgl. DCM, 1408, Werbemappe.

Abbildung 56: Werbeanzeige von C&A aus dem Jahr 1934/35 mit dem Hinweis, den DAF-Festanzug sowie Uniformen für SA, SS und übrige Verbände bei C&A zu kaufen
Quelle: DCM, Sig. 1408, Werbemappe.

Aufgrund technischer Probleme konnte C&A allerdings keine reine Maßarbeit liefern, der Verkauf lief schleppend.[573] Deshalb gab das Unternehmen die Lizenz zum 1. September 1934 wieder zurück. Nur der DAF-Festanzug blieb noch im Sortiment, konnte aber nicht die erwartete Nachfrage erreichen, sodass C&A auch diese Lizenz im Herbst 1935 auslaufen ließ. Dadurch entledigte man sich auch der Verpflichtung, Betriebsprüfern der Reichszeugmeisterei jeder Zeit und unangemeldet Einsicht in die Bücher und Geschäftspapiere geben zu müssen. Insgesamt hatte die Herfa 1934 und 1935 nur etwa 6.500 Uniformen hergestellt.[574] Erst ab Frühjahr 1939 produzierte C&A wieder Uniformen in den Berliner Betrieben, diesmal allerdings nicht unbedingt freiwillig (vgl. Kap. 7.3.3.3).

---

573 Vgl. DCM, 107491, Anlage zum Protokoll der 15. Betriebsleiterversammlung am 26./27.11.1934, S. 12.

574 Vgl. Handbuch der Reichszeugmeisterei der NSDAP, München/Berlin 1935 1, 17 (1934), S. 7; DCM, 107491, Protokoll der 14. Betriebsleiterversammlung am 3./4.9.1934, S. 19f.; DCM, 107491, Anlage zum Protokoll der 15. Betriebsleiterversammlung am 26./27.11.1934, S. 12. Dem Haus Bremen wurde die Lizenz bereits am 24.5.1934 wegen „Zuwiderhandlung gegen die Bedingungen der Reichszeugmeisterei" entzogen. Die genauen Gründe sind nicht bekannt. Mitteilungsblatt der Reichszeugmeisterei der NSDAP 1, 2 (1934), S. 8; DCM 122737, Internationaal statistisch jaarboek 1937, Bl. 177 und DCM, 122738, Internationaal statistisch jaarboek 1938, Bl. 155–158.

7.3.3.2 Ausbau und Modernisierung der Betriebe in Berlin

Nach 1933 partizipierte auch C&A am Aufschwung unter dem NS-Regime, da die Kunden wieder langlebige Konsumgüter erwarben, auf die sie in wirtschaftlich unsicheren Zeiten verzichtet hatten. Deshalb beschlossen die Inhaber des Unternehmens im Jahr 1936, eine eigene mechanische Fabrik zu gründen. Vorbild waren Betriebe in den USA, die die Brenninkmeyers auf Reisen besichtigt hatten.[575] 1937 entstand die erste Damenoberbekleidungsfabrik von C&A in Deutschland in der großen Frankfurter Straße 137 im Industriepalast (Berlin). Dort waren ca. 1.000 Arbeitskräfte für je sechs Mäntel- und Kleider-Fließbänder mit einem täglichen Ausstoß von ca. 1.000 Mänteln und 1.000 Kleidern beschäftigt. Allerdings beeinträchtigte die das NS-Regime den Betrieb schon 1938, da Arbeitskräfte für den Bau des Westwalls abgestellt werden mussten.[576]

Neben der Fabrikproduktion wurde auch die Produktion der Cunda über Zwischenmeister im alten Umfang weiterhin beibehalten. 1938 erreichten die C&A-Betriebe in Berlin laut der Chronik ihren höchsten Produktionsstand mit mehr als 1 Millionen hergestellten Kleidungsstücken pro Jahr. 1939 wurde außerdem der höchste Personalstand vor dem Krieg gemessen. Die Cunda in der Neuen Friedrichstraße beschäftigte 110 Personen, die Werkstätten in der Großen Frankfurter Straße 950, die Herfa in der Gubener Straße 750, insgesamt waren dies 1.810. Dazu kamen noch ca. 100 Zwischenmeister mit zusammen etwa 2.000 Betriebs- und Heimarbeitern. Insgesamt arbeiteten also etwa 4.000 Beschäftigte für die C&A-Eigenfabrikation.[577] Die Cunda war zu dieser Zeit schon „eine der maßgeblichsten Konfektionsbetriebe in Berlin."[578] Im Einzelhandelsbereich beschäftigte der C&A-Konzern zu dieser Zeit etwa 3.400 Personen.[579] Das Unternehmen war Ende der 1930er Jahre personalmäßig gesehen also etwa zur Hälfte Industrie- und zur Hälfte Handelsbetrieb, auch wenn sich das Verhältnis in den Umsatzzahlen und vor allem im Selbstverständnis der Brenninkmeyers als Kaufleute nicht widerspiegelte.[580] Laut Gewerbezählung 1933 gab es insgesamt nur 15 Bekleidungsproduzenten mit mehr als 1.000 Beschäftigten.[581]

Die Stückzahlen stiegen sowohl bei Cunda als auch bei Herfa von 1933 bis 1939 kontinuierlich an, wie Abbildung 58 zum Ausdruck bringt. Die Herfa stellte insgesamt weniger Kleidungsstücke her als die Cunda, konnte ihren Ausstoß aber von ca. 80.000 Teilen 1933 auf gut 100.000 1939 steigern. Bei der Cunda wuchsen die Stückzahlen bei

---

575 Vgl. DCM, 107887, Chronik Fabra.

576 Vgl. DCM, 105997, Chronik Cunda.

577 Vgl. DCM, 107887, Chronik Fabra.

578 DCM, 117711, Chronik Herfa.

579 Vgl. DCM 122740, Internationaal statistisch jaarboek 1940, Bl. 96. Belegbar sind für 1939 3.232 Beschäftigte in den Filialen und etwa 150 in der Zentrale.

580 Vgl. DCM, 122739, Internationaal statistisch jaarboek 1939, Bl. 2f. Der Einzelhandelsumsatz von C&A betrug 1939 137 Millionen RM, der der Fertigungsbetriebe 20 Millionen RM; Spoerer, C&A, S. 140.

581 Vgl. Statistisches Reichsamt (Hg.): Volks-, Berufs- und Betriebszählung 1933, Berlin 1937, 192f.

Abbildung 57: Werkstätten-Nähsaal 1937
Quelle: DCM, 107887, Chronik Fabra.

Mänteln und Kleidern am stärksten. Bei der Herfa stellten Anzüge mit ca. 80.000 Stück 1939 den größten Teil der Artikel.

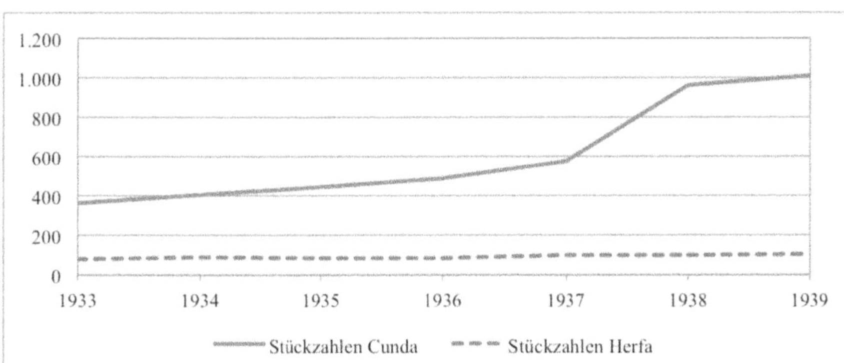

Abbildung 58: Stückzahlen der Cunda und Herfa 1933 bis 1939 in Tausend
Quelle: DCM, 122733 bis 122739, Internationaal statistisch jaarboek 1933 bis 1939.

Der Umsatz beider Betriebe stieg – wie Abbildung 59 zeigt – im genannten Zeitraum kontinuierlich an; bei der Cunda kann man allerdings eine stärkere Steigerung auf höherem Niveau beobachten. 1933 setzte die Cunda nominal 4,3 Millionen RM um, bis 1939 hatte sich der Wert mehr als verdreifacht auf 15,8 Millionen RM. Bei der Herfa war die Steigerung von nominal ca. 2 Millionen RM 1933 auf knapp 4 Millionen RM 1939 deutlich geringer. 1938 war hier das Jahr mit dem höchsten Umsatz (4,3 Millionen RM nominal).

Die Umsatzsteigerungen der Cunda von 1935 bis 1937 waren auf Stückzahlerhöhung zurückzuführen, 1937 v.a. durch die Eröffnung der Werkstätten in der Großen

Frankfurter Straße.[582] Die Umsatzerhöhungen der Herfa 1935 und 1936 waren hingegen der Erhöhung des Mittelpreises geschuldet, da sich die Stückzahlen nur um 20 Prozent erhöhten.[583] Bei der Cunda wurde der größte Teil des Umsatzes von Mänteln gestellt, gefolgt von Röcken, bei der Herfa von Anzügen. Der Anteil der Eigenproduktion am Umsatz des Unternehmens C&A gesamt betrug in den 1930er Jahren zwischen 10 und 15 Prozent.[584] Zusammen setzten Cunda und Herfa 1933 nominal 6,3 Millionen RM um, dies ist beachtlich, da nur 53 Bekleidungsbetriebe in diesem Jahr überhaupt mehr als 2 Millionen RM Umsatz erwirtschafteten.[585] Zwar war der Anteil von knapp 20 Millionen RM am Gesamtumsatz der Branche mit 2,1 Milliarden RM gering,[586] allerdings gab es aufgrund der Größenstruktur nur wenige Unternehmen, die in der gleichen Liga spielten wie die C&A-Tochtergesellschaften.

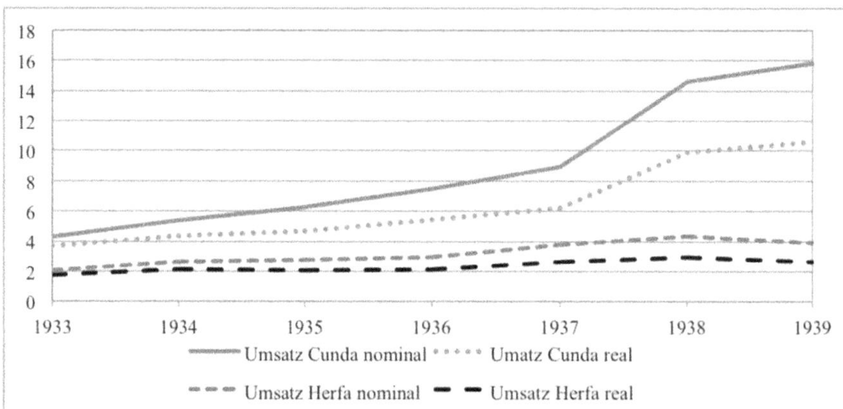

Abbildung 59: Umsatz der Cunda und Herfa 1933 bis 1939 in Millionen RM[587]
Quelle: DCM, 122733 bis 122739, Internationaal statistisch jaarboek 1933 bis 1939.

Die Cunda konnte ihren Gewinn – wie in Abbildung 60 dargestellt – von knapp 400.000 RM 1933 auf etwa 1,2 Millionen RM 1938 steigern. Die größte Zunahme war 1937 und 1938 zu beobachten. Vermutlich wurde diese Steigerung durch die Inbetriebnahme der mechanischen Werkstätten hervorgerufen. Die Herfa erwirtschaftete in ihrem Spitzenjahr 1938 mit ca. 88.000 RM deutlich weniger Gewinn. 1939 war sogar ein Verlust von ca. 16.000 RM zu verbuchen, auch bei der Cunda ging der Gewinn

582 Vgl. DCM, 122735, Internationaal statistisch jaarboek 1935, Bl. 114/115; DCM, 122736, Internationaal statistisch jaarboek 1936, Bl. 116 und DCM, 122737, Internationaal statistisch jaarboek 1937, Bl. 135.
583 Vgl. DCM, 122735, Internationaal statistisch jaarboek 1935, Bl. 116 und DCM, 122736, Internationaal statistisch jaarboek 1936, Bl. 119.
584 Vgl. DCM, 122733 – 122739, Internationaal statistisch jaarboek 1933 – 1939.
585 Vgl. MRB, Nr. 7, 16.5.1933.
586 Vgl. BA R 13 XV/35, Jahresumsatz der Sparten der Bekleidungsindustrie 1935 – 1941.
587 Der nominale Umsatz wurde mit dem Index der Großhandelspreise für Bekleidung 1913 = 100 in Tabelle 39 (Anhang) deflationiert.

zurück, dies hing vermutlich mit der Rationierung der Rohtoffe sowie der fertigen Kleidungsstücke zusammen. Mit der Einführung der Kleiderkarte brachen die Nachfrage und der Umsatz in den Filialen ein. Die Umstellung auf die Kriegswirtschaft und die Einschränkungen der zivilen Produktion trat erschwerend hinzu. Die folgende Graphik fasst die Nettogewinne von Cunda und Herfa zusammen:

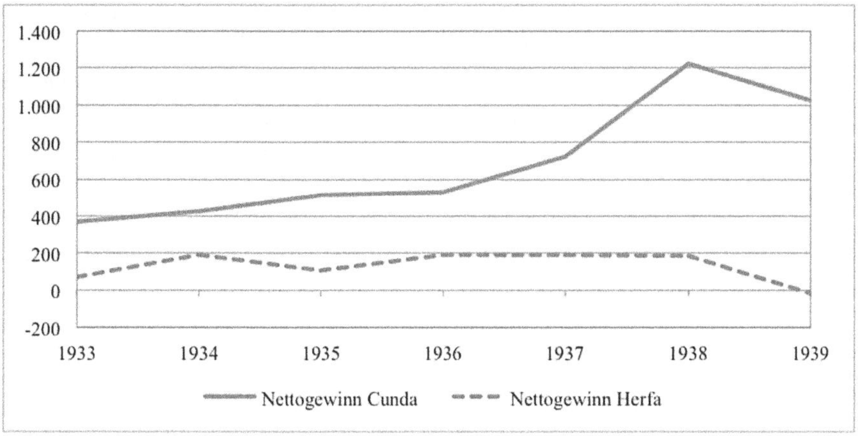

Abbildung 60: Nettogewinn der Cunda und Herfa 1933 bis 1939 in Tausend RM
Quelle: DCM, 122733 bis 122739, Internationaal statistisch jaarboek 1933 bis 1939.

Negativ für die Betriebe entwickelte sich während der NS-Zeit die Ausfuhr. Der höchste Exportumsatz wurde 1931 mit etwa 1,5 Millionen RM erreicht. Die Abwertung des englischen Pfund um fast ein Drittel des Goldwertes hatte zur Folge, dass die in Pfund abgeschlossenen Exportgeschäfte nach England einen erheblichen Verlust brachten. Die Cunda beendete das Exportgeschäft Mitte der 1930er Jahre, da man mit den englischen Preisen, die im Inneren des Landes ziemlich stabil waren, nicht mehr konkurrieren konnte. Auch das Exportgeschäft in die Niederlande ging mehr und mehr zurück und wurde 1936 eingestellt, als auch der holländische Gulden dem englischen Pfund folgte und abwertete.[588]

7.3.3.3 Die C&A Betriebe in der Kriegswirtschaft: Abzug von Arbeitskräften, Stilllegung und Verlagerung

Nach Kriegsausbruch wurden fast alle männlichen Beschäftigten zum Militärdienst eingezogen oder in Rüstungsbetriebe versetzt, zurück blieben ältere bzw. dienstuntaugliche Mitarbeiter und weibliches Personal.[589] Um die abgezogenen und umgesetzten Arbeitskräfte zu ersetzen, beschäftigte C&A Heimarbeiter in Bayern und dem

588 Vgl. DCM, 107887, Chronik Fabra.
589 Vgl. DCM, 105997, Chronik Cunda.

Sudetenland. Dabei gab es wohl zunächst Anlaufschwierigkeiten, die aber schnell überwunden wurden.[590] Über Umfang und Art der Tätigkeit ist nichts näher bekannt.

Ähnlich wie die Mehler AG und Spiesshofer & Brau musst auch C&A kriegswichtige Produkte fertigen. Die Werkstätten in der Großen Frankfurter Straße stellten ab Frühjahr 1939 Uniformen und Militärmäntel in verschiedenen Ausführungen her.[591] Auch die Herfa musste für die Wehrmacht fertigen.[592] Ob C&A selbst die Aufträge bei staatlichen Stellen akquirierte oder diese bei Cunda und Herfa anfragten, lässt sich anhand der Quellen nicht erschließen.

Im Januar 1940 traf bei der Cunda ein Stilllegungsbescheid der Reichsstelle für Kleidung ein, damit verbunden war ein Einkaufsverbot für Stoffe aller Art. Gegen diesen Bescheid erhob die Cunda Einspruch. Zunächst konnte der Betrieb aufgrund der hohen Vorräte weitergeführt werden, bis die Einsprüche „nach Anrufung aller Instanzen bis zur höchsten Entscheidungsstelle zum Erfolg“[593] führten (31.7.1940) und die Cunda wieder die Verfügungsfreiheit über ihre eigenen Punkteguthaben und damit ausreichend Bezugsrechte erhielt.[594]

Aus den Werkstätten in der Großen Frankfurter Straße wurden 1941 200 Beschäftigte dienstverpflichtet, obgleich die Werkstätten und die Herfa ihre Produktion „voll auf kriegswichtige Anfertigung von Uniformen umgestellt hatten.“[595] Hauptsächlich arbeiteten beide für die Luftwaffe. Erst auf Eingreifen „höchster Befehlsstellen der Luftwaffe“[596] (d. h. vermutlich Hermann Görings, dessen Eingreifen auch die Erlaubnis zur Errichtung einer Filiale in Leipzig zu verdanken war[597]) konnte ein weiterer Abzug von Arbeitskräften verhindert werden. In den ersten Monaten des Jahres 1942 erhielten beide Fabrikbetriebe große Aufträge zur Herstellung von Kälte-Schutzanzügen für Soldaten in Russland.[598] Außerdem wurden Winteranzüge gefertigt.[599] 1941 stellte C&A etwa 200.000 und 1942 rund 290.000 Uniformen her.[600] Im März 1943 bildete C&A zusammen mit dem Leipziger Pelzhaus Max Schüler eine Ar-

---

590 Vgl. BA, R 13 XV/68, Präsidiumssitzung der Wirtschaftsgruppe Bekleidungsindustrie, 13.3.1944.
591 Vgl. DCM, 105997, Chronik Cunda.
592 Vgl. DCM, 107887, Chronik Fabra.
593 DCM, 107887, Chronik Fabra.
594 Vgl. DCM, 107887, Chronik Fabra.
595 DCM, 107887, Chronik Fabra.
596 DCM, 107887, Chronik Fabra.
597 Vgl. Spoerer, C&A, S. 147–155.
598 Vgl. Spoerer, C&A, S. 147–155
599 Vgl. DCM, 109949, Personalakte Johannes Preyss, Rudolf Brenninkmeyer an die Wehrersatz-Inspektion Berlin am 26.8.1941 und DCM, 107887,Chronik Fabra. Zur Rolle Görings in diesem Fall und anderen C&A betreffende Angelegenheiten vgl. Spoerer, C&A, S. 147–149, S. 153–155 und S. 204.
600 Vgl. DCM, 109938, Rudolf Brenninkmeyer an das stellvertretende Generalkommando des III. Armeekorps, 5.1.1942 und 17.12.1942.

beitsgemeinschaft zur gemeinsamen Ausführung von Heeresaufträgen zur Lieferung von Stepphosen und Steppwesten.[601]

Während der Anteil der zivilen Kleidung an der Gesamtproduktion 1940 noch 83 Prozent betragen hatte, stellten die Produktionsbetriebe des C&A Konzerns Ende 1943 selbst kaum noch zivile Kleidung her.[602] Kleidungsstücke für den privaten Bedarf wurden nun vorwiegend in besetzten Gebieten gefertigt. Die Cunda beschäftigte eine Reihe von Lieferanten in Amsterdam mit der Anfertigung von Damenmänteln und -kleidern. Auch in Prostějov (dt. Prossnitz), einer Textil- und Bekleidungsstadt mit etwa 40.000 Einwohnern in Mähren, wurden „einige Lohnaufträge“[603] ausgeführt. Die Auftragsverlagerung begann Mitte des Jahres 1941, nachdem das Reich zum 1.10.1940 mit der Aufhebung der Zoll- und Devisengrenze zum Protektorat die Geschäfte erleichtert hatte. Vermutlich lief die Auftragsvergabe über schon vorhandene und/oder reaktivierte Branchenkontakte; eine Vermittlung über das zuständige Rüstungskommando in Brünn oder die übergeordnete Rüstungsinspektion in Prag ist nicht bekannt.[604] Die Firma Rolný továrna na oděvy, die größte Kleiderfabrik in der Tschechoslowakei vor dem Krieg mit vielen Geschäftskontakten zu ausländischen Firmen, war Vertragspartner von C&A. Rolný wurde 1939 von Herbert Tengelmann zur Rolný & Co. KG arisiert (vgl. Kap. 7.1.3.3). Die Firma stellte bis mindestens März 1944 in Lohnfertigung Kinderanzüge für die Herfa her.[605] Die Herfa ließ außerdem bei Vertragsfirmen in den Niederlanden und Aschaffenburg arbeiten.[606] C&A vergab aber nicht nur Lohnaufträge an Privatfirmen, sondern auch an das Ghetto Litzmannstadt (vgl. Kap. 7.3.3.6).

---

601 Vgl. DCM, 110795, Verträge Leipzig, Verteilungsstelle für Bekleidung bei der Reichsstelle für Kleidung und verwandte Gebiete an Pelzhaus Schüler und C&A Brenninkmeyer, 25.2.1943; Vertrag zwischen C&A Brenninkmeyer und Pelzhaus Schüler vom 15.3.1943.

602 Vgl. DCM, 109938, C&A Hauptbüro Berlin an Wehrmachtsinspektion Berlin 15.12.1941 und DCM, 109760, Bericht für das Geschäftsjahr Jahr 1943. 1940 betrug der zivile Umsatz 7,023 Millionen RM, der militärische 1,045 Millionen RM.

603 DCM, 107887, Chronik Fabra.

604 Vgl. BA, RW 22/1–22/42, Kriegstagebücher der Rüstungsinspektion Prag bis 30.9.1944. Die Rüstungsdienststellen waren bei Auftragsverlagerungen in weniger rüstungswichtigen Branchen dankbar, wenn sie sich nicht einschalten mussten, vgl. z.B. BA, RW 22/15, Kriegstagebuch der Rüstungsinspektion Prag 1.4.–30.6.1943, Bl. 38. Vgl. außerdem Matthiae, Hans A.: Böhmen und Mähren im großdeutschen Wirtschaftsraum, in: Siegfried Faßbender (Hg.): Die Wirtschaft der neuen großdeutschen Gebiete, Bd. 2: Der Osten, Bad Oeynhausen 1942, S. 165–181, hier S. 177.

605 Vgl. MZA Brno, H 578, box 6, Nr. 34, Nr. 37, B. 19 und 22, Kopie Rechnung Rolný an Herfa/C&A Mettingen, 19.5.1944 und DCM, 128926, Blaisse/Dekkers, Tiöttenhandel, Bl. 195. Ob in den Kleiderfabriken in Prossnitz zwangsweise die deportierte jüdische Bevölkerung eingesetzt wurde, konnte nicht abschließend geklärt werden, ein Hinweis darauf hat sich aber nicht gefunden. Viele jüdische Bewohner flohen bereits ab 1940 aus Prossnitz, die verbleibenden wurden im Laufe des Jahres 1942 deportiert, vgl. Gold, Hugo: Gedenkbuch der untergegangenen Judengemeinden Mährens, Tel-Aviv 1974, S. 103–105.

606 Vgl. DCM, 107887, Chronik Fabra; DCM, 119228, Bericht über die Eigenfabrikation von Rudolf Brenninkmeyer 1943 und DCM 128926, Blaisse/Dekkers, Tiöttenhandel, Bl. 195.

Um die Warenvorräte und fertigen Produkte besser zu sichern, wurden Ausweichläger errichtet. Cunda und Herfa unterhielten in Zedenik und Hammelspring in der Mark, in Werneuchen-Mühle, in Thale im Harz, in Amberg in der Oberpfalz und in Mettingen Läger. Außerdem waren Stoffe in gemieteten Lokalen in den Vororten Berlins untergebracht. Auch nach Weißenstadt ins Fichtelgebirge wurden Maschinen geschickt, um dort Uniformhosen zu produzieren. Von den verlagerten Warenbeständen, Maschinen usw. war allerdings nach Kriegsende fast nichts erhalten, mit Ausnahme von Mettingen und Weißenstadt.[607]

Im Februar 1943 erwartete C&A noch Aufträge des Bekleidungsamtes der Luftwaffe, und rechnete fest damit, „dass unsere Werkstätten nunmehr bis weit in den Juli hinein gesicherte Beschäftigung haben.“[608] Durch eine neue Stilllegungswelle in der Bekleidungsindustrie 1943 infolge der Proklamierung des „Totalen Krieges“ musste allerdings auch ein Großteil der Werkstätten in der Großen Frankfurter Straße im Sommer geschlossen werden. Die Maschinen wurden zwangsweise an andere Betriebe der Bekleidungsindustrie vermietet, das Personal zu Rüstungsfirmen dienstverpflichtet.[609] Auch die Herfa musste Ende 1943 ihre zivile Fertigung einstellen.[610] Wie Spiesshofer & Braun nahm auch C&A Rüstungsfertigung in ihre Betriebe auf[611] und stellte sowohl Räume als auch Mitarbeiter der AEG (Cunda) und der Siemens-Schuckert-Werke AG (Herfa) zur Verfügung.[612] Dem Bemühen der Geschäftsleitung war zu verdanken, dass etwa ein Viertel der vorhandenen Maschinen für eigene Zwecke sichergestellt werden konnten. Ein Teil wurde in der Daherna – Damen- und Herren-Nähstuben – weiterverwendet (vgl. Kap. 7.3.3.4). Die restlichen Maschinen gingen nach Mettingen und Weißenstadt im Fichtelgebirge. Der Versuch, mit Heimarbeiterinnen in Weißenstadt Militärhosen herzustellen, schlug aber infolge „vieler widriger Umstände“[613] fehlt. Die Produktion von Uniformen wurde mit ca. 100 Personen und mäßigem Erfolg bis Kriegsende fortgesetzt.[614] Auch die Raumsituation in Berlin war beschwerlich, da die Cunda bei einem Bombenangriff im November 1943 stark getroffen wurde. Der noch verbliebene Rumpfbetrieb musste von der Großen Frankfurter Straße in die Köngistraße zurückziehen und dort von Neuem beginnen, da Inventar und Vorräte vollständig zerstört waren.[615] Neben den Näherinnen arbeiteten ab 1943 auch

607 Vgl. DCM, 107887, Chronik Fabra.

608 DCM, 110795, Verträge Leipzig, Cunda an Hauptbüro am 27.2.1943.

609 Vgl. DCM, 109920, Personalakte Karl Schmal, C&A Brenninkmeyer an Karl Schmal, 13.12.1943 und Johannes Preyss an Karl Schmal, 8.1.1944; siehe auch DCM, 107887, Chronik Fabra.

610 Vgl. DCM, 109760, Bericht für das Jahr 1943.

611 Vgl. BA, RW 20/3–5, Bericht der Rüstungsinspektion Berlin, 30.8.1943.

612 Vgl. DCM, 109760, Bericht für das Jahr 1943; DCM, 106858, Briefe an die Geschäftsleitungen der Häuser 1943 und DCM, 109920, Personalakte Karl Schmal, C&A Brenninkmeyer an Karl Schmal, 13.12. 1943.

613 DCM, 107887, Chronik Fabra.

614 Vgl. DCM, 109920, Personalakte Karl Schmal, C&A Brenninkmeyer an Karl Schmal, 13.12.1943 und Johannes Preyss an Karl Schmal, 8.1.1944; siehe auch DCM, 107887, Chronik Fabra.

615 Vgl. DCM, 105997, Chronik Cunda.

einige in den frühen 1920er Jahren geborene Mitglieder der vierten Brenninkmeyer-Generation für die Berliner Produktionsbetriebe, die im Zuge der Arbeitsverpflichtung von den Niederlanden nach Deutschland zurückgekehrt waren. Sie waren in einem der Familie gehörenden Betrieb sicherer aufgehoben als die meisten anderen der knapp 223.000 Niederländer, die Mitte 1943 – überwiegend als Zwangsarbeiter – für deutsche Firmen arbeiteten.[616]

1943 verlagerte C&A im Zuge des Evakuierungsaufrufs von Joseph Goebells wesentliche Teile seiner Hauptverwaltung nach Mettingen, ohne dies nach außen in Erscheinung treten zu lassen. Vermutlich standen hinter dieser Entscheidung neben sicherheitstechnischen Aspekten auch strategische Erwägungen, v. a. die Nähe zu den Niederlanden. 60 Mitarbeiter arbeiteten in den letzten beiden Kriegsjahren im Haus Overgünne in Mettingen.[617]

1940 lagen die Umsätze der Fabrikationsbetriebe für den Zivilsektor noch bei 7 Millionen RM und für die Fabrikation von Uniformen für die Wehrmacht deutlich niedriger bei 1,5 Millionen RM.[618] Während des Krieges gingen die Umsätze jedoch zurück und betrugen 1944 nur noch 4,2 Millionen RM für Zivilkleidung, bedingt v. a. durch die Stilllegung großer Teile der mechanischen Werkstätten und der Herfa 1943. Die Gewinne bei der Cunda bewegten sich im Krieg bei 300.000 bis 550.000 RM, hatten sich also im Vergleich zur Vorkriegszeit mehr als halbiert. Die Herfa konnte ihren Gewinn nach dem Verlust von 1939 wieder steigern bis auf ca. 320.000 RM 1943. 1944 folgte allerdings ein Einbruch auf ca. 20.000 RM. Dies ist auf die Einstellung der zivilen Fertigung Ende 1943 zurückzuführen.[619]

Während der Belagerung Berlins im April 1945 konnte nur wenige Stunden gearbeitet werden. Die Herfa wurde am 6.4.1945 durch Artilleriebeschuss und Feuer fast ganz zerstört. Die Daherna fiel Ende April einem Großbrand zum Opfer. Das Haus in der Königstraße wurde nicht zerstört, aber am 2.5.1945 geplündert und vom Keller aus in Brand gesetzt.[620]

7.3.3.4 Leitbetrieb Daherna: Reparaturwerkstätten in Berlin

Die Daherna – Damen- und Herren-Nähstuben – wurde 1939 unter der Leitung des C&A-Mitarbeiters Heinrich Palenberg im Haus Königstraße gegründet. Sie sollte für die C&A-Einzelhandelsgeschäfte nach einem neuen System Änderungen vornehmen, um die Preise für diese Arbeit möglichst gering zu halten. Ab 1942 war sie in Räumen

616 Vgl. DCM, 128926, Blaisse/Dekkers, Tiöttenhandel Bl. 195 und Spoerer, C&A, S. 217.

617 Vgl. Rickelmann, Hubert: Mettingen im Wandel der Zeit. 2. verb. Aufl., Paderborn 1978, S. 105 und Haus Overgünne: http://www.nattlerarchitekten.de/fileadmin/content/unternehmen/WN_Overguenne_080829.pdf (Stand: 25.5.2015).

618 Vgl. DCM, 109938, Personalakte Franz Röhm, C&A Brenninkmeyer an Wehrmachtsinspektion Berlin, 15.2.1941.

619 Vgl. DCM, 121038–121045, Internationaal statistisch jaarboek 1940–1945.

620 Vgl. DCM, 107887, Chronik Fabra.

der Großen Frankfurter Straße untergebracht. Als das Warenangebot 1942 immer mehr zurückging und die Ausgabe von Bezugsscheinen seitens der Behörden immer mehr gedrosselt wurde, fing die Daherna an, sich mit der Änderung von schadhaft gewordenen Kleidungsstücken der Kunden zu befassen. Man bot der notleidenden Bevölkerung auch das Umarbeiten von Artikeln an, die nicht von C&A stammten. Dazu gab es verschiedene Aktionen wie „Aus Zwei mach Eins" oder „Aus Groß mach Klein". Die Daherna übernahm 1943 zu ihrem eigenen Stamm eine Maschinenausrüstung und eine Anzahl von Belegschaftsmitgliedern der Werkstätten, da diese zu einem großen Teil stillgelegt worden waren (vgl. Kap. 7.3.3.3).[621]

Die Daherna beteiligte sich führend an der von der Regierung ausgeschriebenen „Reparaturaktion" und wurde im Sommer 1944 zum Muster- und Leitbetrieb.[622] Sie galt damit offiziell als kriegswirtschaftlich wichtig, wurde somit bei der Zuweisung von Arbeitskräften bevorzugt behandelt und blieb von der Auskämmung des Personals durch das Arbeitsamt weitgehend verschont.[623] In diesem Jahr zählte man 120 Mitarbeiter – darunter auch Zwangsarbeiter.[624] Italienische Kriegsgefangene waren noch vor der Schließung der Cunda in den Räumen der Fabrikationswerkstätten ausgebildet und in die Daherna umgesetzt worden.[625]

7.3.3.5 Beschäftigung von Zwangsarbeitern

Die Bekleidungsindustrie spielte in einer von der Rüstungsindustrie geprägten Wirtschaft eine untergeordnete Rolle, weswegen sie zum einen von Auskämmungsaktionen stark in Mitleidenschaft gezogen wurde und zum anderen kaum Arbeitskräfte von den Arbeitsämtern erhielt. Deswegen setzten viele Firmen zunehmend sogenannte Ostarbeiter ein. Dies waren Zivilarbeiter aus den vom Deutschen Reich besetzten Gebieten der Sowjetunion. Sie erhielten weniger Lohn als deutsche Arbeitskräfte und waren praktisch völlig rechtlos. Im Laufe des Zweiten Weltkrieges kamen etwa 2,8 Millionen Ostarbeiter aus der Sowjetunion in das Deutsche Reich, darunter fast die Hälfte Frauen und Mädchen.[626] Neben der Mehler AG setzte auch C&A als zweites der drei untersuchten Unternehmen Zwangsarbeiter in der Fertigung ein.

Im Herbst 1942 wurde in der Miquelstraße 55 in Friedrichsfelde eine Baracke mit Außenanlage für 250 Personen im Wert von 146.334,50 RM errichtet. Die Arbeitskräfte

---

621 Vgl. DCM, 107887, Chronik Fabra.

622 Vgl. DCM, 107887, Chronik Fabra.

623 Vgl. DCM, 106859, Hauptbetriebsleitung an die Geschäftsleitungen der Häuser, 19.7.1944; DCM, 108416, Hauptbetriebsleitung an die Geschäftsleitungen aller Häuser, 5.4.1944 und DCM, 109953–5, Personalakte Gerhard Langemeyer, Johannes Preyß an Gerhard Langemeyer, 27.4.1944.

624 Vgl. DCM, 109760, Bericht über das Jahr 1943 und DCM, Nr. 107887, Chronik Fabra.

625 Vgl. DCM, 109920, Personalakte Karl Schmal, C&A Brenninkmeyer an das Landeswirtschaftsamt Berlin, 9.11.1943.

626 Vgl. Spoerer, Zwangsarbeit, S. 222 und Spoerer, Mark/Fleischhacker, Jochen: Forced Laborers in Nazi Germany. Categories, Numbers and Survivors, in: Journal of Interdisciplinary History 33 (2002), S. 169–204, hier S. 187.

sollten in den mechanischen Werkstätten eingesetzt werden.[627] Da aber 1943 große Teile der Produktion in den mechanischen Werkstätten stillgelegt wurden, wurde das Lager wohl nie für Fremdarbeiter von C&A genutzt und die Unterkünfte konnten verlustfrei weiterverkauft werden.[628]

Etwa zur gleichen Zeit ließ C&A in der Gubener Straße 47 ein Dachgeschoss für 100 Personen ausbauen, die in der Herfa eingesetzt waren.[629] Diese Etage hatte eine Gesamtfläche von 470 m^2, von denen 290 m^2 als Schlafraum genutzt werden sollten, und verfügte über einen separaten Waschraum.[630] Die Unterkunft war mit Strom und Licht versorgt, außerdem verfügte sie über Heizung sowie fließendes Wasser – was wohl insgesamt dem üblichen Standard entsprach.[631] Trennwände sorgten für ein Minimum an Privatsphäre.[632] Ende des Jahres 1942 waren im Dachgeschoss laut eines Schreibens des Architekten 68 Plätze belegt, obwohl noch nicht alle Bauarbeiten beendet waren.[633] Franz Meyer, Leiter der Cunda in Berlin, soll laut Aussagen seines Sohnes gegenüber seiner Frau von „unmöglichen Zuständen" gesprochen haben. Für Meyer war es nicht nachvollziehbar, wie C&A zulassen konnte, das Frauen in derartigen Unterkünften lebten.[634]

Von Sommer 1943 bis Sommer 1944 starben neun Bewohner des Dachgeschosses der Gubener Straße, darunter fünf Kinder, an den Folgen von Hunger und mangelnder Hygiene.[635] Einige dieser Menschen starben also auf jeden Fall in einer Zeit, als sie für C&A arbeiteten. Und auch nach der Umstellung der Produktion für Siemens-Schuckert um den Jahreswechsel 1943/44 blieb der Betrieb weiterhin bei C&A, weswegen man dem Unternehmen die Hauptverantwortung für die Todesfälle zurechnen muss.[636]

Auch in den Einzelhandelsfilialen wurden ausländische Zivilarbeiter eingesetzt. Ein Teil der im Haus Leipzig beschäftigten Mitarbeiter – darunter auch Näherinnen

---

627 Vgl. BA, R 4606/4928, Herfa, Grundstück Miquelstraße 55, Berlin Lichterfelde, Baubeschreibung und Kostenüberschlag und DCM, 109920, Personalakte Karl Schmal, C&A Brenninkmeyer an Karl Schmal, 13.12.1943.

628 Vgl. DCM, 109920, Personalakte Karl Schmal, C&A Brenninkmeyer an Karl Schmal, 13.12.1943 und DCM, 109760, Bericht für das Jahr 1943, S. 14.

629 Vgl. BA, R 4606/4928, Herfa, Der Generalinspektor für die Reichshauptstadt an die Hauptabteilung II/6-ZUN Berlin NW 40, 5.10.1943.

630 Vgl. BA, R 4606/4928, Baubeschreibung Grundstück Gubener Str. 47.

631 Vgl. Kubatzki, Rainer: Zwangsarbeiter- und Kriegsgefangenenlager. Standorte und Topographie in Berlin und im brandenburgischen Umland 1939–1945: Eine Dokumentation, Berlin 2011, S. 21.

632 Vgl. BA, R 4606/4928, Kostenüberschlag für den Umbau des Dachgeschosses in der Gubener Straße 47, 9.10.1942.

633 Vgl. BA, R 4606/4928, Architekt Karl Fezer an den General-Bau-Inspektor für die Reichshauptstadt und den Bevollmächtigten des Reichswirtschaftsministeriums im Bezirk der Rüstungsinspektion III (Speer), 28.10.1942.

634 Vgl. DCM 129462, Interview Mark Spoerer mit Paul Meyer am 11.3.2015 in Mettingen.

635 Vgl. Krautschick, Stefan u.a.: Zwangsarbeit in Berlin – Friedrichshain und Kreuzberg 1938–1945. Broschüre zur gleichnamigen Ausstellung im Heimatmuseum Friedrichshain, Berlin 2002, S. 16. Die Angaben stützen sich auf nicht weiter spezifizierte Dokumente aus dem Bundesarchiv in Berlin.

636 Vgl. Spoerer, C&A, S. 219.

und Schneider – wurde ebenfalls in Lagern untergebracht. Dabei handelte es sich ausnahmslos um Osteuropäer aus der Ukraine und Lettland, während Franzosen, Belgier und Niederländer in Leipziger Privathaushalten einquartiert waren.[637] Mündlichen Überlieferungen nach wurden in Hamburg ausländische Zivilarbeiter unbekannter Herkunft für Maurer- und Aufräumarbeiten sowie holländische Schneider in Essen beschäftigt.[638] Deshalb ist anzunehmen, dass auch in den meisten anderen Häusern ausländische Zivilarbeiter eingesetzt wurden. Über einen erwarteten Einsatz italienischer Kriegsgefangener, der den Entzug deutscher Arbeitskräfte durch Einberufungen zum Arbeitsdienst kompensieren sollte,[639] ist weiter nichts bekannt.

7.3.3.6 Produktion im Ghetto Litzmannstadt

Als Ausweichmöglichkeit für die zivile Produktion bot sich aufgrund der Stilllegung und Auskämmung in Berlin das Ghetto Litzmannstadt an. C&A ließ dort – z.B. im Vergelich zu Spiesshofer & Braun – eher sporadisch und in kleinen Mengen produzieren. Das Unternehmen bezog auch öfter seine Waren über die Firma Povel & Söhne aus Mönchengladbach. Die Rolle dieses 1920 unter dem Namen Simson & Co. als mechanische Kleiderfabrik gegründeten und im November 1935 von den aus Nordhorn stammenden Brüdern Georg, Wilhelm und Leo Povel arisierten Unternehmens ist nicht ganz klar. 1927 zählte die Firma etwa 500 Beschäftigte, Hauptprodukt waren preiswerte Hosen, die an C&A geliefert wurden.[640] Vermutlich ließ Povel & Söhne im Ghetto Kleidungsstücke fertigen, die dann direkt an C&A verkauft wurden.[641]

Überliefert ist ein Teil der Korrespondenz zwischen der Ghettoverwaltung und C&A aus dem Jahr 1941. Es scheint so, als habe die Ghettoverwaltung im März 1941 Kontakt mit C&A aufgenommen, und die Konfektionierung von Bekleidung angeboten. C&A zeigte auch Interesse an einer Zusammenarbeit und wollte den Leiter der DOB-Abteilung Franz Meyer zu einer Sondierung in das Ghetto schicken.[642] Dies scheint wohl aber nicht geschehen zu sein, da Wilhelm Ribbe – der stellvertretende Leiter der Ghettoverwaltung – am 12.5. C&A erneut kontaktierte und schrieb, der Besuch von Meyer habe nicht stattgefunden und C&A habe sich auch nicht anderweitig

---

637 Vgl. SStAL, 20975 C&A Brenninkmeyer, Nr. 5. Bei den Lagern handelte es sich um das Gemeinschaftslager in der Wurzner Straße 55 und das Gemeinschaftslager Alter Meßplatz an der Hindenburgstraße.

638 Vgl. DCM, 108009, Chronik C&A Hamburg von 1939–1948 und DCM, 107422, Chronik Langemeyer, Teil II, S. 16.

639 Vgl. DCM, 109920, Personalakte Karl Schmal, Entwurf eines Schreibens an das Landeswirtschaftsamt für den Wirtschaftsbezirk Berlin, 7.3.1944.

640 Vgl. Erckens, Günther: Juden in Mönchengladbach. Jüdisches Leben in den früheren Gemeinden M. Gladbach, Rheydt, Odenkirchen, Giesenkirchen/Schelsen, Rheindahlen, Wickrath und Wanlo, Mönchengladbach 1988, Bd. 1, S. 379–381 und „Simson & Co. in arischen Händen", in: *Rheinische Landeszeitung. Mönchengladbach-Rheydter Zeitung*, 5.11.1935.

641 Vgl. Spoerer, C&A, S. 213.

642 Vgl. APL, 221/29383, C&A an die Ghettoverwaltung in Litzmannstadt, 17.3.1941.

gemeldet.[643] Bis Juli schien es keine weitere Reaktion von C&A gegeben zu haben, Ribbe wendete sich am 4.7. erneut an die Firma und pries noch einmal die Qualität und schnelle Lieferung der Ware aus dem Ghetto an.[644]

Wann und wie C&A wieder Kontakt mit der Ghettoverwaltung aufnahm, ist nicht überliefert. Die ersten Lieferungen an das Unternehmen sind auf Ende des Jahres 1942 datiert, die Herfa in Berlin erhielt 47 kg Stoffreste.[645] Dies weist auf einen Auftrag hin. In welchem Umfang und für welche Produkte, ist nicht nachzuvollziehen. Da das Ghetto Lohnaufträge ausführte, handelte es sich hier wohl um die Rücksendung übrig gebliebener Stoffreste. Im ersten Halbjahr 1943 erhielt C&A Lieferungen für 1.986,48 RM, im August 1943 für 739,28 RM.[646] Eine Angabe, um welche Produkte es sich handelte, ist nicht zu finden. Am 14.11.1943 erhielt C&A eine Lieferung von 620 Mänteln und 744 Anzügen, am 15.12. kamen weitere 63 Anzüge hinzu, jeweils beide über Povel & Söhne. Am 29.12. folgten noch einmal 400 Knabenwintermäntel. Im Januar 1944 bezog das Unternehmen direkt 500 Knabenwintermäntel und 988 Knaben-Winteranzüge. Vermerkt ist in den Monatsberichten des Ghettos ein Betrag von 5.019 RM, vermutlich handelt es sich dabei um die Knabenwintermäntel und -Winteranzüge, da im Lieferverzeichnis keine anderen Waren angegeben sind.[647] Im März 1944 erhielt die Herfa in Berlin Ware für 1.426,10 RM, dabei könnte es sich um die Lieferung von 654 Knabenwintermänteln und 300 Wintermänteln gehandelt haben, die im Lieferverzeichnis aufgeführt sind.[648] Im Mai wurden noch einmal 1.427 Knabenwintermäntel geliefert.[649] Die letzte Erwähnung der Firma C&A findet sich in einem Monatsbericht für September 1944, wo die Herfa für 27.632,02 RM Ware in nicht weiter ausgeführter Art erhielt. Der Gesamtumsatz des Ghettos mit Privatfirmen lag für diesen Monat bei ca. 125.000 RM, C&A stellte davon immerhin 20 Prozent und war für diesen Monat nach der Organisation Todt mit knapp 30.000 RM der größte Auftraggeber im Ghetto.[650] Die Firma Povel & Söhne wird noch das eine oder andere Mal in den Lieferverzeichnissen geführt, allerdings gibt es bei diesen Beträgen keinen Hinweis darauf – im Gegensatz zu den vorigen Angaben –, dass die Ware an C&A gelangte.

Nicht bei allen Aufträgen lässt sich klären, welche Rohstoffe C&A in das Ghetto versendete und welche Ware das Unternehmen aus der Textilabteilung bezog. Da die Firmen die Rohstoffe selbst an das Ghetto liefern mussten, handelte es sich vermutlich um dieselben Rohmaterialien, die seit 1943 auch in den niederländischen und deutschen Arbeitsbetrieben verarbeitet wurden. Textilrohstoffe an sich waren knapp (vgl. Kap. 4.7.), deswegen arbeiteten die Näherinnen meist von den Kunden mitgebrachte

643 Vgl. APL, 221/29383, Wilhelm Ribbe an C&A, 12.5.1941.
644 Vgl. APL, 221/29383, Wilhelm Ribbe an C&A, 4.7.1941.
645 Vgl. APL, 221/29999, Lieferverzeichnisse.
646 Vgl. ZIH, 205/181, Kontoaufstellungen.
647 Vgl. APL, 221/29999 und 221/22091, Lieferverzeichnisse, Januar 1942–August 1944.
648 Vgl. APL, 221/30619, Monatsbericht März 1944 und APL, 221/29999, Lieferverzeichnisse.
649 Vgl. APL, 221/30619, Monatsbericht März 1944.
650 Vgl. APL, 221/30619, Monatsbericht September 1944.

Bettlaken, alte Decken oder bereits getragene Kleidung in Jacken, Mäntel und andere Kleidungsstücke um oder besserten sie aus (vgl. Kap. 7.3.3.4).[651]

7.3.3.7 Das Verhältnis der Familie Brenninkmeyer zum NS-Regime

Die Haltung der Familie Brenninkmeyer zum Nationalsozialismus ist schwer zu fassen. Einerseits lassen der bürgerliche Hintergrund der Familie, die Nähe zur katholischen Kirche und die negative Haltung der Nationalsozialisten zu Großbetrieben im Einzelhandel eine Begeisterung für das Regime als unwahrscheinlich gelten.[652] Parteimitglieder konnten die Brenninkmeyers aufgrund ihrer niederländischen Staatsbürgerschaft ohnehin nicht werden.[653] Um die Lizenzen zur Herstellung des DAF-Festanzuges zu erlangen, verlangte die Reichszeugmeisterei einen Nachweis, dass keine „Nicht-Arier" beschäftigt wurden.[654] Dieser wurde anscheinend erbracht. Allerdings war die Nichtbeschäftigung von Juden nicht rassisch-ideologisch motiviert, sondern gründete in den katholischen Grundansichten der Familie Brenninkmeyer, die auch von ihren Mitarbeitern das Praktizieren religiösen Glaubens verlangte. Das Führungspersonal von C&A rekrutierte sich fast ausschließlich aus männlichen Mitgliedern der römisch-katholischen Kirche.[655]

Andererseits erwarb das Unternehmen während der NS-Zeit zahlreiche Grundstücke von jüdischen Eigentümern wie Geschäftshäuser in Berlin und Hamburg, wobei auf die jüdischen Vorbesitzer keine Rücksicht genommen wurde.[656] Die Genehmigung zur Aufnahme eines Einzelhandelsbetriebes in Leipzig ist auf die unmittelbare Einflussnahme Hermann Görings zurückzuführen.[657] Nachdem mehrere Anträge an die Kreishauptmannschaft (28.5.1937) und das Ministerium in Dresden (14.8.1937) ab-

651 Vgl. DCM, 128926, Blaisse/Dekkers, Tiöttenhandel, Bl. 195 und Spoerer, C&A, S. 214.

652 Vgl. Bosecker, Kai: Vom „unerwünschten Betrieb" zum Nutznießer des NS-Regimes. Eine Annäherung an die Geschichte von C&A 1933–1945, in: Draiflessen Collection (Hg.): C&A zieht an. Impressionen einer 100jährigen Unternehmensgeschichte. 14. Mai 2011–8. Januar 2012, S. 94–105, hier S. 94–97 und S. 102.

653 Vgl. Institut für Zeitgeschichte: Gutachten des Instituts für Zeitgeschichte, Bd. 1, München 1958, S. 317 f.

654 Vgl. DCM, 107491, Protokolle der 13. und 14. Betriebsleiterversammlung am 12.3.1934 und 3./4.9. 1934 und Allgemeine Bedingungen der Nationalsozialistischen Deutschen Arbeiter-Partei – Reichszeugmeisterei – für Herstellung und Vertrieb parteiamtlicher Gegenstände, in: Handbuch der Reichszeugmeisterei der Nationalsozialistischen Deutschen Arbeiterpartei, München/Berlin 1934, S. 13.

655 Vgl. Auswertung der Personalakten durch die Archivare in Mettingen.

656 Vgl. Bosecker, Nutznießer, S. 94–97 und S. 102.

657 Vgl. Eglau, Hans-Otto: Die Kasse muss stimmen. So hatten sie Erfolg im Handel, Düsseldorf 1972, S. 15–18; Weiguny, Bettina: Die geheimnisvollen Herren von C&A. Der Aufstieg der Brenninkmeyers, Frankfurt a. M. 2005, S. 70–72 und DCM, 109759, Rede von Franz Brenninkmeyer zur Eröffnung des Hauses Leipzig am 20.3.1938: „Unsere Arbeit [wurde] von höchster Stelle als volkswirtschaftlich wertvoll anerkannt und unsere Geschäftseröffnung in Leipzig als erwünscht beurteilt."

gelehnt worden waren,[658] wandte sich die Geschäftsleitung von C&A im Oktober an Göring mit der Bitte, eine Erlaubnis für die Eröffnung des Hauses in Leipzig zu erteilen. C&A begründete den Wunsch damit, dass man einkommensschwache „Volksgenossen“ einkleide, stets ein „judenfreier“ und „rein arischer“ Betrieb gewesen sei und sich gegen die „Vormachtstellung der gesamten jüdischen Konkurrenz“ durchgesetzt habe.[659] Außerdem wurden in den Fabriken und Häusern Zwangsarbeiter beschäftigt sowie Kleidung im Ghetto Litzmannstadt in Auftrag gegeben. Zwar könnte man diese Maßnahmen damit begründen, dass aufgrund von Auskämmung und Stilllegungsaktionen nur so eine Weiterführung der Geschäfte im Bereich Zivilkleidung möglich war. Denkbar ist aber auch eine Interpretation dahingehend, dass das Verhalten der Familie und des Unternehmens über bloße Anpassung hinausging und man von den Möglichkeiten im NS-Staat profitierte. Insbesondere was das Ghetto Litzmannstadt angeht, ist überliefert, wie Biebow und Ribbe gegenüber den Firmen mit schneller und preiswerter Lieferung warben. Auf dieses Angebot ging C&A – mit Verzögerung – ein, obwohl den Verantwortlichen nicht verborgen bleiben konnte, wie dieses zustande kam.

7.3.4 Nähstuben und Shetlandpony: Neubeginn in Mettingen (1945 bis 1949)

7.3.4.1 Wiederaufbau in der Gastwirtschaft

Bereits im Sommer 1944 war in Mettingen eine Arbeitsstube für Näh- und Handarbeit (im Saal der Gastwirtschaft Telsemeyer[660]) auf Anregung der Leiterin der St. Agatha-Schule und mit Unterstützung von Franz Brenninkmeyer gegründet worden. Die Beschäftigten dort nahmen keine Reparaturen vor, sondern stellten neue Kleidungsstücke her. Als kriegswichtige Artikel fertigten die Näherinnen zunächst Baby-Garnituren.[661] Aus Platzgründen mietete C&A im November 1944 den Saal der Gastwirtschaft Grünfeld in Mettingen an und nutzte ihn ebenso als Produktionsstätte. Im Mai 1946 kam ergänzend ein Raum in der Gastwirtschaft Füsting im nahegelegenen Recke hinzu.[662] Die Fertigung in Gastwirtschaften war Ende des Krieges aufgrund von Platzmangel, Zerstörung und Verlagerung in weniger gefährdete Gebiete verbreitet. Auch die Leineweber GmbH ließ in Gaststätten im Umland von Herford produzieren.[663] Der Zuschnitt erfolgte bei C&A zunächst im Kolpinghaus der Stadt, später im Jugendheim, und die Stoffe wurden von dort in die Nähstuben transportiert. Diese Betriebe bildeten die Keimzelle der späteren neuen Fabrikabteilung Fabra, die Bezeichnungen Cunda und Herfa wurden in Westdeutschland nach 1945 zunächst nicht

658 Vgl. DCM, 121037, Internationaal statistisch jaarboek 1937, Bl. 114.
659 Vgl IfZ, MA613, Bl. 6259 – 6263, Hauptbüro an Hermann Göring, 15.10.1937, Zitate Bl. 6260.
660 Heute Hotel Telsemeyer.
661 Vgl. DCM, 107887, Chronik Fabra.
662 Vgl. DCM, 107887, Chronik Fabra.
663 Vgl. Leineweber, BRAX, S. 66.

mehr geführt. Ab 1946 gab es nur noch die Bezeichnung Fabra.[664] Aufgrund der 1951 eingeführten Zusatz-Umsatzsteuer, nach der der Einzelhandel Umsatzsteuer für Waren aus der eigenen Fabrik bezahlen musste, wurden die verschiedenen Fabrikationsstätten zu selbständigen Gesellschaften und waren damit nicht mehr interne Abteilungen der C&A Brenninkmeyer GmbH.[665] Nur die Fabra Essen behielt ihre Bezeichnung, die anderen Betriebsstätten bekamen für wenige Jahre wieder ihre früheren Namen, ehe 1958 die Bezeichnung Cunda (Kleiderfabrik Brenninkmeyer KG) für alle Produktionsstätten eingeführt wurde (vgl. Kapitel 7.3.5.7).[666]

Näh- und Zuschneidemaschinen sowie sonstiges Betriebsmaterial für die Produktion in Mettingen stammten aus den Berliner Betrieben. Die Herfa stellte einige ausgebildete Spezialkräfte ab.[667] 1945 zählten die C&A-Nähbetriebe in Mettingen 50 Beschäftigte, 1946 waren es schon 140. Aus Erinnerungen der Näherin Ursula Lemke kann man die schwierigen Bedingungen der Fertigung nach Ende des Krieges erkennen. Die Ware wurde von einem Esel oder Shetlandpony auf einem Wagen angeliefert. Das Rohmaterial kam aber selten im Gesamten an und musste z.T. wieder von der Straße aufgesammelt werden. Sie berichtet von einem guten Betriebsklima, die Näherinnen sangen und tanzten bei bzw. während der Arbeit. Zu den Mitgliedern der Familie Brenninkmeyer habe ein persönliches Verhältnis geherrscht.[668] Die Besorgung von Ersatzteilen für Nähmaschinen war mit großen Schwierigkeiten verbunden. In der Chronik der Herfa wird dazu aufgeführt: „Unser Mechaniker Vinzenz Brockmeyer unternimmt Fahrten mit dem Fahrrad nach Bielefeld, um bei den dortigen Dürkoppwerken die notwendigen Teile zu beschaffen."[669]

Nach dem Krieg zogen die Mettinger Nähstuben in das dortige Jugendheim. Hier wurden – je nach zur Verfügung stehendem Stoff – Knabenanzüge, Herrenjoppen, Damenkleider, Berufskittel, Schürzen und Röcke, ab 1947 auch Damenstaubmäntel aus gefärbten und imprägnierten Bettlaken hergestellt. Die Beschäftigten trennten auch amerikanische Seesäcke in Heimarbeit auf, färbten sie ein und verarbeiteten sie zu Damenmänteln. Marine-Uniformen wurden zu Knabenmänteln umgearbeitet und aus Zeltplanen wurden Damen-Sportmäntel hergestellt.[670]

Am 7.5.1949 fand die Grundstein-Legung auf dem Gelände Overgünne für eine moderne Herrenkleiderfabrik statt, die ab Oktober abteilungsweise in Betrieb genommen wurde und vier Fließbänder beherbergte.[671] Das Jugendheim wurde nach Fertigstellung der neuen Fabrik an die Gemeinde zurückgegeben. Der Zentraleinkauf erteilte am 3.11.1949 den ersten großen Frühjahrsauftrag über 10.000 Knabenanzüge

---

664 Vgl. DCM, 106861, Rundschreiben an die Geschäftsleitung der Häuser 1946, 11.11.1946.
665 Vgl. DCM, 121952, Fabra Essen, Entwurf Wirtschaftsausschuss-Sitzung September 1954, 30.7.1954.
666 Vgl. DCM, 121951, Canda Essen, Chronik, 30.9.1975
667 Vgl. DCM, 107887, Chronik Fabra.
668 Vgl. DCM, 120762 Erinnerungen von Ursula Lemke, Näherin im Gasthaus Grünfeld, 23.1.2011.
669 DCM, 117711, Chronik Herfa.
670 Vgl. DCM, 117711, Chronik Herfa.
671 Vgl. DCM, 107887, Chronik Fabra.

mit Lieferung bis zum 31.3.1950.[672] Die Fabrik wurde allerdings schnell zu klein, sodass 1950 drei Sheds zusätzlich errichtet wurden. Nach dem Bau der Fabrik waren in Mettingen 550 Personen beschäftigt.[673] Auf Veranlassung von Rudolf Brenninkmeyer stellte C&A für Mettingen ein Bauhilfsprogramm auf. Zum Ausbau von Wohnungen vergab die Firma Mettinger Hauseigentümern ein zinsloses Darlehen auf 20 Jahre für die Erstellung von Werkswohnungen, so entstanden 23 Wohnungen mit niedrigen Mietpreisen.[674]

Abbildung 61: Fabra Mettingen Anfang der 1950er Jahre
Quelle: DCM, 107887, Fabra Mettingen.

C&A nahm auch an Sonderprogrammen zur Versorgung der Bevölkerung teil.[675] Beispielsweise fertigte C&A im Rahmen des Bergbau-Programms I/47 zweiteilige Herrenanzüge.[676] Auch nach der Währungsreform war die Beschaffung von Rohmaterialien für die Firmen zunächst noch schlecht. Große Posten an Ware konnten nur über die STEG (staatliche Erfassungsgesellschaft für öffentliches Gut) bezogen werden.[677]

Für die Nachkriegszeit sind Lohnübersichten aus Mettingen erhalten. Eine Näherin verdiente 1946 0,46 RM pro Stunde, bis zur Währungsreform stieg dieser Wert auf 0,60 RM. Büglerinnen verdienten mit 0,55 RM 1946 bzw. 0,75 RM 1948 pro Stunde

672 Vgl. DCM, 117711, Chronik Herfa.
673 Vgl. DCM, 107887, Chronik Fabra.
674 Vgl. DCM, 117711, Chronik Herfa.
675 Vgl. BA, Z 8/929, Schreiben der Fabra Mettingen an das Verwaltungsamt für Wirtschaft des amerikanischen und britischen Besatzungsgebietes, 22.3.1947.
676 Vgl. BA, Z 8/978, Bergbau-Sonderprogramm I/47.
677 Vgl. DCM, 107887, Chronik Fabra.

etwas besser. Männliche Schneider und Bügler bekamen pro Stunde am meisten bezahlt, 1946 0,67 RM und 1948 0,96 RM. Die Belegschaft bestand allerdings größtenteils nicht aus Fachkräften, weshalb eine weitgehende Arbeitsteilung nötig war.[678] Vergleicht man die Löhne der Näherinnen in Mettingen mit denen von der GTB (Gewerkschaft Textil-Bekleidung) berechneten für Facharbeiterinnen der Branche, wird deutlich, dass die Näherinnen gut verdienten. Legt man eine Wochenarbeitszeit von 48 Stunden zugrunde, bekam eine Näherin in Mettingen 1946 pro Monat 88,32 RM, im Durchschnitt der Branche waren es in Westfalen 60,50 bzw. 74,10 RM in Hamburg.[679] Der Lohn der Büglerinnen lag sogar noch darüber.

In der Nachkriegszeit und in den ersten Jahren der BRD blieben die Fabriken ein wichtiges Standbein des Unternehmens. 1950 arbeiteten knapp 2.000 aller 4.500 Beschäftigten von C&A im Produktionsbereich. Für die Zeit nach 1953 sind keine konkreten Zahlen für die Fabrikation vorhanden, man kann aber annehmen, dass der Einzelhandel seine dominante Rolle im Konzern wieder einnehmen konnte, insbesondere gilt dies für die Zeit des Personalabbaus in den Produktionsbetrieben seit Ende der 1960er und Anfang der 1970er Jahre.[680]

7.3.4.2 Nähabteilungen in den Häusern Essen, Köln und Duisburg

Als Ersatz für die in Berlin verloren gegangenen Betriebe sollten in Westdeutschland Bekleidungsfabriken aufgebaut werden. Am 1.11.1947 richtete C&A im Einzelhandels-Haus in Essen notdürftig hinter Verkaufsständen eine Nähabteilung mit 30 Beschäftigten ein. Gefertigt wurde ein Damenmantel aus gefärbten oder imprägnierten Bettlaken. 1948 zog die Nähabteilung in die 5. Etage des Hauses Essen mit drei Fließbändern, davon zwei für Damenkleider, das dritte für Damenmäntel. Dort arbeiteten 160 Arbeiterinnen. Am 1.4.1949 wurden in Duisburg vier Fließbänder für Damenmäntel in Betrieb genommen, in Essen stellten die Näherinnen in der Folgezeit nur noch Kleider her. Zusätzlich arbeitete das Unternehmen im Bereich Damenkleidung mit Zwischenmeistern zusammen.[681]

Da es der Mantelfertigung an Platz fehlte, errichtete C&A 1950 im 3. bis 5. Stock des Hauses Köln eine weitere Nähabteilung. Der Umbau erwies sich technisch als außerordentlich schwierig, deswegen wurde am 1.4. zunächst im 2. Stock ein Notbetrieb mit zwei kleinen Bändern eingerichtet. Ab 1.11. konnten auch die neuen Räume für über 500 Näherinnen bezogen werden, in Duisburg wurden in der Folgezeit nur noch Kleider hergestellt.[682]

678 Vgl. DCM, 117711, Chronik Herfa.
679 Vgl. Geschäftsbericht GTB 1947–1949.
680 Vgl. 107887, Chronik Fabra und DCM 112041, Prüfung des Abschlusses der C&A Brenninkmeyer GmbH zum 31.12.1953, S. 6.
681 Vgl. DCM, 107887, Chronik Fabra.
682 Vgl. DCM, 107887, Chronik Fabra.

7.3.4.3 Enteignung und Umsiedlung der Berliner Betriebsstätten

Der Start nach dem Krieg in Berlin war durch die Zerstörung und die Beschlagnahmung der Bankkonten äußerst schwierig. Der Magistrat bat C&A aber bald darum, die Herstellung und Instandsetzung von Oberbekleidung wieder aufzunehmen.[683] Ab Mitte Juni 1945 ging ein kleiner Nähbetrieb in der Königstraße in Betrieb. Bis Anfang September wurden drei kleine Werkstätten errichtet, eine in der Königstraße (sowjetischer Sektor), eine in der Oranienstraße (amerikanischer Sektor) und eine dritte in der Wilmersdorfer Straße (britischer Sektor), die v. a. Reparaturen und Neuanfertigungen aus Decken vornahmen.[684] Außerdem wurden auf Anweisung des Magistrats Uniformstücke in zivile Kleidung umgearbeitet.[685] Ende 1945 gab es ca. 100 Belegschaftsmitglieder.[686]

Unter dem Motto „Schaffenskraft bricht Kleidernot" startete C&A nach Kriegsende eine große Reparatur- und Umänderungsaktion, beispielsweise wurden aus mitgebrachten Decken Mäntel gefertigt. Ehemalige Mitarbeiter kehrten aus der Gefangenschaft zurück und das Unternehmen konnte ein größeres Arbeitspensum bewältigen. Außerdem führten die Betriebe in Berlin Aufträge für die sowjetische Besatzungsmacht aus, gefertigt wurden z. B. Paradeuniformen nach Maß aus alten deutschen Fallschirmen sowie Unterwäsche und Blusen. Die Stoffe und Nähzutaten lieferte die Besatzungsmacht. Neben diesen Aufträgen gab es auch Orders von deutschen Dienststellen über Anzüge und Monteurkombinationen.[687] Aufträge von Besatzungsmächten waren allgemein üblich in der Bekleidungsindustrie und boten eine Möglichkeit zur Produktion, da die Stoffzuteilung bei öffentlichen Aufträgen besser war. Dies zeigt auch der Blick auf andere Unternehmen. Hugo Boss aus Metzingen stellte Uniformen für die französische Armee und das französische Rote Kreuz her.[688] Leineweber fertigte Hosen für die amerikanische Besatzungsmacht.[689] Die Johann Konen KG nähte einreihige Mäntel für die amerikanische Militärregierung.[690]

Für C&A schmerzhaft war 1949 die Enteignung des gesamten Hauses in der Königstraße, da es im Ostsektor der Stadt lag. Es ging in der Bekleidungsfirma „Fortschritt" auf. Nur wenige Maschinen konnten in den Westen geschmuggelt werden, der größte Teil ging verloren. In Westberlin konzentrierte sich die Fertigung auf die Wilmersdorfer Straße, wo im dritten Stock des Einzelhandelsgeschäfts, und vermittelt über Zwischenmeister, Kleidung genäht wurde. Zunächst war die Materialbeschaffung

---

683 Vgl. DCM, 109941, Personalakte Franz Meyer, Hauptverwaltung an das Bezirksbürgermeisteramt Berlin-Charlottenburg, 11.6.1945.

684 Vgl. DCM, 107887, Chronik Fabra.

685 Vgl. DCM, 109941, Personalakte Franz Meyer, Hauptverwaltung an das Arbeitsamt Berlin-Charlottenburg, 17.7.1945.

686 Vgl. DCM, 107887, Chronik Fabra.

687 Vgl. DCM, 105997, Chronik Cunda.

688 Vgl. Boss, Köster, S. 101.

689 Vgl. Leineweber, BRAX, S. 66.

690 Vgl. Moser, Konen, S. 24.

durch die Berlin-Blockade allerdings sehr erschwert. Die Anzahl der Beschäftigten sank von knapp 300 1948 auf nur noch 20 ein Jahr später.[691] Der Umsatz bewegte sich zwischen 670.000 RM 1946 und 1 Millionen RM bis zur Währungsreform. Die Nettogewinne lagen bis zur Währungsreform bei 150.000 bis 200.000 RM jährlich.[692]

7.3.5 Kaufhaus – Fabrikgelände – grüne Wiese: Die Expansionswege der Cunda- und Herfa-Betriebe (1949 bis 1973)

7.3.5.1 Vom Kaufhaus zur Fabrik: Essen und Ludwigshafen

Aufgrund der steigenden Einzelhandelsumsätze wurde der Platzbedarf in den Häusern Essen und Duisburg immer akuter, sodass C&A Neubaupläne für ein Grundstück in Essen erarbeitete. In den genannten Filialen befanden sich Verkaufsflächen und Produktion unter einem Dach. Die Kapazitäten waren aufgrund des Nachholbedarfs aber schnell erschöpft. Im Herbst 1950 erwarb C&A von der Stadt Essen ein 10.000 m^2 großes Grundstück in Altenessen. Allerdings waren die Mittel durch das vordringliche Bauprogramm des Einzelhandels stark eingeschränkt. Deswegen griff das Unternehmen auf Mittel zurück, die das Land Nordrhein-Westfalen und die Stadt Essen sowie die Industrie-Förderungs-Gesellschaft zur Verfügung stellten. Diese sollten durch die Ansiedlung von neuen Firmen Ersatz für die durch die weitgehende Stilllegung der Kruppwerke verlorengegangenen Arbeitsplätze schaffen.[693] Nach schwierigen Verhandlungen begannen Ende 1951 die Bauarbeiten; die Aufnahme der Produktion erfolgte im August 1952. Die Damen- und Kinderoberbekleidungsabteilung produzierte pro Tag 4.000 bis 5.000 Teile. Der Stoffverbrauch pro Tag lag bei ca. 15.000 m. Zunächst beschäftigte das Werk ca. 1.200 Personen, davon 95 Prozent Frauen.[694]

In Essen saß auch die zentrale Fabrikenleitung der Fabra, die von Franz Meyer geleitet wurde. Zur Fabra gehörten Anfang der 1950er Jahre fünf Betriebsstätten. Das Werk in Essen stellte Damenkleider her. Die Nähabteilung im Haus Köln (auch hier Verkaufsflächen und Produktion unter einem Dach) fertigte Damenmäntel, Regenmäntel und Mädchenmäntel und arbeitete zusätzlich mit Zwischenmeistern. Die Nähabteilung im Haus Duisburg – die ebenso zusammen mit der Verkaufsabteilung in einem Haus untergebracht war – fertigte bis 1950 Damenmäntel, danach Damen- und Mädchenkleider. Die Fabra Mettingen produzierte Herren- und Knabenanzüge sowie -mäntel und kooperierte zudem mit Zwischenmeistern in Aschaffenburg. Die Fabra

691 Vgl. DCM, 105997, Chronik Cunda und DCM, 107887, Chronik Fabra.

692 Vgl. 1123746 – 122755, Internationaal statistisch jaarboek 1946 – 1955.

693 Allerdings dürften zumindest im Falle von C&A die Arbeitsplätze nicht von denjenigen Personen eingenommen worden sein, die zuvor bei Krupp in der Rüstungsindustrie gearbeitet hatten.

694 Vgl. DCM, 121951, Canda Essen 30.9.1975.

Berlin stellte Damenmäntel, -kleider, -blusen, -röcke sowie Mädchenmäntel und -kleider hauptsächlich auf der Basis des Verlagssystems her.[695]

Anfang der 1950er Jahre hatte die Fabra allerdings mit einigen Schwierigkeiten zu kämpfen. Die Korea-Krise 1951 führte zu einem Preisanstieg bei Wolle. Wollqualitäten, die 1949/50 10 DM pro Kilo gekostet hatten, beliefen sich nun auf 40 DM, bei allen übrigen Rohstoffen war die Entwicklung ähnlich. Entsprechend der allgemeinen Tendenz hatte die Fabra ihren Winterbedarf sehr frühzeitig und reichlich gedeckt. Einkaufsreisen im Januar und Februar nach Italien, Frankreich und in die Schweiz hatten zu Warenabschlüssen bei Vormaterialien geführt, die bis zum Zeitpunkt des Kaufes noch günstig erschienen, sich aber im späteren Ablauf des Geschäftsjahres als überhöht herausstellten, denn ab April endete die Aufwärtsentwicklung der Preise. Bei den ersten Winterorders im Mai/Juni konnte die Fabra noch kostendeckende Preise erzielen, allerdings musste sie ab September große Verluste hinnehmen. Mitte November waren die überteuerten Vorräte größtenteils aufgebraucht und die Fabra konnte die wieder günstiger gewordene Marktlage nutzen. Ende 1951 lagen die Preise ca. ein Drittel unter denen von Anfang des Jahres, aber immer noch 10 Prozent höher als vor dem Korea-Krieg. Daher musste weiterhin vorsichtig disponiert werden.[696]

Eine weitere Belastung für Fabra-Betriebe war die Einführung der Zusatz-Umsatzsteuer ab 1.7.1951. Die Fabra-Betriebe, die bisher im Lieferverkehr mit den C&A-Einzelhandelsgeschäften vollständig umsatzsteuerfrei waren, mussten nunmehr eine zusätzliche Umsatzsteuerlast von 4 Prozent aufbringen. Die Anzahl der Beschäftigten wuchs dementsprechend langsamer als in den vorigen Jahren von 1.937 1950 auf 2.112 1951.[697]

Ab dem 1.2.1954 nahm eine Konfektionsnäherei in den Räumen der früheren Kleiderfabrik Fahrbach in Ludwigshafen mit 220 Näherinnen den Betrieb für C&A auf.[698] Ziel war, die Näherei im Einzelhandelshaus Köln aufzugeben, die wenig rationell arbeitete und dem Einzelhandel Fläche wegnahm. Die Produktion konnte vorerst nur begrenzt anlaufen, da ein Teil des Fabrikgebäudes bis kurz zuvor noch von der Arzneimittelgroßhandlung Palapharm belegt war.[699] Die von der Lucena in Ludwigshafen produzierten Damenmäntel wurden in 19 Einzelhandelsgeschäften von C&A in Deutschland verkauft.[700] Allerdings war es aus baulichen Gründen nicht möglich, die einzelnen Arbeitsgänge in kontinuierlicher Reihenfolge ablaufen zu lassen, was zu höheren Produktionskosten und längeren Produktionszeiten führte.[701]

---

695 Vgl. DCM, 107887, Chronik Fabra und DCM 129462, Interview Mark Spoerer mit Karl-Heinz Henrichfreise am 12.2.2015.

696 Vgl. DCM, 107887, Chronik Fabra.

697 Vgl. DCM, 107887, Chronik Fabra.

698 Vgl. DCM, 112395, *Die Rheinpfalz*, 24.12.1953.

699 Vgl. DCM, 112395, *Die Rheinpfalz*, 24.7.1954.

700 Vgl. DCM, 112395, *Die Rheinpfalz*, 13.8.1954.

701 Vgl. DCM, 128045, Cunda Kursus Dortmund 1964.

1957 errichtete C&A in Wattenscheid ein Zweigwerk zur Fabrikationsstätte in Essen. C&A erwarb dort Räumlichkeiten der Fabrik Görke & Sander und eröffnete nach Umbau des Gebäudes und Anbau einer Zuschneidehalle für 350 Beschäftigte eine Mädchenkleiderfabrik. 1963 wurde das Werk Essen durch die Übernahme des Betriebs Seemann & Kroll um 110 Beschäftigte erweitert. Jedoch schloss C&A wenige Jahre später diese neue Betriebsstätte wegen Auslauf des Mietvertrages wieder. Die Beschäftigten wurden in die Cunda Essen übernommen. Die Schließung des Werkes Wattenscheid erfolgte zum 31.12.1975, da die Produktion von Kinderkleidung zu kostendeckenden Preisen nicht mehr möglich war. Die Beschäftigten wurden nach Essen übernommen oder im Rahmen eines Sozialplans abgefunden.[702]

In den 1950er Jahren ließ C&A weiterhin über Zwischenmeister fertigen. 1963 lag die Zwischenmeisterfertigung in Ludwigshafen bei 14 Prozent der Gesamtproduktion, in Essen bei 17 Prozent. Diese Produktionsweise wurde flexibel je nach Auftragslage in die Fertigung eingeschaltet.[703]

In den 1950er/60er Jahren bot C&A drei Preislagen an. Preiswertere Produkte bestanden in der Hauptsache aus Zellwolle sowie Kunstseide und waren in einfacheren Formen gefertigt. Die Modeabteilung vertrieb Blusen und Röcke im mittleren Genre, meist gefertigt über Zwischenmeister. Außerdem bot C&A höherwertige Stücke an, die preislich über den beiden anderen Genres lagen.[704]

7.3.5.2 Ausbau des Standortes Mettingen für Herrenoberbekleidung

Anfang der 1950er Jahre baute C&A die Fabrik in Mettingen weiter aus. 1955 übernahm die Herrenabteilung zwei Bänder von der Cunda Berlin. Es wurden nun billige Sportsakkos (27 bis 35 DM) und Hosen hergestellt. Außerdem nahm man Mitte der 1950er Jahre den Export zu den C&A-Häusern in den Niederlanden wieder auf, v. a. im Bereich Sakko. Die Belegschaft wuchs bis 1956 auf 700 Personen, sodass die Leitung auf die Suche nach passenden Objekten im Umland ging, da die Beschaffung von Arbeitskräften im Mettinger Raum schwierig war. Außerdem war das Ziel der Dezentralisierung eine Spezialisierung der Herrenoberbekleidungsfertigung; kleinere Betriebe sollten kostengünstiger arbeiten. Zunächst nahm C&A die Standorte Haselünne (1956) und Freren (1958) im Emsland in Betrieb (vgl. Kap. 7.3.5.3). Einige Mitarbeiter aus Mettingen wurden nach Freren versetzt. In Mettingen wurden durch Rationalisierung Mitarbeiter entlassen, sodass 1959 nur noch 400 Beschäftigte gezählt wurden. Die Fabra Mettingen produzierte nun nur noch hochwertige Anzüge. Amerika-Reisen einiger leitender Mitarbeiter und die Übernahme dortiger Standards lösten eine technische Weiterentwicklung aus. Schnellnähende Maschinen und eine Knopfansetzmaschine kamen zum Einsatz. Der Zuschnitt konnte ab 1966 durch eine halb- und

702 Vgl. DCM, 121951, Canda Essen 30.9.1975, S. 2f.
703 Vgl. DCM, 107593, Fabrikenbesprechungen, Protokoll Nr. 29, 31.10.1963, S. 1.
704 Vgl. DCM, 121952, Fabra Essen, Entwurf Wirtschaftsausschuss-Sitzung September 1954, 30.7.1954.

vollautomatische Legemaschine vorgenommen werden. Ende 1968 zählte man ub Mettingen nur noch 380 Beschäftigte.[705]

In Mettingen befanden sich der Einkauf der Rohmaterialien und der Verkauf der fertigen Produkte für die Gruppe Nord (Mettingen, Haselünne, Freren, Esterwegen, Berlin), außerdem die Überwachung der Betriebskosten.[706] Die Herfa lieferte ausschließlich an die eigenen Einzelhandelsgeschäfte.[707] Für die einzelnen Häuser bestanden feste Abnahmeverpflichtungen. In der Zeit des Nachholbedarfs erwies sich die Eigenfabrikation als besonders nützlich. Vorteile für den Einkauf waren Kenntnis über Lohn- und Produktionskosten, Wissen über den Stoffmarkt bei Webereien und die Auswirkungen dieser Faktoren auf die Herstellung von Bekleidung. In den 1960er Jahren wuchs aber auch der Konkurrenzdruck für die Eigenfabrikation und das Spannungsfeld zwischen C&A-Einkauf und -Verkauf auf der Fabrikationsseite wurde größer. Die eigenen Fabriken konnten oft nicht die niedrigen Preise bieten, die auf dem freien Markt zu erzielen waren.[708]

7.3.5.3 Arbeitskräftemangel: Errichtung von Herrenkleiderfabriken im Emsland

Das Emsland war Mitte der 1950er Jahre industriell noch wenig entwickelt und galt als gutes Arbeitskräftereservoir. Im März 1956 begannen bei C&A die Sondierungen für einen Fabrikbau in Haselünne. Eine Halle für 250 bis 300 Personen sollte von der Stadtverwaltung nach Plänen der Herfa errichtet und von ihr gemietet werden.[709] Die Stadt Meppen – zu deren Kreis Haselünne zählte – war zu Errichtung einer Fabrik bereit, Stadt und Kreis stellten ein Darlehen von 350.000 DM zur Verfügung.[710] Die restlichen ca. 150.000 DM für die Einrichtung hatte die Herfa zu tragen.[711] Ende 1956 wurde der Standort Haselünne eingeweiht. Die Mitarbeiter produzierten Herrenanzüge in der unteren Preislage, zunächst unter dem Namen Deha Kleiderfabrik mbH, ab 1.10.1958 als Cunda Kleiderfabrik Brenninkmeyer KG. Alle Fabrikationsbetriebe, die von der Cunda Kleiderfabrik geführt wurden, firmierten ab dem 1.1.1970 unter dem Namen Canda International & Co. Die Einkaufsabteilungen der Firma C&A Brenninkmeyer wurden ebenfalls in die Canda eingegliedert, so dass alle Angelegenheiten zentral unter einem Dach geführt wurden. Die Namensänderung stand in Zusammenhang mit der Einführung der Marke Canda International (vgl. Kap. 7.3.5.7).[712]

---

705 Vgl. DCM, 117711, Chronik Herfa.

706 Vgl. DCM, 107417, Bedeutung der Eigenfabrikation, S. 3, 18.11.1966.

707 Vgl. DCM, 112720, Oberkreisdirektor des Landkreises Meppen an den Geschäftsführer der Emsland GmbH, 21.6.1956.

708 Vgl. DCM, 117286, Zentraleinkauf der Firmen C&A und Eteha, S.22.

709 Vgl. DCM,112720, Edgar Klees (Herfa) an die Stadtverwaltung Haselünne, Stadtdirektor Nienborg, 23.5.1956.

710 Vgl. DCM, 112720, Stadtdirektor Nienborg und Oberkreisdirektor Stecker an Herfa, 2.6.1956.

711 Vgl. DCM, 112720, Antrag auf die Bewilligung einer Beihilfe bzw. eines Darlehens aus Emslandmitteln im Geschäftsjahr 1956/57.

712 Vgl. DCM, 121920, Bekanntmachung vom 8.12.1969.

Anfang 1961 lag die Produktion in Haselünne bei einer Tagesleistung von 600 Anzügen mit 300 Beschäftigten. 1966 erweiterte das Unternehmen aus Rationalisierungsgründen die Fabrikationsfläche. Automatische Legeanlagen für den Zuschnitt und Tische mit Fließbändern wurden etabliert. Die Modellerstellung für die zu produzierende Ware erfolgte ab 1965 wieder in Mettingen. Die Ansiedlung von Facharbeitskräften gestaltete sich schwierig, da es bisher in Haselünne keine Bekleidungsindustrie gegeben hatte. C&A versuchte mit der Vergabe von 33 Baudarlehen, den Standort attraktiver zu machen.[713]

Die zweite Fabrik eröffnete C&A 1958 in Freren (Kreis Lingen). Für dieses Projekt erhielt C&A bzw. die Stadt Freren einen Zuschuss des Landes Nordrhein-Westfalen und des Emslandes von ca. 61.000 DM, der Gesamtpreis lag bei knapp 200.000 DM.[714] Die Gründe für einen weiteren Standort waren die große Nachfrage und der ständig expandierende Einzelhandel. Baubeginn war der 14.4.1958, die Eröffnung fand am 6.10. desselben Jahres mit 190 Mitarbeitern statt, davon 100 aus Mettingen. Zunächst wurden Knabenhosen und -mäntel sowie Herrensportsakkos und -mäntel hergestellt. Im Oktober 1959 war die Zahl der Beschäftigten bereits auf 300 gestiegen. 1965 erfolgte ein nächster Schritt zur Rationalisierung durch die Erweiterung des Zuschnitts auf voll- und halbautomatische Legemaschinen. Ebenso wie in Haselünne vergab die Firma C&A auch in Freren Wohnungsbaudarlehen.[715]

1960 erwarb die Cunda Kleiderfabrik Brenninkmeyer KG – unter deren Dach ab Oktober 1958 alle Zweigwerke vereint waren – in Esterwegen (Emsland) ein Grundstück mit 8.000 m^2 zur Errichtung eines Zweigwerkes für die Herstellung von Herrenoberbekleidung. Das Gebiet war wirtschaftlich und verkehrsmäßig kaum erschlossen und es standen ausreichend Arbeitskräfte zur Verfügung. Anfang Mai 1961 begannen die Bauarbeiten, im Oktober desselben Jahres wurde die Fertigung mit ca. 200 Beschäftigten aufgenommen. Aus Bedarfsgründen wurde die Produktion ab Mai 1968 umgestellt. Die bisher in Esterwegen gefertigten Herrenpopeline- und Knabenwintermäntel wurden von Freren übernommen, da die dortige Produktion von Herrenwintermänteln reduziert wurde. In Esterwegen wurden nun zwei- bis drei-teilige Herrenanzüge und Herrensportsakkos der unteren Preisgruppe genäht. Die Modellerstellung befand sich bis 1966 in Esterwegen, danach in Mettingen. Auch in Esterwegen vergab C&A Baudarlehen.[716]

Die dezentrale Verteilung der Fertigung und die kleinen Produktionseinheiten in den Fabriken sah C&A als Vorteil an, weil es möglich war, schnell umzustellen und man auf Kundenwünsche eingehen konnte. Diese Sichtweise galt nicht nur für Deutschland. In allen Ländern, in denen C&A Kaufhäuser unterhielt, gab es Fabriken. Diese belieferten die Filialen im Inland und z.T. auch Häuser in anderen Ländern. In

713 Vgl. DCM, 117711, Chronik Herfa.

714 Vgl. DCM, Nr. 112721, Ansiedlung einer Kleiderfabrik in Freren, Verwendungsbericht des stellvertretenden Stadtdirektors, 11.5.1959.

715 Vgl. DCM, 117711, Chronik Herfa.

716 Vgl. DCM, 117711, Chronik Herfa.

den C&A-Kaufhäusern lag der Anteil der Eigenproduktion für den einzelnen Artikel jeweils zwischen 10 und 20 Prozent, damit die Wettbewerbsfähigkeit gewahrt blieb und keine einseitigen Bindungen entstehen konnten.[717]

7.3.5.4 Einstieg in den Wirk- und Strickwarenmarkt 1953: Die Gloria in Neu-Ulm

1953 übernahm C&A eine bestehende Strick- und Wirkwarenfabrik in Neu-Ulm.[718] Das Gelände für die Gloria Wirk- und Strickwaren GmbH (ab 1958 Cunda Brenninkmeyer KG) kaufte C&A von der Firma Globus Trikotagen. Die Fabrik wurde am 1.6.1953 eröffnet.[719] Im Parterre befand sich die Wirkerei, im 1. Stock waren Näherei und Zentrallager sowie Warenausgabe, im 2. Stock Zuschneiderei, Versand und Stofflager untergebracht. Die C&A-Einkaufsabteilung vergab Lohnaufträge an die Gloria. Produkte waren zunächst Damen- und Kinderstrickwaren, wobei die Kinderabteilung 1967 wegen zu hoher Kosten wieder eingestellt wurde. Ab Mitte der 1960er Jahre vergab die Cunda Brenninkmeyer KG auch Lohnaufträge über Zwischenmeister. V. a. handelte es sich hierbei um Kragen und Besätze. Da in Neu-Ulm ab den 1960er Jahren wie auch in anderen größeren Städten nur schwer Arbeitskräfte zu finden waren, eröffnete die Cunda Brenninkmeyer KG am 1.1.1963 eine Filiale im nahegelegenen Tischardt mit 20 Beschäftigten.[720] Mit dieser Betriebsstätte konnte der in Neu-Ulm eingetretene Umsatzrückgang zunächst aufgefangen werden.[721] C&A gab die Produktion in Tischardt allerdings zum 30.5.1967 wegen „betriebstechnischer Gründe“[722] wieder auf. Die Nachfrage nach einfach konfektionierter, geschnittener Interlockware (feine, doppelseitige, elastische Wirkware) war zurückgegangen, die Umstellung auf höherwertige Produkte aufgrund der geringen Qualifikation der Belegschaft nicht möglich. Stattdessen wurde 1970 ein weiteres Fabrikgebäude in Neu-Ulm angemietet.[723]

Die Stückzahlen bewegten sich von 1954 bis 1970 zwischen 500.000 und 600.000 Stück pro Jahr. Der Umsatz wuchs in dieser Zeit – mit geringen Rückgängen zu den Krisen 1958/59 und 1967/68 – von 3,4 Millionen DM auf 10,6 Millionen DM. Allerdings hing die starke Zunahme des Umsatzes v. a. mit der Fast-Vervierfachung der Mittelpreise von 5,36 DM auf 19,70 DM zusammen.[724]

---

717 Vgl. DCM, 107417, Bedeutung der Eigenfabrikation, S. 1–3.
718 Vgl. DCM, 121753, Chronik der Eigenfabrikation Gloria Neu-Ulm 1953–1970, ohne Seitennummerierung.
719 Vgl. DCM, 117155, Kohl, Werner: Canda International OHG, 2006.
720 Vgl. DCM. 121753, Gloria Neu-Ulm.
721 Vgl. DCM, 107593, Fabrikenbesprechungen, Protokoll Nr. 29, 31.10.1963, S. 1.
722 DCM, 121753, Gloria Neu-Ulm.
723 Vgl. DCM, 121753, Gloria Neu-Ulm.
724 Vgl. DCM, 121753, Gloria Neu-Ulm.

7.3.5.5 Hoffnung auf Kostenersparnis: Passive Lohnveredelung

Wie viele andere Firmen traf auch C&A die Zunahme der Einfuhren von Billigprodukten aus dem Ausland. Mit den in Süd- und Osteuropa herrschenden Kostenverhältnissen konnte das Unternehmen nicht mithalten. Deswegen begann auch hier Anfang der 1970er Jahre die Verlagerung der Produktion ins Ausland. Auch C&A entschied sich für den Weg der Passiven Lohnveredelung (PLV). Die ersten großen Aufträge schloss das Unternehmen 1971 mit Firmen in Rumänien. Produkte waren v. a. Knaben- und Herrenpopelinemäntel. Auch in Polen betrieb C&A PLV. Die Canda schickte Oberstoff, Futter und Nähzutaten über eine niederländische Speditionsfirma nach Polen. Dort wurden sie vernäht und gebügelt, danach kamen die fertigen Anzüge nach Mettingen zurück. Dreimal in der Woche fuhr ein LKW von Mettingen nach Polen und umgekehrt. Polen war ein beliebtes Ziel vieler Herrenoberbekleidungsbetriebe, da dort eine lange Tradition der Bekleidungsfertigung bestand und die Qualitätsstandards relativ gut waren.[725] Auch in Jugoslawien und der Tschechoslowakei wurde Ware für C&A gefertigt, ab 1975 gab es des Weiteren Direktimporte aus Fernost.[726] C&A ließ zudem in Griechenland nähen. Die PLV-Abwicklung war dort allerdings schwieriger als mit anderen Ländern, da vorher Muster zur chemischen Kontrolle, Warenbegleitpapiere und diverse andere Dokumente verlangt wurden.[727]

Allein von 1972 bis 1973 verdoppelten sich die Einfuhrwerte der PLV bei C&A fast von 2,8 auf 4,4 Millionen DM. 1972 kam der größte Teil der PLV mit 1,2 Millionen DM aus der Tschechoslowakei, gefolgt von Rumänien mit ca. 1 Millionen DM. 1974 lag der Anteil der PLV an der gesamten Eigenproduktion wertmäßig bei 25,5 Prozent, mengenmäßig bei 26,6 Prozent.[728] In diesem Jahr stellte Rumänien mit 2,2 Millionen DM Umsatz den größten Anteil der PLV von C&A. Im Preisvergleich fertigte die Tschechoslowakei am preiswertesten, gefolgt von Jugoslawien und Rumänien. Ein Anzug konnte in der Tschechoslowakei für 0,93 DM hergestellt werden, in Jugoslawien für 1,09 DM und in Rumänien kostete er im Vergleich zur Tschechoslowakei mit 1,79 DM fast das Doppelte. [729] Die PLV verlagerte sich aufgrund der niedrigeren Lohnkosten von den Ländern des Ostblocks und Südeuropa immer weiter nach Osten. In den 1980er Jahren ließ C&A auch in Korea und China produzieren. Triebkraft der Wanderung waren die niedrigen Löhne. Die Kontaktanbahnung und Verhandlung mit den Ländern des Ostblocks verlief laut den Aussagen eines Einkäufers bei C&A relativ unproblematisch, da dort zentralstaatliche Außenhandelsinstitutionen beständen hätten, bei Ländern mit freier Marktwirtschaft sei die Anbahnung über Agenten gelaufen.[730]

---

725 Vgl. Vordemfelde, Herrenbekleidungsindustrie, S. 111.
726 Vgl. DCM, 117155, Kohl, Canda.
727 Vgl. DCM, 121865, Fabrikenbesprechungen, Protokoll Nr. 48, 29.11.1974.
728 Vgl. DCM, 121864, Fabrikenbesprechungen, Protokoll Nr. 47, 11.6.1974, S. 1.
729 Vgl. DCM, 121865, Fabrikenbesprechungen, Protokoll Nr. 48, 29.11.1974.
730 Vgl. DCM 129462, Interview Mark Spoerer mit Karl-Heinz Henrichfreise am 12.2.2015.

Wie viele andere Firmen – z. B. Otto, Edeka und Karstadt – bezog C&A auch Ware aus der DDR. Tobias Wunschik beschreibt in seiner 2014 erschienen Studie, dass 1983 Schuhe im Wert von 20 Millionen Valutamark von der DDR in den Westen exportiert wurden, v. a. an Salamander und Otto. Bei mehreren Firmen, darunter auch C&A (über einen Zwischenhändler) bestand „große Nachfrage“[731] bei Sportschuhen. Ob und in welchem Umfang bei der Herstellung Häftlinge zum Einsatz kamen, konnte Wunschik nicht genauer nachweisen. Außerdem ist überliefert, dass das Strumpfkombinat Esda Thalheim Anfang der 1970er Jahre Häftlingsarbeiterinnen in der Produktion einsetzte. Die Motivation der schon beschäftigten Textilarbeiter war aufgrund fehlender Leistungsanreize niedrig. Entlassungen gab es sehr selten, da in der Textilbranche Arbeitskräftemangel herrschte. Esda Thalheim bemühte sich anhand von Vertretern um Absatzmöglichkeiten im Westen und besuchte beispielsweise Edeka, Otto, Kaufring, Karstadt und C&A. Mit Karstadt und Kaufhof kamen Lieferverträge zustande, für C&A sind keine Geschäftsverbindungen überliefert.[732]

7.3.5.6 Die Cunda Berlin

Auch nach der Gründung der beiden deutschen Staaten produzierte die Cunda in Berlin auf althergebrachtem Weg mit Zwischenmeistern. 1950 verlegte C&A das Einzelhandelsgeschäft von der Oranien- in die Kottbusser Straße. Die frei gewordenen Räume konnten nun von der Cunda genutzt werden und der Standort Wilmersdorfer Straße wurde aufgegeben. Es entstand eine eigene Fabrik im vierten und fünften Stock des Hauses in der Oranienstraße.[733] Betriebstechnisch gesehen standen zwei Fertigungsbänder zur Verfügung, die 1950 von 185 Werkstatt- und 75 kaufmännischen Angestellten bedient und verwaltet wurden. Hauptsächlich fertigten die Beschäftigten in Berlin Damenmäntel und -kleider sowie Herrensakkos und -hosen.[734] Die Cunda wickelte auch Bestellungen für andere Auftraggeber ab, meist über Zwischenmeister. Die Cunda Berlin produzierte 1951 ca. 250.000 Bekleidungsstücke. Insgesamt waren es in allen C&A-Produktionsbetrieben mit knapp 1,5 Millionen Stück 1951 sechsmal so viel.[735] Anfang der 1950er Jahre stiegen die Bruttogewinne (vor Steuern) auf über eine halbe Millionen DM, bis zur Mitte des Jahrzehnts hatten sie die 1-Millionen-DM-Grenze erreicht. Alle C&A-Produktionsbetriebe wiesen 1955 insgesamt 10 Millionen DM Bruttogewinn auf.[736]

Zunehmend entwickelte sich in Berlin die Tariflage bei der Anfertigung über Zwischenmeister im Gegensatz zu den westdeutschen Fließbandfabrikationen so

731 Wunschik, Tobias: Knastware für den Klassenfeind. Häfltingsarbeit in der DDR, der Ost-West-Handel und die Staatssicherheit (1970 – 1989), Göttingen 2014, S. 222.

732 Vgl. Wunschik, Knastware, S. 222.

733 Vgl. DCM, 107887, Chronik Fabra.

734 Vgl. DCM, 105997, Chronik Cunda.

735 Vgl. 112751, Internationaal statistisch jaarboek 1951.

736 Vgl. 122746 – 122751, Internationaal statistisch jaarboek 1946 – 1955.

ungünstig, dass die Cunda große Schwierigkeiten hatte, mit den billigeren westdeutschen Angeboten auf Dauer zu konkurrieren. Als Folge dieser Entwicklung musste 1956 die Mantel- und Blusenfertigung aufgegeben und der Personalstand verringert werden. Um in der Kleiderabteilung den Betrieb weiterhin aufrecht erhalten zu können, spezialisierte sich die Cunda auf die Herstellung von Kleidern in Spezialgrößen wie Käthe (kleine dicke Dame), Renate (große dicke Dame) und Rita (kleine normale Dame). In diesen Größen war noch keine nennenswerte westdeutsche Konkurrenz vorhanden.[737]

Durch die Errichtung der Mauer 1961 verlor Westberlin viele Fachkräfte aus dem Ostsektor und die Cunda hatte Schwierigkeiten, ihre Aufträge zu erfüllen. Viele dieser Fachkräfte hatten vor dem Zweiten Weltkrieg in der Gegend um den Hausvogteiplatz – dem Zentrum der deutschen Konfektion bis 1945 und danach zur SBZ gehörig – gearbeitet und brachten wichtige Fachkenntnisse mit. In den folgenden Jahren verschob sich das Lohn-Preisgefüge immer mehr zuungunsten der Berliner Zwischenmeister-Herstellung gegenüber der rationellen Fließband-Fertigung. Aufgrund dieser Entwicklung wurde am 6.5.1965 die Auflösung der Kleider- und Rockabteilung bekanntgegeben, zum 31.12.1965 schloss die Fabrikations-Abteilung der Cunda Berlin mit ihrer Zwischenmeister-Anfertigung ihre Pforten. Den größten Teil des Personals übernahmen die Berliner C&A-Häuser.[738] Einzig im Haus Oranienstraße in Kreuzberg wurden noch Herren- und Knabenhosen in Fließbandfertigung hergestellt. Allerdings konnte der Betrieb dort das Soll von 1.700 Teilen pro Tag nicht erreichen, vermutlich auch weil die Krankenfehlquote Anfang der 1970er Jahre mit fast 12 Prozent relativ hoch lag.[739] Im Mai 1974 produzierten noch 18 Angestellte und 106 gewerbliche Arbeitskräfte Herrenhosen. Am 31.8.1976 schloss C&A auch diesen Rumpfbetrieb aus wirtschaftlichen Gründen.[740]

7.3.5.7 Die Geschäftslage der Eigenfabrikation 1949 bis 1973

Zunächst gab C&A jedem neu eröffneten Betrieb einen eigenen, meist phantasievollen Namen, der immer auf „a" endete. Zum 1.10.1958 fasste das Unternehmen alle Fabrikationsbetriebe unter der Bezeichnung Cunda Kleiderfabrik Brenninkmeyer KG zusammen. Zu diesem Zeitpunkt bestanden Abteilungen in Mettingen, Essen, Ludwigshafen und Neu-Ulm, in denen meist mehrere Zweigwerke vereinigt waren. Zum 1.1.1970 wurde die Cunda Kleiderfabrik Brenninkmeyer KG in Canda Internatio-

737 Vgl. DCM, 105997, Chronik Cunda.

738 Vgl. DCM, 105997, Chronik Cunda.

739 Vgl. DCM, 117155, Kohl, Canda.

740 Vgl. DCM, 102867, Sozialpläne und Betriebsvereinbarungen wegen Schließung von Kontoren und Regionalauszeichnungen und Verminderung der Eigenproduktion 1974–1983, Entwurf eines Schreibens der Canda Berlin an das Landesarbeitsamt Berlin, 8.5.1974 und Entwurf einer Betriebsvereinbarung der Canda International & Co., 1976.

nal & Co. mit Sitz in Essen umbenannt. Die folgende Tabelle fasst die verschiedenen Umfirmierungen zusammen:

Tabelle 35: Deutsche Werkstätten und Fabriken des C&A-Konzerns 1949 bis 1973

Standort	Zeitraum und Firma
Berlin	1946–3/1954 Fabra Kleiderfabrik Brenninkmeyer KG 4/1954–9/1958 Cunda Kleiderfabrik GmbH 10/1958–12/1969 Cunda Kleiderfabrik Brenninkmeyer GmbH ab 1/1970 Canda International & Co.
Mettingen	1947–3/1954 Fabra Kleiderfabrik Brenninkmeyer KG 4/1954–9/1958 Herfa Kleiderfabrik GmbH 10/1958–12/1969 Cunda Kleiderfabrik Brenninkmeyer GmbH ab 1/1970 Canda International & Co.
Essen	11/1947–9/1958 Fabra Kleiderfabrik Brenninkmeyer KG (bis 7/1952 in Filiale, danach eigenes Werk) 10/1958–12/1969 Cunda Kleiderfabrik Brenninkmeyer GmbH ab 1/1970 Canda International & Co.
Duisburg	4/1949–8/1952 Fabra Kleiderfabrik Brenninkmeyer KG (in Filiale), dann nach Essen verlagert
Köln	4/1950–3/1954 Fabra Kleiderfabrik Brenninkmeyer KG (in Filiale) 4/1954–4/1955 Elka Kleiderfabrik GmbH, dann nach Ludwigshafen verlagert
Ludwigshafen	2/1954–7/1954 Fabra Kleiderfabrik Brenninkmeyer KG 8/1954–4/1955 Elka Kleiderfabrik GmbH 5/1955–9/1958 Lucena Kleiderfabrik GmbH 10/1958–12/1969 Cunda Kleiderfabrik Brenninkmeyer GmbH ab 1/1970 Canda International & Co.
Neu-Ulm	4/1954–9/1958 Gloria Strick- und Wirkwaren GmbH 10/1958–12/1969 Cunda Kleiderfabrik Brenninkmeyer GmbH ab 1/1970 Canda International & Co.
Haselünne	10/1956–9/1958 Deha Kleiderfabrik Brenninkmeyer GmbH 10/1958–12/1969 Cunda Kleiderfabrik Brenninkmeyer GmbH ab 1/1970 Canda International & Co.
Wattenscheid	7/1957–9/1958 Fabra Kleiderfabrik Brenninkmeyer GmbH 10/1958–12/1969 Cunda Kleiderfabrik Brenninkmeyer GmbH ab 1/1970 Canda International & Co.
Freren	10/1958–12/1969 Cunda Kleiderfabrik Brenninkmeyer GmbH ab 1/1970 Canda International & Co.
Esterwegen	10/1961–12/1969 Cunda Kleiderfabrik Brenninkmeyer GmbH ab 1/1970 Canda International & Co.
Maxdorf	1966–12/1969 Cunda Kleiderfabrik Brenninkmeyer GmbH ab 1/1970 Canda International & Co.

Tabelle 35: Deutsche Werkstätten und Fabriken des C&A-Konzerns 1949 bis 1973 *(Fortsetzung)*

Standort	Zeitraum und Firma
Frankenthal	Frühjahr 1969 – 12/1969 Cunda Kleiderfabrik Brenninkmeyer GmbH ab 1/1970 Canda International & Co.

Quellen: DCM, 105997, Chronik Cunda; DCM, 107887, Chronik Fabra; DCM, 117155, Kohl, Canda; DCM, 117711, Chronik Herfa; DCM, 121874, Auflistung der Stromkosten 1965/66 und DCM, 121960, Protokoll Fabriken-Besprechung Nr. 35, 15.11.1966.

Eine Darstellung der Eigenfabrikationsbetriebe von C&A Anfang der 1970er Jahre gibt eine Übersicht über die Organisationsstruktur der Produktionsstätten. In Ludwigshafen stellte C&A Damenmäntel her. In Essen und Wattenscheid wurde Damenoberbekleidung produziert, in Mettingen und dessen Zweigebetrieben Herrenoberbekleidung. Die Berliner Cunda fabrizierte in kleinem Umfang Herrenhosen, die Betriebe in Neu-Ulm Wirk- und Strickwaren (vgl. Abbildung 62).

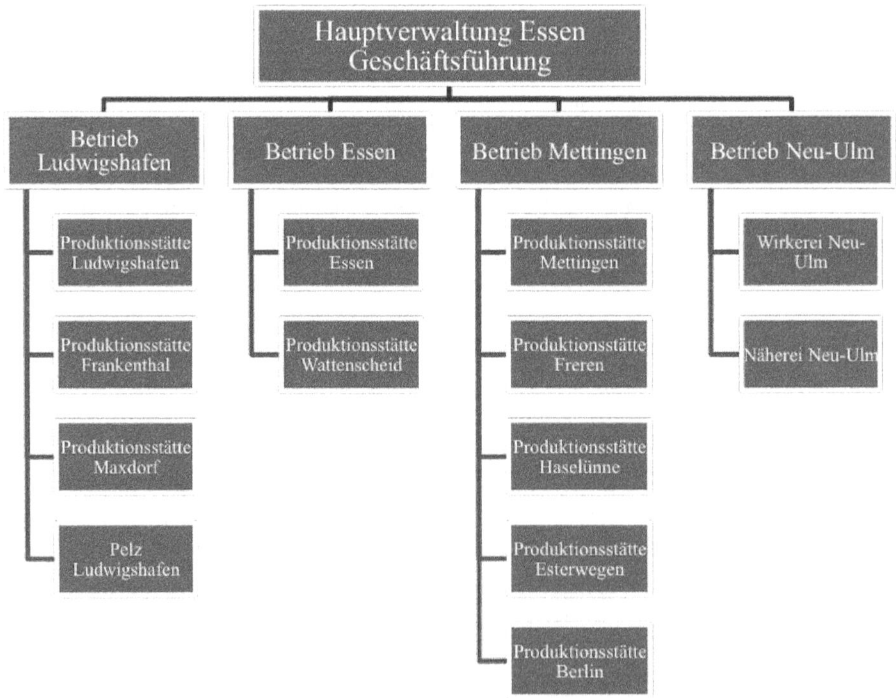

Abbildung 62: Betriebsstruktur der Canda Essen um 1970
Quelle: eigene Darstellung auf Basis DCM, 100198, Schulungsunterlagen.

Durchgängiges Zahlenmaterial ist leider nur bis 1961 zugänglich. Die Aufstellung der Stückzahlen aller C&A-Betriebe – Abbildung 63 – zeigt eine Verdreifachung von etwa 1 Millionen 1950 auf 3 Millionen 1956. Mit der Textilkrise 1958 und der Marktsättigung wuchs die Stückzahl bis 1961 (3,5 Millionen) deutlich langsamer. Die Krise 1958 zeigte sich v. a. in schwierigeren Absatzbedingungen. Im Juni konnten 14.000 Kleider erst nach dreitägiger Verhandlung mit Kunden abgesetzt werden, in den Jahren zuvor verkaufte C&A an einem Tag 20.000 bis 50.000 Kleider ohne Schwierigkeiten.[741] Ein Vergleich der Stückzahlen demonstriert, dass Essen bei der Produktion im Vergleich zu den anderen Werken am meisten herstellte. 1961 waren es beispielsweise ca. 1,5 Millionen Kleidungsstücke, in Mettingen lag der Ausstoß bei 638.000 Teilen, in Ludwigshafen und Neu-Ulm bei ca. 500.000 und 650.000 Teilen.[742] 1961 stellte C&A mit 3,5 Millionen Kleidungsstücken immerhin 4 Prozent der gesamten Produktion der Bekleidungsindustrie in diesem Jahr, die bei etwa 85 Millionen Teilen lag. Damit nahm C&A als eines der größeren Unternehmen in einer durch kleine und mittlere Betriebe geprägten Branche durchaus eine herausgehobene Stellung ein.[743]

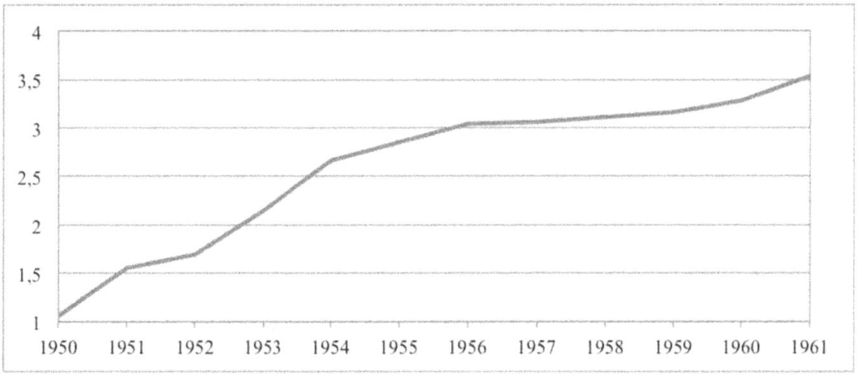

Abbildung 63: Stückzahlen der C&A Produktionsbetriebe 1950 bis 1961 in Millionen
Quelle: DCM, 122750 bis 122761, Internationaal statistisch jaarboek 1950 bis 1961.

Abbildung 64 bringt einen deutlichen Umsatz-Anstieg Anfang der 1950er Jahre von nominal 33,3 Millionen DM 1950 auf 55,5 Millionen DM 1951 zum Ausdruck. In den beiden folgenden Jahren stagnierte der Umsatz aufgrund der Korea-Krise, ehe er dann bis 1961 auf über 106 Millionen DM zunahm. Damit befand sich auch C&A neben Mehler und Triumph in dem Kreis der wenigen Betriebe, die über 100 Millionen DM Umsatz im Jahr erwirtschaften. Essen und Mettingen stellten mit jeweils gut 30 Millionen DM 1961 den größten Teil des Umsatzes. Auch der Bruttogewinn war von der Korea-Krise betroffen und verringerte sich von 4,6 Millionen DM 1950 auf 3,8 Millionen DM 1951. Für die Zeit danach ist ein deutlicher Trend nach oben zu erkennen, bis 1961 verdreifachte sich der Bruttogewinn auf 13,8 Millionen DM. Davon stellten Essen und

741 Vgl. DCM, 121952, Sitzung des Wirtschaftsausschusses, 24.4.1958.
742 Vgl. 122750 – 122761, Internationaal statistisch jaarboek 1950 – 1961.
743 Vgl. BBI, Bekleidungsindustrie in der BRD 1961, S. 29f.

Mettingen mit jeweils gut 4 Millionen DM den größten Anteil.[744] Ab Mitte der 1960er Jahre waren Umsatzsteigerungen nur noch durch Anhebung der Durchschnittspreise möglich.[745] 1968 bewirkte die Einführung der Mehrwertsteuer einen Umsatzrückgang, auch der Durchschnittspreis der Gesamtproduktion ging zurück.[746]

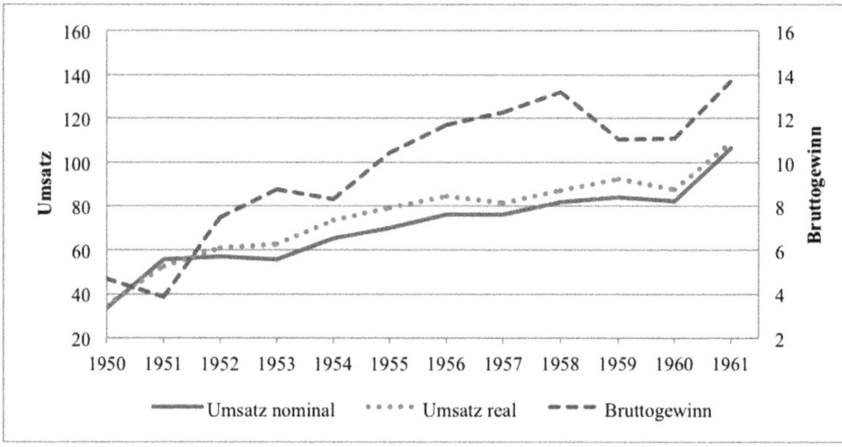

Abbildung 64: Umsatz und Bruttogewinn der C&A-Produktionsbetriebe 1950 bis 1961 in Millionen DM[747]
Quelle: DCM, 122750 bis 122761, Internationaal statistisch jaarboek 1950 bis 1961.

Zum Problem wurde zunehmend die Produktvielfalt, wodurch die Fabrikationsbetriebe größere Kosten auswiesen als andere Konfektionäre, die sich spezialisiert hatten.[748] Deswegen nahm C&A neben Rationalisierungsmaßnahmen 1959 eine Typenbeschränkung vor. So wurde der Preis der Produkte trotz Lohnerhöhungen zunächst gehalten.[749] Ab Anfang der 1960er Jahre konnten allerdings Lohnsteigerungen und Verkürzung der Arbeitszeit nicht mehr durch Rationalisierungsmaßnahmen ausgeglichen werden und die Preise stiegen.[750] Diese Schweriegkeiten traten auch bei vielen anderen Unternehmen der Branche auf (vgl. Kap 6.3).

Eine Aufstellung der Stundenlöhne der Herfa in Mettingen belegt die rasante Steigerung der Löhne. Verdiente eine Näherin 1965 2,07 DM pro Stunde, waren es 10 Jahre später mehr als 3,5-mal so viel (7,17 DM). Das Lohnniveau der Bügler war

744 Vgl. 122750 – 122761, Internationaal statistisch jaarboek 1950 – 1961.
745 Vgl. DCM, 121960, Fabriken-Besprechung Nr. 33, 11.11.1966, S. 3.
746 Vgl. DCM, 121952, Sitzung des Wirtschaftsausschusses, 9.10.1968, S. 2.
747 Der nominale Umsatz wurde mit dem Erzeugerpreisindex für die Bekleidungsindustrie 1962 = 100 in Tabelle 43 (Anhang) deflationiert.
748 Vgl. DCM, 121952, Sitzung des Wirtschaftsausschusses, 29.7.1958, S. 2.
749 Vgl. DCM, 121952, Sitzung des Wirtschaftsausschusses, 24.3.1959, S. 3.
750 Vgl. DCM, 121952, Sitzung des Wirtschaftsausschusses, 31.5.1960, S. 2.

höher, auch hier findet man eine Steigerung etwa um das 2,5 fache von 3,65 DM 1965 auf 8,34 DM 1975.

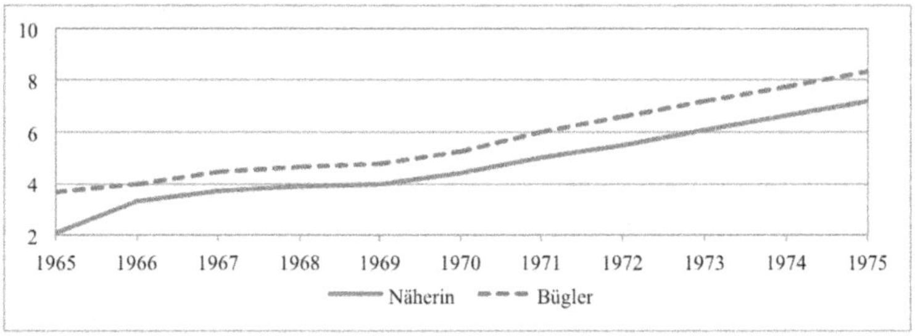

Abbildung 65: Stundenlöhne der Herfa Mettingen 1965 bis 1975 in DM
Quelle: DCM, 107417, Stundenlöhne der Herfa Mettingen.

Der durchschnittliche Bruttoverdienst einer Facharbeiterin pro Stunde in der Bekleidungsindustrie lag 1973 bei 6,39 DM pro Stunde, der einer angelernten Arbeiterin bei 5,99 DM. Die Durchschnittswerte der Gesamtindustrie beliefen sich in diesem Jahr auf 6,75 DM bzw. 6,28 DM.[751] Bei C&A erhielt eine Näherin in diesem Jahr 6,10 DM, eine Büglerin 7,20 DM. C&A zahlte also Löhne, die dem Durchschnitt der Branche entsprachen bzw. sogar etwas darüber lagen.

Um den Umsatz zu steigern, verkauften die Fabrikbetriebe auch an C&A-Fabriken und -Häuser im Ausland (obwohl es dort eigene Fertigungen gab[752]) sowie zunehmend auch an dritte Firmen im Ausland. 1974 betrugen die Auslandsumsätze 18 Millionen DM, 12 Prozent (1973 8 Prozent) des Canda-Umsatzes insgesamt. 15,9 Millionen DM davon gingen an C&A Belgien, Frankreich, Niederlande und Großbritannien (davon kamen 9,3 Millionen aus Mettingen), an Dritte wurde Ware im Wert von 2,5 Millionen DM verkauft (davon 1,7 Millionen DM von Mettingen nach Japan).[753] In Brüssel errichtete C&A Anfang der 1970er Jahre eine eigene Verkaufsgesellschaft, die Clair-Mode. Dort sollte überschüssige Canda-Produktion an Dritte verkauft werden.[754] Allerdings war bereits von Anfang an bekannt, dass die Bereitstellung einer Vielzahl von Modellen für den Trade-Markt in Brüssel und als Reisekollektionen die Kostensituation der Canda-Betriebe „nicht gerade verbessern“[755] würde.

751 Vgl. Breitenacher, Bekleidungsindustrie, S. 84.

752 Vgl. z. B. für England DCM, 128130, Parkes, E.S.: C&A Advertising 1948 – 1959. 1949 errichte C&A eine Fabrik in Glasgow, wo v. a. preiswerte Kleidung produziert wurde (S. 22.). Ab 1953 fertigte C&A in Portsmouth bessere Damenkleidung in einer eigenen Fabrik (S. 101). Ähnlich wie in der BRD waren in London nicht genügend Arbeitskräfte vorhanden, weswegen man nach Portsmouth ausweichen musste.

753 Vgl. DCM, 121865, Fabrikenbesprechungen, Protokoll Nr. 48, 29.11.1974, S. 2.

754 Vgl. DCM, 121951, Canda Essen 30.9.1975, S. 4 f.

755 DCM, 121951, Canda Essen 30.9.1975, S. 5.

7.3.6 Zu teuer: Das schleichende Ende der Eigenfabrikation bei C&A (1973 bis 2004)

Die wesentlichen Entwicklungen der C&A-Eigenfabrikationsbetriebe folgten – wie auch bei der Mehler AG und Triumph – dem Branchendurchschnitt. Die Vertikalisierung in den 1920er Jahren aufgrund der Währungsturbulenzen und der unsicheren Konditionen war ein Trend der Zeit. Entgegen vieler anderer Unternehmen behielt C&A seinen Eigenfabrikationsbetrieb nach der Weltwirtschaftkrise aber bzw. baute diesen Bereich durch die Errichtung der Herfa noch aus. Die Vorteile der Eigenproduktion lagen v. a. darin, dass man die Kosten der Zulieferer besser einschätzen und flexibler auf Kundenwünsche eingehen konnte. Während des Zweiten Weltkrieges trafen die C&A-Produktionsbetriebe Auskämmungen und Stilllegungen, weswegen man die zivile Fertigung ins Ghetto Litzmannstadt verlagerte. Anfang der 1950er Jahre partizipierte C&A am Nachholbedarf von Bekleidung und errichtete einige neue Eigenfabrikationsbetriebe, zunehmend in ländlichen Gegenden, um neue Arbeitskräfte rekrutieren zu können.

Die Strukturkrise in der Bekleidungsindustrie, die Importe aus Billiglohnländern und die Verlagerung des Konsums auf langlebige Güter trafen auch C&A. Die Herstellkosten in der BRD waren zu hoch, der Absatz zu kostendeckenden Preisen unmöglich. C&A baute deswegen Arbeitsplätze und Produktionskapazitäten im Inland ab.[756] Von 1971 bis 1974 reduzierte sich die Belegschaftszahl aller Produktionsbetriebe von 3.812 auf 2.556.[757] 1973 stellte das Unternehmen die Produktion in Maxdorf ein. 1975 verkleinerte C&A die Canda Essen um 275 Betriebsmitglieder. Ende des Jahres wurde die Betriebsstätte in Wattenscheid geschlossen und die Fertigung von Kinderkleidung in Essen konzentriert. 1976 wurde die Produktion in Berlin aufgegeben. Ab 1978 produzierte der Betrieb in Mettingen nur noch Herrensakkos.[758] Die Eigenproduktion sollte in geringerem Umfang für eilige Lieferungen, Inserate sowie Erweiterung und Erhaltung des technischen Know-hows aufrechterhalten werden.[759] In den 1980er Jahren wurden die Fertigungsstätten in Ludwigshafen, Freren und Frankenthal geschlossen. 1996 stellte C&A die Fertigung in Neu-Ulm, Ludwigshafen, Essen, Esterwegen und Haselünne ein. In Mettingen wurden ab diesem Jahr nur noch Musterkollektionen hergestellt, 2004 wurde auch der letzte eigene Produktionsbetrieb von C&A in Mettingen geschlossen.[760]

Seit Mitte der 1980er Jahre rutschte auch die Einzelhandelssparte von C&A in eine Krise. Junge Modeketten mit trendigen Kollektionen wie H&M und Esprit drängten auf den Markt und ließen C&A alt und antiquiert erscheinen. Gerade die junge Zielgruppe

756 Vgl. DCM, 121951, Canda Essen 30.9.1975, S. 4.

757 Vgl. DCM, 121865, Fabrikenbesprechungen, Protokoll Nr. 48, 29.11.1974.

758 Vgl. DCM, 117155_2, Kohl, Werner: Chronik der Canda, 2005/6.

759 Vgl. DCM, 121952, Sitzung des Gesamt-Betriebsrates der Canda International & Co. am 26.9.1974 in Essen.

760 Vgl. DCM, 117155_2, Kohl, Werner: Chronik der Canda, 2005/6.

konnte nicht mehr erreicht werden. Die Inneneinrichtung und Warenpräsentationen in den Filialen waren veraltet, die Werbung ging an der eigentlichen Zielgruppe – Familien und älteren Menschen – vorbei. Das Shop-in-Shop Prinzip, also die Vermietung von Flächen an Anbieter wie McDonald's oder Verlagshäuser, trug weiter zur Verwirrung der Kunden bei. Die Initialen C&A standen im Volksmund immer mehr für cheap & awful. Die Erträge brachen ein. 1997 meldete das Unternehmen erstmals in seiner Nachkriegsgeschichte rote Zahlen. Ein Jahr später kam es zum ersten Mal zu Entlassungen aus betrieblichen Gründen. Die Größe und Komplexität des Unternehmens brachte es mit sich, dass Entscheidungen eine Weile benötigten, bis sie ihre Auswirkungen zeigten.

Ende der 1990er begann die fünfte Brenninkmeyer-Generation mit einer Umstrukturierung. Die Unternehmensführung beschloss, textilfreie Produkte nicht mehr zu verkaufen. Mit dem European Store Concept kamen Farbe und Licht in die Läden, die Flächenausnutzung pro Quadratmeter wurde verringert, die Ware hatte mehr Platz. Klarheit, Offenheit und Leichtigkeit sollten Ambiente schaffen und die Mode in den Mittelpunkt rücken. Gezielte Präsentation, klar gegliederte Abteilungen sowie großzügige Verweilzonen sollten dem Kunden Orientierung und Wiedererkennung verschaffen. Die Eigenmarken wurden von mehr als 20 auf ein gutes Dutzend reduziert, neu positioniert und im Profil geschärft. Das Konzept funktionierte, schon 2001 schrieb C&A wieder Gewinne. Bei der Euro-Einführung 2002 bot das Unternehmen 20 Prozent Preisnachlass bei der Bezahlung mit EC-Karte. Ab 2001 entstanden Spezialläden wie Kid's und Women's Store, außerdem erfolgte eine Expansion in kleinere Städte und das Umland von Ballungsgebieten. C&A stieg des Weiteren in das Geld- und Versicherungsgeschäft sowie den Internethandel mit Mode ein.[761] Die *Textil-Wirtschaft* schrieb am 24. Juni 2002: „C&A schafft den Turnaround".[762] Seit einigen Jahren ist C&A der drittgrößte Textilhändler der Welt hinter GAP und H&M.[763] 2011 zeichneten die Leser von Reader's Digest C&A zum achten Mal in Folge als Most Trusted Brand aus.[764]

---

761 Vgl. Bosecker, Kai/Spitz, Maria: Back to the roots. Der Weg aus der Krise der 1990er Jahre, in: Draiflessen Collection (Hg.): C&A zieht an. Impressionen einer 100jährigen Unternehmensgeschichte. 14. Mai 2011–8. Januar 2012, S. 270–275.

762 TW, 24.6.2002, C&A schafft den Turnaround, http://www.textilwirtschaft.de/business/CA-schafft-den-Turnaround_15247.html?a=1 (Stand: 15.05.2015).

763 Vgl. Weiguny, Die geheimnisvollen Herren, S. 197.

764 Vgl. Bosecker/Spitz, Back to the roots, S. 274.

8 Fazit

Die vorliegende Arbeit hat das Ziel, die deutsche Bekleidungsindustrie von der Weimarer Republik bis in die 1970er Jahre zu untersuchen. Die Studie konzentrierte sich in Teil 1 auf die Branchenebene, ehe in Teil 2 die Entwicklung einzelner Unternehmen im Fokus der Betrachtung stand. Auf beiden Ebenen wurden Kontinuitäten und Brüche herausgearbeitet sowie der Einfluss politischer und wirtschaftlicher Zäsuren analysiert. Das Fazit gibt die wichtigsten Entwicklungen von der Entstehung der deutschen Bekleidungsindustrie in der Mitte des 19. Jahrhunderts bis in die 1970er Jahre wieder und beschreibt wichtige Veränderungen, die Bedeutsamkeit politischen und wirtschaftlichen Wandels, aber auch Gemeinsamkeiten über den gesamten Zeitraum. Die Ergebnisse der Unternehmensstudien werden in die allgemeine Entwicklung eingeordnet und bewertet.

Erste Konfektionsbetriebe hatten sich Mitte des 19. Jahrhunderts in verschiedenen regionalen Zentren und mit unterschiedlichen Entstehungskontexten angesiedelt. Im Zentrum der deutschen Konfektion in Berlin entstand die Branche aus dem Einzelhandel heraus. Hier gründeten viele zugewanderte, oft jüdische Bürger kleine Geschäfte, in denen sie über Zwischenmeister und Heimarbeiter genähte Konfektion zum Kauf anboten. Zunächst waren dies einfache und von der Körpegröße relativ unabhängige Produkte wie Mäntel und Capes. In Bielefeld entwickelte sich die Bekleidungsindustrie aus dem Leinengewerbe, das Mitte des 19. Jahrhunderts in eine Krise geriet, da es mit den preiswerten englischen Produkten nicht mehr konkurrieren konnte. Eines der ersten hergestellten Kleidungsstücke war der blaue Arbeitskittel für die sich herausbildende Industriearbeiterschaft. In Aschaffenburg entstand die Bekleidungsindustrie aus dem Schneiderhandwerk heraus. Ausgebildete Schneider begannen ab den 1870er Jahren Herrenoberbekleidung in wenigen Standardgrößen auf Vorrat herzustellen. Auch nach Sparten und Güte der Produkte prägten sich regionale Cluster heraus. In Berlin wurde Damen-, Herren- und Kinderoberbekleidung jeglicher Qualität gefertigt, das Wäschezentrum des Deutschen Reiches lag in Bielefeld und Herford, in Aschaffenburg wurde preiswerte Herrenoberbekleidung hergestellt und in Mönchengladbach günstige Arbeitsbekleidung. Die Standortwahl wurde neben der Nähe zum Vorlieferanten wie der Textilindustrie in Mönchengladbach oder Absatzmärkten wie in Berlin v. a. durch das Arbeitskräfteangebot bestimmt, da man es weniger mit einer kapitalintensiven und technisierten Branche, als mit einem arbeitsintensiven Sektor der Wirtschaft zu tun hatte. Die Rohstoffe und Endprodukte waren leicht und dadurch einfach zu transportieren.

Fertigkleidung wurde bis in die Mitte des 20. Jahrhunderts eher von den unteren Schichten getragen. Der blaue Arbeitskittel für die Industriearbeiter war eines der ersten und erfolgreichsten Produkte der Branche, das aufgrund des einfachen Stoffes und der Uniformität preiswert in großen Mengen hergestellt werden konnte. Der besser verdienende Teil der Bevölkerung hegte lange eine Ablehnung gegenüber „Kleidung von der Stange“, die oft nicht modisch genug war und nicht den höheren

https://doi.org/10.1515/9783110560381-011

Ansprüchen besser situierter Kundschaft entsprach. Diese ging weiterhin zum Maßschneider oder fertigte ihre Kleidung selbst an.

Während des Ersten Weltkrieges hatte die Branche mit Einschränkungen der Arbeitszeit und der Stoffzuteilung zu kämpfen. Zunehmend mussten Ersatzstoffe aus Papier verarbeitet werden, die sehr schwer zu vernähen und von geringer Qualität waren. Viele Betriebe stellten ihre Produktion auf Uniformen um. Produktion und Absatz an die Verbraucher waren staatlich geregelt. Hinzu kamen Verdeutschungstendenzen in Mode und Sprache, die die Orientierung an Paris beenden sollten, aber nur geringen Erfolg hatten.

Zu Beginn des Untersuchungszeitraums 1918 war die deutsche Bekleidungsindustrie eine durch Verlagssystem und Heimarbeit geprägte Branche. Anfang des 20. Jahrhunderts gab es etwa 800.000 Betriebe[1] in der Bekleidungsindustrie, die etwa 1,2 Millionen Personen beschäftigten. Die Branche konnte nicht nur den heimischen Markt versorgen, sondern auch in großem Umfang ins Ausland exportieren. Die Importe waren im Gegensatz hierzu verschwindend gering. Die vorherrschende Betriebsform war der Kleinbetrieb mit bis zu 10 Mitarbeitern, die dominierenden Rechtsformen waren das Einzelunternehmen und die Personengesellschaft. Aufgrund der hohen Arbeitsintensität der Branche und dem geringen Technisierungsgrad – außer Nähmaschinen kamen, wenn überhaupt, noch Zuschneide- und Bügelmaschinen zum Einsatz – war diese Form der Produktion für die Unternehmer bis weit in das 20. Jahrhundert transaktionskostenökonomisch gesehen die günstigste, da fixe Kosten von den Zwischenmeistern und Heimarbeitern übernommen wurden. Die Zwischenmeister waren auch für die Kommunikation mit den Heimarbeitern verantwortlich, was für den Fabrikanten geringere Bürokratiekosten bedeutete. Elendszustände – wie sie zeitgenössisch angeprangert wurden – scheint es aber – folgt man den Studien von Paul Arndt – nur in wenigen Fällen gegeben zu haben, wenn, dann eher in größeren Städten wie z. B. in Berlin. Zu bedenken gilt, dass für viele Frauen sozioökonomische Barrieren für eine Arbeit in der Fabrik bestanden und für viele, die ihre Kinder oder andere Angehörige versorgen mussten, die Heimarbeit die einzig mögliche Form der Erwerbsarbeit war. Sie erfüllte zudem in einer saison- und modeabhängigen Branche eine gute Pufferfunktion. Sofern Aufträge vorhanden waren, konnte der Unternehmer Heimarbeiter einschalten, in einer ruhigen Zeit hatte er diesen aber – im Gegensatz zu Fabrikpersonal – keinen Lohn zu zahlen. Die Beschäftigung der Heimarbeiter bildete also gewissermaßen die Nachfrage ab. Diese Konstellation und die Tatsache, dass mehr als 80 Prozent der Beschäftigten in der Branche Frauen waren, führten dazu, dass in der Bekleidungsindustrie niedrigere Löhne im Vergleich zu anderen Wirtschaftsbereichen gezahlt wurden. Am wenigsten verdienten nach einer Berechnung Ende der 1920er Jahre die Näherinnen. Büglerinnen oder Bügler wurden besser entlohnt, am meisten verdienten die oft männlichen Zuschneider.

1 Mit Handwerk.

Jedem der vier großen politischen Kapitel – Weimarer Republik, NS-Zeit, Nachkriegszeit und BRD – lassen sich besondere Entwicklungstendenzen und Charakteristika zuordnen. Für die Weimarer Republik sind dies die Krise 1925/1926 und die Weltwirtschaftskrise 1929 bis 1932, die zum Konkurs vieler Unternehmen führten. Betroffen waren zunächst sog. Inflationsgründungen. Diese – oft windigen – Betriebe waren Anfang der 1920er Jahre in der Zeit der fortschreitenden Inflation entstanden, als Kunden das Geld schnell in Sachwerte anlegten, weil es so weniger an Wert verlor als auf der Bank. Das Betriebskapital und die personellen Ressourcen dieser Firmen reichten meist aber nicht aus, um in Krisen bestehen zu können. Ab Anfang der 1930er Jahre traf die Insolvenz-Welle jedoch auch gut situierte Unternehmen. Zunächst versuchten die Unternehmen, den Schwierigkeiten mit Umstellung der Produktpalette auf preiswerte Ware zu begegnen. In einer Zeit, in der aber beinahe jeder Haushalt direkt oder indirekt von Arbeitslosigkeit, Kurzarbeit oder Lohnrückgängen betroffen war, konnte auch diese Strategie bald den Absatz nicht mehr sichern.

Die Zeit von 1918 bis 1933 war durch Unsicherheiten auf allen Stufen der Wertschöpfungskette gekennzeichnet, da keine klaren Liefer- und Zahlungsbedingungen herrschten und der Export wegen der Währungsprobleme bis 1924 und ab 1931 beeinträchtigt war. Aufgrund der schwierigen Rahmenbedingungen und der Inflation kam es Anfang der 1920er Jahre zu Vertikalisierungstendenzen in Handel und Textilindustrie, die zu einer starken Vermehrung der Bekleidungsbetriebe beitrugen. Diese Entwicklung war nicht auf eine bestimmte Sparte beschränkt, sondern in der gesamten Branche verbreitet. Zwei der in Teil 2 untersuchten Unternehmen – C&A und die Mehler AG – expandierten in den 1920er Jahren wie beschrieben in vor- und nachgelagerte Bereiche. Die Mehler AG vertikalisierte vorwärts und gliederte sich eine eigene Bekleidungsfertigung an. C&A vertikalisierte rückwärts mit der Errichtung einer Eigenfabrikation. Viele Unternehmen nahmen die vertikale Integration während der Weltwirtschaftskrise wieder zurück, da die Preise gefallen waren und die Eigenfabrikation meist nicht mehr rentabel war. Die Mehler AG und C&A hingegen hielten an den neuen Unternehmensbereichen fest. Bei der Mehler AG hatte sich die Konfektionsabteilung Ende der 1920er Jahre etabliert und wurde Anfang der 1930er Jahre zum zweiten Standbein des Unternehmens ausgebaut. Bei der Cunda (C&A) dürfte entscheidend gewesen sein, dass man über die Eigenproduktion die Kosten der Zulieferer besser abschätzen und flexibler auf Kundenwünsche reagieren konnte. Beide Unternehmen sicherten sich so in Krisenzeiten besser ab, da ein schlechtes Ergebnis einer Sparte von einer anderen ausgeglichen werden konnte. Außerdem hatten sie in schwierigen Phasen die Möglichkeit, die Unternehmenstätigkeit durch Abstoßen der Konfektionsfertigung wieder auf ihr Kerngeschäft zu reduzieren (s. u.).

Auch die Technisierung der Betriebe schritt in der Weimarer Republik nur langsam voran. Das Fließband setzte sich allenfalls in großen Betrieben durch, die einheitliche Produkte wie Wäsche und Arbeitsbekleidung herstellten. Seitens der Modeentwicklung hatten sich die Bekleidungshersteller auf ein neues Frauenbild einzustellen. Korsette und einschnürende Kleidung waren nicht mehr angesagt, die Dame der 1920er Jahre trug leichtere Kleidung ohne die Taille zu betonen, die Säume waren nach oben gerutscht und einige Frauen bevorzugten nun sogar Hosen. Dies traf insbesondere Mieder- und Korsetthersteller. In diesem Bereich zeichnete sich der Branchenführer Spiesshofer & Braun (Triumph) aus. Die Unternehmensführung erkannte schnell die sich ändernden Entwicklungen und reagierte darauf. Im Gegensatz zu vielen anderen Korsettproduzenten kehrte sich Spiesshofer & Braun in den 1920er Jahren von der Korsettherstellung ab. Das Unternehmen produzierte nun leichte Miederwaren und etablierte Frottierwaren im Firmenprogramm.

Die NS-Zeit stellte den größten Bruch in der Branchengeschichte von 1918 bis in die 1970er Jahre dar. Die Bekleidungsindustrie am Ende des Zweiten Weltkrieges war mit der vor 1933 weder fertigungstechnisch, noch personell oder regional vergleichbar. Nach 1933 sahen sich die Unternehmen zunächst einer starken Ausdehnung der Uniformindustrie sowie der zunehmenden Einschränkung der unternehmerischen Freiheit durch Faser- und Spinnstoffgesetze, die v. a. in die Preisbildung eingriffen, ausgesetzt. Die Wirtschaftsgruppe Bekleidungsindustrie – in der die etwa 6.000 Betriebe der Branche ab 1934 zwangsorganisiert waren – intervenierte immer mehr in die Unternehmenspolitik und das Marktgeschehen.

Eine große Zäsur stellt das NS-Regime für die Bekleidungsindustrie in Hinblick auf Firmeneigner dar. Die jüdischen Betriebe wurden arisiert oder stillgelegt. Dies traf die Branche umso härter, da sie im Vergleich zu anderen Wirtschaftsbereichen einen höheren Anteil jüdischer Unternehmer aufwies. Wie viele Betriebe genau jüdisch waren, konnte aufgrund der Quellenlage nicht ermittelt werden. Zu beachten bleibt, dass es große regionale Unterschiede gab. In Mönchengladbach und Aschaffenburg lag der Anteil höchstens bei 15 bis 20 Prozent, in der Berliner Damenoberbekleidung waren es ca. 50 Prozent. Generell ist anzumerken, dass der Anteil in den Bereichen Damenoberbekleidung und Wäsche höher war als in der Herrenoberbekleidungs- und Arbeitsbekleidungsindustrie. Der Beitrag der Arbeitsgemeinschaft deutsch-arischer Fabrikanten der Bekleidungsindustrie (ADEFA), die sich selbst der „Entjudung" der deutschen Bekleidungsindustrie verschrieben hatte, an der Verdrängung der Juden aus dem Wirtschaftsleben ist aber als gering einzustufen – im Vergleich zum medialen Auftreten der Arbeitsgemeinschaft. Nur 10 Prozent aller Firmen der Branche waren Mitglied der ADEFA. Für viele Betriebe war es ökonomisch schlicht unsinnig, jahrelang gewachsene Distributions- und Absatzwege an jüdische Kaufleute durch eine Mitgliedschaft in der ADEFA aufzugeben. Allenfalls profitieren konnten Mitglieder durch Bankkredite, die eine Arisierung erleichterten.

Im Krieg wurden die Produktion und der Absatz an die Kunden durch die Reichskeliderkarte staatlich gelenkt. Die Unternehmen wurden zur Herstellung von Uniformen verpflichtet, die zivile Fertigung lag während des Krieges nur noch bei 20 Prozent der gesamten Fertigungskapazität. Neuanfertigungen waren ab März 1943 bis auf Uniformen, medizinische Kleidung und Garderobe für Verstorbene verboten. Die Herstellung ziviler Kleidung war noch nur durch das Umarbeiten vorhandener Ware möglich. Darauf spezialisierte sich beispielsweise die Daherna – Damen und Herren-Nähstuben von C&A –, die den Kunden das Ausbessern oder Umarbeiten bereits getragener Kleidungsstücke anbot. Der Stoffverbrauch pro Artikel und die höchstzulässige Anzahl der Warengruppen pro Betrieb waren genau geregelt. Die Produktion wurde durch den Einzug der männlichen Arbeitskräfte in die Wehrmacht und Auskämmungsaktionen bzw. Umsetzung weiteren Personals in Rüstungsbetriebe erschwert. Viele Firmen – so auch die Mehler AG und C&A – griffen deswegen auf Zwangsarbeiter zurück, um die Fertigung überhaupt aufrecht erhalten zu können. Die Einheitlichkeit der Produkte, die geringe Auswahl und das eingeschränkte Arbeitskräfteangebot führten zu einer Rationalisierung und Maschinisierung der Fertigung.

Wollten die Unternehmen weiter Zivilkleidung herstellen, mussten sie die Fertigung in besetzte Gebiete verlagern, da die Kapazitäten im „Altreich" für die Rüstungsindustrie freigemacht werden mussten oder die Betriebe stillgelegt wurden. Nicht selten wurden dazu auch Ghettos genutzt und Zwangsarbeiter eingesetzt. Das Ghetto Litzmannstadt fertigte nicht nur Wehrmachtsbekleidung, sondern vergab in großem Umfang Aufträge an Privatfirmen und übernahm den Status eines Lohnfertigers. Auch Spiesshofer & Braun und C&A ließen im Ghetto Litzmmanstadt fertigen, um ihre verlorenen gegangen Fertigungskapazitäten im „Altreich" zu ersetzen. Die Mehler AG beteiligte sich an zwei Firmen in den besetzten Gebieten und stellte dort Kleidungsstücke her. Die Verlagerung war also ein branchenweiter, spartenübergreifender Trend. Auch ob ein Unternehmen arisiert wurde (wie die Mehler AG) oder nicht (wie Spiesshofer & Braun und C&A), spielte bei der Frage nach dem Verhalten während des Krieges keine oder nur eine marginale Rolle.

Die Rohstoffe stammten während der Kriegsjahre aus den besetzten Gebieten, aus Altmaterial-Sammlungen bei der Bevölkerung des Reiches sowie aus Konzentrations- und Vernichtungslagern, aus denen die Kleidung der Häftlinge zur „Weiterverarbeitung" ins Reich zurückgeschickt wurde. Die SS ließ im KZ Ravensbrück über die Gesellschaft für Textil- und Lederverwertung, die Teil der Deutschen Wirtschaftsbetriebe GmbH war, aus diesen Rohstoffen Uniformen und Bekleidung für KZ-Häftlinge herstellen. In der Bekleidungsindustrie wurden außerdem Ersatzstoffe wie Zellwolle und Kunstseide verarbeitet. Die Qualität der Kleidung war aufgrund der genannten Aspekte relativ schlecht. Sie war wenig haltbar und ließ auch optisch oft zu wünschen übrig.

Während der NS-Zeit war es für die Unternehmen sicherlich von Vorteil, der Partei und ihren Gremien nahezustehen. Nicht umsonst konnten Personen wie Josef Neckermann oder Herbert Tengelmann, die gleich an mehreren Schaltstellen der Macht saßen, ihren Unternehmen Vorteile bei der Rohstoff- und Auftragsvergabe verschaffen. Personen in wichtigen Machtpositionen zu kennen, war ebenso ein Vorzug. So etablierte Spiesshofer & Braun seine Kontakte ins Ghetto Litzmannstadt über Josef Neckermann. C&A nutzte die Verbindung zu Hermann Göring, um den Abzug von Arbeitskräften zu verhindern.

Mit dem Wegfall der Ostgebiete nach dem Ende des Zweiten Weltkrieges standen viele Bekleidungszentren wie Stettin und Breslau sowie alle Betriebe in der SBZ und dem Ostsektor von Berlin für die Westzonen nicht mehr zur Verfügung. Der Hausvogteiplatz in Berlin – das Zentrum der deutschen Konfektion bis 1945 – lag in der russischen Besatzungszone.

Die Nachkriegszeit war neben dem Rohstoff- und Materialmangel v. a. durch den Wieder- und Neuaufbau von Betrieben gekennzeichnet, die sich der neuen Aufteilung in Besatzungszonen anpassen mussten. In den Westzonen wurden neue Unternehmen gegründet, um den Wegfall der Produktion aus der SBZ und den Ostgebieten ausgleichen zu können. Dafür gab es in einigen Städten im Ruhrgebiet steuerliche Vergünstigungen, da in ehemaligen Gebieten der Schwerindustrie nun auch andere Branchen angesiedelt werden sollten. Viele Flüchtlinge aus dem Osten errichteten in Bayern neue Betriebe. Die wenigen Maschinen der Branche waren bereits 1946 wieder instand gesetzt, konnten aufgrund des Stoffmangels und der staatlich geregelten Zuteilung aber nur zur Hälfte ausgelastet werden. Viele Unternehmen mussten sich mit Lohnaufträgen für öffentliche Bedarfsträger und die westlichen Besatzungsmächte über Wasser halten. C&A stellte in Berlin beispielsweise Uniformen für die sowjetische Besatzungsmacht her. Viele Unternehmen produzierten in dieser Zeit Artikel, die nicht zu ihrem eigentlichen Kerngeschäft zählten. Spiesshofer & Braun beispielsweise musste aus Mangel an Korsett- und Miederstoffen Damen- und Herrenoberbekleidung herstellen. Notprogramme wie das Bergarbeiter- oder Jedermann-Programm sollten der Bekleidungsindustrie Beschäftigung und der Bevölkerung schnelle und preiswerte Lieferung von Bekleidung sicherstellen, was nur zum Teil gelang. Die Programme waren meist nur für kurze Zeit gedacht und wurden besonders im Falle des Jedermann-Programms von den Bekleidungsfirmen aufgrund der Modalitäten der Auftragsvergabe abgelehnt. Bis zur Währungsreform im Juni 1948 lief die Produktion nur schleppend. Dies hing auch damit zusammen, dass die Stoff- und Auftragszuteilung nicht über den Markt, sondern weiterhin über zentrale Planungsstellen geregelt wurde.

In der frühen BRD profitierte die Bekleidungsindustrie vom Nachholbedarf und konnte am allgemeinen Aufschwung partizipieren. Die hohe Nachfrage führte dazu, dass sich die Fertigung in der Fabrik durchsetzte. Die dazu nötigen Kenntnisse hatten viele Bekleidungsfabrikanten während des Krieges erworben, als durch Uniformfertigung und geringe Modellauswahl relativ einheitliche Kleidungsstücke hergestellt wurden. Heimarbeiter wurden meist nur noch in Saisonspitzen hinzugezogen. Zunehmend fragten die Kunden modische und qualitativ höherwertige Kleidung nach. Kunstfasern wie Polyester und Nylonstrumpfhosen setzten sich immer mehr durch. Es wurde wieder modisch, die Taille zu betonen, wovon besonders Korsett- und Miederhersteller profitieren konnten.

Doch spätestens mit der Textilkrise 1958 war dieser Boom zu Ende. Steigende Rohstoffpreise in Folge des Suez-Konfliktes 1956 und hohe Absatzerwartungen, die nicht erfüllt werden konnten, aber zu einer Erhöhung der Produktion geführt hatten, bewirkten ein Überangebot in der Branche. Die Gewinnmargen bei den Unternehmen sanken, viele konnten ihre Produkte kaum mehr über dem Selbstkostenpreis verkaufen. Diese Prozesse griffen die ohnehin meist dünne Eigenkapitaldecke der Unternehmen (oft weniger als ein Drittel) an. Die Unternehmen realisierten die neuen Entwicklungen sehr spät oder hielten sie für nicht gefährlich. Viele errichteten kleine, wenig rationelle Zweigbetriebe in strukturschwachen Regionen, in denen noch Arbeitskräfte zu finden waren, weil sie weiterhin mit steigenden Produktions- und Absatzzahlen rechneten. Dies war u. a. auch transaktionskostenökomisch gesehen wenig sinnvoll.

Alle drei untersuchten Unternehmen – Mehler AG, Spiesshofer & Braun/Triumph und C&A – errichten Betriebsstätten auf dem Land. Triumph eröffnete zwischen 1956 und 1960 55 neue Werke. Als das Unternehmen Anfang der 1970er Jahre in eine Krise geriet, wurden viele der kleineren Werke wieder geschlossen oder mit größeren zusammengelegt. Die konsequente Beseitigung von Verlustquellen ist eine Stärke des Unternehmens, die nicht nur in diesem Fall zu Tage trat, und für Familienunternehmen nicht typisch ist, da gerade diese Unternehmensform oft an traditionellen, patriarchalischen Mustern festhält.

In den 1960er Jahren wurde die Importkonkurrenz aus Niedrigpreisländern – zunächst aus Süd- und Osteuropa, ab Ende der 1960er Jahre aus Ostasien – immer stärker und verdrängte die deutschen Produkte mehr und mehr vom Markt. Die Preise der dort gefertigten Kleidungsstücke lagen bei der Hälfte oder weniger im Vergleich zu den deutschen Preisen. Anfangs war der Wäschesektor betroffen, die Problematik erstreckte sich aber spätestens seit Beginn der 1970er Jahre auf die gesamte Branche. Ab Ende der 1960er Jahre begannen deutsche Firmen deshalb, ihre Fertigung ins Ausland zu verlagern, um kostengünstiger produzieren zu können. Die Abwicklung konnte in Form der passiven Lohnveredelung geschehen, bei der die Firmen an Unternehmen im Ausland Stoffe und Nähzutaten lieferten, diese dort verarbeiten und wieder zurück transportieren ließen. Letztlich bedeutete dies die Wiederbelebung des klassischen Zwischenmeistermodells, nur dass der Nähprozess diesmal im Ausland stattfand. Dieser Weg war v. a. für kleinere und mittlere Unternehmen sinnvoll, da er weniger Kapital band als die Errichtung einer eigenen Fabrik, wie es v. a. große Firmen praktizierten.

Die beschriebene Tendenz zur Verlagerung ins Ausland ab Mitte der 1960er Jahre war kein singuläres Phänomen einzelner Bereiche, sondern konnte sowohl bei Oberbekleidung, als auch bei Unterbekleidung und ebenfalls bei Betrieben der Arbeits- und Sportbekleidung nachgewiesen werden. Ein kleiner Unterschied bestand allenfalls im zeitlichen Verlauf. Bei einheitlichen Produkten wie Wäsche entstand die Importproblematik schon Anfang der 1960er Jahre. Dementsprechend begann auch hier die Verlagerung der Fertigung früher als in der DOB, die modisch anspruchsvollere Produkte herstellte und erst einige Jahre später von der Entwicklung betroffen war.

Größere Unternehmen scheinen während der Verlagerungswellen erfolgreicher gewesen zu sein. Der Hauptgrund dafür war, dass dort für Betriebsverlagerungen eher die finanziellen und personellen Ressourcen vorhanden waren als in kleineren Firmen. Dies zeigen auch die drei Beispielunternehmen Mehler AG, Triumph und C&A, die zu den größten ihrer Branche gehörten und sich am Markt behaupten konnten, wenn auch in gewandelter Struktur. Sie konnten in den 1970er Jahren eigene Fertigungen im Ausland aufbauen bzw. etablierten passive Lohnveredelung in Süd- und Osteuropa bzw. später in Ostasien. Erwähnt werden werden soll aber, dass es sich bei den in dieser Arbeit und in den wenigen anderen Studien zur Branche untersuchten Fallbeispielen um erfolgreiche Unternehmen handelt und die Möglichkeit eines Survivorship Bias (Verzerrung zugunsten der Überlebenden) nicht ausgeschlossen werden kann.

Die Unternehmen, die zur Verlagerung der Produktion finanziell und personell nicht in der Lage waren, verschwanden sukzessive vom Markt. Nicht selten konnten größere Unternehmen kleinere in Konkurs gegangene Betriebe aufkaufen, dadurch kam es zu einem Konzentrationsprozess. Von den 5.500 Betrieben der Bekleidungsindustrie im Jahr 1966 waren zehn Jahre später nur noch gut 4.000 übrig. Auch die Zahl der Beschäftigten hatte sich von gut 400.000 auf ca. 280.000 verringert. Die Bekleidungsbetriebe wurden immer mehr zu Dienstleistungsunternehmen, die von Deutschland aus ihre Fertigung im Ausland managten.

Markenpolitik und Marketing wurden ab den 1970er Jahren immer wichtiger, um sich von der Konkurrenz abzuheben und die eigenen Produkte in Szene zu setzen. Unternehmen, die schon seit einigen Jahren in diesem Feld gearbeitet hatten, profitierten nun von ihrer Erfahrung. Dies zeigte sich bei Triumph, Hugo Boss und Seidensticker. Triumph zeichnete sich durch konsequente Marktbeobachtung und die Ausrichtung der Produkte am Puls der Zeit bzw. die Fähigkeit, mit der Entwicklung neuer Produkte die Nachfrage nach diesen Artikeln am Markt erst zu induzieren, aus. Ebenso konnten die Produkte mit hoher Qualität und guter Verarbeitung punkten. Triumph revolutionierte die Werbestrategien in der Branche und war Vorreiter bei Modenschauen und Werbung.

Seitens der Politik wurde – im Vergleich zu anderen Branchen und anderen Ländern der EWG – wenig getan, um die prekäre Lage der Bekleidungsunternehmen zu verbessern. In Bonn leugnete man lange Zeit die Schwierigkeiten in der Bekleidungsindustrie und setzte weiterhin auf Liberalisierung in der Handelspolitik. Die Ziele einiger exportorientier Branchen wie dem Maschinenbau, die die Ausfuhr ihrer Produkte in Schwellenländer voranbringen wollten, trafen hier mit den Interessen der Politik zusammen, Importbeschränkungen für Konsumgüter abzubauen. Der Verlust von tausenden Arbeitsplätzen wurde billigend in Kauf genommen, vermutlich auch, weil die Frauen in der Bekleidungsindustrie nicht auf die Straße gingen und sich öffentlich kein Gehör verschafften. Die Dezentralisierung der Branche trug das Ihrige dazu bei; eine regionale Ballung wie in der Eisen- und Stahlindustrie im Ruhrgebiet gab es in der Bekleidungsindustrie nicht.

Neben den o.g. Unterschieden gab es auch Aspekte, die den ganzen Untersuchungszeitraum (und die Zeit danach) kennzeichneten. Die Bekleidungsindustrie war und ist immer noch von kleineren und mittleren Unternehmen geprägt, auch wenn ein Konzentrationsprozess verstärkt seit den 1970er Jahren zu beobachten ist. Bevorzugte Rechtsform bis in die Mitte des 20. Jahrhunderts war das Einzelunternehmen. Mit Zunahme der Firmengröße ab den 1920er Jahren gewannen Personengesellschaften wie OHG und KG an Bedeutung. Aktiengesellschaften gab es nur wenige. Der Großteil der Beschäftigten war und ist weiblich. Die Löhne sind seit der Entstehung der Branche Mitte des 19. Jahrhunderts niedriger als in anderen Branchen. Es handelt sich bei der Bekleidungsindustrie weiterhin um eine lohn- und arbeitsintensive Branche, die wenige Maschinen verlangt. Weiterhin sind neben heute elektrisch betriebenen Nähmaschinen Zuschneide- und Knopflochmaschinen sowie Fertigungsbänder die einzigen Hilfsmittel. Der Nähprozess an sich immer noch größtenteils Handarbeit. Eine Eigenkapitalschwäche vieler KMUs wurde schon in der Weimarer Republik offensichtlich und führte in Krisenzeiten immer wieder zu Problemen. Langfristige Planung war für die Unternehmen aufgrund der hohen Abhängigkeiten von Mode und neuen Trends kaum möglich bzw. sogar gefährlich, da Stoffe oder Schnitte Monate später schon nicht mehr aktuell sein konnten. Dieses Risiko nahm mit Fortschreiten des 20. Jahrhunderts immer mehr zu, da sich die Taktung neuer Trends und Moden immer stärker beschleunigte. Waren zu Beginn des Untersuchungszeitraums zwei Kollektionen pro Jahr die Regel, sind es heute nicht selten zwanzig oder mehr. Das politische Gewicht der Branche war im Gegensatz zu anderen Sektoren während des gesamten Untersuchungszeitraums gering. Gewerkschaften und einzelne Unternehmen fanden in den Ministerien wenig Gehör.

Generell ist zu konstatieren, dass die Unternehmen der Branche eher reaktiv als aktiv agierten. Sie passten sich an die jeweils herrschenden wirtschaftlichen, politischen und gesetzlichen Rahmenbedingungen im Kontext ihrer Möglichkeiten an, und versuchten so, das Überleben ihrer Unternehmen zu sichern. Dies zeigte sich beispielsweise beim Umgang mit der Importkonkurrenz aus dem Ausland. C&A und die Mehler AG ließen ihre Bekleidungsfertigung – obwohl im Niedergang begriffen und absehbar in Deutschland nicht mehr lohnenswert – bis zur Jahrtausendwende bzw. in die 1990er Jahre weiterlaufen.

2014 arbeiten in der deutschen Bekleidungsindustrie nur noch ca. 27.000 Menschen in ca. 150 Betrieben,[2] in den 1960er Jahren waren es knapp 500.000 Personen in ca. 5.600 Betrieben gewesen. In Deutschland ist nur das Know How – Design, Verwaltung, Kontrolle – verblieben, die Produktion ist bis auf wenige Ausnahmen ins Ausland verlagert worden. Letztlich sind die noch im Inland befindlichen Unternehmen so etwas wie Dienstleistungsbetriebe, die ihre Produktion outgesourct haben. Erfolgsstrategien für Bekleidungshersteller nach der Jahrtausendwende liegen in einer kosten- und prozessorientierten Wertschöpfungskette, kundenorientierter Vertriebsorganisation sowie E-Commerce.[3]

Seit wenigen Jahren lässt sich in einigen Bereichen ein Trend zur erneuten Fertigung in Deutschland bzw. Europa und ein Bewusstsein für Produktionsbedingungen und Inhaltsstoffe feststellen.[4] Labels wie Fairtrade Kleidung[5] oder Oxfam[6] stehen für

2 Vgl. Statistisches Bundesamt, Beschäftigte und Umsatz der Betriebe im verarbeitenden Gewerbe, August 2014.

3 Vgl. Bauer, Success.

4 Vgl. Piegsa, Edith: Green Fashion. Ökologische Nachhaltigkeit in der Bekleidungsindustrie, Hamburg 2010.

5 Vgl. http://www.fairtradekleidung.org (Stand: 15.05.2015).

6 Vgl. http://www.oxfam.de/(Stand: 15.05.2015).

die Einhaltung strikter Qualitäts-, Produkt- und Sozialstandards. Auch C&A führt seit einigen Jahren Kleidung aus Biobaumwolle.[7] Das Hosenlabel Raffaello Rossi der beiden Bekleidungsingenieure Ralf und Brigitte Schellenberger hat seinen Sitz in Großwallstadt. Produziert wird ausschließlich in Europa. Allerdings handelt es sich bei den genannten Labels um qualitativ höherwertige Kleidung.[8] Ob sich breitere Schichten der Bevölkerung für eine unter solchen Bedingungen hergestellte Kleidung begeistern können, bleibt abzuwarten, zumal sie dafür bereit sein müssten, gute Qualität und menschenwürdige Produktionsbedingungen auch mit einem höheren Preis zu entlohnen.

7 Vgl. http://www.c-and-a.com/de/de/corporate/company/nachhaltigkeit/ (Stand: 15.05.2015).
8 Vgl. TW, 12.7.2012, Hosen mit Herz, http://www.textilwirtschaft.de/suche/show.php?ids[]=876282&a=0. / (Stand: 15.05.2015).

9 Anhang

Tabelle 36: Geographische Verteilung der Betriebe und der Beschäftigten in der deutschen Kleider- und Wäschekonfektion 1895

Staaten/ Landesteile/Städte	Zahl der Hauptbetriebe[1]	Zahl der beschäftigten Personen	männlich	weiblich
Preußen	2.065	33.236		
– Brandenburg	123	886		
– Schlesien	213	2.847		
– Sachsen	183	2.047		
– Westfalen	173	2.068		
– Rheinland	330	4674		
– Berlin	632	15.999	5.652	10.347
– Stettin	54	853	507	346
– Breslau	95	1.686	1.150	536
– Köln	64	1.262	435	827
– Frankfurt a.M.	76	1.417	612	805
Bayern	410	3.155		
– München	106	1.175	363	612
Kgr. Sachsen	1.008	9.940		
Württemberg	321	2.014		
Baden	148	1.324		
Hessen	316	1.112		
Hamburg	232	2.412		
Elsass-Lothringen	144	789		

Quelle: Gewerbezählung 1895.

1 Hauptbetriebe sind Gewerbebetriebe, innerhalb deren Betriebsstätten eine oder mehrere Personen mit ihrer alleinigen oder Hauptbeschäftigung tätig sind vgl. Stat. Jahrbuch für das Deutsch Reich 1898, S. 27.

https://doi.org/10.1515/9783110560381-012

Tabelle 37: Index der Großhandelspreise für Textilien 1887 bis 1913 (1913 = 100)

Jahr	Textilien
1887	79
1888	78
1889	80
1890	78
1891	75
1892	74
1893	81
1894	75
1895	73
1896	74
1897	69
1898	70
1899	78
1900	86
1901	84
1902	76
1903	85
1904	84
1905	85
1906	94
1907	102
1908	89
1909	91
1910	100
1911	98
1912	98
1913	100

Quelle: Jacobs/Richter, Großhandelspreise, S. 79.

Tabelle 38: Geographische Verteilung der Betriebe und der Beschäftigten in der deutschen Kleider- und Wäschekonfektion[2] 1925

Staaten/ Landesteile/Städte	Zahl der gewerblichen Niederlassungen[3]	Zahl der beschäftigten Personen	männlich	weiblich
Preußen	225.060	830.244	390.719	439.525
– Brandenburg	11.577	49.517	23.305	22.640
– Schlesien	29.762	55.762	17.141	38.621
– Sachsen	14.815	50.051	36.912	16.925
– Westfalen	32.419	60.158	22.539	37.619
– Rheinland	31.842	77.211	30.763	46.448
– Berlin	60.574	142.457	42.889	99.568
– Stettin	7.730	13.980	7.615	6.815
– Breslau	17.579	33.610	10.401	23.209
– Köln	3.493	11.444	4.745	6.699
– Mönchengladbach	215	431	231	200
– Bielefeld	1.228	13.646	2.820	10.826
– Herford	1.028	3.550	1.132	2.418
– Frankfurt a.M.	3.093	10.263	3.978	6.285
Bayern	42.427	86.397	37.525	48.874
– Aschaffenburg	472	2.266	1.088	1.178
– München	231	380	150	230
Sachsen	39.254	79.184	24.591	54.593
Württemberg	16.782	54.091	32.520	21.561
Baden	11.623	24.303	10.061	14.242
Hessen	8.043	15.965	7.115	8.850
Hamburg	5.755	16.008	5.972	10.216

Quelle: Gewerbezählung 1925.

2 Inkl. sonstige Näherei.

3 Gewerbliche Niederlassungen: örtliche Betriebseinheit = jede örtlich für sich bestehende Niederlassung der Unternehmung, vgl. Gewerbliche Betriebszählung 1925, S. 68 f. und Stockmann, Erwerbsstatistik, S. 119 f.

Tabelle 39: Index der Großhandelspreise für Bekleidung 1924 bis 1934 (1913 = 100)

Jahr	DOB	HAKA	Wäsche	Durchschnitt DOB, HAKA und Wäsche
1924	174,3	188,9	169,1	177,4
1925	168,0	191,6	164,7	174,8
1926	154,0	180,4	155,5	163,3
1927	136,6	179,7	154,3	156,9
1928	155,6	197,4	163,1	172,0
1929	161,4	202,9	162,2	175,5
1930	149,0	188,0	151,7	162,9
1931	140,2	161,3	133,7	145,1
1932	115,8	138,5	115,0	123,1
1933	107,2	131,2	113,2	117,2
1934	115,8	142,7	115,6	124,7
1935	128,9	155,0	120,8	134,9
1936	130,9	160,3	122,2	137,8
1937	137,4	169,6	123,7	143,6
1938	143,1	173,9	124,5	147,2
1939	146,5	173,8	127,2	149,2
1940	156,5	175,1	131,6	154,4
1941	169,9	174,2	147,3	163,8
1942	175,3	177,7	152,9	168,6
1943	178,7	179,7	155,6	171,3
1944	184,0	176,6	155,6	172,1

Quelle: Stat. Jahrbuch für das Deutsche Reich 1924 bis 1944.

Tabelle 40: Beschäftigte in der Textilabteilung des Ghettos Litzmannstadt (ohne Datum, wahrscheinlich 1944, Auszug)

Abteilung	Verwaltung	Zuschneider	Arbeiter	Bügler	Jugendliche	Angestellte	Hilfskräfte	Insgesamt
Schneiderei								
Zentrale Hanseatenstr.	42	81	10			27	93	253
Zentrale Bleicherweg	15		403	30	94	11	61	616
Zentrale Franzstr.	33		592	28	65	60	437	1.224
Zentrale Froschweg	14		302	14	74	8	30	448
Militär Hanseatenstr.	37		759	71	267	19	92	1.243
Zivil Hanseatenstr.	57		580	96	172	24	84	1.000
Mühlgasse	17		339	43	121	17	61	582
Neustadt	20		341	26	109	17	61	605
Rembrandt	49		1.180	171	326	52	166	1.967
Wäsche und Kleiderabteilung								
Zentrale Matrosengasse	42	63	8		6	21	67	207
Betrieb Matrosengasse			439	27	81	29	103	726
Betrieb Cranach	19		94	6	393	29	295	843
Betrieb Franz	100		872	28	177	53	116	1.248
Betrieb Marysin II	7		14		15	9	75	131
Betrieb Matrosen	10		456	37	64	24	57	670
Betrieb Mühlgasse	25		169	19	28	9	26	253
Korsett- und Büstenhalter-Näherei								
Steinmetz 7–9	30		745	11	204	57	140	1.200

Quelle: APL, 221/29260, Übersicht der Beschäftigten in der Textilabteilung.

Tabelle 41: Wochenberichte über die Produktion der Textilabteilung im Ghetto Litzmannstadt September 1943 bis Juni 1944

Woche	Großteile	Kleinteile	Instandsetzungen Großteile	Instandsetzungen Kleinteile
20.9.–26.9.43	22.700	10.000	17.019	
27.9.–2.10.43	19.330	11.000	11.204	
4.10.–9.10.43	22.170	8.660	9.103	
11.10.–16.10.43	24.860	10.500	9.186	
18.10.–24.10.43	23.005	9.340	5.327	600
25.10.–30.10.43	18.536		9.500	5.878
1.11.–6.11.43	15.472	100	3.601	800
8.11.–13.11.43	13.030		5.767	585
8.5.–13.5.44	33.300	15.000	2.400	2.816
22.5.–27.5.44	30.700	20.000	5.546	
30.5.–3.6.44	21.300	20.000		1.146
5.6.–10.6.44	27.299	20.000	2.800	774
12.6.–17.6.44	29.998		2.573	1.472
26.6.–1.7.44	19.550		4.160	3.470

Quelle: APL, 30619, Wochenberichte der Produktion.

Tabelle 42: Zuwachsrate der Produktion in der Bekleidungsindustrie und der gesamten Industrie 1956 bis 1966 in Prozent

Jahr	Bekleidungsindustrie	gesamte Industrie
1956	14,8	7,8
1957	8,7	5,5
1958	-2,8	2,8
1959	6,8	7,1
1960	7,7	11,5
1961	7,0	6,2
1962	5,4	4,2
1963	1,9	3,5
1964	1,7	8,3
1965	8,9	5,7
1966	0,3	1,3
Durchschnittliche Wachstumsrate 1960–1966	4,7	5,8

Quelle: BA, B 102/103607, Aufstellung Wachstum der Produktion, der Produktivität, der geleisteten Arbeitsstunden, der Erzeugerpreise in der Bekleidungsindustrie und der Gesamtindustrie im Zeitraum 1956 bis 1966 (Bundesgebiet ohne Westberlin).

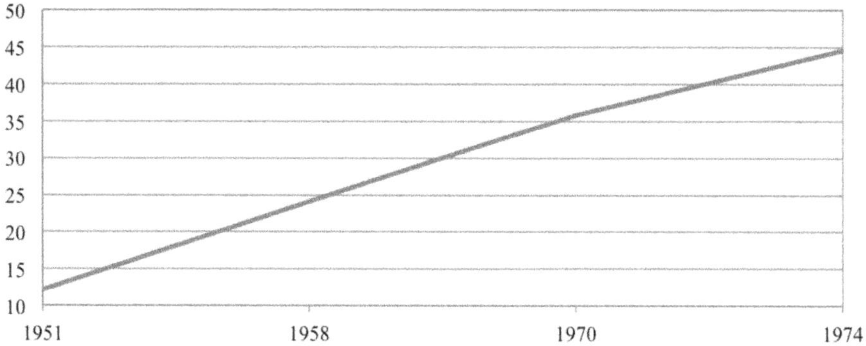

Abbildung 66: Personalkosten der deutschen Bekleidungsindustrie 1951 bis 1974 in Prozent der Gesamtproduktion[4] – Quelle: Stat. Jahrbuch für die Bundesrepublik 1951 bis 1974.

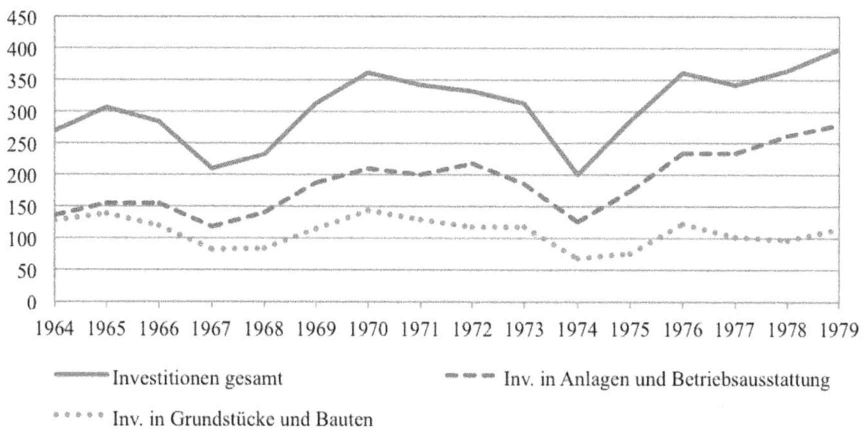

Abbildung 67: Investitionen der deutschen Bekleidungsindustrie 1964 bis 1979 in Millionen DM Quelle: Stat. Jahrbuch für die Bundesrepublik 1964 bis 1980.

4 Die Personalkosten sind nur für die Jahre 1951, 1958, 1970 und 1974 überliefert.

Tabelle 43: Erzeugerpreisindex der Bekleidungsindustrie und der gesamten Industrie 1950 bis 1985 (1962 = 100)[5]

Jahr	Bekleidungsindustrie	gesamte Industrie
1950	97	80
1951	105	95
1952	94	97
1953	89	94
1954	88	93
1955	88	95
1956	90	96
1957	93	98
1958	94	97
1959	91	97
1960	94	98
1961	98	99
1962	100	100
1963	101	101
1964	95	96
1965	98	98
1966	100	100
1967	100	99
1968	101	99
1969	102	102
1970	107	108
1971	111	113
1972	115	116
1973	122	123
1974	132	139
1975	137	147
1976	140	152

5 Aufgrund fehlender durchgängiger Daten aus einer Quelle wurde die Tabelle aus Angaben des BMWi sowie des BBI zusammengestellt. Die Jahre, in denen in beiden Quellen Daten überliefert sind, zeigen, dass diese annähernd übereinstimmen.

Tabelle 43: Erzeugerpreisindex der Bekleidungsindustrie und der gesamten Industrie 1950 bis 1985 (1962 = 100) *(Fortsetzung)*

Jahr	Bekleidungsindustrie	gesamte Industrie
1977	146	156
1978	150	158
1979	154	166
1980	161	178
1981	169	192
1982	176	203
1983	181	207
1984	187	212
1985	192	217

Quelle: BA, B 102/207132 und BBI, Bekleidungsindustrie in der BRD 1950 bis 1985.

Tabelle 44: Bekleidungsausgaben pro Monat in der Bundesrepublik 1950 bis 1975 in DM und in Prozent des Einkommens[6]

Jahr	Ausgaben für Bekleidung pro Monat in DM	in % des Einkommens
1950	25,25	8,90
1952	35,33	9,50
1955	41,82	9,10
1958	52,35	9,40
1960	55,63	8,90
1962	66,74	8,90
1965	83,27	9,40
1968	75,78	8,20
1970	93,72	8,80
1973	117,81	8,00
1975	143,18	8,00

Quelle: Stat. Jahrbuch für die Bundesrepublik 1950 bis 1975.

6 Ausgaben eines Vier-Personen-Arbeitnehmerhaushaltes einer mittleren Verbrauchergruppe pro Monat.

10 Quellenverzeichnis

10.1 Unveröffentlichte Quellen

Archiwum Państwowe w Łodzi[1]
Bestand Nr. 221 Ghettoverwaltung
22091, 29245, 29246, 29258, 29260, 29234, 29235, 29383, 29385, 29387, 29404, 29411, 29999, 30619
Bestand Nr. 278 Judenältester
1995, 1999, 2335, 2406, 2425
Bayrisches Hauptstaatsarchiv
MHIG Ministerium für Handel, Gewerbe und Industrie
5784
Bayrisches Wirtschaftsarchiv
K5 IHK Aschaffenburg
621
K9 IHK Augsburg
2103, 2149, 2194
Brandenburgisches Landeshauptarchiv
Rep. 1 A, Nr. 239, Mitteilungen der Reichsbekleidungsstelle
Bundesarchiv
Berlin
NS 3 SS Wirtschafts-Verwaltungshauptamt
134, 277, 442, 889, 1252, 1341
NS 5 VI Deutsche Arbeitsfront
6223, 6387, 16124, 16216, 16218, 16219, 16223 bis 16225, 16230
NS 19 Persönlicher Stab Reichsführer-SS
225, 261, 3531
R 2 Reichsfinanzministerium
3255
R 3 Reichsministerium für Rüstung und Kriegsproduktion
3897
R 8 II Reichsstelle für Kleidung und verwandte Gebiete
22, 96, 131
R 9 IV Prüfungsstelle Bekleidungsindustrie
5, 16, 17
R 11 Reichswirtschaftskammer
238, 239
R 13 XV Wirtschaftsgruppe Bekleidungsindustrie
16, 17, 18, 19, 28, 31, 32, 35, 37, 43, 52, 63, 68, 71, 82, 94, 97
R 164 Reichsarbeitsgemeinschaft für Raumforschung
121

1 Die hier genannten Bestände ermittelte Roman Smolorz aus den polnischen Findbüchern anhand von Vorgaben der Verfasserin und fotografierte die relevanten Dokumente. Dafür danke ich ihm sehr herzlich. Die Auswertung der Quellen nahm die Verfasserin selbst vor. Die Recherche erfolgte im Zusammenhang des Projektes „Die Geschichte des Textileinzelhandels und der Bekleidungsindustrie sowie des Unternehmens C&A im 20. Jahrhundert“ an der Universität Regensburg.

https://doi.org/10.1515/9783110560381-013

R 401 Vorläufiger Reichswirtschaftsrat
1548
R 3001 Reichsjustizministerium
21359
R 3101 Reichswirtschaftsministerium
6598, 6665, 6905, 8648, 9108, 33595
R 4606 Generalbauinspektor für die Reichshauptstadt
4928
R 8136 Reischskreditgesellschaft AG
3071
RM 9 Völkerbundsgruppe Marine
3200 Ortsgruppenkartei der NSDAP
Freiburg
RH 9 Heeresverwaltungsamt
26, 75
RW 19 Wehrwirtschafts- und Rüstungsamt
1613, 2478
RW 20 – 3 Rüstungsinspektion III Berlin
5, 7
RW 22 Rüstungsdienststellen im Protektorat Böhmen und Mähren
1 – 42
Koblenz
B 102 Bundesministerium für Wirtschaft
11753, 103553, 103556, 103584, 103607, 164025, 164026, 207132
B 136 Bundeskanzleramt
7744, 9378
B 149 Bundesministerium für Arbeit und Sozialordnung
23236
Z 8 Verwaltung für Wirtschaft des Vereinigten Wirtschaftsgebietes
414, 418, 877, 879, 916, 918, 927 bis 929, 939, 978, 2440
Draiflessen-Collection Mettingen (C&A)
1408, 100198, 102867, 105997, 106858, 106859, 106861, 107414, 107417, 107422, 107491, 107593, 107887, 108009, 108286, 108416, 109332, 109636 bis 109643, 109759, 109760, 109920, 109938, 109941, 109949, 109953 bis 109955, 110795, 112395, 112700, 112720, 112721, 113191, 117111, 117715, 119228, 120762, 121037, 121038, 121864, 121865, 121920, 121951 bis 121953, 121960, 122726 bis 122761, 128045, 128046, 128129, 128130, 128926, 128926 – 2, 129462
Geheimes Staatsarchiv Preußischer Kulturbesitz
1 HA Rep 20 Ministerium für Handel und Gewerbe
BB VI Nr. 218 Bd. 5
Gesellschaft für Konsumforschung
S 1936 003 – 1, Studie der GfK: Die Textilmarke in den Augen des Verbrauchers, 1936/37
Hessisches Staatsarchiv Wiesbaden
Abt._501 Hessisches Ministerium für politische Befreiung
2831
Abt._519/3 Devisenstrafverfahren
9358, 16537
Abt. 519/V Vermögenskontrolle
2143_19.1, 2143_19.2
Abt. 520/F Spruchkammerakten
6815_14, 6815_19

Historisches Archiv Commerzbank AG
HAC-500/17340 – 2000
HAC-500/21192 – 2001
Institut für Zeitgeschichte München
MA613
Bl. 6259 – 6263
Landesarchiv Berlin
B Rep. 025 – 03, 32 WGA Wiedergutmachungsämter von Berlin
2097/51, 3257/50, 3347/51, 3437/55
Landesarchiv Nordrhein-Westfalen Detmold
D 20 A Landgericht Bielefeld – Rückerstattungen
356, 6528, 7134, 7136, 7762, 8112, 8165
D 20 B Landgericht Detmold – Entschädigungskammer
414
D 27 Ämter für gesperrte Vermögen
355, 356, 4692
Mahn- und Gedenkstätte Ravensbrück
GD Archiv KZ-Gedenkstätte Dachau
1 – 2
KL Frauenkonzentrationslager Ravensbrück 1939 bis 1945
19 – 4
LAG/O Sammlung der Lagerarbeitsgemeinschaft Ravensbrück
1, 8
NL 7 Nachlass Anni Sindermann
4 – 9
NMG Nationale Mahn- und Gedenkstätte Ravensbrück
19 – 62
P-HAST Projekt Hauptausstellung
2 – 2 – 5
RAV-VA Verwaltungsarchiv Gedenkstätte Ravensbrück
330, 331, 333
Slg Bu Bestand Sammlung Erika Buchmann
26
Mehler AG- Archiv
Unverzeichneter Bestand
Alt, Hans: Chronik Mehler AG 1837 bis 1981 (unveröffentlicht)
Aufsichtsratsprotokolle der Mehler AG 1915 bis 1976
Beteiligungen (div. Ordner)
Dokumentation der Personalabteilung zum „Einsatz von Fremd- und Zwangsarbeitern“, 1955
Flyer „Im Wandel der Zeit“, 175 Jahre Mehler AG, 2012
Fotobücher der Mehler AG
Geschäftsberichte der Mehler AG 1915 bis 1975
Hans Glöggler: Die Affäre Glöggler, 1976
Jubiläumszeitung 150 Jahre Mehler, hrsg. von der Mehler AG, Juni 1987
Ordner Konfektion 1932 bis 1938 (diverse)
Personalbücher
Pressesammlung ab 1933
Rückerstattungsunterlagen (div. Ordner und Gutachten)
Verträge (div. Ordner)
Werbematerialsammlung

Ordner Firma Wighardt ab 1934
Moravský zemský archiv v Brně (MZA Brno)
(Material wurde im Rahmen des Projektes von Mark Spoerer zur Verfügung gestellt)
H 578, box 6, inv. 34
Sächsisches Staatsarchiv Leipzig
20975, C&A Brenninkmeyer, Nr. 5
Stadt- und Stiftsarchiv Aschaffenburg
SBZ I 1062, Gewerbe-Kataster Stadtbezirk Aschaffenburg 1904 bis 1906
SBZ I 1063, Gewerbe-Kataster Stadtbezirk Aschaffenburg 1907 bis 1909
SBZ I 1064, Gewerbe-Kataster Stadtbezirk Aschaffenburg 1913 – 1918
SBZ I 1065, Gewerbe-Kataster Stadtbezirk Aschaffenburg 1922 – 1924
ZGS 210, Zeitungsausschnittsammlung
Chronik der Kleiderfabrik Desch
Stadtarchiv Bielefeld
105 – 4 – 10, Verzeichnis nichtarischer Geschäfte, Industrieunternehmungen, handwerklicher Betriebe, freie Berufe usw. aus dem Kreis Bielefeld Stadt
Stadtarchiv Fulda
Fuldaer Zeitung
Stadtarchiv Regensburg
ZR II/894 Bleimund & Co./KG
Triumph-Archiv
Unverzeichneter Bestand
Aufstellung der Beschäftigten der Triumph-Betriebe 1887 bis 1985
Braun, Michael: Aus meinem Leben und Werk, Juli 1951 (unveröffentlicht)
Fach-Pressekonferenzen 1960er Jahre
Geschäftsberichte der Triumph International AG 1959 bis 1975
Geschichte der Triumph AG (diverse Ordner)
Gutachten von Unternehmensberatungen (diverse)
Jahresabschlüsse Spiesshofer & Braun 1925 bis 1930
Marketing-Studien (diverse ab 1950)
Pressesammlung
Reden- und Pressemitteilungen leitender Angestellter 1960er und 1970er Jahre
Triumph International: Vom Familienbetrieb zum Weltunternehmen, 1970er Jahre
Umsatzaufstellung der Triumph-Betriebe 1887 bis 1985
Umsätze Dispo 1930er Jahre (1 Ordner)
Żydowski Instytut Historyczny Warszawa[2]
Bestand Nr. 205
68a, 142, 181, 183, 297, 435

---

2 Die hier genannten Bestände ermittelte Roman Smolorz aus den polnischen Findbüchern anhand von Vorgaben der Verfasserin und fotografierte die relevanten Dokumente. Dafür danke ich ihm sehr herzlich. Die Auswertung der Quellen nahm die Verfasserin selbst vor. Die Recherche erfolgte im Zusammenhang des Projektes „Die Geschichte des Textileinzelhandels und der Bekleidungsindustrie sowie des Unternehmens C&A im 20. Jahrhundert“ an der Universität Regensburg.

10.2 Gedruckte Quellen

Allgemeine Bedingungen der Nationalsozialistischen Deutschen Arbeiter-Partei – Reichszeugmeisterei – für Herstellung und Vertrieb parteiamtlicher Gegenstände, in: Handbuch der Reichszeugmeisterei der Nationalsozialistischen Deutschen Arbeiterpartei, München/Berlin 1934, S. 13

Bundesverband Bekleidungsindustrie (Hg.): Die Bekleidungsindustrie in der Bundesrepublik Deutschland, Köln 1951 bis 1975

Bundesverband Bekleidungsindustrie (Hg.): Aus der Arbeit im Bundesverband Bekleidungsindustrie, 1955

Bundesverband Bekleidungsindustrie (Hg.): Kongress der Bekleidungsindustrie am 15. und 16. Mai 1968 in Bonn, Bad Godesberg 1968

Hauptvorstand der Gewerkschaft Textil-Bekleidung (Hg.): Geschäftsbericht der Gewerkschaft Textil-Bekleidung für die Westzonen Deutschlands, Düsseldorf 1947 bis 1949

Hauptvorstand der Gewerkschaft Textil-Bekleidung (Hg.): Geschäftsbericht des Hauptvorstandes der Gewerkschaft Textil-Bekleidung, Düsseldorf 1951 bis 1960

Institut für Zeitgeschichte: Gutachten des Instituts für Zeitgeschichte, Bd. 1, München 1958

Kaiserliches Statistischen Amt (Hg.): Berufs- und Gewerbezählung 1875, 1882, 1895 und 1907, Berlin 1877, 1886, 1899 und 1909

Kaiserliches Statistischen Amt (Hg.): Statistisches Jahrbuch für das Deutsche Reich, Berlin 1881 bis 1918

Länderrat des amerikanischen Besatzungsgebietes (Hg.): Statistisches Handbuch von Deutschland 1928–1944, München 1949

Monatsberichte der Deutschen Bundesbank, November 1958

Reichsministerium des Innern (Hg.): Reichsgesetzblatt, 1934 bis 1942

Statistisches Bundesamt (Hg.): Statistisches Jahrbuch für die Bundesrepublik Deutschland, Stuttgart 1953 bis 1975

Statistisches Bundesamt (Hg.): Volks-, Berufs- und Arbeitsstättenzählung 1950, 1961 und 1970, Stuttgart 1953, 1965 und 1973

Statistisches Bundesamt: Beschäftigte und Umsatz der Betriebe im verarbeitenden Gewerbe, August 2014

Statistisches Reichsamt (Hg.): Statistisches Jahrbuch für das Deutsche Reich, Berlin 1919 bis 1943

Statistisches Reichsamt (Hg.): Volks-, Berufs- und Gewerbezählungen 1925, 1933, 1939, Berlin 1929/30, 1935/36/37 und 1942/43

10.3 Fachzeitschriften

Bekleidung und Wäsche. Fachorgan für die Bekleidungsindustrie, 1953 bis 1975

Bekleidungsarbeiter. Wochenblatt des deutschen Bekleidungsarbeiter-Verbandes, 1920 bis 1933

Der Konfektionär. Die Textilzeitschrift für Fabrikation, Groß- und Einzelhandel, 1914 bis 1936

Der Manufakturist. Mit den offiziellen Mitteilungen der Fachgruppe Bekleidung, Textil und Leder und des Reichsbundes des Textil-Einzelhandels, 1936 bis 1939

Deutsche Konfektion. Zeitschrift für Textilwirtschaft. Offizielles Organ des Reichsbundes des Textileinzelhandels e.V (von Ausg. 29/1927 bis 36/1934 Zeitschrift für Textilwirtschaft), 1914 bis 1935

Deutsche Leinen- und Wäschezeitung. Fachblatt für die Leinen- und Wäsche-, Stickerei- und Spitzenindustrie, 1914 bis 1933

Die Textil-Woche: Einzelhandels-Fachzeitschrift für die Textil- und Bekleidungs-Wirtschaft, 1937 bis 1943

Mitteilungen des Reichsverbandes der Deutschen Bekleidungsindustrie, 1933 bis 1938
Nachrichten für die Bekleidungsindustrie und den Textilhandel. Veröffentlichungen der Beratungsstelle der Bekleidungsindustrie und des Textil-Einzelhandels in der Britischen Zone, 1946 bis 1948
Neue Textil-Zeitung, 1946 bis 1948
TextilWirtschaft, 1946 bis 1975
Textil-Zeitung. Europäische Textilzeitung.Offizielles Organ des Bundesinnungsverbandes für das Stricker-, Sticker- und Weberhandwerk, 1936 bis 1945

10.4 Sonstige Zeitschriften

Der Spiegel, 11 1957, 19 1965, 50 1966, 46 1970, 35 1971, 10 1972, 43 1973, 25 1975
Die Zeit, 4.3.1948, 20.5.1948, 27.5.1948, 25.2.1966

10.5 Zeitungen

Frankfurter Allgemeine Zeitung, 10.2.1972, 30.6.1984, 6.8.2006
Fuldaer Zeitung, 12.2.1971, 19.7.1972, 20.7.1972
Gmünder Tagespost, 13.12.1969

10.6 Interviews

Braun, Dieter (Triumph International AG), 27.5.2014 in München
Gies, Manfred (Mehler AG), 19.3.2014 in Fulda
Glöggler, Axel (Finanzvorstand Glöggler-Konzern), 23.5.2014 in Oberleichtersbach
Z., Hanna (Ghettoinsassin in Litzmannstadt), 21.6.2016 in München (zusammen mit Mark Spoerer)

10.7 Internetadressen

Biographie Paul Arndt
Zeidler, Rita, „Arndt, Paul“ in: Neue Deutsche Biographie 1 (1953), S. 361f. [Onlinefassung]; URL: http://www.deutsche-biographie.de/ppn11620169X.html (Stand: 15.06.2015)
C&A schafft den Turnaround, 24.06.2002
http://www.textilwirtschaft.de/business/CA-schafft-den-Turnaround_15247.html?a=1 (Stand: 15.05.2015)
Fairtrade-Kleidung
http://www.fairtradekleidung.org (Stand: 15.05.2015)
Geschichte des Unternehmens Felina
http://www.felina.de/Query?node=659057&language=1 (Stand: 13.05.2015)
Geschichte des Unternehmens Seidensticker
https://www.seidensticker.com/corporate-unternehmen-historie (Stand: 15.4.2016)
Geschichte des Unternehmens Triumph
http://www.triumph.com/de/de/7503.html (Stand: 13.05.2015)
http://www.triumph.com/de/de/7511.html (Stand: 13.05.2015)

Haus Overgünne: http://www.nattlerarchitekten.de/fileadmin/content/unternehmen/WN_Overguenne_080829.pdf (Stand: 25. 5. 2015)
Kampagne der Caritas aus dem Jahr 2014 „Weit weg ist näher als Du denkst" http://www.caritas.de/magazin/kampagne/globalenachbarn/startseite/startseite (Stand: 19. 01. 2016)
http://www.caritas.de/magazin/kampagne/globalenachbarn/entdecken/entdecken#nassima-begum (Stand: 19. 01. 2016)
Mehler Vario Systems
http://www.m-v-s.de/ (Stand: 13. 05. 2015)
Nachhaltigkeit bei C&A
http://www.c-and-a.com/de/de/corporate/company/nachhaltigkeit/ (Stand: 15. 05. 2015)
Oxfam
http://www.oxfam.de/(Stand: 15. 05. 2015)
Raffaello Rossi, Hosen mit Herz
http://www.textilwirtschaft.de/suche/show.php?ids[]=876282&a=0. / (Stand: 15. 05. 2015)

11 Literaturverzeichnis

Abelshauser, Werner: Modernisierung oder institutionelle Revolution? Koordination einer Ortsbestimmung des „Dritten Reiches" in der deutschen Wirtschaftsgeschichte des 20. Jahrhunderts, in: Werner Abelshauser u. a. (Hg.): Wirtschaftsordnung, Staat und Unternehmen. Neue Forschungen zur Wirtschaftsgeschichte des Nationalsozialismus, Essen 2003, S. 17–39

Adler, Ulrich/Breitenacher, Michael: Bekleidungsgewerbe. Strukturwandlungen und Entwicklungsperspektiven, Berlin/München 1984

Adler, Ulrich: Arbeit und Technik in der Bekleidungsindustrie, Frankfurt a.M./New York 1990

Alberti, Michael: Die Verfolgung und Vernichtung der Juden im Reichsgau Wartheland 1939–1945, Wiesbaden 2006

Albitz, Günther: Der Niedergang des Schneiderhandwerks als Produktionsgewerbe, Diss. Halle-Wittenberg 1931

Anawalt Rieff, Patricia: Weltgeschichte der Bekleidung. Geschichte, Traditionen, Kulturen, Bern 2007

Arndt, Paul (Hg.): Die Heimarbeit im rhein-mainischen Wirtschaftsgebiet, Jena 1913

Arndt, Paul: Die Lage der Heimarbeiter und Heimarbeiterinnen im rhein-mainischen Wirtschaftsgebiet, in: Ders. (Hg.): Die Heimarbeit im rhein-mainischen Wirtschaftsgebiet, Bd. 3/1, Jena 1913, S. 575–665

Aulenbacher, Brigitte: Arbeit – Technik – Geschlecht. Industriesoziologische Forschung am Beispiel der Bekleidungsindustrie, Frankfurt a. M./New York 1991

Bähr, Johannes: Die Dresdner Bank in der Wirtschaft des Dritten Reiches, München 2006

Bajohr, Frank: „Arisierung" in Hamburg. Die Verdrängung der jüdischen Unternehmer 1933–1945. 2. Aufl., Hamburg 1998

Balder, Uwe: Der deutsche Textileinzelhandel 1914 bis 1961, vorauss. 2018

Barbe, Josephine: Figur in Form. Geschichte des Korsetts. Bern/ Stuttgart/Wien 2012

Barkai, Avraham: Bom Boykott zur Entjudung. Der wirtschaftliche Existenzkampf der Juden im Dritten Reich 1933–1943, Frankfurt a. M. 1987

Barnuow, David: Die Schneiderei und Bekleidungsfirma Grijpman GmbH. Der Krieg und seine Profiteure, in: Neunzehnhundertneunundneunzig 10 (1995), S. 15–37

Bauer, Andreas: Success 2000+. Erfolgsstrategien in der deutschen Bekleidungswirtschaft, Frankfurt a. M. 2000

Beese, Birgit/Schneider, Brigitte: Arbeit an der Mode. Zur Geschichte der Bekleidungsindustrie im Ruhrgebiet, Essen 2001

Beese, Birgit: Die Internationalisierung der Bekleidungsproduktion nach 1970, in: Birgit Beese/Brigitte Schneider: Arbeit an der Mode. Zur Geschichte der Bekleidungsindustrie im Ruhrgebiet, Essen 2001, S. 111–155

Behm, Margarete: Frauen-Heimarbeit in der Bekleidungsindustrie, Berlin 1906

Beier, Rosemarie: Frauenarbeit und Frauenalltag im Deutschen Kaiserreich. Heimarbeiterinnen in der Berliner Bekleidungsindustrie 1880–1914, Frankfurt a. M. 1983

Beier, Rosemarie: Die gewerkschaftliche Organisation von Heimarbeiterinnen im deutschen Kaiserreich. „Geschlecht" und „Klasse" am Beispiel der Berliner Bekleidungsindustrie, in: Internationale wissenschaftliche Korrespondenz zur Geschichte der deutschen Arbeiterbewegung 34 (1998), 3/4, S. 412–425

Beier-de-Haan, Rosemarie: Die Entwicklung der Berliner Bekleidungsindustrie, in: Ulrike Laufer (Hg.): Gründerzeit – 1848–1871. Industrie- und Lebensräume zwischen Vormärz und Kaiserreich, Dresden 2008, S. 288–299

https://doi.org/10.1515/9783110560381-014

Benjamin, Dora: Der Stand der Heimarbeit in Deutschland. Ergebnisse der deutschen Heimarbeiterausstellung 1925, Jena 1928
Bergengruen, Maximilian/Müller-Wille, Klaus/Pross, Caroline (Hg.): Neurasthenie. Die Krankheit der Moderne und die Moderne Literatur, München 2010
Berghoff, Hartmut: Zwischen Kleinstadt und Weltmarkt. Hohner und die Harmonika 1857–1961. Unternehmensgeschichte als Gesellschaftsgeschichte, Paderborn 199
Bernecker, Walther L.: Spaniens Übergang von der Diktatur zur Demokratie. Deutungen, Revisionen, Vergangenheitsaufarbeitung, in: Vierteljahrshefte für Zeitgeschichte 52 (2004), S. 693–710
Berthold, Florian: Familienunternehmen im Spannungsfeld zwischen Wachstum und Finanzierung, Köln 2010
Blaich, Fritz: Die Wirtschaftskrise 1925/26 und die Reichsregierung. Von der Erwerbslosenfürsorge zur Konjunkturpolitik, Kallmünz 1977
Blaich, Fritz: Der schwarze Freitag. Inflation und Weltwirtschaftskrise. 2. Aufl., München 1990
Bley, Dietrich: Die Standortverlagerungen der Bekleidungsindustrie in der Bundesrepublik Deutschland und ihre Ursachen, Mainz, Univ. Diss. 1969
Boelcke, Willi A.: Die deutsche Wirtschaft 1930–1945. Interna des Reichswirtschaftsministeriums, Düsseldorf 1983
Bosecker, Kai: Vom „unerwünschten Betrieb“ zum Nutznießer des NS-Regimes. Eine Annäherung an die Geschichte von C&A 1933–1945, in: Draiflessen Collection (Hg.): C&A zieht an. Impressionen einer 100jährigen Unternehmensgeschichte. 14. Mai 2011–8. Januar 2012, S. 94–105
Bosecker, Kai/Spitz, Maria: Back to the roots. Der Weg aus der Krise der 1990er Jahre, in: Draiflessen Collection (Hg.): C&A zieht an. Impressionen einer 100jährigen Unternehmensgeschichte. 14. Mai 2011–8. Januar 2012, S. 270–275
Bott, Karl (Hg.): Handwörterbuch des Kaufmanns. Lexikon für Handel und Industrie, 1. Bd.: A-D, Hamburg 1925
Bräu, Ramona: „Arisierung“ in Breslau. Die „Entjudung“ einer deutschen Großstadt und deren Entwicklung im polnischen Erinnerungsdiskurs, Saarbrücken 2008
Braun, Curt/Binger, Doris/Gilles, Anette: Vom Mieder zum Dessous. Eine Kultur- und Produktgeschichte der Miederwaren in Deutschland, Frankfurt a. M. 2007
Breitenacher, Michael: Die Bekleidungsindustrie aus der Sicht der siebziger Jahre, Berlin 1975
Brücher, Bodo/Buschmann, Inge/Link, Bernd: Starke Frauen, Arbeitskampf und Solidarität. Die Gewerkschaft Textil-Bekleidung in der Region Bielefeld 1849–1998, Bielefeld 2004
Buchheim, Christoph: Naziboom. An economic Cul-de-Sac, in: Hans Mommsen (Hg.): The Third Reich between Vision and Reality. New Perspectives on German History 1918–1945, Oxford 2001, S. 79–94
Buchholz-Will, Wiebke/Skrotzki, Rainer/ Wassermann, Wolfram: Krisenanpassung und Arbeitsbedingungen in der nordrhein-westfälischen Textil- und Bekleidungsindustrie 1985, in: Jahrbuch Arbeit und Technik in Nordrhein-Westfalen 1985, S. 281–294
Buchwald, Dagmar/Puschmann, Claudia: „...weil sie einfach so grundehrlich waren...“ Die Geschichte der Familie Juhl, in: Förderverein Projekt Wäschefabrik (Hg.): Museum Wäschefabrik. Zeitreise in ein Stück Bielefelder Industriekultur, Bielefeld 2012, S. 137–147
Buggeln, Mark: Unfreie Arbeit im Nationalsozialismus. Begrifflichkeiten und Vergleichsaspekte zu den Arbeitsbedingungen im Deutschen Reich und in den besetzen Gebieten, in: Ders./Michael Wildt (Hg.): Arbeit im Nationalsozialismus, Berlin 2014, S. 231–252
Buggeln, Marc/Wildt, Michael: Einleitung, in: Dies. (Hg.): Arbeit im Nationalsozialismus, Berlin 2014, S. IX-XXXVII
Burhop, Carsten: Wirtschaftsgeschichte des Kaiserreichs 1871–1918, Göttingen 2011
Burri, Monika: Bodywear. Geschichte der Trikotkleidung 1850–2000, Zürich 2012

Chandler, Alfred D.: Strategy and Structure. Chapters in the History of the industrial Enterprise, Cambridge 1966

Coase, Ronald H.: The Nature of the Firm, in: Economica 4 (1937), S. 386–405

Cohen, Arthur/Simon, Edmund: Geschichte der Handelskammer München seit ihrer Gründung (1869), München 1926

Cohnen, Alfred: Die München-Gladbacher Kleiderkonfektionsindustrie mit besonderer Berücksichtigung des Verbandswesens, Diss. Würzburg 1922

Cuno, Claus-Lothar: Standortfragen der Bekleidungsindustrie im Rheinland und Westfalen, Köln 1949

Daniel, Ute: Arbeiterfrauen in der Kriegsgesellschaft. Beruf, Familie und Politik im Ersten Weltkrieg, Göttingen 1989

Dick, Volkmar: Bekleidungsindustrie, in: Handwörterbuch der Sozialwissenschaften, Bd. 1, Stuttgart 1956, S. 731–741

Ditt, Karl: Die Wäsche- und Bekleidungsindustrie Minden-Ravensbergs im 19. Jahrhundert, in: Arnold Lassotta (Hg.): Textilarbeiter und Textilindustrie. Beiträge zu ihrer Geschichte in Westfalen während der Industrialisierung, Hagen 1989, S. 103–121

Döring, Daniela: Zeugende Zahlen. Mittelmaß und Durchschnittstypen in Proportion, Statistik und Konfektion, Berlin 2011

Döring, Friedrich-Wilhelm: Vom Konfektionsgewerbe zur Bekleidungsindustrie. Zur Geschichte von Technisierung und Organisierung der Massenproduktion von Bekleidung, Frankfurt a. M. 1992

Draude, Claude/Döring, Daniela: Körper nach Zahlen. Vom Maßnehmen und der Simulation von Menschlichkeit, in: Zentrum für trandisziplinäre Geschlechterstudien (Hg.): Gendered Objects. Wissens- und Geschlechterordnungen der Dinge. Bulletin Texte 38, Berlin 2012, S. 61–87

Dyhrenfurth, Gertrud: Die hausindustriellen Arbeiterinnen in der Berliner Blusen-, Unter-rock-, Schürzen- und Tricotkonfektion, Leipzig 1898

Eberhardt, Alfred: Fliessarbeit und Selbstkostengestaltung im Wäscheindustriebetrieb, Diss. Mühlhausen 1931

Ebi, Michael: Export um jeden Preis. Die deutsche Exportförderung von 1932–1938, Stuttgart 2004

Eglau, Hans-Otto: Die Kasse muss stimmen. So hatten sie Erfolg im Handel, Düsseldorf 1972

Engel, Ernst: Das Rechnungsbuch der Frau und seine Bedeutung im Wirtschaftsleben der Nation, Berlin 1882

Erckens, Günther: Juden in Mönchengladbach. Jüdisches Leben in den früheren Gemeinden M. Gladbach, Rheydt, Odenkirchen, Giesenkirchen/Schelsen, Rheindahlen, Wickrath und Wanlo, Mönchengladbach 1988

Escher, Jürgen: Westfälisches Textilwerk Adolf Ahlers, in: Andreas Beaugrand (Hg.): Der steinerne Prometheus. Industriebau und Stadtkultur – Plädoyer für eine neue Urbanität, Berlin 1989, S. 134–139

Feitelberg, David: Die Bekleidungsindustrie, Berlin 1901

Fink, Hansludwig: „Konfektions-(Bekleidungs-)Industrie“, in: Hans Seischab/Karl Schwantag (Hg.): Handwörterbuch der Betriebswirtschaft, Bd. 2: Finanzausgleich-Kreditversicherung. 3., völlig neu bearb. Aufl., Stuttgart 1957, Sp. 3212–3217

Fischer, Joachim/Minssen, Heiner: Neue Leistungspolitik in der Bekleidungsindustrie, Frankfurt a.M./New York 1983

Fischersworring, Heinz-Edgar: Die Textil- und Bekleidungsindustrie im Ruhrgebiet unter besonderer Berücksichtigung der Veränderung der Standortfaktoren, Diss. rer. nat., Univ. Essen 2007

Frisch, Alfred: Die französische Bekleidungsindustrie, in: Wirtschaftsdienst 40 (1960), 11, S. 631–633

Fritsche, Christiane: Ausgeplündert, zurückerstattet und entschädigt. Arisierung und Wiedergutmachung in Mannheim, Ubstadt-Weiher u. a. 2013

Fritzsche, Wera: Die kollektive Lohnregelung in der Herrenkonfektion, Diss. München 1929

Gaber, Fritz: Mieder- und Leibbindenindustrie, in: Ernst Melzer (Hg.): Die Bekleidungsindustrie, Darmstadt 1955, S. 40–43

Gärtner, Hans: Die Vorarlberger Oberbekleidungsindustrie. Ihre Entwicklung und Struktur, Innsbruck 1970

Genschel, Helmut: Die Verdrängung der Juden aus der Wirtschaft im Dritten Reich, Göttingen 1966

Georg, Enno: Die wirtschaftlichen Unternehmungen der SS, Stuttgart 1963

Georgi, Matthias/Kamp, Michael: Lodenfrey in der NS-Zeit 1933–1945, München 2012

Gertschen, Alex: Klassenfeinde – Branchenpartner? Unternehmer und Gewerkschaft der westdeutschen Textilindustrie vor der Herausforderung der Internationalisierung 1949–1979, Baden-Baden 2013

Godley, Andrew: The Development of the Clothing Industry. Technology and Fashion, in: Textile History 28 (1997), S. 3–10

Godley, Andrew: Competitiveness in the Clothing Industry. The Economics of Fashion in UK Womenswear, 1880–1950, in: Journal of Fashion Marketing and Management 2 (1998), S. 125–136

Gold, Hugo: Gedenkbuch der untergegangenen Judengemeinden Mährens, Tel-Aviv 1974

Goschler, Constantin: Die Auseinandersetzung um die Rückerstattung „arisierten" jüdischen Eigentums nach 1945, in: Ursula Büttner (Hg.): Die Deutschen und die Judenverfolgung im Dritten Reich, Hamburg 1992, S. 339–356

Goschler, Constantin: Wiedergutmachung. Westdeutschland und die Verfolgten des Nationalsozialismus 1945–1954, München 1992

Gralka, Wienand: Die verlagsmäßig organisierte Textilbekleidungsindustrie in Breslau von ihren Anfängen bis zur Gegenwart, Diss. Breslau 1924

Grandke, Hans: Die Entstehung der Berliner Wäsche-Industrie im 19. Jahrhundert, in: Jahrbuch für Gesetzgebung, Verwaltung und Volkswirtschaft im Deutschen Reich 20 (1896), S. 239–259

Grandke, Hans: Berliner Konfektionsindustrie, in: Hausindustrie und Heimarbeit in Deutschland und Österreich, Bd. 2: Die Hausindustrie der Frauen in Berlin, Leipzig 1899, S. 129–389

Grandke, Sven: Strategische Netzwerke in der Bekleidungsindustrie, Wiesbaden 1999

Guenther, Irene: Nazi Chic? Fashioning Women in the Third Reich, Oxford 2004

Gutzmann, Albert: Über den Einfluß der Nähmaschinenarbeit auf die weiblichen Genitalorgane, Diss. rer. med., Berlin 1895

Guy, Miron/Shulhani, Shlomit (Hg.): Die Yad Vashem Enzyklopädie der Ghettos während des Holocaust, Göttingen 2014

Haaf, Elisabeth: Wie dem auch sei, es lebe hoch die Schneiderei. Leidersbach: Vom armen Spessartdorf zum Zentrum der Textilwirtschaft, Aschaffenburg 1996

Haber, Ruth: Die Modestadt Berlin nach 1945, in: Christine Waidenschlager (Hg.): Berliner Chic. Mode von 1820 bis 1990, Berlin 2001, S. 76–83

Hachtmann, Rüdiger: Industriearbeit im „Dritten Reich". Untersuchungen zu den Lohn- und Arbeitsbedingungen in Deutschland 1933–1945, Göttingen 1989

Hagemann, Werner: Entwicklung der Bekleidungsindustrie in 25 Jahren als Voraussetzung ihrer heutigen Struktur, in: Ernst Melzer (Hg.): Die Bekleidungsindustrie, Darmstadt 1955, S. 1–15

Haltern, Ulrich: Europarecht. Dogmatik im Kontext. 2. neubearb. Aufl., Tübingen 2007

Hamm, Walter: Die Stellung der Bekleidungsindustrie in der Volkswirtschaft, in: Ernst Melzer (Hg.): Die Bekleidungsindustrie, Darmstadt 1955, S. 234–243

Hardtwig, Wolfgang/Tenfelde, Klaus: Einführung, in: Dies (Hg.): Soziale Räume in der Urbanisierung. Studien zur Geschichte München im Vergleich 1850 bis 1933, München 1990, S. 7–15

Hausen, Karin: Technischer Fortschritt und Frauenarbeit. Zur Sozialgeschichte der Nähmaschine, in: Geschichte und Gesellschaft 4 (1978), S. 148–167

Heimann, Christian: Systembedingte Ursachen des Niedergangs der DDR-Wirtschaft. Das Beispiel der Textil- und Bekleidungsindustrie 1945 – 1989, Frankfurt a. M. 1997
Henning, Friedrich Wilhelm: Handbuch der Wirtschafts- und Sozialgeschichte Deutschlands 2. Deutsche Wirtschafts- und Sozialgeschichte im 19. Jahrhundert, Paderborn 1996
Herzberg, Rudolf: Die Nähmaschine. Ihr Bau und ihre Benutzung, Berlin 1863
Hesse, Jan-Otmar/Köster, Roman/Plumpe, Werner: Die große Depression. Die Weltwirtschaftskrise 1929 – 1939, Frankfurt a. M./New York 2014
Heymann, Eric: Textil-/Bekleidungsindustrie. Innovationen und Internationalisierung als Erfolgsfaktoren. Deutsche Bank Research. Aktuelle Themen Nr. 519, 6.7. 2011
Hilger, Susanne: „Vom Netzwerk zum Cluster?" – Düsseldorf als Industriestandort im 19. Jahrhundert, in: Wilfried Feldenkirchen/Susanne Hilger/Kornelia Rennert (Hg.): Geschichte, Unternehmen, Archive. Festschrift für Horst A. Wessel, Essen 2008, S. 153 – 176
Hiller, Dr.: Die Aschaffenburger Herrenkonfektion, in: Paul Arndt (Hg.): Die Heimarbeit im rhein-mainischen Wirtschaftsgebiet, Bd. 3, Jena 1913, S. 68 – 108
Höschle, Gerd: Die deutsche Textilindustrie zwischen 1933 und 1939. Staatsinterventionismus und ökonomische Rationalität, Stuttgart 2004
Hoffmann, Rolf: Überlegungen und Erfahrungen zur Verlegung von Produktionsstätten ins Ausland – am Beispiel der deutschen Bekleidungsindustrie, in: Zeitschrift für Betriebswirtschaft 10 (1979), S. 939 – 944
Hollmann, Frank: Leute machen Kleider. In der vierten Generation ist die Aschaffenburger Familie Desch in der Bekleidungsindustrie tätig, in: Karl Jörg Wohlhüter/Kurt Hogl (Hg.): Tradition verpflichtet. Große Familien in Bayern, Regensburg 1999, S. 26 – 31
Honeyman, Katrina: Well suited. A History of Leeds Clothing Industry, 1850 – 1990, Oxford 2000
Hubert, Michel: Deutschland im Wandel. Geschichte der deutschen Bevölkerung seit 1815, Stuttgart 1998
Hurton, Andrea: „Der Jude ist in der Modeindustrie durchaus ersetzbar". Zur Strategie und Praxis von „Ariseuren" in der Wiener Bekleidungsbranche, in: Jahrbuch des Dokumentationsarchivs des österreichischen Widerstandes (2009), S. 278 – 294
Husemann, Heinrich: Die Eigenproduktion der deutschen Warenhauskonzerne, Hamburg 1930
Isaac, Erich: Die Entwicklung der Bekleidungsindustrie im Handelskammerbezirk M. Gladbach nach dem Kriege bis zur Beendigung des passiven Widerstandes, Gießen 1926
Jacobs, Alfred/Richter, Hans: Die Großhandelspreise in Deutschland von 1792 – 1934, Berlin 1935
Jaffé, Edgar: Die westdeutsche Konfektionsindustrie mit besonderer Berücksichtigung der Heimarbeit, in: Hausindustrie und Heimarbeit in Deutschland und Österreich, 3. Bd.: Mittel- und Westdeutschland, Leipzig 1899, S. 99 – 188
Jákli, Zoltán: Vom Marshallplan zum Kohlepfennig. Grundrisse der Subventionspolitik in der Bundesrepublik Deutschland 1948 – 1982, Opladen 1990
Janetzko, Maren: Die „Arisierung" mittelständischer jüdischer Unternehmen in Bayern 1933 – 1939. Ein interregionaler Vergleich, Ansbach 2012
Janzen, Dörte: Frauen in der Konfektionsindustrie (1930 – 1960). Zur Bedeutung der Arbeit im Alltag von Arbeiterinnen, in: Rheinisches Jahrbuch für Volkskunde 29 (1991), S. 149 – 156
Jones, S. R. H.: The Origins of the Factory System in Great Britain. Technology, Transaction Costs or Exploitation?, in: Maurice W. Kirby/Mary B. Rose (Hg.): Business Enterprise in modern Britain. From Eighteenth to the Twentieth Century, London 1994, S. 31 – 60
Justitz, Alfred: Die schweizerische Kleiderkonfektionsindustrie und Massschneiderei, Basel 1944
Kann, Lothar: Die Heimarbeiter der Aschaffenburger Bekleidungsindustrie, Aschaffenburg 1932
Kessemeier, Gesa: Ein Feentempel der Mode oder eine vergessene Familie, ein ausgelöschter Ort. Die Familie Freudenberg und das Modehaus „Herrmann Gerson", Berlin 2013
Klein, Peter: Zwangsarbeit im Ghetto Lodz. Die Wehrmacht als Auftraggeber, in: Mitteilungen aus dem Bundesarchiv 11 (2003), S. 23 – 28

Klein, Peter: Die „Ghettoverwaltung Litzmannstadt" 1940–1944. Eine Dienststelle im Spannungsfeld von Kommunalbürokratie und staatlicher Verfügungspolitik, Hamburg 2009
Kleinschmidt, Christian: Konsumgesellschaft, Göttingen 2008
Knopf, Rudolf: Die Wirkung der Kartelle der Textil- und Bekleidungsindustrie auf die Abnehmer, Diss. Heidelberg 1915
Knortz, Heike: Ökonomische Integration und Desintegration am Oberrhein. Eine clustertheoretische-wirtschaftshistorische Dokumentation und Analyse zum Europa der Regionen, Frankfurt a. M. 2003
Köhler, Ingo: Die „Arisierung" der Privatbanken im Dritten Reich. Verdrängung, Ausschaltung und die Frage der Wiedergutmachung. 2. Aufl., München 2008
Köhler, Ingo: Werten und Bewerten. Die kalte Technik der „Arisierung" 1933 bis 1938, in: Hartmut Berghoff (Hg.): Wirtschaft im Zeitalter der Extreme. Beiträge zur Unternehmensgeschichte Deutschlands und Österreichs, München 2010, S. 316–336
König, Wolfram: Kleine Geschichte der Konsumgesellschaft. Konsum als Lebensform der Moderne, Berlin 2008
Köster, Helmut: Die deutsche Herrenoberbekleidungsindustrie, Diss. Marburg 1932
Köster, Roman: Hugo Boss, 1924–1945. Die Geschichte einer Kleiderfabrik zwischen Weimarer Republik und „Drittem Reich", München 2011
Kopper, Christopher: Wer waren die Hauptprofiteure der „Arisierungen"? Zu neueren Forschungen über eine alte Kontroverse, in: Hartmut Berghoff (Hg.): Wirtschaft im Zeitalter der Extreme. Beiträge zur Unternehmensgeschichte Deutschlands und Österreichs, München 2010, S. 298–315
Krause, Gisela: Altpreußische Uniformfertigung als Vorstufe der Bekleidungsindustrie, Hamburg 1965
Krautschick, Stefan u. a.: Zwangsarbeit in Berlin – Friedrichshain und Kreuzberg 1938–1945. Broschüre zur gleichnamigen Ausstellung im Heimatmuseum Friedrichshain, Berlin 2002
Krengel, Jochen: Das Wachstum der Berliner Bekleidungsindustrie vor dem Ersten Weltkrieg, in: Jahrbuch für die Geschichte Mittel- und Ostdeutschlands 27 (1978), S. 206–237
Krengel, Jochen: Die Arbeiterschaft der Berliner Bekleidungsindustrie. Versuch einer sozialistischen Analyse (1870–1914), in: Hans Pohl (Hg.): Forschungen zur Lage der Arbeiter im Industrialisierungsprozess, Stuttgart 1978, S. 118–131
Kreutzmüller, Christoph: Ausverkauf. Die Vernichtung der jüdischen Gewerbetätigkeit in Berlin 1930–1945, Berlin 2012
Kubatzki, Rainer: Zwangsarbeiter- und Kriegsgefangenenlager. Standorte und Topographie in Berlin und im brandenburgischen Umland 1939–1945: Eine Dokumentation, Berlin 2011
Lamm, Bruno: Die Erfurter Damenmäntelindustrie und ihre Arbeiter, Diss. Jena 1922
Lassotta, Arnold: Textilhandel an der Ruhr. Die Textil- und Bekleidungsindustrie im Ruhrgebiet von Brügelmann zu Steilmann, in: Manfred Rasch (Hg.): Technikgeschichte im Ruhrgebiet – Technikgeschichte für das Ruhrgebiet. Festschrift für Wolfhard Weber zum 65. Geburtstag, Essen 2004, S. 847–872
Leineweber GmbH & Co. KG (Hg.): CXXV BRAX 125 Jahre Leineweber, Essen 2013
Leitzke, Hans: Entwicklungstendenzen in der deutschen Herrenkonfektion, Rechts- und staatswiss. Diss. Greifswald 1932
Lemberger, Hedwig: Die Wiener Wäscheindustrie, Wien und Leipzig 1907
Lenz, Rudolf: Karstadt. Ein deutscher Warenhauskonzern 1920–1950, Stuttgart 1995
Lindner, Stephan H.: Den Faden verloren. Die westdeutsche und französische Textilindustrie auf dem Rückzug (1930/1945–1990), München 2001
Loeb, Moritz: Berliner Konfektion. 5. Aufl., Berlin 1906
Löffler, Bernhard: Soziale Marktwirtschaft und administrative Praxis. Das Bundeswirtschaftsministerium unter Ludwig Erhard, Stuttgart 2002, S. 219–229.

Löw, Andrea: Juden im Getto Litzmannstadt. Lebensbedingungen, Selbstwahrnehmung, Verhalten, Göttingen 2006

Löw, Andrea: Das Getto Litzmannstadt. Eine historische Einführung, in: Sascha Feuchert/Erwin Leibfried/Jörg Rieschke (Hg.): Die Chronik des Gettos Lodz/Litzmannstadt. Supplemente und Anhang, Göttingen 2007, S. 145–165

Löw, Andrea: Arbeit in den Gettos. Rettung oder temporärer Vernichtungsaufschub?, in: Marc Buggeln/Michael Wildt (Hg.): Arbeit im Nationalsozialismus, Berlin 2014, S. 294–308

Loose, Ingo: Das Getto Litzmannstadt, in: Stiftung Topographie des Terrors (Hg.): Das Gesicht des Gettos. Bilder jüdischer Photographen aus dem Getto Litzmannstadt 1940–1944, Berlin 2010, S. 10–23

Loose, Ingo/Lutz, Thomas: Einleitung, in: Stiftung Topographie des Terrors (Hg.): Das Gesicht des Gettos. Bilder jüdischer Photographen aus dem Getto Litzmannstadt 1940–194, Berlin 2010, S. 8 f.

Lorch, Wilhelm: Die Industrie der Bekleidung, in: Die Wirtschaftskurve 21 (1942), S. 169–178

Loschek, Ingrid: Mode im 20. Jahrhundert. Eine Kulturgeschichte unserer Zeit. 3. überarb. u. erw. Aufl., München 1988

Loschek, Ingrid: Reclams Mode- und Kostümlexikon. 2.Aufl., Stuttgart 1988

Luppe, Dr.: Die Frankfurter und Mainzer Herrenkonfektion, in: Paul Arndt (Hg.): Die Heimarbeit im rhein-mainischen Wirtschaftsgebiet. Bd. 3/1, Jena 1913, S. 1–67

Luß, Paul: Die deutsche Herrenkonfektion, Diss. Köln 1924

Marcus, Benno: Die deutsche Bekleidungsindustrie. Ihre Produktion und ihr Export, in: Wirtschafts-Jahrbuch für Industrie und Handel des Deutschen Reiches und der Nachfolgestaaten Österreich-Ungarns 1928, S. 715–728

Matthiae, Hans A.: Böhmen und Mähren im großdeutschen Wirtschaftsraum, in: Siegfried Faßbender (Hg.): Die Wirtschaft der neuen großdeutschen Gebiete, Bd. 2: Der Osten, Bad Oeynhausen 1942, S. 165–181

Mauer, Bernhard: Die deutsche Herrenkonfektion, Jena 1922

Mauersberg, Hans: Die Wirtschaft und Gesellschaft Fuldas in neuerer Zeit. Eine städtegeschichtliche Studie, Göttingen 1969

Meier, Rudolf Christoph: Bekleidungsindustrie. Strukturelle Probleme und Wachstumschancen, Berlin 1964

Melzer, Ernst: Verteilungsstelle für Bekleidung, in: Uniform-Markt 8 (1941), S. 1f.

Mentrup, Iris: Biografie, in: Draiflessen Colletion (Hg.): Clemens & August. Gestern – heute – morgen. 24. April–25. Juli 2010, Mettingen 2010, S. 30–71

Mentrup, Iris: C&A. Traditionsreiches Familienunternehmen und erfolgreicher Weltkonzern, in: Draiflessen Collection (Hg.): C&A zieht an. Impressionen einer 100jährigen Unternehmensgeschichte. 14. Mai 2011–8. Januar 2012, S. 10–15

Moser, Eva: Von Bach zu Konen. Eine Unternehmensgeschichte von der Gründung bis zur Neuordnung des Unternehmens in den 1950er Jahren, München 2011

Müller, Alfred: Die Bedeutung der außerbetrieblichen Fertigung für die Bekleidungsindustrie, Univ. Diss. Frankfurt a. M. 1947

Müller, Erwin: Der Markt für textile Bekleidung in der Bundesrepublik Deutschland und der Schweiz, Düsseldorf 1956

Munzinger, Elisabeth: Badische Konfektionsindustrie, Borna-Leipzig 1908

Nagel, Josef: Die deutsche Herrenwäscheindustrie, Greifswald 1917

Neckermann, Josef: Erinnerungen. Aufgezeichnet von Karin Weingart und Harvey T. Rowe, Frankfurt a. M./Berlin 1990

Nicholas, Stephen: The Theory of multinational Enterprise as a transactional Mode, in: Peter Hertner (Hg.): Multionationals. Theory and History, Aldershot 1986, S. 64–79

Niehuss, Merith: Textilarbeiter im Ersten Weltkrieg. Beschäftigungslage und Fürsorgemaßnahmen am Beispiel Augsburg, in: Gunther Mai (Hg.): Arbeiterschaft in Deutschland 1914 – 1918. Studien zu Arbeitskampf und Arbeitsmarkt im Ersten Weltkrieg, Düsseldorf 1985, S. 249 – 276

Nietzel, Benno: Jüdische Unternehmer aus Frankfurt a. M. 1924 – 1964, Göttingen 2012

Nussbaum, Artur: Standortstypen der deutschen Herrenkonfektionsindustrie, Diss. Heidelberg 1927

Oberpenning, Hannelore: Neue Forschungen zum Handel der Tödden. Ein Arbeitsbericht, in: Wilfried Reininghaus (Hg.): Wanderhandel in Europa. Beiträge zur wissenschaftlichen Tagung in Ibbenbüren, Mettingen, Recke und Hopsten vom 9.–11. Oktober 1992, Dortmund 1993, S. 55 – 65

Olberg, Orta: Das Elend in der Hausindustrie der Konfektion, Leipzig 1896

Pache, Michael: Der Niedergang der SWA zwischen 1950 und 1975. Eine wirtschaftshistorische Analyse, Magisterarbeit eingereicht an der Univ. Augsburg am 11. 1. 2008

Pauli, Anna: Die Geschichte des Marketings im Textileinzelhandel 1918 bis 1960, vorauss. 2018

Pesch, G.: Die Entwicklung der westdeutschen Bekleidungsindustrie 1955 – 1966, in: Forschungsstelle für allgemeine und textile Marktwirtschaft an der Universität Münster (Hg.): Textildienst, Nr. 1/2, Münster 1967, S. 291 – 336

Peters, Heinrich: Die Entwicklung und Struktur der Oberbekleidungsindustrie im Raum Aschaffenburg, Frankfurt a.M. 1992

Piegsa, Edith: Green Fashion. Ökologische Nachhaltigkeit in der Bekleidungsindustrie, Hamburg 2010

Pierenkemper, Toni: Gewerbe und Industrie im 19. und 20. Jahrhundert, München 1994

Pietsch, Eva: Gewerkschaft, Betrieb und Milieu in der Bekleidungsindustrie. Europäische Einwanderer in Baltimore 1870 – 1930, Essen 2004

Pilgrim, Heinz: Die Herforder-Bielefelder Konfektionsindustrie, Diss. Jena 1927

Plumpe, Werner: Wirtschaftskrisen. Geschichte und Gegenwart. 2. Aufl., München 2011

Pope, Jesse Eliphalet: The Clothing Industry in New York, Univ. of Missouri 1905

Porter, Michael E.: Clusters and the new Economics of Competition in: Harvard Business Review 76 (1998), S. 77 – 90

Pracht, Karl: Die Stettiner Bekleidungsindustrie. Eine Untersuchung über den Wandel der Heimarbeit, Würzburg 1937

Radkau, Joachim: Das Zeitalter der Nervosität. Deutschland zwischen Bismarck und Hitler, München 2000

Reckendrees, Alfred: Konsummuster im Wandel. Haushaltsbudgets und privater Verbrauch in der Bundesrepublik 1952 – 1998, in: Jahrbuch für Wirtschaftsgeschichte 2 (2007), S. 29 – 61

Redlich, Heinrich: Die deutsche Konfektionsindustrie. Betriebsentwicklung und Betriebsstruktur in ihrer Beziehung zur Konzentrationstendenz, Rostock 1934

Reulecke, Jürgen: Geschichte der Urbanisierung in Deutschland, Frankfurt a. M. 1985

Rhein-von Niederhäusern, Ruth: Leute machen Kleider. Arbeitsverhältnisse und gewerkschaftliche Organisation in der staatszürcherischen Bekleidungsindustrie 1880 – 1918, Zürich 1999

Richter, Ralf: Netzwerke und ihre Innovationskraft im internationalen Vergleich. Die Cluster der Werkzeugmaschinenbau-Industrie in Chemnitz (Deutschland) und Cincinnati (USA), 1870 – 1930, in: Rudolf Boch (Hg.): Unternehmensgeschichte heute. Theorieangebote, Quellen, Forschungstrends, Leipzig 2005, S. 119 – 132

Rickelmann, Hurbert: Die Tüötten in ihrem Handel und Wandel und die Wolle- und Leinenerzeugung im Tecklenburger Land. Ein Beitrag zur Wirtschafts-, Sozial- und Familiengeschichte in der ehemaligen Obergrafschaft Lingen, der Grafschaft Tecklenburg und den benachbarten Gegenden, Paderborn 1976

Rickelmann, Hubert: Mettingen im Wandel der Zeit. 2. verb. Aufl., Paderborn 1978

Ritter, Barbara: Architektur und Geschichte der Mannheimer Miederwarenfabrik, Mannheim 2011

Roeckner, Katja: Der Konflikt um die Rückerstattung arisierten Eigentums am Beispiel der Bielefelder Wäschefabrik Juhl/Winkel, in: Jahresbericht des Historischen Vereins für die Grafschaft Ravensberg (2002), S. 181–192

Rosenberg, Paul M.: Die Korsettindustrie, Stuttgart und Berlin 1909

Rouette, Hans-Karl: Textilbarone. Industrielle (R)evolution in der Mönchengladbacher Textil- und Bekleidungsindustrie, Dülmen 1996

Rudd, Bramwell: Courtaulds and the Hosiery & Knitwear Industry, Lancaster 2014

Salinger, H.: Die Konfektionsgewerbe, Leipzig 1904, in: Handbuch der Wirtschaftskunde Deutschlands, Bd. 3: Die Hauptindustrien Deutschlands, Leipzig 1904, S. 893–906

Sander, Beate: Börsenerfolg Familienunternehmen. Höhere Rendite mit GEX-Werten, München 2008

Schmidt, Detlef: Die Konvertibilität der Währungen und ihre Probleme, in: Gewerkschaftliche Monatshefte 5 (1954), S. 545–552

Schmidt, Erhard: Fabrikarbeit und Heimarbeit in der deutschen Konfektionsindustrie, Stuttgart 1912

Schnaus, Julia/Smolorz, Roman/Spoerrer, Mark: Die Rolle des Ghetto Litzmannstadt (Łódź) bei der Versorgung der Wehrmacht und der deutschen Privatwirtschaft mit Kleidung (1940 bis 1944), in: Zeitschrift für Unternehmensgeschichte 62.1 (2017), S. 35–56.

Schneider, Brigitte: Der lokale Neuaufbau im Ruhrgebiet 1945–1955, in: Birgit Beese/Brigitte Schneider: Arbeit an der Mode. Zur Geschichte der Bekleidungsindustrie im Ruhrgebiet, Essen 2001, S. 15–59

Schneider, Brigitte: Produktion für den neuen Modemarkt, in: Birgit Beese/Brigitte Schneider: Arbeit an der Mode. Zur Geschichte der Bekleidungsindustrie im Ruhrgebiet, Essen 2001, S. 67–93

Schneider, Walter: Betrachtungen zur deutschen Preispolitik in der Textilwirtschaft von 1933 bis 1945, Basel 1958

Schneider & Sohn AG: 100 Jahre Susa-Mieder 1859–1959, Heubach 1959

Schüler, Eugen: Die Lieferungs- und Zahlungsbedingungen der Textil- und Bekleidungsindustrie unter dem Einfluß der Geldentwertung und ihre Wirkungen auf den Abnehmer, Diss. Münster 1926

Schüßler, Elke: Strategische Prozesse und Persistenzen. Pfadabhängige Organisation der Wertschöpfung in der Bekleidungsindustrie, Berlin 2008.

Schütz, Sabine: Vom Zuckersack zum Traummodell. Die Entwicklung der Nachkriegsmode in Westdeutschland, in: Klaus Honnef/Hans M. Schmidt (Hg.): Aus den Trümmern. Kunst und Kultur im Rheinland und Westfalen 1945–1952, Kontinuität und Neubeginn, Köln 1985 S. 177–182

Schulte, Jan-Erik: Zwangsarbeit und Vernichtung. Das Wirtschaftsimperium der Waffen-SS. Oswald Pohl und das Wirtschafts-Verwaltungshauptamt 1933–1945, Paderborn u. a. 2001

Seidel, Robert: Auf verlorenem Posten im Reich der Braunkohle? Von den Anfängen der Niederlausitzer Tuchindustrie bis zur Errichtung des Textil- und Konfektionsbetriebes Cottbus im Kohle- und Energiebezirk der DDR, Berlin 2013

Seidensticker, Gerd: 70 Jahre Walter Seidensticker, Bielefeld 1965

Selig, Wolfram: „Arisierung“ in München. Die Vernichtung jüdischer Existenz, 1937–1939, Berlin 2004

Shelley, Lore: Auschwitz – the Nazi Civilization. Twenty-three Women Prisoners' Accounts, Lanham 1992

Sombart, Werner: Krieg und Kapitalismus, München/Leipzig 1913

Spoerer, Mark: Zwangsarbeit unter dem Hakenkreuz. Ausländische Zivilarbeiter, Kriegsgefangene und Häftlinge im Deutschen Reich und besetzten Europa 1939–1945, Stuttgart 2001

Spoerer, Mark/Fleischhacker, Jochen: Forced Laborers in Nazi Germany. Categories, Numbers and Survivors, in: Journal of Interdisciplinary History 33 (2002), S. 169–204

Spoerer, Mark/Streb, Jochen: Neue deutsche Wirtschaftsgeschichte des 20. Jahrhunderts, München 2014

Spoerer, Mark: C&A. Ein Familienunternehmen in Deutschland, den Niederlanden und Großbritannien 1911–1961, München 2016

Steidle, Hans: Neckermann & Co. Die Ausplünderung der Würzburger Juden im Dritten Reich, Würzburg 2014

Steiner, André: Umrisse einer Geschichte der Verbraucherpreispolitik unter dem Nationalsozialismus der Vorkriegszeit, in: Werner Abelshauser u. a. (Hg.): Wirtschaftsordnung, Staat und Unternehmen. Neue Forschungen zur Wirtschaftsgeschichte des Nationalsozialismus, Essen 2003, S. 279–303

Steiner, André: Von der Eigenfertigung zum Markterwerb von Kleidung. Ein Beitrag zur Kommerzialisierung des Wirtschaftens privater Haushalte in Deutschland im langen 19. Jahrhundert, in: Michael Prinz (Hg.): Der lange Weg in den Überfluß. Anfänge und Entwicklung der Konsumgesellschaft seit der Vormoderne, Paderborn 2003, S. 255–271

Stockmann, Reinhard/Willms-Herget, Angelika: Erwerbsstatistik in Deutschland. Die Berufs- und Arbeitsstättenzählung seit 1875 als Datenbasis der Sozialstrukturanalyse, Frankfurt a. M./New York 1985

Streb, Jochen: Das Reichswirtschaftsministerium im Kriege, in: Albert Ritschl (Hg.): Das Reichswirtschaftsministerium in der NS-Zeit. Wirtschaftsordnung und Verbrechenskomplex, Berlin 2016, S. 533–610

Strebel, Bernhard: Das KZ Ravensbrück. Geschichte eines Lagerkomplexes, Paderborn 2003

Sudrow, Anne: Der Schuh im Nationalsozialismus. Eine Produktgeschichte im deutsch-britisch-amerikanischen Vergleich, Göttingen 2010

Sywottek, Jutta: „Darf man jetzt von Mode sprechen?". Bekleidung und Textilwirtschaft im Nachkriegsdeutschland, Hildesheim 2014

Timm, Johannes: Das Sweating-System in der Deutschen Konfektions-Industrie. Im Auftrage des Vorstandes des Verbandes deutscher Schneider und Schneiderinnen und verwandter Berufsgenossen verfaßt, Flensburg 1895

Timm, Johannes: Die Berliner Schneider- und Schneiderinnen-Organisation vom Anfang der neunziger Jahre bis in die Gegenwart. Festschrift zum 25jährigen Bestehen des Verbandes, Berlin 1913

Tittel, Paul: Die Wäscheindustrie in Bielefeld und Herford unter besonderer Berücksichtigung von Organisation und Betrieb, Bielefeld 1914

Torp, Cornelius: Die Herausforderung der Globalisierung.Wirtschaft und Politik in Deutschland 1860–1914, Göttingen 2005

Ullmann, Hans-Peter: Kriegswirtschaft, in: Gerhard Hirschfeld/Gerd Kumeich/Irina Renz (Hg.): Enzyklopädie Erster Weltkrieg, Paderborn 2009, S. 220–232

Veszelits, Thomas: Die Neckermanns. Licht und Schatten einer deutschen Unternehmerfamilie, Frankfurt a.M./New York 2005

Vögele, Herbert: Die Bekleidungsindustrie in Südtirol, Innsbruck 1968

Vogt, Helmut: Bierbaum-Proenen 1929–1952. Ein Familienunternehmen während Weltwirtschaftskrise, Nationalsozialismus und Wiederaufbau, Köln 2012

Voß, Günter: Herfords Bekleidungs- und Wäscheindustrie im Wandel der Zeit, Herford 1984

Wassermann, Wolfram: Arbeitsgestaltung als Gegenstand gewerkschaftlicher Politik. Zur Soziologie der Arbeitsgestaltung am Beispiel der Textil- und Bekleidungsindustrie, Bonn 1982

Weiguny, Bettina: Die geheimnisvollen Herren von C&A. Der Aufstieg der Brenninkmeyers, Frankfurt a.M. 2005

Westphal, Uwe: Berliner Konfektion und Mode. Die Zerstörung einer Tradition 1839–1939, Berlin 1992

Williamson, Oliver E.: The economic Institutions of Capitalism. Firms, Markets, Relational Contracting, New York 1985

Williamson, Oliver E.: Die ökonomischen Institutionen des Kapitalismus, Tübingen 1990

Wirsching, Andreas: „Außerhalb der Organisation"? Bekleidungsindustrie und französischer Syndikalismus in Paris nach dem Ersten Weltkrieg, in: Ursula Bitzegeio/Anja Kruke/Meik Woyke (Hg.): Solidargemeinschaft und Erinnerungskultur im 20. Jahrhundert. Beiträge zu Gewerkschaften, Nationalsozialismus und Geschichtspolitik, Bonn 2009, S. 63–79

Wittkowski, Erwin: Die Berliner Damenkonfektion, Diss. phil. Berlin 1928

Wittrock, Christine: Das Unrecht geht einher mit sicherem Schritt. Notizen über den Nationalsozialismus in Langenselbold und Schlüchtern, Hanau 1999

Wolkiser, Artur: Die deutsche Damen- und Mädchen Bekleidungsindustrie. Ihr Export im Frieden und ihre Produktion im Kriege, Berlin 1915

Wunschik, Tobias: Knastware für den Klassenfeind. Häfltingsarbeit in der DDR, der Ost-West-Handel und die Staatssicherheit (1970–1989), Göttingen 2014

Ziegler, Dieter: Erosion der Kaufmannsmoral. „Arisierung", Raub und Expansion, in: Norbert Frei (Hg.): Unternehmen im Nationalsozialismus. Zur Historisierung einer Forschungskonjunktur, Göttingen, 2010, S. 156–168

Zumpe, Lotte: Die Textilbetriebe der SS im Konzentrationslager Ravensbrück, in: Jahrbuch für Wirtschaftsgeschichte 1 (1969), S. 11–40

Personenregister

Ahlers, Adolf 126–128

Bacharach, Sally 232, 237
Bauer, Walter 253, 257, 261, 264
Becker, Curt 108, 172, 174 f., 177, 192 f.
Biebow, Hans 145, 148 f., 293
Binder, Gustav 160
Bradatsch, Richard 121–123
Brandt, Willy 214 f.
Braun, Curt 278 f., 281, 292
Braun, Dieter 24, 278, 287, 290, 296, 300, 304, 307–311, 315 f.
Braun, Herbert 303, 310 f., 314 f.
Braun, Michael 24, 278–280, 283 f., 287, 291 f.
Brenninkmeyer, August 319 f.
Brenninkmeyer, Bernhard Joseph 320
Brenninkmeyer, Clemens (1818–1902) 319 f.
Brenninkmeyer, Clemens (1862–1938) 320
Brenninkmeyer, Franz 325, 340 f.
Buschmann, Karl 200, 208, 212 f., 215–217

Desch, Johann 30, 53 f.
Dierig, Gottfried 112

Elsbach, Curt 126 f.

Fels, Willy 232, 237
Frank, August 156
Friedrichs, Hans 212–214

Gerson, Hermann 47
Gerstenmaier, Eugen 263, 268 f.
Gerstenmaier, Walther 268
Glöggler, Axel 24, 270–272, 275 f.
Glöggler, Hans 269–272, 275 f.
Göring, Hermann 332, 340
Grüner, Martin 213, 215
Gruny, Karl von 123 f.

Irrgang, Willy 128 f.

Jacobson, Paul 124
Jung, Otto 107, 112, 115 f.

Kaus, Willy 237–239, 241–244, 246 f., 250–253
Kayer, Harold 253
Kayser, Arthur 225, 232 f., 235–239, 253
Kayser, Ernst 10, 149, 232, 238
Kayser, Hedwig 238, 250 f., 253 f.
Ketterl, Josef 157, 161
Kunert, Josef 123

Levin, David 47
Lörner, Georg 156

Manheimer, Valentin 36, 47
Mehler, Carl Ludwig 224 f.
Mehler, Friedrich Wilhelm 224 f.
Mehler, Valentin 23, 223 f., 232, 238, 248, 251
Meyer, Franz 337 f., 345 f.

Neckermann, Josef 102, 136 f., 149 f., 293, 295, 366
Nelkenstock, Eugen 227, 232, 261

Oestergaard, Heinz 297, 309
Opitz, Fritz 160

Pohl, Oswald 157 f.

Ribbe, Wilhelm 145, 148, 338 f.
Rumkowski, Chaim 146

Schacht, Hjalmar 130
Schmidt, Helmut 214, 216 f.
Schwab, Max 124
Spiesshofer, Fritz 149, 293, 295
Spiesshofer, Günther 311
Spiesshofer, Johann Gottfried 279 f.
Spur, Fred Siegfried 128 f.
Steilmann, Klaus 174, 207

Tengelmann, Herbert 103, 107 f., 110, 112, 116, 136 f., 174, 244, 333, 366

Waider, Josef 256, 261
Wassermann, Karl 124
Wighardt, Hermann 230, 235 f., 254

Zentler, Alfred 128 f.

https://doi.org/10.1515/9783110560381-015

www.ingramcontent.com/pod-product-compliance
Lightning Source LLC
LaVergne TN
LVHW080805011026
849160LV00015B/1532